TRAVEL
무작정
따라하기

오사카

교토 | 고베 | 나라

VOL
1

| 테마북 |

절대 놓칠 수 없는
최신 여행 트렌드

오원호 · 정숙영 지음

길벗

무작정 따라하기 오사카·교토·고베·나라
The Cakewalk Series - OSAKA·KYOTO·KOBE·NARA

초판 발행 · 2024년 4월 24일
초판 2쇄 발행 · 2024년 8월 14일
개정판 발행 · 2025년 3월 5일

지은이 · 오원호, 정숙영
발행인 · 이종원
발행처 · (주)도서출판 길벗
출판사 등록일 · 1990년 12월 24일
주소 · 서울시 마포구 월드컵로 10길 56(서교동)
대표 전화 · 02)332-0931 | **팩스** · 02)323-0586
홈페이지 · www.gilbut.co.kr | **이메일** · gilbut@gilbut.co.kr

편집 팀장 · 민보람 | **기획 및 책임편집** · 서랑례(rangrye@gilbut.co.kr) | **디자인** · 강은경 | **제작** · 이준호, 손일순
마케팅 · 정경원, 김진영, 조아현, 류효정 | **유통혁신** · 한준희 | **영업관리** · 김명자 | **독자지원** · 윤정아

진행 · 김소영 | **본문 디자인** · 박찬진, 현주희 | **교정교열** · 이정현 | **지도** · 팀맵핑 | **CTP 출력·인쇄·제본** · 상지사

· 이 책은 저작권법의 보호를 받는 저작물로 이 책에 실린 모든 내용, 디자인, 이미지, 편집 구성은 허락 없이 복제하거나 다른 매체에 옮겨 실을 수 없습니다.
· 인공지능(AI) 기술 또는 시스템을 훈련하기 위해 이 책의 전체 내용은 물론 일부 문장도 사용하는 것을 금지합니다.
· 잘못 만든 책은 구입한 서점에서 바꿔 드립니다.

ISBN 979-11-407-1273-1(13980)
(길벗 도서번호 020262)

ⓒ 오원호, 정숙영

정가 19,000원

독자의 1초까지 아껴주는 정성 길벗출판사

(주)도서출판 길벗 · IT단행본&교재, 성인어학, 교과서, 수험서, 경제경영, 교양, 자녀교육, 취미실용 www.gilbut.co.kr
길벗스쿨 · 국어학습, 수학학습, 주니어어학, 어린이단행본, 학습단행본 www.gilbutschool.co.kr

INSTRUCTIONS
무작정 따라하기 오사카·교토·고베·나라를 소개합니다.

이 책에 수록된 관광지, 맛집, 숙소, 교통 등의 여행 정보는 2025년 2월 기준이며 최대한 정확한 정보를 싣고자 노력했습니다. 하지만 출판 후 또는 독자의 여행 시점과 동선에 따라 변동될 수 있으므로 주의 부탁드립니다.

VOL 1 테마북

- 오사카·교토·고베·나라의 최신 소식과 다양한 여행 테마를 한 번에!
- 오사카·교토·고베·나라의 새로운 정보를 한 번에 파악하는 핫앤뉴
- 각 지역별 위치 및 특징, 체크리스트를 소개하는 지역 한눈에 보기 페이지
- 취향 따라 여행의 상황에 따라 어디를 가야 할지 골라주는 트래블 큐레이션
- 필요한 정보만 쏙 골라볼 수 있는 관광, 음식, 쇼핑, 체험 등의 다양한 테마구성

VOL 2 가이드북

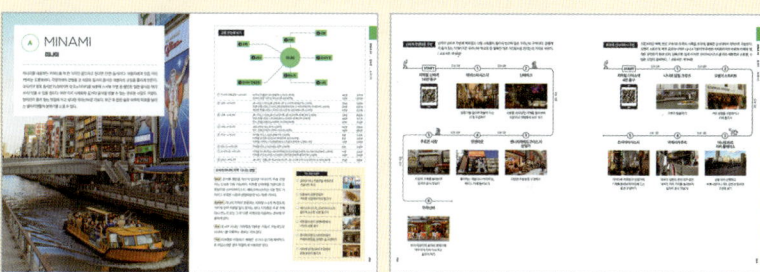

- 각 지역별 여행 코스와 정보를 알기 쉽게 쏙!
- 해당 지역으로 이동할 때 이용해야 할 교통 정보를 한 페이지에 보여주는 교통편 한눈에 보기
- 각 지역별로 소개하는 모든 장소를 한글과 일어, 소개된 페이지와 연동한 정확한 실측 지도
- 해당 지역을 고민없이 완벽하게 둘러볼 수 있는 지역별 추천 여행 코스
- 지역별 관광, 음식, 쇼핑, 체험 장소 정보를 일목요연하게 정리한 여행 정보 페이지

이 책에 사용된 아이콘

아이콘	설명
관광 명소	쇼핑 명소
음식점	체험 명소 (회색은 본문 외 명소)
숙박 시설	학교
관공서	전철 역
기차 역	트램 역
케이블카·로프웨이 역	페리 터미널·선착장
버스 정류장	관광안내소
VOL. 2 페이지	VOL. 2 지도
MAP 지도 페이지	VOL.1 VOL. 1 페이지
찾아가기	전화
운영 시간	휴무
가격	홈페이지

구글 지도 본문에 기재된 명소, 식당 등의 명칭과 구글 지도 검색어가 다를 경우에는 따로 명시해두었습니다.

PROLOGUE

오원호
lohee505@naver.com

프리랜스 여행작가. 곳곳을 돌아다니며 여러 책을 썼다. 지은 책으로는 《무작정 따라하기 오사카·교토》(공저), 《반나절 주말여행》(공저), 《스토리엠 오사카》, 《스토리엠 세부》, 《무작정 따라하기 오키나와》 등이 있다.

내겐 묵은 장맛 같은 여행지, 칸사이

《무작정 따라하기 오사카·교토》가 세상에 나온 지 벌써 10년 가까이 흘렀습니다. 10여 년 전 취재를 위해 처음 칸사이를 여행한 이래로 해마다 나오는 개정판을 위해 매년 일본행 비행기에 몸을 실었습니다. 팬데믹 기간 약 3년간 칸사이에 가지 못했고, 여행이 재개된 뒤에야 전면 개정판 출간이 결정되었습니다. 몇 년 만에 칸사이를 찾는 마음은 여행지를 간다기보다 예전에 살던 동네를 오랜만에 다시 가보는 듯한 기분이었습니다. 오랜만에 옛 동네를 찾으면 그대로인 것, 새롭게 바뀐 것이 눈에 들어옵니다. 변하지 않은 것은 오랜만에 봐서 반갑고, 새로운 것은 신선한 느낌을 주었습니다. 몇 년간 방문하지 못했던 단골 술집에도 들러 반가운 사람들과 인사하고 술도 함께 기울일 수 있었습니다.

전면 개정판인 만큼 처음부터 끝까지 모든 원고를 새로 썼기 때문에 책이 출간되는 데 1년이라는 시간이 더 소요되었습니다. 그간 독자의 의견 중 가장 많았던 것이 '어렵다, 복잡하다'라는 것이었다는 이야기를 듣고, 새로 쓰면서 가능한 한 심플하면서 눈에 잘 들어오도록 신경 썼습니다. 불필요하다고 생각되는 내용은 과감히 배제하고 실제로 여행에 도움이 될 만한 정보만 간추려 적었습니다. 새로 생기거나 바뀐 장소 중 소개할 만한 곳을 선별해 최신 정보도 빠뜨리지 않으려 했습니다. 또 기존 사진에 새로 촬영한 사진을 더해 새 책 느낌을 주려 했습니다.

오랜만에 다시 세상에 나오는 자식 같은 책이 부디 독자의 여행에 조금이나마 도움이 되어주었으면 하는 마음입니다. 모쪼록 《무작정 따라하기 오사카·교토·고베·나라》와 함께 여행하는 독자분들이 칸사이의 매력을 느끼고 즐거운 경험을 하게 되길 바랍니다.

Special Thanks to

함께 책을 집필하신 정숙영 작가에게 고생했고 감사하다는 말을 전하고 싶습니다. 늦어지는 원고에도 가능한 독촉의 말을 아끼며 배려해주신 길벗출판사의 서량례 에디터님, 진행을 맡아주신 김소영 님께도 감사드립니다. 언제나 격려를 아끼지 않고 지지해주는 강수진, 물심양면 도움을 준 아버지와 오예송, 오희재, 오성혜, 프로필 사진을 찍어주신 이승연 님을 비롯한 주변 모든 분께 감사드립니다.

"칸사이가 얼마나 재미있는 동네인지 알려 드릴게요!"

생각해보면 칸사이 지역은 꽤나 어이없는 동네입니다. 특급열차도 아닌 일반 전철로 1~2시간 이내에 한 나라에서 가장 중요한 관광 도시 네 곳이 얽혀 있는 지역은 세계적으로도 드물지 않을까요? 그런데 칸사이는 그 드문 걸 해냅니다. 일본 제2의 도시이자 맛과 웃음의 고장인 오사카, 1000년 수도이자 일본 최고의 전통미 관광지인 교토, 일본의 역사가 시작된 곳이자 사슴의 도시인 나라, 낭만 있는 항구도시이자 쇠고기와 니혼슈의 고장인 고베…. 하나하나가 뚜렷한 개성과 대표성을 지닌 일본 여행의 슈퍼스타급 도시들입니다. 4~5일 정도에 모든 도시를 다 돌아보는 샘플러 같은 여행을 해도 좋고, 한 도시에 눌러 앉아 국물 한 방울까지 모두 들이켜는 일품요리 같은 여행을 해도 만족스러운 곳입니다.

이 책은 제 인생 두 번째 칸사이 책입니다. 제가 첫 책을 작업했던 십 수 년 전과 지금의 칸사이는 적지 않게 달라졌지만, 달라지지 않은 것이 있다면 여전히 재미있는 동네라는 사실입니다. 역사와 현대가 공존하고, 일본 제일의 수다쟁이와 일본 제일의 새침데기가 공존합니다. 뒷골목에는 외국인과 쉽게 친구가 되는 정이 넘치고, 오래전부터 풍경이 변하지 않은 유명한 골목 사이사이에는 아직 관광객에게 발견되지 않은 새로운 트렌드가 흐릅니다. 슈트케이스를 빼곡하게 메운 짐 사이에 호기심과 열린 마음을 챙겨 넣는다면 해외여행을 처음 떠나는 초보라도 어렵지 않게 칸사이 여행을 성공적으로 마칠 수 있을 것이라 장담합니다.

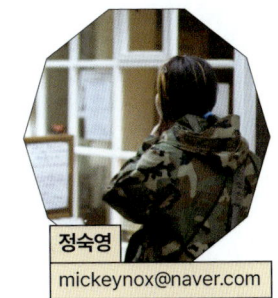

정숙영
mickeynox@naver.com

여행 작가이자 번역가. 유럽과 아시아, 일본 곳곳을 돌아다니며 여행에 관련된 여러 책을 쓰고, 영어와 일본어로 된 글을 한국어로 옮기면서 살고 있다. 지은 책으로는 《금토일 해외여행》, 《일주일 해외여행》, 《노플랜 사차원 유럽여행》, 《도쿄 만담》, 《앙코르와트 내비게이션》, 《여행자의 글쓰기》, 《무작정 따라하기 도쿄》, 《무작정 따라하기 크로아티아》, 《무작정 따라하기 이탈리아》 등이 있고, 지금도 무언가를 부지런히 쓰는 중이다.

Special Thanks to

이 책을 쓰며 여러 분의 도움을 받았습니다. 먼저 이 책의 공저자인 오원호 작가님께 가장 큰 감사를 전합니다. 매번 원고 마감에 늦는 작가를 어르고 뺨 치며 조련해주신 담당 편집자 서량례 에디터님께도 감사 말씀 전합니다. 우리 가족 모두에게 사랑을 전하고, 친구들에게도 감사합니다. 그리고 코로나19 팬데믹이라는 하늘이 무너지는 비극을 이겨나가며 그동안 꼭꼭 눌러온 여행 욕구를 이제야 터뜨리고 있는 우리 모두에게 감사와 응원의 말을 전합니다.

CONTENTS Vol.1

010

040

064

003 일러두기
004 작가의 말
010 칸사이 핫앤뉴 8
026 일본 국가 정보
028 오사카 한눈에 보기
030 교토 한눈에 보기
032 고베 한눈에 보기
033 나라 한눈에 보기
034 칸사이 날씨 & 축제 캘린더
036 트래블 큐레이션

STORY

040 키워드로 읽는 오사카, 교토, 고베, 그리고 나라

BEST SPOT

044 칸사이 여행 최고 인기 스폿 베스트 7

SECRET SPOT

060 나만 알고 싶은 순간, 칸사이 시크릿 스폿

PHOTO SPOT

064 칸사이 여행의 결정적인 한 컷, 여기서 찍는다

SEASONAL SPOT

072 칸사이의 사계절을 즐기는 최고의 방법

HISTORY SPOT

090 칸사이에서 만나는 백제의 숨결

096

156

184

MUST EAT

096 일본에서 가장 먹고싶은
     음식들 : 초밥, 우동, 라멘

110 이거 안 먹고 왔다면 다시 가라!
     칸사이 지역별 먹킷 리스트

118 칸사이가 낳은 전국구 맛집
     의 원조를 찾아서

122 나의 여행에 대접하는
     근사한 한 끼

CAFÉ

130 칸사이에서 카페를 즐기는
     네 가지 방법

DESSERT

142 눈과 입이 모두 즐거운 칸사이
     컬러풀 디저트

DRINK

148 마시면서 즐기는 칸사이
     알코올 트립

UNIVERSAL STUDIO

156 유니버설 스튜디오 재팬
     USJ 완전 공략집

ADULT vs KIDULT

176 어린아이, 어른아이 모두
     좋아하는 칸사이 여행

SHOPPING

184 칸사이 여행에서 무엇을
     어떻게 살것인가

194 스타일과 가성비,
     두 마리의 토끼를 잡는다!
     오사카 패션 브랜드 쇼핑

204 요즘 일본 여행자들에게
     가장 핫한 먹거리들
     3대 식료품점 탐구

208 아이도 행복하고,
     어른도 행복한 캐릭터 쇼핑

CONTENTS Vol.2

INTRO

213

- 214 칸사이 이렇게 간다
- 218 칸사이에서 사용할 수 있는 주요 광역 교통·관광 패스
- 222 칸사이의 대중교통
- 225 칸사이 국제공항에서 주변 도시로 이동하기
- 234 칸사이 추천 여행 코스

OSAKA

240

- 242 오사카 시내 중심지로 이동하기
- 245 오사카 시내 교통 한눈에 보기
- 249 오사카 여행 코스
- 254 A. 미나미
- 290 B. 키타
- 312 C. 텐노지
- 324 D. 오사카 성
- 332 E. 항만 지역
- 342 F. 시크릿 오사카

KYOTO

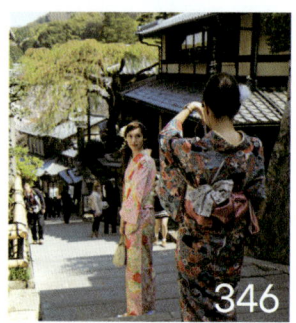
346

- 348 교토 시내 중심지로 이동하기
- 351 교토 시내 교통 한눈에 보기
- 354 교토 여행 코스
- 358 A. 교토 중부
- 402 B. 교토 남부
- 414 C. 교토 서부
- 422 D. 교토 북부
- 432 E. 시크릿 교토

KOBE

448

NARA

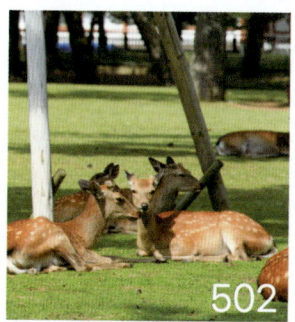
502

450 고베 시내 중심지로 이동하기
452 고베 시내 교통 한눈에 보기
455 고베 여행 코스
458 A. 산노미야
474 B. 항만 지역
484 C. 시크릿 고베

504 나라 시내 중심지로 이동하기
506 시크릿 나라 지역으로 이동하기
507 나라 시내 교통 한눈에 보기
509 나라 여행 코스
510 A. 나라 공원
522 B. 시크릿 나라

KANSAI
HOT & NEW 8
2025 ~ 2026

어제도 오늘도 내일도 달리는 글리코맨. 오백년 전과도 크게 다를 것 같지 않은 교토. 칸사이는 그다지 변화가 많지 않은 지역처럼 보이고, 사실 어느 정도 맞는 말이다. 그러나 변함없이 보이는 겉모습을 한 겹 들추고 그 안을 들여다보면 어느 지역 이상으로 뜨거운 변화의 움직임을 볼 수 있다. 오늘이 당신의 남은 나날 중 가장 젊은 날이듯, 칸사이의 오늘도 남은 나날 중 가장 핫하고 새로운 날이다.

Hot & New 1

4 Hot Photo Spots for a Kansai Trip

결국 남는 건 사진이다
요즘, 핫!한 칸사이 인증샷 스팟 4

인생은 짧지만 예술은 길다고 했던가. 여행도 마찬가지다. 여행의 시간은 일시적이지만 사진 속 추억은 그보다 훨씬 오래 남는다. 귀한 시간을 쪼개 떠나는 칸사이 여행. 한 장을 찍어도 특별하게 찍고 싶은 사람, 남들 다 찍는 사진은 나도 찍어야 직성이 풀리는 사람이라면 이 페이지를 유심히 볼 것. 요즘 칸사이로 여행가는 사람들은, 이런 곳에서 이 정도 사진은 찍는다.

이보다 더 '오사카'일 수는 없다
텐시바 <OSAKA>

세상 누가 봐도 오사카 여행 다녀온 티가 나는 인증샷을 건지고 싶다면 '텐시바 てんしば'로 가자. '텐시바'는 텐노지 공원의 입구에 위치한 잔디 광장으로, 오사카 시민들의 주말 나들이 장소 및 각종 이벤트로 사랑받는 곳이다. 이 곳 한 켠에는 'OSAKA'라고 크게 쓰인 조형물이 우뚝 서 있는데, 명실상부한 오사카 인증샷 최적의 장소라 할 수 있다. 심지어 이곳에서는 각도를 잘 맞추면 뒷 배경으로 아베노 하루카스를 넣을 수 있다. 이 정도면 인스타그램에 올릴 때 '#오사카여행'이라는 해시태그조차 필요 없을 정도로 오사카 그 자체. **VOL.2 ⓘ P.318**

Spot 2 다음 역은 늪의 바다, 늪의 바다역입니다
가오나시 포토존

〈센과 치히로의 행방불명〉에서 인상적인 장면을 꼽자면 센과 가오나시가 바다가 보이는 기차를 타고 제니바를 찾아가는 장면을 빼놓을 수 없을 것이다. 그 장면을 묘사한 포토존이 오사카에 있다. 신사이바시에 위치한 파르코 백화점은 6층을 '팝 컬처 신사이바시'라는 이름의 서브컬처 전문 플로어로 운영 중인데, 여기 입점한 〈동구리 공화국〉 내에 기차 타고 우두커니 앉아 있는 가오나시의 조형물이 설치되어 있다. 가오나시 포토존이 상설 설치된 곳은 나고야의 지브리 파크와 신사이바시 파르코 뿐이라, 어떤 포토 스팟 이상으로 오사카여행을 인증하기 좋은 곳으로 인정받는 중이다. **VOL.2 ① P.288**

 Spot 3 아라시야마의 풍경은 '응'으로 완성된다
% 아라비카 커피

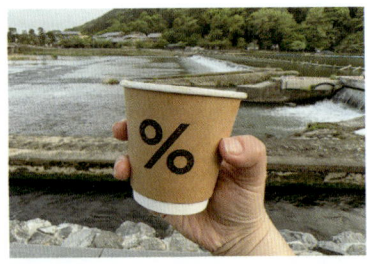

인스타그램에 올라오는 아라시야마 여행 인증샷 중에 높은 비중을 차지하는 것이 하나 있는데, 바로 커피 인증샷이다. 구체적으로 말하면 저 멀리 토게츠교가 보이는 호즈 강을 배경으로 '%'가 그려진 종이컵을 들고 찍는 사진이다. 이 카페는 교토로 시작해 세계로 뻗어나간 커피숍 체인인 '% 아라비카 커피'의 아라시야마 지점으로, 한국에서는 '응커피'로 조금 더 유명하다. 인기 메뉴인 '교토 라테'를 한 잔 들고 인증샷을 찍은 뒤 강을 바라보며 커피를 마시는 일련의 시퀀스는 아라시야마 여행에서 빼놓을 수 없는 루틴이라 할 수 있다. **VOL.2 ① P.443**

 Spot 4 사슴과 멋지게 인사하는 법
나라공원 사슴 인사샷

나라로 여행하는 이유의 절반 이상은 나라 공원, 콕 집어서 나라 공원의 사슴을 만나는 것이다. 도시 한복판에 야생 사슴이 돌아다니는 세계적으로도 드문 풍경을 만나면서, 사슴과 인증샷 한 방 안 찍어 줄 수는 없다. 지금까지는 평범하게 사슴 곁에 가서 V 사인을 하거나 사슴에게 먹이를 주는 모습이 나라 공원 인증샷의 대부분이었는데, 최근에는 사슴과 인사를 나누는 인증샷이 유행하고 있다. 찍는 방법은 쉬운 편으로, 사슴 앞의 땅바닥에 먹이를 놓아 주고 사슴이 먹이 때문에 고개를 숙이면 타이밍을 잘 맞춰서 같이 고개를 숙이는 것이다. 사진으로 찍어도 좋지만 동영상이나 라이브포토로 찍으면 더 재밌고, 부메랑으로 찍어서 영원히 인사를 하게 만드는 것도 좋은 아이디어이다. **VOL.2 ① P.518**

Hot & New 2

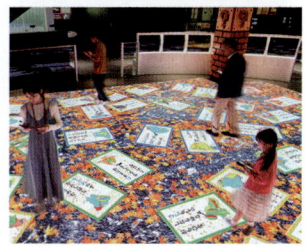

Nintendo Museum
닌텐도의 어제, 오늘, 그리고 내일
닌텐도 뮤지엄

〈슈퍼 마리오〉, 〈포켓몬스터〉, 〈젤다의 전설〉, 〈동물의 숲〉. 비디오 게임에 조금이라도 관심이 있는 사람에게 닌텐도란 추억이자 생활이다. 닌텐도는 한국인에게도 꽤나 친숙한 회사지만, 이곳의 뿌리가 교토에 있다는 사실을 아는 사람은 아마도 많지 않을 것이다. 그 역사가 135년이나 되었고, 처음 시작할 때는 화투와 트럼프 카드를 제조하는 회사였다는 사실은 아마도 더욱 생소할 것이다. 이러한 닌텐도의 어제와 오늘, 그리고 내일을 한 눈에 볼 수 있는 재미있는 시설이 생겼다. 바로 닌텐도 뮤지엄이다. 2024년 10월 초에 문을 연 따끈따끈한 핫 플레이스로서, 지금 칸사이를 여행하는 사람들의 눈길을 한 몸에 모으고 있다.

닌텐도 뮤지엄은 교토 중심가에서 남쪽으로 약간 떨어진 우지 宇治에 자리하고 있다. 우지 중심가가 아닌 다소 애매한 곳에 위치해 있는데, 1969년에 설립된 닌텐도의 공장이 있던 부지라고 한다. 공장 하나를 통째로 전시관으로 만든 만큼 규모는 상당하다. 크게 보면 1층과 2층으로 구분할 수 있는데, 2층에서는 닌텐도가 출시한 다양한 제품과 게임을 통해 닌텐도의 역사를 한 눈에 볼 수 있고, 1층에서는 닌텐도의 주옥같은 게임들을 직접 플레이해 볼 수 있다. 뮤지엄 숍에서는 이곳에서만 한정 판매하는 굿즈를 살 수 있다. 게임 및 캐릭터 상품을 좋아하는 사람이라면 지금 당장이라도 가보고 싶은 곳이지만, 오픈 직후인데다 전 세계의 관심이 쏠려 있어 가보기 쉽지는 않다. 입장을 추첨제로 진행하고 있는데, 경쟁이 제법 치열하다. 응모하기 전날 좋은 꿈을 꾸시기를 기원하는 바이다. VOL.2 ① P.445

> **+ PLUS INFO +**
> 닌텐도 뮤지엄 추첨 응모하기
> **A to Z**
> ① 닌텐도 뮤지엄 웹사이트에 접속한다. museum.nintendo.com
> ② 회원가입/로그인을 한다.
> ③ 티켓 예매 링크를 클릭한다.
> ④ 3개월 후 일정의 추첨 응모가 가능하다.
> ⑤ 다음 달 1일에 추첨 결과가 메일로 전송된다.
>
> **+ PLUS TIP +**
> 원칙적으로는 추첨 후 남은 티켓을 일반 판매로 내놓게 되지만, 현재까지는 추첨만으로 모든 티켓이 매진되기 때문에 일반 판매분은 없는 셈 치는게 좋다.

Hot & New 3

Kansai Art Tour

알고보면 칸사이는 예술의 고장, 칸사이 미술 투어

요즘 한국에서는 미술 전시가 매우 핫하다. 해외 유명 화가나 미술관의 한국 나들이는 얼리버드 단계에서 매진되기 일쑤고, 성수동이나 강남의 작은 미술관들 중에는 인스타그램 성지가 적지 않다. 그럼 일본은 어떨까? 사실 일본에서는 오래 전인 버블 경제 시기에 대규모의 미술 붐이 일어났고, 현재는 중요한 문화 생활로 정착했다. 어느 도시에 가도 좋은 전시와 뛰어난 미술관을 볼 수 있는데, 하물며 경제와 인구 규모가 수도권과 쌍벽을 이루는 칸사이 지역은 두 말하면 잔소리다. 오사카를 비롯한 쿄토, 고베 등지에는 현대미술부터 전통 예술까지 다양한 전시가 열리며, 개성 있는 갤러리와 미술관이 산재한다. 미술에 관심 있는 이들이라면 여행을 준비할 때 다음에 소개하는 전시장에서 어떤 전시를 하는 지 꼭 찾아볼 것.

예술적인 건축물에서 즐기는 최고의 전시
효고 현립미술관 兵庫県立美術館

안도 타다오 安藤忠雄는 건축에 아주 조금만 관심이 있더라도 이름을 알 만한 일본의 스타 건축가다. 안도 타다오의 대표적인 건축물을 보면서 수준 높은 전시도 볼 수 있는 공간이 있다면 미술 팬에게는 더할 나위 없는 일거양득 경험이 될 텐데, 바로 고베에 그런 기특하고 아름다운 공간이 있다. 효고 현립미술관은 2002년에 건립된 칸사이의 대표적인 공립미술관으로서, 안도 타다오의 대표작으로 손꼽힌다. 특히 한 가운데의 기하학적인 노출 콘크리트 나선 계단 공간으로 각 전시실을 비롯한 실내와 실외의 공간이 유기적으로 연결되는 구조는 감탄이 절로 나올 정도이다. 로댕을 비롯한 세계적인 유명 미술가와 일본 근현대 미술가의 다양한 작품을 소장하고 있는데, 소장전 이외에도 매우 수준 높은 기획전이 자주 열린다. 건물을 보러 갔다가 전시에 반하든, 전시를 보러 갔다가 건물에 감동하든, 절대 손해는 보지 않는 곳이다. VOL.2 ① P. 493

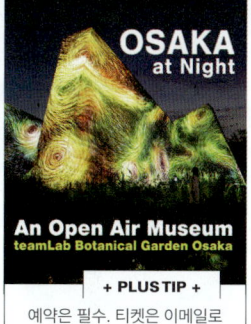

당신을 요정의 숲으로 초대합니다
팀랩 보태니컬 가든 teamLab Botanical Garden

팀랩(teamLab)은 일본의 유명 미디어아트 집단으로, 조명, 음악, 영상, 설치 미술을 결합해 환상적인 작품을 창조하는 것으로 세계적 명성을 얻고 있다. 일본 내 여러 도시와 해외에서도 상설 전시를 진행 중으로, 2022년부터 오사카의 시립 나가이 식물원에서 '팀랩 보태니컬 가든'이라는 이름으로 밤의 숲을 활용한 야외 전시를 선보이고 있다. 실내 공간이 아닌 야외에서 진행되는 전시로, 조명과 영상의 효과를 극대화하기 위해 밤에만 운영된다. 어둠 속에서 숲이 뿜어내는 향을 맡으며 다양한 설치물이 발하는 신비한 빛을 따라 여기저기를 홀린 기분으로 다니다 보면 마치 다른 차원의 세계를 여행하는 기분까지 든다. VOL.2 ① P.344

지금 일본에서 가장 '핫'한 근현대 미술관
나카노시마 미술관 中之島美術館

오사카를 제법 잘 아는 여행자라도 '나카노시마 미술관'이라는 이름은 다소 생소할 수 있다. 그도 그럴 게, 2022년 2월에 문을 연 핫플 중에 핫플이기 때문. 이곳은 2차 대전 이후부터 현대에 이르기까지의 근현대 미술을 전문으로 다루는 미술관으로서, 1983년부터 무려 40년 가까이 준비하여 설립했다고 한다. 준비 기간이 오래 걸린 만큼 소장 작품의 숫자와 수준이 상당히 뛰어난데, 바스키아, 모딜리아니, 마리 로랑생 등 해외 유명 작가들의 작품과 일본 미술가들의 작품을 소장하고 있다. 특히 일본 서양화의 선구자로 일컬어지는 사에키 유조 佐伯祐三의 작품을 일본에서 가장 많이 소장한 미술관이다. 소장품을 선보이는 전시는 물론 일본 내의 다른 지역 및 전 세계의 미술관과 교류하여 수집한 다양한 작품은 다양한 기획을 통해 선보인다. 거대한 검은 박스처럼 보이는 미술관 건물도 매우 인상적이다. VOL.2 ① P.310

명화를 무료로 즐기는 지하 세계의 미술관
국립국제미술관 国立国際美術館

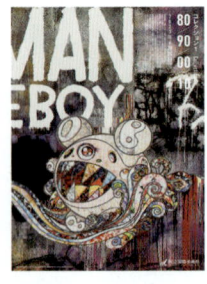

이 곳을 처음 보면 약간의 인지부조화와 함께 거대한 퀘스천 마크 두 개가 떠오른다. 이런 거대한 공룡 뼈다귀 같은 금속 조형물이 미술관이라고? 대체 어디서 전시를 보지? 두 질문에 대한 답은 이러하다. 첫째, 미술관 맞다. 둘째, 전시 공간은 다름아닌 지하에 있다. 공룡 뼈다귀 사이로 들어가면 입구가 있고, 입구는 다시 지하로 인도하는 에스컬레이터와 이어진다. '국립국제미술관'은 나카노시마에 위치한 현대미술관으로, '국제미술관'이라는 타이틀 답게 전세계 각지의 현대미술품을 다양하게 소장하고 있으며 관련 기획전도 자주 개최한다. 내부에 세계적인 미술가들의 작품을 무료로 전시하고 있는 것으로도 유명하다. 로비 중앙에는 호안 미로의 대형 그림이 걸려 있고, 헨리 무어의 조각 작품도 찾아볼 수 있다. 로비 곳곳에 놓인 일본 현대 작가들의 작품도 매우 인상적이다.

VOL.2 ① P.310

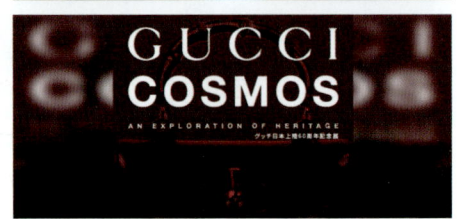

예술이 깃드는 교토의 우아한 근대적 공간
교토 쿄세라 미술관 京都市京セラ美

헤이안진구 쪽을 걷다 보면 눈길을 사로잡는 거대한 근대식 석조 건물이 있다. 누가 봐도 오래된 국공립 미술관 내지는 박물관의 관상인데, 아니나 다를까 공립 미술관이다. 1933년에 건립된 미술관으로, 옛이름은 '교토시 미술관'이었다. 교토를 기반으로 한 대기업인 '쿄세라'의 이름이 붙은 이유는 2017년에 시작한 리노베이션에 쿄세라에서 거액을 지원하며 미술관 명칭에 50년간 회사의 이름을 붙이기로 계약한 것이라고. 과거에는 그냥 웅장한 석조 건물이었으나, 리노베이션 이후에는 곳곳에 현대적인 아름다움과 편의가 가미되어 훨씬 인상적인 미술관이 되었다. 주로 교토 출신의 일본 근현대 작가의 작품을 대거 소장하고 있고, 교토에서 가장 중요하고 규모 큰 전시는 대부분 이곳에서 열린다. 마치 20세기로 돌아간 것 같은 건물 내에서 가장 현대적인 미술 작품을 감상할 수 있는 특별한 공간이다. VOL.2 ① P.393

Hot & New 4

2025 Kansai Viral Restaurants

무따기가 직접 확인했다! 2025 칸사이 바이럴 맛집 대검증

인스타그램, 페이스북, X 등에는 오늘도 수많은 칸사이의 맛집 정보가 올라온다. 여행자가 직접 가보고 올린 리뷰도 있고, 국내외의 해외 여행 정보 채널에서 만들어 올리는 것도 있다. 이 중에는 진짜 순수한 정보도 있고, 광고성 정보도 있다. 그렇다면 이런 맛집들은 정말 맛있는 걸까? 그래서 무따기가 직접 가봤다. SNS에서 가장 많은 정보와 입소문이 떠도는 맛집 네 곳을 무따기가 냉정하고 맛있게 파헤쳐 본다.

왁자지껄 오사카의 맛 **이사리비 漁火**

이사리비가 돌아왔다. 1973년 이내 줄곧 같은 자리를 지켜온 터줏대감 같은 곳이라 딱히 돌아오고 자시고 할 것은 없긴 하지만, 돌아왔다. 어디로 돌아왔냐면, 한국인 여행자들 마음 속으로 돌아왔다. 십수년 전 일본 여행 커뮤니티 등지에서 오사카 맛집으로 유명세를 떨쳤으나 한동안 덜 언급되는가 싶더니, 유튜브 '오사카에 사는 사람들'의 마츠다 부장이 소개한 이후 다시 폭발적인 인기를 끌고 있다. 각종 꼬치류를 화로에서 구워내는 '로바타야키 炉ばた焼', 전 메뉴 300엔 대의 저렴한 가격에 유쾌한 분위기에 맛까지 갖춘 오사카 여행의 로망 종합세트같은 곳이다. 자리가 편하지 않다는 것, 사람이 워낙 많아 친절함이나 빠른 서비스를 기대하기 힘들다는 점은 다소 아쉬운 부분이다. 다만 저녁 시간에 저렴하게 한잔 하면서 일본 여행 분위기를 최대한 만끽할 수 있는 곳을 찾는다면 이보다 더 적절한 곳은 없을 것이라고 본다. 함께 술 마셔줄 좋은 친구와 두 시간의 여유, 그리고 신용 카드. 이것만 챙겨들고 가벼운 마음으로 가보자. VOL.2 ① P.300

+ PLUS TIP +

이사리비, 이렇게 즐긴다!
- 현금만 될 것 같지만 의외로 신용카드 결제가 가능하다. 주문도 QR코드로 한다.
- 의자 안에 옷을 보관할 수 있으니 옷에 냄새가 밸 걱정은 덜 해도 좋다. 다만, 어느 정도 배는 것은 막을 수 없으므로 애초에 막 빨아입을 수 있는 옷을 입고 가는 것이 바람직하다.
- 2시간으로 이용 시간 제한이 있어서 생각보다 회전은 빠르지만, 주말에는 예약하는 것이 좋다. 타베로그에서 예약 가능하다.
- 커다란 화로 주변에 마련된 자리에 앉아서 QR로 주문을 하면 화로에서 구워낸 꼬치를 끝에 판자가 달린 길쭉한 막대로 건네준다.

여러모로 화끈한 라멘
멘바카 이치다이 めん馬鹿一代

라멘 위에 불기둥이 화르르 치솟는 영상을 유튜브나 인스타그램에서 본 적이 있는지? 그곳이 바로 교토에 있다. 원래 이름은 '멘바카 이치다이'이나 '파이어라멘'으로 더 유명한 곳이다. 라멘 위에 파를 듬뿍 얹은 뒤 불이 활활 타오르는 기름을 끼얹어 라멘에 불맛을 더하는 것인데, 불붙은 기름을 끼얹을 때 순간적으로 불이 천장까지 치솟으며 장관을 연출한다. 직원들의 쇼맨십이 매우 좋고 친절한 것도 장점. 중국식 탕면과 쇼유 라멘, 그리고 사골칼국수의 중간 어딘가에 있는 맛인데, 생각보다 깔끔해서 정통 라멘 보다 한국인 입맛에는 오히려 더 잘 맞을 수도 있다. 다만 일반 라멘의 두 배를 웃도는 가격이 발걸음을 무겁게 만드는 것도 사실. 그래서 손님들도 대부분 서양인들이다. 교토에서 일본 문화의 근본을 보고 싶은 사람에게는 맞지 않으나, 재미있는 게 최고라고 생각하며 예산에 구애받지 않는 사람에게는 어떤 음식점 보다 기억에 많이 남을만한 곳이다. VOL.2 ① P.401

+ PLUS TIP +

멘바카 이치다이, 이렇게 즐긴다!
- 라멘 메뉴는 파가 듬뿍 들어간 '네기 라멘 ネギラーメン(파 라멘)' 딱 1종류 뿐. 라멘에 카라아게 등을 곁들이는 콤보 메뉴도 있다.
- 불쇼를 할 때는 손을 뒤로 돌리고 몸을 최대한 뒤로 뺀 채 움직이지 말아야 한다. 영상이나 사진을 직접 찍을 수는 없고, 가게 측에 스마트폰을 맡기면 적절한 각도의 거치대에 장착해서 영상을 찍어 준다.
- 라멘 준비, 불쇼, 고객 서비스 등 여러 가지로 시간이 오래 걸린다. 최소 1시간은 이곳에서 보낼 생각을 하고 오는 것이 좋다.
- 스태프들이 간단한 영어를 구사한다. 안내문은 한국어로 된 것이 있다. 참고로 약 20개국 언어의 안내문을 준비해 놓고 있다.
- 옷에 불 냄새가 심하게 밴다. 다음 일정에 따라 옷을 갈아입는 것도 고려해야 한다.

하루라도 빨리 가자!
양식당 키치키치 ザ洋食屋キチキチ

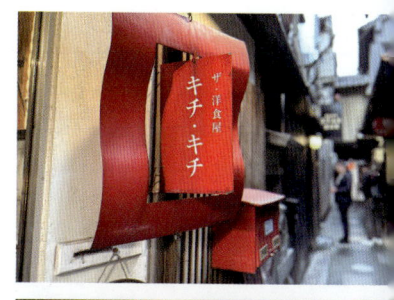

틱톡, 유튜브, 페이스북 등에서 아주 자주 볼 수 있는 영상 중에 유쾌하고 시끄러운 일본인 요리사 할아버지가 음악을 크게 틀어놓고 흥겹고도 요란스럽게 오므라이스를 만드는 것이 있다. 할아버지의 액션도 재밌지만, 통통한 오믈렛을 반으로 가르면 계란물이 흘러내리는 모습은 기립박수가 나올 정도로 멋지다. 이곳은 교토 폰토초 부근에 위치한 〈양식당 키치키치 ザ洋食屋キチキチ〉로, 오므라이스를 준비하고 만들어 서빙하는 전 과정을 쇼처럼 즐길 수 있다. 워낙 바이럴이 많이 되다 보니 맛이 좀 의심스러울 수도 있는데, 음식이 생각보다 맛있는게 의외의 반전. 달걀의 조리 정도도 완벽하고 소스도 맛있다. 거의 모든 좌석이 카운터석으로 되어 있는데, 자리마다 영상 촬영을 위한 스마트폰 거치대가 놓여있다. 이렇게 찍은 영상이 전 세계로 퍼져 나갔다고 보면 틀리지 않을 것이다. 이 가게의 알파이자 오메가인 오너 셰프 할아버지의 연세가 적지 않기 때문에 언제 가게를 그만 두신다고 해도 아주 이상한 일은 아니다. 열고 있을 때 얼른 가볼 것. **VOL.2 ⓘ P.382**

+ PLUS TIP +

키치키치, 이렇게 즐긴다!
- 당일 방문 예약제로 운영된다. 가게 앞에 설치된 기계에서 QR과 비밀번호를 이용해 당일 원하는 시간대를 예약하면 된다. 점심 타임은 오전 9시, 저녁 타임은 오후 1시부터 예약 가능하다. 예약 개시 타임 30분 이전에는 가는 것이 좋다.
- 요리쇼와 식사 시간을 포함해 한 타임당 1시간 제한으로 운영된다.
- 오너 셰프를 비롯한 모든 스태프와 간단한 영어로 소통 가능하며, 한국어 가능한 스태프도 있다.

+ PLUS TIP +

라 마드라그, 이렇게 즐긴다!
- '코로나 샌드위치'는 양이 매우 많은 것으로 유명하다. 식사량이 많지 않은 사람이라면 2인 1접시로 충분하다. 부득이하게 남겨야 한다면 싸달라고 부탁하자. 포장비는 별도.
- 공식 폐점 시간은 18시이나 1-2시간 일찍 닫는 일이 흔하다.
- 스페셜 블렌드 커피가 정말 맛있다. '세븐'은 원래 커피맛으로 유명한 카페였기 때문에 '라마드라그'에서도 그 맛을 유지하기 위해 많은 노력을 기울이고 있다고 한다.

교토의 전통을 잇는 달걀 샌드위치
라 마드라그 la madrague

달걀 샌드위치는 일본을 찾는 여행자들 사이에서 인기가 높은 아이템이다. 지역마다 내로라 하는 맛집들이 있는데, 라 마드라그는 교토 대표로 꼽히는 곳이다. 이곳의 달걀 샌드위치는 '코로나 샌드위치'라는 이름을 지니고 있는데, 대체 왜 '코로나'일까? 여기에는 사연이 있다. '라 마드라그'는 레트로의 극치를 달리는 모습인데 비해 10년 남짓이라는 짧은 역사를 지녔다. 이곳에는 원래 1963년에 문을 연 '세븐'이라는 노포 카페가 있었다. '세븐'이 후계자를 찾지 못하고 문을 닫게 되자 현재의 주인장이 가게를 물려받고 이름을 '라마드라그'로 바꾼다. 개업 후 약 1년이 지난 뒤, 라 마드라그의 주인장은 최근 폐점한 '코로나' 카페의 달걀 샌드위치 메뉴를 물려받아달라는 요청을 받게 된다. 그렇게 레시피를 전수받아 가게에 내놓은 것이 현재의 '코로나 샌드위치'이다. 교토의 노포 카페 두 곳의 유전자가 담긴 달걀 샌드위치인 셈이다. 두툼하다 못해 거대한 오믈렛이 들어간 샌드위치로서, 달지 않고 간이 슴슴하며 안에 바른 머스터드 소스의 맛이 일품이다. **VOL.2 ⓘ P.401**

Hot & New 5

HORIE Shopping Hot Spots

오사카 스트릿 패션 일번지 호리에 堀江 쇼핑 핫 스팟

오사카는 예로부터 '하데 派手'의 고장이었다. '하데'란 일본어로 '화려함'을 뜻하는 단어로, 오사카는 다른 지방에 비해 과감하고 눈에 띄는 축제 같은 패션 감각을 자랑했다. 이런 오사카가 자유분방하고 개성적인 스트릿 패션과 구제의 천국이 된 것은 조금도 이상한 일이 아니다. 특히 시내 서쪽의 호리에 堀江지역에는 오렌지 스트리트를 중심으로 세계적으로 유명한 스트릿 패션 브랜드의 로드샵, 편집샵, 구제샵이 여러 곳 모여있다. 구체적으로 어떤 샵들이 있는지 이 페이지를 통해 미리 보고 가자.

LHP

오렌지 스트리트 입구에 위치한 편집숍. 아메카지 스타일의 스트릿 브랜드를 다양하게 취급한다. 일본 스트릿 브랜드인 니들스와 협업한 제품을 구할 수 있다.

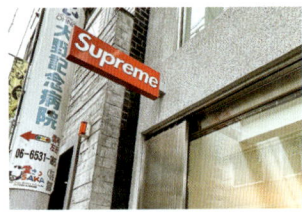

슈프림 Supreme

빨간색 로고로 유명한 미국의 스트릿 패션 브랜드. 한국에는 슈프림 공식 오프라인 매장이 한 곳 밖에 없기 때문에 오사카 쇼핑 여행의 필수 코스로 통한다. 신상을 구하고 싶다면 오픈런 추천.

VOL.2 ① P.283 Ⓜ P.256B

오버라이드 override

볼캡, 버킷햇, 스냅백, 비니, 페도라 등 다양한 모자를 한 곳에서 만나볼 수 있는 모자 전문 편집숍. 캉골 KANGOL과 뉴에라 NEW ERA의 제품이 많다.

VOL.2 ① P.284 Ⓜ P.256B

챔피언 Champion

무난하면서도 세련된 디자인과 합리적인 가격으로 오랫동안 전 세계의 사랑을 받고 있는 스트릿 패션 브랜드. 호리에 매장이 오사카 플래그십 매장이다.

어 베이싱 에이프 A Bathing Ape

상어 모양의 '샤크 후디'로 유명한 일본의 스트릿 패션 브랜드. '베이프 BAPE'라는 약칭으로 더 유명하다. 한국 및 중국 여행객들이 호리에에서 집중 공략하는 매장 중 하나.

VOL.2 ⓘ P.283 Ⓜ P.256B

더 굿랜드 마켓 THE GOODLAND MARKET

리사이클링 및 업사이클링을 테마로 한 의류, 잡화, 생활용품 등을 선보이는 편집샵. 스위스의 업사이클링 브랜드 '프라이탁 FREITAG'의 제품을 다양하게 갖춰놓고 있다. VOL.2 ⓘ P.283 Ⓜ P.256A

히스테릭 글래머 HYSTERIC GLAMOUR

섹시하고 독특한 여성 그래픽으로 유명한 펑크 감성의 일본 스트릿 패션 브랜드. 일본 전체의 히스테릭 글래머 매장 중 가장 큰 규모에 속한다.

VOL.2 ⓘ P.283 Ⓜ P.256A

메종 미하라 야스히로 Maison Mihara Yasuhiro

블랙핑크의 로제가 'APT'의 뮤직비디오에서 신고 나온 바로 그 스니커즈의 브랜드. 주로 남성 의류와 신발을 취급한다. 오렌지 스트리트의 끝자락에 위치해 있다.

VOL.2 ⓘ P.284 Ⓜ P.256B

+ PLUS INFO +

**요즘 오사카 술 쇼핑은 여기!
에디온 난바 본점 Edion Namba**

'에디온 Edion'은 오사카를 중심으로 일본 전국에 체인망을 펼치고 있는 전자제품 및 생활용품 양판점 브랜드이다. 최근 일본의 양판점 브랜드들이 그러하듯 에디온도 드럭 스토어 아이템이나 문구, 식품, 술 등 다양한 분야를 취급하고 있는데, 에디온의 전국 본점에 해당하는 난바점에서 최근 술 관련으로 잔잔한 파문을 일으키는 중이다.

에디온 난바의 6층에는 작지 않은 규모의 일본 술 매장이 자리하고 있는데, 이곳에서는 최근 닷사이 獺祭, 쿠보타 久保田 등 한국인들이 가장 좋아하는 일본술을 상당히 저렴한 가격에 판매하는 중이다. 웬만한 데서는 재고조차 찾기 어려운 닷사이 23을 박스 포함 6000엔 대에 구매하고 싶다면 에디온 난바를 여행 리스트 최상단에 올릴 것.

VOL.2 ⓘ P.277 Ⓜ P.258F

Hot & New 6

Offbeat Hotels in Osaka

'오사카'가 호텔로 태어났다!? 오사카의 특이한 호텔들

오사카는 일본에서 가장 유머러스하고 기발한 사람들이 사는 곳이다. 또한, 짠돌이 짠순이의 도시로도 유명하다. 이 두 가지 요소가 숙소라는 시스템을 만나, 최근 오사카에는 특이하고 재미있으면서 여행자들에게 다양한 편의를 제공하는 호텔들이 생겨나는 중이다. 아주 고급스럽거나 또는 아주 저렴한 숙소를 찾는 것이 아니라, 3~4성 호텔 정도 가격대의 무난한 호텔을 찾는 사람이라면 이 페이지에서 소개하는 두 호텔을 한번 주목해 보자.

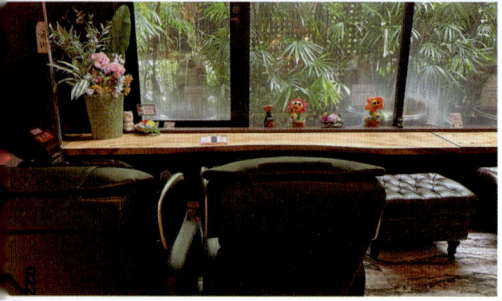

오사카 도심 속에 피어난 한떨기 발리
발리 안 리조트 Bali An Resort

도톤보리에서 미도스지 큰 길을 건너 마츠모토 키요시 골목 안으로 몇 발자국만 들어가면, 그곳에 발리가 있다. 문을 열고 들어가면 각종 열대 식물과 인센스 향, 은은한 소리를 내는 윈드 차임이 방문객을 맞이한다. '발리 안 리조트'는 신사이바시에 위치한 호텔로, 발리의 리조트를 콘셉트로 운영하며 마치 동남아의 올 인클루시브 리조트를 오사카 저렴 버전으로 해석한 듯한 서비스를

이것이 오사카의 오모테나시
오사카 히노데 호텔
OSAKA HINODE HOTEL

'오모테나시 おもてなし'는 일본식 손님맞이 정신을 뜻하는 것으로, 정성을 다해 상대방을 배려하고 세심하게 신경 쓰는 것을 말한다. 에비스초역 부근에 위치한 오사카 히노데 호텔은 '오모테나시'라는 말에 매우 어울리는 곳으로, 마치 오사카를 찾는 여행자들이 무엇을 원할지 미리 알고 죄다 해주는 듯한 서비스를 제공한다. 일단 이 호텔은 온천을 갖추고 있다. 천연 온천수를 사용하는 대욕장을 비롯해 다양한 전세탕과 시설좋은 사우나까지 마련되어 있다. 그 뿐이 아니다. 로비에 들어서면 매일 오후 3시부터 밤 10시까지 무제한으로 제공되는 각종 사케와 생맥주, 아이스크림 바가 투숙객을 기다리고 있다. 저녁 9시부터 10시까지는 무료 라멘을 제공한다. 매일매일 무료 기모노 체험, 타코야키 만들기, 마츠리 체험 등, 오사카의 전통과 현대가 어우러진 체험 프로그램이 준비되어 있다. 여행을 마친 후 돌아왔을 때 푹 쉬기도 좋고, 여행 일정이 어그러졌을 때 호텔에서 심심하지 않게 즐기기도 좋으며 돈도 아끼게 해 준다. 오사카의 오모테나시란 이런 것이 아닐까?

선보이고 있다. 오전 7시부터 오후 5시까지 무제한으로 제공하는 카레와 24시간 제공하는 각종 음료 및 주류. 무한대로 갖다 쓸 수 있는 갖가지 어메니티. 아무나 아무때나 사용 가능한 로비의 안마의자, 1팀당 1시간 무료 이용 가능한 가라오케 등, 하루종일 호텔 밖으로 한 발자국도 나가지 않아도 될 정도로 다양한 편의와 재미로 넘쳐난다. 객실 설비도 좋은 편이며 특히 거품 목욕이 가능한 월풀 욕조가 감동스럽기까지 하다. '발리'라는 콘셉트에 혹해서 묵었다가 너무도 오사카스러워서 반하게 되는 곳이다.

Hot & New 7

Kyoto is picky
교토를 여행할 때 배려할 것들
교토는 까칠하다

일본의 엔저 현상이 장기간 지속되며 전 세계의 여행 수요가 일본에 몰리는 추세가 이어지고 있다. 이 때문에 일본 곳곳에서 오버투어리즘에 대한 볼멘 소리가 나오는 중으로서, 일본 최고의 관광 도시인 교토는 특히 더 심한 몸살을 앓는 것으로 보인다. 일본에서 가장 깐깐하고 도도한 교토 사람들은 이러한 오버투어리즘에 어떻게 대응하고 있을까? 적어도 다음의 두 가지는 미리 알고 가는 것이 좋을 것 같다.

① 캐리어를 들고 버스를 탈 때는 한번 더 생각해 주세요

2023년 말부터 교토의 버스 차창에는 '큰 짐을 들고 버스에 타지 맙시다'라는 캠페인 문구가 나붙었다. 버스의 좁은 차내에 큰 짐을 들고 타면 승객의 통행에 방해가 되므로, 큰 짐을 든 사람은 지하철이나 택시를 이용하라는 내용이다. 관광객들의 큰 짐 때문에 버스에서 제때 내리기 어려웠던 교토 현지인들의 불만이 쌓여온 결과라고 한다. 교토 시민들은 하루빨리 짐 들고 버스타기를 정식 법령으로 정하기를 바라고 있으나 관광객 입장도 생각하지 않을 수 없는 교토 시 당국은 지금도 고민을 거듭하는 중이라고. 교토시 측에서는 10kg 이하의 짐을 갖고 타지 않기 캠페인을 지속하고 있고, 2024년 단풍철에는 교토역에서 교토 시내 주요 호텔을 잇는 관광객 전용 버스를 운영했지만 반응은 신통치 않았다고. 앞으로 이 상황이 어떻게 전개될 지는 알 수 없으나 현재까지는 '버스에 짐 금지'가 정식 법령으로 제정된 것은 아니다. 다만, 주말이나 출퇴근 시간 등에는 큰 캐리어 등을 들고 버스를 타지 않는 정도의 배려는 필요해 보인다.

② 이시베코지에서는 잠시 카메라를 내려놓아도 좋습니다

기온 일대는 예쁜 골목의 광맥 같은 곳이다. 큰길을 걷다가 무심코 접어든 골목이 특별하고 예쁜 풍경을 간직하고 있을 때가 흔하다. 그렇게 발견된 골목이 인증샷이나 숏폼 영상의 명당이 되는 일도 흔하다. 이런 세상에서 몸살을 앓는 사람들도 있다. 바로 기온의 주민들이다. 기온이 유명한 관광지라는 점은 부정할 수 없는 사실이지만, 수십 년 혹은 수백 년 동안 이 동네에 뿌리를 내리고 살아가는 사람들도 적지 않다. 이러한 골목은 동네 사람들의 사유지인 경우도 많아서, 최소한의 조용함과 깨끗함을 유지하고 싶었던 주민들은 최근 골목 앞에 '사유지 앞 사진 촬영 금지' 표지판을 내걸기 시작했다. 가장 대표적인 곳은 이시베코지 石□小路. 교토에서 사진이 예쁘게 나오기로 소문난 골목 중 하나였으나, 최근 이 골목에도 '사유지 앞 사진 촬영 금지' 표지판이 내걸렸다. 교토에서 사진 찍기를 좋아하는 사람들에게는 아쉬운 일이나 동네 사람들의 행복을 존중하는 것도 중요하다. 조용히 산책하는 것은 여전히 가능하니,. 앞으로 이시베코지를 걸을 때는 카메라를 잠시 내려놓고 좋아하는 음악이라도 들으며 조용히 걸어보는게 어떨까.

Hot & New 8

OSAKA EXPO
2025 오사카 최고의 HOT & NEW
오사카 엑스포

2025년에 오사카 여행을 계획하는 사람이 꼭 알아야 할 정보가 딱 하나 있다면 그것은 오사카 엑스포일 것이다. 1970년에 이어 오사카가 두 번째로 개최하게 되는 엑스포로서, 6개월 동안 약150개국의 나라와 25개 국제기구가 참여하여 혁신적인 아이디어와 문화를 교류할 예정이며, 약 2,820만 명의 방문객이 찾을 것으로 예상된다. 이번 엑스포의 주제는 '생명이 빛나는 미래 사회의 디자인'으로서, 건강, 첨단 기술, 지속 가능성, 글로벌 연결성을 아우르는 다양한 전시와 체험을 선보인다. 엑스포는 전 세계인의 시선을 오사카로 모이게 할 수 있는 중요한 행사로서, 이 기간에 엑스포 회장을 방문하면 다양한 테마의 파빌리온에서 일본 특유의 창의적 기술력과 다른 나라의 혁신적 아이디어가 어우러진 전시를 감상할 수 있다. 각국의 전통 음식을 맛보고 다양한 공연과 이벤트를 체험하는 즐거움을 누릴 수 있어, 엑스포 자체를 하나의 거대한 테마파크처럼 즐길 수도 있다. 그러나 그냥 평범한 오사카 여행을 즐기고 싶은 사람이라면 이 기간이 결코 반갑지 않을 수 있다. 다른 때보다 사람들이 훨씬 많이 몰리니 항공권, 숙소를 구하기 쉽지 않을 가능성이 높기 때문이다. 가격이 오를 것이라는 예측도 많다. 세계적인 행사를 즐기며 다양한 인사이트를 얻어보고 싶다면 엑스포 기간의 여행을 적극적으로 고려하고, 그렇지 않고 그냥 평범한 오사카 여행을 원한다면 적극적으로 피하자.

일자: 2025년 4월 13일 ~ 10월 13일
장소: 일본 오사카 유메시마

Japan

국기 `일장기`

흰색 바탕에 가운데 빨간색 동그란 원이 그려진 형태다. 일장기 日章旗 라는 명칭으로 불리며 일본식 발음으로 '닛쇼키' 또는 '히노마루'다. 가운데 빨간 동그라미는 태양의 모양을 본뜬 것으로 '태양이 떠오르는 나라'라는 의미를 지닌다.

언어 `일본어`

일본어를 사용하며 글자는 중국에서 비롯된 한자와 히라가나, 카타카나를 함께 사용해 표기한다.

こんにちは

환전

칸사이 여행을 결정했다면 환율 추이를 눈여겨봐두었다가 유리할 때 환전하는 것이 좋다. 하지만 환율의 움직임을 예측할 수 없으므로 주거래은행에서 환율 우대를 받거나 우대 쿠폰을 사용하는 것이 좋다. 트래블 월릿이나 트래블 로그 같은 체크카드를 사용하는 것도 편리한 방법이다. 공항 환전소는 환율이 불리하므로 가급적 피하는 것이 좋다.

인구 / 면적

일본의 국토는 홋카이도, 혼슈, 시코쿠, 큐슈로 불리는 4개의 큰 섬으로 이루어져 있다. 오호츠크해와 맞닿아 있는 가장 북쪽 지방이 홋카이도다. 4개의 섬 중 가장 큰 혼슈는 북쪽에서부터 토호쿠 지방, 칸토 지방, 추부 지방, 칸사이 지방, 추고쿠 지방을 포함하고 있다. 추고쿠 지방과 칸사이 지방 바로 아래로 시코쿠이며 이어 큐슈가 있다. 큐슈에서 남쪽으로 동중국해와 태평양 사이에 놓인 오키나와현을 포함해 모두 47개의 현이 있다. 일본 국토 면적은 남한의 약 3.8배에 이른다.

377,974km²

1억 2359만명
2025년 1월 기준

비자 / 여권

여행 목적으로 입국하는 경우 비자는 필요하지 않다. 입국일로부터 최대 90일까지 체류 가능하지만 입국 시 여권의 유효기간은 반드시 6개월 이상 남아 있어야 한다.

화폐 `100¥ = 약 950원(2025년 2월 기준)`

일본의 화폐인 ¥(엔)을 사용한다. 엔화는 동전과 지폐, 두 가지가 있다. 동전은 1¥, 5¥, 10¥, 50¥, 100¥, 500¥ 여섯 종류로 되어 있다. 지폐는 1000¥, 2000¥, 5000¥, 1만¥, 네 종류지만 2000¥짜리 지폐는 더 이상 발행되지 않고 거의 통용되지 않아 사실상 1000¥, 5000¥, 1만¥, 세 가지 종류라고 보면 된다.

인터넷 / 와이파이

현지의 관광 활성화 정책의 일환으로 외국인도 사용할 수 있는 무료 와이파이 스폿이 점점 늘어나는 추세다. 그러나 이동 중 사용하는 것이 불가능하다는 불편함이 있다. 대부분의 호텔과 게스트하우스에도 무료 와이파이를 제공한다. 모바일 인터넷을 원활히 이용하고 싶다면 한국에서 심카드, 이심, 포켓 와이파이, 데이터 로밍 등을 준비할 것.

전기

100V

칸사이 전기 규격은 100V/60Hz다. 220V를 사용하는 우리나라와 규격과 콘센트 모양이 다르다. 콘센트 모양은 11자 모양의 납작한 형태다. 그러므로 콘센트 모양을 바꿔주는 변환 어댑터, 일명 '돼지코'를 준비하자. 요즘 나오는 스마트폰이나 카메라 같은 전자 제품은 보통 전 세계 어디서나 사용할 수 있도록 100~240V, 50~60Hz의 규격을 갖추고 있으므로 안심하고 사용해도 좋다.

오사카 대한민국 총영사관

+81-90-3050-0746

주소 大阪府大阪市中央区西心斎橋2丁目3-4(우편번호 542-0086)
찾아가기 지하철 미도스지선 난바역 25번 출구에서 신사이바시스지역 방향으로 도보 약 5분 **전화** +81-6-4256-2345
영사 콜센터 +82-2-3210-0404(24시간, 유료) |
긴급 상황 발생 시 +81-90-3050-0746(근무시간 외, 한국어)
민원 업무 시간 09:00~16:00 **휴무** 토·일요일, 일본 공휴일, 우리나라 국경일
홈페이지 https://overseas.mofa.go.kr/jp-osaka-ko/index.do

신용카드 / 체크카드

비자 VISA, 마스터 Master, 아메리칸 익스프레스 American Express, JCB, 유니온페이 Union Pay 등 글로벌 회사의 신용카드를 사용할 수 있다. 아무래도 일본계 회사인 JCB가 가맹점이 많은 편이어서 사용하기 편하다. 대부분의 백화점이나 대형 쇼핑몰 등 규모가 큰 곳에서는 사용하는 데 문제가 없지만 소규모 상점이나 개인 식당 같은 곳 중에는 신용카드를 받지 않는 곳이 있으니 현금을 충분히 준비하는 것이 좋다. 트래블 로그나 트래블 월렛 같은 체크카드를 이용하면 수수료 없이 현지 ATM에서 엔화로 출금하거나 매장에서 직접 결제가 가능하다.

소비세

10%

일본에서 물건을 구입할 때 가격표를 보면 2개의 가격이 표기된 경우를 흔히 볼 수 있다. 이는 세전 금액과 세후 금액을 표기해놓은 것이다. 세전 금액을 크게 쓰고 세후 금액을 작게 써놓아 세전 금액을 구입 가격이라고 생각하는 경우가 많다. 여기서 세금은 소비세를 뜻하는 것으로 우리나라의 부가가치세처럼 물건을 구입할 때 내는 간접세다. 지금까지 소비세율은 꾸준히 상승해왔으며, 현재 소비세율은 10%다. 면세점에서 면세받는다는 것은 바로 10%의 소비세를 면제받는다는 것을 의미한다.

친절도

칸사이 사람에게도 남에게 폐를 끼치지 않으려는 일본인의 정서와 손님에게 깍듯하게 대하는 일본의 서비스 정신이 있다. 그 때문에 거의 대부분의 매장에서 친절한 서비스를 받을 수 있지만, 가끔 뉴스로 보도되듯 험한 분위기도 아주 없지는 않다. 현지인에게 민폐가 되는 행동을 하지 않는다면 친절도에 대해서는 크게 염려하지 않아도 된다.

우편

칸사이의 우체국에서 한국으로 국제 우편을 보내는 방법은 크게 국제 소포와 EMS가 있다. 소포의 경우 보내려는 물품 상자의 길이가 1.05m, 전체 둘레의 합은 총 2m, 무게는 20kg을 넘지 않아야 한다. EMS(국제 특급 우편)의 경우 길이가 1.5m, 전체 둘레의 합은 총 3m, 무게는 30kg을 넘지 않아야 한다. 요금은 보내는 물품의 부피와 무게에 따라 달라진다. 소요 기간은 항공편을 기준으로 소포는 약 일주일, EMS는 2~3일 정도지만 통관 상황에 따라 더 걸리기도 한다.

화장실

일본의 공중 화장실은 우리나라처럼 대형 건물이나 각 역, 쇼핑몰, 음식점이나 카페, 공공장소의 공중화장실 등을 어렵지 않게 찾을 수 있다. 유료로 사용해야 하는 경우는 거의 없으며 비록 오래되어 보이는 곳일지라도 깨끗하게 관리되는 경우가 많다. 사용한 휴지는 반드시 변기에 버릴 것.

· AREA ·
오사카 한눈에 보기

AREA 1 미나미

📷 ★★　🍴★★★★　🛍★★★★★　🌙★★★★★

미나미는 '남쪽'을 의미하는 말로 오사카 시내의 남쪽 지역을 말한다. 이 책에서는 신사이바시스지, 난바, 닛폰바시, 호리에, 마츠야마치 지역을 미나미로 구분했다. 먹거리와 쇼핑 스폿, 가성비 좋은 숙소가 모여 있는 오사카 여행 필수 코스다.

 CHECK LIST
오사카의 로컬 음식을 맛보고 싶은 여행자
번화가의 분위기를 즐기는 여행자
특색 있는 상품 쇼핑을 원하는 여행자

AREA 2 키타

📷 ★★★★　🍴★★★★★　🛍★★★★★　🌙★★★★

키타는 '북쪽'을 의미하는 말로 오사카 시내 북쪽 지역을 말한다. 이 책에서는 우메다와 JR 오사카역 주변, 텐진바시스지 주변을 키타로 구분했다. 고층 빌딩가와 대형 쇼핑몰, 백화점, 아날로그 감성의 골목길을 만날 수 있는 매력적인 지역이다.

 CHECK LIST
몰에서의 식도락과 쇼핑을 원하는 여행자
레트로한 골목 여행을 즐기는 여행자
오사카 도심의 야경을 즐기고 싶은 여행자

AREA 3 텐노지

📷 ★★★　🍴 ★★★★　🛍 ★　🌙 ★★★

이 책에서는 텐노지역과 츠루하시역 주변을 텐노지로 구분했다. 미나미나 키타에 비해 서민적인 느낌이 묻어나는 지역이지만 일본 최고층 빌딩도 공존한다. 저렴한 숙소와 서민적인 먹거리를 파는 식당이 많고 거리엔 노면전차가 다닌다.

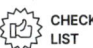 **CHECK LIST**
아날로그 도시 감성을 느끼고 싶은 여행자
고층 빌딩의 전망을 감상하고 싶은 여행자
서민적인 여흥을 즐기고 싶은 여행자

AREA 4 오사카 성

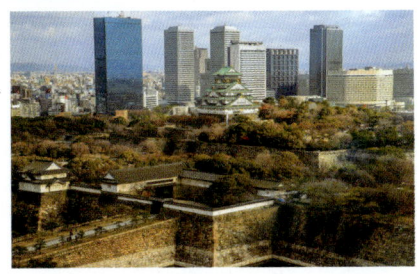

📷 ★★★★　🍴 ★　🛍 ☆　🌙 ☆

오사카의 대표적인 랜드마크인 오사카 성 주변 지역이다. 오사카 도심에서 가장 넓은 공원으로 시민들의 휴식 공간이자 유명 관광지다. 오사카에서 손꼽히는 벚꽃 명소이기도 하다. 추천할 만한 맛집을 찾아보기는 어렵다.

 CHECK LIST
오사카 성을 방문하려는 여행자
관광 유람선을 타고 싶은 여행자
벚꽃 명소를 방문하고 싶은 여행자

AREA 5 항만 지역

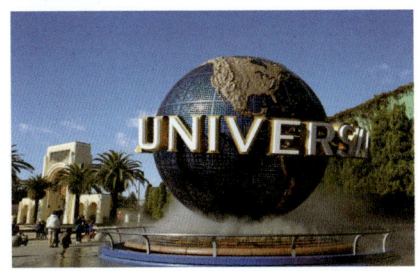

📷 ★★★★★　🍴 ★★　🛍 ★★　🌙 ★

이 책에서는 오사카의 서쪽, 바다와 접한 지역을 묶어 항만 지역으로 구분했다. 유니버설 스튜디오 재팬이 있는 코노하나구와 카이유칸이 있는 텐포잔이 속한다. 테마파크와 여러 관광 시설이 있어 오사카 시민들에게는 유원지 역할을 한다.

 CHECK LIST
유니버설 스튜디오 재팬 방문 여행자
도심의 유원지를 즐기고 싶은 여행자
아이와 함께 여행하는 가족

AREA 6 시크릿 오사카

📷 ★★★　🍴 ★　🛍 ★　🌙 ☆

오사카 외곽에 가볼 만한 곳을 선정해 소개한 지역이다. 반파쿠키넨코엔, 라라포트 엑스포 시티, 컵 누들 박물관 오사카 이케다, 아사히 맥주 박물관, 산토리 야마자키 증류소 모두 당일치기 가능한 곳으로 이색적인 체험을 즐길 수 있다.

 CHECK LIST
오사카 교외로 여행하고 싶은 사람
이색 체험을 원하는 여행자
일본 술에 관심이 있는 여행자

· AREA ·
교토 한눈에 보기

AREA 1 교토 중부

📷 ★★★★★　🍴 ★★★★★　🛍 ★★★★★　🌙 ★★★★

이 책에서는 히가시야마구 일부와 긴카쿠지 주변, 교토 카와라마치역 주변을 교토 중부로 구분했다. 교토 관광 일번지로 교토를 대표 관광지와 맛집, 쇼핑 스폿, 숙소가 빼곡하게 모여 있다. 중부만 둘러봐도 교토를 다녀왔다고 말할 수 있다.

 CHECK LIST
- 교토의 랜드마크를 관광하고 싶은 여행자
- 기모노를 입고 인생숏을 찍고 싶은 여행자
- 교토 식도락과 쇼핑을 즐기고 싶은 여행자

AREA 2 교토 남부

📷 ★★★　🍴 ★★★　🛍 ★★　🌙 ★

이 책에서는 JR 교토역 주변과 후시미이나리타이샤 주변까지를 교토 남부로 구분했다. 교토역은 다른 도시로 들고나는 교토의 현관이며 시내 곳곳으로 가는 버스와 지하철을 탈 수 있는 교통 요지다. 식당은 대부분 교토역 주변에 모여 있다.

 **CHECK LIST**
- 가을 단풍을 만나고 싶은 여행자
- 후시미이나리타이샤를 방문하려는 여행자
- 불교미술과 박물관에 관심 많은 여행자

AREA 3 ▶ 교토 서부

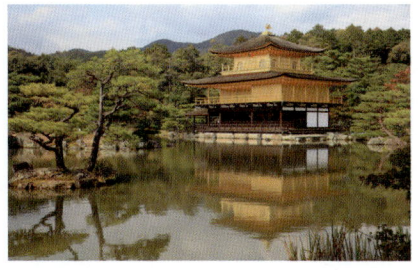

📷 ★★★　🍴 ☆　🛍 ☆　🌙 ☆

킨카쿠지를 대표로 하는 관광지구로 교토 도심 북서쪽 끝자락이다. 지하철이 지나지 않아 교토역이나 카와라마치에서 버스로만 갈 수 있다. 유명 관광지를 제외하면 여행자를 위한 인프라는 많지 않다.

 CHECK LIST
- 킨카쿠지를 방문하려는 여행자
- 란덴 전철을 타보고 싶은 여행자
- <에반게리온> 애니메이션을 좋아하는 덕후

AREA 4 ▶ 교토 북부

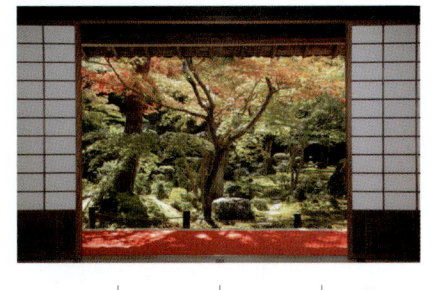

📷 ★★★　🍴 ★★★　🛍 ★★★　🌙 ☆

이 책에서는 데마치야나기역을 기준으로 북쪽 지역을 교토 북부로 구분했다. 높은 건물 없이 강을 따라 펼쳐진 풍경, 관광지가 아닌 진짜 교토의 모습도 만날 수 있는 지역이다. 관광객이 붐비지 않아 비교적 여유로운 여행을 즐길 수 있다.

 CHECK LIST
- 교토의 로컬 분위기를 느끼려는 여행자
- 한적한 곳을 선호하는 여행자
- 교토 사찰의 정원을 느끼고 싶은 여행자

AREA 5 ▶ 시크릿 교토

📷 ★★★★　🍴 ★★★　🛍 ★★　🌙 ☆

이 책에서는 교토 중심지에서 당일치기로 가볼 만한 세 지역을 선정해 시크릿 교토로 구분했다. 헤이안시대 귀족의 별장지였던 아라시야마, 정원을 감상하며 산책을 즐길 수 있는 오하라, 일본에서 손꼽히는 녹차 산지인 우지에서 말차도 맛보자.

 CHECK LIST
- 여유로운 근교 여행을 즐기고 싶은 여행자
- 복잡한 도심 대신 힐링 장소를 찾는 여행자
- 둘만의 오붓한 여행을 즐기고 싶은 커플

· AREA ·
고베 한눈에 보기

AREA 1 ▶ 산노미야

📷 ★★★　🍴 ★★★★★　🛍 ★★★　🌙 ★★

이 책에서는 산노미야역과 키타노이진칸 주변을 산노미야로 구분했다. 고베 교통의 중심지인 산노미야역은 고베 여행의 시작과 끝이라고 할 수 있다. 관광지인 키타노이진칸과 맛집, 쇼핑 스폿, 상점가, 숙소가 모여 있다.

 CHECK LIST
이국적인 건축물에서 사진을 찍는 여행자
고베규나 스테이크를 맛보고 싶은 여행자
오사카에서 당일치기 여행지를 찾는 여행자

AREA 2 ▶ 항만 지역

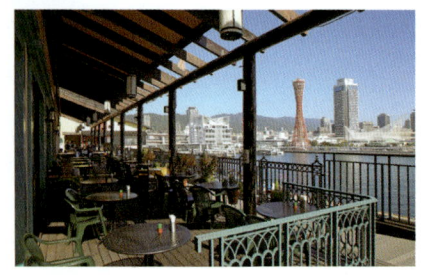

📷 ★★★　🍴 ★★★　🛍 ★★★　🌙 ★★★

이 책에서는 산노미야역을 기준으로 남쪽과 서쪽인 모토마치역 주변, 항구 주변을 항만 지역으로 구분했다. 바다 접해 이국적인 항구 풍경이 매력적이며 쇼핑 거리와 난킨마치를 포함한 맛집, 디저트 가게 등 관광 인프라도 풍성하다.

 CHECK LIST
이국적인 항구를 즐기고 싶은 여행자
크루즈나 관광선을 유람하고 싶은 여행자
고베 커피와 디저트를 즐기고 싶은 여행자

AREA 3 ▶ 시크릿 고베

📷 ★★★★　🍴 ★★　🛍 ★★　🌙 ☆

이 책에서는 고베 도심 외곽의 마야산과 롯코산, 유서 깊은 온천 마을인 아리마온센, 멀리 히메지까지 시크릿 고베로 구분했다. 모두 당일치기 여행이 가능하지만 아리마온센은 롯코산과 묶어 1박 2일 코스로도 추천할 만하다.

 CHECK LIST
고베 교외의 자연을 즐기려는 여행자
온천 마을에서 여유로운 보내려는 여행자
JR 칸사이 와이드 패스를 활용하는 여행자

· AREA ·
나라 한눈에 보기

AREA 1 나라 공원

📷 ★★★★★ | 🍴 ★★★ | 🛍 ★★ | ☪ ☆

이 책에서는 JR 나라역, 킨테츠 나라역, 나라 공원 주변 지역을 나라 공원으로 구분했다. 나라 공원은 '사슴 공원'이라는 애칭으로도 부를 만큼 자유로이 거리를 활보하는 수천마리 사슴이 상징이다. 고대 일본의 불교미술도 만날 수 있다.

 CHECK LIST
전원석인 도시를 즐기고 싶은 여행자
사슴 공원에 호기심이 있는 여행자
불교미술에 관심이 있는 여행자

AREA 2 시크릿 나라

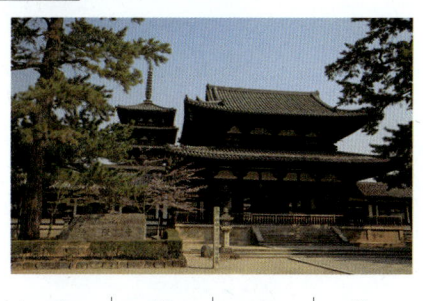

📷 ★★★ | 🍴 ☆ | 🛍 ☆ | ☪ ☆

이 책에서는 여행자의 발길이 많지 않은 니시노쿄, 아스카 지역을 제외하고 호류지를 선정해 시크릿 나라로 구분했다. 일본에서 처음으로 유네스코 세계문화유산으로 등재된 사찰로 삼국시대 사찰 건축양식도 엿볼 수 있다.

 CHECK LIST
역사에 관심이 많은 여행자
유명한 금당벽화가 궁금한 여행자
삼국시대 건축양식에 관심이 있는 여행자

• Season •

칸사이 날씨 & 축제 캘린더

| 3 MAR | 4 APR | 5 MAY | 6 JUN | 7 JUL | 8 AUG |

← ——— Spring ——— → ← ——— Summer ——— →

3월은 봄이 시작되지만 초순엔 아직 날씨가 쌀쌀하다. 3월 20일이 지나면서 벚꽃이 피기 시작하고 3월 말을 전후로 만개한다. 4월은 쾌적한 봄 날씨를 보이지만 아침저녁에 덧입을 얇은 겉옷을 준비하면 좋다. 5월의 낮은 햇볕이 강해 반소매 복장도 괜찮지만, 일교차가 있어 긴소매 옷도 필요하다.

칸사이의 여름 날씨는 덥고 습도가 높다. 최근에는 최고 기온이 점점 오르는 추세여서 35°이상의 기온도 자주 나타나니 무리한 일정은 짜지 않도록 한다. 낮에 야외에서 활동할 때는 물을 자주 마시며 틈틈이 시원한 곳에서 쉬면서 열사병에 주의하자. 옷차림은 가장 시원하게 준비할 것.

 CHECK LIST

벚꽃놀이 4월 초순~중순 오사카 조폐국 벚꽃길 개방, 벚꽃 명소나 교토 사찰 등의 라이트업 행사.
아오이마츠리 5월 중순 교토 시모가모 신사와 카미가모 신사에서 열리는 헤이안 시대 귀족 복장의 행렬

 CHECK LIST

기온마츠리 7월 일본 3대 마츠리 중 하나인 교토 기온마츠리
텐진마츠리 7월 일본 3대 마츠리 중 하나인 오사카 텐진마츠리

오사카와 교토, 고베, 나라는 우리나라의 여수시부터 광주광역시까지와 비슷한 위도에 걸쳐있어 사계절이 뚜렷하다. 봄에는 도시 곳곳에 벚꽃이 피어나고 여름엔 푸른 녹음이 눈부시다. 가을엔 일본에서도 손꼽히는 교토의 단풍이 도시를 붉은색과 노란색으로 물들인다. 겨울은 영하로 내려가는 일이 거의 없고 눈이 내리는 날도 세 손가락 안에 꼽을 정도다.

	1월	2월	3월	4월	5월	6월	7월	8월	9월	10월	11월	12월
최저 기온 (°C)	9	10	14	20	25	28	32	33	29	23	18	12
최고 기온 (°C)	2	2	5	10	15	20	24	25	21	15	9	4
강우 (mm)	38.9	73.3	101.1	128.3	126.2	194.9	159.9	108.9	154.8	148.3	82.3	56.9

| 9 SEP | 10 OCT | 11 NOV | 12 DEC | 1 JAN | 2 FEB |

←──────── Autumn ────────→ ←──────── Winter ────────→

9월에도 기온은 여전히 30°를 오르내리며 무더운 날씨가 이어진다. 9월 하순이 가까워지면서 무더운 여름이 지나고 야외 활동을 하기에 좋은 날씨가 시작된다. 이 시기 날씨의 복병은 태풍인데 간혹 태풍의 경로에 따라 영향권에 들기도 한다. 10월과 11월은 단풍 시즌으로 여행하기 좋은 시기다.

한국 같은 영하의 기온이 아니라고 얕보면 안된다. 12월 하순부터 뼈가 시린듯 스산한 찬바람이 옷깃을 파고드니 우리나라에서의 겨울처럼 의상을 준비하자. 실내 난방도 한국처럼 훈훈한 느낌이 없으니 잠잘 때 입을 실내복도 따뜻한 것이 좋다. 어묵과 함께 따끈한 니혼슈를 즐기기 좋은 계절이다.

👍 **CHECK LIST**

단풍놀이 10월 하순부터 시작해 12월 초순까지 이어지는 단풍기간. 11월 중순부터 하순까지 절정을 이루는 교토 단풍명소의 방문과 야간 라이트업 행사

👍 **CHECK LIST**

루미나리에 12월 또는 1월에 고베 거리와 메리켄파크에서 열리는 대형 루미나리에 불빛 축제
야마야키 봄에 새싹이 잘 돋도록 1월에 나라 와카쿠사 산의 마른 풀을 태우는 행사

Travel Curation

취향따라 상황에 맞춰 어디를 가야 할 지 고민이라면?

인생 첫 일본 여행

#내_인생_첫번째_일본 #3박4일 #친구랑_둘이 #유명한_건_다_볼래
#1일_3만보 #맛집아_기다려 #오사카_교토_나라_고베 #여행스타그램
#핫한_건_다_살래 #인생샷_남기기

1 칸사이 갔으면 꼭 찍어야 하는 필수 인증샷 장소는?

오늘도 내일도 달리는 남자, **오사카 글리코 러너 전광판** P.264
금빛 찬란한 전각을 배경으로 한 장, **교토 킨카쿠지** P.419
교토에 해지는 풍경, **기요미즈데라** P.368

2 누구나 한번은 가봐야 하는 오사카의 대표 맛집은?

오사카 오코노미야키의 진수, **오코노미야키 미즈노** P.267
쿠시카츠의 최고봉, **쿠시카츠 다루마** P.321
키츠네 우동의 명가, **도톤보리 이마이** P.267

3 일본의 전통적인 분위기를 만끽할 수 있는 명소는?

어쩌면 일본에서 가장 아름다운 골목, **교토 산넨자카** P.370
대나무 숲속에서 즐기는 환상적인 시간, **교토 치쿠린** P.441
일본 역사의 치열한 한 페이지가 새겨진 곳, **오사카 성** P.328

4 최고의 야경을 즐길 수 있는 스폿은?

수많은 간판이 별빛처럼 소근대는 곳, **오사카 도톤보리** P.264
항구의 야경이란 이런 것이지, **고베 하버랜드** P.483
칸사이 최고의 높이에서 즐기는 야경,
오사카 하루카스 300 P.319

5 쇼핑 리스트를 끝장낼 수 있는 오사카 쇼핑 명소는?

다섯 걸음 마다 드러그스토어가 하나씩, **신사이바시스지 상점가** P.285
브랜드 쇼핑을 한큐에 끝낸다, **한큐 우메다 본점** P.303
도톤보리 산책 겸 돈키호테 쇼핑하기, **돈키호테 도톤보리점** P.270

6 칸사이에서 이것만은 꼭 해봐야 하는 체험은?

마리오 카트 안 타실 거예요? **오사카 유니버설 스튜디오 재팬** P.336
야생사슴에게 밥 주다 쫓기기, **나라 공원** P.518
전통 의상을 입고 전통 거리 거닐기, **교토 기온** P.370

Travel Curation

취향따라 상황에 맞춰 어디를 가야 할 지 고민이라면?

아이와 함께 하는 가족 여행

#엄마_아빠_딸_아들 #놀이동산 #USJ #행복한_3박4일
#캐릭터_쇼핑 #칸사이_가족여행 #피카츄_라이츄_파이리_꼬부기 #애들한테_엄빠가_효도하기
#근데_어쩐지_아빠가_더_좋아한다 #얘들아_다음엔_좀더_크고_오자

1 어른끼리는 안가도 어린이와는 꼭 가야할 오사카 명소는?

고래 상어와 인사하기, **카이유칸** P.339
내 손으로 만드는 컵라면, **컵 누들 박물관 오사카 이케다** P.344
레고는 밟을 때 말고는 다 좋아, **레고랜드 디스커버리 센터 오사카** P.339

2 오히려 어른이 더 좋아할 만한 칸사이의 캐릭터 쇼핑 명소는?

가오나시 포토 스팟이 있는 곳, **오사카 팝 컬처 신사이바시** P.288
포켓몬, 닌텐도, 산리오, 원피스가 모였다, **오사카 다이마루 우메다점** P.303
닌텐도 원조 도시의 위엄, **닌텐도 교토** P.388

3 유니버설 스튜디오 재팬에서 꼭 타야할 것 세 가지만 고르면?

요즘은 이거 타러 USJ 간다던데, **마리오 카트: 쿠파의 도전장** P.169
가족 모두 함께 호그와트 입학! **해리포터 앤드 더 포비든 저니** P.170
마치 익룡에게 잡혀가는 듯한 스릴, **더 플라잉 다이너소어** P.166

4 '초딩 입맛'과 함께 여행할 때 꼭 가 볼만한 맛집은?

오므라이스의 전 세계 원조, **오사카 홋쿄쿠세이** P.285
일본에서 가장 유명한 로스트비프동, **레드 록 고베 본점** P.469
햄버그 최고 디저트는 더 최고, **교토 그릴 캐피탈 토요테이** P.412

5 가족끼리 즐기기 좋은 온천은 어디?

유명한 온천가에서 즐기는 최고 수질의 온천, **고베 아리마 온센** P.495
전 세계의 온천이 모였다...? **오사카 스파 월드 세계의 대온천** P.322
공중정원에서 온천을 즐겨볼까? **오사카 소라니와 온천** P.341

6 우리 가족끼리 오붓하게 즐기기 좋은 한나절 여행은?

푸른 초원에서 양떼가 노니는 풍경, **고베 롯코산 목장** P.494
아름다운 계곡에서 즐기는 두둥실 뱃놀이,
교토 호즈가와쿠다리 P.444

Travel Curation
취향따라 상황에 맞춰 어디를 가야 할 지 고민이라면?

칸사이 트렌디 여행

#트렌드세터 #나홀로_여행 #예술과_문화 #스페셜티_커피 #조금은_특별한_맛집
#산책과_골목 #디저트와_휴식 #4개_도시 #4박5일 #힙스터답게_쇼핑하자

1 고즈넉하게 산책과 소소한 탐험을 즐기기 좋은 골목은?

오사카의 오래된 미래가 담긴 카페 골목, **나카자키초** P.307
역사와 삶이 어우러진 진짜 칸사이의 골목, **나라마치** P.516
오래된 돌담과 집들이 전하는 따뜻한 기운, **교토 네네노미치** P.371

2 칸사이에서 꼭 가볼만한 전시장은 어디?

한밤의 숲속에서 만나는 신비한 미디어아트, **오사카 팀랩 보태니컬 가든** P.344
수십년간 모아온 전세계의 근현대 미술 작품이 모인 곳, **오사카 나카노시마 미술관** P.310
안도 타다오의 건축물 안에서 최고의 전시를 즐긴다, **효고 현립미술관** P.493

3 맛과 화제성을 한몸에 지닌 소문난 맛집은?

춤추는 할아버지가 만드는 기막힌 오므라이스, **교토 키치키치** P.382
커다란 화로에 둘러 앉아 즐기는 꼬치구이, **오사카 이사리비** P.300
거대 달걀 샌드위치와 커피의 놀라운 조화, **교토 라 마드라그** P.401

4 오사카 호리에-아메무라에서 꼭 가봐야 하는 스트릿 브랜드 숍은?

한국에는 딱 한 군데 밖에 없다고! **슈프림** P.283
로제의 <아파트> 때문에 더 핫해진 브랜드, **메종 미하라 야스히로** P.284
한국에는 아직 안들어온 베입의 샵, **어 베이싱 에이프** P.283

5 칸사이, 어디까지 가 봤니? 한국인에게는 덜 발견된 근사한 여행지는?

고즈넉이 무엇인지 풍경으로 보여준다, **교토 오하라** P.447
알고 보면 일본 3대 야경, **고베 마야산 키쿠세이다이** P.493
백제인의 숨결을 만난다, **나라 호류지** P.524

6 특별한 커피를 원하는 당신이 꼭 가볼만한 커피숍은?

작고 허름한 공간에서 맛보는 우주적인 커피, **교토 니조코야** P.400
세계적인 브랜드와 교토의 조우, **블루보틀 커피 교토** P.396
친절한 추천으로 만나는 전세계의 다양한 원두, **글리치 커피 오사카** P.311

Travel Curation
취향따라 상황에 맞춰 어디를 가야 할 지 고민이라면?

맛집여행

#먹스타그램 #일본_맛집_여행 #칸사이_맛집_뿌시기
#먹고_죽자 #쿠이다오레 #1일_5식 #밥배와_디저트배는_따로_있다
#육식주의자 #맛있게_먹으면_0칼로리 #괜찮아_먹고_걸으면_빠져

1. 근사하지만 가성비 좋은 칸사이의 고급 음식점은?

1만엔 이하에 맛보는 괜찮은 오마카세, **오사카 스시 마츠모토** P.274
프렌치 코스␣와인 포함 1만엔 이하, **고베 르세트** P.472
점심에 저렴하게 즐기는 정통 쿄료리, **기온 쿄료리 하나사키** P.378

2. 육식주의자가 꼭 가볼 만한 육식 맛집은?

관록 넘치는 철판에서 구워내는 고베규 스테이크, **고베 스테이크 아오야마** P.472
비프카츠의 최상급, **고베 몬** P.470
이것이 오사카의 '찐' 쿠시카츠, **시치후쿠진** P.309

3. 눈과 입과 마음이 모두 즐거운 먹자 골목, 꼭 가볼만한 곳은?

요즘 오사카의 대세 먹자 골목, **자우라** P.275
먹자골목인데 심지어 예쁘다, **오사카 호젠지요코초** P.265
시장 먹거리가 가득한 먹거리 천국, **쿄토 니시키이치바** P.376

4. 주당이 칸사이에서 꼭 해볼만한 술 체험은?

고베 대표 양조장들을 한큐에 정복하기, **나다고고** P.492
인생 최상급의 행운을 빕니다, **산토리 야마자키 증류소** P.345
이제 다른 맥주는 마실 수 없을지도 몰라,
아사히 맥주 박물관 P.345

5. 요즘 라멘 대세 도시 쿄토에서 꼭 먹어야 할 라멘은?

와규로 맛을 낸 최강 라멘, **멘야 이노이치** P.384
토리파이탄이란 이런 것, **멘도코로 자노메야** P.384
일본 전국 체인이 아무데나 되는 것은 아니다, **텐카잇핑** P.121

6. 달콤함을 원하는 당신이 고베에서 꼭 가봐야 할 디저트 숍은?

일본식 커스터드 푸딩의 극치, **모로조프** P.471
이것은 피자인가 치즈케이크인가, **칸논야** P.482
입과 마음이 모두 편안해지는 케이크, **모토마치 케이크** P.481

오사카 大阪

#장사 #먹거리 #웃음
#고집 #흥 #야구

이 책의 제목이자 지역의 관문 도시인 오사카, 일본 1000년 고도 교토, 낭만의 항구도시 고베, 일본이 태어난 고장이자 사슴의 식민지 나라. '칸사이 関西' 또는 '킨키 近畿'라는 지역명으로 묶이기는 하나, 4개 도시는 거리가 가까울 뿐 역사와 발전 양상, 현재 모습까지 각각의 개성이 매우 뚜렷하다. 네 도시는 과연 어떤 도시들인지, 그 도시를 가장 잘 나타내는 키워드를 통해 알아보도록 하자.

오사카상인 大阪商人

오사카는 예로부터 일본에서 손에 꼽히는 상업 도시였다. 지금도 오사카는 도쿄에 버금가는 상업과 경제 도시로 꼽히고 있으며, 오사카 사람들은 이 사실에 큰 자부심을 갖고 있다. 몸에 상인 DNA를 지닌 사람들이 많은 탓인지 오사카 사람들은 일본 최고의 짠돌이로 손꼽히기도 하며, 그래서 그런지 물가도 대도시치고는 저렴한 편이다.

한신 타이거즈 阪神タイガース

부산에 롯데 자이언츠가 있다면 오사카에는 한신 타이거즈가 있다. 롯데 자이언츠가 부산 사람들의 모태 신앙이라는 우스갯소리가 있는데, 오사카에서 한신의 위치 또한 그 정도 된다. 슬프게도 지금까지는 한신의 성적이 썩 좋지 않아 오사카 사람들의 마음을 아프게 했으나 2023년 18년 만에 전국 리그에서 우승해 오사카 사람들의 어깨가 잔뜩 올라갔다는 소문이 있다.

오사카벤 大阪弁

'벤'은 일본어로 '사투리'라는 뜻으로, '오사카벤'은 오사카 지역 특유의 사투리를 뜻한다. 오사카 사람들은 지역에 대한 자부심이 매우 강하고 특히 도쿄에 대한 경쟁심을 숨기지 않는데, 그것을 가장 잘 드러내는 것 중 하나가 사투리다. 오사카 사람들은 외국인 관광객이 오사카에서 표준 일본어로 얘기하면 대놓고 '오사카에서는 오사카 말을 쓰라'면서 즉석 오사카벤 강좌를 들려주기도 한다.

오와라이 お笑い

오사카에서는 길에서 아무한테나 '빵!' 하고 총 쏘는 시늉을 하면 '윽!' 하며 받아준다는 얘기가 있다. 그만큼 오사카 사람들의 유머감각이 출중하다는 뜻. 실제로 오사카는 일본어로 코미디를 뜻하는 '오와라이 お笑い'의 본고장으로 손꼽히는 곳으로, 일본에서 가장 유명한 코미디언들도 주로 오사카 출신이다. 오사카 사람들은 전반적으로 쾌활하고 뒤끝없이 화끈한 성정이라 한국 사람들과도 비슷하다는 말이 많다.

코나몬 粉もん

타코야키, 오코노미야키, 우동 등 오사카를 대표하는 음식에는 뭔가 한 가지 수상한 공통점이 있다. 모두 밀가루로 만든 음식이라는 것이다. '코나몬'은 바로 밀가루 음식을 뜻하는 것으로, 원래는 '코나모노 粉もの'인데, 이것을 오사카 사투리화 한 것이 바로 '코나몬'이다. 2차대전 이후 일본의 미 군정이 쌀 소비를 줄이기 위해 분식 문화를 퍼뜨렸는데, 이때 가장 활발하게 도입된 곳이 오사카였다고 한다.

쿠이다오레 食い倒れ

글자 그대로 해석하면 '먹다가 쓰러진다'는 뜻이고, 진짜 뜻은 맛있는 것만 밝히다가 패가망신한다는 뜻이다. 예로부터 오사카를 상징하는 유명한 표현으로, 그만큼 오사카 사람들이 먹는 것을 중요하게 생각한다는 것을 의미한다. 오사카는 일본에서도 손꼽히는 미식의 고장으로, 전통 깊은 노포부터 동네에 널린 프랜차이즈까지 맛이 없으면 살아남을 수 없는 도시라고 해도 과언이 아니다.

교토 京都

#우아함 #고풍스러움 #속을알수없음 #화려함 #역사의풍파

절 お寺(오테라)

교토의 볼거리 중 약 70%는 '절'이라고 봐도 과언이 아니다. 일본의 '지식인' 같은 사이트에 보면 '교토에는 절이 왜 이렇게 많냐'는 질문이 끊이지 않을 정도. 그런데 진짜 왜 이렇게 절이 많을까? 쉽게 말하자면, 일본의 불교 중흥기와 교토가 수도로 정해진 시기가 맞물리기 때문. 교토가 천 년의 도읍으로 보내던 시간 동안 귀족과 왕족들이 불심을 뽐내기 위해 지은 것이 지금 남아있는 1700개의 절이라고 보면 틀리지 않는다.

키다오레 着倒れ

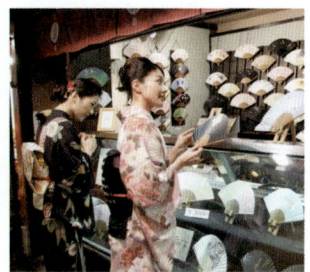

오사카가 '쿠이다오레'라면 교토는 '키다오레'의 도시다. 뜻은 '옷 사 입다가 망한다'는 것. 교토는 귀족이 많이 살았고, 게이샤나 마이코 등 여성 예인도 많았다. 이들은 값비싼 원단에 화려한 수가 놓인 옷을 앞다투어 사 입었고, 급기야 '키다오레'가 핀잔이 아니라 망할지언정 멋을 잃지 않는다는 뜻의 칭찬의 의미까지 올라섰다고 한다. 그만큼 멋과 맵시를 중시하는 도시라는 뜻.

센넨노토 千年の都

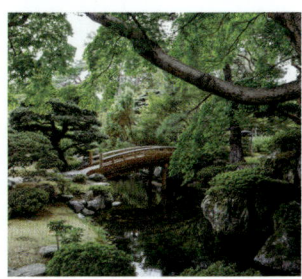

'1000년의 도읍'이라는 뜻으로, 교토의 가장 대표적인 별명이다. 실제로 교토는 서기 794년에 칸무 텐노가 도읍으로 정한 이래 1869년 메이지 텐노가 도쿄로 수도를 옮길 때 까지 무려 1000년이 넘는 시간 동안 일본의 수도로 자리매김했다. 근대 이전의 1000년 세월을 수도로 보낸 도시답게 좁지 않은 도시 전체가 역사 유적과 고풍스러운 건축물로 가득하다.

부부즈케 ぶぶ漬け

'부부즈케'는 찻물에 밥을 말아 먹는 '오차즈케'의 또 다른 이름인데, 그 유명한 교토식 돌려 말하기의 대명사처럼 쓰인다. 어느 집에 놀러 가서 시간이 꽤 지났을 때 안주인이 "부부즈케라도 드시겠어요?"라고 하는 것은 정말 먹을거리를 내 주는 것이 아니라 '얼른 돌아가라'라는 뜻이라는 것. 도시 전설에 가까운 얘기지만, 그만큼 교토 사람들이 직접적인 언급을 피하고 돌려 말하는 것은 사실이라고.

신센구미 新選組

교토는 단아하고 고풍스럽고 정적인 이미지를 지니고 있지만, 이 도시가 1000년의 도읍으로 겪어낸 세월 동안 지나간 풍파와 전란의 숫자는 만만치 않다. 메이지 텐노가 왕정을 복구하던 시기에 발발한 혼란의 무대가 되기도 했는데, 이때 막부 편에 서서 싸웠던 사설 경비 조직이 바로 신센구미다. 마피아와 경찰의 성격을 모두 갖춘 독특한 집단으로 인기가 높아 소설, 만화, 애니메이션 등에서 막부 말기의 교토를 그릴 때는 거의 반드시 등장한다.

닌텐도 任天堂

교토는 온통 절과 신사만 있고 산업 같은 것은 없을 듯 보이기도 하지만, 일본에서 손꼽히는 규모의 도시인만큼 많은 기업이 태어나 뿌리내리고 있다. 그 중 가장 대표적인 것이 닌텐도로서, 1889년에 교토에서 놀이용 카드를 만드는 회사로 문을 열어 현재 세계적인 게임 회사로 자리매김하고 있다. 닌텐도는 원래 트럼프, 화투 등을 생산하던 회사였는데, 의외로 현재까지도 화투를 생산하고 있으며, 그중에는 마리오 디자인이 들어간 것도 있다.

고베 神戸

`#고급스러움` `#소고기와빵` `#재난극복` `#자연환경` `#이국적인분위기`

하이카라 ハイカラ

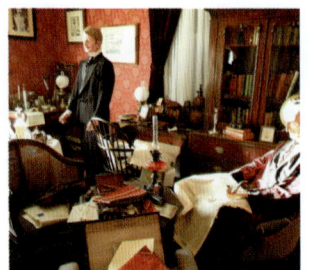

'하이카라'는 19세기 말엽 일본이 근대화되던 시기에 고급스럽고 세련된 서양식 패션과 생활 양식을 즐기던 멋쟁이들을 뜻하던 단어로서, 일본인들이 고베를 생각할 때 가장 먼저 떠올리는 표현이라고 한다. 일본에서 가장 빨리 개항한 항구 중 하나로, 활발한 교역으로 부를 축적했던 도시가 고베다. 그리하여 고베는 '이국적', '서구적', '세련됨', '부유함' 등의 이미지를 지니게 됐고, 실제로 일본 내에서도 손에 꼽히게 부유한 도시라고 한다.

일본최초 日本最初

고베에는 일본 전체에서 최초로 쓰거나 만든 물건 또는 문화가 의외로 많다. 일본에서 최초로 서양식 의복과 구두를 착용했고, 영화와 재즈를 최초로 즐겼으며, 서양식 가구를 집에 놓는 유행도 고베에서 가장 먼저 시작됐다고 한다. 개중에 역사적으로 꼼꼼히 따져보면 딱히 최초라고 할 수 없는 것도 있다고 하지만, 그러든 말든 고베 사람들은 별로 상관하지 않고 자랑스럽게 여긴다고 한다.

쇼쿠토코베 食都神戸

고베는 천혜의 자연환경에서 생산되는 질좋은 식재료에 일찌감치 받아들인 이국의 식문화를 결합한 다양한 먹거리를 자랑하는 도시다. 이러한 고베의 특성을 강조하는 표현이 바로 '쇼쿠토코베'로, '식문화의 수도 고베'라는 뜻이다. 예로부터 전해 내려오는 표현은 아니고, 고베시에서 홍보용으로 내건 캐치프레이즈다.

한신아와지 대지진
阪神淡路大震災

1995년 아와지섬 인근에서 발생한 진도 7.3의 대지진이 고베를 비롯한 효고현 남부와 오사카 서부를 강타해 수천 명의 사상자와 막대한 재산 피해를 냈다. 30년이 지났지만 고베의 곳곳에서는 아직도 대지진을 추모하는 행사나 장소를 어렵지 않게 찾아볼 수 있는데, 가장 대표적인 것이 고베 겨울의 명물로 꼽히는 고베 루미나리에다.

바다와 산 海と山

고베가 일본의 대표적인 항구도시 중 하나라는 것은 잘 알려진 사실이다. 그런데 고베에 산도 있다는 사실을 알고 있는지? 사실 고베는 북쪽은 높은 산, 남쪽은 바다가 펼쳐진 매우 아름다운 자연환경을 자랑한다. 롯코산 六甲山과 마야산 摩耶山은 700~1,000m 높이에 폭포, 목초지, 계곡 등 다양한 풍경을 자랑한다. 아름답기로 소문난 고베 항구의 야경을 보기 가장 좋은 곳은 과연 어디? 당연히 마야산 꼭대기의 전망대!

나다고고 灘五郷

고베 남쪽에 위치한 '나다 灘' 지역은 일본의 대표적인 양조장 밀집 지역으로, 이 일대에서 생산되는 니혼슈가 일본 니혼슈 전체 생산량의 75%를 차지한다고 한다. 적지 않은 사람들이 청주나 니혼슈의 또 다른 이름으로 오해하는 '정종'이라는 명칭의 근원인 '마사무네 正宗'가 바로 이 지역에서 탄생한 것이다. 나다 지역 중에서도 가장 양조장이 많은 5개의 마을을 묶어서 부르는 이름이 바로 '나다고고'다.

나라 奈良

#일본의탄생 #고대사 #한국과의인연 #절많음 #사슴이지배하는곳

나라시대 奈良時代

나라 일대는 일본의 고대 왕국이 성립하고 태동하던 지역이다. 특히 710년부터 794년까지 나라의 헤이조쿄 平城京가 수도였던 시대를 일컬어 일본 역사에서는 '나라시대'라고 한다. 나라시대 이후 수도를 교토를 옮기며 1000년의 세월을 보내게 된 것. 나라시대는 비록 기간은 그다지 길지는 않으나 이 시대부터 국호를 '일본'이라고 했고, 불교가 본격적으로 뿌리내린 중요한 시대로 꼽힌다.

야마토 大和

나라시대 이전, '일본'이라는 국호를 쓰기 전에 존재했던 고대 국가의 이름이다. 서기 2~3세기 경에 시작해 7세기 후반까지 존재했던 국가로, 이후 나라 시대가 이어진다. 야마토국이 사라진 후 나라 일대의 지명이 '야마토'가 되었고, 현재와 같은 행정구역이 정해지기 전까지 나라현 일대가 '야마토쿠니'로 불렸다. 지금도 나라 주변에는 '야마토'가 붙은 지명이 많으며 상호명에서도 어렵지 않게 찾아볼 수 있다.

백제 百済

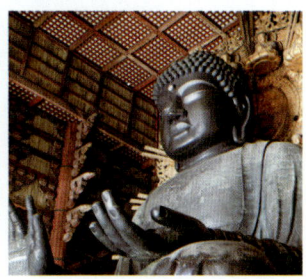

삼국시대의 백제는 야마토국과 지속적으로 교류하며 큰 흔적을 남겼고, 이후 백제가 신라에 패망한 이후 백제계 유민들이 일본열도로 대거 이주하기도 했다. 백제의 흔적은 일본 곳곳에 적지 않게 남아 있는데, 그중에서 가장 많은 유적과 유물을 찾아볼 수 있는 곳이 바로 나라다. 나라의 자랑인 대불, 호류지의 5층탑과 백제관음상 등이 대표적이라 할 수 있다. 나라에는 아예 '백제(쿠다라)'라는 지명도 있을 정도.

카키노하즈시
柿の葉寿司

스시의 원형은 보존을 위해 식초를 넣은 밥 위에 초절임한 생선을 올린 뒤 틀에 넣어 모양을 잡는 것이었다. 나라 일대에서는 여기에 산패 방지를 위한 처방이 하나 더 들어간 스시가 탄생했는데, 바로 초밥을 감잎으로 감싼 '카키노하즈시 柿の葉寿司'다. 나라의 대표적인 전통 음식이라 나라 시내 어디를 가도 어렵지 않게 찾아볼 수 있다.

네타오레 寝倒れ

오사카는 먹다가 망하고 교토는 옷 입다가 망한다. 혹시 나라에도 그런게 있을까? 있다. 바로 '자다가 망한다'는 뜻의 '네타오레 寝倒れ'다. 그런데 네타오레는 앞의 두개와 결이 약간 다르다. 워낙 오래된 유적이며 사찰이 많은 오래된 동네다 보니 이렇다 할 밤 문화가 없고 밤 8시만 되도 불 켜놓은 가게가 드물 정도로 조용해 진다. 그래서 밤에는 잠밖에 잘 게 없다는 푸념이 '네타오레'가 된 것이라고. 실제로 나라는 밤이 되면 제법 중심가도 쥐 죽은 듯이 조용하다.

타케미가즈치
武甕槌命

과거 나라 지역의 명문 가문이었던 후지와라 가문의 수호신. 타케미가즈치는 원래 이바라키현에 있는 '카시마진구 鹿島神宮'라는 곳에서 살았는데, 나라의 카스가산으로 흰 사슴을 타고 찾아와 그곳에 정좌했다는 전설이 전해 내려온다. 후지와라 가문에서는 그때부터 카스가산 일대의 사슴을 신성시했고, 그 후부터 나라의 사슴은 보호받는 야생동물로 1000년 넘는 세월 동안 나라를 지배하고 있다.

BEST SPOT

칸사이 여행
최고 인기 스폿
Best 7

1 오사카를 대표하는 거리
도톤보리 道頓堀

오사카를 다녀온 사람이면 100명 중 150명이 찍어오는 사진이 있다. 얼굴 근육이 아파보일 정도로 활짝 웃는 얼굴의 남성이 두 팔을 번쩍 들고 있는 네온사인 간판, 또는 시뻘겋고 거대한 게를 필두로 오만가지 간판이 시끄럽게 매달려 있는 골목. 이곳이 바로 오사카의 명물 거리인 '도톤보리'다. 오사카 중심부의 남쪽을 가로지르는 도톤보리강을 중심으로 형성된 번화가로, 오사카의 대표 맛집들이 대거 몰려 있다. 도톤보리강변, 그리고 메인 스트리트를 따라 네온사인이 휘황찬란하다 못해 정신 사납게 빛나는 모습은 일본 굴지의 상업 도시이자 맛의 도시 오사카를 대표하는 풍경이라 할 수 있다. 이곳에서 인증샷 하나 남기지 않고 온다면 오사카 안 가본 사람으로 오해받는대도 어쩔 수 없다. VOL.2 ① P.264 ⓜ P.258E

도톤보리에서 꼭 해야할 것 4가지

1 글리코맨 인증숏 찍기

'글리코맨' 앞에서 인증숏 하나 안 찍을 수 없다. 에비스 바시 다리 위, 강 건너편 등 포인트는 매우 다양하다.

2 타코야키 먹기

오사카를 대표하는 먹자골목으로 오코노미야키, 타코야키, 쿠시카츠 등 오사카 대표 먹거리를 모두 맛볼 수 있는 곳이다. 그중에서도 길거리에서 먹는 타코야키가 제맛!

3 밤 산책 하기

낮보다 밤이 더 화려하다. 네온사인으로 찬란하게 물든 도톤보리 메인 스트리트와 도톤보리강 주변을 천천히 걸어볼 것. 도톤보리강가에는 산책로도 잘 조성되어 있다.

4 호젠지요코초 찾아보기

좁고 가느다란 골목으로, 자그마한 식당과 술집이 다닥다닥 붙어 있어 매우 특이한 정취를 자아낸다. 중간에 길의 이름이 된 '호젠지' 절도 찾아볼 수 있다.   VOL.2 ① P.265 Ⓜ P.258E

BEST SPOT

② 일본 제2위의 높이에서 바라보는 오사카의 풍경
하루카스 300 ハルカス300

어느 도시든 여행자에게 고층 전망대는 필수 코스 중 하나로 통한다. 내가 여행한 도시의 모습을 시원한 각도에서 한눈에 담을 수 있는 근사한 경험이니까. 오사카에서 이러한 근사한 풍경을 눈에 담고 싶은 여행자라면 '하루카스 300' 전망대를 제1 후보로 생각해도 좋다. 텐노지 지역에 위치한 고층 빌딩 '아베노 하루카스 あべのハルカス'의 최상층인 58~60층에 위치한 전망대로, 현재 오사카 일대에서 가장 높은 전망대다. 아베노 하루카스의 높이는 무려 300m로 얼마 전까지만 해도 일본에서 가장 높은 빌딩이었지만 도쿄에 새로 생긴 아자부다이힐즈가 1위로 올라서며 애석하게 2위로 물러났다. 하지만 여전히 300m 상공에서 짜릿한 전망을 감상할 수 있다는 사실에는 아무 변함이 없다. VOL.2 ① P.319 ⓜ P.314B

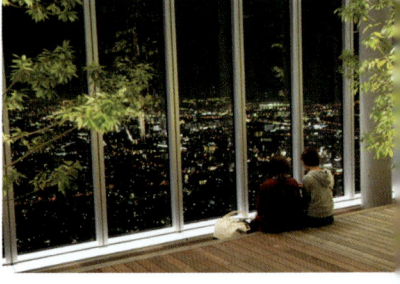

+ PLUS INFO +

오사카의 또 다른 전망대들

- **우메다 공중 정원**: 오사카 북부의 번화가인 우메다에 위치한 고층빌딩 '스카이 빌딩 スカイビル'의 최고층에 위치한 전망대로, 하루카스 300이 생기기 전까지는 오사카 전망대의 지존이었다. 지나치게 높은 곳의 풍경보다 적당한 높이가 좋다면 이곳을 권한다.
  VOL.2 ① P.298 Ⓜ P.292A

- **사키시마 코스모 타워 전망대**: 오사카 서부 항구 지역에 위치한 고층 빌딩으로, 바다를 끼고 있는 오사카의 풍경을 볼 수 있다. 특히 칸사이 공항이 한눈에 들어오는 전망대로 유명하다. 고층 전망대에서 바다와 어우러진 낙조를 보고 싶다면 이곳을 선택할 것.
  VOL.2 ① P.340 Ⓜ P.334B

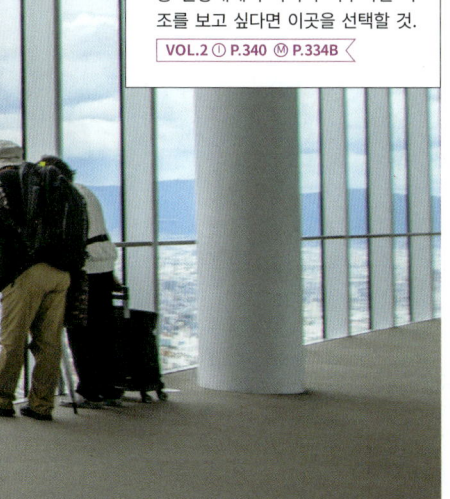

하루카스 300을 최고로 즐기기 위한 3가지 포인트

1 일몰 시간을 맞추자

저녁놀이 내리기 전에 올라가서 해가 모두 진 후 내려오는 것이 최고. 낮 풍경과 노을진 풍경, 야경까지 모두 야무지게 챙겨볼 수 있다.

2 화장실로 가자!

하루카스 300 59층에 위치한 화장실에서는 전망대만큼 근사한 풍경이 펼쳐진다. 이 전망을 보기 위해 한 번쯤 찾아가볼 만한 가치가 있다.

3 카페를 즐기자!

58층에는 '스카이 가든 300'이라는 이름의 카페 겸 레스토랑이 자리한다. 전망과 함께 차와 음식을 즐길 수 있는데, 특히 아이스크림이 맛있는 것으로 유명하다.

3 오사카 역사의 가장 큰 전환점
오사카 성 大阪成

오사카가 일본의 중요한 도시가 된 건 언제부터일까? 항구가 생겼을 때? 쇼토쿠 태자가 시텐노지를 만들었을 때? 코토쿠 텐노가 오사카로 수도를 옮겼을 때? 이런 사건들도 물론 중요하지만, 지금의 오사카를 만든 건 뭐니 뭐니 해도 16세기 말의 문제적 남자 도요토미 히데요시일 것이다. 희대의 풍운아 오다 노부나가가 죽은 뒤 일본의 정점을 차지한 도요토미 히데요시는 밖으로는 임진왜란을 일으켜 조선에 큰 피해를 입히고 안으로는 자신의 세력을 규합하기 위해 오사카 성을 쌓는다. 비록 도요토미 히데요시의 시대는 오래가지 못했지만, 규모와 세력을 갖춘 오사카는 이후 무역과 상업의 도시로 꽃길을 걸었고 현재는 당당히 일본 제2의 도시가 되었다. 오사카 성은 일본 전역에 흔히 보이는 옛날 건물 중 하나로만 여길 수도 있겠지만, 알고 보면 오사카의 역사에서 가장 두꺼운 글씨체로 '그런데'를 적어 넣은, 오사카의 역사적 전환점의 증거이자 그 자체다. **VOL.2 ⓘ P.328 Ⓜ P.326A**

오사카성에서 꼭 봐야 할 3가지 풍경

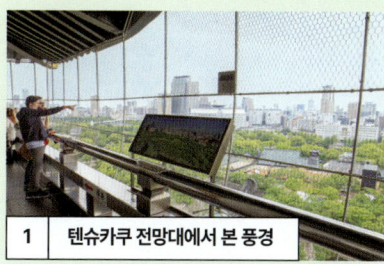

1 텐슈카쿠 전망대에서 본 풍경

일본 옛 성의 중심 망루 건물을 일컬어 '텐슈카쿠 天守閣', 우리식으로는 '천수각'이라고 하는데, 오사카 성 천수각 꼭대기에는 전망대가 설치되어 있다. 성 주변의 푸른 숲과 해자, 오사카 성 일대의 고층 빌딩숲까지 한눈에 들어온다.

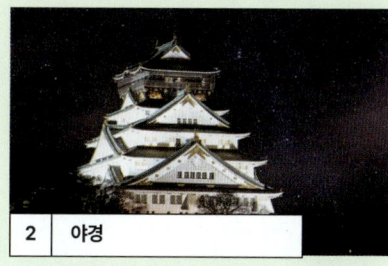

2 야경

오사카 성 일대에는 조명 시설이 잘되어 있어 밤마다 찬란한 빛을 낸다. 특히 새하얀 빛을 뿜으며 우뚝 선 텐슈카쿠의 모습은 오랫동안 기억에 남을 정도로 근사하다.

3 해자

오사카 성 주변은 매우 넓은 해자가 둘러싸고 있는데, 이렇게까지 넓고 깊은 해자를 지닌 성은 일본 전국에서 오사카 성이 유일하다. 특히 봄철에는 이 해자 위로 벚꽃잎이 떨어지는 장관을 볼 수 있다.

마음속까지 맑아지는 풍경

④ 기요미즈데라 清水寺

이곳의 이름을 우리식으로 읽으면 '청수사'. 한문을 아주 조금만 아는 사람이라도 '맑은 물의 절'이라는 것을 쉽게 알 수 있을 것이다. 실제로 이 절의 창건 유래에도 물에 관련한 사연이 담겨 있다. 서기 778년 금빛 물줄기의 폭포에 관음보살을 모신 것을 유래로 창건된 매우 유서 깊은 사찰로, 창건의 유래가 된 물줄기가 '오토와 폭포 音羽の滝(오토와노타키)'라는 이름으로 경내에 남아 있다. 이 절을 교토 최고의 관광지이자 칸사이 여행 필수 코스로 만든 최고의 가치는 다름 아닌 풍경.

산꼭대기의 우거진 숲과 완벽한 조화를 이루고 있는 절집의 풍경은 아름다운 절이 지천에 널린 교토에서도 빼어나게 아름다운 모습이다. 언덕을 오르고 또 올라 본당 뒤쪽 전망 포인트에 도착하면 본당의 우아하고 화려한 모습과 우거진 숲, 그리고 저 멀리 교토 시내가 어우러진 풍경이 한눈에 들어오는데, 교토 여행 중 가장 기억에 남는 감동 포인트가 될 만하다. 이 풍경 하나 보러 언덕을 올라야 하나 고민이 될 만도 하지만 막상 올라와보면 그 수고가 하나도 아깝지 않다. VOL.2 ⓘ P.368 Ⓜ P.361D

기요미즈데라에서 놓치지 말아야 할 타이밍 3가지

| 1 | 일몰 |

본당이 서쪽을 바라보고 있어 본당 뒤쪽 전망 포인트로 가면 정면으로 해가 지는 모습을 볼 수 있다. 저녁나절 노을이 교토 시내와 숲을 붉게 물들이는 모습은 마치 거대한 루비를 보는 느낌을 준다.

| 2 | 야간개장 |

기요미즈데라는 봄 벚꽃철과 여름 오봉 기간, 가을 단풍철 이렇게 연 총 3회 야간 개장을 한다. 이때는 경내 전체에 일명 '라이트업'이라고 하는 야간 조명을 켜기 때문에 안 그래도 아름다운 기요미즈데라가 한층 더 아름답게 빛난다.

| 3 | 단풍 |

기요미즈데라가 가장 아름다운 계절은 단연 가을. 그것도 11월 중순 이후의 단풍철이다. 기요미즈데라가 자리한 오토와산에는 단풍이 유난히 많아 경내 전체가 새빨간 빛으로 화려하게 빛난다.

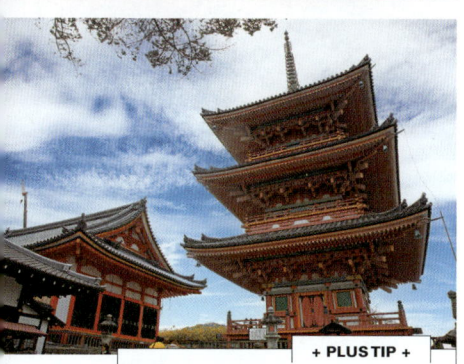

+ PLUS TIP +

비추 타이밍

사계절 아름답긴 하지만 12월 중순부터 3월 초까지는 경내를 가득 메운 나무들의 이파리가 모두 떨어져 비교적 쓸쓸한 풍경이 연출된다. 또한, 본당이 서쪽을 바라보고 있어 12시 이전에 방문하면 태양에 눈이 강타당할 수 있다.

마치 한 폭의 동양화 같은 풍경

아라시야마 嵐山

세월도 변하고 여행에 대한 유행도 변한다. 교토 서부에 자리한 산인 '아라시야마' 일대는 십수년 전만 해도 숨겨진 명소였지만 지금은 교토의 수많은 관광지를 젖히고 최고의 인기 관광지로 당당히 자리매김하고 있다. 그런데 그럴 만하다. 비취를 녹여놓은 듯한 신비로운 녹색 물이 도도히 흐르는 강과 그 위를 유유히 떠가는 조각배, 느긋하게 이어진 산등성이 등 마치 거대한 동양화를 현실에 펼쳐놓은 듯한 아름다운 풍경을 지녔으니 말이다. 교토 시내는 고풍스럽긴 하나 의외로 대도시라 좀 더 자연과 어우러진 풍경을 기대한 사람이라면 적게나마 아쉬움을 느낄 수 있으나, 아라시야마에 오면 그 실낱같은 실망조차 완전히 사라진다. 1년 365일 일본 전국에서 몰려온 수학여행 학생들이 진치고 있으므로 호젓하다거나 고즈넉하다거나 이런 것에 대한 기대만 조금 내려놓는다면 그야말로 완벽한 그림 한 폭이 여행자를 기다릴 것이다.

VOL.2 ① P.440 Ⓜ P.434B

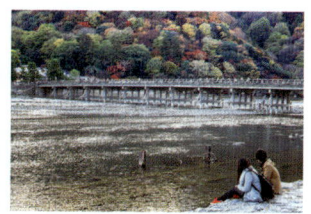

아라시야마에서 꼭 해볼 것 4가지

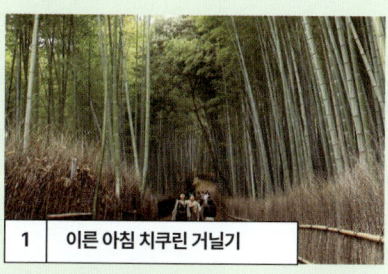

1 이른 아침 치쿠린 거닐기

아라시야마의 상징 치쿠린. 키 큰 대나무 숲 사이로 난 조붓한 산책로가 400m 가량 뻗어 있다. 사람들이 몰려오기 전 대나무 숲이 안겨주는 고요한 정서를 마음껏 누려볼 것. VOL.2 ⓘ P.441 Ⓜ P.434B

2 호즈강에서 유람선 타기

아라시야마 서쪽의 카메오카부터 중심의 토게츠교에 이르는 약 11.5km의 강. 카메오카 부근에서 작은 배를 타고 천천히 내려가는 유람선 2시간 코스는 교토의 강이 선물하는 모든 정취를 누릴 수 있는 최고의 여행법이다. VOL.2 ⓘ P.444 Ⓜ P.434B

3 토롯코 열차 타기

걷는 것보다 조금 빠른 속도로 아라시야마의 산과 강을 누비는 관광용 열차. 특히 벚꽃철에는 이 열차를 타는 것 자체가 교토 최고의 벚꽃놀이라 할 수 있다.
VOL.2 ⓘ P.444 Ⓜ P.434B

4 길거리 음식 즐기기

토게츠교에서 치쿠린 방향으로 가다 보면 길거리 음식을 판매하는 수많은 가게들을 볼 수 있다. 특히 말차 아이스크림과 유바 튀김은 배가 터질 정도가 아니라면 꼭 먹어야 하는 음식에 속한다.

BEST SPOT 6

교토에서 가장 유명한, 그러나 가장 교토 답지 않은
킨카쿠지 金閣寺

뻥을 많이 보태자면, 교토는 사람 사는 집보다 오래된 사찰이 더 많다. 교토에 살던 왕족과 귀족 중 적지 않은 수가 불가에 귀의했고, 그들은 살던 집을 절로 만들거나 새로 절을 창건했다. 금각사는 13세기에 어느 귀족이 지은 절로 교토에 흔한 평범한 절 중 하나였는데, 16세기에 무로마치 막부 3대 쇼군인 아시카가 요시미츠가 이곳을 차지하며 전각 하나를 죄다 금빛으로 칠해버린다. 교토의 사찰들은 대부분 나무빛깔을 살린 차분하고 우아한 모습이며, 번쩍번쩍 금칠이 되어 있는 전각은 교토 천지에 이곳 하나뿐이다. 덕분에 이 사찰은 '로쿠온지 鹿苑寺'라는 원래 이름이 아닌, 금으로 된 전각이 있는 절이라는 뜻의 '킨카쿠지(금각사)'로 더 유명해졌고, 교토답지 않은 화려하고 유니크한 모습 덕분에 오히려 교토를 대표하는 풍경이 되었다는 아이러니한 사연이다.

이곳은 어쩌다 금칠이 되었나

킨카쿠지의 모든 건물이 금색인 것은 아닙니다. 아름다운 연못 옆에 위치한 3층 전각만 금칠이 되어 있어요. 이 전각의 명칭은 '샤리덴 舎利殿', 우리식으로 읽으면 사리전입니다. 부처님의 사리를 모신 건물을 말해요. 금색으로 칠해진 이유도 표면적으로는 사리와 연관이 있습니다. 부처님의 뼈가 금색이라는 속설을 반영했다는 거죠. 그러나 이것은 어디까지나 '표면적'이고, 진짜 이유는 아시카가 요시미츠 쇼군이 당시 텐노와 교토 귀족들에게 자신의 세력을 과시하기 위함이었다고 합니다.

+ WRITER'S NOTE +

7 이곳은 사슴의 제국
나라 공원 奈良公園

나라역에 도착해 토다이지 방향으로 조금 걷다 보면 이내 다른 도시에서는 볼 수 없는 낯선 풍경 하나가 여행자를 맞는다. 바로 사슴이다. 사슴이 공원 안 대로변이나 상점 앞을 마치 동네 할아버지처럼 어슬렁거리고 있는 모습은 아무리 예전부터 소문을 들었다고 해도 바로 적응하기는 쉽지 않은 풍경이긴 하다. 나라의 중심부에는 '나라 공원'이라는 이름의 넓은 공원이 조성되어 있는데, 이 일대에는 벌써 1000년도 훨씬 전부터 야생 사슴이 살고 있었다. 나라의 중심 신사인 가스가타이샤에서는 신이 흰 사슴을 타고 온다고 하여 사슴을 신성시했고, 그래서 야생 사슴을 해치거나 잡아먹지 않고 고이고이 모시듯이 보존했다. 그리하여 나라에는 1000년 넘게 일본 토종 사슴이 공원 일대에서 번식 및 서식하게 된 것. 때로는 난폭하게 여행객을 따라오는 사슴 때문에 당황스러운 경험도 하게 되지만, 그런 경험조차 나라 아니면 해보기 힘든 것이다. VOL.2 ⓘ P.518 Ⓜ P.513C

나라 공원 사슴 트리비아

| 1 | 진짜 야생! |

평범하게 생각하면 사슴들을 어디선가 사육하다 낮에만 공원에 풀어놓는 게 타당할 것 같지만, 나라 공원의 사슴들은 진짜 야생이 맞다. 약 8세기부터 나라 공원 일대에 서식하고 있었고, 특별한 관리 없이 알아서 번식하고 먹고 산다.

| 2 | 현재 총 마릿수는? |

2021년 7월 조사에 따르면 총 1105마리가 서식하고 있다고 한다. 코로나 유행기 이후로 공원 일대에 출몰하는 횟수가 확 줄었으나 실제 마릿수가 유의미하게 준 것은 아니라고.

| 3 | 먹이를 주지 마시오 |

사슴들은 대대로 관광객들이 주는 먹이에 길이 들어 사람만 보면 먹이를 내놓으라고 난폭하게 코를 들이밀곤 한다. 그러나 먹고 싶어 한다고 해서 사람이 먹는 채소나 음식을 주는 것은 절대 금물. 공원 내 판매소에서 사슴 전용 먹이, 일명 '시카센베이 鹿せんべい'를 판매하고 있으므로 먹이를 주고 싶다면 꼭 구입할 것.

SECRET SPOT

나만 알고 싶은 순간,
칸사이 시크릿 스폿

여행의 시간은 각자의 사정마다 모두 다르지만, 그럼에도 치명적인 공통점이 있다. 갈 곳에 비해서는 주어진 시간이 너무 짧다는 것. 그래서 많은 여행자들은 남들 다 가는 최고 유명 여행지를 선택하곤 하고, 어찌 보면 이것은 최선의 선택일지도 모른다. 그러나 세상에는 남들의 최선이 나에게도 최선은 아닌 사람들이 존재하기 마련이고, 이 글을 쓰고 있는 필자 또한 사실 그런 사람 중 하나다. 그래서 모아봤다. 조금 덜 알려졌지만, 여행 많이 다닌 사람들이 칸사이에서 가장 '애정하는 장소'와 그곳에서 맞는 순간들. 부디 누군가에게는 영감이 될 수 있기를.

1 텐진바시스지에서 현지인 놀이 하기
텐진바시스지 天神橋筋

> 텐진바시스지 상점가를 걷다 보면 '여기가 진짜 오사카구나' 하는 느낌을 받게 돼요. 신사이바시와 다르게 이 일대에서는 외국어가 잘 안 들려요.
> —어학연수생 C씨

손으로 쓴 낡은 간판을 내건 동네 밥집, 동네 할머니, 할아버지 옷을 파는 오래된 옷 가게. 관광객이 아닌, 정말 오사카 중심가에 거주하는 사람들의 눈높이와 삶의 결에 맞춘 상점가다. 화려한 눈요깃거리 대신 생활감과 오사카의 지역색이 마치 물 뿌린 흙처럼 텁텁하면서 속 시원한 향을 내뿜는다.

VOL.2 ① P.306 Ⓜ P.293C~D

2 료안지의 돌 정원에서 우주와 조우하기
료안지 龍安寺

교토 서부에 있는 오래된 사찰 료안지의 정원은 일본 카레산스이식 정원의 최고봉으로 손꼽힌다. 회백색 자갈이 단정하게 깔린 바탕 위에 크고 작은 바위가 기묘하게 배치되어 있다. 바위들이 규칙성 따위는 그다지 고려되지 않고 그냥 무작위로 놓인 것만 같지만, 그 무심한 배치와 단조로운 색채가 오히려 무한한 상상력을 자극한다.

VOL.2 ① P.420 Ⓜ P.416A

> 바위와 자갈뿐이라 단조롭고 무의미해 보이는 풍경이지만, 보고 있노라면 머릿속에서 우주가 펼쳐져요.
> —여행 작가 A씨

나라마치에서 헤매기
나라마치 奈良町

나라마치는 한적한 골목 동네다. 100년 가까운 세월을 담장과 창문에 고스란히 새기고 있는 야트막한 집들이 쭉 이어진 오붓한 골목에는 언제나 호지차 볶는 냄새가 감돈다. 천 년의 역사를 헤아리는 오래된 동네로, 골목을 사랑하고 여행 좀 다녀본 사람이라면 이곳의 골목을 딱 20분만 걸어 봐도 반드시 매우 결정적인 순간과 조우할 수 있을 것이다. 나라라는 도시가 겹겹이 쌓아온 생활의 향기를 느끼는 바로 그 순간 말이다.

VOL.2 ① P.516 Ⓜ P.512B

> 나라마치는 나라의 대표적인 관광 명소지만 완전 백퍼센트 관광지는 아니에요. 관광지와 주택가가 6:4 정도 비율로 섞였달까요?
> — 여행 가이드 B씨

 니시키 시장에서 길거리 음식 챌린지
니시키이치바 錦市場

어딘가에서는 소고기를 굽고, 또 어딘가에서는 새우나 오징어를 굽는다. 눈 앞에는 쉴 새 없이 신선한 해산물이 나타난다. 여행자는 가장 마음에 드는 곳을 골라 꼬치 하나와 맥주 한잔을 사 들고 자리를 잡는다. 맛있는 음식과 와자지껄한 분위기를 입안에서 씹어 목으로 넘기다 보면 어느새 흐뭇한 기분이 드는 순간이 찾아온다. 교토의 털털하고 서민적인 얼굴을 느끼며, 어느새 교토랑 조금 더 친해진 것만 같은 기분이 드는 순간 말이다.

VOL.2 ① P.376 Ⓜ P.360B

> 니시키 시장의 옛날 별명이 '교토의 부엌'이었잖아요? 이제는 이름을 좀 바꿔야 되지 않나 싶기도 해요. '교토의 뷔페', '교토의 푸드코트', '교토의 포틀럭 파티'. 안 그런가요?
> — 편집자 D씨

> 토다이지 뒤에 엄청 근사한 데가 있다는 말만 듣고 찾아갔죠. 낑낑거리며 마침내 니가츠도인지 뭔지 하는데 도착했더니 온몸이 땀투성이가 됐더라고요. 앉아서 시내를 멍하니 바라보는데, 어디선가 시원한 바람이 한 줄기 불어왔어요. 그 순간을 평생 못잊을 것 같아요.
> — 디자이너 E씨

⑤ 토다이지 니가츠도에서 나라 시내 내려다보기
토다이지 니가츠도 東大寺 二月堂

우리식으로 읽으면 이월당이다. 전각 자체도 아름답지만, 이곳의 진짜 가치는 바로 전망이다. 니가츠도의 가파른 계단을 오르면 2층의 발코니가 나타나고, 그곳에 서면 비로소 눈앞에 감동스러운 풍경이 펼쳐진다. 바로 토다이지의 경내와 저 멀리 나라 시내의 모습이다. 회색 지붕이 이어진 차분하고 수수한 모습의 나라 시내가 눈앞에 펼쳐진다. 마치 모두가 눈앞에 두고도 못찾는 보물을 내 손으로 들어 올린 트레저 헌터 같은 마음이 된다. VOL.2 ⓘ P.519 Ⓜ P.513C

PHOTO SPOT

칸사이 여행의
결정적인 한 컷,
여기서 찍는다

붉은 토리이에 햇빛 스미는 시간

후시미이나리타이샤 센본토리이
伏見稲荷大社 千本鳥居(교토)

푸른 숲속에 첩첩이 늘어선 새빨간 토리이. 토리이 사이로 빗살처럼 스며드는 햇살. 일본 관광 홍보용 이미지에 가장 많이 등장하는 풍경 중 하나일 것이다. 이곳이 바로 교토에 있다. 교토 시내에서 남쪽으로 약간 떨어진 곳에 위치한 '후시미이나리타이샤 伏見稲荷大社'라는 신사 경내에 있는 '센본토리이 千本鳥居'라는 토리이 터널이다. 후시미이나리타이샤는 창건 연대가 8세기까지 거슬러 올라가는 유서 깊은 신사로, 일본 이나리 신앙의 중심지인 곳이다. '이나리'는 풍요와 농사에 관련한 신앙으로, 이곳이 이나리 신앙의 중심지다 보니 사람들이 기복의 의미로 토리이를 하나둘씩 지어다 바치기 시작해 지금은 신사 경내 전체에 무려 1만 개의 토리이가 있다고 한다. 그중 가장 많은 토리이가 몰려 있는 것이 '센본토리이'로, '1000개의 토리이'라는 뜻이다. 예전에는 정말 1000개가 있었는데, 세월이 흐르며 나무로 된 것들이 훼손되어 현재는 800여 개만 남아 있다고 한다. 남동쪽으로 뻗은 두 갈래의 길에 각각 400여 개에 이르는 토리이가 첩첩이 터널을 이루고 있는데, 날씨만 조금 받쳐준다면 누구나 인생샷을 건질 수 있을 정도로 포토제닉 그 자체다. 교토에서 일본 전통 느낌의 결정적 한 컷을 건지고 싶다면 꼭 방문해야 할 곳이다. **VOL.2 ⓘ P.410 Ⓜ P.405C**

+ BEST PHOTOSHOOT TIP +

1. 화려하게 입자!

초록+주홍의 조합 앞에서는 어지간한 색깔은 이길 수가 없다. 되도록 알록달록하고 화려하게 입을 것. 새하얀색도 괜찮은 선택이다. 일본 전통 의상 대여도 생각해볼 만하다.

2. 맑은 날 오후가 최고!

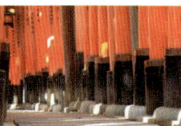

토리이가 겹겹이 터널을 이룬 곳인데 일조량이 무슨 상관인가 싶을 수도 있지만, 토리이 사이사이로 비치는 햇빛이 어지간한 인공조명은 따르지 못할 정도로 근사하다. 오전보다는 오후의 햇살이 조금 더 예쁘다.

2 기온과 시라카와의 종합판
기온신바시 祇園新橋(교토)

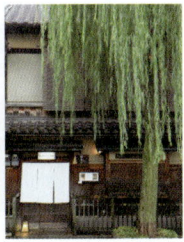

기온은 교토가 지닌 아기자기함과 화려함을 모두 모아 놓은 곳이라 할 수 있지만, 그중에서도 가장 포토제닉한 곳을 꼽자면 기온신바시라 할 수 있다. 기온을 가로질러 흐르는 개천인 시라카와 白川 주변은 전통 가옥과 벚나무가 기가 막힌 조화를 이루며 늘어서 있는 곳인데, 기온신바시는 시라카와에 놓인 여러 개의 다리 중 하나로 시라카와 일대의 아름다움을 종합해놓은 곳으로 정평이 나 있다. 봄이면 벚꽃, 여름에는 버드나무, 가을에는 단풍 등이 전통 가옥 및 실개천과 어우러져 마치 기온의 종합 선물 세트 같은 풍경을 수놓는다. 다리 초입에 서면 골목과 버드나무, 전통 가옥이 마치 준비된 세트장같이 펼쳐져 결정적 한 컷을 선물처럼 얻어 갈 수 있다.

VOL.2 ① P.374 Ⓜ P.360B

+ BEST PHOTOSHOOT TIP +

1. 전통 의상을 대여해볼것!

기온 거리만큼 일본 전통 의상이 잘 어울리는 거리도 드물다. 특히 기온신바시 부근에는 가까운 곳에 대여점이 있어 기동력 있게 빌려 입기 좋다.

2. 기온신바시는 밤이 좋아!

어느 계절, 어느 시간에 가나 최고의 풍경을 보여주는 곳이지만, 이곳을 잘 아는 사람들은 해 질 녘부터 밤까지의 풍경을 최고로 친다. 야간 촬영이 가능한 카메라를 준비해 야간 스냅에 도전해볼 것.

3. 인력거를 기다려보자!

인력거가 매우 자주 지나가는 거리다. 가장 교토다운 풍경을 남기고 싶다면 인력거가 지나가기를 기다려 볼 것. 얼마 기다리지 않아도 금세 인력거가 경쾌한 소리와 함께 등장할 것이다.

기요미즈데라 포토 투어를 떠나자!

3 산넨자카~야사카도리
三年坂~八坂通(교토)

기요미즈데라, 일명 청수사 일대는 포토 포인트의 뷔페라고 봐도 좋을 정도로 예쁜 골목이며 담벼락, 가게로 넘쳐나는 곳이다. 그중에서도 가장 하이라이트라고 할 만한 곳이 바로 산넨자카와 야사카도리일 것이다. 산넨자카는 기요미즈데라의 참배로 중 하나로, 메인 참배로인 기요미즈자카에서 북쪽으로 빠지는 언덕길이다. 일대에서 전통적인 모습이 가장 잘 남아 있는 골목이자 교토에서 제일 예쁜 골목 중 하나로 손꼽힌다. 여기서도 제법 예쁜 사진을 건질 수 있지만, 여기서 만족하기는 이르다.

+ BEST PHOTOSHOOT TIP +

1. 낮에 가자!

기요미즈데라의 추천 루트 중 하나는 해 지기 전에 올라가 본당에서 일몰을 본 뒤 땅거미가 진 산넨자카의 아름다운 풍경을 보는 것이지만, 사진 여행자라면 가급적 낮에 움직일 것. 특히 야사카도리는 환한 낮에 찍는 것이 아름답다.

2. 복수는 니넨자카에서

산넨자카는 교토의 대표적인 포토 포인트지만, 그렇기 때문에 전 세계에서 몰려든 사람들 때문에 차분하게 사진을 찍기 쉽지 않다. 원하는 사진을 찍을 수 없어 분한 마음이 든다면 '니넨자카 二年坂'를 찾을 것. 산넨자카와 거의 비슷한 느낌이지만 사람이 훨씬 적다. 산넨자카 중간에서 니넨자카로 빠져나가는 길을 찾을 수 있다.

이 길을 따라 쭉 가면 길 끝에 교토를 대표하는 풍경 하나가 기다리기 때문. '야사카의 탑 矢坂の塔'이라는 이름의 아름다운 오층탑이 산넨자카의 단아한 골목과 어우러진 아름다운 풍경을 볼 수 있다. 이 길 끝자락에는 '야사카도리 八坂通'라는 별도의 이름도 붙어 있다. VOL.2 ⓘ P.370 Ⓜ P.361D

+ WRITER'S NOTE +

산넨자카는 억울하다

'산넨자카 三年坂'는 우리말로 하면 '3년 고개'라는 뜻입니다. 이런 이름이 붙은 연유로는 두 가지 속설이 유명합니다. 첫째는 이 언덕에서 넘어지면 3년 안에 죽는다는 설이고, 두 번째는 이 언덕에서 구르면 수명이 3년 깎인다는 설입니다. 어느 쪽이든 찝찝하고 불길하긴 마찬가진데, 둘 중 어느 쪽이 진짜일까요? 사실 둘 다 아닙니다. 이 길의 원래 이름은 '산네이자카 産寧坂'거든요. 순산을 기원하는 언덕이라는 뜻으로 기요미즈데라 내에 있는 순산 기원 관음에게 참배하러 가는 길이라는 뜻입니다. 산넨자카가 사람이었다면 명예훼손으로 고소해도 될 것 같습니다.

◀ 산넨자카 앞의 표지판. 공식 표기인 '産寧坂'로 되어 있는 것을 볼 수 있다.

4 우메다 스카이 빌딩 공중 정원 전망대
아직 죽지 않은 포토제닉 전망대

梅田スカイビル 空中庭園展望台 (오사카)

한때 오사카를 들르는 여행자들은 모두 이 전망대에 들렀다. 그럴 만했다. 이곳은 오사카에서 가장 완벽한 전망대였다. 특이하면서 예술적인 건물의 모양새부터 오사카 북쪽 풍경이 360도로 들어오는 풍경까지 버릴 게 없었다. 그러나 아베노 하루카스가 생긴 후에는 이 모든 것이 과거의 영광이 되었다. 오사카를 넘어 일본 최고층 전망대다보니 사실 뭐가 와도 이기기 쉽지는 않다. 다만, 사진발만 두고 봤을 때 우메다 스카이 빌딩 전망대는 여전히 매우 유효한 전망대다. 일단 풍경 자체가 예쁘다. 오사카의 젖줄인 요도가와를 비롯한 수많은 물길이 대도시를 감도는 풍경이 고스란히 들어온다. 무엇보다 최상층부인 오픈 에어 전망대에서 유리창에 방해받지 않는 풍경을 건질 수 있다는 것이 최고.

VOL.2 ① P.298 Ⓜ P.292A

 + BEST PHOTOSHOOT TIP +

1. 일몰 1시간 30분 전에 가자!

일몰 1시간 30분 전에 가서 낮 풍경과 일몰 풍경 속에서 사진을 실컷 찍은 뒤 야경을 감상하고 내려올 것. 입장료가 조금도 아깝지 않을 것이다.

2. 모자 활용하기

최상층부 오픈 에어 전망대는 바람이 꽤 센 편이다. 머리가 헝클어지는 것에 대비해 모자를 가져와 사진 찍을 때만 쓰는 것도 추천. 단, 하루 종일 쓰고 있는 경우는 모자가 날아가 잔뜩 놀린 머리로 수치스러운 사진을 찍게 될 수도 있다.

PHOTO SPOT

+ BEST PHOTOSHOOT TIP +

1. 일찍 가자!

전통 의상 대여는 하루 100명 선착순으로 진행한다. 일찍 일어나는 새가 먹이를 먹는다는 교훈을 잊지말고 가급적 오픈 시간에 맞춰 갈 것. 여름에는 유카타, 다른 계절에는 기모노를 대여한다. 9층 기모노 코너에서 대여 가능한데, 1인당 30분으로 제한되어 있다.

2. 연기력이 좋은 사진을 만든다

역사 속 상점, 집, 부엌 등 다양한 공간을 재현해 놓은 포토존들이 있다. 부끄럽다 생각 말고 그 시절 사람이 되어 연기를 해볼 것. 부끄러움은 잠시고 사진은 영원하다.

5 기억 조작 타임머신 포토존
오사카 시립 주택 박물관
大阪くらし今昔館(오사카)

한국어로 번역한 공식 명칭은 '오사카 시립 주택 박물관'이지만, 원래 이름을 고스란히 번역하면 조금 다른 뜻이 된다. 뭐냐면, '오사카 주거의 과거와 현재 전시관'이다. 이름 그대로 에도시대부터 1950년대까지 오사카의 과거, 그리고 현재의 모습을 재구성해놓은 테마 전시 공간이다. 축소판 디오라마 같은 귀여운 전시가 아니라, 아예 과거의 거리를 실제 크기로 통째로 재현해놓은 호연지기 그 자체로 21세기의 여행자가 살아본 적도 없는 에도시대며 1950~1960년대 오사카를 내 발로 직접 누빌 수 있는 매우 특별한 경험을 선사한다. 내부에서 일본 전통 의상을 대여해 할머니 할아버지의 첫사랑 사진 같은 기억 조작 사진을 찍는 것도 가능하다. VOL.2 ① P.306 Ⓜ P.293C

마치 유럽의 귀족이 된 기분

키타노이진칸 北野異人館(고베)

고베는 일본에서 가장 일찍 개항한 곳 중 하나이자 개항 무렵 외국인들이 가장 많이 거주하던 동네 중 한 곳이기도 하다. 일본에 온 외국인, 주로 유럽인들은 전망 좋은 언덕에 유럽풍 저택을 앞다투어 짓고 함께 몰려 살았는데, 이들이 거주하던 유럽풍 집을 고베에서는 북쪽의 외국인 집이라는 뜻의 '키타노이진칸'이라고 부른다. 그 시절에 유럽에서 일본까지 와서 살 정도면 계급과 재산이 꽤 되는 사람들이었고, 그것을 증명하듯 매우 고급스러운 유럽풍 저택이 이 일대에서 상당히 많이 발견된다. 외관도 예쁘거니와 대부분 내부를 공개하고 있어 결혼식을 비롯한 대관 행사가 아니라면 내부를 둘러보고 사진 찍는 것도 가능하다. 현재 방문이 가능한 이진칸은 총 16곳이지만 가장 예쁘고 포토제닉한 곳은 풍향계의 집, 연두의 집, 비늘의 집, 세 곳이다.

VOL.2 ⓘ P.463 Ⓜ P.461C

+ BEST PHOTOSHOOT TIP +

1. '풍향계의 집'의 응접실과 식당

이진칸에서 규모가 가장 큰 편에 속하는 붉은 벽돌 건물로 꼭대기에 풍향계가 달려 있다. 내부의 응접실, 침실, 식당 등을 공개하고 있는데, 다른 이진칸에 비해 출입 금지 표시가 덜 노골적으로 되어 있어 사진 찍기 수월하다. 파티에 초대받은 콘셉트로 찍기 좋다.

2. '연두의 집'의 발코니

그야말로 건물 안팎이 온통 연두색으로 칠갑되어 있다. 이 집에는 연둣빛 창틀과 벽에 짙은 갈색빛 마루가 깔린 발코니가 있는데, 각도만 잘 잡으면 창밖 풍경과 함께 제법 낭만적인 사진을 건질 수 있다.

3. '비늘의 집'의 스테인드글라스

이진칸에서 가장 높은 곳에 위치한 건물이자 가장 예쁜 건물로 통한다. '비늘'이라는 이름은 외벽의 모자이크 때문에 붙은 것. 응접실에 스테인드글라스가 있는데, 상당히 분위기 있는 사진 배경이 된다.

SEASONAL SPOT

칸사이의
사계절을 즐기는
최고의 방법

SEASONAL SPOT

봄 SPRING
はる 春

일본의 봄이라면 뭐니 뭐니 해도 벚꽃 풍경을 놓칠 수 없다. 벚꽃은 3월 중하순에 개화해 3월 말에서 4월 극초순에 모두 지며, 이 기간이 칸사이 여행 최고의 적기 중 하나로 꼽힌다. 굳이 벚꽃철을 딱! 맞추지 않더라도 봄은 기온과 공기가 왠지 모를 설레는 기운을 품고 있어 여행의 계절로는 언제나 안성맞춤이다.

1 철학의 길 산책하기
테츠가쿠노미치 哲学の道

'철학의 길'은 명성에 비해 볼 것이 없다는 악평을 종종 듣는다. 조붓한 수로 옆에 나무가 잔뜩 있는 산책로인데 그냥 걷다 보면 끝난다는 것. 그러나 벚꽃철이 되면 이런 불평불만은 어디 론가 쏙 들어가버린다. 수로를 따라 이어진 나무들이 알고 보면 죄다 벚나무로, 일본에서도 손에 꼽히게 아름다운 벚꽃길로 변신하기 때문.

남쪽 에이칸도 부근에서 시작해 약 2km를 걷다 보면 어느새 긴카쿠지에 도착하는 루트로 인파만 좀 적으면 그야말로 완벽한 코스가 된다. 다만, 벚꽃철 철학의 길에 인파가 없는 건 기대하지 말 것. VOL.2 ⓘ P.392 Ⓜ P.361C

- 📍 **도시** 교토
- 📅 **시기** 벚꽃 개화기(3월 중하순)
- 🕐 **시간** 이른 아침(비교적 인파가 적다)
- 🎒 **준비물** 튼튼한 신발과 체력

② 마루야마 공원 벚꽃 놀이
마루야마코엔 円山公園

교토 시내에 위치한 공원으로, 평소에는 예쁘고 한적한 공원이지만 벚꽃철이 되면 일본 전체에서 가장 유명한 벚꽃 스폿으로 변신한다. 좁지 않은 공원 부지 전체에 벚나무가 가득할 뿐만 아니라 한가운데에 매우 웅장하고 특이하게 생긴 거대 벚나무가 있어 마치 화룡점정과 같은 자태를 뽐낸다. 낮에도 아름답지만 벚꽃철에는 거대 벚나무를 중심으로 조명 장치를 해두어 밤에 더욱 아름답다는 평가가 많다. 직접 돗자리를 갖고 와도 좋고, 공원 곳곳에 차려진 평상에 한 군데 자리를 차지해도 좋으니 술 한잔 곁들인 꽃놀이는 꼭 하고 올 것. VOL.2 ① P.372 Ⓜ P.361D

- 도시 교토
- 시기 벚꽃 개화기(3월 중하순)
- 시간 저녁(밤 벚꽃놀이가 최고!)
- 준비물 돗자리와 피크닉 준비 or 돈과 체력

③ 조폐 박물관 벚꽃길 마츠리
조헤이하쿠부츠칸 사쿠라노토리 造幣博物館 桜の通り

오사카 성 부근에 위치한 화폐 관련 박물관으로, 예쁜 근대식 벽돌 건물 앞으로 약 600m의 벚꽃 길을 따라 330여 그루의 벚나무가 늘어서 있는데, 무려 140종의 벚나무가 서식하고 있다고 한다. 특히 일반 벚꽃보다 1~2주가량 늦게 피고 지는 왕벚꽃이 많아 일반적인 벚꽃철보다 조금 늦은 시기에 즐기기 좋다. 왕벚꽃 절정기인 4월 둘째 주 전후에는 이 벚꽃길을 중심으로 마츠리가 열려 화려한 왕벚꽃과 함께 매우 흥겨운 분위기를 즐길 수 있다. VOL.2 ① P.330 Ⓜ P.326A

- 도시 오사카
- 시기 왕벚꽃 개화기(4월 초중순)
- 시간 해 질 무렵 부터 저녁 때
- 준비물 튼튼한 신발과 커다란 위장

④ 반파쿠 기념 공원 벚꽃+튤립
반파쿠키넨코엔 万博記念公園

오사카 시내에서 북쪽으로 약 15km 떨어진 곳에 위치한 대규모 공원으로, 과거에 만국박람회가 열렸던 장소를 시민 공원으로 바꾼 것이다. 공원 부지 곳곳에 꽃과 나무가 무성하게 자라고 있는데, 3월 말에는 벚꽃이, 4월에는 튤립이 가득 피어 공원을 물들인다. 이 시기 주말에는 이곳에 찾아와 피크닉을 즐기는 오사카 시민들의 모습을 흔하게 볼 수 있다. 위치가 좀 먼 편이므로 단기 여행자보다는 장기 여행자가 현지인 놀이를 즐기고 싶을 때 딱!이라 할 수 있다. VOL.2 ① P.344

- 도시 오사카
- 시기 벚꽃 - 3월 중하순 튤립 - 4월 초중순
- 시간 화창한 대낮
- 준비물 돗자리와 간단한 간식

⑤ 누노비키 허브 정원 산책
누노비키하브엔 布引ハーブ園

고베 시내 북쪽에 위치한 허브 정원으로. 가지각색의 꽃, 나무, 허브가 자라고 있어 눈과 코를 모두 즐겁게 해준다. 특히 봄에는 벚꽃을 시작으로 튤립, 금잔화, 캐머마일, 장미, 라벤더 등이 속속 피어나 정원을 가득 메운다. 특히 5월 이후 늦은 봄부터 초여름까지는 장미와 라벤더가 코와 눈을 모두 즐겁게 해준다. VOL.2 ① P.468 Ⓜ P.460A

- 도시 고베
- 시기 늦은 봄(5월 중하순)
- 시간 화창한 대낮
- 준비물 튼튼한 신발과 여유로운 마음

여름 SUMMER
なつ 夏

일본의 여름은 한국인에게는 약간 견디기 힘든 계절이긴 하다.
한국도 충분히 더운데, 그보다 더한 습기와 더위가 기다리기 때문. 더욱이 칸사이는 오사카와 고베는 바닷가이고
교토와 나라는 분지라 습기나 더위 둘 중 하나는 도저히 피할 수가 없다.
그러나 피할 수 없으면 뭐다? 즐긴다. 연중 가장 뜨겁고 화려한 계절답게 칸사이에는
수많은 축제와 이벤트가 여행자를 기다린다. 날짜를 잘 맞춰볼 것!

기온마츠리 즐기기
기온마츠리 祇園祭り

기온을 중심으로 교토 시내 전체에서 열리는 마츠리로, 일본의 3대 마츠리 중 하나이자 일본에서 가장 유명한 마츠리로 꼽힌다. 전염병을 퇴치하기 위한 목적으로 시작한 것이라고 한다.
7월 14일과 24일은 각각 전제와 후제라고 해서 가장 큰 행사인 가마 행렬이 거행되고, 7월 14~16일과 7월 21~23일에는 오래된 가문이나 가게에서 병풍을 꺼내 전시하는 행사가 펼쳐진다. 7월 내내 교토 시내 전체가 기온 마츠리의 분위기에 물든다고 봐도 과언은 아니니 일본의 마츠리 구경을 해보고 싶었다면 이 시기를 놓치지 말 것.

- **도시** 교토
- **시기** 7월 내내. 가장 큰 행사는 7월 17·24일
- **시간** 저녁!
- **준비물** 튼튼한 신발과 체력

칠석 이벤트 즐기기

타나바타 七夕

한국에서도 견우 직녀 만나는 날이라며 의미를 두는 바로 그 칠석날이다. 한국과 일본의 다른 점이 있다면 한국은 음력인 데 비해 일본은 양력이라는 것, 한국은 견우 직녀 잘 만났나 궁금해하는 정도로 넘어가는 것에 비해 일본은 꽤 본격적인 명절로 챙긴다는 것이다. 특히 교토는 '쿄노타나바타 京の七夕'라고 해서 칠석을 상당히 성대하게 치르는 도시로, 칠석 기간에는 도시 곳곳에서 다양한 이벤트가 펼쳐진다. 사랑하는 사람에게 쓰는 메시지를 대나무에 걸어놓는 풍습이나 카모강 위에 대나무로 바구니를 엮어 촛불을 떠내려 보내는 행사가 대표적이며, 최근에는 조명 쇼나 미디어아트 쇼도 심심치 않게 열린다.

- **도시** 교토
- **시기** 7월 초순
- **시간** 아무 때나. (단, 유등 행사나 미디어아트를 보려면 밤!)
- **준비물** 더위를 잘 견디는 체력

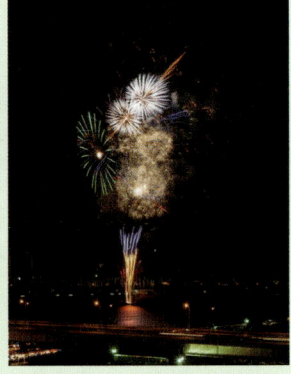

나니와요도가와 불꽃놀이 즐기기

나니와요도가와 하나비타이카이 なにわ淀川花火大会

일본의 여름밤은 뭐니 뭐니 해도 불꽃놀이의 계절이다. 8월 초순이 되면 일본 각 지방의 하늘은 찬란한 불꽃으로 물드는데, 칸사이도 예외는 아니다. 나니와 요도가와 불꽃놀이는 오사카 북부의 요도강(요도가와) 부근에서 열리는 대규모 불꽃놀이 행사로 칸사이 일대에서는 가장 큰 규모에 속한다. 저녁 7~8시에 약 1시간가량 형형색색의 불꽃이 하늘을 수놓고, 회장 주변에서는 흥겨운 마츠리가 펼쳐진다. 요도강 근처에서는 어디서나 불꽃을 볼 수 있는데, 특히 한큐선 주소 十三역, JR 츠카모토 塚本역, 미도스지선 니시나카노시마미나미가타 西中島南方역 부근이 인기가 높다.

- **도시** 오사카
- **시기** 8월 첫째 주 토요일(변동 가능)
- **시간** 밤!
- **준비물** 자리 선점 능력, 인파를 견디는 인내력

도톤보리강 만등 축제 즐기기

 도톤보리가와만토사이 道頓堀川万灯祭

도톤보리강 주변은 언제나 화려한 네온사인이 찬란하게 빛나는 곳이지만, 7~8월 여름철에는 한 가지 풍경이 더 보태진다. 바로 오사카 미나미 지역의 각 기업, 상점, 개인 등이 내건 등불이 도톤보리강을 따라 쭉 걸리는 이른바 '만등 축제'가 펼쳐지기 때문. 더위가 꺾인 시간에 맥주라도 마시고 강가를 걸으며 만나는 등불 속에서 오사카 주민들의 염원과 자긍심을 만나볼 것.

- **도시** 오사카
- **시기** 7~8월 내내
- **시간** 저녁 7시부터 새벽 2시까지
- **준비물** 도톤보리 밤 산책을 귀찮아하지 않는 마음가짐

나라 등화회 즐기기

 나라 도우카에 奈良燈花会

나라는 칸사이의 도시들 중 비교적 수수하고 조용한 편이고 그것이 매력인 곳이지만, 등화회 기간에는 특별한 아름다움이 더해진다. 나라 공원과 토다이지를 비롯한 나라의 명소 곳곳에 작은 등을 빽빽하게 놓아 마치 불빛으로 된 모자이크를 수놓은 듯 나라의 여름밤을 찬란하게 물들인다. 이 기간에 나라에 들렀다면 되도록 늦은 시간까지 머물러볼 것.

- **도시** 나라
- **시기** 8월 초순 10일간
- **시간** 저녁 7시부터 밤 9시 전후
- **준비물** 손풍기와 느긋한 마음

가을 AUTUMN
あき 秋

뜨거운 여름이 지나면 가을이 선물처럼 찾아온다. 기온은 내려가고, 강우량이 훅 줄어들고, 높게 올라간 하늘은 마냥 푸르며, 나뭇잎은 붉고 노랗게 물들어간다. 벚꽃철과 더불어 칸사이 여행의 최적기로 꼽히는 이 계절의 하이라이트는 뭐니 뭐니 해도 단풍. 특히 오래된 사찰과 단풍의 조화가 도시 전체에 펼쳐지는 교토는 이 계절에 최고의 아름다움을 뽐낸다.

- 도시 교토
- 시기 11월 중하순
- 시간 오후
- 준비물 물과 간식

아라시야마에서 뱃놀이 즐기기

① **호즈가와쿠다리** 保津川下り

카메오카 부근에서 출발해 서쪽에서 동쪽으로 장장 16km 거리의 호즈 강을 작은 배에 실려 2시간 동안 천천히 흘러 내려가는 풍류와 낭만의 뱃놀이로, 아라시야마가 온통 붉고 노랗게 물든 가을이야말로 뱃놀이가 주는 신선놀음 바이브를 최대한 느낄 수 있는 계절이라 할 수 있다. 뱃전에서 넋을 잃고 단풍에 물든 산을 바라보다 강에 빠지지 않도록 조심할 것.

VOL.2 ⓘ P.444 Ⓜ P.434B

2

액자 정원과 차 즐기기
호센인 宝泉院

교토 북부의 작은 마을 오하라는 작고 아름다운 절이 많은 지역으로, 특히 단풍철에 매력을 발산한다. 그중에서도 호센인은 '액자 정원'이라는 강력한 한 방을 지닌 곳으로, 마루에 앉으면 네모진 창틀에 정원이 마치 액자에 들어간 그림처럼 다가오는 근사한 풍경을 볼 수 있다. 입장료에 말차와 화과자가 포함되어 다다미 바닥에 느긋하게 앉아 차와 과자를 즐기며 액자 속 단풍 풍경을 즐길 수 있는 것도 매력적이다.

VOL.2 ⓘ P.447 Ⓜ P.435D

- 도시 교토
- 시기 11월 중하순~12월 초
- 시간 오후가 좀 더 좋음
- 준비물 입장료(성인 기준 800¥)

단풍 즐기기 1탄
에이칸도 永観堂

철학의 길 남쪽 시작 지점 부근에 위치한 사찰로, 1300년의 역사와 교토 제일의 단풍을 자랑한다. 단풍이 뽐낼 수 있는 가장 순수한 빨강과 만나고 싶다면 에이칸도를 찾을 것. 긴카쿠지를 돌아본 뒤 철학의 길을 북→남 방향으로 걸어 내려온 다음 에이칸도를 찾는 것이 이 계절의 추천 루트.

VOL.2 ⓘ P.392 Ⓜ P.361C

- 도시 교토
- 시기 11월 중하순~12월 초
- 시간 아무 때나!
- 준비물 인파를 견딜 각오

단풍 즐기기 2탄
토후쿠지 東福寺

교토 남쪽에 자리한 큰 사찰로, 관광지로서 선호도가 아주 높은 편은 아니라 평소에는 다소 한가한 곳이다. 그러나 이것은 단풍이 들기 전 얘기로, 단풍철이 찾아오면 일약 교토 최고의 명소로 인기가 급상승한다. 작은 계곡에 빽빽히 자라난 단풍 나무가 모두 새빨갛게 물들고, 그것을 계곡 사이를 가로지르는 나무 다리 위에서 보는 특별한 경험을 할 수 있다. 덕분에 단풍 피크철에는 한 걸음 옮기는 데 분 단위가 소요될 정도로 사람이 많지만, 견딜 가치가 있다.

VOL.2 ⓘ P.411 Ⓜ P.405C

- 도시 교토
- 시기 11월 중하순~12월 초
- 시간 이른 아침(그나마 사람이 적다)
- 준비물 인파를 견딜 각오

SEASONAL SPOT

겨울 WINTER
ふゆ 冬

일본, 특히 칸사이 지역의 겨울은 한국보다 다소 기온이 높은 편이다.
한겨울인 1월에도 평균기온이 영상 5~6°C는 되기 때문에 눈 보기가 한국 만큼 쉽지는 않다.
그러나 그 와중에도 겨울의 낭만을 즐길 수 있는 이벤트와 풍경은 얼마든지 있다. 아, 만일 눈이 온다면
축복이라고 생각하고 나무와 빨간 토리이가 가득한 교토로 재빨리 달려갈 것.

 독특한 조명 이벤트 즐기기
나라루리에 奈良瑠璃絵

'루리에 瑠璃絵'는 '유리로 그린 그림'이라는 뜻으로, 내부에 조명이 들어 있는 작은 유리 그릇을 바닥에 빽빽하게 늘어놓고 마치 그림을 그린 듯한 환상적인 분위기를 연출하는 나라 특유의 루미나리에다. 루리에 기간에는 나라 공원, 토다이지, 카스가타이샤 일대가 밤마다 환상적인 불빛으로 물든다. 수수한 도시 나라에서 보기 힘든 화려한 풍경이므로 이 기간에는 나라에 되도록 늦게까지 머물러 볼 것.

- **도시** 나라
- **시기** 2월 초순(2월 첫째 혹은 둘째 주 일주일간)
- **시간** 밤!
- **준비물** 야경 잘 찍히는 카메라 또는 스마트폰

② 루미나리에 즐기기
루미나리에 神戸ルミナリエ

겨울에는 일본 전역이 '일루미네이션'이니 '루미나리에' 등의 조명 이벤트로 뒤덮이지만, 그중에서도 전국적으로 유명세를 떨치고 있는 이벤트가 바로 고베 루미나리에다. 거리 하나를 통째로 빛의 통로를 만들고 그 끝에 환상적인 빛의 궁전을 조성해 마치 꿈의 세계를 걷는 것 같은 느낌이 든다. 단, 전국에서 인파가 몰리기 때문에 사고를 막기 위해 우회로를 어마어마하게 길게 만들어놓아 체감상 1시간은 걸어야 빛의 통로가 나타난다.

- 📍 **도시** 고베
- 📅 **시기** 12월 또는 1월
- 🕐 **시간** 밤!
- 🎒 **준비물** 야경용 카메라와 푹 쉬어준 튼튼한 다리

③ 일루미네이션 즐기기
오사카 이루미네숀 大阪イルミネーション

일본을 대표하는 대도시답게 오사카의 겨울 또한 일루미네이션으로 화려하게 빛난다. 오사카에는 미도스지 대로를 중심으로 펼쳐지는 '미도스지 일루미네이션'과 나카노시마의 공회당 주변에서 펼쳐지는 '오사카 빛의 르네상스', 두 종류의 조명 이벤트가 겨울 동안 펼쳐진다. 일반적으로 가로수 조명은 12월에 시작해 1월까지 이어지나, 본격적인 조명 장치는 12월에만 설치되는 경우가 흔하다.

- 📍 **도시** 오사카
- 📅 **시기** 12~1월
- 🕐 **시간** 밤!
- 🎒 **준비물** 느긋한 마음과 야경 잘 찍히는 카메라

매화 감상하기
오사카텐만구 大阪天満宮

매화는 일본의 신사나 절에서 흔히 볼 수 있는 꽃으로, 아직 겨울이 다 가지 않은 2월에 활짝 꽃을 피워 곧 다가올 봄을 알리곤 한다. 그중에서도 오사카텐만구는 경내에 매화나무가 유난히 많아 칸사이를 대표하는 매화 명소로 이름을 떨치고 있다. 아직 볼에 닿는 바람이 차가워 조금이라도 봄기운을 느끼고 싶다면 오사카텐만구로 갈 것. VOL.2 ⓘ P.306 Ⓜ P.293D

- 도시 오사카
- 시기 2월
- 시간 맑은 날 낮

마야산에서 고베 전망 감상하기
마야산키쿠세이다이 摩耶山掬星台

고베에서 가장 높은 곳에 위치한 전망대로 현지인들 사이에서는 칸사이 최고의 전망대로 손꼽힌다. 맑은 날에는 오사카까지 보일 정도로 시계가 좋은 곳이지만 습도가 높은 날이 많아 그 정도의 전망은 쉽게 볼 수 없는 게 사실. 그러나 연중 습도가 가장 낮은 겨울에는 고베 시내가 마치 유리관 속에 들어 있는 것처럼 쨍하고 예쁜 풍경을 볼 수 있다. VOL.2 ⓘ P.493 Ⓜ P.487D

- 도시 고베
- 시기 12~2월
- 시간 맑은 날 밤(되도록 주말!)
- 준비물 야경 잘 나오는 카메라

HISTORY SPOT

칸사이에서 만나는
백제의 숨결

한국과 일본은 지리적으로 서로가 서로에게 가장 가까운 나라다. 200km밖에 안 되는 좁은 해협을 사이에 두고 있을 뿐이라, 먼 옛날부터 두 나라는 서로의 나라를 오갔다. 그중에는 전쟁이나 약탈 같은 부정적인 모습이 존재한 것은 사실이지만, 그에 못지않게 두 나라 사이에는 문화적이나 경제적인 교류도 많았다. 특히 일본의 태동기에 백제가 끼친 막대한 정치적·문화적 영향은 현재까지 다양한 형태의 증거로 남아 있다. 칸사이 지역은 일본이라는 나라가 최초로 통일국가를 이룬 지역이라 백제가 남긴 문화유산을 그 어느 지역보다 다양하게 만나볼 수 있다.

1 호류지 法隆寺
세계에서 가장 오래된 목조 건물에 깃든 백제의 혼

나라 중심지에서 약 15km 떨어진 한적한 시골 마을인 '이카루가 斑鳩'. 이곳에는 일본이 자랑하는 유서 깊은 문화재가 있다. 바로 '호류지 法隆寺'다. 서기 607년에 창건된 것으로 추정되나 공식적인 기록은 없고, 일본 역사서에 '서기 670년 호류지의 건물은 단 한 채도 남지 않고 불에 타 사라졌다'는 기록이 있어 현재의 건물은 7세기 말~8세기 초에 지어졌다고 추측한다. 세계에서 10세기 이전에 지어진 목조건축물 중 현재까지 남아 있는 것은 호류지가 유일해, 세계에서 가장 오래된 목조건축물로 당당하게 이름을 올렸다. 1000년이 넘는 역사만으로도 대단하지만, 그 안에 담긴 각종 유물의 가치도 어마어마하다. 어느 정도냐면 도쿄 국립박물관의 부속 전시관 하나가 통째로 호류지의 보물만 전시하고 있을 정도다.

호류지는 일본 불교의 아버지라 불리는 쇼토쿠 태자 聖徳太子가 창건한 것으로 전해진다. 역사적인 기록은 없으나 건물 곳곳에서 역력하게 드러나는 백제 스타일의 건축양식 때문에 호류지의 건축에 수많은 백제의 기술자와 예술가가 참여했다는 것은 움직일 수 없는 사실로 받아들여지고 있다. 역사적, 건축학적으로 워낙 뛰어난 사찰이지만, 그러한 사실 이상으로 호류지는 뛰어난 아름다움을 지닌 곳이다. 울창한 숲속에 단아하게 자리한 모습이 마치 1000여 년을 살아온 백제의 정령을 만나는 느낌이다. 아름다운 가람을 한 바퀴 돌아본 뒤 보장원에서 백제 불상과 조우하고 나면 뭔가 1000여 년 전 중요한 순간과 마주친 것 같은 기분이 든다.

VOL.2 ① P.524

호류지에서 꼭 챙겨 봐야 할 세 가지

이제 벽화는 없지만
금당 金堂(콘도)

세계에서 가장 오래된 목조건축물로 공인받은 바로 그 건물이다. 1949년의 화재로 대부분이 타버렸으나 당시의 건축 재료 중 10~15% 정도는 보존되어 있다고 한다. 현재의 건물은 1950년대에 재건한 것이다. 건물 자체도 일본 국보로 지정되어 있고, 내부에 자리한 여러 기의 불상이 모두 일본 국보 혹은 중요문화재다. 원래 내부에 고구려의 화가 담징이 그린 벽화가 있었다고 하나 1949년의 화재로 모두 타버렸다. 건축 연대를 고려하면 진짜 담징이 그렸을 가능성은 적으나 벽화의 화풍을 볼 때 고구려의 영향을 강하게 받은 것은 사실이라고. `VOL.2 ① P.525`

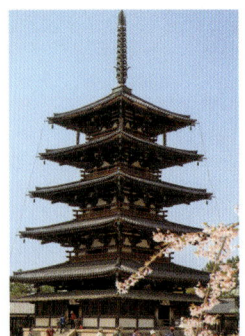

1000여 년의 세월을 견딘 탑
오층탑 五重塔(고주노토)

앞마당에 우뚝 선 32.45m의 탑으로, 전 세계에서 가장 오래된 목조 탑이다. 나무 부분은 재건한 것이나 중심부의 기둥은 건축 당시의 것으로 무려 594년에 만들어졌다고 한다. 지진이 자주 일어나는 일본에서 1000년이 넘는 세월 동안 단 한번도 넘어지지 않고 자리를 지킨 것으로 유명하다. 수많은 학자들이 호류지 오층탑에 대해 연구했는데, 중심 기둥이 땅에 깊이 박혀 있고 건물의 이음매가 유연해 충격을 쉽게 흡수하며 처마가 낮아 마치 추가 달린 인형처럼 중심을 잡는다고 한다. `VOL.2 ① P.525`

불상이 이렇게 아름다워도 되나요
백제관음상 百済観音像(쿠다라칸논조)

호류지 경내에는 호류지에서 가장 중요한 유물을 모아 소장 및 전시하는 '대보장원 大宝蔵院(다이호조인)'이라는 전시관이 있다. 이곳의 하이라이트라고 해도 과언이 아닌 전시물이 바로 '백제관음상'이다. 일본에서는 역사상 모든 불상을 통틀어 가장 아름다운 것으로 꼽히는데, 늘씬한 신체와 묘한 미소에서 관능미까지 느껴져 불상에서 이런 걸 느껴도 되나 난감하기까지 하다. 17세기 일본 문헌에서 '백제에서 온 것이다'라고 기록하고 있고 제작 양식 또한 백제 스타일이라 최근까지도 백제에서 제작해서 건너온 것으로 비판 없이 받아들여졌는데, 최근 일본에서 제작되었을 가능성이 학자들에 의해 제기되고 있다.

2 역사에 남은 이름과 남지 않은 이름
토다이지 대불 東大寺 大仏 (토다이지 다이부츠)

나라는 사슴에게 지배당한 도시처럼 보이지만, 일본인에게는 사슴보다는 대불의 도시라는 이미지가 강하다. 나라의 중심부에 자리한 대형 사찰 토다이지 東大寺, 일명 '동대사'의 본존불인 비로자나불의 별명으로, 말 그대로 정말 큰 부처님의 동상이 대불전 한가운데에 떡 자리하고 계신다. 얼마나 큰지 전 세계에서 가장 큰 금동 불상으로 공인되었을 정도다. 높이가 무려 14.7m로 5층 빌딩만 한 이 불상의 건립 연도는 서기 752년. 무려 약 1300년 전의 불상이다. 그 시절에 이렇게 거대한 불상을 대체 어떻게 만들었을까? 기록에 의하면 이렇다. 중심축을 단단히 세운 뒤 목재 및 대나무로 골조를 만든다. 그 위에 점토를 붙여 모양을 만든 뒤 점토상 주위로 미세한 틈을 두고 흙을 쌓아 올려 거푸집처럼 만든다. 점토상과 흙 거푸집 사이에 금동을 흘려보내 마무리한다. 당시로는 돈, 시간, 재료, 인력이 어마어마하게 들어가는 고난도의 기술이었기에 대불 제작에 참여한 것으로 기록에 남은 사람이 무려 260만 명에 달한다고 한다.

대불 제작에 참여한 주요 인물 중 백제계 사람으로 또렷하게 기록된 두 사람이 있다. 첫째는 일본 고대 불교사에서 가장 중요한 인물로 일컬어지며 '보살'로 추앙받은 승려 교키 行基다. 당시 일본 국민들에게 절대적인 신뢰와 지지를 받던 교키는 쇼무 텐노로부터 '권진'이라는 직책을 받아 대불 프로젝트에 필요한 자금을 조달하는 일을 맡았다. 그는 일본에서 태어났으나 부모가 모두 백제 출신이었고, 특히 아버지는 일본에 한자를 전파한 왕인 박사의 후손이었다.

두 번째 인물은 쿠다라노고니키시 쿄후쿠 百済王敬福라는 긴 이름을 지닌 사람이다. 조정의 신하로 상당한 부자였는데, 대불 프로젝트 당시 자금 조달에 문제가 생기자 그가 금 900냥을 쾌척했다는 것이 역사서에 적혀 있다. 그의 성을 한국식으

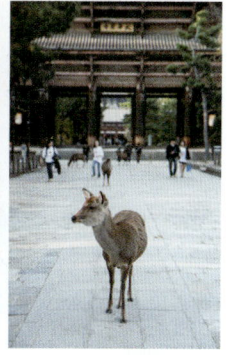

로 읽으면 '백제 왕'이 되는데, 이 성씨는 백제 멸망 후 일본으로 건너간 의자왕의 후손들이 사용하던 것이다. 백제 왕의 후손이 일본에서 뿌리내린 후 중요한 세력으로 자리매김했다는 것을 방증하는 에피소드라 할 수 있다.

그 외에도 수많은 백제인의 손길이 이 대불을 거쳤다. 일설에 의하면 대불 프로젝트는 세 차례의 쓰디쓴 실패를 맛보았고, 결국 한반도에서 옛 백제의 기술자를 데려와 비로소 완성할 수 있었다고도 하나 역사적으로 확인된 사실은 아니다. 그러나 백제가 멸망한 후 일본으로 건너간 기술자들이 교키와 쿠다라노고니키시 등 백제계 지도자들의 지휘 아래 이 불상을 만드는 작업에 대거 참여했을 거라는 것은 매우 가능성이 높은 일이다.

3 HISTORY SPOT

백제가 보낸 보물을 보고 싶다면

나라 국립박물관
奈良国立博物館
(나라코쿠리츠하쿠부츠칸)

나라 국립박물관은 일본에서 가장 중요한 박물관 중 한 곳이다. 일본의 국보 및 중요문화재급 고대 유물 및 고미술품을 대거 소장 및 전시하고 있기도 하거니와, 본관 건물이 중요문화재로 지정되었을 정도로 아름다운 건축물이기도 하다. 역사와 오래된 예술품을 사랑하는 여행자라면 일본 여행 중 어차피 나라 국립박물관에 들르긴 하겠지만, 기왕이면 다음의 문화재가 공개될 때로 날짜를 맞춰보면 어떨까? 백제와 일본의 관계를 웅변하는 매우 중요한 문화재로, 상설 전시는 하지 않고 어쩌다 한 번씩 나라 국립박물관에서만 공개한다. **VOL.2 ① P.517 Ⓜ P.513C**

백제 왕이 하사한 칼

칠지도 七支刀

날씬한 몸체에 6개의 돌기가 나뭇가지처럼 튀어나와 있는 칼이다. 이 칼은 19세기 중반까지 유래가 전혀 밝혀지지 않은 채 나라현 텐리시에 위치한 신사인 '이소노카미진구 石上神宮'에서 의식용 도구로 사용되었다. 그러다 1874년에 한 역사학자가 칼 몸체에 새겨진 글자를 발견하게 된다. 군데군데가 지워져 완벽하게 해석하기는 어려우나, 백제의 왕이 이 칼을 제작해 일본 왕에게 선물했다는 것만은 확실했다. 문제는 어느모로 보나 문체가 주군이 신하에게 선물하는 것으로 보인다는 사실. 국수주의적인 일본 학자들은 이 문구를 어떻게든 다르게 해석해보려고 했으나, 현재까지 정설로 채택된 것은 없다. 어쨌든 이 칼은 당시 백제와 일본이 최소한 형-동생 정도의 친밀한 관계를 맺었다는 것을 강력하게 증거하는 중요한 역사 유물이다. 현재 칠지도는 평소 이소노카미진구에서 보관하다 몇 년에 한 번씩 나라 국립박물관에서 개최하는 특별 전시를 통해 일반에 공개하고 있다.

의자왕의 외교 플렉스

목화자단기국 木畵紫檀棋局

토다이지에는 '쇼소인 正倉院'이라는 부속 건물이 있다. 일본의 국보급 유물이 1만여 점이 보관되어 있는 국립 유물 관리 시설로, 일본 왕실에서 직접 관리한다. 이곳에 보관된 유물은 평소 전혀 외부에 공개하지 않으며, 열람하고 싶다면 궁내청을 통해 텐노의 허가를 받아야 한다. 이곳에는 한국과 연관된 유물도 여러 점 보관되어 있는데, 그중에서도 가장 빼어나다고 평가받는 것이 '목화자단기국 木畵紫檀棋局'이다. 한반도에서 자라는 육송으로 만든 바둑판인데, 생김새가 매우 아름답고 만듦새 또한 감탄이 나올 정도로 정교하다. 이 바둑판은 의자왕이 일본의 대신에게 하사한 것으로, 백제의 대일 외교를 상징하는 유물로 여겨진다. 쇼소인의 유물은 평소에는 외부 공개를 하지 않으나, 1년에 한 번 나라국립박물관에서 개최하는 <쇼소인전 正倉院展>을 통해 몇몇 유물을 전시한다. 목화자단기국은 쇼소인에서도 인기가 높은 유물이라 높은 확률로 전시품에 끼어있다. 쇼소인전이 열리는 시기는 매해 조금씩 다르나 보통은 10월 초·중순에 시작해 한 달간 진행된다.

4 시텐노지 四天王寺

백제 문화가 오사카 땅에 왔소

시텐노지는 오사카 시내 남쪽 텐노지 지역에 자리한 오래된 사찰이다. 얼마나 오래됐냐면, 1400년쯤 됐다. 공식적으로 기록된 창건 연대가 서기 593년이니 말이다. 이 일대의 지명인 '텐노지' 자체가 이 절의 이름에서 비롯됐다.

이 절은 호류지와 마찬가지로 일본 불교의 아버지 쇼토쿠 태자가 지은 것이다. 쇼토쿠 태자는 아스카 시대의 인물로 요메이 텐노의 장남이었는데, 어린 시절부터 독실한 불교 신자였던 태자는 19세의 나이에 텐노의 섭정으로 일본 최고 권력을 쥐자 본격적으로 일본의 불교 중흥에 힘쓴다. 쇼토쿠 태자의 불교 전파는 그렇게 녹록지만은 않아 이내 극렬한 반대에 부딪혔고, 급기야 전쟁을 하게 된다. 이에 쇼토쿠 태자는 부처님께 이 전쟁에서 이기면 절을 지어 바치겠다고 발원하고, 전쟁에서 이기자 정말 절을 지어 바친 것이 바로 시텐노지다. 쇼토쿠 태자가 지은 최초의 사찰이자 일본 역사 최초의 사찰로 꼽힌다.

쇼토쿠 태자는 일본에 본격적으로 불교를 전파하기 위해 한반도에서 많은 사람과 문화를 일본에 들여왔다. 쇼토쿠 태자 최초의 작품인 시텐노지는 그

가 지은 여러 사찰 중에서도 백제의 영향이 가장 강하게 드러난다고 한다.

시텐노지는 이후로도 한반도 도래인의 사상적 중심지 역할을 했다. 그것을 증명하는 축제가 매년 11월 첫 번째주 일요일에 개최되는 '시텐노지 왓소 四天王寺ワッソ'로, 한반도에서 일본으로 찾아온 사람들을 환영하는 행렬을 재현한 축제다. 백제인 혹은 당나라 사람으로 변장한 사람들이 한국 국악풍 음악을 틀어놓고 "왓소! 왓소!"라고 외치며 행진하는 행사인데, 여기서 '왓소'는 한국어 '왔소'를 뜻한다. VOL.2 ① P.320 Ⓜ P.314B

+ WRITER'S NOTE +

쇼토쿠 태자가 백제 사람?

쇼토쿠 태자는 일본 고대사에서 매우 중요한 인물입니다. 일본에 불교를 최초로 전파한 사람이기도 하거니와 정치적으로도 큰 영향을 미쳤다고 하죠. 그런데 이 인물에 대해서는 사실 말이 많습니다. 쇼토쿠 태자가 남겼다고 하는 업적 중에 적지 않은 수가 허위 혹은 과장됐다는 거죠. 쇼토쿠 태자가 지었다고 알려진 절이 알고 보면 비슷한 시대의 다른 왕자가 지었다거나 하는 식입니다. 이는 사실 어쩔 수 없는 부분이 있습니다. 쇼토쿠 태자는 6세기 말에서 7세기에 살았던 인물이거든요. 이렇게 오래된 사람들의 기록에 판타지나 오류가 섞이는 것은 세계적으로 흔한 일입니다. 게다가 일본의 고대사는 <일본서기>를 비롯한 소수의 역사서에 조금 남아 있을 뿐인데, <일본서기>는 오류와 과장이 많기로 유명합니다. 이런 사정이니 쇼토쿠 태자의 정체가 다소 흐릿한 것은 전혀 이상하지 않습니다. 극단적인 학자들은 아예 허구의 인물이라고 주장하기도 하지만 그건 너무 나갔다는 것이 중론입니다.

그런데 쇼토쿠 태자에 대한 여러 설왕설래 중 재미있는 것이 있습니다. 쇼토쿠 태자가 아예 백제 사람이라는 얘기죠. 백제 27대 왕인 위덕왕의 아들 아좌 태자가 쇼토쿠 태자라는 설입니다. 아좌 태자는 일본에 사신으로 간 뒤 한국으로 돌아오지 않고 일본에서 평생을 산 것으로 알려졌는데, 일본으로 간 아좌 태자가 쇼토쿠 태자와 동일 인물이라는 겁니다. 그러나 이것은 역사적 증거가 별로 없는 그야말로 '썰'이라고 합니다. 다만 아좌 태자와 쇼토쿠 태자가 매우 긴밀한 관계였던 것은 사실로, 아좌 태자가 그렸다고 전해지는 쇼토쿠 태자의 그림이 남아 있습니다.

MUST EAT

╳

일본에서 가장 먹고 싶은 음식들
초밥, 우동, 라멘

칸사이 여행을 위해 위시 리스트를 짜고 있는 당신. 과연 음식 리스트에는 어떤것들이 올라가 있을까? 모르긴 몰라도 다음 세 가지 음식 중에 적어도 두 가지는 리스트에 있을 것이라고 확신한다. 바로 초밥, 우동, 라멘. 우리들이 일본 음식을 떠올릴 때 가장 먼저 떠올리는, 그래서 일본 여행 중에는 어디를 가든 한끼 쯤은 꼭 먹게 되는 바로 그 가장 친근한 음식들을 조금더 깊고 자세히 알아보자.

어쩌면 일본 식문화 그 자체,

초밥 寿司

희고 고운 쌀밥. 신선한 해산물 중심의 재료. 재료 그 자체가 가장 중요한 음식이지만, 그것을 조화시키는데 필요한 것은 섬세한 사람의 솜씨. 초밥은 어쩌면 일본 식문화 그 자체를 대변하는 음식일지도 모른다.

칸사이는 일본에서 초밥의 조상님격에 해당하는 식문화를 지닌 지역으로 지금도 그 어느 지역 이상으로 맛있는 초밥을 만들어 낸다. 특히 오사카에서는 서민적이면서 두툼하고 푸짐한 초밥을 맛볼 수 있다. 어떻게 먹어도 맛있지만 조금만 더 알고 가면 훨씬 더 맛있게 즐길 수 있다.

+ PLUS TIP +

초밥을 조금 더 맛있게 먹기 위해 알아야 할 몇 가지 단어

- 쇼가 生姜
  일본어로 '생강'을 뜻한다. 재료가 바뀔 때마다 사이사이에 생강 초절임을 먹어주면 입이 개운해져 다음

- 쇼유 醬油
  일본어로 '간장'을 뜻한다. 한두 방울만 초밥에 직접 묻혀 먹는 것이 초밥 맛을 가장 살리는 방법이다. 테이블에 간장이 여러 개 놓여 있다면 그 중 가장 잘 안나오는 간장을 고를 것. 가장 비싼 간장일 확률이 높다.

- 아부리 炙り
  토치 등으로 겉만 살짝 굽는 기법. 날생선이 부담스럽거나 좀더 깊은 감칠맛을 원한다면 이 단어가 들어간 메뉴를 골라볼 것.

- 즈쿠리 づくり, 造り
  초밥에서 생선만 벗겨서 먹는다면, 초밥말고 '즈쿠리'를 주문하자. 칸사이 지역에서는 회를 '즈쿠리'라고 부르며 초밥집에서 다양한 즈쿠리 메뉴를 선보인다. 초밥 재료처럼 잘 숙성시켜서 두툼하게 뜬 회를 맛볼 수 있다.

칸사이에서 조우하는 초밥의 역사

오시즈시 押し寿司

초밥의 역사를 크게 나눠 보면 세 단계로 볼 수 있다. 첫 번째 단계는 '나레즈시 馴れ寿司'로서, 쌀에 생선을 묻어 발효시킨 뒤 쌀을 버리고 생선만 먹는 것을 뜻하며 기원전 4~8세기에서 약 14세기까지 지속된다. 15세기 무렵에 두 번째 단계로 접어드는데, 마침내 쌀밥과 생선을 함께 먹게 된다. 밥과 생선을 함께 먹기 위한 다양한 방법이 개발되다 17세기에 마침내 쌀밥에 식초를 섞는 '하야즈시 早寿司'가 탄생한다. 그리고 세 번째가 '에도마에즈시 江戸前寿司' 또는 '니기리즈시 握り寿司'로, 식초를 넣은 밥을 타원형으로 빚어 생선을 올리는, 우리가 아는 바로 그 초밥이다. 칸사이 지역은 이 중 두 번째 단계인 '하야즈시'가 탄생한 고장이다.

감잎으로 밥과 생선을 감싸 산패를 막은 나라의 '카키노하즈시 柿の葉寿司', 나무틀에 밥과 생선을 넣고 꾹 눌러 만든 오사카의 '오시즈시 押し寿司' 근해에서 잡힌 고등어를 재료로 만든 오시즈시인 교토의 '사바즈시 鯖寿司' 등은 하야즈시와 앞서거니 뒤서거니 탄생한 초밥의 원형들이다. 이러한 오래된 초밥은 일반 스시집에서는 보기 쉽지 않고, 전문점이나 백화점 식품부를 찾아야 한다. 맛이 있느냐고 묻는다면 쉽게 대답할 수 없기는 하나, 일본 식문화에 좀더 깊게 접근하고 싶은 사람이라면 칸사이 여행 중에 꼭 한번 접해 볼만한 경험이라 할 수 있다.

카키노하즈시 柿の葉寿司

사바즈시 鯖寿司

초밥 맛있게 먹는 순서, 무작정 따라하기 6단계

초밥은 담백하고 맛이 강하지 않은 재료부터 시작해 점점 풍미가 진하거나 기름진 재료로 이동하며 맛과 식감의 변화를 즐기는 것이 정석이다. 그런데 어떤 재료가 담백하고 어떤 재료가 기름진 걸까? 뭘 어떻게 먹어야 잘 먹은 건지 궁금한 당신을 위해, 무따기가 한눈에 보는 초밥 단계도를 준비했다.

① 단계 : 담백한 맛 즐기기

첫 번째로는 양념이나 지방이 많은 것을 피하고 자극이 적은 재료를 먹어 혀의 감각을 일깨운다. 주로 흰살 생선이 이 분류에 속한다.

히라메 ひらめ
광어의 몸통살. 매우 담백하고 쫄깃하다.

타이 たい
도미. 담백하면서도 감칠맛이 뛰어나다.

엔가와 えんがわ
광어 지느러미살. 담백하면서 고소하다.
TIP. 흰살 생선 중에서는 진한 맛에 속한다. 흰살 생선에서는 가장 마지막 순서로 먹을 것!

시라스 しらす
뱅어. 담백하면서 살짝 짭짤하다.

② 단계 : 감칠맛의 세계로 입장

감칠맛과 지방맛이 은은하게 느껴지는 재료를 먹는다. 주로 등푸른생선 중에서 비린 맛과 풍미가 비교적 약한 것들이 이 단계에 속한다.

아지 あじ
전갱이. 고소하고 감칠맛이 있다.

칸파치 かんぱち
잿방어. 고급스러운 감칠맛이 일품.

하마치 はまち
방어 중치. 방어 성체보다 덜 느끼하면서 쫄깃하다.

사와라 さわら
삼치. 주로 살짝 구운 '아부리'의 형태로 먹는다. 담백하면서도 적지 않은 감칠맛이 돈다.

+ PLUS TIP +
등푸른생선은 일본어로 '히카리 光'라고 한다. 빛나는 생선이라는 뜻.

③ 단계 : **고소함과 감칠맛의 향연**

본격적으로 진한 감칠맛과 풍미, 지방의 맛을 즐긴다. 주로 참치를 비롯한 붉은 살 생선이 이 단계에 속한다.

마구로 マグロ
참치를 뜻하는 단어이나 일반적으로 참치의 붉은 살을 가리킨다.

오토로 大トロ
참치 대뱃살. 매우 기름지고 부드러우며 감칠맛이 뛰어나다. 초밥의 왕.

추토로 中トロ
참치 중뱃살. 기름지고 감칠맛이 뛰어나지만 대뱃살보다 덜 느끼하다.

네기토로
ねぎとろ
참치의 껍질이나 뼈 사이에서 긁어낸 기름진 살에 파를 얹은 것.

사몬 サーモン
연어. 독특한 풍미와 더불어 참치 뱃살에 버금가는 감칠맛을 느낄 수 있다.

④ 단계 : **바다 향기와 독특한 식감**

진한 감칠맛과 더불어 비릿한 바다 향기를 즐길 차례. 일반적인 등푸른생선과 생선알이 이 단계에 속한다. 생선알은 독특한 식감도 일품.

사바 サバ
고등어. 상하는 것과 비린 맛을 억제하기 위해 초절임으로 만드는 것이 보통.

이와시 イワシ
정어리. 강한 감칠맛과 독특한 풍미가 있다. 생강을 곁들여 먹는 경우가 많다.

이쿠라 いくら
연어알. 입 안에서 톡 터지면 바다 향기가 가득한 육즙이 흘러나온다.

산마 さんま
꽁치. 고소하면서 진한 감칠맛이 있다. 특히 기름이 오르는 가을에 많이 먹는다.

⑤ 단계 : 색다른 식감으로 분위기 체인지

생선과는 다른 식감을 지닌 재료로 분위기를 전환한다. 주로 쫄깃한 식감을 자랑하는 두족류와 조개류, 새우류가 여기에 속한다.

타코 たこ
문어. 생문어의 다리를 얇게 썬 것을 사용한다. 특유의 감칠맛과 쫄깃한 식감을 지니고 있다.

즈와이가니 ズワイガニ
대게의 다릿살을 사용한다. 익혀서 쓰는 곳도 있고 날것을 쓰는 곳도 있다. 특유의 단맛이 최고.

호타테 ホタテ
가리비. 주로 가리비의 패주 부분을 날것으로 사용한다. 매우 달콤하고 쫄깃하다.

아와비 あわび
전복의 살을 잘 발라내어 사용한다. 고급스러운 단맛과 식감을 지니고 있다.

아마에비 甘エビ
단새우. 일반 새우보다 단맛이 강하다. 몸통이 가늘어 보통 두 마리를 생으로 얹는다.

보탄에비 ボタンエビ
모란새우. 새우 종류 중에서는 가장 고급 재료에 속한다. 단맛과 부드러운 식감이 일품.

⑥ 단계 : 진한 맛의 피날레

마지막 단계에서 가장 진한 맛의 재료들을 먹는다. 재료 자체의 맛이 강하거나 양념이 진한 종류는 최대한 뒤쪽에서 먹을 것.

우나기 うなぎ
장어. 진한 간장 양념을 한 뒤 숯불이나 토치로 구운 것을 사용한다. 달콤하고 진한 맛의 '끝판왕'.

아나고 穴子
붕장어. 장어보다는 조금 더 담백하다. 익힌 살 위에 간장 양념을 바르는 경우가 많다.

카니미소 カニみそ
게의 내장. 짭쪼름하면서 매우 강한 감칠맛을 낸다. 호불호가 갈리므로 해산물에 강한 사람만 도전할 것.

우니 ウニ
흔히 성게알이라고 부르나 사실은 성게의 생식기관이다. 부드럽고 크리미하며 매우 강한 감칠맛을 낸다.

+ PLUS INFO +

초밥의 종류

① 니기리즈시 握り寿
가장 일반적인 초밥. 길쭉하게 빚은 밥 위에 재료를 얹는다.

② 군칸마키 軍艦巻
'군함말이'라는 뜻으로, 밥을 김으로 둥글게 감싼 뒤 위에 재료를 얹는 방식.

③ 노리마키 のり巻
'김말이'라는 뜻으로, 한국의 김밥과 비슷하다. 재료를 1가지만 넣는 경우도 있고, 여러 종류를 넣기도 한다.

④ 롤 ロール
일본의 노리마키를 서양식으로 해석한 것으로, 주로 참치, 연어, 아보카도 등이 들어가며 위에 다양한 소스를 끼얹는다.

⑤ 이나리즈시 いなり寿司
달게 조린 유부에 새콤달콤한 밥을 넣어 만드는 유부초밥.

⑥ 테마키 手巻
한국어로는 '손말이'라고 한다. 김으로 각종 재료를 고깔 모양으로 마는 것.

⑦ 치라시즈시 ちらし寿司
초밥 위에 갖가지 재료를 흩뿌리듯이 덮어서 만든 초밥. 초밥의 덮밥 버전이라고 생각하면 쉽다.

⑧ 테마리즈시 手まり寿司
'테마리'는 일본 전통 공을 뜻하는 단어로, 한입 크기로 동그랗게 빚은 초밥을 뜻한다.

⑨ 차킨즈시 茶巾寿司
각종 재료와 섞은 초밥을 얇게 부친 달걀 지단으로 감싸는 것. '차킨'은 다도에서 사용하는 수건을 뜻한다

일본 최초의 회전초밥,
1 겐로쿠스시 元禄寿司

지금은 아마존 오지가 아닌 다음에는 전 세계 어딜가도 쉽게 찾아 볼 수 있는 게 회전초밥이라지만, 1958년 일본에서 최초로 등장했을 때는 불의 발견에 버금가는 충격과 혁명으로 받아들여졌다. 이 기계장치를 최초로 만든 곳이 바로 오사카의 겐로쿠스시이다. 효율적인 서빙 방법을 고민하던 겐로쿠스시의 사장은 맥주 공장의 컨베이어 벨트에 영감을 받아 회전 초밥을 고안한다. 이 방법은 일본 전국을 넘어 세계로 퍼져나가 초밥집의 한 하위장르로 정착했고, 겐로쿠스시는 세계적인 원조로 영원히 빛나게 되었다. 단지 그 뿐만 아니라, 겐로쿠스시는 가성비가 매우 좋으며 회전이 빨라 늘 신선한 재료를 선보이는 당당한 맛집이기도 하다. 도톤보리 일대에서 거대 초밥 간판을 만난다면 의심없이 들어가도 좋다. VOL.2 ① P.266 Ⓜ P.258E

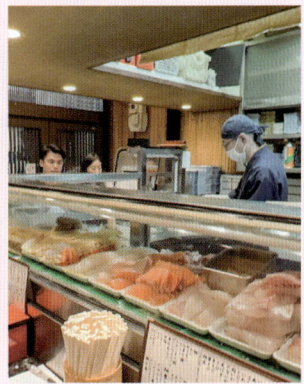

2 이것이 오사카 서민의 맛, 하루코마 春駒

일본에서 가장 긴 아케이드 상점가인 텐진바시상점가. 오사카 서민의 정서가 진하게녹아있는 이 상점가 한켠에, 하루코마가 자리하고 있다. 1953년에 문을 연 노포로, 오사카사람들이 가장 맛있는 스시집으로 추천하는 곳으로 다섯 손가락 안에 꼽힌다. 좁은 실내에오래된 느낌의 카운터석과 테이블석이 들어차 있는데, 요즘 흔하다는 태블릿 따위도 없이꿋꿋이 말과 주문지로 주문을 받고 있다. 이곳의 가장 큰 미덕은 가성비로, 베개만큼 두툼하게 썰어 숙성한 생선과 당장 바다로 돌아갈 만큼 신선한 각종 해산물을 쓴 초밥을 매우 저렴한 가격에 선보이고 있다. 워낙 인기가 많은만큼 줄은 꽤 서는 편이지만, 회전이 생각보다 빠른 편이므로 견뎌 내보기를 추천한다. 후회하지 않을 것이다. VOL.2 ① P.309 Ⓜ P.293C

3 아는 사람은 아는 회전초밥, 스시노무사시 寿司のむさし

좋은 재료를 사용하고 맛도 좋은데 가격까지 착하다. 현지인도 관광객도 만족도가 높다. 그런데 아주 유명하지는 않아서 줄이 그다지 길지는 않으며 시간만 잘 맞추면 줄을 안 설수도 있다. 이런 여행자를 위한 하하버스 같은 회전초밥집이 교토에 있으니, 그곳이 바로 스시노무사시다. 스시노무사시는 산조 본점을 비롯해 교토 여러 곳에 체인점을 내고 있는 회전초밥집으로, 이미 아는 사람들은 모두 다 아는 교토의 회전초밥 대표 맛집이다. 가장 저렴한 초밥이 165엔이고 가장 높은 가격대가 900엔 정도이니 가격은 다른 회전초밥과 비슷한데, 질 좋은 재료를 쓰는 데다 워낙 크고 두꺼워 오히려 저렴하게 느껴진다. VOL.2 ① P.381 Ⓜ P.362

칸사이의 면요리 적자
우동 うどん

칸사이, 특히 오사카를 여행할 때 면요리를 딱 하나만 먹는다면 뭘 먹어야 할까? 이 질문에 대해 아주 원칙적이고 보수적으로 대답한다면, 정답은 바로 '우동'이다. 예로부터 칸사이 지역은 밀가루 음식이 매우 발달했고, 이 때문에 자연스럽게 우동이 면 요리의 대세가 되었다. 일본에서는 칸사이는 우동, 칸토는 소바라는 인식이 매우 널리 퍼져 있다. 면식주의자라면 칸사이 여행 중 한끼 쯤은 우동을 꼭 먹어볼 것.

우동의 종류

스우동 素うどん
삶아낸 우동면을 다시 국물에 말아 먹는 것. 가장 간단한 형태이다. '스우동'은 칸사이식 명칭이고, 일반적으로는 '카케우동 かけうどん'이라고 한다.

붓카케우동 ぶっかけうどん
면을 삶아서 건져낸 뒤 국물 없이 츠유(つゆ, 간장 양념 국물)를 부어서 간을 맞춰 먹는 우동. 위에 튀김이나 미역, 채소류를 얹기도 한다.

키츠네우동 きつねうどん
유부를 얹은 우동으로, 오사카에서 탄생했다. '키츠네'는 여우라는 뜻으로, 여우가 유부를 좋아한다는 속설에서 붙은 이름이다. 오사카에서는 반드시 네모난 유부를 사용한다.

카마타마우동 釜玉うどん
삶아서 갓 건져낸 뜨거운 우동면에 날달걀을 넣어 비빈 것. 건져낸 면만 있는 것은 '카마아게우동 釜揚げうどん'이라고 부른다.

자루우동 ざるうどん
삶아서 건져낸 면을 찬물에 씻은 뒤 채반에 받쳐 내는 우동. '자루'는 대나무 채반 내지는 소쿠리를 가리키는 단어이다. 츠유를 찍어서 먹는다.

니쿠우동 肉うどん
소고기나 돼지고기를 달달하게 양념해 졸이거나 볶아서 우동 위에 올린 것. 칸사이에서는 주로 소고기를 사용한다.

타누키 우동 たぬきうどん
튀김을 할 때 나오는 튀김 부스러기를 넣는 우동. '타누키'는 너구리라는 뜻인데, 일본어로 '속임수'라는 뜻도 갖고 있다. 즉, 튀김이 아닌 부스러기만 넣은 속임수 우동이라는 뜻.

카레 우동 カレーうどん
진득한 카레 국물에 우동면을 넣은 것. 어느 우동집에서나 흔히 찾아볼 수 있을 정도로 보편적인 우동의 형태로 정착되어 있다.

+ PLUS INFO +

칸사이 우동의 특징
- **국물이 맑다**: 카츠오부시와 다시마로 낸 국물에 색이 옅은 간장으로 간을 한 맑고 깔끔한국물을 사용한다. 간도 다른 지방에 비해서는 다소 연한 편.
- **면이 부드럽다**: 면의 두께는 다소 두꺼운 편이나 쫄깃함 보다는 부드러운 식감을 살린다. 입 안에서 부드럽게 끊어져서 녹는 듯한 식감이 일반적이다.
- **토핑이 단순하다**: 튀김 부스러기, 파, 어묵, 유부 등 1~2가지 정도의 토핑만 올리는 것이일반적. 피타이저나 디저트로 나온다.

텐푸라 우동 天婦羅うどん
튀김을 고명으로 얹은 우동. 새우, 우엉, 채소튀김 등 다양한 종류의 튀김을 사용한다. 튀김을 따로 주문해서 우동과 함께 먹는 것도 일반적.

국물이, 끝내줘요
이마이 今井

정신이 혼란할 정도로 어지러운 도톤보리 한 구석에 난데없을 정도로 단정하고 고요한 모습으로 자리한 우동 노포. 1946년에 문을 연 이래 칸사이를 대표하는 우동집으로 손에 꼽히고 있다. 이곳의 주종목은 키츠네우동으로, 오사카 키츠네 우동 국물의 모범이라고 해도 좋을 정도로 깔끔하고 맛있는 국물을 선보인다. VOL.2 ⓘ P.267 Ⓜ P.258E

🍜 키츠네 우동의 유쾌한 변신

2 멘토안 麺闘庵

이곳을 우동집으로만 알고 온 사람이라면 아마도 당황할 것이다. 우동을 시켰는데 거대한 유부 주머니 하나만 덜렁 나오기 때문. 걱정할 것은 없다. 면은 유부 주머니 안에 들었으니까. 이곳은 유부 주머니에 우동면을 넣은 독특한 형태의 키츠네 우동인 '킨차쿠 키츠네 우동 巾着きつねうどん'을 선보이는 식당으로, 나라의 가장 대표적인 맛집으로 꼽힌다.

VOL.2 ① P.520 Ⓜ P.512B

🍜 교토의 카레우동 명가

3 히노데우동 日の出うどん

깊은 맛의 카레와 부드러운 면의 조화가 일품인 카레우동으로 난젠지 일대에서 명성을 떨치고 있는 우동집이다. 첫 입에는 다소 짜거나 평범하게 느껴질 수 있으나 먹으면 먹을 수록 매력이 느껴지는 카레를 선보인다. 한국 사람이라면 면을 다 먹은 뒤 밥을 비벼먹고싶다는 충동을 느낄 수 밖에 없는데, 다행히 공깃밥을 판매하고 있다. VOL.2 ① P.396 Ⓜ P.361C

오사카에는 맛있는 게 많아서
라멘 in 오사카 ラーメン in OSAKA

아주 솔직히 말하면, 오사카는 라멘으로 아주 유명한 도시는 아니다. 오사카의 면 문화는 우동이 꽉 잡고 있고, 그 밖에도 타코야키, 오코노미야키 등의 코나몬 요리가 크게 발달해 있어 상대적으로 라멘의 입지는 좁은 편이다. 물론 오사카에도 미슐랭에 등재된 라멘집이나 현지에서 큰 인기를 끌고 있는 라멘집은 분명히 있다. 그러나 한국인들의 입맛에 맞고 여행의 즐거움을 주는 곳들은 또 따로 있다.

1 이쯤되면 한국 음식
이치란 라멘 一蘭ラーメン

진한 돈코츠 국물, 얼큰한 양념, 오로지 라멘에만 집중할 수 밖에 없는 독서실 같은 환경. 후쿠오카 원조의 돈코츠 전문점 이치란은 전국 어느 지점에서나 일정한 수준의 맛을 내는 신뢰와 안심의 체인점이다. 특히 한국인들이 가장 좋아하는 일본 라멘으로 첫 손에 꼽히는데, 아무래도 감자탕 내지는 돼지국밥이 돈코츠 라멘으로 환생한 것 같은 낯설지만 친근한 맛 때문이지 않을까. 오사카에는 수많은 줄서는 라멘 맛집이 있지만, 단언컨대 줄이 가장 긴 곳은 이치란 도톤보리점이다. VOL.2 ⓘ P.268 Ⓜ P.258E

2 큐슈 라멘의 오사카식 해석
큐슈 라멘 키오우 九州ラーメン亀王ーメン

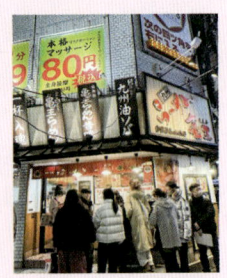

진한 돈코츠 국물을 기본으로 매우 다채로운 라멘을 선보이는 곳으로, 최근 오사카 라멘의 대세로 떠오르고 있다. 가장 기본적인 돈코츠 라멘을 시작으로 쇼유 라멘, 매운 라멘, 토마토 라멘, 심지어 국물 없는 아부라소바 까지, '뭘 좋아할 지 몰라서 다 준비했다' 정신이 느껴지는 라인업을 자랑한다. 메뉴가 전반적으로 특이해 보이지만 한국인의 입맛에 잘 맞는다는 것이 중평이다. 이름에는 '큐슈'가 붙어있지만 알고보면 오사카 로컬 체인이다. VOL.2 ⓘ P.270 Ⓜ P.258E

3 저비용 여행자를 위한 맛집
킨류 라멘 金龍ラーメン

한국인 여행자들 사이에서는 '금룡라면'이라는 이름으로도 알려진 도톤보리의 유명 라멘집. 돈코츠 라멘을 선보이는 곳인데, 일반적인 돈코츠에 비해 국물이 다소 묽은 편이다. 맛에 대해서는 다소의 설왕설래가 있는 편이고, '대표 맛집'이라기엔 좀 덜 맛있는 것이 아닌가하는 의견이 지배적이지만, 가격이 저렴하고 공깃밥과 김치를 무료로 제공하고 있어 저예산 여행자들에게는 매우 고마운 곳으로 통한다. VOL.2 ⓘ P.267 Ⓜ P.258E

의외로 라멘 강호
라멘 in 교토 ラーメン in KYOTO

교토는 하카타나 삿포로처럼 일본 라멘 맹주 축에 드는 도시는 아니지만, 일본 최고의 관광도시 답게 상당히 많은 라멘 맛집을 보유하고 있다. 일본 전국에 체인이 있는 유명한 맛집도 있고, 만화에 등장한 집이나 연예인들의 단골 집도 있다. 최근에는 미슐랭 잡지에 소개되는 라멘집도 심심찮게 등장하고 있다. 과장을 심하게 보태서 말하자면, 요즘 일본 라멘의 대세 도시는 다름아닌 교토다.

1 와규로 만든 라멘
이노이치 猪一

최근 교토 라멘의 대세라고 해도 과언이 아닌 곳. 와규를 이용해 만든 라멘을 맛볼 수 있다. 소고기의 진한 육향이 감돌면서도 깔끔하고 고급스러운 맛이 일품이다. 매장 내에서 고명용 소고기를 직접 굽기 때문에 마치 스테이크집 같은 냄새가 난다. 하루 일정 숫자의 손님만 받기 때문에 가게 문열기 1시간 전부터 줄을 서야 간신히 당일 입장 번호를 받을 수 있을 정도. 미슐랭 빕구르망으로 선정되었다. VOL.2 ⓘ P.384 Ⓜ P.362

2 토리파이탄의 진수
멘도코로 자노메야 麺処蛇の目屋

'토리파이탄 鳥白湯'은 닭뼈가 녹을 정도로 오래 끓여 내어 뽀얀 빛을 띠는 국물이 특징인 라멘으로, 돼지고기의 느끼함이나 어패류의 비린 맛을 싫어하는 사람들에게 좋은 대안이 되는 메뉴이다. 멘도코로 자노메야는 카와라마치 거리에서 뻗어나간 매우 좁은 뒷골목에 자리한 라멘집으로, '이것이 토리파이탄이다'라고 정의하는 듯한 라멘을 선보이며 미슐랭 빕구르망에 선정되는 기염을 토했다. 라멘집치고는 점포가 꽤 넓은데, 예전에는 포장마차에서 운영했었다고 한다. VOL.2 ⓘ P.384 Ⓜ P.362

3 닭죽인가 라멘인가
멘야 곳케이 麺屋極鶏

이치조지 일대는 교토에서 손에 꼽히는 라멘의 격전지로서, 소문난 라멘 맛집이 여러 개 몰려있다. 멘야 곳케이는 그 중에서도 매우 특이하면서도 맛있는 라멘을 선보이며 큰 인기를 누리고 있다. 기본적으로는 토리파이탄 국물인데, 닭을 어찌나 많이 넣고 끓이는지 국물이라기보다 죽에 가까울 정도로 걸쭉한 것이 특징이다. 느끼할 것 같은 겉모습과는 달리 매우 진하면서도 깔끔한 것이 특징. 복날 또는 겨울에 여행하는 사람에게 강력 추천한다. VOL.2 ⓘ P.431 Ⓜ P.425C

MUST EAT

✕

이거 안 먹고 왔다면… 다시 가라!
칸사이 지역별 먹킷 리스트

먹다 죽는 미식과 폭식의 도시 오사카. 세계적인 소고기의 고장 고베. 일본 식문화의 조상님 같은 도시 교토. 칸사이는 일본 식문화계의 기라성 같은 도시들이 모여 있는 지역이다. 라멘, 스시, 우동, 돈카츠 같은 전국구 음식 맛집도 당연히 있지만, 뭐니 뭐니 해도 오사카, 고베, 교토다운 음식이나 식재료는 따로 있는 법이다. 전주의 콩나물국밥이나 목포의 홍어삼합, 부산의 돼지국밥 같은 것들이 당연한 얘기지만 칸사이에도 있다.

입천장이 까져도 멈출 수 없다!

타코야키 たこ焼き

밀가루 반죽에 문어 조각을 넣어 겉바속촉으로 구워낸 동글동글한 풀빵. 바삭한 겉모습에 속아 한입 콱 베어 물었다가 뜨겁고 질척한 속 반죽에 혀와 입천장을 데기 일쑤지만 그럼에도 계속 먹게 되는 마성의 풀빵이다. 이제는 한국에서도 어렵지 않게 볼 수 있는 세계적인 음식이 되었지만, 원조는 엄연히 오사카다. 원조 도시답게 동네마다 타코야키 맛집 하나쯤은 당연히 있고, 도톤보리에서는 열 걸음에 하나씩 발견된다. 타코야키가 워낙 흔한 동네다 보니 어디서 먹어도 겉바속촉에 손가락 한 마디만한 문어 조각이 들어간 기본 이상의 타코야키를 만날 수 있다.

원조는 엄연히 오사카다!

오사카 타코야키 대표 맛집

앗치치 혼포 あっちち本舗

요즘 오사카 타코야키의 대세. 도톤보리 한복판 다리 옆에서 긴 줄을 발견한다면 이곳이라고 생각해도 좋다. 다양한 소스와 조합해서 먹어볼 수 있다.

VOL.2 ① P.268 Ⓜ P.258E

혼케오타코 本家大たこ

앗치치 바로 근처에 자리한, 도톤보리 타코야키의 또 다른 맹주. 도톤보리에서 역사가 가장 오래된 타코야키집으로, 가장 '근본'이라는 평가를 받는다.

VOL.2 ① P.268 Ⓜ P.258E

코가류 甲賀流

아메리카무라에 위치한 타코야키집으로, 껍질이 쫀득하고 부드럽다. 상당히 많은 마니아를 보유하고 있는데, 파와 마요네즈를 얹은 메뉴를 고르면 필승.

VOL.2 ① P.280 Ⓜ P.256A

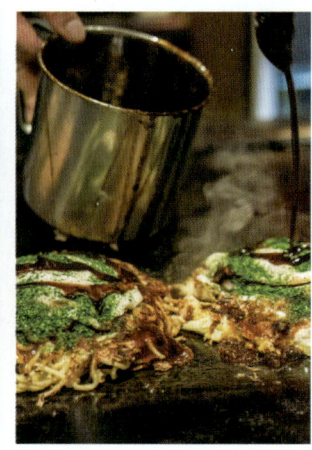

내 맘대로 구워 먹는 오사카식 부침개
오코노미야키 お好み焼き

밀가루 반죽에 해산물, 고기, 양배추 등을 넣고 철판에 부쳐 먹는 일본식 부침개. '오코노미야키'란 '좋아하는 걸 넣어서 만드는 부침개'라는 뜻이라 문자만 봐서는 초콜릿이나 타피오카 펄을 넣어도 아무 상관 없지만 다행히 그런 지나치게 창의적인 재료를 넣는 가게는 거의 없다. 일본에서 가장 흔하게 먹는 오코노미야키는 오사카식과 히로시마식이 있는데, 오사카식은 밀가루 반죽에 건더기 재료를 모두 넣어서 부치고 히로시마는 반죽-양배추-고기-면을 차례차례 쌓아가며 부친다. 오사카와 히로시마 두 지역 모두 오코노미야키를 '소울 푸드'라고 주장하고 있으나 의외로 원조는 교토에 있다는 사실!

오사카 & 교토의 오코노미야키 대표 맛집

잇센요쇼쿠 壹銭洋食
다양한 재료를 넣은 밀가루 부침개에 소스를 뿌려서 먹는 음식을 일본에서 가장 먼저 만든 곳. 오코노미야키의 일본 전국 원조로 불린다. 교토에 있다.
VOL.2 ① P.377 Ⓜ P.362

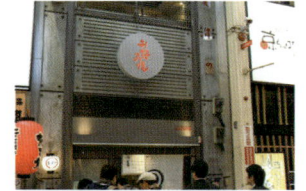

미즈노 美津の
마를 갈아 넣어 촉촉하면서도 바삭한 반죽이 일품인 도톤보리 오코노미야키의 간판 스타. 미슐랭 빕구르망에도 선정되어 있다. 30분~1시간 줄 서는 것은 각오할 것.
VOL.2 ① P.267 Ⓜ P.258E

후게츠 風月
오사카에서 시작해 일본 전국 체인으로 뻗어나간 오코노미야키 전문점. 한국인의 입맛에 잘 맞는 것으로 정평이 나 있다. 기왕이면 츠루하시 본점으로 가자.
VOL.2 ① P.323 Ⓜ P.315C

오사카의 쿠시카츠 대표 맛집

쿠시카츠 다루마 串かつだるま
오사카 쿠시카츠의 대명사. 도톤보리, 난바, 우메다 등에도 지점이 있으나 포장마차 스타일로 꾸민 신세카이 본점을 강력 추천한다.

VOL.2 ① P.321 Ⓜ P.314B

텐구 てんぐ
깜짝 놀랄 정도로 바삭바삭한 튀김옷을 맛볼 수 있는 곳. 소 힘줄 조림인 '도테야키'도 매우 맛있다.

VOL.2 ① P.321 Ⓜ P.314B

시치후쿠진 七福神
텐진바시스지의 명물 쿠시카츠 가게. 그야말로 근본에 가까운 쿠시카츠를 맛볼 수 있다.

VOL.2 ① P.309 Ⓜ P.293C

신세카이 주당들의 친구

쿠시카츠 串カツ

오사카의 서민적인 골목을 걷다 어딘가에서 기름냄새가 난다면 십중팔구 쿠시카츠집이 있다고 봐도 좋다. '쿠시카츠'란 '꼬치 카츠'라는 뜻으로 돼지고기, 소고기, 메추리알, 버섯, 아스파라거스, 가지, 비엔나소시지, 은행 등을 꼬치에 꿴 뒤 돈카츠처럼 계란물과 빵가루를 입혀 튀겨낸다. 이 음식의 전국 원조가 다름 아닌 오사카, 그것도 콕 집어 신세카이이다. 지금도 신세카이에는 한 집 건너 하나씩 쿠시카츠 맛집이 들어서 있으며, 개중에는 일본답지 않게 새벽 영업이나 24시간 영업을 하는 곳이 있어 주당들에게 큰 사랑을 받고 있다. 말하면 잔소리겠지만, 맥주와 기가 막히게 잘 어울린다.

오사카에서 시작해서 전 세계로
오므라이스 & 카레 オムライス & カレー

'요쇼쿠 洋食', 즉 '양식'은 일본의 식문화의 매우 중요한 일부분이다. 개항 이후 일본의 식문화에 스며들어 이제는 일본 음식화된 서양 음식을 말하며, 오므라이스·돈카츠·카레·스튜·고로케 등이 여기 속한다. 19세기 말부터 20세기 초까지 일본 곳곳에서 양식 메뉴가 탄생했지만, 가장 위대한 탄생이라면 아무래도 오므라이스의 탄생일 것이다. 그리고 그 위대한 탄생이 이뤄진 곳이 바로 오사카다.

신사이바시에 위치한 양식당 '홋쿄쿠세이 北極星'에서 위장 장애를 앓던 단골손님이 볶음밥을 계란에 싸달라고 부탁했다는 것이 일본에서 가장 유명한 오므라이스의 탄생 일화다. 카레도 오사카와 인연이 깊은 메뉴다. 카레라이스가 최초로 탄생한 곳은 요코스카 해군 기지 인근이지만, 인스턴트 카레 루를 개발한 곳은 오사카가 최초라는 사실. 인스턴트 카레 루가 탄생함으로써 카레는 생전 처음 요리를 하는 여고생이 남자 친구에게 인생 최초로 만들어주는 음식의 대명사로 자리 잡게 되었다. 지금도 오사카에는 그 어느 도시 이상으로 카레 맛집이 많다.

오사카의 오므라이스 & 카레 대표 맛집

홋쿄쿠세이 北極星
일본에서 최초로 오므라이스를 만들었다고 알려진 곳. 버터에 볶은 치킨라이스를 오믈렛으로 덮은 '근본' 오므라이스를 선보인다.
VOL.2 ① P.285 Ⓜ P.256B

지유켄 自由軒
오사카에서 가장 오래된 양식당이자 일본의 대표적인 카레 맛집으로 창업 100년을 훌쩍 넘겼다. 한가운데 날달걀을 올리는 '명물 카레'가 간판 메뉴.
VOL.2 ① P.273 Ⓜ P.258E

인디언카레 インデアンカレー
60년 전통의 카레 노포로, 일본 음식답지 않게 후끈하게 매운 카레를 선보인다. 중독성 있는 맛으로 한번 찾은 사람은 계속 찾게 된다.
VOL.2 ① P.300 Ⓜ P.292A

세계적인 명성의 최고급 소고기
고베규 神戸牛

일본에는 수많은 브랜드 소고기가 있지만, 그중에서도 세계적으로 가장 유명한 소고기가 바로 고베에서 생산되는 고배규다. '타지마우시 但馬牛'라는 와규의 한 품종에서 생산되는 고기로, 부드럽고 마블링이 뛰어나며 맛이 매우 고급스럽다. 고베규의 맛을 보고 감동한 어느 미국인이 자기 아들 이름을 'Kobe'라고 붙였는데, 여기서 말하는 그 '아들'이 바로 얼마 전 세상을 떠난 NBA 스타 코비 브라이언트라는 것은 고베규의 맛을 설명할때 종종 등장하는 에피소드다.

고베는 고베규의 본진답게 수많은 고베규 맛집을 보유하고 있는데, 특히 철판구이 스테이크 맛집이 많다. 높은 모자를 쓴 요리사가 철판에 재빠른 손놀림으로 스테이크와 마늘을 구워 손님 접시에 올리는 것이 고베식 스테이크의 기본. 고베규의 본진이라고 해서 딱히 저렴하지는 않다는 것이 여행자를 조금 슬프게 하는 점이다.

고베의 고베규 대표 맛집

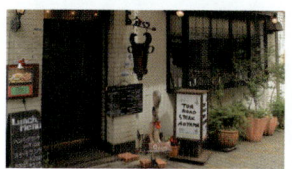

스테이크 아오야마 ステーキ青山
1964년에 문을 연 토어 로드의 작고 아늑한 노포. 질 좋은 고베규를 비교적 합리적인 가격에 맛볼 수 있다. 점심시간에는 2000~5000엔대의 스테이크 정식을 선보인다.
VOL.2 ① P.472 Ⓜ P.461C

비프테키노 카와무라 ビフテキのカワムラ
엄선한 고베규를 최상의 솜씨로 선보이는 정통 고베규 스테이크 전문점. 일본 전역에 체인이 있을 정도로 유명하다. 고베규 스테이크 맛집의 기본이라 할 수 있다.

고베비프스테키 모리야 神戸ビーフステーキ モーリヤ
카와무라와 쌍벽을 이루는 유명 고베규 스테이크 맛집. 고베규를 취급한 지 무려 140여 년이 된 고베규 레스토랑의 조상님 같은 곳이다.
VOL.2 ① P.469 Ⓜ P.461C

식탁에 펼쳐진 교토 그 자체
오반자이 おばんざい

교토의 전통 식문화를 일컬어 '쿄료리 京料理'라고 하고, 쿄료리는 다시 카이세키, 쇼진, 다이쿄, 혼진, 오반자이로 나뉜다. 이 중 가장 서민적이면서 접근하기 쉬운 것이 다름아닌 오반자이. 다양한 계절의 식재료를 다채롭게 조리한 서민적인 반찬 요리를 가리킨다. 원래는 '1즙 3채(국 1+반찬 3)'이 기본이나 일반적으로는 7~8가지의 반찬이 작고 예쁜 그릇에 담겨 나온다. 교토에서 전통 요리를 합리적인 가격에 즐기고 싶으면 오반자이가 가장 쉽고 똑똑한 선택이다. 일본 전역에서 '오반자이'라는 이름을 붙인 요리를 선보이긴 하나, 교토의 오반자이는 '반드시 교토에서 생산되는 제철 재료를 사용한다'는 자부심넘치는 원칙이 있다는 사실! 정성과 재료는 다른 고급 쿄료리에 결코 뒤지지 않으나 가격은 합리적이다. 주머니가 가벼운 여행자라면 '오반자이' 네 글자를 꼭 기억해 둘 것.

교토 오반자이 대표 맛집

슌사이 이마리 旬菜 いまり
롯카쿠 거리 부근에 위치한 작은 오반자이 식당으로, 소박하면서도 정성이 가득한 음식을 선보인다. 오전 시간에 완전 예약제 30식 한정으로 정통 교토식 오반자이 조식을 내놓는다.
VOL.2 ① P.385 Ⓜ P.360B

만시게 쇼안 万重 松庵
JR 교토역 앞 지하 상가인 교토 포르타에 자리한 전통 음식 전문점. 정갈한 벤토, 오반자이 정식 등을 합리적인 가격에 선보인다.
VOL.2 ① P.412 Ⓜ P.405C

탱글탱글한 여름의 맛
와라비모찌 わらび餅

한때 틱톡과 유튜브에서 엄청나게 인기를 끌었던 '물방울떡'을 기억하시는지? 물방울떡이 한창 핫할 때 덩달아 유행한 일본식 디저트가 하나 있으니, 바로 와라비모찌다. '와라비'는 '고사리'라는 뜻으로, 과거에는 고사리 뿌리에서 전분을 채취해서 만들었다고 한다. 현재는 고사리가 너무 귀해서 토란이나 연근, 감자 등의 전분으로 대신한다. 전분에 물을 넣고 끓여 투명한 떡처럼 되면 차갑게 식힌 뒤 콩가루와 검은 조청을 뿌려서 먹는다. 와라비모찌의 발상지는 교토이고, 나라현에서 질 좋은 전분이 많이 생산되기 때문에 나라에서도 많이 먹는다. 차가운 디저트다 보니 여름에 즐겨 먹고, 특히 여름철에 나라나 교토의 료칸에 가면 높은 확률로 와라비모찌가 웰컴 푸드로 나온다.

교토 & 나라의 와라비모찌 대표 맛집

분노스케차야 文の助茶屋
야사카의 탑 부근에 위치한 일본 전통 디저트숍으로, 와라비모찌를 주메뉴로 선보인다. 소박하지만 전통미가 있어 눈과 입이 모두 즐겁다. VOL.2 ① P.380 Ⓜ P.362

기온코이시 祇園小石
기온에 위치한 일본 전통 사탕 전문점으로, 내부에서 전통 디저트 숍을 운영하고 있다. 와라비모찌로 만든 파르페가 궁금하다면 꼭 가볼 것. VOL.2 Ⓜ P.362

MUST EAT
×

칸사이가 낳은
전국구 맛집의 원조를 찾아서

거대한 대야에 담긴 세숫대야 우동, 첩첩이 쌓인 크레이프 케이크, 안에 부드러운 크림이 잔뜩 든 롤케이크. 일본 여행 필수 먹거리 리스트에서 언젠가 한 번쯤 보았던 이런 먹거리들이 사실은 칸사이가 원조라는 사실, 알고 계셨는지? 처음에는 오사카나 교토의 어느 골목에서 작게 시작한 가게가 이제는 심히 창대해져 일본 전국에서 이름난 맛집이 된 경우가 적지 않다. 한 끼를 먹어도 원조에서 먹어보고 싶다면 다음에 소개하는 맛집들을 눈여겨볼 것.

1 도지마롤의 원조
파티세리 몽셰르
パティスリーモンシェール

맛보고 싶다면?
많은 팬들은 파티세리 몽셰르의 도지마 본점까지 직접 찾아간다.
VOL.2 ① P.302　Ⓜ P.292B
가장 편하게 찾아갈 수 있는 곳은 한큐백화점 1층 식품관.
VOL.2 ① P.303　Ⓜ P.292A

한가운데에 생크림이 꽉 차 있는 독특한 롤케이크 '도지마롤'은 이제 편의점에서도 구할 수 있을 정도로 보편적인 디저트가 되었다. 한국 여행자들 사이에서도 일본가면 꼭 먹고 와야 할 아이템 중 하나로 꼽힌 지 오래다. 이 천재적인 롤케이크는 과연 누가 만든 걸까? 2003년, 우메다 옆에 있는 동네 '도지마'의 한 호텔에 몽슈슈라는 이름의 작은 빵집이 문을 연다. 이곳 사장은 재일 한국인 여성으로, 처음에는 조금 고전했으나 이내 롤케이크로 큰 인기를 끈다. 구워내는 속도가 주문 속도를 따르지 못할 정도로 롤케이크가 큰 인기를 끌자 효율을 높이기 위해 가운데를 홋카이도산 생크림으로 채우고 겉을 시트 한 겹으로 감싸는 롤케이크를 만들었는데, 이것이 대히트를 치며 오사카를 대표하는 디저트로 발돋움했다. 이후 호텔에서 독립해 별도의 점포를 내며 이름을 '파티세리 몽셰르'로 바꾸고, 오사카 여러 곳에 분점도 낼 정도로 크게 성장했다는 입지전적 스토리다. 편의점의 도지마롤이나 유사 상품이 아닌 '찐' 도지마롤을 먹고 싶다면 오사카 여행이 바로 그 기회다.

+ WRITER'S PICK +
'도지마 堂島'는 오사카의 교통 중심가이자 신시가지 변화가 우메다 옆에 있는 지역의 이름인데, 사무실이 늘어선 오피스 거리라고 합니다. 즉 도지마롤은 우리나라로 따지면 테헤란롤이나 역삼롤쯤 되는 겁니다.

2 세숫대야 우동의 명가
츠루통탄 つるとんたん

맛보고 싶다면?
여전히 소에몬초에 본점이 있으며 오사카에 있는 여러 지점중 찾아가기 가장 편하다.
VOL.2 ① P.269　Ⓜ P.258E

요즘은 한국 우동집 중에서도 우동을 세숫대야만 한 대접에 주는 곳을 어렵지않게 볼 수 있다. 이게 대체 어디부터 시작된 건지 궁금했다면, 그 대답은 바로 오사카 원조의 우동집 '츠루통탄'이다. 도쿄를 비롯한 칸토 지방에도 지점이 여러 곳 있어 도쿄 맛집으로도 유명하지만 원조는 어디까지나 오사카로 도톤보리 옆 골목인 '소에몬초 宗右衛門町'에서 1989년에 문을 열었다. 웬만한 집 세숫대야보다 큰 그릇에 우동을 담아주는데, 사리 양을 무려 3배까지 무료로 주문할 수 있는 데다 맛까지 좋아 이내 오사카의 명물 우동집으로 자리 잡았고, 빠른 속도로 도쿄까지 진출했다. 다양한 종류의 우동을 선보이지만 카레우동과 명란 크림우동이 가장 유명하고, 일본에서는 단연 카레우동 맛집으로 통한다.

3 로스트비프동 & 스테이크동의 명가
레드 록 Red Rock

> **맛보고 싶다면?**
> 본점은 산노미야 고가 밑 상점가에 있다.
> VOL.2 ① P.469 Ⓜ P.461C
> 모토마치 지점은 '양식 공방'이라는 이름으로 다른 지점에서는 취급하지는 않는 모둠 메뉴나 실험적인 메뉴를 내놓는다.

겉은 바짝 구웠지만 속은 붉은 기가 가득한 미디엄 레어 상태의 로스트비프를 밥 위에 산더미처럼 올린 뒤 계란 노른자를 얹어 먹는 로스트비프동. 육식주의자가 일본을 여행할 때 비교적 합리적인 가격으로 맛있는 고기 요리를 잔뜩 먹을 수 있는 절호의 기회라 할 수 있다. 로스트비프동의 명가 레드 록은 일본 전국 대도시마다 1~2개씩 지점이 있고 특히 도쿄 하라주쿠 지점은 BTS 멤버가 다녀가는 바람에 한국인들에게 레드 록의 대명사처럼 여겨지나, 원조는 엄연히 고베다. 2013년 일본 제일의 소고기 도시 고베에서 문을 연 뒤 로스트비프동이 사회현상급으로 인기를 얻어 일본 전국으로 발을 뻗히게 된 것. 최근에는 스테이크동도 반응이 매우 좋다. 고베 원조면 고베규를 쓰는 게 아닌가 생각할 수도 있지만 로스트비프는 호주산, 스테이크는 미국산을 쓴다. 사실 고베규를 써서 그 가격에 내놓는다면 이것은 장사라기보다 사대 성인급인 자비일 것이다.

> **맛보고 싶다면?**
> 본점은 교토 중심가에서 동북쪽으로 살짝 떨어진 이치조지 부근에 있다. Ⓜ P.425D

일본에서 가장 번성한 라멘 체인

4. 교토 카츠규 京都勝牛

규카츠는 원래 칸사이 음식…일지도??

규카츠는 두툼한 소고기를 계란물과 빵가루를 묻혀 고온에 짧은 시간 튀겨내 속은 레어 상태로 만드는 일종의 비프 커틀릿으로 한때 도쿄를 중심으로 엄청난 붐을 일으킨 바 있다. 지금은 유행이 한풀 꺾인 느낌이지만, 그래도 아직도 이 음식의 팬은 만만치 않게 남아있다. 규카츠의 원조를 따지는 것은 살짝 애매하고 복잡한데, 도쿄를 비롯한 칸토 지역에서는 전통적으로 돈카츠를 많이 먹고 칸사이 지역에서는 비프 커틀렛을 많이 먹었다고 한다. '규카츠'라는 메뉴를 선보인 최초의 식당은 도쿄에서 생겼지만 규카츠 유행이 오기 전에 일찌감치 폐업했고, 규카츠가 붐을 일으키기 전후 시기에 가장 먼저 생긴 규카츠 전문점은 바로 교토 카츠규다. 질 좋은 소고기를 두툼하게 썰어 레어로 튀겨낸 '근본' 돈카츠를 맛볼 수 있는 곳이다. 혹시 어디선가 규카츠의 원조가 도쿄인지 칸사이인지 싸우는 사람을 본다면 슬쩍 교토 편을 들어보는 건 어떨까.

> **+ WRITER'S NOTE +**
>
> '카츠규 勝牛'에서 '카츠 勝'는 승리한다는 뜻의 글자로, 비프 카츠나 돈카츠의 '카츠'와 음이 같습니다. 일본에서는 이런 종류의 말장난을 종종 하는데, 특히 시험 전날에 시험에서 승리하기 위해 돈카츠나 규카츠를 먹는 사람도 적지 않다고 합니다.

> **맛보고 싶다면?**
>
> 본점은 교토 폰토초에 있다.
> **VOL.2 ① P.383 Ⓜ P.362**
> 폰토초다운 작고 고풍스러운 가게다.

5. 텐카잇핑 天下一品

일본에서 가장 번성한 라멘 체인

일본 어느 도시를 다니든 가장 흔히 볼 수 있는 라멘 체인 중 '텐카잇핑', 우리식으로 읽으면 '천하일품'이 있다. 일본 라멘 국물 중에서 묽게 쑨 전복죽 느낌이 나는 걸쭉한 국물을 '콧테리 こってり'라고 하는데, 이러한 '콧테리' 국물을 가장 먼저 선보인 곳이라고 한다. 텐카잇핑이 시작한 도시는 다름 아닌 교토로, 창업자가 1971년에 라멘 포장마차를 열어 3년 동안 진지하게 국물을 연구하여 현재의 콧테리를 만들어냈다고 한다. 최초로 가게를 낸 것은 1981년이고, 그 이후 40여 년간 일본 전국에 200개가 넘는 점포를 보유한 명실공히 일본에서 가장 잘나가는 라멘 체인으로 성장했다. 걸쭉한 국물에 그에 걸맞은 두툼한 면이 담겨 있어 '코나몬'의 영혼이 깃든 사람이라면 매우 선호할 수밖에 없다.

MUST EAT

나의 여행에 대접하는 근사한 한 끼

+ PLUS TIP +

예약은 어떻게 하나요?
고급스러운 카이세키 요정이나 프렌치 레스토랑, 고급 스시집은 모두 예약이 기본이다. 그냥 찾아가도 운 좋게 자리가 있는 경우도 적지 않지만 업장 입장에서도 마음과 재료 준비가 필요하므로 예약하는 것을 매우 선호한다. 아예 예약 필수인 곳도 적지 않다. 일본 최대의 미식 리뷰 네트워크인 '타베로그 Tabelog'에서 예약하는 것이 가장 일반적이고, 구글 지도에 '잇큐一休' 등의 리뷰 사이트와 연동된 예약 버튼이 떠 있기도 하다. 가장 흔한 것은 업장의 홈페이지 예약. 교토의 노포들 중에서는 전화 예약만 받는 곳도 있는데, 일본어를 전혀 할수 없거나 국제전화를 하는 것이 꺼려진다면 숙박하는 호텔의 컨시어지나 프론트에 부탁할 것. 예약 사이트에서 예약할 때 요청 사항에 적어두는 것도 좋다.

누군가는 황홀한 자연 풍경을 봤을 때를, 누군가는 평생 자랑할 만한 사진을 찍었을 때를, 누군가는 죽기 전에 꼭 보고 싶었던 유적이나 예술품을 봤을 때를 여행 최고의 순간으로 기억한다. 그리고 평생 기억에 남을 만한 근사한 한 끼와 조우했을 때를 최고의 순간으로 꼽을 만한 사람이 이 세상에는 적지 않게 살고 있다. 천금같은 여행의 시간과 금쪽같은 예산의 한 토막을 과감하게 잘라내 미각과 몸에 근사한 한 끼를 대접하고 싶은 사람이라면 칸사이 여행에서 적어도 다음 한 가지쯤은 꼭 경험해보자.

교토의 아침죽 맛집

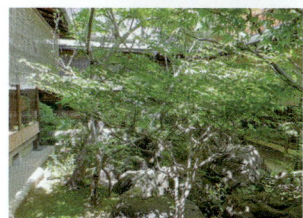

효테이 별관 瓢亭 別館
아침 죽은 별관에서만 취급한다. 점심은 벤토 전문으로 운영한다.
VOL.2 ⓘ P.397 Ⓜ P.361C

<맛의 달인>에서 극찬한 일본 조식의 최고봉

아침 죽 朝粥

일본의 대표적인 미식 만화인 <맛의 달인>을 본 사람이라면 아마 기억하실 수도 있을 것이다. 일본 전통 아침 식사에 대한 에피소드에서 주인공 지로가 교토에 위치한 '표정'이라는 식당의 아침 죽을 거론하며 일본 조식 문화의 최고봉이라고 극찬하는 장면이 나온다. 엄청난 양의 최고급 카츠오부시를 우려내 졸인 소스를 최고급 쌀로 쑨 흰 죽 위에 뿌려 먹는 것으로, 쌀 맛을 완벽하게 살려 내는 소스라고 표현하며 다른 에피소드에서도 종종 언급한다.

이 식당은 실존하는 곳으로 한자로 쓰면 '瓢亭', 한국식으로 읽으면 '표정'이고 일본식으로 읽으면 '효테이'다. 교토 난젠지 부근에 자리한 450년 전통의 문화재급 쿄료리집으로, 본점은 무려 미슐랭 3스타다. 100여년 전, 게이코들과 밤놀이를 즐기던 단골 손님이 새벽에 불시에 찾아와 아침을 달라고 하자 잠에서 깬 주인이 밤새도록 술을 마신 손님의 위장을 고려해 현재 남은 최선의 재료로 정성껏 만들어 올린 것이 효테이 아침 죽의 시작이라고 한다. 현재 본관은 본격 쿄료리 식당으로, 별관을 아침죽 전용으로 운영 중이다. 호리병 모양의 삼단 찬합에 담긴 정성스러운 오반자이 반찬과 잘 끓여낸 국을 마시고 있노라면 갓 만든 죽과 소문의 카츠오부시 소스가 등장한다. 죽에서는 상쾌한 쌀 향이 나고, 진한 소스는 짜거나 부담스럽지 않게 쌀 맛을 최선으로 살려준다. 자극적이거나 한입 먹고 허공에서 강강 수월래 하게 되는 맛이라기보다는 두고두고 생각 나는 맛에 가깝다.

교토 식문화의 우아한 절도를 맛본다
카이세키 懷石

왕실과 귀족이 거주하고 주요 사찰이 몰려 있던 도시, 교토. 교토는 일본 전통문화의 정점에 있는 도시로 여겨지고, 식문화도 다르지 않다. 교토의 전통 식문화를 일컬어 '쿄료리 京料理'라고 하며 일본에서도 최고급 요리 문화로 통한다. 쿄료리는 교토의 제철 식재료를 활용해 재료의 맛을 최대한으로 살리는 다채로운 요리법으로 만든 요리로, 다양한 갈래가 있으나 가장 유명한 것은 아무래도 '카이세키'일 것이다. 일본 고급 연회 요리의 대명사처럼 쓰이는 '카이세키'는 사실 두 종류가 있다. 바로 '会席'와 '懷石'이다. '会席'는 '모임 요리'라는 뜻으로 료칸 등지에서 나오는 연회 요리를 말하고, '懷石'는 다도 모임에서 가볍게 먹던 식사를 기본으로 하는 계절 채소 중심의 소박하지만 고급스러운 정식 메뉴를 말한다. 기본은 '1즙 3채'로 국물 한 가지와 구이, 회, 조림, 세 가지 반찬으로 구성되며, 이외에도 '아즈케바치 預け鉢'나 '핫슨 八寸' 등의 모듬 요리가 곁들여 나온다. 가게나 지역마다 요소 혹은 형식이 조금씩 다르고 최근에는 그냥 양이 적고 정갈한 일본식 코스 요리를 죄다 카이세키라고 부르는 경향도 있으나, 유서 깊고 자존심 있는 카이세키 식당이라면 기본 원칙을 어느 정도 지키는 편이다.

일본 전역의 고급 전통 식당에서 '카이세키 懷石'를 표방한 메뉴를 내놓지만, 이 메뉴가 탄생한 것은 어디까지나 다도의 본고장 교토이고, 지금도 가장 본격적인 카이세키를 맛볼 수 있는 곳도 다름 아닌 교토다.

+ WRITER'S NOTE +

센리큐 千利休'를 아시나요?

카이세키는 일반적으로 교토에서 탄생한 식문화라고 말하지만, 역사적으로 따져보면 오사카의 지분이 매우 큽니다. 예로부터 존재했던 다도 모임 식사 문화를 현재의 카이세키로 정리한 것은 일본 다도의 성자로 불리는 '센리큐 千利休'인데, 이분은 오사카 출신입니다. 왕궁 다도 주최자로 활약하긴 했지만, 주로 활동한 무대는 다름 아닌 오사카 성이었어요. 도요토미 히데요시의 다도 선생이었거든요. 도요토미 히데요시에게 잘못 보여 할복하는 것으로 생을 마감했습니다. 센리큐는 지금도 일본 다도의 신적 존재로 추앙받고 있습니다.

+ PLUS INFO +

쿄료리를 대표하는 다섯 가지

- 다이쿄료리 大饗料理
  : 귀족의 연회 음식
- 쇼진료리 精進料理
  : 사찰 음식
- 혼젠료리 本膳料理
  : 무사의 잔치 음식
- 카이세키료리 懷石料理
  : 다도에 곁들이는 소박한 식사
- 오반자이 おばんざい
  : 서민의 계절 밥상

교토의 쿄료리·카이세키 대표 맛집

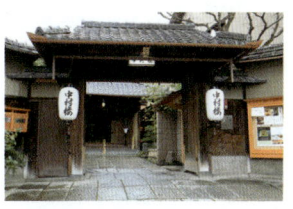

나카무라로 中村楼
무려 400년의 역사를 자랑하는 교토의 대표적인 요정. 점심, 저녁 모두 카이세키 메뉴를 내놓는다.

VOL.2 ① P.378 Ⓜ P.362

하나사키 花咲
기온에 위치한 요정으로, 교토에서 '쿄료리', '카이세키' 등을 논할 때 절대 빠지지 않는 곳이다.

VOL.2 ① P.378 Ⓜ P.362

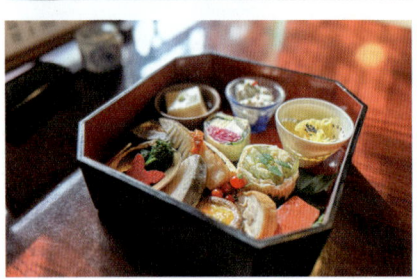

+ PLUS INFO +

**두부 카이세키 코스에 등장할지도 모르는
일본의 두부 요리들**

- 고마도후 胡麻豆腐 : '참깨두부'라는 뜻으로 갈아놓은 깨에 녹말을 넣어 굳힌 것. 엄밀히 말하면 두부가 아니지만 제형과 이름 때문인지 두부 코스 요리의 전채로 자주 등장한다.
- 히야얏코 冷奴 : 차게 식힌 두부 위에 양념간장과 파, 카츠오부시 등을 끼얹은 것. 양념간장을 붓고 그 위에 두부를 올린 뒤 위에 와사비나 파 등을 정갈하게 얹어 내기도 한다.
- 유바 湯葉 : 두유를 가열하면 위에 뜨는 얇은 단백질 막을 걷어서 말린 것. 교토는 유바로 유명한 도시라, 두부 카이세키에도 유바를 이용한 다양한 메뉴가 나오곤 한다.
- 아게다시도후 揚げ出し豆腐 : 두부에 녹말을 얇게 발라 기름에 튀긴 뒤 달달한 양념 국물을 부은 요리.
- 간모도키 がんもどき : 으깬 두부에 당근, 연근, 우엉 등을 다져 넣고 튀긴 것. 조림, 찜, 구이, 튀김, 국물 요리 등 다양한 방식으로 조리한다.
- 토후아에모노 豆腐和え物 : 각종 재료를 으깬 두부와 함께 무치는 것. 주로 나물류를 이렇게 조리하는 경우가 많다.
- 안닌도후 杏仁豆腐 : 살구 씨 가루에 우유를 넣고 한천으로 굳혀 두부처럼 만든 것. 요즘은 아몬드 가루를 많이 이용한다. 애피타이저나 디저트로 나온다.

어쩌면 가장 교토다운 요리
교토 두부 요리 京豆腐

일본도 한국만큼이나 두부를 많이 먹는다. 어쩌면 더 많이 먹을 수도 있다. 일본 각지에 두부로 유명한 고장은 여러 곳 있지만, 그중에서도 교토의 두부가 가장 고급스럽고 맛있는 것으로 꼽힌다. 교토의 두부는 매우 매끄러운 질감이 특징인데, 한국으로 치면 약간 치밀한 연두부 같은 느낌이다. 입에 넣으면 몹시 부드러우면서도 콩의 맛이 진하면서도 맑게 퍼진다. 교토는 맑은 물이 풍부하게 솟는 지형인데, 이 일대의 물에는 철분이 적어 두부가 부드럽고 매끄럽게 만들어진다고 한다. 또 교토는 사찰이 많은 곳이라 중세에 불교식 채식 요리인 '쇼진 요리 精進料理'가 크게 발달했고, 이때 육류를 대신할 단백질 공급원으로 두부가 즐겨 쓰이며 조리법도 다양하게 개발되었다고 한다. 지금도 교토에는 매우 고급스러운 두부 전문점을 여러 곳 찾아볼 수 있다. 다양한 두부 요리로 구성한 카이세키 懷石 코스 요리를 선보이는 곳이 많은데, 다채로운 방법으로 조리한 두부의 다양한 요리를 맛본 뒤 맨 마지막의 메인 메뉴로 두부를 끓는 물로 익힌 뒤 양념을 얹어 내는 '유도후 湯豆腐'를 먹는 것이 가장 흔한 코스다. 두부라는 하얗고 밋밋한 식재료에서 정갈하지만 은근히 다채롭게 펼쳐지는 세계를 발견하는 기분이다. 두부의 차분하고 무해한 맛이 어쩐지 교토라는 도시와 너무 잘어울리는 것도 기분 탓만은 아닐 것이다.

교토의 두부 맛집

쇼라이안 松籟庵
아라시야마 공원 내에 있는 두부 카이세키 노포. 호즈강이 내려다보이는 고풍스러운 공간에서 정갈한 두부 카이세키를 맛볼 수 있다.
VOL.2 ① P.443 Ⓜ P.434B

토스이로 豆水楼
교토 시내에서 가장 유명한 두부 전문점 중 한 곳. 일본산 대두를 사용한 고급스러운 두부로 다양한 코스 요리를 선보인다.
VOL.2 ① P.380 Ⓜ P.362

고베는 알고 보면 프렌치의 강호

프랑스 요리 フレンチ

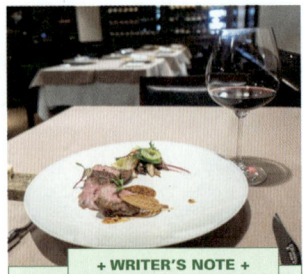

+ WRITER'S NOTE +

고베에는 미슐랭 레스토랑이 없다?
일본 미슐랭 웹사이트에서는 가이드에 수록된 레스토랑을 장르별로 검색할 수 있는데, 프렌치 레스토랑을 검색해보면 의외로 고베의 맛집이 등장하지 않습니다. 도쿄, 오사카, 교토, 심지어 나라에도 있는데 고베는 없어요. 왜 그럴까요? 고베의 프렌치는 미슐랭 같은 세계적인 미식 평가 수준에는 도달하지 못한 걸까요? 이유는 간단합니다. 미슐랭에서 발간하는 가이드북 <미슐랭 가이드>는 지역별로 발간되는데, 고베가 속한 효고현은 미슐랭 가이드가 발간되지 않는 지역입니다. 2016년에 효고현 특별판이 나온 적이 있었는데, 그 이후로 정식 발간은 되지 않고 있습니다. 교토와 오사카는 정식으로 발간되고 있고요, 나라는 2022년에 특별판이 발간된 후 2024년까지 꾸준히 나오는 중입니다. 2016년 효고현 특별판에는 고베의 프렌치 레스토랑이 대거 실렸었다고 하네요.

고베는 자칭 '음식의 수도'라고 할 만큼 미식에 자부심이 넘치는 도시다. 그런데 그럴 만하다. 고베규 같은 뛰어난 식재료가 생산되고, 물이 맑아 수많은 일본 명주가 생산되기 때문이다. 일본에서 외국 문물을 가장 빨리, 그리고 적극적으로 받아들여 서양식 생활 양식과 문화가 곳곳에 퍼져 있다. 그렇다 보니 빵이나 양식 등이 크게 발달했고, 본격적인 유럽 요리도 상당히 높은 수준으로 선보인다. 특히 프랑스 요리가 발달한 것으로 유명하다. 프랑스의 유서 깊은 요리 학교인 '르 코르동 블뢰'의 일본 분교가 현재는 도쿄에만 있지만, 한때는 고베에도 캠퍼스가 있었을 정도로 '고베 프렌치'는 일본에서 신뢰의 이름으로 통한다. 고베 프렌치의 큰 특징이라면 아마 '가성비'를 가장 먼저 들 수 있을 것이다. 일본은 물론 세계적으로 봐도 비슷한 재료 및 솜씨 대비 가격이 상당히 저렴한 편이다. 마치 프랑스 시골 레스토랑에라도 온 듯 소박하면서 마음이 푸근해지는 음식과 서비스를 선보이는 프렌치 노포부터 신선한 아이디어와 실험 정신으로 가득한 세련된 현대식 프렌치까지, 그렇게 크지도 않은 도시임에도 선택의 여지가 정말 다양하다. 일본 특유의 '오모테나시'가 깃든 프랑스 요리를 합리적인 가격으로 친절한 서비스를 받으며 즐길 수 있는 특별한 시간. 그것이 미식 여행자들이 고베 프렌치에 양 엄지를 치켜 드는 이유일 것이다.

고베의 프렌치 맛집

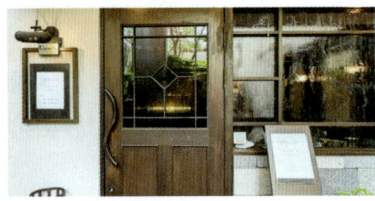

르세트 Recette
키타노이진칸 올라가는 언덕길 이면의 호젓한 곳에 위치한 아담한 프렌치 레스토랑. 고베에서 가장 가성비 좋은 프렌치 레스토랑으로 꼽히며, 가격은 합리적이지만 제대로 된 프렌치 코스를 맛볼 수 있다. VOL.2 ① P.472 Ⓜ P.461C

본토에서 즐겨보자!
스시 오마카세 寿司 おまかせ

우선 단어 정의부터 알아보자. 요즘 오마카세, 오마카세 하는데, 대체 이 '오마카세 お任せ, おまかせ'가 뭘까? 글자 그대로 풀이하면 '자유롭게 하도록 맡기다'라는 뜻이다. 누구한테 맡기냐면, 주방장에게 맡긴다. 주방장이 그날 및 그 계절 최고의 재료를 가지고 '이 방법이 최고!'라고 확신하는 조리법으로 정성스럽게 만들어 손님에게 내는 것이다. 따라서 세상 어떤 음식이라도 '오마카세'의 형태로 낼 수 있고 실제로 이자카야, 야키니쿠, 카이세키 등 다양한 장르에서 오마카세를 만나볼 수 있다. 그러나 뭐니 뭐니 해도 오마카세라고 하면 스시가 아닐까? 눈앞에서 스시 장인이 한 피스 한 피스를 직접 쥐어 접시 위에 올려주면 손님은 손, 또는 젓가락으로 집어 음미한다. 재료는 물론이거니와 조리법과 순서도 허투루 정하지 않는다. 잘 구성된 오마카세 코스를 먹고 나면 마치 최고의 오케스트라가 연주한 교향곡을 들은 듯한 기분이 든다. 스시 오마카세는 아주 저렴한 회전 초밥집을 제외한 대부분의 초밥집에서 맛볼 수 있는데, 기왕이면 사람 바글바글한 대중 초밥집보다 소위 '미들급' '엔트리급'이라고 불리는 중급 이상의 초밥집을 찾는 것이 좋다. 스시의 오마카세는 주방장과 손님의 1:1 커뮤니케이션이기 때문에 한 타임에 예약을 많이 받는 곳은 아무래도 집중도가 떨어진다. 오사카, 교토, 나라, 고베 모두 오마카세 잘하기로 소문난 스시집을 어렵지않게 찾을 수 있지만, 아무래도 그중 가장 대도시이고 물가가 저렴하며 쾌활한 오사카가 일반적으로 만족도가 높은 편이다.

오사카의 오마카세 맛집

스시 마츠모토 鮨まつもと
도쿄 아카사카에 위치한 미슐랭 1스타 스시야 '마츠모토'의 오사카 분점. 난바 한복판에 자리해 찾기 쉽다. 5000¥ 안팎의 저렴한 가격에 오마카세를 경험할 수 있다. 오사카다운 쾌활하고 소박한 분위기도 매력적. `VOL.2 ① P.274 Ⓜ P.258E`

CAFÉ

×

칸사이에서
카페를 즐기는 네 가지 방법

하루 2만보는 기본 3만보는 옵션으로 알고 떠나는 게 여행이라지만 이동→명소→이동→명소가 반복되는 여행이란 노동만큼 삭막한 것일지도 모른다. 중간중간 멈춰 서서 커피 또는 디저트와 함께 찍어주는 향기로운 쉼표. 여행을 마친 후에는 이런 순간이 오히려 더 오래 기억에 남곤 한다. 칸사이 곳곳에는 이러한 멋진 쉼표의 공간이 되어줄 근사한 카페 및 카페 골목이 많다. 카페 좋아하는 사람에게는 여행의 목적으로 삼아도 좋을 정도다.

THEME 1 :
마치 보물 사냥꾼이 된 기분, 나카자키초 中崎町 카페 순례

오사카에서 번잡스러움을 담당하는 모든 요소를 모아놓은 우메다. 이곳에서 도보로 10~15분만 걸어가면 오사카의 모든 소박함과 고즈넉함을 모아놓은 듯한 거리가 나온다. 바로 나카자키초. 오사카를 넘어 일본에서 가장 개성적인 카페 거리로 유명세를 떨치고 있는 바로 그 동네 말이다.

나카자키초는 이런 곳

제2차 세계대전 이후부터 오사카 토박이들이 옹기종기 모여 사는 평범한 동네였던 나카자키초. 그러다 이 동네에 위기가 찾아온다. 일본의 고령화가 심각해진 1990년대부터 하나둘 빈집이 늘어나기 시작한 것이다. 이대로 귀신 나오는 동네가 되는가 싶었으나 그러기에는 옛집이 주는 정취가 너무 아까웠다. 이곳의 가치를 알아본 눈밝은 사람들은은 2000년대 초반부터 이곳에 하나둘 카페를 열기 시작했다. 주로 오래된 건물의 외관 및 내부를 크게 건드리지 않지만 곳곳에서 독특한 개성을 빛내는 가게들이었다. 그렇게 20여 년의 세월이 흐르자

나카자키초는 수십여 개의 작고 소박한 카페, 디저트 숍, 잡화점 등이 자리한 칸사이 일대 최대의 카페 거리가 되었다. 오사카의 20세기를 고스란히 프린트해놓은 것 같은 풍경의 골목 곳곳을 느긋하게 거닐다가 신경 쓰이는 카페에 들러보는 것. 마음에 드는 카페가 나타날 때까지 가벼운 마음으로 이곳저곳으로 자리를 옮겨보는 것. 그렇게 마침내 마음에 드는 곳을 만났다면 원하던 보물을 찾아낸 보물 사냥꾼의 마음으로 기뻐하며 느긋한 환희의 시간을 즐기는 것. 이것이 나카자키초에 어울리는 여행 방법일 것이다.

나카자키초에서 꼭 가볼 만한 카페

 담쟁이가 가득한 나카자키초의 중심
살롱 드 아만토 Salon de AManTo

나카자키초가 그저 빈집투성이의 오래된 동네에 불과할 때 가장 먼저 이곳에서 자리 잡은 카페 중 한 곳. 지은 지 무려 120년이 넘은 구옥을 개조해 카페로 꾸몄다. 알고 보면 이 지역 예술가들의 본부 역할을 하는 곳이라고 하나, 그런 걸 모르고 봐도 온통 담쟁이로 덮인 외관부터 만만치않은 예술적 '포스'를 느낄 수 있다. 날씨 좋은 날 이곳의 야외 테이블에 앉아 담쟁이 너머의 거리를 바라보며 아무것도 하지 않는 순간을 꼭 즐겨볼 것. 커피 가격이 매우 저렴한 것도 매력 포인트.

VOL.2 ⓘ P.308 Ⓜ P.293C

 마치 마녀의 집에 온 것 같아
마조 카페 Ma-Jo Café

'마조'는 일본어로 '마녀'라는 뜻으로, 카페의 정체성을 동네방네 설명해주기라도 하는 듯 차양에 빗자루가 그려져 있다. 100년이 넘은 구옥을 개조하고 곳곳을 앤티크 장식품으로 꾸며 마치 마녀가 혼자 살고 있는 숲속의 집처럼 보인다. 카페와 핸드메이드 소품 및 장신구 숍을 겸해 느긋한 카페 놀이와 쇼핑을 함께 즐길 수 있다. VOL.2 ⓘ P.307 Ⓜ P.293C

 후쿠오카에는 FUK 카페, 그러면 오사카에는?
OSA 카페 OSA COFFEE

후쿠오카의 명물 카페인 FUK 카페(에프유케이 카페)의 오사카 지점. '오에스에이 카페'로 읽는다. 오사카의 젊은 층 사이에서 가장 인기가 높은 카페 중 한 곳으로, 힙 플레이스다운 세련됨과 나카자키초 특유의 소박함이 잘 어우러져 있다. 오사카를 대표하는 라테 맛집으로, 메뉴판에 당당하게 '밀크 milk' 메뉴를 전면 배치해두었다. 내부에는 앉을 자리가 없고 야외 좌석이 몇 자리 마련되어 있는데, 맑은 날에는 분위기가 제법 그럴듯하므로 최대한 사수할 것. VOL.2 ⓘ P.308 Ⓜ P.293C

THEME 2 :
교토 맛으로 즐기는 커피, 블루보틀 교토 순례

이제는 서울에도 들어온 블루보틀. 그러나 교토의 블루보틀이 서울의 그것과 같았다면 이런 페이지는 만들지도 않았다. 세계적으로 인정받고 있는 블루보틀의 커피 맛을 고스란히 즐기면서 교토 특유의 고즈넉하고 예스러운 분위기까지 보너스로 누릴 수 있는 블루보틀 교토. 커피 좋아하는 사람이라면 절대 놓쳐서는 안 될 순례지일 수밖에 없다. 교토에는 세 곳의 정식 매장과 한 곳의 컬래버레이션 매장이 있는데, 그중 다음 두 곳은 열일 제쳐놓고라도 다녀올 것.

블루보틀 커피란?

미국의 대표적인 스페셜티 커피 브랜드. 캘리포니아주의 작은 도시 오클랜드 Oakland의 작은 창고에서 시작했으나 현재는 세계적인 커피 브랜드로 손꼽힌다. 까다롭게 엄선한 원두를 일일이 최적 온도로 핸드드립하는 고집스러운 방식으로 유명하다. '커피계의 애플'이라는 별명도 있는데, 푸른색 병이 그려진 단순 깔끔한 로고와 깔끔 세련의 극치를 달리는 MD 상품을 보면 왜 그런 별명이 붙었는지 단숨에 이해된다. 일본 도쿄를 시작으로 서울, 홍콩, 상하이, 교토, 오사카 등 아시아 주요 도시 여러 곳에 진출해 있다.

+ COFFEE +

메뉴	가격
에스프레소 Espresso	￥550
아메리카노 Americano	￥550
카푸치노 Cappucino	￥605
싱글 오리진 드립 Single Origin Drip	￥660
블렌드 드립 Blend Drip	￥550~
콜드브루 Cold Brew	￥605
뉴올리언스(아이스) New Orleans	￥605

+ WRITER'S TIP +
추천 메뉴는 싱글 오리진 드립 또는 콜드브루입니다! 우유 넣은 메뉴를 좋아하신다면 뉴올리언스를 주문해보세요.

교토 블루보틀의 근본

블루보틀 커피 교토 카페
Blue Bottle Coffee Kyoto Café

페이스북이나 인스타그램에서 '블루보틀 교토'에 대한 바이럴 게시물을 본 적이 있다면, 당신은 이미 이곳에 대해 알고 있는 것이다. 교토에서 가장 먼저 생긴 블루보틀의 매장이자 교토를 대표하는 매장으로, 난젠지 부근에 있어 '난젠지점'이라고도 불린다. 일반적으로 '블루보틀 교토'라고 하면 이곳을 말한다. 큼직한 '쿄마치야(옛 교토 전통식 주택)' 두 채를 개조해 카페로 꾸민 곳으로, 교토 특유의 고풍스럽고 우아한 공간감과 블루보틀 카페 특유의 개방감이 근사하게 어우러진다.

[추천 좌석]
맑고 시원한 날은 두 건물 사이의 야외 좌석. 덥거나 흐린 날은 뒤쪽 건물 맨 안쪽 자리. VOL.2 ① P.396 Ⓜ P.361C

교토 블루보틀의 근본!!

 교토가 숨겨둔 작고 향기로운 비밀

블루보틀 커피 교토 롯카쿠 카페 Blue Bottle Coffee Kyoto Rokkaku Café

난젠지점에 먼저 들렀다 이곳에 오는 사람의 입에서 어쩌면 "애걔?" 소리가 나올지도 모른다. 난젠지점에 비교하면 규모가 한참 작기 때문. 롯카쿠 거리 어느 모퉁이의 작고 오래된 건물 2개 층에 자리하고 있는데, 1층은 카운터가 오롯이 차지하고 좌석은 모두 2층에 몰려 있다. 마치 오래된 다락 같은 공간에 띄엄띄엄 테이블이 놓여 있는데, 마치 1960~1970년대의 교토 어느 고요한 찻집으로 타임 워프한 듯한 느낌이다.

[추천 좌석] 창가를 사수하자! VOL.2 ① P.381 Ⓜ P.362

+ WRITER'S NOTE +

블루보틀 교토를 좋아하는 개인적인 이유

배경음악이 정말 좋습니다! 교토의 모든 블루보틀에서 조용하고 차분한 분위기의 올드 록, 포크, 인디 팝 음악이 흘러나옵니다. 대부분 음악이 카페의 공기에 잘 섞입니다만, 가끔씩 음악이 너무 좋아서 숨도 못 쉬고 집중할 때도 있을 정도였어요.

THEME 3 :
고베에서 즐기는
티타임

고베에서는 누가 뭐래도 커피보다는 홍차다. 일본에서 최초로 홍차 문화를 수입한 도시라, 지금도 근사한 티룸과 홍차 전문숍이 대거 포진하고 있기 때문. 평소에 짜장면만 고집하던 사람도 군산에서는 짬뽕을 먹듯, 커피 텀블러를 생수통처럼 끼고 사는 커피 마니아라도 고베에서는 홍차를 마셔보자. 홍차를 잘 모르는 사람이라도 티 룸 특유의 우아한 공간감은 충분히 즐길 수 있고, 홍차를 사랑하는 '홍차잘알'이라면 고베의 어느 티 룸이든 첫발을 들이는 순간 알 수 있을 것이다. 내공이 보통이 아니라는 걸.

1 온통 향기로 가득한 홍차의 시간
마리아주 프레르 고베점 マリアージュ フレール 神戸店

마르코폴로의 꽃밭처럼 화사한 향기와 웨딩 임페리얼의 달콤하고 로맨틱한 향기. 홍차에 조금이라도 관심이 있다면 모를 수 없는 이름들이다. 이 이름들의 주인이 바로 프랑스의 유서 깊은 홍차 브랜드 마리아주 프레르. 한국에 정식 수입되지 않기 때문에 외국 여행 간 김에 실컷 즐기고 와야 되는 브랜드이기도 한데, 고베에는 마리아주 프레르의 티 룸이 있다. 마르코폴로 향기가 코끝에 살살 맴도는 크렘 브륄레도 꼭 맛보자.

[이건 꼭 해볼 것]
보온 주전자의 은빛 표면에 비치는 내 모습을 사진으로 담아볼 것!

VOL.2 ① P.473 Ⓜ P.461C

 2 벚꽃과 딸기 향 가득한 홍차의 정원
무어 하우스
Moore House, 旧ムーア邸

19세기 유럽의 영애가 당장 걸어나올 것 같은 키타노이진칸의 골목. 이런 곳이라면 유럽풍 티 룸이 있지 않을까 싶은데, 아니나 다를까 있다. 바로 무어 하우스다. '무어'는 이 집에 아주 최근까지 거주하던 가족의 성으로, 사유지로 남아 있다 2020년에 티 룸으로 개조해 일반에 개방했다. 우아한 흰색 목조건물과 계단식 정원이 자리하고 있는 그야말로 이진칸의 로망 같은 모습이다. 커피, 홍차, 허브티 등의 음료 및 딸기와 계절 과일을 사용한 디저트를 주로 선보인다. 햇살 좋은 오후를 이곳에서 보내다 보면 마치 '로판'의 세계로 들어온 것 같은 기분이 든다.

[이건 꼭 해볼 것]
너무 덥거나 춥지 않다면 야외 테이블에 자리를 잡아볼 것.

VOL.2 ① P.466 Ⓜ P.460B

THEME 4 :
커피 마니아 주목!
교토의 카페 & 로스터리 순례

요즘 우리나라에서 커피숍 창업을 준비하는 예비 사장님들이 꼭 답사하는 도시 중 하나가 바로 교토다. 과장을 보탠다면 일본에서 가장 좋은 카페는 모두 교토에 있기 때문. 특히 직접 원두를 엄선해 최고의 솜씨로 볶아내는 로스터리 카페가 심심치 않게 자리한다. 커피 마니아라면 슈트케이스에 자리를 넉넉하게 비워두자. 교토에서 원두를 폭풍 쇼핑하게 될지도 모르니까.

+ WRITER'S NOTE +

테이크아웃으로 주문하면
테이크아웃 전용 윈도에 커피 주전자와 드리퍼를 놓고 직접 눈앞에서 커피를 내려줍니다! 줄이 길면 테이크아웃으로 고고 하세요!

교토 핸드드립계의 작은 거인
니조코야 二条小屋

주택가 골목에 방치된 창고 또는 헛간처럼 보인다고 지나치지 말 것. 허름한 겉모습 안에 엄청난 알맹이가 숨어 있다. 니조코야는 핸드드립 전문점으로, 바리스타가 마치 방망이 깎는 노인 같은 태도로 한 잔 한 잔 정성 들여 내린다. 한 번에 5~6명 밖에 들어갈 수 없을 정도로 좁은 데다 서서 마셔야 하지만, 그럼에도 커피를 한입 맛보면 이 공간 자체를 사랑하게 되어버린다.

VOL.2 ⓘ P.400   Ⓜ P.360A

+ WRITER'S NOTE +
이노다 커피는 카페식 조식 메뉴로도 유명합니다. 크루아상과 샐러드, 차로 구성된 '교토의 조식 京の朝食'이라는 조식 전문 메뉴도 있고 간단한 토스트류도 맛있어요.

 2 오래된 카페에서 즐기는 옛날 커피 맛
이노다 커피 INODA Coffee

교토에서 가장 오래된 카페 중 한 곳으로, 1940년 창업했다. 마치 유럽의 오래된 카페 같은 인테리어 덕분에 교토와 유럽의 중간 어느쯤에 있는 듯 묘한 기분이 드는 곳이다. 오래된 커피숍답게 요즘 스타일의 산미 강하고 라이트한 커피가 아닌 매우 묵직하고 진한 맛의 커피를 선보인다. 요즘 잘나간다는 로스터리나 카페의 커피 맛이 시큼한 게 영 맘에 들지 않았다면 이곳 원두를 왕창 구매할 것. VOL.2 ① P.381 Ⓜ P.362

+ WRITER'S NOTE +
비 오는 날에도 줄은 섭니다. 15~20분은 서야 하니까 시간 넉넉하게 잡고 가세요! 원두 구입도 가능합니다.

 3 치쿠린, 토게츠교, 그리고…
% 아라비카 교토 아라시야마 % Arabica 京都嵐山

아라시야마의 호즈강가를 걷다 보면 새하얀 카페 앞에 사람들이 설탕에 붙은 개미 떼처럼 모여 있는 모습을 볼 수 있다. 바로 일명 '응커피'라고 불리는 % 아라비카 커피의 아라시야마 지점이다. 교토에서 시작해 세계로 뻗어나간 체인인데, 1호점은 기요미즈데라 부근에 있지만 아라시야마점이 압도적으로 유명하다. 잘 볶은 커피에 질 좋은 우유를 부은 '교토 라테'가 간판 메뉴로, 달콤하면서도 느끼하지 않은 맛이 일품이다. 이곳에서 라테를 한 잔 사 들고 호즈강을 배경으로 찍는 인증숏이 치쿠린과 토게츠교의 뒤를 잇는 아라시야마 인증숏의 대세다. VOL.2 ① P.443 Ⓜ P.434B

나만 알고 싶은 커피 은신처
④ 엘리펀트 팩토리 커피
Elephant Factory Coffee

엘리펀트 팩토리 커피는 카와라마치 부근의 후미진 골목 어느 허름한 건물 2층에 자리하고 있다. 여러모로 수상한 다방이 있을 것 같은 위치인데, 한걸음 들어서면 전혀 예상치 않았던 공간이 기다린다. 꾸밈이 많지 않은 소박한 실내에는 잔잔한 음악과 커피 향기가 낮은 밀도로 떠돌고, 조용하고 차분한 분위기 속에서 사람들은 자기 일이나 커피에 몰두하고 있다.

주메뉴는 드립 커피로 원두의 질이나 드립 솜씨 모두 매우 훌륭하다. 모두들 나만 알고 싶은 곳이라고 생각하지만 이미 꽤 유명하다는 것은 아쉬운 반전. VOL.2 ① P.383 Ⓜ P.362

+ WRITER'S NOTE +
늦은 밤 카페인 수혈이 필요하신 분!!
교토의 커피숍답지 않게 밤 12시를 넘은 늦은 시간까지 영업하는 것도 빼놓을 수 없는 장점입니다! 늦은 밤 카페인 수혈이 필요하신 분께 강추해요!

우유를 넣은 '화이트' 커피 추천!!

대만에서 온 교토 로스터리계의 신성
⑤ 굿맨 로스터 교토 GOODMAN ROASTER 京都

이렇다 할 볼거리는 별로 없고 호텔만 한 보따리 자리하고 있는 시조카라스마. 굿맨 로스터는 시조카라스마 뒷골목에 한가롭게 자리한 작은 로스터리 카페다. 모든 것이 오래된 것만 같은 교토지만 이곳은 2019년에 처음 문을 연 매우 새싹 같은 가게다. 에스프레소를 주력으로 선보이며, 특히 라떼나 플랫 화이트 등 우유를 넣은 '화이트' 커피에 강하다.

VOL.2 ① P.381 Ⓜ P.360B

+ WRITER'S NOTE +
여기 원두 꼭 사 오세요!
원두 선정과 배전 솜씨가 매우 좋아서 집에서 대충 아무렇게나 추출해서 마셔도 맛이 매우 근사했어요. 원두를 구입하면 한 잔을 무료로 제공해줍니다.

+ COLUMN +

고요함이 필요한 당신께, 모안 茂庵

교토를 사랑하고 고요함을 사랑하는, 그리고 카페나 찻집이라는 공간이 간직한 느긋한 감각을 사랑하는 분들이라면 꼭 찾아가보세요.

꽤 오래전 일입니다. 2008년에 동남아시아 배낭여행을 할 때였어요. 방콕에서 치앙마이 가는 야간버스에서 제 옆에 일본인 여성이 앉았습니다. 그 친구와 친해져서 밤새도록 수다를 떨었고, 교토 사람이었던 그녀는 나중에 꼭 가보라며 카페 한 곳을 추천해주었습니다. 찾아가기 엄청 어렵지만 일단 가보면 싫어할 수가 없다고 했습니다. 그곳의 이름은 '모안 茂庵'이었습니다.

그로부터 10년도 더 지나서 그곳에 가게 되었습니다. 그녀의 말은 단 한마디도 안 빼고 다 진실이었어요. 일단, 찾아가기 정말 어렵더라고요. 야트막한 산 꼭대기에 있는데 표지판도 변변히 없는 오솔길을 따라 여기저기를 헤매고 나서야 도착했으니 말이죠.

그리고 정말로 싫어할 수가 없었습니다. 20세기 초에 다실로 지은 목조건물을 개조해 만든 카페인데, 신발을 벗고 들어갔을 때 발밑에 닿는 마룻바닥의 부드러운 나무 감촉부터 사랑스러웠어요. 오래된 나무 느낌의 건물과 실내는 단아한 분위기가 가득하고, 수다와 과도한 사진 촬영을 금하고 있어 매우 조용하고 고즈넉합니다. 음료와 디저트에 전문성이 있는 것은 아니지만 맛은 다 괜찮은 편이에요. 창가에 가만히 앉아 있노라니 바닥에서 나무 냄새가 피어오르고 창밖으로 펼쳐진 펼쳐진 검푸른 숲이 눈에 들어왔습니다.

사실 10여 년 전에 추천받은 거라 없어졌을 수도 있겠구나 싶었어요. 하지만 막상 와보니 10년 뒤에 와도 있겠다 싶네요. 교토를 사랑하고 고요함을 사랑하는, 그리고 카페나 찻집이라는 공간이 간직한 느긋한 감각을 사랑하는 분들이라면 꼭 찾아가보세요. 단, 정말 찾기 힘듭니다. 파이팅. VOL.2 ① P.396 Ⓜ P.361C

DESSERT

눈과 입이 모두 즐거운
칸사이 컬러풀 디저트

칸사이는 일본에서 내로라하는 맛의 고장이다. 게다가 예로부터 밀가루 음식이 발달했다. 게다가 일본에서 가장 먼저 개항해 서양 문물을 일찍 받아들인 도시 고베가 있다. 뭘로 보나 디저트와 빵이 발달하기 딱 좋은 조건인데, 아니나 다를까 각 도시마다 디저트 맛집이 한 보따리씩 있다. 특히 고베는 일본에서 알아주는 디저트와 빵의 도시다.

THEME 1.
노랑 YELLOW

생각해보면 우리가 즐겨 먹는 디저트 중 많은 수가 노란색 스펙트럼 안에 들어 있다. 치즈 케이크, 푸딩, 크렘 브륄레, 팬케이크 등등. 칸사이 일대에는 특히 치즈 케이크 맛집이 많은 편이므로 평소에 즐겨 먹었다면 1일 3 치즈 케이크도 꿈은 아니다.

1 리쿠로 오지상노미세 りくろーおじさんの店

푸들푸들 치즈 케이크의 원조
#치즈케이크 #오사카 #난바

SNS의 해외여행 채널 등에서 아주 자주 바이럴 영상으로 등장하는 일본의 푸들푸들 치즈 케이크의 원조가 바로 오사카 난바에 있다. 2층 카페에서 조각으로도 주문 가능하지만 푸들푸들을 직접 보려면 역시 홀 케이크가 진리다.

VOL.2 ⓘ P.273 Ⓜ P.258E

일본 최고의 치즈 타르트
#치즈타르트 #오사카 #신사이바시

한국에도 진출한 치즈 타르트의 명가. 본점은 오사카 신사이바시에 있다. 일반적인 치즈 타르트 외에도 녹차, 복숭아, 딸기 등 여러 메뉴가 있으며 최근 가장 인기 있는 것은 위를 살짝 태우는 크렘 브륄레.

VOL.2 ⓘ P.286 Ⓜ P.257C

2 파블로 PABLO

3 모로조피 Morozoff

푸딩의 정점을 맛본다
#푸딩 #고베 #산노미야

일본의 거의 모든 백화점에 입점해 있는 유명 파티스리. 모든 케이크와 양과자류가 고르게 최고의 맛을 내지만 뭐니 뭐니 해도 커스터드 푸딩의 인기가 높다. 고베 본점 카페에서 먹으면 아주 예쁘게 연출된 모습도 즐길 수 있다.

VOL.2 ⓘ P.471 Ⓜ P.461C

4 유하임 Juchheim

이런 바움쿠헨은 처음이야
#바움쿠헨 #고베 #모토마치

일명 '나이테 케이크'로도 불리는 독일 전통 케이크 바움쿠헨으로 유명한 파티스리. 일본에서는 선물용으로 매우 인기가 높다. 고베 모토마치에 본점이 있고 카페도 운영해 바움쿠헨을 조각 케이크로 맛볼 수 있다.

VOL.2 ⓘ P.481 Ⓜ P.476A

치즈 케이크인가 피자인가
#덴마크치즈케이크 #고베 #모토마치

일본 전역에 체인이 있고 그 체인이 모두 맛집으로 이름을 떨치고 있는 덴마크 치즈케이크 전문점. 폭신한 시트 위에 뜨겁게 데워 살짝 녹인 덴마크 치즈를 얹어서 나온다. 뜨거울때 먹으면 치즈가 마치 피자처럼 늘어나는 것도 볼 수 있다.

VOL.2 ⓘ P.482 Ⓜ P.476A

5 칸논야 観音屋

1 모토마치 케이크 Motomachi Cake

수수하고 저렴한 케이크의 명가
#치즈케이크 #고베 #모토마치

좋은 재료를 써서 기본에 충실하게 만든, 그러나 가격은 상당히 저렴한 고베 모토마치의 디저트 노포. 딸기 쇼트케이크와 사쿠라케이크로 유명하나 치즈케이크도 한칼 한다. 기본 케이크는 무엇을 주문해도 실패 확률 0에 수렴하는 곳.

VOL.2 ⓘ P.481 Ⓜ P.476B

THEME 2.
초록 GREEN

말차나 녹차 잎의 초록빛은 보고만 있어도 눈이 시원해진다. 교토는 일본을 대표하는 녹차의 고장으로, 녹차를 응용한 다양한 디저트를 만나볼 수 있다. 아이스크림이나 과일의 달콤함에 녹차의 쌉쌀하고 개운한 맛이 더해졌을 때의 쾌감. 아는 사람은 다 안다.

정통 교토식 파르페를 맛보자!
#녹차파르페 #교토 #기온

교토 근교에 위치한 녹차의 고장 우지 宇治에서 생산되는 녹차를 이용한 다양한 차와 디저트를 선보이는 곳. 우지 말차를 이용한 크림을 중심으로 다양한 일본식 재료를 넣은 파르페를 맛볼 수 있다.

VOL.2 ① P.378 Ⓜ P.362

1 기온츠지리 祇園辻利

2 요지야 카페 よーじやカフェ屋

말차로 그려내는 예쁜 라테아트
#말차라테 #교토 #아라시야마

기름종이로 유명한 교토의 화장용품 브랜드 요지야에서 운영하는 카페로, 다양한 일본 전통 디저트 메뉴를 선보인다. 어떤 메뉴를 주문하든 음료로는 말차 라테나 카푸치노를 주문해볼 것. 뽀얀 거품 위에 요지야의 마크를 말차로 수놓은 라테아트를 볼 수 있다.

VOL.2 ① P.443 Ⓜ P.434B

쌉쌀하고 개운한 녹차 맛 당고
#말차당고 #교토 #우지

일본을 대표하는 녹차의 고장 우지에 자리한 찻집. 우지 녹차와 함께 다양한 일본 전통식 녹차 디저트를 맛볼 수 있다. 특히 말차를 넣어 녹색을 띠는 당고는 개운한 녹차나 말차와 매우 잘 어울리는 파트너.

VOL.2 ① P.446 Ⓜ P.435C

3 츠우엔차야 通圓茶屋屋

4 기온코이시 祇園小石屋

말차와 어우러지는 다양한 맛의 향연
#말차파르페 #교토 #기온

기온에 위치한 일본 전통식 사탕 전문점으로, 카페를 함께 운영한다. 말차 아이스크림, 와라비모찌 등 일본 전통 디저트 재료가 들어간 파르페를 다양하게 선보인다.

VOL.2 Ⓜ P.362

녹차 디저트 전문점
#말차아이스크림 #교토 #니시키시장

교토 니시키 시장을 시작으로 빠르게 전국으로 뻗어나가고 있는 녹차 디저트 전문점. 오로지 우지 말차만 사용한다. 1층은 테이크아웃, 2층은 카페로 운영한다. 간판 메뉴는 와라비모찌와 말차 아이스크림.

VOL.2 ① P.382 Ⓜ P.362

5 사와와 茶和々

THEME 3
컬러풀 COLORFUL

과일이 잔뜩 들어간 타르트, 여러 가지 색깔로 겹겹이 쌓여 있는 밀크레이프 같은 디저트는
보기만 해도 마음 한구석이 달콤 상큼해지기 마련이다.
다채로운 맛과 색채로 디저트 마니아를 유혹하는 컬러풀한 디저트를 모아본다.

계절의 축복을 담은 타르트
#과일타르트 #교토 #기온

도쿄 원조의 디저트 숍으로, 과일 타르트가 일본 전국에서 가장 맛있는 곳으로 꼽힌다. 주로 제철 과일을 이용한 타르트를 선보이는데 시트와 크림, 과일의 조화가 그야말로 완벽하다. 교토 지점은 실내외의 분위기까지 로맨틱하고 멋스럽다.

VOL.2 ① P.380 Ⓜ P.362

1 키르훼봉 Quil Fait Bon

2 이치조지 나카타니 一乗寺中谷

카레산스이 정원을 닮은 양갱
#덴치양갱 #교토 #이치조지

중심가에서 약간 벗어난 곳에 위치한 작은 화과자점. 말캉말캉한 질감의 덴치양갱 でっち羊かん(덴치요캉)이 간판메뉴로 가게 내의 카페에서 주문하면 위에 하얀 크림을 얹고 위에 과일을 마치 카레산스이 정원처럼 단정하게 배치한 양갱을 만날 수 있다. VOL.2 ① P.431 Ⓜ P.425D

3 아라캉파뉴 ア・ラ・カンパーニュ

4 후게츠도 風月堂

신선함 그 자체인 과일 타르트
#과일타르트 #고베 #산노미야

매일 아침 공수되는 신선한 과일과 고원 목장 우유로 만든 크림을 사용한 과일 타르트를 선보이는 고베의 디저트 숍. 프랑스어로 시골에서라는 상호답게 마치 프랑스 전원 마을의 카페 같은 인테리어도 인상적이다. VOL.2 ① P.471 Ⓜ P.461C

고프레 명가가 선보이는 다채로운 디저트
#과일케이크 #고베 #모토마치

얇은 크레이프 과자 사이에 크림을 끼워 넣는 고프레(또는 고프르)의 명가로 일본에 전국적으로 소문난 제과점. 고베 모토마치 본점에서는 카페도 운영하는데, 다양한 양과자는 물론 케이크, 파르페, 안미츠까지 맛볼 수 있다. VOL.2 ① P.482 Ⓜ P.476A

+ PLUS INFO +

고베 빵지 순례 Bakeries in KOBE

고베는 유서 깊은 빵의 도시다. 빵은 생각보다 일찍이 일본의 식생활에 스며들어 이미 에도시대부터 병사의 식량으로 활용되었다고 한다. 개항 이후 근대에 빵은 더욱 활발하게 일본 전국으로 전파되었는데, 고베는 그 중에서도 빵 문화가 가장 많이 발달한 곳이었다고. 그래서 지금도 일본 전국적으로 유명한 베이커리가 많아 빵식주의자들의 빵지 순례지로 인기를 끌고 있다. 다음의 베이커리 정도는 꼭 찾아가볼 것.

① 동크 DonQ
아시아 전역에 100여 곳의 체인을 갖고 있는 글로벌 베이커리로, 본점은 고베 산노미야에 있다. 100년이 훌쩍 넘는 역사를 자랑한다. 프랑스식 제법으로 만든 일본풍 빵이 장기.

VOL.2 ① P.470 ⓜ P.461C

[추천 빵]
양파빵, 카레빵

② 이스즈 베이커리 イスズベーカリー
고베 베이커리의 간판스타로 불리는 곳. 껍질은 딱딱하나 속은 아주 부드러운 식빵이 인기다. 마늘빵 등의 빵집 기본 메뉴나 일본풍 빵이 주특기. 특히 카레빵은 정말 최고!

VOL.2 ① P.471 ⓜ P.461C

[추천 빵]
식빵, 카레빵, 야키소바빵, 마늘빵

③ 비고노미세 ビゴの店
'비고의 가게'라는 뜻으로, 일본에 바게트 문화를 전파한 프랑스인 제과 명장 필립 비고가 창업한 빵집이다. 프랑스풍 빵은 모두 만족도가 높으며, 구움 과자류도 맛있다.

VOL.2 ① P.472 ⓜ P.461C

[추천 빵]
바게트

④ 불랑제리 콤시노와 ブランジェリー コム・シノワ
다양한 유럽풍 빵을 선보이는 곳으로, 특히 페이스트리의 강자로 꼽힌다. 매대에서 계절 과일을 올린 파이나 페이스트리를 본다면 품절되기 전에 얼른 담을 것.

VOL.2 ① P.471 ⓜ P.461C

[추천 빵]
폰폰후류이, 후루루프람보아즈

DRINK

✕

애주가는 칸사이가 즐겁다!
마시면서 즐기는 칸사이 알코올 트립

요즘 일본 술 여행이 핫하다. 술을 체험하러 가는 여행도 핫하고, 술을 사러 가는 여행도 핫하다. 일본 중에서도 칸사이가 술 여행으로 현재 가장 핫한 지역이다. 지역에 술 관련 시설도 많고 저렴한 주류 상점도 많기 때문. 구체적으로 어떻게 즐겨야 하는지 지금부터 같이 알아보자.

니혼슈와 함께하는 알딸딸 산책

고베 나다고고 양조장 투어 灘五郷

알고 보면 고베는 일본 전통주 '니혼슈 日本酒', 속칭 '사케'의 수도 같은 곳이다. 고베 동쪽의 '나다 灘' 지역은 일본에서 술을 최초로 빚은 지역 중 한 곳으로 지금도 니혼슈 양조장이며 브랜드 본사가 즐비하며 니혼슈 일본 전체 생산량의 25%를 차지할 정도로 왕성하게 니혼슈를 만들어내고 있다. 특히 나다 지역 내에서 니혼슈로 가장 유명한

니시, 미카케, 우오자키, 니시노미야, 아이즈 등 5개 동네를 일컬어 '나다 지역의 5개 마을'이라는 뜻의 '나다고고 灘五郷'로 칭한다. 나다고고 중에서도 미카케와 우오자키 두 마을 부근에는 유명 니혼슈 양조장의 전시관 4개가 직선상에 몰려 있어 한나절 동안 니혼슈 투어를 즐기기 딱 좋다. 대부분의 전시관에서 무료 시음이 가능한데 각각의 전시관이 약 1km 간격으로 떨어져 있어 취기가 가실 즈음에 다시 한 잔 들이켜고 취하기 딱 좋다. 알딸딸한 낮술 산책을 원한다면 다음 네 곳을 차례차례 들러볼 것.

+ PLUS INFO +

가는 법
고베 산노미야역에서 한신 본선을 이용한다. 슈신칸은 이시야가와 石屋川역, 하쿠츠루조 자료관은 미카게 御影역, 키쿠마사무네 기념관과 사쿠라마사무네 기념관은 우오자키 魚崎역에서 가깝다.

+ WRITER'S NOTE +

청주는 어쩌다 '정종'이 되었나

겨울이면 '따끈한 오뎅에 정종 한잔'을 외치는 분들이 종종 있죠. 여기서 '정종'은 청주 또는 니혼슈를 가리킵니다. 다분히 틀린 표현이라 할 수 있죠. 그런데 이 '정종 正宗'은 어디서 나온 표현일까요? 니혼슈 브랜드 중에는 이 '정종'이라는 글자가 붙어 있는 게 수두룩합니다. 나다고고에만 해도 '국정종(菊正宗, 키쿠마사무네)'과 '앵정종(櫻正宗, 사쿠라마사무네)'이 있잖아요. 일본 전국에 '정종' 붙은 니혼슈 브랜드가 수십 개는 가뿐히 넘는다고 하죠. 그럼 대체 이 '정종'은 누가 먼저 시작했을까요? 바로 사쿠라마사무네입니다. 19세기 사쿠라마사무네 양조장의 당주는 새로운 브랜드명을 고민하다가 불교 용어인 '임제정종'에서 '정종'을 따서 이름을 짓기로 합니다. 일본어 한자는 읽는 방법이 다양한데, '정종 正宗'을 음으로 읽으면 '청주'의 일본식 발음인 '세이슈'와 거의 비슷하거든요. 그런데 뜻밖의 일이 벌어집니다. 사람들이 '정종 正宗'을 '세이슈'가 아닌 '마사무네'로 읽어버린 거예요. 옛날 전국시대에 '마사무네(正宗)'라는 너무너무 유명한 일본도 장인이 있었거든요. 어쨌든 그 이후로 일본에는 청주 이름에 '마사무네'를 붙이는 게 유행이 됐고, 한국에서는 그것을 한국식 독법에 따라 '정종'으로 읽은 거죠. 그리고 그걸 술 종류로 오해하게 된 거고요.

DRINK

+ PLUS TIP +
슈신칸 견학 예약은 방문하기 최소 이틀 전에 해야 한다.

1 '후쿠슈'를 아시나요?
슈신칸 酒心館

니혼슈 브랜드 '후쿠슈 福寿'의 전시관 겸 팩토리 숍. 후쿠슈의 역사와 제조 과정을 재미있게 볼 수 있는 셀프 견학 코스를 운영 중이다. 리플릿을 따라 영상 및 시뮬레이션 자료 등을 자유롭게 돌아본 뒤 무료 시음을 즐기는 코스다. 건물 입구를 비롯해 곳곳에 인증샷 남기기 좋은 포토 포인트가 많고, 팩토리 숍을 모든 방문객에게 개방하고 있어 굳이 견학을 하지 않더라도 방문해 볼 만하다. 전시관 부지 내에 '사카바야시 さかばやし'라는 식당이 있는데, 제철 재료를 사용한 일식 정식 요리를 선보인다. 점심시간 무렵에 투어를 시작한다면 이곳에서 든든하게 먹고 움직이자. VOL.2 ① P.492 Ⓜ P.486B

2 자유롭게 돌아보고 즐긴다!
하쿠츠루주조 자료관
(白鶴酒造資料館, 하쿠츠루슈조시료칸)

한국에서 일명 '백학 사케'로 통하는 하쿠츠루의 전시관이다. 견학 코스를 자유롭게 개방하는데, 약 2층 규모의 널찍한 건물에 니혼슈 및 하쿠츠루의 역사와 전통 주조 방법에 대한 다양한 실물 크기 모형을 흥미진진하게 전시하고 있다. 자유롭게 돌아보며 사진 찍기도 좋고 니혼슈 관련 지식 배우기도 좋다. 전시장 내에 숍도 넓은 규모로 운영하고, 시음도 무인에 무료로 자유롭게 운영한다. VOL.2 ① P.492 Ⓜ P.486B

3 가장 유명한 브랜드는 여기!
키쿠마사무네주조 기념관
(菊正宗酒造記念館, 키쿠마사무네슈조키넨칸)

고베에서 가장 큰 규모의 양조 공장이자 한국에서 가장 유명한 니혼슈 브랜드 중 하나인 키쿠마사무네의 전시관. 우리나라에서는 '국정종'이라는 이름으로도 알려져 있다. 브랜드의 역사와 전통 주조 과정에 대한 견학 코스와 팩토리 숍, 시음장을 운영하고 있다. 시음장은 유인으로 운영하며 술에 대한 가벼운 설명을 해준다. VOL.2 ① P.492 Ⓜ P.486B

'정종'은 이곳에서 시작됐다
사쿠라마사무네 기념관
(櫻正宗記念館, 사쿠라마사무네키넨칸)

고베에서 가장 유서 깊은 니혼슈 브랜드 중 하나인 사쿠라마사무네의 기념관. 우리나라에서 니혼슈 또는 청주를 '정종'이라고 부르는 경우가 종종 있는데, 그 명칭을 가장 먼저 사용한 것이 바로 사쿠라마사무네. 내부에 전시장과 숍, 카이세키 요리를 선보이는 식당, 그리고 카페가 있다. 카페에서는 사쿠라마사무네를 비롯한 니혼슈를 넣은 떡이나 디저트를 맛볼 수 있다.

VOL.2 ⓘ P.492 Ⓜ P.486B

+ PLUS INFO +
나라에서 하루시카 春鹿를 만나자!

'사케' 좋아하는 사람이라면 아마 하루시카라는 이름을 들어봤을 가능성이 꽤 크다. 한국의 이자카야나 일식집 등지에서 팩으로 출시된 하루시카를 판매하는 경우가 종종 있기 때문. 이 하루시카는 나라의 지역 특산 니혼슈로, 나라마치에 전시장과 시음장을 운영한다. 나라마치를 돌아보다가 가벼운 기분으로 들르기 좋으므로, 나라를 여행하는 애주가라면 일부러라도 찾아가볼 것.

+ WRITER'S NOTE +

니혼슈의 등급

	준마이	혼조조	후츠슈
쌀 함유량에 따른 분류	순쌀로 만든 술	순쌀에 주정(알코올) 약간 첨가	쌀로 빚은 술에 알코올 다량 첨가
정미율에 따른 분류	준마이 다이긴조 (정미율 50% 이하)	다이긴조 (정미율 50% 이하)	규정 없으나 대체적으로 정미율 71% 이상
	준마이 긴조 (정미율 60% 이하)	긴조 (정미율 60% 이하)	
	준마이 (기준 없음)	혼조조 (정미율 70% 이하)	

※ 정미율이란 쌀을 깎아내고 남은 비율 숫자. 정미율이 낮을수록 쌀을 많이 깎아냈다는 뜻이다.

등급별로 줄 세우기
① 준마이다이긴조 → ② 다이긴조 → ③ 준마이긴조 → ④ 긴조 →
⑤ 준마이 → ⑥ 혼조조 → ⑦ 후츠슈

견학하고 시음하고 득템까지!

산토리 야마자키 증류소 サントリー 山崎蒸溜所

위스키 좀 마셔본 사람이라면 일본 싱글 몰트위스키의 간판스타 야마자키 위스키를 모를 리 없을 것이다. 그렇다면 이것도 알고 있는지? 야마자키의 증류소가 바로 칸사이에 있다는 것 말이다. 오사카와 교토의 경계 지역인 '야마자키 山崎'에 야마자키 위스키의 증류소가 있다. 위스키 공장이 주당에게 무슨 의미냐고? 의미 있다. 보통 의미 있는 게 아니다. 방문자를 위한 견학 코스를 운영하기 때문에. 그뿐인가? 시음장도 있다. 구하기 힘들다는 야마자키 위스키를 증류소에서 직접 마셔볼 수 있는 것이다. 결정적인 것. 이곳에는 팩토리 숍이 있다. 일본 내에서도 씨가 말랐다는 야마자키 위스키의 18년 이상 제품을 이곳에서 구했다는 증언이 적지 않게 들려온다. 물론 좋은 물건이 있을지 없을지는 복불복에 가깝지만, 애주가라면 한 번쯤은 도전해볼 만한 복불복이 아닐 수 없다. 가고 싶다고 아무때나 갈 수 있는 것이 아니므로 이 페이지의 정보를 자세히 볼 것. VOL.2 ① P.345

+ PLUS INFO +

야마자키 증류소 견학, 이렇게 한다!

견학 투어에는 유료와 무료 두 종류가 있다. 유료 견학 투어는 80분짜리 가이드 투어로, 공장 내부의 견학 코스를 돌아본 뒤 시음을 즐기고 숍을 방문한다. 가고 싶다고 갈 수 있는 것은 아니고, 한 달 반 전에 신청을 받은 후 신청자 가운데 추첨한다. 일본어와 영어 투어가 각각 1일 1회씩 진행되며, 참가 비용은 1인당 3000엔이다. 무료 견학 투어는 가이드 없이 내부를 60분간 자유롭게 돌아보는 투어다. 오전 10시부터 오후 16시까지 하루 총 7회 진행된다.
예약: https://www.suntory.co.jp/factory/kyoto

아사히 맥주를 가장 신선하게 즐기는 경험
아사히 맥주 박물관 Asahi Beer Museum

전 세계의 유명 맥주 브랜드 중에는 사옥이나 공장에 견학 코스를 운영하는 곳이 적지 않다. 맥주 제조 과정 시뮬레이션이나 브랜드의 역사 관련 전시물 등의 견학 코스를 쭉 둘러보고 난 뒤 시음장에서 마무리하는 대동소이한 코스인데, 아무리 긍정적이고 학구적으로 봐도 제조 과정이나 역사 등은 썩 재밌다고 할 수 없다. 그러나 시음장은 다르다. 어지간한 생맥주 맛집은 따라올 수 없는 신선한 맥주를 마실 수 있기 때문. 맥주를 사랑하는 애주가라면 오로지 시음장 하나 들르기 위해 꽤 먼 길을 떠나도 될 정도다. 칸사이에는 일본의 웬만한 유명 맥주 브랜드의 공장은 다 있고 지역 소규모 브랜드의 양조장도 곳곳에 자리하나, 아사히 스이타 공장 부설 견학 시설인 '아사히 맥주 박물관'이 접근성과 시설 면에서 최고로 꼽힌다. 전국에 딱 2개 뿐인 아사히 시음장 중 하나이므로 아사히의 팬이라면 최고로 신선한 아사히 생맥주를 즐길 수 있는 기회를 놓치지 말 것. VOL.2 ① P.345

+ PLUS INFO +

아사히 맥주 박물관 견학, 이렇게 한다!
반드시 사전 예약을 해야 한다. 예약은 홈페이지와 전화로 가능하다. 예약은 비수기에도 최소 일주일 전에는 해야한다.
- 입장료가 있는 유료 투어다. 가격은 어른 1000엔. 투어 진행 시간은 약 80분이고, 가이드가 동반한다.
- 시뮬레이션이나 영상자료 외에도 실제 공장의 생산 과정을 볼 수 있다.
- 요금에 맥주 시음 1잔이 포함되어 있다.

예약: https://www.asahibeer.co.jp/brewery/suita

주당 여행자가 칸사이에서 꼭 해볼 만한
음주 체험 두 가지

그냥 술만 마실 생각이라면 아무 이자카야나 들어가도 되고 편의점에서 사다 숙소에서 마셔도 좋다. 공원이나 강가에서 마셔도 뭐랄 사람은 없다. 다만 술을 한 잔 마셔도 현지인 처럼 즐겨보고 싶은 사람이라면 다음 정보를 참고할 것. 한국에서는 경험하기 힘든 재미있는 스타일의 술집들이 칸사이의 골목마다 숨어 있다.

1 합리성과 가성비가 높은
타치노미야 立ち飲み屋 즐기기

일본 드라마나 영화, 또는 일본 회사원 유튜브를 보면 퇴근 후 서서 마시는 술집에서 한잔하는 모습이 종종 나온다. 이런 서서 마시는 술집을 '타치노미야 立ち飲み屋'라고 하는데, 음주가무를 좋아하면서 합리성과 가성비를 높게 치는 특성 때문인지 오사카에서는 일본의 다른 어느 도시보다 타치노미야를 흔히 볼 수 있다. 서서 마시기 때문에 오래 마시기 보다는 간단히 한두 잔 마시기 좋으며 혼술하기도 나쁘지 않다. 맥주 외에도 니혼슈나 위스키 등 주류도 다양하고, 안주 종류도 많다. 오사카는 JR 텐마역 주변, 신사이바시 상점가 뒷골목, 우메다역 지하 식당가 등에서 종종 볼 수 있고 교토의 시조도리 뒷골목이나 고베의 산노미야 고가철도 아래 상점가에서도 흔히 볼 수 있다.

2 가 보고 싶은 데는 다 가보자!
이자카야 호핑 즐기기

오사카의 우라난바, 잔잔요코초 등의 술집 골목에 가면 즐거운 고민에 빠지게 된다. 대체 이 많은 술집 중에 어딜 가야 잘 갔다고 소문날지 말이다. 고민할 것 없다. 가보고 싶은 데는 다 가는 것, 그것이 이런 동네를 즐기는 방법이다. 한 술집에서 맥주, 또는 니혼슈나 쇼츄 한두 잔에 먹어보고 싶은 안주를 주문해 30분~1시간 정도 즐긴 뒤 미련 없이 털고 일어나 다음 술집으로 향하는 것이다. 이렇게 하룻밤에 서너 군데의 술집을 옮겨가며 즐기는 일명 '이자카야 호핑'을 즐겨볼 것.

+ PLUS INFO +

일본 술의 종류

맥주 ビル (비루)
병맥주보다는 생맥주의 인기가 높다. 맛이 순하고 부드러우며 깨끗한 것이 일본 생맥주의 특징. 아사히, 산토리, 기린, 삿포로 등의 브랜드가 있다. 한국보다는 가격이 상당히 높으므로 무턱대고 마시다 영수증을 받고 기절하지 말 것.

소주 焼酎 (쇼추)
고구마 등을 원료로 만든 증류식 소주로서 도수가 20~40도 정도. 독특한 향과 맛이 있어 애주가에게는 도전해볼 만한 분야다. 잔술로 판매하며, 독하기 때문에 물을 섞은 '미즈와리 水割り'나 따뜻한 물을 섞은 것은 '오유와리お湯割り'로 마시는 경우가 많다.

니혼슈 日本酒
쌀로 만든 맑은 곡주로. 한국의 청주와 사촌뻘이다. 이자카야의 술 메뉴 부분에서 가장 많은 부분을 차지한다. 잔술, 돗쿠리, 병으로 주문할 수 있으며, 잔술과 돗쿠리를 데워주기도 한다. 특히 아주 뜨겁게 마시는 것은 '아츠캉 熱燗'이라고 한다.

사와 サワ
소주에 과일즙이나 주스, 음료수 등을 섞은 것. 술 냄새가 살짝 날 듯 말 듯 할 정도로 음료나 과즙을 많이 섞기 때문에 여성이나 술을 잘 못하는 사람들에게 좋다. 도수는 맥주와 비슷한 3~5도 선으로, 술맛은 강하지 않으나 은근히 취한다.

하이볼 ハイボール
(하이보루)
위스키에 탄산음료를 섞어 도수를 낮추고 상큼한 맛을 더한 것. 도수가 낮게는 10도, 높게는 20도 정도 된다. 우롱차를 섞은 우롱하이 ウーロンハイ나 녹차를 섞은 오차하이 お茶ハイ도 있다.

매실주 梅酒 (우메슈)
매실에 설탕을 넣고 만든 담금주. 달콤하고 도수가 높지 않아 술을 잘 못하는 사람도 마시기 좋다. 작은 식당이나 료칸 중에는 직접 담근 매실주를 판매하는 곳도 있다.

위스키 쇼핑을 즐길 시간, 리커 마운틴
Liquor Mountain

요즘 주당 여행자들 중에 일본을 주목하지 않는 사람은 없을 것이다. 한국보다 훨씬 저렴한 가격에 위스키를 비롯한 리커를 구입할 수 있기 때문. 일본 여행 중 좋은 숙성 연도의 아드벡, 탈리스커, 보모어 등을 득템했다는 소식을 심심치않게 들을 수 있다. 오사카 여행 중에도 가능한 걸까? 물론이다. 일본 최고의 상업 도시이자 짠돌이 도시답게 오사카에는 상당히 많은 종류의 할인 주류점이 영업하고 있다. 그중에서 가장 구색이 좋고 접근성이 좋은 곳이 우메다에 위치한 리커 마운틴이다. 위스키는 물론 다양한 하드 리커와 일본 전통술을 구비하고 있다. 세계적으로도 흔치 않은 브랜드나 숙성 연수의 위스키며 코냑이 입고될 때가 있으므로 눈을 크게 뜨고 돌아볼 것. 조금씩 맛만 보고 싶은 구매자를 위해 보틀 위스키를 10ml 단위로 덜어 팔기도 한다.

VOL.2 ① P.302 Ⓜ P.292B

유니버설 스튜디오 재팬 USJ 완전 공략집

요즘 유니버설 스튜디오 재팬(Universal Studio Japan, 이하 USJ)의 인기가 심상치 않다. 한동안은 인기가 시들한 듯 했으나 2021년 '슈퍼 닌텐도 월드'가 문을 열며 전 세계적인 관심이 대폭발해 현재는 오픈 이래 최고의 인기를 구가하는 중이다. 한국에서도 오로지 USJ만을 위해 오사카행 비행기에 오르는 사람들이 적지 않을 정도. 그래서 지금, USJ 여행을 준비하는 당신을 위한 특집 페이지를 준비했다. 최소한 이 정도만 알면 USJ에서 제대로 즐기지 못할 일은 없을 것이다.

유니버설 스튜디오 재팬(Universal Studio Japan)이란?

미국의 영화사 유니버설 픽처스에서 만든 테마파크 브랜드인 '유니버설 스튜디오'의 일본 브랜치. 약칭인 USJ로 더 유명하다. 유명 블록버스터 영화와 인기 만화·애니메이션의 세계관을 바탕으로 한 박진감 넘치는 놀이기구와 화려한 특수 효과가 돋보이는 쇼를 선보인다. 칸사이 일대에서 가장 큰 테마파크인 것은 물론, 일본 전체의 테마파크 중에서도 다섯 손가락 안에 꼽히는 규모와 인기를 자랑한다. VOL.2 ⓘ P.336 Ⓜ P.334A

USJ로 떠나기 전에 준비할 것들

'그냥 아무 때나 가서 자유 이용권 끊고 타면 되는 거 아님?' 절대로 아니다. 지나치게 안이한 생각이다. USJ는 세계적인 인기를 누리고 있는 놀이동산인 데다 익스프레스 티켓 시스템을 실시하고 있어 어지간히 발 빠르게 준비하지 않으면 솜사탕 씻은 너구리 꼴이 되어 남들 즐겁게 노는 것만 구경하다가 오는 불상사가 벌어질 수도 있다. 기왕 USJ에 갈 거라면 다음에 소개하는 것들은 꼭 미리 준비할 것.

1. 유니버설 익스프레스 패스 최소 한 달 전에 구입!

USJ에 가기로 결정했는지? 주 목적이 놀이기구 탑승인지? 그렇다면 유니버설 익스프레스 패스부터 재빨리 알아보자. USJ 내의 인기 어트랙션을 줄 서지 않고 탑승할 수 있는 우선 탑승 티켓으로, 가격대가 상당히 높음에도 1~2개월 전에 매진되기 일쑤다. 이 티켓이 없으면 2~3시간을 하염없이 줄을 서거나 글자 그대로 '오픈런'에 사활을 걸어야 한다. USJ가 오사카 여행의 주목적이라면 아예 패스를 구할 수 있는 날짜에 여행 기간을 맞추는 것도 추천한다.

Q. 어디서 구입하나요?

USJ의 공식 티켓 판매 대행사인 하나투어, 클룩, 와그, 마이리얼트립, 투어비스의 웹사이트 및 앱에서 구매 가능합니다. 이메일 첨부파일로 온 바우처에 있는 QR코드로 입장하면 돼요!

Q. 종류는 뭐가 있나요?

크게 보면 두 종류에요. 우선 입장 가능한 어트랙션의 개수에 따라 '익스프레스 패스 4'와 '익스프레스 패스 7'이 있습니다. 7은 가장 전통적으로 가장 인기 많은 어트랙션 7종의 우선 입장권을 모은 패스입니다. 4는 인기 어트랙션 9~10종 중 4개에 입장할 수 있는 패스인데, 다양한 조합으로 4개씩 묶은 여러 패키지 중 원하는 것을 고르는 타입입니다. 기간 한정 어트랙션은 7에 없고 4에만 있는 경우가 종종 있습니다. 두 패스 모두 최고 인기 구역인 '슈퍼 닌텐도 월드'와 '위저딩 월드 오브 해리 포터'의 구역 입장 확약권을 포함하고 있습니다.

익스프레스 패스 한눈에 보기		
익스프레스 패스 7 1만 7800~3만¥		마리오카트 : 쿠파의 도전장, 요시 어드벤처, 해리 포터 앤드 더 포비든 저니, 플라이트 오브 더 히포그리프, 미니언 메이헴, 더플라잉 다이노소어(신장 제한 132~198cm), [택 1] 할리우드 드림 더 라이드/죠스
익스프레스 패스 4 1만 2000~2만 4000¥	리미티드	마리오카트 : 쿠파의 도전장, 해리 포터 앤드 더 포비든 저니, 귀멸의 칼날 XR 라이드 : 꿈속을 달리는 무한열차, 나의 히어로 아카데미아 : 더 리얼 4-D
	리미티드 & 버라이어티	요시 어드벤처, 명탐정 코난 4-D 라이브 : 별하늘의 보석, 미니언 메이헴, 죠스
	버라이어티 라이드	해리 포터 앤드 더 포비든 저니, 귀멸의 칼날 XR 라이드 : 꿈속을 달리는 무한열차, 나의 히어로 아카데미아 : 더 리얼 4-D
		마리오카트 : 쿠파의 도전장, 해리 포터 앤드 더 포비든 저니, 귀멸의 칼날 XR 라이드 : 꿈 속을 달리는 무한열차, 나의 히어로 아카데미아 : 더 리얼 4-D
	리미티드 & 펀	요시 어드벤처, 나의 히어로 아카데미아 : 더 리얼 4-D, 명탐정 코난 4-D 라이브 : 별하늘의 보석, 죠스
	백드롭	해리 포터 앤드 더 포비든 저니, 플라이트 오브 더 히포그리프, 할리우드 드림 더 라이드~백드롭~, 더 플라잉 다이노소어
	리미티드 & 플라잉 다이너소어	해리 포터 앤드 더 포비든 저니, 나의 히어로 아카데미아 : 더 리얼 4-D, 명탐정 코난 4-D 라이브 : 별하늘의 보석, 더플라잉 다이노소어
	스릴	마리오 카트 : 쿠파의 도전장, 해리 포터 앤드 더 포비든저니, 더 플라잉 다이노소어, 할리우드 드림 더 라이드
	펀	요시 어드벤처, 플라이트 오브 더 히포그리프, 싱 온 투어, 미니언 메이헴
	펀 초이스	요시 어드벤처, 플라이트 오브 더 히포그리프, 미니언 메이헴, 죠스
	펀 버라이어티	마리오 카트 : 쿠파의 도전장, 해리 포터 앤드 더 포비든 저니, 미니언 메이헴, 죠스
	XR 라이드 & 셀렉션	마리오 카트 : 쿠파의 도전장, 해리 포터 앤드 더 포비든 저니, 귀멸의 칼날 XR 라이드 : 꿈속을 달리는 무한열차 [택 1] 할리우드 드림 더 라이드/죠스

※ 2025년 2월 기준

2. 스튜디오 패스 1~7일 전에는 예매하자!

USJ 입장권은 '스튜디오 패스'라고 불리는데, 익스프레스 티켓에 비해 다소 여유가 있다. 일반적으로는 전날 예매 정도면 충분하고, 당일에 USJ로 향하는 차 안에서 예매해도 문제가 없을 정도다. 골든 위크나 방학 시즌 등의 극성수기에도 3~7일 정도에만 예매하면 충분하다. 입장 2개월 전까지 예매 가능하다.

가격 ① 1일권 _ 8600¥ ~ 1만 900¥
② 1.5일권 _ 1만 3100~1만 7600¥
(첫날은 15:00 이후부터, 둘째 날은 오픈 시간부터 이용할 수 있는 티켓)
③ 2일권 _ 1만 6300~2만 700¥

+ PLUS INFO +

USJ는 변동 요금제!
USJ는 시즌을 로우 시즌, 레귤러 시즌, 레귤러-하이 시즌, 하이 시즌, 슈퍼 하이 시즌 등 다섯 종류로 나누고 입장료 및 익스프레스 패스의 가격을 시즌별로 각기 다르게 책정하고 있다. 당연한 얘기지만 로우 시즌(비수기)이 가장 저렴하고 슈퍼 하이 시즌(초성수기)이 가장 비싸다. 검색 시점부터 두 달 뒤까지의 요금 정보를 달력 형태로 제공하므로 내가 가고자 하는 날짜의 요금이 얼마인지는 손쉽게 알 수 있다.

3. USJ 공식 앱

USJ의 모든 정보를 담고 있는 애플리케이션이 IOS와 안드로이드 각각의 버전으로 출시되어 있다. 상세한 파크 맵과 더불어 각 어트랙션의 대기 시간, 쇼 및 퍼레이드의 시작 시간과 장소, 각종 편의 시설 및 레스토랑의 위치와 메뉴, 영업시간 등 핵심 정보를 모두 제공한다.

특히 익스프레스 패스는 구하지 못했지만 슈퍼 닌텐도 월드에 꼭 들어가고 싶다면 앱에서 발권하는 'e-정리권'에 목숨을 걸어야 한다. 입장한 후 부랴부랴 다운받으면 모든 것이 늦어버렸을 가능성이 높으므로 되도록 하루 전에는 받아두고 앱 사용법을 익혀두자.

+ PLUS INFO +

▲ USJ 내에서 판매하고 있는 버거 세트. 더블 버거+감자튀김+콜라 세트가 1900엔으로 결코 저렴하지는 않으나 비프 패티가 워낙 두툼해 아주 비싼 느낌도 아니다.

Q. 도시락 싸가야 하나요? 식당은 비쌀 것 같아요.

불행히 답은 '아니요'입니다. USJ는 원칙적으로 음식물 반입이 금지되어 있거든요. 물 외에는 아무것도 못 가지고 들어갑니다. 입장할 때 입구에서 가볍게 가방 검사를 하는데, 이때 음식물이 발견되면 모두 꺼내놓고 가야 합니다.
내부의 식당이 결코 저렴하지 않다는 것은 슬프지만 진실입니다. 다만 맛은 좋은 편이니 그 부분에서 위로를 삼아보시길 바랍니다. 그리고 가방 검사를 아주 철저히 하는 것은 아니므로 음식물을 가방 안쪽 깊숙이 넣으면 거의 걸리지 않는다는 증언이 많습니다.

▲ USJ로 향하는 JR 노선인 'JR유메사키 JRゆめ咲線'의 표지판

Q. 셔틀 예약해야 하나요?

답은 '굳이?'입니다. 여러 여행사에서 오사카 시내와 USJ를 잇는 셔틀버스 상품을 천엔 정도의 가격에 판매하는데, 쾌적하게 한 방에 갈 수 있다는 큰 장점이 있기는 합니다. 영유아 등의 교통 약자와 여행하는 경우에는 좋은 대안이 될 수 있죠. 그러나 대중교통을 이용할 수 있다면 '굳이'입니다. JR 오사카칸조선이나 한신난바선을 타고 JR 니시쿠조 西九条역에서 내려 JR 유메사키 ゆめ咲선을 타면 맥시멈 500엔에 갈 수 있거든요. 소요 시간은 셔틀이 30분, 대중교통이 40분 안팎으로 그다지 큰 차이가 나지 않습니다.

USJ 구역 & 어트랙션 해부

USJ는 총 10종의 테마 구역(에어리어)으로 구분되어 있으며, 각 구역의 세계관을 반영한 어트랙션, 쇼, 오락실, 굿즈 판매소, 레스토랑 등의 세부 시설이 들어서 있다. 지리가 복잡한 것은 아니라 USJ 애플리케이션에 포함된 지도를 이용하면 크게 헤매지 않고 돌아볼 수 있다.

1. 할리우드 Hollywood

입구에 들어서자마자 가장 먼저 나오는 구역으로, 할리우드의 화려한 거리를 재현한 거리가 눈을 사로잡는다. 가장 다양한 어트랙션과 쇼, 레스토랑, 숍이 집중되어 있는 곳이다. 특히 인기 애니메이션이나 캐릭터와 기간 한정 컬래버레이션해 설치한 어트랙션은 주로 이 구역에 있다.

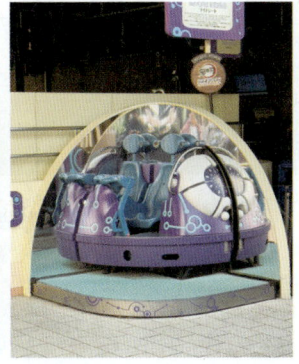

① 스페이스 판타지 더 라이드

`익스프레스 패스` `싱글라이더`

우주선을 타고 3D로 구현된 우주 공간을 박진감 넘치게 헤매는 어트랙션. 종종 <에반게리온>, <도라에몽>, <귀멸의 칼날> 등과 컬래버레이션 선보이며, 고글을 이용해 매우 실감 나는 3D 영상을 선보이는 'XR 라이드'로 서비스할 때도 있다.

신장 제한 122cm(보호자 동승 시 102cm)

이미지 제공 : 유니버설 스튜디오 재팬

② 할리우드 드림 더 라이드 `익스프레스 패스` `싱글라이더`

USJ의 대표적인 롤러코스터. 덜컹거리지 않는 매끄러운 승차감이 특징이며, 헤드레스트 부분에 스피커가 장치되어 있어 근사한 BGM을 들으며 롤러코스터를 즐길 수 있다.

신장 제한 132cm

③ 할리우드 드림 더 라이드~백드롭~ `익스프레스 패스`

승차감이나 BGM 등 '할리우드 드림 더 라이드'와 대부분 동일하나 진행 방향이 훨씬 다이내믹한 롤러코스터. 정상 부근에서 갑자기 뒤로 뚝 떨어진다.

신장 제한 132cm

④ 세서미 스트리트 4-D 무비 매직

엘모, 쿠키 몬스터, 빅 버드 등 세서미 스트리트의 친구들이 등장하는 4D 영상을 상영한다. 기간 한정으로 다른 테마의 영화를 상영하는 경우도 있으며, 2024년 초에는 '나의 히어로 아카데미아'를 주제로 한 4D 영상을 상영했다.

⑤ 슈렉 4-D 어드벤처

인기 애니메이션 <슈렉>을 주제로 한 4D 무비. USJ의 쇼 및 영상 어트랙션 중 가장 재미있는 것으로 유명하다. 신장 미달이라 놀이기구를 실컷 즐기지 못하는 어린이나 줄 서기 싫은 사람들이 가장 즐겨 찾는 어트랙션 중 하나.

2. 뉴욕 New York

할리우드에서 바로 이어지는 구역으로, 중심부의 넓은 호숫가에 위치하고 있다. 1930년대 뉴욕의 거리 모습을 재현한 거리로 사진이 예쁘게 나오는 곳이 많다. 한때 최고의 인기를 구가하던 '스파이더맨'이 이 구역에 있었으나 현재는 아쉽게 종료된 상태. 이 구역에 레스토랑이 5개나 자리하고 있으며 그릴, 일식, 뉴욕 피자, 이탈리아 음식 등 선택의 여지도 넓으므로 점심시간에는 이 쪽으로 슬슬 걸음을 옮겨볼 것.

① **42nd 스트리트 스튜디오 그리팅 갤러리**
스누피 및 미니언즈와 기념사진을 찍을 수 있는 곳. 의외로 줄이 긴 편인데, 줄을 서기 싫은 사람은 유료 예약을 하면 원하는 시간에 바로 촬영할 수 있다.

유료 예약 가격: 3500¥

② **맨해튼 시어터** 익스프레스 패스
4D 영화 상영이 가능한 극장으로 이벤트가 있을때 기간 한정으로 문을 연다. 2024년 초부터는 '명탐정 코난 4-D 라이브 쇼 ~별하늘의 보석(Jewel)~'을 상영 중이다.

3. 샌프란시스코 San Francisco

뉴욕 맞은편 호숫가에 위치한 구역으로, 샌프란시스코 항구 부근의 피셔맨스 워프와 차이나타운을 재현해놓았다. 어트랙션이나 숍은 없고 레스토랑만 네 곳 자리한다. 중식당을 찾는다면 이곳으로 오자.

+ PLUS INFO +
이 구역의 인기 어트랙션이었던 '백드래프트'와 '백투더퓨처'는 현재 모두 운행하지 않고 있다.

4. 미니언 파크 Minion Park

뉴욕과 샌프란시스코 사이의 길을 따라 쭉 가면 도착하는 구역으로, 전 세계 어린이들이 사랑하는 캐릭터 '미니언즈'를 테마로 꾸민 곳이다. 어린이들이 좋아할 만한 쿠키 스탠드, 기념품 판매소, 미니 게임 코너, 포토 존 등이 다채롭게 마련되어 있다. 창밖을 바라보는 미니언즈, 벽 타는 미니언즈 등 미니언즈를 활용한 다채로운 장식도 볼거리.

① 미니언 메이헴
`익스프레스 패스` `싱글라이더`
8인승 차량에 올라 스크린에 입체적으로 펼쳐지는 미니언들의 난리법석 대소동의 세상 속으로 유쾌하게 다이빙한다. 일단 미니언즈가 너무 귀여운데 의외로 박진감 넘쳐 인기가 높다.
신장 제한 122cm(보호자 동승 시 102cm)

② 프리즈 레이 슬라이더
얼음판처럼 생긴 바닥 위를 제설차 같은 4인용 차량을 타고 이리저리 미끄러져 다니는 야외 놀이기구. 1m가 되지 않는 어린아이와 부모가 함께 즐기기 적합하다.
신장제한 122cm(보호자 동승 시 92cm)

③ 미니언 그리팅
미니언 파크 안쪽에 위치한 '그루의 저택' 앞을 돌아다니는 미니언즈와 기념사진을 찍을 수 있다.

이미지 제공: 유니버설 스튜디오 재팬

5. 쥬라기 공원 Jurassic Park

영화 <쥬라기 공원>의 세계관을 테마로 한 구역으로, 이름 그대로 공룡이 수시로 출몰하는 정글로 꾸몄다. USJ에서 가장 아찔하고 과격한 어트랙션이 있는 구역으로, 어지간한 롤러코스터나 자이로드롭은 무섭지도 않은 '찐' 놀이기구 마니아에게 권하는 곳이다.

이미지 제공: 유니버설 스튜디오 재팬

① 더 플라잉 다이너소어 익스프레스 패스 싱글라이더

마치 익룡을 타고 날아다니는 듯한 느낌까지 주는 롤러코스터로, USJ의 여러 롤러코스터 중에서 가장 스릴 있는 것으로 정평이 나 있다. 엄청난 속도가 특징. 360도 회전은 물론 거꾸로 매달려가는 코스도 있다.

신장 제한 132~198cm

② 쥬라기 공원 더 라이드 익스프레스 패스 싱글라이더

보트를 타고 공룡이 수시로 출몰하는 계곡을 탐험하다 갑자기 낭떠러지로 떨어지는 일종의 플룸라이드. 에버랜드의 '아마존 익스프레스' 공룡 버전이라고 생각하면 크게 다르지 않다. 따라서 옷, 젖는다. 신발, 젖는다. 양말까지 젖는다.

신장 제한 122cm(보호자 동승 시 107cm)

6. 애머티 빌리지 Amity Village

영화 <죠스>의 배경이 된 애머티섬의 작은 마을을 재현한 구역. 죠스의, 죠스에 의한, 죠스를 위한 구역이라고 봐도 틀리지 않다. 한가운데에 죠스를 매달아놓은 조형물이 있는데, 오랫동안 유니버설 스튜디오의 상징 중 하나로 꾸준한 인기를 구가하고 있다.

이미지 제공: 유니버설 스튜디오 재팬

① 죠스 `익스프레스 패스` `싱글라이더`

애머티 마을로 놀러 온 관광객이 되어 작은 보트에 올라 가이드의 안내에 따라 바다(사실은 호수) 곳곳을 돌아다니다가 불시에 상어의 습격을 받는 체험형 쇼. 상어의 습격을 받는 부분이 생각 외로 스릴 있고 무서워서 어린이들은 종종 울기도 한다.

신장 제한 122cm

7. 워터 월드 Water World

영화 <워터 월드>의 세계관과 내용을 바탕으로 조성된 구역으로, 대규모 수상 공연장이 들어서 있다. 한 번에 3000명을 넘게 수용할 수 있어 엄청난 초초성수기가 아니라면 거의 대기 없이 들어가는 것이 큰 장점.

① 워터 월드

지구온난화로 남극의 얼음이 모두 녹아 지구가 온통 물바다가 돼버린 세상에서 얼마 남지 않은 육지를 놓고 영웅과 빌런이 다투는 영화 <워터 월드>의 내용을 약 20분간 화려한 스턴트 액션과 무대장치, 특수 효과 등을 사용해 스펙터클한 쇼로 보여준다. 여름에는 <워터 월드> 대신 만화 <원피스> 쇼를 보여주기도 한다. 제트스키나 스피드 보트 등 물 튀기는 탈것을 많이 사용해 맨 앞자리는 물에 젖기 십상이니 주의할 것.

이미지 제공: 유니버설 스튜디오 재팬

8. 슈퍼 닌텐도 월드
Super Nintendo World

2021년에 문을 연 따끈따끈한 신상 구역이자 최근 USJ를 세계적인 핫 플레이스로 다시 발돋움하게 만든 최고 인기 구역이다. 닌텐도의 주옥같은 콘텐츠 중 '슈퍼 마리오'와 '요시 크래프트 월드', '동키콩'을 중심으로 다채로운 어트랙션, 게임, 포토 존, 식당, 기념품 숍 등이 마련되어 있다.

익스프레스 티켓을 구입하거나 오픈런으로 정리권을 얻는 게 아니라면 어트랙션 탑승은커녕 구역 내에 발을 들일 수 조차 없으므로 이곳에 꼭 들르고 싶다면 계획을 세우는 것이 좋다.

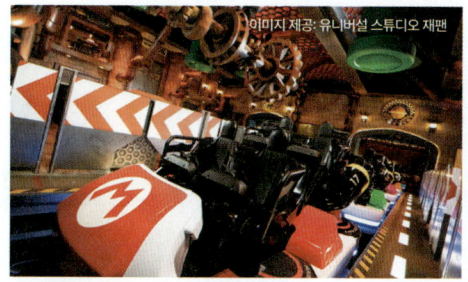

이미지 제공: 유니버설 스튜디오 재팬

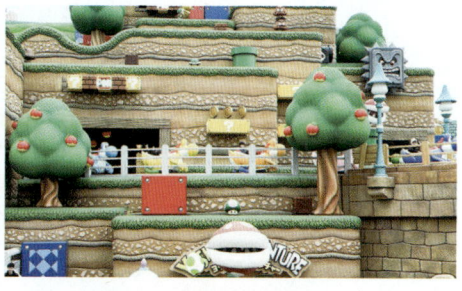

① 마리오 카트: 쿠파의 도전장
`익스프레스 패스` `싱글라이더`

닌텐도가 내놓은 공전의 히트작 '마리오 카트'가 놀이공원 어트랙션으로 다시 태어났다! 4인용 카트를 타고 VR로 마리오 카트의 입체 영상을 즐기며 게임과 모험을 즐긴다. 현재 USJ 최고 인기 어트랙션. 신장 제한 122cm(보호자 동승 시 107cm).

② 요시 어드벤처
`익스프레스 패스`

요시의 등에 올라 모험을 떠나자! 슈퍼 닌텐도 월드 구역 전체에 깔린 레일을 따라 천천히 돌아보는 2인승 레일카로 평화로운 어트랙션을 좋아하거나 어린이를 동반한 사람에게 추천. 신장 제한 122cm(보호자 동승 시 92cm).

③ 파워 업 밴드 키 챌린지

쿠파 주니어에게 도둑맞은 골든 버섯을 찾아라! 슈퍼 닌텐도 월드 구역 곳곳에 자리한 미니 게임 챌린지를 통해 3개의 열쇠를 찾고 파이널 배틀을 통해 마침내 버섯을 되찾는다. 이 챌린지에서 얻은 승패나 점수는 팔에 차는 파워 업 밴드를 통해 USJ 공식 앱에 기록된다. 파워 업 밴드는 슈퍼 닌텐도 월드 입구를 비롯한 여러 상점과 노점에서 판매한다. `가격` 4200¥

④ 동키콩의 크레이지 트램카 `익스프레스 패스`

가장 최근에 등장한 핫 어트랙션. 트램카를 타고 광활한 정글을 질주하다 끊어진 트랙에서 멋지게 점프한다. 신장 제한 122cm(보호자 동승 시 107cm).

9. 위저딩 월드 오브 해리 포터 Wizarding World of Harry Potter

'슈퍼 닌텐도 월드'가 문을 열기 전까지 USJ를 상징하는 구역이었으며, 현재도 가장 다양한 어트랙션과 이벤트를 자랑하는 곳이다. 영국의 유명한 소설 겸 영화 <해리포터>에 등장하는 마법사 마을 '호그스미드'와 마법사 학교 '호그와트'를 재현한 예쁘고도 신비한 골목이 펼쳐져 있다.

이미지 제공: 유니버설 스튜디오 재팬

① 해리 포터 앤드 더 포비든 저니

익스프레스 패스　**싱글라이더**

4인승 빗자루에 타고 해리 포터와 함께 퀴디치를 즐기며 호그와트 구석구석을 스릴 있게 돌아보는 어트랙션. 3D 안경 없이 맨눈으로 호그와트 내의 다양한 마법을 즐길 수 있어 매우 신기한 기분이 든다. 디멘터의 차가운 숨과 드래곤의 화끈한 불까지 피부에 다가올 정도로 실감 나는 효과가 특징. 360도로 빙글빙글 돌기 때문에 멀미를 호소하는 사람들이 적지 않다.

신장 제한 122cm

이미지 제공:유니버설 스튜디오 재팬

② 플라이트 오브 더 히포그리프 [익스프레스 패스]

마법 세계의 신비한 생물 '히포그리프'의 등을 타고 해그리드의 오두막과 호박밭 위를 여행하는 롤러코스터. 마치 밀짚으로 만든 것 같은 독특한 모양새가 눈길을 사로잡는다. 전반적으로 평화롭지만 갑자기 뚝 떨어지는 구간이 있어 영유아가 즐기기에는 꽤 무섭다.

신장 제한 122cm(보호자 동승 시 92cm)

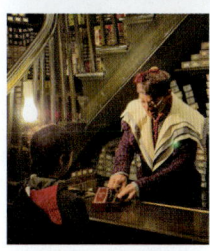

③ 올리밴더스의 가게

호그스미드의 지팡이 전문 상점 올리밴더스의 가게를 테마로 한 쇼 어트랙션 겸 기념품 상점. 밀실에서 지팡이가 직접 자신의 주인을 고르는 이벤트를 감상하고 나면 비로소 지팡이 전문 기념품 숍의 문이 열린다.

+ PLUS INFO +

지팡이, 살까, 말까?

'슈퍼 닌텐도 월드'에 파워 업 밴드가 있다면 '위저딩 월드 오브 해리 포터'에는 지팡이가 있다. '위저딩 월드 오브 해리 포터' 구역의 구석구석에는 지팡이로 가리키면 마법 효과를 일으키는 곳이 있다. 가리키면 불이 화르륵 올라오는 굴뚝이나 갑자기 주변에 눈이 내리는 곳 등 생각보다 마법을 걸 수 있는 곳이 많다. 가격은 비싸지만 추억과 기념사진을 위해서라면 하나쯤은 구입할 만하다. 가격 5000~1만2000¥

버터 맥주, 마셔 볼까, 말까?

호그스미드의 명물 펍 '스리 브룸스틱스'에서 호그와트 학생들이 벌컥벌컥 들이켜던 바로 그 음료, 버터 맥주를 마셔볼 수 있다. '스리 브룸스틱스'를 재현한 레스토랑도 있고, 노천의 가판대에서도 판매한다. 호그스미드 거리를 배경으로 버터 맥주잔을 들고 찍는 사진은 '위저딩 월드 오브 해리 포터' 기념사진의 정석이라 할 수 있다. 다만 맛은 크게 기대하지 말 것. 무알코올 음료인데, 버터도 아니고 맥주도 아니다. 가격 1200¥

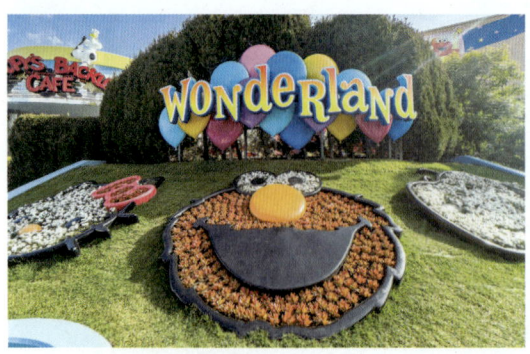

10. 유니버설 원더랜드
Universal Wonderland

<세서미 스트리트>, 산리오, 스누피 등 주로 어린이 취향의 다양한 캐릭터 관련 어트랙션과 숍이 모여 있는 구역. 회전목마, 티 컵, 우주선, 벌룬 라이드, 범퍼카 등 평화롭고 무섭지 않은 어트랙션이 주류를 이루어 주로 영유아를 동반한 가족 놀이터로 인기 높다.

+ PLUS INFO +
어린이와 함께 여행하는 여행자를 위한 안내

① **유모차 대여 가능** | 유모차를 한국에서 실어가야 하는지 고민하지 말 것. 입구 바로 오른쪽에 유모차 대여소가 있다. 48개월 영유아까지 사용 가능하며, 유료로 대여한다. 대수가 한정되어 있고 예약은 받지 않으므로 되도록 빨리 갈 것.

가격) 1100¥

② **보호자는 중학생 이상!** | 적지 않은 어트랙션이 어린이의 경우 반드시 보호자와 동승할 것을 요구한다. 그런데 꼭 성인이어야 할까? 그렇지는 않다. 중학생 이상이라면 누구나 보호자가 될 수 있다.

③ **'차일드 스위치'를 이용하세요!** | 아기가 신장 제한으로 어트랙션을 이용할 수 없는 경우가 종종 있다. 부부가 함께 아기를 돌보고 있는 경우라면 한 명이 아기를 보고 다른 한 명만 줄을 서서 탑승해야 하는데, 이렇다면 아기를 보는 사람은 제법 억울해진다. 이럴 경우 '차일드 스위치'를 이용할 것. 한 명이 먼저 탑승한 뒤 다른 한 명이 따로 줄을 설 필요 없이 다음에 바로 이용할 수 있는 시스템이다. 직원에게 '차일드 스위치'를 물어보면 친절하게 안내해준다.

④ **아기와 여행한다면 '패밀리 서비스'** | 일종의 수유실로, 영유아 수유와 기저귀 교환은 물론 뜨거운 물과 이유식 데우는 용도의 전자레인지까지 마련된 곳이다. 공식 앱의 맵에서 위치를 쉽게 확인할 수 있다.

① 날아라 스누피

중심축을 빙빙 도는 스누피 모양의 비행체를 타고 높게 올라갔다 낮게 내려갔다 하며 즐기는 어트랙션. 놀이동산에서 흔히 볼 수 있는 비행기나 우주선 어트랙션의 스누피 버전이다.

신장 제한 122cm(보호자 동승 시 92cm)

② 엘모의 고 고 스케이트보드 `싱글라이더`

엘모가 타는 스케이트보드에 올라 경사면을 다이내믹하게 오르내린다. 유니버설 원더랜드에서 가장 박진감 넘치는 어트랙션.

신장 제한 122cm(보호자 동승 시 107cm)

③ 엘모의 리틀 드라이브

만 3~5세 미취학 아동만 탈 수 있는 장난감차 드라이브 어트랙션. 미취학이라면 만 6세까지도 가능하다. 성인은 절대 불가.

신장 제한 122cm(보호자 동승 시 92cm)

④ 이매지네이션 플레이그라운드

볼풀, 그물 정글짐, 그물 사다리, 거대 폼 블록 등 주로 영유아를 대상으로 하는 다양한 놀이기구를 모아놓은 실내 공간. 거대 키즈 카페라고 생각하면 크게 다르지 않다.

인기 어트랙션을 사수하라!
놀이기구 빨리 타는 몇 가지 팁

물론 가장 쉬운 방법은 익스프레스 패스를 구매하는 것. 그러나 가격도 만만치 않거니와 요즘은 너무 빨리 매진되기 때문에 억만금이 있다고 해도 구하기 쉽지 않다. 그렇다면 정녕 2~3시간씩 기다려야만 하는 것인가? 그렇지는 않다. 조금 부지런하고 민첩하게 움직이면 익스프레스 패스가 없어도 인기 구역 입장이나 어트랙션에서 줄 덜 서기가 얼마든지 가능하다. 다음의 팁을 외우고 갈 것.

① e-정리권 - 적어도 입장은 할 수 있다!

'정리권'은 요금 정산이나 웨이팅 시간대를 정리할 때 쓰는 티켓으로, USJ에서는 입장 웨이팅용으로 쓰인다. 공식 앱에 입장권을 등록하고 입장을 마치면 앱에서 e-정리권을 발권할 수 있다. e-정리권에는 입장 가능한 시간대가 나와 있다. '슈퍼 닌텐도 월드', '위저딩 월드 오브 해리 포터'의 입장 웨이팅과 여러 인기 어트랙션의 탑승 웨이팅이 가능한데, 어트랙션의 경우는 실시하지 않을 때도 많다. 단, '슈퍼 닌텐도 월드'는 현재 인기가 너무 높아 오픈런으로 정리권을 발권해도 오후 시간대에 배정되기 일쑤다. 또 e-정리권은 하루에 일정수만 발행하기 때문에 오전 9시 20~30분 이후에는 모두 떨어지곤 한다. 오후 시간대라도 받고 싶다면 오픈런이 정답.

> **+ PLUS TIP +**
>
> **추첨권도 있어요!**
>
> e-정리권을 받는게 안정적으로 입장을 보장받는 방법이긴 하나 이것이 다 떨어졌다고 아예 입장이 불가능 한 것은 아니다. 정리권 배부가 끝나면 시간대별로 추첨에 들어가기 때문. 원하는 시간대를 골라 추첨권을 발권한 뒤 해당 시간의 한 시간 전에 확인하면 당락 여부를 알 수 있다. 그러나 추첨권도 수량이 한정되어 있으므로 오전 10시 이후에는 기대하지 않는 것이 좋다. e-정리권과 추첨권 모두 실패했다면 수시로 원하는 구역 또는 어트랙션의 정리권 상황을 살펴볼 것. 운좋게 취소표를 구할 수도 있다. 다만, 확률이 높지는 않다.

② 싱글 라이더

여러 명이 타는 어트랙션의 경우 자리를 채우기 위해 혼자 온 사람을 태우는 시스템이 있는데, 이것을 '싱글 라이더'라고 한다. 재수가 좋으면 2시간 동안 줄 서야 하는 어트랙션을 10분 만에 타고 나갈 수도 있다. 줄 설 때 안내 요원에게 '싱글 라이더'라고 말하면 줄을 따로 세워준다. 모든 어트랙션에 적용되는 것은 아니나 최고 인기 어트랙션은 대부분 싱글 라이더를 운용한다. 인기 어트랙션을 빨리 타고 싶다면 혼자 가거나 일행과 떨어져 각개 전투할 것.

+ FAQ +

Q. 야간 개장은 하나요?

네! 영업시간은 매일 조금씩 바뀌지만, 기본적으로 평일에는 오후 8시에 닫고 주말에는 오후 9시 30분에서 10시에 닫습니다. 이 정도면 야간 개장 맞죠?

Q. 퍼레이드는 언제, 어디서 하나요?

매일 오후 2시에 할리우드와 뉴욕 구역에서 공식 퍼레이드가 열립니다. 슈퍼 마리오, 포켓몬, 산리오, 세서미 스트리트, 미니언즈 등 USJ를 대표하는 캐릭터가 총출동해 댄서들과 함께 신나는 쇼를 꾸밉니다. 야간 퍼레이드는 코로나 기간에 중단한 후 현재까지 재개하지 않고 있습니다. 그 외에도 구역마다 거리 쇼나 소규모 퍼레이드를 여는 곳들이 있습니다. 공식 앱을 보면 시간과 장소를 쉽게 확인할 수 있어요.

Q. 코인 로커는 있나요?

당연히 있습니다! 입구로 들어오면 양쪽에 대규모 로커 룸이 자리합니다. 제법 큰 사이즈의 캐리어도 보관할 수 있을 정도로 큰 로커도 있습니다.

Q. 휴대폰 충전은 가능한가요?

'차지 스폿 Charge Spot' 이라고 하는 유료 보조배터리 대여 서비스를 이용할 수 있습니다. 거의 대부분의 구역에 차지 스폿 스탠드가 있는데, 특이하게도 남자 화장실 앞에 있는 경우가 많습니다. 차지 스폿의 앱을 다운받으면 스탠드의 위치를 손쉽게 알 수 있고 대여와 반납, 결제까지 손쉽게 가능합니다. 다만 가격이 매우 비싸니 가급적 보조 배터리를 직접 챙겨가시기를 권합니다. 가격 1시간 360¥

Q. 쇼나 어트랙션에 영어나 한국어 설명 또는 자막이 있나요?

아뇨. 모두 일본어로 진행됩니다. 자막 설비도 없습니다. 다만 대부분 내용이 어렵지 않아 그냥 눈빛과 몸짓만 봐도 뜻이 저절로 이해되곤 합니다.

어린이

어린아이, 어른아이
모두 좋아하는

칸사이 여행

키덜트

어린이 vs 키덜트
어린이를 위한 칸사이

아이들을 데리고 가족끼리 해외 여행을 떠나고 싶다는 소망은 웬만한 엄마, 아빠라면 모두 갖고 있는 것이 아닐까?
아이와 함께 떠나는 여행에도 놀이, 교육, 휴식, 자연 등 다양한 옵션이 존재한다.
칸사이에는 이런 각각의 요소가 알차게도 존재한다. 적어도 다음의 장소들은 꼭 염두에 둘 것.

> **+ PLUS TIP +**
> **0~3세, 약간 비추**
> 유모차를 이용해야 하는 연령에게는 추천하기 어렵다. 통행의 편의와 아이의 관람 눈높이를 이유로 유모차 사용을 권장하지 않기 때문. 유모차 대여도 하지 않는다.

 칸사이 최고의 수족관
카이유칸 海遊館

일본 근해부터 남북극까지 전 세계 바다의 바다 생물을 전시하는 수족관. 칸사이에서는 최대 규모이며, 일본 전체를 두고 봐도 손꼽히는 수준이다. 한국의 코엑스 수족관과 규모와 전시 수준 면에서 큰 차이는 나지 않으나 세계적으로도 수족관 사육 예가 희귀한 고래상어를 보유하고 있다는 것이 큰 강점. 동물 보호 관점에서는 논란을 피할 수 없으나 커다란 수조 안에서 고래상어가 위풍당당하게 헤엄치는 모습이 마음을 확 사로잡는 것은 부인할 수 없다. 아이와 함께 여행할 때 가장 무난하게 일순위로 고려할 만한 곳이다.

VOL.2 ① P.339 Ⓜ P.334A

추천 연령: 5~12세
소요 시간: 2시간 안팎

레고 팬에게는 여기가 천국
레고랜드 디스커버리 센터 LEGOLAND Discovery Center

세계적인 블록 완구 레고의 다양한 세계와 조우할 수 있는 실내 테마파크. 레고로 만든 다양한 조형물과 전시물은 물론 놀이 기구도 즐길 수 있다. 실내에 있어 규모는 좀 아담한 편이지만 레고를 좋아하는 어린이에게는 놓칠 수 없는 곳이다. 레고로 구현한 오사카의 거리는 어른이 봐도 감탄이 나올 정도. 오사카의 대표적인 가족 위락 단지인 텐포잔에 위치해 카이유칸, 대관람차 등과 연계해 돌아보기도 좋다. 특히 초등학교 저학년 이하 자녀와 함께 갈 때 텐포잔을 코스에 넣으면 반나절 이상의 일정을 커버할 수 있다.

VOL.2 ① P.339 Ⓜ P.334A

추천 연령: 5~12세
소요 시간: 1~2시간

+ PLUS INFO +

카이유칸 + 레고 디스커버리 한나절 추천 루트

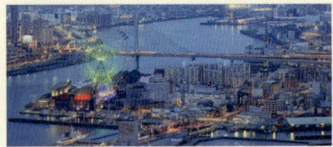

① 10:30 텐포잔 도착 → ② 10:45~11:40 카이유칸 감상 → ③ 12:00~13:00 텐포잔 마켓플레이스에서 점심 식사 → ④ 13:15~14:30 레고랜드 디스커버리 즐기기 → ⑤ 14:45~15:450 텐포잔 마켓플레이스에서 쇼핑, 산책, 카페 즐기기 → ⑥ 16:00 대관람차 타기

[TIP] 대관람차 탑승은 일몰 시간 전후로 맞춰볼 것!

오늘은 내가 컵라면 요리사!
컵 누들 박물관 오사카 이케다
Cup Noodle Museum 大阪池田

세계 최초로 컵라면을 만든 브랜드인 닛신에서 세운 컵라면 전시관. 컵라면을 비롯한 인스턴트 라면에 대한 각종 자료와 시뮬레이션, 상징적인 조형물 등 다양한 전시물이 있으나, 직접 내 손으로 컵라면을 만들어볼 수 있는 유료 체험 코스가 인기 만점이다. 면을 직접 만들거나 내용물을 내 마음대로 조합하고 용기를 직접 디자인한 나만의 컵라면을 만들어 시식까지 해볼 수 있다. 오사카 중심부에서 전철로 약 30분 거리라는 것이 흠이라면 흠이지만, 그 정도는 얼마든지 극복할 만한 가치가 있다.

VOL.2 ① P.344

추천 연령: 6~15세 | 소요 시간: 1~2시간

+ PLUS TIP +

할인 티켓으로 입장하세요!

레고랜드 디스커버리의 공식 홈페이지에 나와 있는 입장료는 2200~3000엔. 날짜에 따라 요금이 변동하는 방식으로, 평일과 비수기에는 상대적으로 저렴하고 성수기와 주말에 가격이 높다. 조금이라도 저렴하게 구입하고 싶다면 클룩, 투어비스 등의 여행 할인권 판매 사이트를 이용할 것. 10~15%가량 저렴한 가격에 구입 가능하다.

+ PLUS TIP +

컵라면 체험은 두 종류!

치킨 라멘 팩토리
내 손으로 직접 라면의 면을 직접 반죽해 만들어보는 체험. 초등학생 이상 참여 가능하다. 하루 4회 90분간 진행하는 체험으로 인터넷에서 사전 예약하는 것이 좋다.
가격: 초등학생 600¥
중학생 이상 1000¥

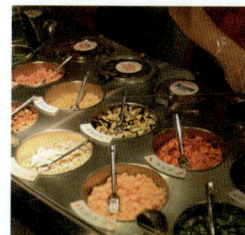

마이 컵누들 팩토리
면, 수프, 건더기를 내 마음대로 조합하고 컵라면 용기에 직접 그림을 그려 넣은 나만의 컵라면을 만들어볼 수 있다. 나이 제한이 없고 별도의 시간 예약 없이 오픈 시간 중 아무 때나 체험 가능하다.
가격: 컵라면 1개당 500¥

온몸으로 실감하는 진도 7의 지진
아베노 방재 센터
阿倍野防災センター

1995년 한신·아와지 대지진 이후 강화된 칸사이 지역의 재난 대비 시스템을 홍보하기 설립된 홍보관. 화재, 지진, 해일 등의 재난이 일어났을 때의 상황 시뮬레이션과 칸사이 지역 정부의 준비 상황, 개인의 대비 방법 등을 신선하고 재미있는 전시물로 홍보한다. 주로 어린이와 청소년의 눈높이에 맞춘 실감 나는 시뮬레이션이 많다. 유치원에서 지진 대피 훈련을 한 뒤 자꾸 책상 밑으로 들어가는 아이 또는 소방차만 보면 넋을 잃는 아이가 있다면 꼭 데려가볼 것.

VOL.2 ① P.322 Ⓜ P.314B

추천 연령: 6~15세 | 소요 시간: 30분~2시간

+ PLUS TIP +

아베노 방재 센터에 가기 전에 알아 두면 좋은 것

① **모두 일본어** | 아베노 방재 센터의 모든 내레이션과 안내문은 일본어로 되어 있어 부모 중 한 명이 일본어가 어느 정도 된다면 조금 더 상세하게 즐길 수 있다. 다만 한국어로 된 안내문이 마련되어 있어 체험 코스의 대강을 파악하는 데는 문제가 없다.

② **예약해야 하나?** | 주제별로 6~7개의 코스가 구성되어 있는데, 대부분의 코스는 예약제로 운영된다. 문제는 모든 예약이 전화 및 방문 예약이라는 것. 그러나 걱정할 것은 없다. 모든 코스가 하루 종일 예약이 꽉 차는 일은 드물기 때문에 방문해서 문의하면 참여 가능한 시간과 코스를 알려준다.

전망 좋은 언덕에서 보내는 한나절

고베 시립 롯코산 목장 神戸市立六甲山牧場

날씨가 쾌청한 봄날 또는 가을날, 실내 공간이나 빌딩 숲만 다니기는 서운하다면, 푸른 자연 속에서 아이들을 뛰어놀게 해주고 싶다면, 눈을 들어 고베의 롯코산을 바라보자. 고베 동쪽에 자리한 해발 1,000m의 산으로, 남쪽 사면의 바다가 내려다보이는 언덕에 아름다운 양 떼 목장이 자리하고 있다. 규모가 아주 크지는 않으나 목장과 바다가 어우러진 풍경이 매우 아름답고 동물들을 비롯한 볼거리와 다양한 체험 및 먹거리가 마련되어 있어 어린이와 한나절 예쁜 추억을 만들며 즐기기 아주 좋다.

VOL.2 ① P.494 ② P.487D

추천 연령: 3~13세
소요 시간: 1~2시간

+ PLUS TIP +

롯코산 목장, 이건 꼭 하자!

① **동물과 놀기** | 양을 가까이에서 쓰다듬거나 염소에게 먹이 주기, 송아지에게 우유 주기 등을 체험할 수 있다.
가격: 염소 먹이 1개 200¥, 우유 주기 1회 300¥

② **아이스크림 먹기** | 목장에서 생산된 신선한 우유로 만든 소프트아이스크림을 판매하는데, 일본 전국에서도 손꼽히 맛있다.
가격: 1개 500¥

③ **전망대 오르기** | 동쪽 언덕 위에 고베 시내와 바다를 조망할 수 있는 전망대가 마련되어 있는데, 마야산에 버금가는 전망을 자랑한다.

+ PLUS INFO +

롯코산+아리마 온천 당일치기 추천 루트

아리마 온천과 롯코산은 '롯코아리마 로프웨이'라는 이름의 케이블카로 연결돼 있어 볼거리와 교통 두 마리의 토끼를 한번에 잡을 수 있다. 고베를 1박 이상 여행할 예정이라면 다음의 루트를 통해 반나절의 당일치기 여행을 즐겨볼 것.

① 13:00 고베산노미야역 → ② 13:20 한큐 롯코역 또는 JR 롯코미치역에서 16번 버스 탑승 → ③ 13:40 롯코 케이블카역 도착 및 탑승 → ④ 14:00 롯코산 도착 및 버스 탑승 → ⑤ 14:40~16:00 롯코 목장 → ⑥ 16:10 롯코아리마 로프웨이행 버스 승차 → ⑦ 16:30 롯코아리마 로프웨이 승차 → ⑧ 17:00 아리마온천 도착 → ⑨ 17:20 당일치기 온천욕 즐기기 → ⑩ 18:30 저녁 식사 → ⑪ 17:30 고베 전철 아리마온센역에서 숙소로 Go!

어린이 vs 키덜트
키덜트를 위한 칸사이

《원피스》,《나루토》 등의 만화책을 모으고 있다면, <귀멸의 칼날> 극장판을 정말 극장에서 봤다면, 건담 프라모델을 만들고 있다면, 원하는 피규어를 구하기 위해 당근 마켓을 뒤져본 적이 있다면, 본인의 종교를 에반게리온이라고 소개해본 적이 있다면, 스스로를 키덜트 내지는 오타쿠라고 생각하고 있다면, 지금 소개하는 곳들을 좀더 유심히 볼 것.

도쿄에는 아키하바라, 오사카에는…
덴덴타운 でんでんタウン

쿠로몬 시장 입구 사거리 부근부터 신세카이 입구 부근까지 '사카이스지 堺筋' 길을 따라 1km가량 이어진 상가인 덴덴타운은 도쿄의 아키하바라와 여러모로 비슷한 결을 지닌 곳이다. 우선은 과거에 일본에서 전자 상가로 날리던 곳이라는 점이 같고, 쇠퇴기를 거쳐 일본 서브컬처 전문 상가로 탈바꿈했다는 점도 같다. 그러나 그 이후의 발전 양상은 사뭇 달라서, 아키하바라는 서브컬처계의 트렌드 세터로 자리매김한 반면 덴덴타운은 중고품의 메카로 명성을 드높이고 있다.
몇 년 전에 잠시 나왔다가 절판된 한정판 피규어, 어린 시절에 유행했으나 지금은 자취도 없이 사라진 게임기 등을 찾고 있다면 덴덴타운으로 갈 것.

VOL.2 ① P.278 Ⓜ P.257D

오사카 자동차 마니아들의 놀이터
지라이온 박물관
ジーライオンミュージアム

텐포잔에 위치한 클래식카 전문 박물관. 100여 년 전부터 자리 잡고 있던 붉은 벽돌 창고 건물을 개·보수해 만들었다. 4개의 전시관 안팎에 각종 클래식카와 고급 차량이 전시되어 있고, 부지 내에 카페와 스테이크 하우스가 자리하고 있다. 오로지 클래식카 전시만 하는 것은 아니고 촬영장 대여나 슈퍼카 판매, 자동차 동호회 모임 장소 대여 등 오사카 자동차 마니아들의 소풍 장소 같은 역할도 한다.

말을 배우기 시작할 무렵부터 자동차의 이름을 외우기 시작한 아이였다가 미니카를 모으는 어른으로 성장했다면, 오사카를 여행할 때 이곳을 꼭 기억해둘 것. 주유패스가 있으면 무료로 입장할 수 있다. ⟨ VOL.2 ① P.339 Ⓜ P.334A ⟩

 에바에, 타라… 교토를, 지켜라…
토에이우즈마사영화마을
東映太秦映画村

일본의 대표적인 영화사 토에이의 야외 사극 세트장을 전시 시설로 꾸민 것. 한국의 문경새재 세트 전시장과 비슷한 성격의 관광지로 가족 여행자 또는 인스타 여행자들에게 더 잘 어울릴 것 같지만, 알고 보면 오타쿠 여행자의 세포까지 자극하는 강력한 어트랙션이 자리하고 있다. 바로 에반게리온 초호기의 실물 크기 상반신 조형물이 있기 때문. 마치 "너, 에바에 타라"라고 말하듯 한 손을 내민 초호기의 모형은 마음만은 언제나 이카리 신지 또는 아야나미 레이였던 오타쿠의 가슴을 설레게 하기 부족함이 없다. 모형 내부에 들어가볼 수도 있으므로 에반게리온 팬이었다면 이번 기회에 에바에 타자. ⟨ VOL.2 ① P.421 Ⓜ P.416B ⟩

 거대 로봇 팬의 오래된 로망
철인 28호 모뉴먼트
鉄人28号 モニュメント

건담, 에반게리온, 마징가…20세기를 살아온 사람이라면 이런 거대 로봇 애니메이션을 사랑해본 기억이 있을 것이다. 그리고 거대 로봇을 얘기할 때 절대 빼놓을 수 없는 게 바로 철인 28호이다. 1950년대에 발표된 최초의 거대 로봇 창작물로, 이후에도 여러 차례 리메이크되며 지금까지 적지 않은 사랑을 받고 있다. 고베의 신나가타 新長田에는 철인 28호의 거대 조형물이 설치되어 철인 28호 팬들의 성지처럼 여겨지고 있다.

이 지역은 철인 28호 원작자의 고향으로, 한신 대지진 이후 쇠락해버린 지역을 되살리기 위해 2009년에 조형물을 세우고 마을 곳곳을 철인 28호 콘셉트로 꾸민 것. 그 덕분에 지역 경제가 되살아나고 지금까지도 고베의 오타쿠 토템으로 수많은 사람들을 불러들이고 있다는 훈훈한 얘기가 전해오고 있다. ⟨ VOL.2 ① P.493 ⟩

SHOPPING

✕

칸사이 여행에서
무엇을 어떻게 살 것인가

처음 떠나는, 혹은 오랜만에 떠나는 일본 여행이라면 쇼핑에 대한 욕심이 없을 수가 없다. 그런데 대체 뭘 사야 하지? 일본 가면 그렇게 참신한 물건이 많다는데, 과연 그중에서 괜찮은 건 어떻게 골라내야 하지? 그래서 준비했다. 칸사이 여행 가면 누구나 다 사 오는, 그래서 나도 꼭 사 와야 되는 물건을 야무지게 모아서 소개해본다. 보는 눈 같은 거 없어도, 딱 요만큼만 따라서 사면 누구라도 얼마든지 쇼핑 고수가 될 수 있다.

오사카의 추천 쇼핑 스폿

칸사이 지역을 여행할 때 주요 쇼핑은 오사카에서 몰아서 한다고 생각해도 큰 문제 없다. 칸사이 최고의 상업 도시이자 일본 최고의 대도시 중 한 곳이라 웬만한 상점과 쇼핑센터, 물건은 오사카에 다 있기 때문. 다른 도시에서는 기념품 정도만 구입해도 OK.

1 신사이바시스지 상점가
心斎橋筋

신사이바시 큰길을 따라 길게 이어지는 상점가로, 입구의 마츠모토 키요시의 노란 간판으로 시작해, 뻥 좀 보태면 드러그스토어가 열 발자국에 하나씩 보인다.

VOL.2 ⓘ P.285 Ⓜ P.257C

2 돈키호테
ドン・キホーテ

모든 물건을 최저가에 판매하는 재미있고 정신없는 잡화점. 도톤보리점이 가장 무난하나, 한 군데쯤 더 가보고 싶다면 신세카이 지점 추천. VOL.2 ⓘ P.270 Ⓜ P.258E

3 한큐 우메다 본점
阪急うめだ本店

칸사이 전체에서 규모가 가장 크고 고급스러운 백화점. 각종 명품 및 브랜드 상품을 노리고 있다면 놓치지 말고 들러야 할 곳. VOL.2 ⓘ P.303 Ⓜ P.292A

4 다이마루 신사이바시점
大丸心斎橋店

미도스지 명품거리에 위치한 백화점으로, 미나미에서 가장 규모가 큰 백화점이다. 미나미 지역에서 백화점 아이템을 구입하기 가장 좋은 곳. VOL.2 ⓘ P.289 Ⓜ P.257C

SHOPPING

약
TYPE 01

1. 로이히 츠보코 ロイヒつぼ膏
일명 '동전파스'. 쑤시고 결리는 부위의 압통점을 찾아 붙여주면 마치 지압을 받는 듯한 느낌이 든다. 화끈한 일반 버전과 시원한 쿨파스가 있다.

2. 사론파스 サロンパス
크기는 작지만 접착성이 좋고 잘 늘어나며 화끈한 열감을 전해주는 일본의 대표 파스. 박스를 버리고 내용물만 지퍼 백에 담아 오면 짐을 줄일 수 있다.

4. 오타이산 太田胃散
가루형 한방 위장약으로 급체, 과식, 숙취 등에 직방으로 잘 듣는다. 캔에 든 것과 1회 단위로 포장된 것, 알약이 있다.

3. 파브론 パブロン
초기 감기에 특효로 알려진 종합 감기약. 한국에서는 처방 없이 못 사는 기침, 가래 특효 성분이 들어 있다. 여행 중 구급 감기약으로도 최고.

6. 로토 안약 RHOTO 目薬
로토 제약에서 출시되는 안약으로, 눈에 넣으면 물파스를 눈가에 바른 것처럼 화한 것이 특징. 자극 정도에 따라 단계별로 나뉘어 있다.

5. 캬베진 ロイヒつぼ膏
양배추 성분의 위장약으로 소화불량부터 가벼운 위염까지 심각하지 않은 위장 장애 전반에 잘 듣는다. 병을 버리고 알약만 싸 오는 것도 요령.

7. 이브 EVE
두통, 치통, 생리통, 근육통 등 모든 종류의 통증에 잘 듣는 일본의 국민 진통제. 흰색 패키지의 이브A는 생리통 명약으로 유명하다.

8. 페어 아크네 PAIR ACNE
여드름과 뾰루지에 광범위한 효과를 보이는 것으로 유명한 연고. 살아 있는 여드름은 물론 흉터에도 잘 듣는다. 크림과 폼 클렌징도 있다.

9. 네츠사마시트 熱さまシート
열 날 때 붙이는 해열 시트. 붙이고 있는 부위의 체온을 2°C까지 낮춰준다고 한다. 아이 있는 집 필수품 중 하나.

10. 휴족시간 休足時間
발과 다리에 붙이면 시원한 냉감으로 피로를 풀어주는 파스. 하루 3만보 걷는 여행의 필수품.

11. 메구리즘 めぐりズム
눈에 얹는 핫 팩. 은은한 온열감으로 잠이 잘 오게 하는 것으로 유명하다. 특히 장거리 비행을 할 계획이 있다면 꼭 구입할 것.

12. 비오페르민 ビオフェルミン
변비와 배탈 등 만성 장 트러블에 매우 잘 듣는 유산균 제제. 성분과 함량에 비해 가격도 저렴한 편이다.

화장품 생필품
TYPE 02

1. 센카 퍼펙트휩 SENKA パフェクトホイップ
치밀하고 쫀쫀한 거품으로 피부를 속 시원하게 씻어주는 클렌징 폼. 현지에서는 한국보다 가격이 저렴하고 제품군이 매우 다양하다.

2. 피노 트리트먼트
FINO Treatment
빗자루만큼 거칠어진 극손상모도 반들반들한 윤기가 나게 해주는 것으로 유명한 시세이도의 헤어 트리트먼트. 향기도 매우 좋다.

3. 비페스타 클렌징 시트
Bifesta Cleansing Sheet
이불만큼 두꺼운 메이크업도 깨끗하게 지워지는 클렌징 티슈. 화장 지우는게 죽도록 귀찮은 사람을 위한 최고의 발명품.

5. 비오레 사라사라 시트
Bioré サラサラシート
고운 파우더가 묻어 있는 냉각 시트로, 땀과 피지를 싹 흡수하고 그 자리에 뽀송뽀송하고 시원한 느낌을 남겨준다. 여름 필수품.

4. 니베아 복숭아 립밤
Nivea Lip Balm Peach
촉촉하게 잘 발리며 은은한 복숭아 향 때문에 기분까지 좋은 일본 립밤계의 슈퍼스타. 덜 친한 사람 선물용으로 이만한 것을 찾기 쉽지 않다.

6. 세잔 내추럴 블러시 Cezanne Natural Blush
일본의 저가 메이크업 제품 중 가장 실속 있는 것으로 유명한 치크 블러시. 색상이 예쁘고 발색이 자연스러운 것에 비해 가격은 매우 저렴하다.

7. 하다라보 고쿠준 퍼펙트 젤 Perfect Gel 肌ラボ 極潤
극강의 보습력으로 악건성 피부의 축복으로 불리는 고쿠준에서도 최고의 보습력을 지닌 것으로 평가받는 젤 타입 보습제.

8. 소프티모 스피디 클렌징 오일
Softimo スピーディー クレンジングオイル
매우 산뜻한 제형과 강력한 세정력을 자랑하며 가격도 저렴한 클렌징 오일. 통이 매우 가벼워 수하물 무게에 소소하나마 부담을 덜어주는 것도 장점.

9. 스킨 아쿠아 톤업 선크림
SKIN AQUA tone-up sun cream
자외선 차단과 자연스러운 톤업, 두 마리 토끼를 잡는 기특한 선크림. 가격도 저렴한 편이다. 미백, 홍조 컨트롤 등 종류도 다양하다.

+ PLUS TIP +

일본 약・생필품 쇼핑 시 주의할 점

가게마다 가격이 달라요! | 일본은 소비재 가격에 대해 정찰제를 실시하지 않고 있다. 따라서 같은 물건이라도 가게마다 가격이 다른 일이 허다하다. 물건 가격의 하한선을 어느 정도 파악하고 가게 3~4곳을 비교한 뒤 구매할 것.

면세 표시를 확인하자! | 약, 화장품, 생필품 등은 한 가게에서 5000¥ 이상 구매하면 면세를 받을 수 있다. 다만 모든 곳에서 면세가 되는 것은 아니므로 지르기 전에 '免稅' 표시가 있는지 확인할 것.

한국 가격과 비교하자! | 최근 일본 화장품이나 의약품이 한국에도 수입 및 라이선스 생산되는 경우가 많다. 이런 제품은 가격 메리트가 아주 크지 않다면 그냥 부치는 수하물만 무거워질 수 있다. 한국 판매 가격을 어느 정도 미리 알아둘 것.

먹거리
TYPE 03

1. 이치란 라멘 一蘭ラーメン
후쿠오카의 대표적인 돈코츠 라멘 체인 브랜드로 한국인이 유난히 좋아한다. 돈키호테 등에서 인스턴트 봉지 라면을 쉽게 볼 수 있다.

2. 쟈가리코
じゃがりこ
프렌치프라이를 과자로 만들어놓은 듯한 느낌의 감자 과자. 오사카에서는 지역 한정판 상품인 타코야키맛을 꼭 찾아볼 것.

3. 컵누들 시리즈 Cub Noodle
세계 최초로 인스턴트 라면과 컵라면을 만든 닛신의 대표 상품. 컵누들 오리지널, 카레 맛, 시푸드 맛, 3종은 일단 무조건 사고 볼 것.

4. 돈베이 どん兵衛
생면이 아님에도 제법 쫄깃하고 맛깔스러운 우동으로 변신하는 큰 사발 컵 우동. 키츠네 우동과 카레 우동이 최고.

6. 모코탄멘 나카모토 컵라면
蒙古タンメン中本
도쿄에 본점이 있는 중국식 탕면 체인의 컵라면으로, 맵고 짜고 단 것이 어쩐지 한국사람 입맛에 잘 맞는다.

5. 산토리 위스키 SUNTORY Whisky
하이볼로 만들면 가장 맛있는 위스키로 유명해 어딜 가도 품절이기 일쑤. 발견된다면 대한민국 법이 허락하는 한도 내에서 쓸어 올 것.

7. 달걀에 뿌리는 간장 たまごにかけるお醤油
날달걀 덮밥용 간장은 일본 먹거리 쇼핑의 필수 아이템 중 하나. 다양한 달걀덮밥용 간장 중 가장 인기 높은 것이 '달걀에 뿌리는 간장'이다.

8. 킷캣 KitKat
겉은 초콜릿, 안은 바삭한 웨이퍼로 이루어진 유명한 초콜릿 과자. 봄의 벚꽃, 가을의 밤 등 계절 한정 상품을 노릴 것.

9. 베이크 크리미 치즈 Bake Creamy Cheese
치즈 타르트로 유명한 제과점 베이크가 유명 제과 회사 모리나가와 손잡고 만든 치즈 맛 케이크 과자.

10. 멜티 키스 초콜릿 Melty Kiss Chocolate
딸기, 다크 초콜릿, 말차 등의 필링이 들어 있는 말랑촉촉 파베 초콜릿. 겨울 한정 상품인 프리미엄 초콜릿이 가장 인기 높다.

11. 다스 초콜릿 DARS Chocolate
생크림을 함유해 촉촉하고 부드러운 맛이 일품인 초콜릿. 빨간 패키지의 밀크 초콜릿을 기본으로 다크, 말차, 딸기, 화이트 등이 있다.

12. 콘냐쿠바타케 蒟蒻畑
곤약으로 만들어 쫀득한 질감과 낮은 칼로리를 자랑하는 젤리. 한국에서는 수입 금지품으로 지정되어 있으므로 여행 간 김에 잔뜩 업어 올 것.

SHOPPING

백화점
TYPE 04

1. 꼼 데 가르송 COMME des GARÇONS
한국에서도 인기가 높은 일본의 컨템퍼러리 브랜드. 사악한 눈매의 하트 로고가 달린 '플레이 PLAY' 라인은 한국보다 20~50%가량 저렴하다.

2. 비비안 웨스트우드 Vivienne Westwood
영국의 유명 하이패션 브랜드로, 일본은 독자적인 라인을 전개하고 있어 상품이 더 다채롭고 가격도 저렴한 편이다.

3. 바오바오 BAOBAO
이세이미야케의 경량 백 브랜드로, 한때는 '강남 잇 백'으로 불리기도 했다. 일본이 한국보다 가격이 저렴하고 상품도 훨씬 다양하다.

4. 폴 스미스 Paul Smith
영국의 남성 하이패션 브랜드. 일본은 폴 스미스를 라이선스로 들여와 자국에서 생산해 가격이 상당히 저렴하다.

5. 우산
일본의 우산은 매우 가볍고 튼튼한 것으로 유명하다. 백화점 1층 잡화 코너에서 명품 브랜드의 우산을 합리적인 가격에 구매할 수 있다.

6. 스타킹
일단 군제 Gunje 스타킹을 주목할 것. 또 1층 잡화 코너에서는 안나수이, 비비안 웨스트우드 등 하이패션 브랜드 스타킹을 판매한다.

7. 손수건
질 좋은 순면 또는 실크 손수건을 1층 잡화 코너에서 판매한다. 특유의 로고를 살린 명품 브랜드 손수건도 합리적인 가격에 구할 수 있다.

8. 슈에무라 클렌징오일
shu uemura cleansing oil
클렌징 오일계의 최강 제품으로 유명하다. 슈에무라는 한국에서 철수했기 때문에 구입하려면 면세점 내지는 일본 백화점이 답이다.

+ PLUS TIP +

일본 백화점에서 면세받기
백화점은 로드 숍과 면세 시스템이 약간 다른 경우가 많다. 로드 숍에서는 주로 면세 전문 창구에서 바로 할인된 가격으로 계산하는데, 백화점은 일단 매장에서 전액 계산한 뒤 영수증을 들고 면세 창구로 가서 환급을 받는 형태가 많다.

기념품 선물용품 TYPE 05

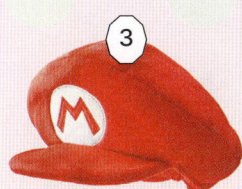

1. 오모시로이 코이비토
おもしろい恋人

홋카이도의 명물 과자 '하얀 연인(시로이 코이비토)'의 오사카 버전으로, 글자 2개를 더 붙여 '재미있는 연인'으로 말장난을 한 것.

2. 오사카 바나나노 코이비토
大阪バナナの恋人

일본 공항 기념품의 대명사 도쿄 바나나와 시로이 코이비토가 오사카에서 본의아니게 하나가 되었다. 내용물은 바나나맛 만주.

3. 슈퍼마리오 모자

USJ의 '슈퍼 닌텐도 월드'에서 가장 강추하는 아이템. 현지에서 실컷 쓰고 마리오 기분을 즐기다 일상에서는 그 추억을 불러오는 소환템으로 쓸 것.

4. 별사탕

교토의 명물 기념품으로, 유서 깊은 전문상점 '료쿠주안시미즈 緑寿庵清水'에서 구입할 수 있다. 상쾌한 단맛이 일품.

5. 녹차

교토는 녹차의 도시라 어디서나 맛있는 녹차를 구할 수 있다. 차 마니아라면 170년 역사의 명사 '잇포도 一保堂'를 잊지 말 것.

6. 호지차

나라의 호지차는 품질이 좋기로 유명하다. 나라마치 안에 들어가면 호지차 볶는 곳이 몇 곳 있는데, 눈보다 코가 먼저 알아챈다.

7. 후게츠도 고프레
風月堂

일명 '풍월당'으로 불리는 고베의 제과점. 예쁜 틴 케이스에 들어 있는 고프레 과자가 기념품으로 유명하다. 가급적 지역 또는 계절 한정 틴을 노릴 것.

8. 스타벅스 텀블러 starbucks

교토 스타벅스에서는 텀블러 따위에 아무 관심 없는 사람도 갖고 싶어질 만큼 예쁜 한정판 텀블러를 종종 내놓는다.

9. 요지야 기름종이 よじや

교토의 전통 화장 도구 전문점 요지야에는 탐나는 물건이 매우 많지만 선물용으로는 뭐니뭐니 해도 기름종이가 최고.

SHOPPING

스타일과 가성비, 두 마리의 토끼를 잡는다!
오사카 패션 브랜드 쇼핑
Fashion Brand Shopping in OSAKA

'오사카만큼 쇼핑하기 좋은 도시도 드물다. 명품, 디자이너 브랜드, 스트릿 패션, SPA, 로컬 브랜드 등등 없는 브랜드가 없고, 굵직 굵직한 쇼핑몰이며 백화점이 많아 할인이나 면세 등의 혜택을 받기 좋으며 쇼핑 스폿이 몰려있는 지역이 딱 정해져 있어 단기간에 집중력있게 쇼핑하기 아주 좋다. 한국인들이 선호하는 아이템들을 많이 갖추고 있는 도시이기도 하다. 옷이나 신발, 가방 등 패션 아이템을 사러 일본 여행을 계획하고 있는 그대, 오사카로 가자.

일본에서 면세 받기

일본에서 의류나 신발 등의 패션 아이템은 면세의 대상이 되며, 10%의 소비세를 할인 또는 환급 형태로 받을 수 있다. 한 매장에서 5,000엔 이상 구매하면 면세의 대상이 되며, 여권을 반드시 제시해야 한다. 면세는 다음의 둘 중 하나의 형태로 받을 수 있다.

① 인스토어 면세
매장 내에 면세 시스템을 갖추고 있어 계산 시에 할인 형태로 면세를 적용해주는 경우이다. SPA 브랜드나 스포츠 브랜드의 대형 로드숍, 쇼핑몰 내의 대형 매장에서는 대부분 면세가 가능한 계산대를 갖추고 있다. 매장 앞에 'TAX-FREE' 표시가 있는 경우가 이에 해당한다.

② 세금 환급
백화점이나 대형 쇼핑몰에서는 주로 환급 형태로 면세를 제공한다. 쇼핑을 마친 뒤 면세 카운터로 찾아가 여권과 영수증을 제시하면, 간단한 수속을 거친 뒤 현금으로 세금을 환급받을 수 있다. 이 경우 단일 매장에서 5,000엔을 채우지 않아도 여러 매장에서 구매한 금액의 합계가 5,000엔 이상이면 면세의 대상이 된다. 수수료로 환급액의 1~2% 정도를 공제한다.

+ PLUS TIP +
의약품이나 식품을 면세 받으면 일본 내에서 절대 뜯을 수 없도록 밀봉해 주는 것과 달리, 의류나 신발 등의 패션 아이템은 실제 착용해 본 후 교환 및 환불할 수 있도록 밀봉하지 않고 그냥 준다.

THEME 1.
오사카 백화점 & 쇼핑몰 한 눈에 보기

길지 않은 여행 기간 동안 알차게 최대한 많은 브랜드를 돌아보려면 아무래도 백화점이나 쇼핑몰을 찾는 게 좋다. 오사카는 상업의 도시답게 백화점과 대형 쇼핑몰이 상당히 많은데, 그 중에서 한국인들이 좋아하는 브랜드가 가장 많이 입점해 있는 대표적인 쇼핑몰들은 다음과 같다.

1 오사카에서 가장 힙한 쇼핑몰,
난바 파크 Namba Parks

난카이 난바역 남쪽으로 이어지는 대규모 쇼핑몰. 일본 디자이너 브랜드와 스트릿 브랜드에 강하며, 감각있는 브랜드로 꾸며진 셀렉트 숍도 여러 곳 있다. 스트릿 패션을 좋아하는 사람들이 오사카에서 쇼핑을 할 때 호리에 오렌지 스트리트와 더불어 꼭 들르는 곳이다. 총 8층 규모인데 패션 의류와 잡화는 주로 1~4층에 입점하고 있다.

VOL.2 ① P.271 Ⓜ P.258F

+ PLUS TIP +
면세 카운터는 7층에 있다. 인스토어 면세가 가능한 매장도 적지 않다.

난바 파크 입점 대표 브랜드
스투시, 리바이스, 챔피온, 비비안 웨스트우드 레드 라벨, 아페쎄, 꼼데가르송 플레이, 폴스미스, 컨버스, 니들스, 파리 생제르맹, 마리메꼬, 라코스테, 요시다 포터, 디젤

+ PLUS TIP +
면세 카운터는 7층에 있다.

2 접근성 최강 백화점,
타카시마야 백화점
Takashimaya

도쿄 니혼바시를 중심으로 일본 전역은 물론 해외까지 뻗어있는 일본의 대표적인 백화점 브랜드. 오사카 난바점은 일본 내에서도 손꼽히는 규모로, 어지간한 명품 브랜드는 거의 다 입점해 있다. 지하철 미도스지선 난바역과 직결되어 교통이 매우 편하다. 또한 공항으로 향하는 난카이 난바역이 내부에 있어 출국전 라스트 쇼핑을 하기 최적이다. VOL.2 ① P.276 Ⓜ P.258F

타카시마야 백화점 입점 대표 브랜드
알렉산더 맥퀸, 발렌시아가, 보테가 베네타, 버버리, 셀린느, 샤넬, 디올, 돌체 & 가바나, 펜디 FENDI, 지방시, 고야드, 구찌, 에르메스, 로로피아나, 로에베, 루이 비통, 메종 마르지엘라, 막스 마라, 생 로랑, 메종 키츠네, 폴 스미스, 이세이 미야케 등

+ PLUS TIP +

신사이바시점의 면세 카운터는 본관 9층과 남관 4층에 있고, 우메다점은 5층에 있다.

다이마루 백화점 입점 대표 브랜드

발렌시아가, 보테가 베네타, 디젤, 디올, 펜디, 지방시, 구찌, 로에베, 로로피아나, 막스마라, 폴 스미스, 폴로 랄프 로렌, 프라다, 생 로랑, 톰 브라운, 비비안 웨스트우드 레드 라벨

패션보다는 실용,
3 다이마루 백화점 Daimaru

오사카를 중심으로 일본 전역에 뻗어있는 대형 백화점 브랜드. 오사카에는 신사이바시와 우메다 두 곳에 지점이 있는데, 이 중 신사이바시점은 일본 플래그십이다. 힙한 브랜드들 보다는 전통적인 명품 브랜드 및 실용적인 로컬 브랜드가 좀더 많은 비중을 차지한다. 한국인 여행객 입장에서는 쇼핑 보다는 포켓몬 센터 때문에 방문하게 되는 곳이다. VOL.2 ① P.289 Ⓜ P.257C

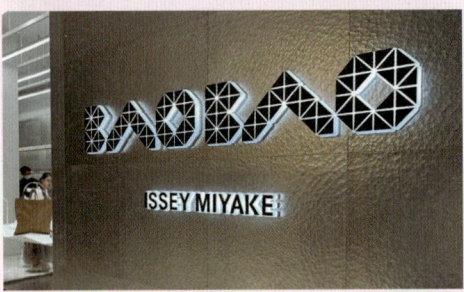

젊고 패셔너블한 백화점,
4 파르코 백화점 Parco

도쿄 시부야에 본점을 둔 백화점 체인으로, 10대부터 30대 초반 정도의 젊은이들을 타겟으로 한다. 오사카 점은 신사이바시에 있는데, 다이마루 백화점과 거의 한 건물처럼 연결된다. 명품 보다는 감각적이고 패셔너블한 브랜드가 주종을 이룬다. VOL.2 ① P.288 Ⓜ P.257C

+ PLUS TIP +

파르코 백화점에는 전용 면세 카운터가 없어 다이마루 본관 9층의 면세 카운터를 사용해야 한다. 대신 인스토어 면세가 가능한 매장이 많은 편으로 바오바오, 버버리, 휴먼 메이드, 포터, 메종 마르지엘라는 인스토어 면세가 가능하다.

파르코 백화점 입점 대표 브랜드

바오바오 이세이 미야케, 버버리, 스톤 아일랜드, 휴먼 메이드, 포터 익스체인지, 메종 마르지엘라

5 오사카 백화점의 자존심, 한큐 백화점 Hankyu

칸사이 지역의 대표적인 백화점 체인인 한큐백화점의 본점. 신사이바시의 다이마루와 더불어 오사카에서 가장 규모가 크고 상품 구색이 좋은 백화점으로 손꼽힌다. 오사카에서 명품 쇼핑을 원하는 사람들이 성지 순례처럼 들르는 백화점이다.

VOL.2 ⓘ P.303 Ⓜ P.292A

+ PLUS TIP +
한큐 백화점의 면세 카운터는 지하 1층에 있다. 또한, 1층에 위치한 무인 셀프 면세기를 통해 직접 할 수도 있다.

한큐 백화점 입점 대표 브랜드
아크네 스튜디오, 알렉산더 왕, 알렉산더 맥퀸, 발렌시아가, 보테가 베네타, 버버리, 베이비 디올, 베이프 키즈, 셀린느, 샤넬, 꼼데가르송, 디젤, 디올, 돌체 & 가바나, 펜디, 지방시, 고야드, 구찌, 에르메스, 이세이 미야케, 로에베, 로로피아나, 루이 비통, 메종 마르지엘라, 막스 마라, 미우미우, 폴로 랄프 로렌, 프라다, 폴 스미스, 생 로랑

+ PLUS INFO +
한큐 '멘즈 Men's'도 있어요!
한큐백화점 우메다 본점은 여성 상품 중심으로 구성되어 있고, 남성 상품은 바로 옆에 있는 별관인 '멘즈'에 집중되어 있다.

6 실속있고 젊은 감각의 쇼핑몰, 루쿠아 LUCUA

JR오사카역과 바로 연결되는 대형 쇼핑몰. 역사 내 쇼핑몰 중에는 일본 최대 규모라고 한다. 동관 '루쿠아 LUCUA'와 서관 '루쿠아 1100 LUCUA 1100'으로 구성되어 있는데, 이 중 서관은 일본의 대표적인 럭셔리 백화점 체인인 이세탄에서 운영한다. 젊은 층 취향을 겨냥한 패셔너블하면서 실용적인 브랜드가 주로 입점해 있다.

VOL.2 ⓘ P.304 Ⓜ P.292A

+ PLUS TIP +
루쿠아에는 별도의 면세 카운터가 없고 매장에서 직접 인스토어 면세를 받아야 한다. 위에 언급한 대표 브랜드에서는 모두 인스토어 면세가 가능하다.

루쿠아 입점 대표 브랜드
아페쎄, 바버, 폴로 랄프 로렌, 디젤, 비비안 웨스트우스 레드 라벨, 애트모스, 토미 진스

7. 캐주얼한 로컬 브랜드가 많은, 그랜드 프런트 오사카 Grand Front OSAKA

JR 오사카역 북쪽에 위치한 대형 복합 공간으로, 매우 다양하고 넓은 범위의 매장이 다수 입점해 있다. 명품이나 유명 디자이너 브랜드 보다는 캐주얼한 로컬 브랜드가 많은 편인데, 한국인 여행자들이 매우 선호하는 브랜드들이 적지 않게 눈에 띈다.

VOL.2 ① P.304 Ⓜ P.292A

+ PLUS TIP +

그랜드 프런트 오사카에는 별도의 면세 카운터가 없고 매장에서 직접 인스토어 면세를 받는다. 아래에 언급한 대표 브랜드에서는 모두 인스토어 면세가 가능하다.

그랜드 프런트 오사카 입점 대표 브랜드

아크테릭스, 오버라이드, 비숍(단톤, 요시다 포터, 마리메꼬

백화점 외국인 여행자 프로모션, 꼭 이용하세요!

일본의 백화점들은 거의 대부분 외국인 여행자를 위한 할인 제도를 운영한다. 각 백화점의 지정 부스에서 여권을 제시하면 5% 할인 쿠폰이나 카드를 받을 수 있다. 면세 혜택과 중복 사용 가능하다. 단, 보석, 시계, 명품 등에서는 사용 불가능한 경우도 있으니 구입 전에 꼭 확인해 볼 것. 쇼핑 중 매장에서 직접 발급해 주는 경우도 있다.

+ PLUS TIP +

한큐 백화점	게스트 쿠폰	B1F 외국인 관광객 서비스 카운터 1F 인포메이션 센터
타카시마야 백화점	쇼퍼즈 카드 Shopper's Card	1F 인포메이션 센터
다이마루 백화점	스페셜 쇼핑 쿠폰	1F 인포메이션 센터

THEME 2.
일본 여행에서 꼭 눈여겨 볼만한 브랜드

어디서 사야 하는 지 일단 알았다면, 뭘 사야 할지도 알아보자.
일본 여행 중에는 주로 일본의 디자이너 브랜드를 면세 찬스를 통해 구입하는 것이 일반적이고,
오사카에서는 특히 스트릿 패션 브랜드가 강세를 보인다.

1 꼼데가르송
Comme des Garçons

일본의 디자이너 카와쿠보 레이가 설립한 브랜드로, 일본 어느 지역을 가도 반드시 사와야하는 브랜드로 첫손 꼽힌다. 특히 짓궂은 표정의 하트 무늬 엠블럼이 특징인 하이 캐주얼 '플레이 PLAY'라인의 티셔츠와 카디건은 가격만 맞는다면 꼭 사올 것.

Where? 신사이바시 스토어, 난바 파크 2층, 한큐백화점 우메다 본점 3층, 한큐 멘즈 5층

2 이세이 미야케
Issey Miyake

얼마 전에 타계한 일본의 유명 디자이너 미야케 잇세이가 설립한 브랜드. 하이 패션부터 캐주얼, 액세서리까지 다양한 라인에서 매우 다종다양한 상품을 내놓는데, 특히 독특한 주름이 특징인 '플리츠 플리즈 Pleats Please'와 초경량 백 '바오바오 Bao Bao'가 인기.

Where? 미나미센바 스토어 VOL.2 ① P.289 Ⓜ P.256A , 타카시마야백화점 4층(플리츠 플리즈), 파르코백화점 1층(바오바오), 한큐백화점 우메다 본점 1층(바오바오)

3 오니츠카 타이거
Onitsuka Tiger

날렵한 레트로 디자인의 스니커로 유명한 스포츠 브랜드. 아식스의 하위 라인으로 유명하지만, 알고보면 아식스를 탄생시킨 조상격이다. 멕시코 66을 비롯한 스니커즈는 물론 다양한 패션 아이템을 선보인다.

Where? 난바 스토어, 난바 시티 본관 지하 1층, 누차야마치 1층

4 비비안 웨스트우드
Vivienne Westwood

파격적인 펑크 패션으로 유명한 영국의 브랜드. 일본에서는 라이선스로 생산하고 있어 다른 나라에 비해 가격이 저렴하고 제품군도 다양하다. 특히 다른 나라에서는 단종된 저가 라인 '레드 라벨'이 일본에서는 활발하게 발매 중이다. 카디건과 가방, 지갑이 인기가 높다.

Where? 신사이바시 스토어, 난바 파크 2층(레드 라벨), 한큐백화점 우메다 본점 3층, 루쿠아 5층(레드 라벨), 누차야마치 1층

 5 폴 스미스
Paul Smith

특유의 스트라이프 패턴으로 유명한 영국의 브랜드로, 주로 젊은 남성들에게 인기가 높다. 비비안 웨스트우드와 마찬가지로 일본에서 라이선스로 생산하고 있어 가격이 저렴하고 상품 라인이 한국의 그것과 다소 차이가 있다. 주요 공략 아이템은 지갑과 넥타이.

Where? 미나미센바 스토어, 한큐백화점 우메다 본점 3층, 다이마루 신사이바시 5층, 다이마루 우메다 8층, 타카시마야 3층

 6 아페쎄
A.P.C.

미니멀하고 세련된 디자인으로 인기가 높은 프랑스의 브랜드. 로고가 들어간 캔버스 토트백과 생지 데님 제품이 인기가 높으며, 그 두 가지를 모두 하는 생지 데님 캔버스 로고 토트백은 없어서 못사는 아이템.

Where? 난바 파크 2층, 루쿠아 3층, 한큐 멘즈 1층

 7 스투시
Stussy

힙합 스타일로 유명한 미국의 브랜드로, 한동안 유행이 지난 브랜드처럼 여겨졌으나 오버핏과 힙합 스타일의 유행이 돌아오며 다시 핫한 브랜드로 떠올랐다. 로고가 들어간 후디와 스웻 셔츠, 버킷 햇 등이 주요 아이템. 오사카에 대형 매장이 있어

Where? 아메리카무라 스토어 VOL.2 ⓘ P.284 Ⓜ P.256A, 헵파이브 5층

 8 휴먼 메이드
Human Made

빈티지 아메리칸 스타일, 일명 '아메카지'의 선두주자로 불리는 일본의 스트릿 패션 브랜드. 최근 한국의 유명 연예인들이 즐겨입는 브랜드로도 유명하다. 한국에서는 직구 및 병행 수입으로만 구할 수 있어 일본 여행 시 필수템으로 꼽힌다. 로고가 들어간 티셔츠가 인기.

Where? 파르코백화점 1층

9 요시다 포터
YOSHIDA PORTER

터프하면서 세련된 디자인과 높은 실용성으로 최고의 인기를 누리고 있는 가방 브랜드. 브랜드 오리지널 상품도 인기가 높으나 컬래버레이션 제품들은 출시 즉시 매진되기 일쑤이며, 특히 꼼데가르송과 협업한 상품은 리셀 시장에서도 높은 인기를 누리고 있다.

Where? 파르코백화점 1층, 그랜드 프런트 오사카 남관 3층, 난바 파크 4층

10 단톤
DANTON

원래는 프랑스 브랜드지만 일본에서 훨씬 인기가 높은 워크 웨어 브랜드. 한국보다 가격이 상당히 저렴한데, 특히 일명 '깔깔이'라 불리는 경량 패딩과 바람막이 등이 한국 쇼퍼들의 주요 공략 아이템이다. 오사카에 단독 매장은 없고 'Bshop'이라는 편집숍에서 취급한다.

Where? Bshop - 그랜드 프런트 오사카 남관 3층, 루쿠아 5층, 난바 파크 2층

+ WRITER'S NOTE +

일본에서 명품, 사야할까?

한동안 쇼퍼들 사이에서는 일본 명품 쇼핑이 유행했습니다. 전통적으로 원:엔 환율은 천 원:백 엔이 '국룰'이었는데, 요 몇년 사이 엔저 현상이 지속되며 백 엔당 850원까지도 내려갔습니다. 그런데 일본 명품숍의 가격은 여전히 엔저 이전의 환율을 반영한 가격이었어요. 즉, 아무 것 안하고도 일본이 한국인에게 10% 세일을 한 셈이 되어버린 거죠. 여기에 10%의 면세와 3~5%의 백화점 프로모션까지 더하면 한국보다 무려 20~30% 가까이 저렴해져 버린 거예요. 이러니 쇼핑 좋아하는 사람들이라면 '테익 마 머니'를 외칠 수 밖에요. 특히 디올, 미우미우, 셀린느는 일본 여행에서 꼭 집어와야 하는 브랜드로 통했습니다. 그러나 좋은 시절은 점점 끝나가는 것 같습니다. 일단, 일본의 명품 브랜드의 가격이 전반적으로 올랐어요. 장기고착화 되어가는 엔저가 반영된 것이죠. 예전보다 한 10%올랐으니, 환율 차이로 인한 이익은 없어졌다고 보는게 맞을 것 같아요. 그 와중에 엔화가 슬슬금 오르는 추세이기도 하고요. 여러모로 김새는 일입니다만, 면세와 백화점 프로모션은 여전히 유효하니 엔화 더 오르기 전에 막판 뒤집기를 노려 보세요.

THEME 3.
린쿠 프리미엄 아웃렛을 정복하자!

오사카는 시내와 아주 멀지 않은 곳에 대규모 아웃렛 단지가 몇 곳이나 자리하고 있다. 모두 돌아보면 되냐고? 아니, 그건 아니다. 개중에는 취향에 따라 시간과 차비만 아까운 곳도 있기 때문. 이런 사소한 낭비가 오히려 더 오사카 짠돌순이 정신에 어긋난다. 똑똑한 한 곳을 골라 제대로 파는 것. 이것이 오사카 정신에 제대로 부합하는 거다. 그렇다면 그 똑똑한 한 곳을 찾아야 한다. 어렵지 않다. 바로 린쿠 프리미엄 아웃렛이다.

린쿠 프리미엄 아웃렛이 좋은 이유 5가지

1 위치
칸사이 공항에서 JR 또는 난카이선으로 1 정거장 떨어진 린쿠 타운りんくうタウン 역에 위치하고 있다. 즉 칸사이의 어느 지역을 여행하든 상관없이 출국하기 전에 잠깐 들를 수 있는 위치인 것. 차 없는 수도권 거주자에게는 한국의 여주나 파주 아웃렛 보다 오히려 접근성이 더 좋을 수도 있다.

2 규모
오사카 일대의 아웃렛 중 규모가 가장 크다. 무려 200여 개가 넘는 점포가 들어서 있어 모두 보려면 2~3시간은 너끈히 소요된다.

+ PLUS TIP +
캐리어, 어디에 맡길까?
난카이선 린쿠타운역 개찰구 부근에 위치한 관광안내소와 그 주변의 사설 유인 로커에서 500엔 안팎의 가격에 짐을 맡아준다. 린쿠 아웃렛 내에 다양한 크기의 코인 로커가 있으나 가격이 다소 비싼 편이다.

너로 정했다!!

3 입점 브랜드
명품, 디자이너 브랜드, 스포츠, 어린이, 생활, 레저 등 매우 다채로운 브랜드가 입점해 있다. 명품 브랜드는 버버리, 펜디, 베르사체가 대표적.

4 편의성
식당, 카페 등이 다수 입점해 있고 화장실, 휴게실, 방문자 안내소 등이 잘되어 있다. 2층 건물인데, 곳곳에 엘리베이터와 에스컬레이터를 설치해 이동도 편리하다.

5 면세 & 할인
다른 상점과 마찬가지로 1 점포당 5000엔 이상 구매 시에는 소비세 10%를 면세 받을 수 있다. 또 해외여행객을 위한 할인 쿠폰을 자주 발행하는데, 면세와 할인을 둘 다 받을 수 있는게 최고 장점. 면세에 할인을 더하고 환율까지 받쳐주면 금상첨화라 할 수 있다. 쿠폰은 공식 홈페이지 또는 아웃렛 내 방문자 센터에서 받을 수 있다.

+ PLUS INFO +

린쿠 타운을 알짜로 즐기는 공략법

아주 솔직히 말하자면 여주, 파주, 부산 등 우리 나라의 프리미엄 아웃렛과 비교했을 때 규모나 구색 면에서 큰 메리트는 없다. 그러나 다음의 공략법을 잘 지킨다면 의외의 득템이 얼마든지 가능하다.

① **한국에는 없는 브랜드를 공략하자!** 한국의 아웃렛에는 입점하지 않았거나 있어도 구색이 좋지 않은 브랜드를 중점적으로 공략할 것. 가장 대표적인 브랜드로 아식스를 들 수 있다. 타사키, 아녜스베, 프랑프랑, 그라니프, 군제 스타킹, 메조피아노, 산리오 등도 추천.

② **한국에서 미리 가격을 체크할 것!** 버버리, 펜디, 페라가모 등 명품 브랜드는 사전에 한국의 시세를 알아둘 것. SI빌리지를 비롯한 아웃렛과 롯데, 신라, 신세계 등 면세점 사이트에서 주요 모델의 가격을 확인해두면 나중에 '한국이 더 싸다'며 울부짖을 위험이 줄어든다.

③ **세일을 노리자!** 오사카는 매년 여름 6월 중하순에서 7월 중하순까지 대규모 바겐 세일을 하는데, 린쿠 아웃렛도 이 시기에 세일을 한다. 이 시기 외에도 수시로 브랜드마다 재고품을 세일로 내보내는데, 운이 좋으면 브랜드 상품을 매우 저렴한 가격에 구할 수 있다.

주요 입점 브랜드

🅖 갭, 게스, 겐조, 군제, 그라니프 🅛 나이스클럽, 나이키, 노스페이스, 뉴발란스, 뉴발란스 골프, 뉴에라 🅓 던힐, 데상트, 데시구알, 돌체 & 가바나, 디젤 🅛 라코스테, 랑방, 레고, 레이밴, 롱샴, 르크루제, 리바이스 🅜 메조피아노 🅑 바나나리퍼블릭, 발리, 버버리, 버켄스탁, 보스, 블랙 & 화이트, 블루 라벨/블랙 라벨 🅢 산리오, 샘소나이트, 스와로브스키, 스케쳐스, 스투시 🅞 아녜스베, 아디다스, 아디다스 골프, 아르마니, 아식스, 아쿠아스큐텀, 알렉산더왕, 에메필, 에트로, 오니츠카타이거, 오클리, 올리브데올리브, 올세인츠 🅙 지미추 🅒 챔피언 🅚 캘빈 클라인, 캠퍼, 코치, 콜롬비아, 크록스, 클락스 🅣 타사키, 태그호이어, 테팔, 템퍼 판도라, 펄라, 페라가모, 펜디, 폴로 랄프 로렌, 푸마, 프랑프랑 🅗 휘슬러, 헹켈

VOL.2 ① P.345

SHOPPING

요즘 일본 여행자들에게 가장 핫한 먹거리들

3대 식료품점 탐구

여전히 일본 식료품 쇼핑의 메카는 돈키호테일 것이다. 킷캣, 코로로, 고형 카레, 인스턴트 이치란 같은 인기 아이템을 사는 데는 사실 돈키호테면 충분하다. 사실 편의점만 서너 군데 돌아도 여행 가방 하나 정도는 채울 수 있다. 그러나 그것이 전부일까? 이미 일본을 잘 알고 먹거리에 빠삭한 여행자들 사이에서는 또 다른 아이템들이 널리 퍼지고 있다. 어쩌면 나만 모르고 있었을 수도 있는, 요즘 칸사이를 찾는 여행자들 사이에서 인기 높은 식료품점 세 곳을 집중 탐구해 본다.

+ PLUS TIP +

먹거리 쇼핑을 하기 전에 꼭 알아둘 것들

① **육류 노노!!** | 생고기는 물론 육가공품 일체는 원칙적으로 국경을 넘을 수 없다. 광우병, 구제역 등을 비롯한 전염병 감염을 막기 위해서라고. 와규, 햄버그, 돈카츠는 현지에서 실컷 먹을 것.

② **곤약 젤리, 왜 안돼?** | 한국인들이 가장 좋아하는 식료품 쇼핑 아이템 중 하나인 곤약 젤리는 한국 내 반입이 원칙적으로는 불가하다. 곤약을 컵 모양으로 제조하는 것이 우리나라에서는 법적으로 금지되었기 때문. 혹시 모르는 기도 폐색 사고를 막기 위해서라고 한다.

③ **면세, 될까?** | 결론만 말하면, 된다. 식료품도 소비세 면세 항목에 포함된다. 단, 모든 매장이 인하우스 면세 시스템을 갖추고 있는 것은 아니므로 매장 앞에 TAX FREE 표시가 있는 지 유심히 볼 것.

④ **액체 1L=1kg** | 음료수, 맥주, 니혼슈 등은 매우 탐나는 아이템이지만, 생각보다 정말 무겁다. 초등학교때 배운 것처럼 액체는 정직하게 1L가 1kg 안팎이라는 것을 잊지 말것. 비행기가 실어 줄 수 있는 무게는 꼭 미리 파악해 두자.

⑤ **지퍼팩 & 락앤락 챙기기** | 레토르트나 드레싱은 여행지에서 조금 맛본 뒤 집에 가져가게 되는 경우가 종종 있다. 이때 짐 내부에서 터지거나 흐르는 것을 방지하게 위해 지퍼팩이나 락앤락은 미리 챙겨두는 게 좋다.

⑥ **컬래버레이션 상품에 주목하자!** | 라멘, 우동, 레토르트, 드레싱 등은 일본 각지의 유명 레스토랑이나 노포와 컬래버하는 경우가 종종 있다. 이러한 제품은 '원조'가 맛과 품질을 어느 정도 보장하며 희소성까지 있다.

이국적인 식품의 전당
칼디 KALDI

1965년 최초로 문을 열었을 당시의 칼디는 커피 원두를 전문으로 판매하는 상점이었다. 그러다 조금씩 다양한 수입 식품을 들여놓기 시작했는데, 이것이 생각보다 큰 인기를 얻었다. 칼디는 이후 수입 식품의 구색을 점점 늘려나갔고, 나아가 자체 생산까지 하기에 이르렀다. 그리하여 현재의 칼디는 커피를 기본으로 와인, 수입 맥주, 안주류, 각종 소스와 스프레드, 드레싱 등을 판매하는 종합 식품점으로 명성을 떨치고 있다. 이 중에서 여행자들이 가방 속에 꼭꼭 쟁여오는 주요 아이템들은 다음과 같다.

599¥ (10개입)
카페 칼디 CAFE カルディ
칼디의 근본! 칼디에서 가장 인기 높은 블렌드 커피로 만들어진 드립 커피.

410¥ (290g)
우마 사라다노 타레 旨サラダのたれ
뿌리기만 하면 무조건 맛있는 샐러드를 만들어 주는 참깨 드레싱

354¥ (200g)
치즈멘타이코 チーズ明太子
치즈+명란젓=감칠맛 대폭발 드레싱. 샐러드는 물론 과자, 감자튀김 등에도 맛있다.

429¥ (150g)
멘타이 마요네즈 めんたいマヨネーズ
명란젓과 마요네즈의 맛있고 간편한 만남

332¥ (110g)
카레빵 カレーパン
식빵에 바르고 토스트하면 즉석에서 카레빵이 탄생하는 스프레드

378¥ (130g)
멘타이 토스트 明太トースト
평범한 바게트를 명란 바게트로 변신 시켜주는 요물 스프레드

192¥ (45g)
트러플 치즈 딥 TRUFFLE CHEESE DIP
트러플 향이 가미된 치즈 디핑 소스

586¥ (95g)
우니 버터 UNI BUTTER
밥 비벼 먹을 때 최고! 성게가 듬뿍 든 버터

+ PLUS INFO +
추천! 칸사이의 칼디 매장
◆ (오사카) 우메다 루쿠아 B1F
VOL.2 ① P.304 Ⓜ P.292A
◆ (오사카) 텐노지 미오 B1F
VOL.2 ① P.321 Ⓜ P.314B
◆ (교토) 산조 카와라마치점
VOL.2 ① P.389 Ⓜ P.362

요즘은 먹을 거 사러 간다??!!
무인양품 無印良品

'브랜드가 없는 좋은 상품'이라는 뜻의 브랜드명으로 세계적인 유명 브랜드가 되어버린 아이러니의 주인공 무인양품. 시작은 생활 잡화였으나 이제는 집까지 파는 그야말로 만물상이 되었는데, 그 중에서도 식품은 본업인 잡화류와 거의 어깨를 나란히 할 정도로 놀라운 성장을 보이고 있다. 무인양품다운 깔끔하고 세련된 디자인의 패키지와 생각보다 저렴한 가격, 뛰어난 맛이 특징으로, 특히 레토르트 식품과 과자류가 인기. 종류가 워낙 많은데 생긴 것이 모두 비슷해 찾기 어려운 것이 단점이므로, 찾는 물건의 이름은 꼭 익혀서 갈 것.

450¥ (160g X 3팩)
410¥ (290g)

비프 카레 カルディ
버터 치킨 バターチキン
무인양품 식품류의 간판 스타인 레토르트 카레. 꽤 무거우니 짐 무게에 유의할 것.

190¥ (200g-4개분)

난 ナン
인도식 난을 집에서 프라이팬으로 직접 만들어 먹을 수 있는 파우더 믹스.

120¥ (1개)

바움쿠헨 バウム
손가락 3개 정도 크기로 잘라 파는 바움쿠헨. 발효 버터맛을 강력 추천한다. 꿀, 바나나, 홍차, 말차 등도 맛있다.

290¥ (70.2g-2인분)

우니 크림 うにクリーム
성게맛이 가미된 크림 파스타를 간단하게 만들수 있는 소스.

100¥ (38g)

유자 & 금귤 柚子& 金柑
유자와 금귤의 장점만 모아 놓은 것 같은 맛의 목캔디.

190¥ (23g)

드라이 프루츠 키요미 오렌지
トライフルーツ清見オレンジ
쌉쌀하면서 달콤한 맛이 일품인 말린 과일계의 에르메스.

190¥ (61g)

레모네이드 구미
レモネードグミ
달콤함이 가미된 레몬맛 구미 젤리. 편하게 즐길 수 있는 입가심 겸 활력소.

+ PLUS INFO +

추천! 칸사이의 무지 매장

◆ (오사카) 신사이바시 파르코 7F　VOL.2 ① P.288　Ⓜ P.257C
◆ (오사카) 난바 시티 남관 2F　VOL.2 ① P.278　Ⓜ P.258F
◆ (오사카) 텐노지 미오 8F　VOL.2 ① P.321　Ⓜ P.314B
◆ (오사카) 우메다 그랜드 프론트 오사카 북관 4F　VOL.2 ① P.304　Ⓜ P.292A

믿음과 안심의 대형 마트
라이프 LIFE

해외 여행에서 가장 재밌는 게 마트 구경이라는 사람들이 적지 않다. 칸사이 지역 여행 중 본격적으로 식료품 쇼핑의 한 우물을 파고 싶은 여행자에게 '라이프 LIFE'를 추천한다. 일본의 유명 대형 마트 체인 중 하나로, 서민적이고 가성비가 좋은 상품군을 매우 폭넓게 취급하는 곳이다. 칸사이 지역에는 매우 크고 상품 구색이 좋은 라이프의 매장이 오사카와 교토에 각각 자리한다. 커다랗고 튼튼한 장바구니를 꼭 챙겨갈 것.

235.44¥ (200ml)
럭키 마요네즈
ラッキマヨネーズ
진한 계란 맛이 일품인 마요네즈. 빵에 발라 토스트로 꼭 먹어볼 것.

278.64¥ (285ml)
큐리노 우마타레
きゅうりのうまたれ
생채소를 맛있게 먹을 때의 정답인 드레싱. 양배추용이 유명하나 요즘은 오이가 대세.

429.84¥ (180ml)
와사비 드레싱
わさびドレッシング
이즈 伊豆 지역의 유명 와사비 브랜드 '카메야'의 와사비 드레싱.

645.84¥ (180g - 홀빈)
오가와 커피 小川珈琲
일본 전국의 마트 커피를 지배한 교토 원조의 노포 카페. 원두 홀빈, 분쇄 원두, 드립 백 등 없는 것이 없다.

235.43¥ (78g)
호로니가 코코아 카린토
ほろにがココアかりんとう
코코아 코팅을 입힌 카린토(일본식 맛동산). 생긴 것은 숭악하나 맛은 고급스럽다.

458¥ (100g)
보우 호지차 라테
棒ほうじ茶ラテ
따뜻한 우유에 타면 호지차 라떼를 만들 수 있는 파우더.

198¥ (소포장 12개입)
더 초콜릿
Meiji THE Chocolate
다양한 산지의 카카오를 선보이는 초콜릿 시리즈. 쌉쌀하고 고급스러운 맛.

138¥ (00g)
치이카와라멘
ちいかわラーメン
치이카와 캐릭터와 컬래버레이션으로 출시된 미니 컵라면. 선물용으로 딱!

+ PLUS INFO +

추천! 칸사이의 라이프

◆ (오사카) 센트럴 스퀘어 라이프 난바
VOL.2 ① P.277 Ⓜ P.256B

◆ (교토) 라이프
VOL.2 ① P.401 Ⓜ P.360A

SHOPPING

아이도 행복하고, 어른도 행복한
캐릭터 쇼핑

여자 어린이가 일본 여행을 하는 이유의 팔할
칸사이의 산리오 숍

요즘은 어린이들 사이에서는 누가 뭐래도 산리오가 대세다. 엄마보다 쿠로미나 마이멜로디가 더 좋다는 아이들도 있을 정도다. 모처럼 가는 일본 여행에서 아이에게 좋은 경험을 시켜주기 위해 정성 들여 코스를 짜고 다양한 곳으로 데려가봤자 나중에 어디가 제일 좋았냐고 물어보면 산리오숍이라고 답하기 일쑤다. 자녀나 조카에게 사다줄 선물을 고를 때도 가장 실패 확률이 적은 것이 바로 산리오 제품이다. 그래서 모아봤다. 오사카, 교토, 고베의 관광지와 중심가에 위치한 모든 산리오 숍을 말이다. 이번 여행에서 산리오 쇼핑을 노리고 있다면 이 페이지를 정독할 것.

오사카

난바 에비스바시점
난바에서 도톤보리 방향으로 이어지는 에비스바시 상점가에 위치한다. 가장 무난하게 들를 수 있는 곳이다.
MAP P.258E
11:30~20:00

타카시마야점
난바 타카시마야 백화점 6층에 있다. 타카시마야 백화점은 난카이선 난바역과 이어지므로 공항으로 오가는 길에 이용하기 좋다.
MAP P.258F
10:00~20:00

아베노 하루카스점
아베노 하루카스 내 입점해 있는 킨테츠 백화점의 본점 타워관 8층에 위치한다. 전망대 감상과 함께 루트를 짜면 좋다.
MAP P.314B
10:00~20:00

다이마루 우메다점
우메다역과 연결된 백화점인 다이마루 백화점 5층에 있다. 13층의 캐릭터 상점가와 연계해서 돌아보는 것을 추천.
MAP P.292B
10:00~20:00

한큐 백화점 우메다점
우메다에 위치한 한큐 백화점의 본점 11층에 위치한다. 규모가 크지 않으므로 한큐 백화점 쇼핑 계획이 있는 사람에게 추천한다.
MAP P.292B
10:00~20:00

헵 파이브점
헵 파이브 4층에 위치한다. 성인 취향의 산리오 상품을 취급하는 '산리오 비비틱스 Sanrio Vivitix' 매장으로 운영된다.
MAP P.292B
11:00~21:00

루쿠아점
오사카역과 직결되는 루쿠아 1층에 있다. '산리오 나우 Sanrio Now!!!' 매장으로 운영되는데, 규모가 매우 작다.
MAP P.292B
10:30~20:30

교토

산리오 갤러리 교토점
카와라마치 대로변에 있다. 지하철 카와라마치역 6번 출구역 바로 옆 건물 1층에 위치한다. 칸사이의 산리오 매장 중 규모가 가장 큰 편이다.
MAP P.362
11:30~20:00

타카시마야점
카와라마치 대로변에 위치한 대형 백화점 타카시마야 교토점의 5층에 위치해 있다. 규모는 크지 않다.
MAP P.362
10:00~20:00

교토역점
교토역 빌딩 지하 2층에 위치해 있다. 성인 취향의 산리오 상품을 취급하는 '산리오 비비틱스 Sanrio Vivitix' 매장으로 운영된다.
MAP P.405C
10:00~20:00

고베

산노미야점
산노미야역에서 시내까지 이어지는 상점가인 '산노미야 센타가이'에 있다. 산노미야역에서 약 150m 거리에 위치한다. 규모는 작다.
MAP P.461C
11:30~20:00

고베 다이마루점
고베 시내 중심부에 자리한 다이마루 백화점의 5층에 입점해 있다. 고베 지하철 쿠쿄류치-다이마루마에역과 연결된다.
MAP P.476A
10:00~19:00

하버랜드점
모자이크 2층에 있다. 모자이크를 비롯한 하버랜드 일대를 산책하다 들르기 좋다.
MAP P.476B
10:00~20:00

요즘 일본 백화점은 이런 층이 대세

다이마루 우메다점 13층 Daimaru 梅田

한국에 K-팝이 있다면 일본에는 오타쿠 문화가 있다. 일본의 게임 및 애니메이션의 캐릭터는 전 세계적인 스타라고 봐도 전혀 과장이 아니다. 전 세계인도 사랑하지만, 일본인도 못지않게 자국의 게임과 애니메이션, 캐릭터를 사랑한다. 이런 이유로 최근 일본의 백화점이나 대형 쇼핑몰에서는 1개 층을 통크게 게임·애니메이션 관련 상품 전문 플로어로 사용하는 것이 대세다. 오사카도 상황이 다르지 않아서, 최근 다이마루 우메다점이 13층을 통째로 애니메이션·게임 캐릭터 및 관련 상품, 이른바 '오타쿠' 플로어로 새 단장했다. 다음의 캐릭터 또는 상품에 관심이 있다면 다이마루 백화점을 여행 루트에 꼭 끼워 넣어볼 것. VOL.2 ⓘ P.303 Ⓜ P.292B

① 포켓몬센터 오사카
Pokémon Center Osaka

일본이 낳아 전 세계가 키우는 주머니 괴물 포켓몬의 공식 상품을 판매하는 숍으로, 어린이 여행자들의 성지 중 한 곳이다. 피카츄, 파이리, 꼬부기, 이브이, 뮤 등 인기 캐릭터는 물론 한국에서는 구입하기 힘든 상당히 레어한 캐릭터의 상품도 볼 수 있다. 다양한 사이즈의 인형을 비롯해 포켓몬 캐릭터를 활용한 문구, 생활용품, 팬시류 등의 상품을 구입 가능하다.

② 닌텐도 오사카
Nintendo Osaka

일본의 대표적인 게임 소프트웨어 및 게임 콘솔 회사 '닌텐도'의 공식 숍. 닌텐도 스위치 기계 및 각종 게임 소프트웨어와 <수퍼 마리오>, <동물의 숲>, <젤다의 전설> 등 인기 게임의 공식 캐릭터 상품을 구입할 수 있다. 이곳에서 스위치를 구입하고 포켓몬센터에서 포켓몬 게임을 구입하는 환상적인 루트가 가능하다.

③ 캡콤 스토어 & 카페 CAPCOM Store & Cafe´

<스트리트 파이터>, <바이오하자드>, <몬스터 헌터> 등 주옥같은 게임 타이틀을 수없이 배출한 게임 회사 캡콤의 공식 숍 겸 카페. 캡콤 게임에 관련된 다양한 기념품을 판매한다. 겉으로 보기에는 작지만 내부는 꽤 큰 편이며 카페도 입점해 있다.

④ 무기와라 스토어
麦わらストア

30년 가까운 세월 동안 100권이 넘는 단행본이 출간된 이 시대 최고의 소년만화 <원피스 ONE PIECE>의 공식 상품을 판매하는 숍. '무기와라'는 일본어로 '밀짚'이라는 뜻으로, 루피의 밀짚모자 해적단을 가리키는 것이다. 피규어를 비롯해 의류, 팬시, 문구, 생활잡화 등 다양한 캐릭터 상품을 판매한다.

+ PLUS TIP +

팝업 스토어도 열려요!
13층에는 상점이 입점한 공간 외에도 마치 공터처럼 보이는 널찍한 자리가 있는데, 이 자리에는 주로 팝업 스토어가 열린다. 캐릭터의 성지 다이마루 13층답게 주로 게임·애니메이션 관련 숍이 열리는데, 특히 그 당시에 개봉하는 애니메이션이나 갓 출시한 따끈따끈한 게임 등 가장 핫한 이슈의 상품을 접할 수 있어 운이 좋다면 상설 매장보다 더 재미있을 수도 있으니 놓치지 말 것.

⑤ 토미카 숍
TOMICA Shop

일본의 유명 미니카 브랜드 토미카의 공식 숍. 토미카에서 출시한 다양한 미니카 관련 기념품을 판매한다. 옆에 열차 모형 전문 숍인 '플라 레일 숍 Pla Rail Shop'도 함께 자리하고 있다.

여행 일본어 무작정 따라하기

센님(정세영) 지음 | 188쪽 | 14,000원

부록
mp3 파일
무료 제공

일본어를 몰라도, 시간이 없어도, 짐이 많아도 OK!

일본 문화 유튜버 '센님'이 고르고 고른 여행 필수 표현들!
여행 2주 전 '**미리 보는 책**' + 여행 당일 '**가서 보는 책**'으로
얇고 가볍게 여행 일본어를 준비해 보세요!

난이도 첫걸음 | 초급 | 중급 | 고급	**기간** 일본 여행 D-2주, 하루 30분
대상 '일본어 잘하면 일본 여행이 훨씬 재밌을 텐데'라고 생각하는 예비 여행자	**목표** 현지에서 점원과 의사소통하고 자연스럽게 일본 친구 사귀기

오사카

교토 | 고베 | 나라

VOL 2

| 가이드북 |

꼭 가야할 지역별
대표 명소 완벽 가이드

오원호·정숙영 지음

INTRO

KANSAI

칸사이

도쿄를 중심으로 주변 6개 현을 묶어 칸토 関東라 부르고 오사카를 중심으로 주변 1개 부와 4개 현을 묶어 칸사이 関西 또는 킨키 近畿라고 부른다. 칸사이에 해당되는 지역은 오사카부와 교토부, 나라현, 효고현, 시가현, 와카야마현이다. 칸사이는 일본 제2의 도시 오사카 외에도 헤이안시대 1000년 수도였던 교토, 나라시대 수도였던 나라, 메이지시대 개항지였던 고베 등 역사와 문화, 다양한 볼거리, 맛있는 음식을 품은 도시가 가까워 풍성한 여행을 즐길 수 있는 지역이다.

Step 1 /

칸사이 이렇게 간다

칸사이 국제공항은 칸사이 지역을 대표하는 공항으로 한국에서 출발하는 칸사이행 비행기는 모두 칸사이 국제공항으로 도착한다. 인천 국제공항-칸사이 국제공항 노선을 기준으로 편도 소요 시간은 약 1시간 40분 내외다. 칸사이 국제공항에는 2개의 터미널이 있는데, 항공사에 따라 도착하는 터미널이 다르다. 한국과 일본의 저비용 항공사 인 제주항공과 피치항공(2024년 3월 현재 기준)은 제2터미널에 도착하며, 그 외 다른 항공사는 제1터미널에 도착한다.

01 비지트 재팬 웹

https://vjw-lp.digital.go.jp/ko

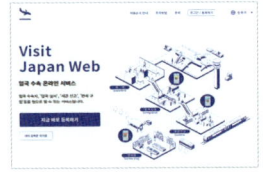

비지트 재팬 웹은 일본 입국 시 공항에서 검역과 입국 수속, 세관 신고, 면세품 구입 절차를 간편하게 하기 위한 온라인 서비스다. 일본 입국 시 휴대폰에 미리 등록해 받은 QR코드를 스캔하는 것으로 종이로 작성하는 입국 카드와 세관 신고서를 대체할 수 있다. 또 시내 면세점(공항 면세점 제외)에서 면세품을 구입할 때 여권을 제시하지 않아도 비지트 재팬 웹의 면세 QR코드를 제시하는 것으로 대체할 수 있다. 등록할 때 본인의 여권과 항공권, 회원 가입을 위한 이메일 주소, 일본 내 숙소의 주소와 연락처가 필요하다. 일본 입국일 기준 2주 전부터 등록할 수 있으니 적어도 입국 1~2일 전에는 등록하는 것이 좋다. 비지트 재팬 웹 등록과 사용 방법은 해당 사이트의 '이용 순서 안내' 페이지에 자세하게 나와 있다. 정상적으로 등록을 마치면 입국 심사 및 세관 신고용 QR코드를 받을 수 있다. 비지트 재팬 웹은 앱이 아니고 인터넷 사이트에서 등록하는 것이니 앱스토어에서 비슷한 앱을 다운로드하지 않도록 주의하자.

02 입국 카드 작성하기

사전에 비지트 재팬 웹에서 작성했다면 종이로 된 입국 카드는 작성하지 않아도 된다. 보통은 칸사이 국제공항으로 향하는 기내에서 입국 카드를 나눠주지만, 그렇지 않은 경우 도착 후 칸사이 국제공항에 비치된 입국 카드를 영문으로 작성해 제출하면 된다.

① **영문 성** 자신의 성을 여권의 영문 이름과 일치하게 쓴다.

② **영문 이름** 자신의 이름을 여권의 영문 이름과 일치하게 쓴다.

③ **생년월일** 자신의 생년월일을 일, 월, 연도 순서로 기입한다. 예) 1988년 8월 15일인 경우 '15 08 88'로 기입

④ **현주소** 자신의 한국 집 주소를 영어로 기입한다. 예) 나라명 Republic of Korea 또는 South Korea, 도시명 Seoul

⑤ **도항 목적** 일본을 방문하는 목적에 해당하는 항목에 표시한다. 여행 목적인 경우 '관광'에 체크한다.

⑥ **도착 항공기 편명·선명** 보딩패스 또는 모바일 항공권에 적힌 일본으로 갈 때 타고 가는 비행기 편명을 적는다.

⑦ **일본 체재 예정 기간** 일본에 머물 기간을 적는다. 예) 5 Days

⑧ **일본의 연락처** 일본 내에서 묵을 호텔 또는 숙소 이름과 전화번호를 적는다. 정해지지 않았다 하더라도 공란으로 두면 입국 심사 때 문제가 될 수 있으니 빈칸으로 두지 말고 꼭 적는다. 첫날 숙박할 호텔 이름과 연락처를 적으면 된다.

⑨ **일본에서의 강제 퇴거 이력·상륙 거부 이력 유무** '예' 또는 '아니요'에 체크한다.

⑩ **유죄판결 유무(일본 내외의 모든 판결)** '예' 또는 '아니요'에 체크한다.

⑪ **규제 약물·총포·석궁·도검류·화약류 소지** '예' 또는 '아니요'에 체크한다.

⑫ **서명** 자신의 여권에 있는 사인과 동일하게 서명한다.

 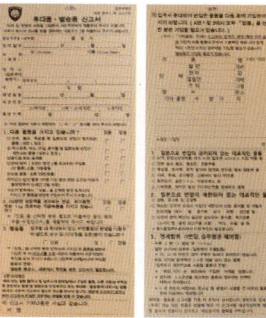

03 휴대품 신고서 작성하기

① **탑승기 편명** 자신이 타고 온 비행기 편명과 출발지를 적는다. 예) KE723, Incheon

② **입국 일자** 일본에 도착하는 날짜를 적는다.

③ **성명** 자신의 성과 이름을 영어로 기입한다.

④ **주소(일본 국내 체류지)** 일본 내에서 묵을 호텔 또는 숙소 이름과 전화번호를 적는다.

⑤ **국적** 자신의 국적을 영어로 기입한다. 예) Republic of Korea 또는 South Korea

⑥ **직업** 자신의 직업을 영어로 기입한다. 예) student 또는 Office Worker 또는 Business Person

⑦ **생년월일** 자신의 생년월일을 순서대로 적는다.

⑧ **여권 번호** 자신의 여권 번호를 기입한다.

⑨ **동반 가족** 동행한 가족이 있다면 인원수를 적는다. 없다면 공란으로 두면 된다.

⑩ **1~3번 항목** 특별히 해당 사항이 없는 경우 모두 '없음'에 체크하면 된다.

⑪ **서명** 자신의 여권에 있는 사인과 동일하게 서명한다.

04 칸사이 국제공항 입국 과정

제1터미널로 도착한 경우 >

① 비행기에서 내리기

② 연결 통로를 지나 윙 셔틀 역으로 이동하기

③ 윙 셔틀 탑승하기

④ **입국 심사대 통과하기** 여권과 함께 입국 카드를 제출하거나 비지트 재팬 웹 QR코드 스캔 후 양손의 검지를 지문 채취기에 얹고 카메라를 바라본다. 특별한 사유가 없으면 여권에 입국 스티커를 붙여준다.

⑤ Baggage Claim에서 수하물 수령하기

⑥ **세관 전자 신고** 게이트 키오스크에서 여권과 비지트 재팬 웹 QR코드를 스캔하거나 유인 세관 신고대에서 세관 신고서 제출 후 출구로 나간다.

⑦ 입국 완료

제2터미널로 도착한 경우 >

① 비행기에서 내리기

② 제2터미널 건물 안으로 진입

③ 연결 통로를 지나 입국 심사대로 이동하기

④ **입국 심사대 통과하기** 여권과 함께 입국 카드를 제출하거나 비지트 재팬 웹 QR코드 스캔 후 양손의 검지를 지문 채취기에 얹고 카메라를 바라본다. 특별한 사유가 없으면 여권에 입국 스티커를 붙여준다.

⑤ Baggage Claim에서 수하물 수령하기

⑥ **세관 전자 신고** 게이트 키오스크에서 여권과 비지트 재팬 웹 QR코드를 스캔하거나 유인 세관 신고대에서 세관 신고서 제출 후 출구로 나간다.

⑦ 입국 완료

05   칸사이 국제공항 한눈에 보기

칸사이 국제공항은 메인 터미널인 제1터미널과 보조 터미널인 제2터미널, 칸사이 공항 전철역으로 이루어져 있다. 제주항공과 피치항공이 제2터미널을, 그 외 모든 항공사가 제1터미널을 이용한다. 제1터미널은 칸사이공항역과 육교로 연결되어 있어 전철 이용 시 편리하다. 공항 리무진 버스는 제1터미널과 제2터미널에 각각 정류장이 있다. 제2터미널로 도착하는 경우 전철을 이용하기 위해서는 셔틀버스를 타고 제1터미널까지 이동해야 하고 공항 리무진 버스를 이용할 때도 터미널 건물에서 약 100m 거리에 있는 정류장까지 걸어가야 한다는 것이 단점이다.

제2터미널에서 칸사이공항역으로 이동하기 >

① 제2터미널 건물 밖으로 이동
② 정면에 있는 제1터미널 방면 셔틀버스 정류장까지 이동
③ 셔틀버스에 탑승하기 셔틀버스는 5~7분 간격으로 운행한다.
④ 제1터미널 정류장에 도착
⑤ 정류장 앞 에스컬레이터를 이용해 에어로 플라자 2층으로 이동
⑥ 육교를 건너 칸사이공항역 방향으로 이동

Step 2 //

칸사이에서 사용할 수 있는 주요 광역 교통·관광 패스

칸사이에는 유용하게 사용할 수 있는 다양한 교통 패스 또는 교통에 관광지 입장 기능을 더한 패스가 있다. 일정 기간 무제한으로 대중교통을 이용하거나 관광지의 무료입장 또는 입장료 할인 기능하다는 것이 특징이다. 패스 구입 여부는 자신의 일정상 패스를 구입하는 것이 저렴한지, 패스 없이 여행하는 것이 저렴한지 꼼꼼하게 따져서 결정하면 된다. 의외로 패스 가격 이상을 이용하는 것이 쉽지 않은 경우가 많다. 그중 많이 판매되고 본전 이상의 가치를 할 만한 패스 몇 가지를 골라보았다.

01 JR 패스

https://japanrailpass.net/kr

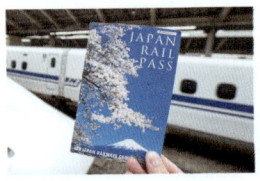

신칸센(노조미, 미즈호 제외)을 포함한 모든 종류의 JR 열차를 일정 기간 무제한으로 이용할 수 있는 교통 패스다. 패스 사용 시작일을 기준으로 연속 7일과 14일, 21일권이 있으며, 보통 객차와 1등석인 그린샤 중 하나를 선택할 수 있다. 추가 비용 없이 지정석(좌석 확보를 위한 예약 필요)도 이용할 수 있다.
일본 전국의 JR 열차를 대상으로 하는 패스이므로 칸사이 지역만 여행한다면 칸사이 지역에 한정된 패스를 구입하면 된다.

- 구입처 JR 패스 공식 사이트 및 한국 내 지정 판매점(여행사)에서 교환권 구입 후 일본 내 지정 교환소에서 수령
- 칸사이 내 지정 교환소 칸사이공항역(JR 매표소), 신오사카역(JR 매표소, 트래블 서비스 센터, TiS 여행사 신오사카점, JR 도카이 투어 신오사카점), 오사카역(JR 매표소, TiS 여행사 오사카점), 나라역(JR 매표소), 산노미야역(JR 매표소, TiS 여행사 산노미야점)

종류	그린 객차		보통 객차	
구분	어른	어린이	어른	어린이
7일	7만¥	3만5000¥	5만¥	2만5000¥
14일	11만¥	5만5000¥	8만¥	4만¥
21일	14만¥	7만¥	10만¥	5만¥

※ 어린이 기준 나이 6~11세, 12세 이상은 어른 요금 적용

02 JR 칸사이 와이드 패스

www.westjr.co.jp/global/kr

칸사이 국제공항과 오사카, 쿄토, 고베, 나라, 히메지, 와카야마현 외에 오카야마, 카가와현의 타카마츠까지 운행하는 모든 종류의 JR 열차와 서일본 JR 노선버스를 5일간 무제한으로 이용할 수 있

는 패스다. 산요 신칸센(노조미와 미즈호를 포함)의 신오사카-
신고베-히메지-오카야마 구간도 이용할 수 있다. 칸사이의 주요
도시 외 외곽 지역까지 여행하고 싶은 여행자에게 유용하다.

- **구입처** JR 서일본 공식 사이트 및 한국 내 지정 판매점(여행사)에서 교환권
또는 e-티켓 구입 후 칸사이 내 주요 JR 역 자동 발권기에서 수령
- **칸사이 내 패스 수령 가능한 주요 JR 역** 칸사이공항역, 오사카역, 신오사카역,
교바시역, 니시쿠조역, 교토역, 고베역, 신고베역, 산노미야역, 모토마치역, 나라역, 히메지역
- **가격** 연속 5일 어른 1만2000¥, 어린이 6000¥

03 JR 칸사이 패스
www.westjr.co.jp/global/kr

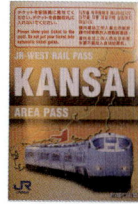

칸사이 국제공항과 오사카, 교토, 고베, 나라, 히메지, 와카야마 지역을 운행하는 JR 신쾌속, 쾌속,
보통열차와 칸사이 공항 특급 하루카(지정석 포함), 교토 시내의 JR 노선버스(교토 시버스 이용
불가)를 1~4일간 무제한으로 이용할 수 있는 패스다. 신칸센은 이용할 수 없으며 하루카를 제
외한 모든 종류의 특급 열차는 이용 시 추가 요금이 필요하다. 칸사이의 주요 도시 여행자 중 도
시 이동이 많은 경우 유용한 패스다. JR 칸사이 패스에는 교환권이 함께 첨부되는데, 패스 이용
기간 중 하루는 교토 시영 지하철, 케이한 전철, 한큐 전철 1데이 패스 중 하나로 교환해 사용할
수도 있다.

- **구입처** JR 서일본 공식 사이트 및 한국 내 지정 판매점(여행사)에서 교환권 또는 e-티켓 구입 후 칸사이 내 주요 JR
역 자동 발권기에서 패스를 수령
- **칸사이 내 패스 수령 가능한 주요 JR 역** 칸사이공항역, 오사카역, 신오사카역, 교바시역, 니시쿠조역, 교토역, 고베역,
신고베역, 산노미야역, 모토마치역, 나라역, 히메지역

기간	어른	어린이
1일	2800¥	1400¥
2일	4800¥	2400¥
3일	5800¥	2900¥
4일	7000¥	3500¥

※ 어린이 기준 나이 6~11세, 12세 이상은 어른 요금 적용

04 JR 칸사이 미니 패스
www.westjr.co.jp/global/kr

칸사이 국제공항과 오사카·교토·고베·나라 지역을 운행하는 JR 신쾌속, 쾌속, 보통열차를 3일
간 무제한으로 이용할 수 있는 패스다. 신칸센은 이용할 수 없으며 하루카를 포함한 모든 종류의
특급열차는 이용 시 추가 요금이 필요하다. 칸사이의 핵심 도시인 오사카, 교토, 고베, 나라를 여
행하며 도시 이동이 많은 경우에 유용한 패스다.

- **구입처** 한국 내 지정 판매점(여행사)에서 교환권 또는 e-티켓 구입 후 칸사이 내 주요 JR 역 자동 발권기에서 수령
- **칸사이 내 패스 수령 가능한 주요 JR 역** 칸사이공항역, 오사카역, 신오사카역, 교바시역, 니시쿠조역, 교토역, 고베역,
신고베역, 산노미야역, 모토마치역, 나라역, 히메지역
- **가격** 연속 3일 어른 3000¥, 어린이 1500¥(어린이 기준 나이 6~11세, 12세 이상 어른 요금 적용)

05 칸사이 레일웨이 패스

www.surutto.com/kansai_rw/ko

칸사이 국제공항과 오사카, 교토, 고베, 나라, 히메지, 와카야마, 고야산, 아리마온센 등의 지역에서 JR을 제외한 여러 사철과 시영 지하철, 시내버스를 2~3일간 무제한으로 이용할 수 있는 패스다. 이용 가능한 열차는 급행, 준급행, 보통열차이며, 난카이 공항철도의 라피트 열차와 다른 특급열차 이용 시에는 추가 요금이 필요하다. 여행 기간 중 2일 또는 3일권을 비연속적으로 원하는 날에 사용할 수도 있어 효율적이다. 칸사이 레일웨이 패스 사용 시 노선 주변 206곳의 관광지와 쇼핑몰에서 할인 혜택도 있다. 홈페이지에서 할인받을 수 있는 곳의 목록을 확인할 수 있다.

- **구입처** 칸사이 내 지정 판매소(홈페이지에 공지) 및 한국 내 지정 여행사
- **가격** (일본 외 지역에서 구입 시)

기간	어른	어린이(초등학생)
2일	5600¥	2800¥
3일	7000¥	3500¥

※ 일본 내에서 구입 시 반드시 여권을 제시해야 합니다.

06 한큐한신 1DAY 패스

www.hanshin.co.jp/global/korea
www.hankyu.co.jp/global/kr

한큐전철 전 노선과 한신전철 전 노선, 고베 고속선을 1일간 무제한으로 이용할 수 있는 패스다. 기존 한큐 투어리스트 패스와 한신 투어리스트 패스로 각각 이용할 수 있었던 구간을 하나의 패스로 이용할 수 있도록 합쳐 놓았다. 티켓 하나로 오사카, 교토, 고베 세 도시의 주요 지역으로 이동할 수 있다는 것이 장점이다. 다만 하루 동안 패스 가격만큼 전철을 이용하기가 쉽지 않을 정도로 패스 가격이 비싸졌다는 것이 단점이다. 한큐한신 1DAY 패스로 이용할 수 있는 주요 구간 중 1회용 승차권으로 편도 이용할 때 요금을 비교해 일정상 유리한 것으로 이용하면 된다. 아래 적어둔 1회용 승차권 이용 시 주요 구간 편도 요금을 참고해 패스 구입 여부를 결정하자.

- **구입처** 한큐전철 및 한신전철 각 역, 한큐 투어리스트 센터 오사카 우메다, 한큐 교토 관광안내소 카와라마치, 한큐 교토 관광안내소 카라스마
- **가격** 1600¥
- **노선별 주요 정차역**

한큐 전철	오사카 우메다역, 텐진바시스지로쿠초메역, 키타센리역, 교토 카와라마치역, 아라시야마역, 타카라즈카역, 고베 산노미야역
한신 전철	오사카 난바, 오사카 우메다, 고베 산노미야, 니시다이

- 1회용 승차권 이용 시 주요 구간 편도 요금

한큐 전철	오사카 우메다역 ↔ 교토 카와라마치역	410¥
	오사카 우메다역 ↔ 고베 산노미야역	330¥
	오사카 우메다역 ↔ 타카라즈카역	290¥
	고베 산노미야역 ↔ 교토 카와라마치역	640¥
한신 전철	오사카 난바역 ↔ 고베 산노미야역	420¥
	오사카 우메다역 ↔ 고베 산노미야역	330¥
	오사카 난바역 ↔ 니시다이역	570¥

07 교토-오사카 관광권 (케이한 전철)   www.keihan.co.jp/travel/kr

오사카 나카노시마, 요도야바시역부터 교토 데마치야나기역, 우지역까지 케이한 전철 노선을 하루 동안 무제한으로 이용할 수 있는 패스다. 기온시조역↔요도야바시역 편도 요금이 430¥이니 오사카에서 교토 당일치기 여행 시 이용을 고려해볼 만하다. 요도야바시역→후시미이나리역→토후쿠지역→기온시조역→요도야바시역 구간 이용 시 통상 요금이 1190¥이니 참고하자. 2일권의 경우 오사카에서 출발해 교토에서 1박 하고 우지까지 다녀온다면 본전 이상을 뽑을 수 있다.

- **구입처** 칸사이 투어리스트 인포메이션 센터(칸사이 국제공항 제1터미널), 칸사이 투어리스트 인포메이션 센터 교토(교토 타워), 케이한 요도야바시역, 케이한 카타하마역, 케이한 텐마바시역, 케이한 교바시역, 케이한 산조역, 오사카 메트로 안내 카운터(신오사카역, 우메다역, 요츠바시선 난바역, 텐노지역), 한국 내 지정 여행사
- **가격** 1일권 1100¥, 2일권 1600¥(일본 내 구입 시)

08 교토-오사카 관광 승차권 (케이한 전철+오사카 메트로)   www.keihan.co.jp/travel/kr

교토 데마치야나기역에서부터 오사카, 우지 지역의 케이한 전철과 오사카 내 시영 지하철(JR 제외)을 하루 동안 무제한으로 이용할 수 있는 패스다. 교토에서 오사카까지(예: 기온시조역↔요도야바시역) 당일로 왕복하고 오사카에서 지하철을 여러 번 이용할 때 효율이 좋은 패스다.

- **구입처** 칸사이 투어리스트 인포메이션 센터(칸사이 국제공항 제1터미널), 칸사이 투어리스트 인포메이션 센터 교토(교토 타워), 케이한 요도야바시역, 케이한 카타하마역, 케이한 텐마바시역, 케이한 교바시역, 케이한 산조역, 오사카 메트로 안내 카운터(신오사카역, 우메다역, 요츠바시선 난바역, 텐노지역), 한국 내 지정 여행사
- **가격** 1일권 1500¥(일본 내 구입 시)

Step 3 ///

칸사이의 대중교통

광역 전철은 칸사이 지역의 대표적인 대중 교통수단이다. 칸사이에서 운행하는 전철에는 JR과 5개의 사철이 있다. 오사카를 중심으로 도심과 인근 도시를 연결하는 광역 전철이다. 회사마다 운행하는 도시와 구간이 다르고 열차 등급에 따라 소요 시간도 차이가 난다.

01 JR
www.westjr.co.jp/global/kr

칸사이에서 운행하는 전철 중 가장 넓은 지역을 커버하는 회사로 노선이 다양하다. 고속전철 신칸센과 칸쿠특급 하루카를 포함한 여러 종류의 특급열차, 신쾌속(Special Rapid Service), 쾌속(Rapid Service), 보통(Local)으로 구분된다. 특급과 쾌속은 운행하는 노선에 따라 고유의

신칸센

신쾌속

야마토지 쾌속

쾌속

명칭이 추가로 붙는다. 신쾌속과 쾌속, 보통은 요금은 동일하지만 구간 내 정차역이 달라 소요 시간이 차이가 난다.

- **주요 이용 구간** JR 칸사이공항역↔JR 오사카역 / JR 히메지역↔JR 산노미야역↔JR 오사카역↔JR 쿄토역 / JR 오사카역↔JR 나라역 / JR 쿄토역↔JR 나라역 / 오사카 순환선
- **사용 가능한 교통 패스** JR 패스 / JR 칸사이 와이드 패스 / JR 칸사이 패스 / JR 칸사이 미니 패스

02 난카이 전철 南海電鉄
www.nankai.co.jp

칸사이 국제공항에서 오사카의 난바·미나미 지역으로 이동할 때 환승 없이 편리하게 이용할 수 있는 전철이다. 열차 종류는 크게 일반 열차인 공항급행(空港急行)과 특급 라피트가 있다. 공항급행은 지정석 없이 전 좌석이 자유석이며 칸사이 레일웨이 패스 사용 시 무료로 이용할 수 있다.

특급 라피트는 공항급행에 비해 객차 시설이 안락하고 고급스럽지만, 소요 시간은 큰 차이가 없다. 전 좌석 지정좌석제로 운영하며 1열에 좌석

이 4개인 레귤러 시트와 좌석이 3개인 슈퍼 시트가 있다. 열차 종류는 노선 내 정차역이 6개인 알파와 8개인 베타로 나뉜다.

- **주요 이용 구간** 난카이난바역↔칸사이공항역 / 난카이난바역↔고쿠라쿠바시역(고야산)
- **사용 가능한 교통 패스** 칸사이 레일웨이 패스(특급 라피트는 추가 요금 필요)

03 킨테츠 일본철도 近鉄日本鉄道   www.kintetsu.co.jp/foreign/korean

특급(Limited Express)을 제외한 일반 전철은 쾌속급행(Rapid Express)과 급행(Express), 준급(Semi-Express), 보통(Local) 4가

지 종류가 있다. 일반 전철은 정차하는 역의 수에 따라 소요 시간이 다르며 요금은 모두 동일하다. 특급은 추가 요금이 필요하다.

- **주요 이용 구간** 오사카난바역↔킨테츠나라역 / 교토역↔킨테츠나라역
- **사용 가능한 교통 패스** 칸사이 레일웨이 패스(특급은 추가 요금 필요)

04 한큐 전철 阪急電鉄   www.hankyu.co.jp/global/kr

별도의 요금이 추가되는 전철이 없으며 일곱 가지 종류의 전철을 운행한다. 모두 자유석이며 열차 등급에 따라 구간 내 정차역의 수가 달라 소요 시간은 다르지만 요금은 동일하다. 특급(Limited Exp), 통근특급(Commuter Limited Exp), 준특급(Semi-Limited Exp), 급행(Express), 통근급행(Commuter Exp), 준급(Semi-Express), 보통(Local)으로 표기한다.

- **주요 이용 구간** 오사카우메다역↔교토카와라마치역 / 오사카우메다역↔고베산노미야역 / 오사카우메다역↔타카라즈카역
- **사용 가능한 교통 패스** 칸사이 레일웨이 패스 / 한큐한신 1DAY 패스

05 한신 전철 阪神電鉄

www.hanshin.co.jp/global/korea

직통특급(直通特急 Lmited Exp), 한신특급(阪神特急 Lmited Exp), 구간특급(区間特急 Lmited Exp), 쾌속급행(快速急行 Rapid Exp), 급행(急行 Express), 구간급행(区間急行 Express), 준급(準急 Semi Exp), 구간준급(区間準急 Sub Semi-Exp), 보통(普通 Local) 등 9종류의 전철을 운영한다. 전철 등급에 따른 요금 차이는 없지만, 운행 구간과 정차역 수가 다르다. 추가로 고베산노미야역과 산요히메지역 구간을 운행하는 산요전철 특급(山陽特急 Limited Exp), 산요전철 S특급(山陽S特急 Limited Exp)도 있다.

- **주요 이용 구간** 산요 히메지역↔고베산노미야역↔오사카우메다역 / 고베산노미야역↔오사카 난바역↔킨테츠 나라역
- **사용 가능한 교통 패스** 칸사이 레일웨이 패스 / 한큐한신 1DAY 패스(오사카↔니시다이 구간 한정)

06 케이한 전철 京阪電車

www.keihan.co.jp/travel/kr

특급

준급

전 좌석 지정석으로 별도의 요금이 추가되는 쾌속특급 라쿠라쿠(Rapid Limited Exp)와 일반 전철 6가지가 있다. 일반 전철은 자유석으로 요금은 같지만, 열차 등급에 따라 구간 내 정차역의 수가 달라 소요 시간에서 차이가 난다. 특급(Limited Exp)과 통근쾌급·쾌속급행(Rapid Exp), 급행(Express), 통근준급·준급(Sub-exp), 구간급행(Semi-exp), 보통(Local)으로 표기한다.

- **주요 이용 구간** 요도야바시역 또는 나카노시마역(오사카)↔우지역 또는 데마치야나기역(교토)
- **사용 가능한 교통 패스** 칸사이 레일웨이 패스(쾌속특급 라쿠라쿠는 추가 요금 필요) / 교토-오사카 관광권(케이한 전철) 1일, 2일 / 교토-오사카 관광 승차권(케이한 전철+오사카 메트로) 1일

Step 4 ////

칸사이 국제공항에서 주변 도시로 이동하기

칸사이공항역에서 이용할 수 있는 전철은 JR과 난카이 전철, 2개 회사다. 전철은 공항 리무진 버스 대비 요금이 저렴하며 교통 패스 사용 시 이용 구간에 포함돼 있기도 하다. 특급열차와 일반 열차를 선택할 수 있으며 칸사이 내 모든 지역으로 이동할 수 있다는 것도 장점이다. 반면 목적지에 따라 환승을 하거나 승객이 붐빌 때 앉아서 가지 못할 수 있다는 단점도 있다.

01 JR

www.westjr.co.jp/global/kr

칸쿠 쾌속 関空快速

지정석 없이 전 좌석이 자유석으로 운영되는 공항선 일반 열차. 칸사이공항역↔히네노역↔텐노지역↔오사카역 구간을 운행한다. 칸사이 국제공항에서 우메다 지역으로 이동할 때 환승 없이 갈 수 있어 편리하다. 모든 종류의 JR 패스 사용 시 무료로 이용할 수 있다.

칸쿠 특급 하루카 関空特急はるか

칸사이공항역↔텐노지역↔오사카역↔신오사카역↔교토역 구간을 운행하는 특급열차. 칸쿠 쾌속 운임에 특급권 요금이 추가되며 자유석과 지정석을 선택할 수 있다. 지정석의 경우 추가 요금이 발생한다. 칸사이 국제공항에서 오사카역이나 교토역으로 이동할 때 환승 없이 빠르게 갈 수 있어 편리하다. JR 패스, JR 칸사이 와이드 패스, JR 칸사이 패스 사용 시 무료(지정석 포함)로 이용할 수 있다.

칸쿠 쾌속 및 하루카 자유석 승차권 구입 및 열차 탑승하기
>

① 칸사이공항역 JR 매표소로 이동한다.

② 자동 매표기 위 노선도에서 목적지까지의 운임을 확인한다.

③ 자동 매표기 화면에서 언어(한국어)를 선택한다.

④ 화면에서 '승차권 구매'를 선택한다.

⑤ 화면 왼쪽에서 승차 인원수를 선택한 후 화면의 '현금·IC카드 오렌지 카드'를 선택한다.

⑥ 자동 매표기에 요금을 투입한다.

⑦ 칸쿠 쾌속의 경우 JR Tickets 탭에서 목적지까지의 요금을 누른다. 하루카(자유석만 해당)의 경우 Limited Express 탭을 누르고 목적지까지의 요금을 누른다.

⑧ 발권된 티켓과 거스름돈을 수령한다.

⑨ 티켓을 가지고 개찰구를 통과한다.

⑩ 3번 승강장(오사카행 칸쿠 쾌속) 또는 4번 승강장(칸쿠 특급 하루카)으로 이동해 승차한다.

※ 하루카 지정석은 유인 매표소에서 구입한다.
한국에서 하루카 승차 가능한 티켓이나 JR의 패스를 구입한 경우 초록색 자동 매표기에서 패스를 수령하고 좌석을 예약한 후 탑승한다.

02 난카이 전철

www.nankai.co.jp

공항급행 空港急行

지정석 없이 전 좌석 자유석인 공항선 일반 열차로 칸사이공항역↔난바역 구간을 운행한다. 오사카의 난바·미나미 지역으로 이동할 때 환승 없이 갈 수 있어 편리하며 JR보다 요금이 조금 저렴하다. 칸사이 레일웨이 패스 사용 시 무료로 이용할 수 있다.

특급 라피트 알파 & 라피트 베타

난카이 홈페이지에서 칸사이공항역↔난바역 구간의 티켓을 정상 요금보다 190¥ 저렴한 1300¥에 모바일용 라피트 디지털 승차권을 구입하거나 난카이 칸사이공항역 혹은 난바역의 핑크색 자동 매표기에서 칸쿠토쿠와리라피트킷푸 関空トク割ラピートきっぷ 를 1350¥(레귤러 시트)에 구입할 수 있다.

칸쿠 쾌속 및 하루카
자유석 승차권 구입 및 열차 탑승하기
>

① 칸사이공항역 난카이 매표소로 이동한다.

② 자동 매표기 위 노선도에서 목적지까지의 운임을 확인한다.

③ 자동 매표기 화면에서 언어(한국어)를 선택한다.

④ 공항급행의 경우 화면 왼쪽 인원수 선택 후 화면에서 '승차권 난바·신이마미야·텐가차야' 또는 '승차권을 구입'을 선택한다. 특급 라피트의 경우 화면에서 '특급권을 구입'을 선택한다.

⑤ 자동 매표기에 요금을 투입한다.

⑥ 목적지까지의 금액을 선택한다.

⑦ 발권된 티켓과 거스름돈을 수령한다.

⑧ 티켓을 가지고 개찰구를 통과한다.

⑨ 1번 또는 2번 승강장으로 이동해 승차한다.

03 칸사이 공항 리무진 버스

www.kate.co.jp/kr

칸사이 공항 리무진 버스는 오사카와 교토, 고베, 나라 등 칸사이 주요 도시의 거점까지 직통으로 편안하게 이동할 수 있는 교통수단이다. 전철에 비해 요금이 비싸다는 것, 교통정체 발생 시 도착 시간을 예상하기 어렵고 운행 노선과 횟수가 제한적이라는 것은 단점이다.

▪ 제1터미널 주요 목적지별 승강장 번호
터미널 1층 도착 대합실 밖으로 나가면 바로 리무진 버스 승강장이 보인다. 승강장 번호에 따라 매표소가 나뉘어 있으니 승차권 구입 시 목적지에 맞는 승강장 번호와 매표소 위치를 확인하자.

승강장 번호	매표소 위치	승강장별 목적지
3	D	난코, 텐포잔, 유니버설 스튜디오 재팬
5	C	오사카역 앞, 차야마치, 신우메다시티, 신오사카, 센리 뉴타운
6	C	고베 산노미야, 히메지
7	B	킨테츠 우에혼마치, 신사이바시
8	B	교토역 하치조구치
9	A	JR 나라역

▪ 제2터미널 주요 목적지별 승강장 번호
터미널 1층에 도착한 후 대합실 밖으로 나가 국내선 터미널 방향으로 주차장을 가로질러 약 100m 직진하면 공항 리무진 버스 승강장과 매표소가 있다.

승강장 번호	매표소 위치	승강장별 목적지
1	A	오사카역 앞, 차야마치, 신우메다시티, 신오사카
2	A	교토역 하치조구치
4	A	고베 산노미야, 히메지
5	B	JR 나라역

▪ 주요 목적지별 승강장 및 소요 시간, 요금

운행 노선	각 터미널 운행 시각 (제1터미널/제2터미널)	목적지 정류장	소요 시간	편도요금
오사카 (키타, 우메다 방면)	첫차: 06:50/09:12 막차: 23:45/23:32 (15~20분 간격)	신한큐 호텔(JR 오사카역 앞)	58분	1800¥
		하비스오사카(JR 오사카역 앞)	67분	
오사카 (미나미 방면)	첫차: 08:55/09:42 막차: 20:25/20:12 (30~40분 간격)	난바(OCAT)	50분	1300¥
	첫차: 15:45/15:32 막차: 18:55/18:42 (일 2회 운행)	신사이바시(호텔 닛코오사카)	67분	1800¥
오사카 (항만 지역 방면)	첫차: 08:20/09:17 막차: 17:10/16:57 (일 16회 운행)	유니버설 스튜디오 재팬	70분	1800¥
교토	첫차: 06:45/09:37 막차: 23:05/22:52 (일 29회 운행)	교토역 하치조구치	88분	2800¥

고베	첫차: 06:20/09:27 막차: 23:00/22:47 (일 39회 운행)	고베 산노미야	65분	2200¥
나라	첫차: 08:45/10:32 막차: 20:45/20:32 (일 5회 운행)	JR 나라역	100분	2400¥
히메지	첫차: 08:50/10:57 막차: 17:45/17:32 (일 3회 운행)	히메지역	140분	3700¥

※ 소요 시간은 제1터미널 출발 기준(제2터미널에서 출발하는 경우 약 13분 추가 소요)
운행 여부 및 노선, 시간이 종종 변경되니 이용 전 홈페이지 확인 필요

04 칸사이 국제공항에서 칸사이 주요 목적지까지 이동하기

■ 칸사이 국제공항에서 오사카 주요 지역으로 이동하기

목적지	이동 경로	소요 시간	요금	사용 가능한 패스
미나미	JR 칸사이공항역 → JR 텐노지역(칸쿠 쾌속) → JR 난바역(야마토지 쾌속)	63분	1080¥	①②③④
	난카이 칸사이공항역 → 난카이난바역 (공항급행)	46분	970¥	⑤
미나미 (난바)	난카이 칸사이공항역 → 난카이난바역 (특급 라피트 레귤러 시트)	39분	1490¥	-
	제1·2터미널 칸사이 공항 리무진 버스 → 난바 OCAT	50분~	1300¥	-
	제1·2터미널 칸사이 공항 리무진 버스 → 킨테츠우에혼마치 (쉐라톤 미야코 호텔 오사카)	54분~	1800¥	-
키타 (우메다)	JR 칸사이공항역 → JR 오사카역(칸쿠 쾌속)	74분	1210¥	①②③④
	JR 칸사이공항역 → JR 오사카역 (칸쿠 특급 하루카, 자유석)	47분	2410¥	①②③
	난카이 칸사이공항역 → 난카이난바역(공항 급행) → (도보) → 미도스지선 난바역 → 미도스지선 우메다역(지하철)	65분	1210¥	⑤
	제1·2터미널 칸사이공항 리무진 버스 → 신한큐 호텔(JR 오사카역 앞)	58분~	1800¥	-
신오사카	JR 칸사이공항역 → JR 오사카역(칸쿠 쾌속) → JR 신오사카역(교토선)	80분	1390¥	①②③④
	JR 칸사이공항역 → JR 신오사카역 (칸쿠 특급 하루카, 자유석)	50분	2590¥	①②③
	난카이 칸사이공항역 → 난카이난바역(공항 급행) → (도보) → 미도스지선 난바역 → 미도스지선 신오사카역 (지하철)	72분	1260¥	⑤

① JR 패스 / ② JR 칸사이 와이드 패스 / ③ JR 칸사이 패스 / ④ JR 칸사이 미니 패스 / ⑤ 칸사이 레일웨이 패스

텐노지	JR 칸사이공항역 → JR 텐노지역(칸쿠 쾌속)	53분	1080¥	①②③④
	JR 칸사이공항역 → JR 텐노지역 (칸쿠 특급 하루카, 자유석)	47분	1840¥	①②③
오사카성	JR 칸사이공항역 → JR 텐노지역(칸쿠 쾌속) → JR 모리노미야역 또는 JR 오사카조코엔역 (오사카루프선)	69분	1210¥	①②③④
	JR 칸사이공항역 → JR 텐노지역(칸쿠 특급 하루카, 자유석) → JR 모리노미야역 또는 JR 오사카조코엔역(오사카 루프선)	45분	1970¥	①②③
	난카이 칸사이공항역 → 난카이난바역(공항급행) → (도보) → 센니치마에선 난바역 → 센니치마에선 타니마치큐초메역 → 타니마치선 타니마치큐초메역 → 타니마치욘초메역(지하철)	60분	1210¥	⑤
항만 지역	JR 칸사이공항역 → JR 니시쿠조역(칸쿠 쾌속) → JR 유니버설시티역(사쿠라지마선)	80분	1210¥	①②③④
	JR 칸사이공항역 → JR 벤텐초역(칸쿠 쾌속) → (도보) → 추오선 벤텐초역 → 추오선 오사카코역(지하철)	85분	1450¥	①②③④ 지하철 구간 제외
	제1·2터미널 칸사이공항 리무진 버스 → 유니버설 스튜디오 재팬(텐포잔 카이유칸 경유)	70분~	1800¥	-

- **칸사이 국제공항에서 교토 주요 지역으로 이동하기**

중부지역	JR 칸사이공항역 → JR 오사카역(칸쿠 쾌속) → (도보) → 한큐 오사카우메다역 → 한큐 교토카와라마치역(특급)	140분	1620¥	①②③④ 한큐 전철 제외
	JR 칸사이공항역 → JR 오사카역(칸쿠 쾌속) → JR 교토역(신쾌속) → 시조카와라마치 정류장(교토 시 버스)	135분~	2140¥	①②③④ 교토 시버스 제외
	난카이 칸사이공항역 → 난카이 텐가차야역(공항급행) → 사카이스지선 텐가차야역 → 사카이스지선 아와지역(지하철) → 한큐 아와지역 → 한큐 교토카와라마치역(특급)	120분	1670¥	⑤
	난카이 칸사이공항역 → 난카이난바역(공급행) → (도보) → 미도스지선 난바역(지하철) → 미도스지선 요도야바시역 → 케이한 요도야바시역 → 케이한 기온시조역(케이한 전철)	110분	1590¥	⑤
남부 지역	JR 칸사이공항역 → JR 오사카역(칸쿠 쾌속) → JR 교토역(신쾌속)	117분	1910¥	①②③④
	JR 칸사이공항역 → JR 교토역 (칸쿠 특급 하루카, 자유석)	80분	3110¥	①②③
	제1·2터미널 칸사이공항 리무진 버스 → 교토역 하치조구치	88분~	2800¥	-

① JR 패스 / ② JR 칸사이 와이드 패스 / ③ JR 칸사이 패스 / ④ JR 칸사이 미니 패스 / ⑤ 칸사이 레일웨이 패스

	경로	소요시간	요금	사용 가능 패스
아라시야마	JR 칸사이공항역 → JR 오사카역(칸쿠 쾌속) → (도보) → 한큐 오사카우메다역 → 한큐 카츠라역 (특급) → 한큐 아라시야마역(보통)	130분	1620¥	①②③④ 한큐 전철 제외
	난카이 칸사이공항역 → 난카이 텐가차야역(공항급행) → 사카이스지선 텐가차야역 → 사카이스지선 아와지역(지하철) → 한큐 아와지역 → 한큐 카츠라역(특급) → 한큐 아라시야마역(보통)	125분	1650¥	⑤
우지	JR 칸사이공항역 → JR 텐노지역(칸쿠 쾌속) → JR 나라역(야마토지 쾌속) → JR 우지역 (미야코지 쾌속)	125분	2200¥	①②③④
	JR 칸사이공항역 → JR 교토역(칸쿠 특급 하루카, 자유석) → JR 우지역(보통)	113분	3350¥	①②③

▪ 칸사이 국제공항에서 고베 주요 지역으로 이동하기

	경로	소요시간	요금	사용 가능 패스
산노미야	JR 칸사이공항역 → JR 오사카역(칸쿠 쾌속) → JR 산노미야역(쾌속)	107분	1740¥	①②③④
	JR 칸사이공항역 → JR 오사카역(칸쿠 쾌속) → (도보) → 한큐 오사카우메다역 → 한큐 고베산노미야역(특급)	130분	1540¥	①②③④ 한큐 전철 제외
	난카이 칸사이공항역 → 난카이난바역(공항급행) → (도보) → 한신 오사카난바역 → 한신 고베산노미야역(쾌속 급행)	110분	1390¥	⑤
	제1·2터미널 칸사이공항 리무진 버스 → 산노미야(JR 산노미야역 건너편)	65분	2200¥	-
	제1·2터미널 → 셔틀버스 → 베이셔틀 → 셔틀버스 → 포트라이너 고베공항역 → 포트라이너 산노미야역 (포트라이너)	80분	1880¥	외국인 할인가 적용 시 840¥

▪ 칸사이 국제공항에서 나라 주요 지역으로 이동하기

	경로	소요시간	요금	사용 가능 패스
JR 나라역	JR 칸사이공항역 → JR 텐노지역(칸쿠 쾌속) → JR 나라역(야마토지 쾌속)	91분	1740¥	①②③④
	JR 칸사이공항역 → JR 텐노지역(칸쿠 특급 하루카, 자유석) → JR 나라역(야마토지 쾌속)	79분	2500¥	①②③
킨테츠 나라역	난카이 칸사이공항역 → 난카이난바역(공항급행) → (도보) → 킨테츠 오사카난바역 → 킨테츠 나라역(쾌속 급행)	110분	1650¥	⑤
	난카이 칸사이공항역 → 난카이난바역(특급 라피트 레귤러 시트) → (도보) → 킨테츠 오사카난바역 → 킨테츠 나라역(쾌속 급행)	98분	2170¥	⑤ 난카이 특급 라피트 제외
호류지	JR 칸사이공항역 → JR 텐노지역(칸쿠 쾌속) → JR 호류지역(야마토지 쾌속)	80분	1560¥	①②③④

① JR 패스 / ② JR 칸사이 와이드 패스 / ③ JR 칸사이 패스 / ④ JR 칸사이 미니 패스 / ⑤ 칸사이 레일웨이 패스

호류지	JR 칸사이공항역 → JR 텐노지역 (칸쿠 특급 하루카, 자유석) → JR 호류지역(야마토지 쾌속)	68분	2320¥	①②③

- 칸사이 국제공항에서 히메지 주요 지역으로 이동하기

히메지역	JR 칸사이공항역 → JR 신오사카 (칸쿠 특급 하루카, 자유석) → JR 히메지역(신칸센 히카리, 자유석)	91분	5820¥	①②
	JR 칸사이공항역 → JR 오사카역(칸쿠 특급 하루카, 자유석) → JR 히메지역(특급 슈퍼 하쿠 토 또는 하마카제, 자유석)	126분	5260¥	①②
	JR 칸사이공항역 → JR 오사카역(칸쿠 쾌속) → JR 히메지역(신쾌속)	151분	2860¥	①②③④
	난카이 칸사이공항역 → 난카이난바역(공항 급행) → (도보) → 요츠바시선 난바역 → 요츠바시선 니시우메다역(지하철) → (도보) → 한신 오사카우메다역 → 산요히메지역(직통 특급)	175분	2530¥	⑤
	제1·2터미널 칸사이 공항 리무진 버스 → 히메지 역 버스 터미널	140분	3700¥	-
	제1·2터미널 → 셔틀버스 → 베이셔틀 → 포트라이너 고베공항역 → 셔틀버스 →포트라이너 산노미야역(포트라이너) →JR 산노미야역 → JR 히메지역(신쾌속)	125분	1830¥ (비 일본인)	①②③④ (JR 구간)

① JR 패스 / ② JR 칸사이 와이드 패스 / ③ JR 칸사이 패스 / ④ JR 칸사이 미니 패스 / ⑤ 칸사이 레일웨이 패스

※ 자유석 요금 기준
※ 예상 소요 시간은 운행 시간표를 기반으로 대략적인 예상 시간을 표기한 것으로 실제와 오차가 있을 수 있음.
※ 표기된 운임은 정가 기준이며 칸쿠 특급 하루카의 경우 한국 내 지정 여행사에서 승차권을 저렴하게 판매하기도 하니 미리 검색해보자.

칸사이 국제공항에서 고베행 베이 셔틀 이용하기
제1터미널 기준
>

① 제1터미널 도착 대합실 북쪽 끝(제2터미널은 도착 대합실 내)에 위치한 베이 셔틀 매표소에서 탑승권을 구입한다. 어른 기준 편도 요금은 1880¥이지만 외국인(비 일본인)은 여권을 제시하면 500¥에 구입할 수 있다.

② 탑승권 구입 후 바로 옆 출구로 나가 공항버스 12번 승강장에서 포트 터미널행 셔틀버스를 기다린다. 버스는 첫차(06:20)에서 막차(23:50)까지 매시 1~2회 운행한다.

③ 셔틀버스에 승차한다. 페리 탑승권 소지자는 무료.

④ 버스는 칸사이공항 포트터미널 페리 선착장 바로 앞에 도착한다.

⑤ 페리에 승선한다.

⑥ 페리가 고베 공항 포트 터미널에 도착하면 페리에서 내려 선착장을 빠져나온다.

⑦ 고베 공항행 셔틀버스(무료)에 승차한다.

⑧ 버스가 고베 공항에 도착하면 버스에서 내려 건물 안으로 들어간다.

⑨ 출입구 바로 안쪽에 있는 에스컬레이터를 이용해 2층으로 올라간다.

⑩ 2층에 있는 포트라이너 환승 출구로 나간다.

⑪ 포트라이너 고베 공항 역으로 이어진다.

⑫ 자동 매표기에서 포트라이너 승차권을 구입한다. 노선도에 나와 있는 요금(산노미야역까지 340¥)을 확인하고 목적지 역 이름에 표기된 요금을 넣은 후 화면에 나타나는 목적지 역을 터치하면 된다.

⑬ 개찰구를 통과해 에스컬레이터를 타고 올라가 산노미야 三宮, 키타후토 北埠頭 방면 1번 승강장에서 포트라이너에 승차한다. 산노미야 역으로 가지 않고 미나키코엔 南公園역, 나카후토 中埠頭역, 키타후토 北埠頭역으로 가는 경우는 시민히로바 市民広場역에서 환승한다.

⑭ 산노미야역에 도착.

05 공항 택시

택시는 칸사이 국제공항에서 주요 도시까지 거리가 멀어 요금이 많이 나오므로 일반적으로 추천하지 않는 교통수단이다.

칸사이 추천 여행 코스
칸사이 2박 3일 일정

오사카 비기너 일정

| POINT | 오사카에 집중한 일정
| WHO | 오사카에 처음 가는 사람, 짧은 시간을 활용해 오사카를 최대한 즐겨보고 싶은 사람
| COURSE | 오사카
| CHECK | 숙소는 난바 또는 우메다에 잡을 것, 오사카 e-Pass를 사자!

DAY 1	한국 → 오사카	칸사이 국제공항 도착 후 난바로 이동, 호텔 체크인 다이마루 백화점→아메리카무라→호리에 카페 거리→도톤보리→우라난바
DAY 2	오사카 시내	오사카 시내 여행 오사카 시립 주택 박물관→나카자키초→텐진바시스지 상점가→하루카스 300 전망대→신세카이 먹자골목
DAY 3	오사카 → 한국	오사카 성을 둘러본 후 아웃렛 쇼핑을 마치고 한국으로! 오사카 성→신사이바시스지 상점가→에비스바시스지 상점가→린쿠타운→귀국!

USJ 집중 일정

| POINT | 오로지 USJ에 집중한다!
| WHO | 길지 않은 시간, USJ에 '올인'하고 싶은 사람, 그래도 쇼핑은 좀 하고 싶은 사람
| COURSE | 오사카
| CHECK | USJ 티켓은 1.5일권으로 끊는다, 1일 차 숙소는 USJ, 2일 차 숙소는 난바에 잡는다

DAY 1	한국 → 칸사이 공항→USJ	칸사이 도착 후 바로 유니버설 스튜디오로 이동 칸사이 국제공항 도착 →USJ 이동→3시 이후 USJ 입장→USJ 즐기기(실내 어트랙션 중심으로 이용하기)→호텔 체크인
DAY 2	DAY2 USJ	USJ 오픈런으로 인기 있는 놀이기구 즐기기 USJ 2일 차 이용→오후 5~6시경 난바 이동→도톤보리→우라난바
DAY 3	오사카 → 한국	오사카 쇼핑 즐기기 다이마루 백화점→신사이바시스지 상점가→에비스바시스지 상점가→린쿠타운→귀국!

Note. 모든 항공편은 최대한 아침 일찍 출발해서 밤늦게 귀국하는 편으로 설정했습니다.
만일 출발편이나 귀국편의 시간이 여의치 않다면 제안한 일정에서 1~2일을 추가하는 것이 바람직합니다.

오사카 + 교토

POINT	오로지 USJ에 집중한다!
WHO	오사카와 교토에서 가장 중요한 관광지를 집중적으로 돌아보고 싶은 사람, 아무리 생각해도 한 도시만 가기는 억울한 사람
COURSE	오사카-교토
CHECK	숙소는 오사카 우메다에 잡을 것, 칸사이 레일웨이 패스 2일권 추천

DAY 1	한국 → 오사카	오사카 도착 후 우메다 숙소 체크인 또는 짐을 맡기고, 난바 관광 명소 즐기기 칸사이 국제공항 도착 →오사카 우메다 도착(숙소 들르기)→난바 이동→도톤보리→하루카스 300 전망대→신세카이
▼		
DAY 2	오사카→교토→오사카	이른 아침 교토로 이동해 교토 대표 관광지를 둘러본 후 오사카로 다시 이동 교토 이동→아라시야마→킨카쿠지→기온→산넨자카·니넨자카→기요미즈데라→폰토초→오사카 귀환
▼		
DAY 3	오사카 → 한국	오사카 성을 둘러본 후 쇼핑을 하고 한국으로 귀국 오사카 성→신사이바시스지 상점가→린쿠타운→귀국!

오사카 + 고베

POINT	짧고 굵게 맛으로 즐긴다!
WHO	2박 3일 동안 끝없이 걷다 먹다 하고 싶은 사람, 육식주의자에 가까운 사람
COURSE	오사카-고베
CHECK	숙소는 오사카 우메다 또는 난바에 잡을 것, 칸사이 레일웨이 패스 2일권 추천

DAY 1	한국 → 오사카	공항 도착, 오사카로 이동, 호텔 체크인 후 오사카 대표 먹거리 도장 깨기 칸사이 국제공항 도착 →오사카 도착→나카자키초 카페 순례→텐진바시스지 상점가 먹거리 순례→도톤보리 타코야키 순례→츠루하시 야키니쿠 탐험
▼		
DAY 2	오사카→고베→오사카	이른 아침 고베로 이동해 점심과 디저트까지 격파 후 오사카에서 쿠시카츠 맛보기 고베 이동→산노미야 빵 순례→모토마치·난킨마치 길거리 음식 순례→고베 소고기 탐험→오사카 귀환→신세카이 쿠시카츠 순례
▼		
DAY 3	오사카 → 한국	분위기 있는 카페에서 브런치 식사, 오코노미야키로 허기를 달랜 후 한국으로 귀국 호리에 카페 브런치→신사이바시스지 상점가→도톤보리 돈키호테→도톤보리 오코노미야키 순례 →칸사이 국제공항에서 귀국!

Note. 모든 항공편은 최대한 아침 일찍 출발해서 밤늦게 귀국하는 편으로 설정했습니다.
만일 출발편이나 귀국편의 시간이 여의치 않다면 제안한 일정에서 1~2일을 추가하는 것이 바람직합니다.

칸사이 추천 여행 코스
칸사이 3박 4일 일정

오사카 + 교토 + 나라

| POINT | 칸사이 여행 국민 루트 3박 4일 버전
| WHO | 칸사이에서 가장 유명한 곳은 다 가고 싶은 사람, 하루에 2만 보쯤 걸어도 괜찮은 사람
| COURSE | 오사카-교토-나라
| CHECK | 숙소는 교토 1박, 오사카 2박. 교토 숙소는 카와라마치, 오사카 숙소는 우메다 추천, JR 케이한 패스+칸사이 레일웨이 패스 2일권 추천

DAY 1	한국 → 교토	칸사이 국제공항에서 바로 교토로 이동해 호텔 체크인 후 대표 볼거리 관광 칸사이공항 도착 →교토 도착→후시미이나리타이샤→철학의 길 →긴카쿠지→기온→산넨자카·니넨자카→기요미즈데라→폰토초
DAY 2	교토→오사카	오전 중 교토에서 일정을 마치고 오사카로 이동해 호텔 체크인 후 오사카 관광 킨카쿠지→아라시야마→오사카로 이동→ 오사카 우메다 도착→오사카 성→도톤보리→우라난바
DAY 3	오사카→나라→오사카	이른 아침 나라로 이동해 한적한 공원에서 사슴 만나기 오사카로 돌아와서 야경 즐기기 나라로 이동→나라 공원에서 사슴 만나기→토다이지 대불→오사카 귀환→하루카스 300 전망대→신세카이
DAY 4	오사카 → 한국	카페 거리에서 여유로운 시간 보내다 쇼핑 후 한국 귀국 오사카 주택 박물관→나카자키초 카페 거리→우메다 지하상가 쇼핑→린쿠타운→칸사이 국제공항에서 귀국!

Note. 모든 항공편은 최대한 아침 일찍 출발해서 밤늦게 귀국하는 편으로 설정했습니다. 만일 출발편이나 귀국편의 시간이 여의치 않다면 제안한 일정에서 1~2일을 추가하는 것이 바람직합니다.

오사카 + 고베

POINT	아이와 함께 여행하는 가족 여행
WHO	USJ를 중심으로 아이에게 잊을 수 없는 추억을 만들어주고 싶은 사람, 이번에는 편하고 맛있게 여행하고 교토는 나중에 따로 갈 사람, 이른 봄 또는 늦가을에 여행을 계획하는 사람
COURSE	오사카-고베
CHECK	숙소는 오사카 2박+고베 1박, 오사카는 USJ 근처 또는 난바 추천, 고베는 아리마온센의 료칸 또는 산노미야에서 멀지 않은 호텔 추천, 칸사이 레일웨이 패스 3일권 추천

DAY 1	한국 → 오사카	오사카 시내 도착 후 호텔 체크인, 대표 관광지 둘러보기 칸사이 국제공항 도착→오사카 도착→오사카 성→하루카스 300 전망대→도톤보리
DAY 2	USJ	이른 아침 USJ 오픈런을 시작으로 폐장까지 즐기기 위해서는 강인한 체력이 필수! 하루 종일 USJ 즐기기!
DAY 3	오사카→고베	여유롭게 고베로 이동해 호텔 체크인, 롯코산 관광지를 즐기고 하루의 피로를 온천으로 마무리 고베로 이동→롯코 케이블카→롯코산 목장→롯코 가든 테라스→롯코 아리마 로프웨이→아리마온센 온천욕 즐기기
DAY 4	고베 → 한국	고베 시내를 관광 후 고베규로 마지막 식사를 마친 후 한국으로 귀국 산노미야 상점가→모토마치 상점가→고베규로 식사하기→페리 또는 버스로 칸사이 국제공항 이동→칸사이 국제공항에서 귀국!

Note. 모든 항공편은 최대한 아침 일찍 출발해서 밤늦게 귀국하는 편으로 설정했습니다.
만일 출발편이나 귀국편의 시간이 여의치 않다면 제안한 일정에서 1~2일을 추가하는 것이 바람직합니다.

칸사이 추천 여행 코스
칸사이 4박 5일 일정

오사카 + 교토 + 나라 + 고베

| POINT | 칸사이 여행 국민 루트 4박 5일 버전
| WHO | 칸사이 주요 도시 네 곳의 핵심 여행지를 모두 돌아보고 싶은 사람, 어디 가서 '나 오사카랑 칸사이 여행 좀 했다'고 당당히 말하고 싶은 사람
| COURSE | 교토-오사카-나라-고베
| CHECK | 숙소는 교토 1박+오사카 3박, 교토는 카와라마치, 오사카는 우메다 또는 난바 추천, JR 케이한 패스+칸사이 레일웨이 패스 3일권 추천

DAY 1	한국 → 교토	칸사이 국제공항에서 바로 교토로 이동해 호텔 체크인 후 관광지 격파! 칸사이 국제공항 도착→교토 도착→후시미이나리타이샤→철학의 길→긴카쿠지→기온→산넨자카·니넨자카→기요미즈데라→폰토초
DAY 2	교토→오사카	교토 일정을 마치고 오사카 호텔 체크인 후 오사카 둘러보기 킨카쿠지→아라시야마→오사카로 이동→오사카 우메다 도착→오사카 성→도톤보리→우라난바
DAY 3	오사카→고베→오사카	아침 일찍 고베로 이동해 고베 대표 관광지 둘러본 후 오사카로 돌아오기 고베로 이동→산노미야 상점가→키타노이진칸→모토마치 상점가→하버랜드→오사카로 귀환
DAY 4	오사카→나라→오사카	나라 대표 관광지를 둘러본 후 오사카에서 야경을 보며 마무리 나라로 이동→나라 공원→토다이지 대불→토다이지 니가츠도→가스가타이샤→오사카로 귀환→하루카스 300→신세카이
DAY 5	오사카 → 한국	마지막 날 오사카에서 쇼핑에 집중한 후 한국으로 귀국 나카자키초→신사이바시스지 상점가→린쿠타운→칸사이 국제공항에서 귀국!

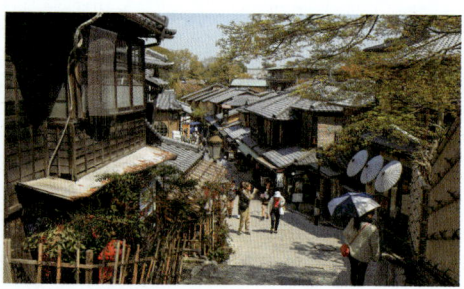

Note. 모든 항공편은 최대한 아침 일찍 출발해서 밤늦게 귀국하는 편으로 설정했습니다. 만일 출발편이나 귀국편의 시간이 여의치 않다면 제안한 일정에서 1~2일을 추가하는 것이 바람직합니다.

칸사이 추천 여행 코스
칸사이 7박 8일 일정

오사카 + 교토 + 나라 + 고베

POINT	일주일 동안 칸사이 정복하기
WHO	이번에 칸사이 가보고 평생 안 가도 좋을 만큼 돌아보고 싶은 사람, 7~8일 정도는 매일 2만보씩 걸어도 안 지치는 무한 체력의 소유자
COURSE	교토-오사카-나라-고베
CHECK	숙소는 교토 2박+오사카 4박, 교토는 카와라마치, 오사카는 우메다 또는 난바 추천, JR 케이한 패스+칸사이 레일웨이 패스 3일권+오사카e-Pass 추천, USJ 1일권

DAY 1	한국 → 교토	공항 도착 후 바로 교토로 이동해 교토 주요 관광지 둘러보기 칸사이 국제공항 도착→교토 도착→난젠지→철학의 길→긴카쿠지→기온→산넨자카·니넨자카→기요미즈데라→폰토초
DAY 2	교토 시내	아침 일찍 아라시야마의 한적함을 느끼고 교토 최고 번화가 카와라마치에서 저녁 식사 킨카쿠지→아라시야마→니조 성→신푸칸→카와라마치 상점가에서 식사와 한잔!
DAY 3	교토 → 오사카	교토 외곽에 위치한 후시미이나리타이샤 구경 후 오사카로 이동 후시미이나리타이샤→오사카로 이동→오사카 성→팀랩 보태니컬 가든
DAY 4	오사카→ 나라→ 오사카	아침 일찍 나라로 이동해 구경 후 오사카로 돌아와 야경 감상 나라로 이동→나라 공원→토다이지 대불→토다이지 니가츠도→가스가타이샤→오사카로 귀환→하루카스 300→신세카이
DAY 5	오사카→ 고베→ 오사카	고베의 주요 관광지 구경 후 오사카로 돌아오기 고베로 이동→산노미야 상점가→키타노이진칸→모토마치 상점가→하버랜드→오사카로 귀환
DAY 6	USJ	오픈런을 시작으로 USJ를 즐긴 후 우라난바에서 시원하게 한잔! 하루 종일 USJ 즐기기 → 도톤보리 → 우라난바
DAY 7	오사카 시내	오사카 시내 주요 관광지를 둘러본 후 신세카이에서 쿠시카츠 먹기 오사카 주택 박물관→나카자키초→텐진바시스지 상점가→신세카이
DAY 8	오사카 → 한국	아웃렛 쇼핑 후 한국으로 귀국! 신사이바시스지 상점가→에비스바시스지 상점가→린쿠타운→칸사이 국제공항에서 귀국!

Note. 모든 항공편은 최대한 아침 일찍 출발해서 밤늦게 귀국하는 편으로 설정했습니다.
만일 출발편이나 귀국편의 시간이 여의치 않다면 제안한 일정에서 1~2일을 추가하는 것이 바람직합니다.

• AREA 01 •

OSAKA

오사카

오사카는 서일본과 칸사이 지역을 대표하는 도시이자 일본에서 두 번째로 큰 도시다. 칸사이의 현관인 칸사이 국제공항에서 전철이나 공항 리무진 버스로 약 1시간 거리여서 접근성도 좋다. 오사카를 중심으로 북동쪽 교토시, 서쪽 고베시, 동쪽 나라시가 전철로 30분~1시간 거리로 둘러싸고 있다. 오사카에 숙소를 잡고 주변 도시로 당일치기 여행을 하기에 편리한 위치다. 대도시의 화려함과 레트로한 골목의 감성을 함께 만날 수 있다는 것이 매력이다. 칸사이 여행의 거점이자 '먹다가 망한다'는 미식의 도시, 오사카를 만나보자.

무작정 따라하기

Step 1

오사카 시내 중심지로 이동하기

오사카 시내는 북쪽의 오사카·우메다역 주변과 남쪽 난바역 주변이 대표적인 번화가다. JR 오사카역과 우메다역은 JR과 한큐, 한신 전철의 출발점이 되어 다른 도시로 이동하기 편리하다. 반면 난바는 다른 도시에서 갈 때 지하철로 환승해야 하는 경우가 많아 교통이 다소 불편하다. 목적지와 교통 패스 소지 여부에 따라 편리한 노선을 선택하자.

JR 오사카역

난카이난바역

교토에서 오사카 가기

JR

JR 교토역에서 오사카로 이동할 때 JR의 신쾌속은 빠르고 편한 방법이다. 아라시야마에서 JR을 이용해 오사카로 이동한다면 JR 사가아라시야마역에서 출발해 JR 교토역에서 JR 오사카행 전철로 환승한다. 도착역이 JR 난바역인 경우 JR 오사카역과 JR 신이마미야역에서 환승해 JR 난바역으로 갈 수 있다.

교토 시내 출발역	중간 환승역	소요 시간(환승 소요 시간 제외)	도착역	요금
JR 교토역	-	신쾌속 28분	JR 오사카역	580¥
JR 니조역	JR 교토역	쾌속 4분+신쾌속 28분		860¥
JR 이나리역	JR 교토역	보통 5분+신쾌속 28분		860¥
JR 사가아라시야마역	JR 교토역	쾌속 12분+신쾌속 28분		990¥
JR 우지역	JR 교토역	미야코지 쾌속 16분+신쾌속 28분		990¥
JR 교토역	JR 오사카역+JR 이마미야역	신쾌속 28분+보통 14분+보통 2분	JR 난바역	950¥
JR 우지역	JR 나라역+JR 텐노지역	미야코지 쾌속 27분+야마토지 쾌속 33분+보통 6분		1170¥

사용 가능한 패스
JR 패스, JR 칸사이 와이드 패스, JR 칸사이 패스, JR 칸사이 미니 패스

- JR 오사카역 하차 후 도보로 지하철 미도스지선 우메다역으로 이동해 미도스지 난바역(소요 시간 8분, 요금 240¥)으로 갈 수 있다.

한큐 전철

교토 중부 시조 카와라마치, 기온 주변 번화가에서 오사카로 이동하기 편한 방법이다. 목적지가 우메다 인근이라면 한큐교토선이 더없이 편한 노선이다. 한큐센리선은 텐진바시스지역에서 지하철 타니마치선이나 사카이스지선으로 환승할 수 있다.

교토 시내 출발역	중간 환승역	소요 시간(환승 소요 시간 제외)	도착역	요금
교토카와라마치역	-	특급 42분	오사카 우메다역	410¥
카라스마역	-	특급 40분		
오미야역	-	준급 60분		
아라시야마역	카츠라역	보통 8분+특급 34분		
교토카와라마치역	아와지역	특급 35분+보통 6분	텐진바시스지로쿠초메역	410¥
아라시야마역	카츠라역+아와지역	보통 8분+특급 25분+보통 6분		390¥

사용 가능한 패스
칸사이 레일웨이 패스, 한큐한신 1DAY 패스

- 한큐 오사카우메다역 하차 후 도보로 지하철 미도스지선 우메다역으로 이동해 미도스지 난바역(소요 시간 8분, 요금 240¥)으로 갈 수 있다.

케이한 전철

교토 중부 기온 주변 또는 교토 남부 후시미 지역, 우지에서 오사카로 이동할 때 유용한 노선이다. 요도야바시역은 지하철 미도스지선과 환승 통로로 연결되어 있다. 오사카의 나카노시마역으로 가는 노선도 있다.

교토 시내 출발역	중간 환승역	소요 시간(환승 소요 시간 제외)	도착역	요금

고베 시내 출발역		소요 시간(환승 소요 시간 제외)	도착역	요금
데마치야나기역	-	특급 55분	요도야바시역	490¥
기온시조역	-	특급 50분		430¥
기요미즈고조역	-	특급 48분		430¥
토후쿠지역	-	준급 78분		430¥
후시미이나리역	-	준급 72분 / 급행 54분		420¥
우지역	추쇼지마역	보통 16분+특급 39분		430¥

사용 가능한 패스
칸사이 레일웨이 패스, 교토-오사카 관광권(케이한 전철) 1일·2일, 교토-오사카 관광 승차권(케이한 전철+오사카 메트로) 1일
- 케이한 요도야바시역 하차 후 지하철 미도스지선 요도야바시역으로 이동해 미도스지 우메다역(소요 시간 3분, 요금 190¥) 또는 난바역(소요 시간 5분, 요금 190¥)으로 갈 수 있다.

고베에서 오사카 가기

JR
고베 시내의 주요 역에서 오사카 우메다 지역까지 가장 빠르게 갈 수 있는 노선이다. 신쾌속이 정차하지 않는 역에서는 쾌속을 이용하고 보통 전철만 정차하는 곳은 신쾌속이 정차하는 역까지 이동해 신쾌속으로 환승하면 이동 시간을 줄일 수 있다.

고베 시내 출발역	중간 환승역	소요 시간(환승 소요 시간 제외)	도착역	요금
JR 산노미야역	-	신쾌속 21분	JR 오사카역	420¥
JR 모토마치역	-	쾌속 31분		420¥
JR 고베역	-	신쾌속 25분		460¥
JR 신나가타역	JR 산노미야역	보통 9분+ 신쾌속 21분		660¥
JR 롯코미치역	-	쾌속 24분		420¥
JR 스미요시역	-	쾌속 20분		410¥
JR 산노미야역	JR 오사카역 + JR 이마미야역	신쾌속 21분+ 보통 14분+ 보통 2분	JR 난바역	740¥

사용 가능한 패스
JR 패스, JR 칸사이 와이드 패스, JR 칸사이 패스, JR 칸사이 미니 패스
- JR 오사카역 하차 후 도보로 지하철 미도스지선 우메다역으로 이동해 미도스지 난바역(소요 시간 8분, 요금 240¥)으로 갈 수 있다.

한큐 전철
고베 시내의 주요 역에서 오사카 우메다 지역으로 이동할 때 가장 저렴하면서 빠르게 이동할 수 있는 노선이다. 한신 전철보다 소요 시간이 적지만 요금이 조금 비싸고 노선이 우메다 방면뿐이라는 것이 단점이다.

고베 시내 출발역	소요 시간(환승 소요 시간 제외)	도착역	요금
고베산노미야역	특급 27분	오사카 우메다역	330¥
하나쿠마역	특급 30분		460¥
고소쿠고베역	특급 31분		460¥
롯코역	보통 36분		330¥

사용 가능한 패스
칸사이 레일웨이 패스, 한큐한신 1DAY 패스
- 한큐 오사카우메다역 하차 후 도보로 지하철 미도스지선 우메다역으로 이동해 미도스지 난바역(소요 시간 8분, 요금 240¥)으로 갈 수 있다.

한신 전철
고베 시내의 주요 역에서 오사카 우메다 또는 난바 방면으로 환승 없이 편하게 이동할 수 있다는 것이 장점이다. JR이나 한큐 전철보다 시간이 조금 더 걸리지만, 요금이 저렴하다.

고베 시내 출발역	중간 환승역	소요 시간(환승 소요 시간 제외)	도착역	요금
고베 산노미야역	-	직통 특급 32분	오사카 우메다역	320¥
모토마치역	-	직통 특급 35분		330¥
고소쿠고베역	-	직통 특급 37분		460¥
니시나다역	미카게역	보통 6분+ 직통 특급 26분		320¥
스미요시역	우오자키역	보통 1분+ 직통 특급 24분		320¥
고베 산노미야역	-	쾌속 급행 45분	오사카 난바역	420¥
모토마치역	아마가사키역	직통 특급 27분+ 보통 20분		420¥
고소쿠고베역	-	쾌속 급행 49분		550¥

사용 가능한 패스
칸사이 레일웨이 패스, 한큐한신 1DAY 패스
- 한신 오사카우메다역 하차 후 도보로 지하철 미도스지선 우메다역으로 이동해 미도스지 난바역(소요 시간 8분, 요금 240¥)으로 갈 수 있다.

나라에서 오사카 가기

JR

JR 나라역에서 출발하는 야마토지 쾌속은 JR 호류지역과 오사카 JR 텐노지를 거쳐 오사카 순환선을 따라 JR 오사카역까지 환승 없이 갈 수 있다. 목적지가 우메다 지역인 경우, 킨테츠 전철과 달리 환승 없이 갈 수 있다는 편리함이 장점이다.

출발역	중간 환승역	소요 시간(환승 소요 시간 제외)	도착역	요금
JR 나라역	-	야마토지 쾌속 52분	JR 오사카역	820¥
JR 호류지역	-	야마토지 쾌속 41분	JR 오사카역	660¥
JR 나라역	JR 텐노지역	야마토지 쾌속 33분+보통 6분	JR 난바역	580¥
JR 호류지역	JR 텐노지역	야마토지 쾌속 22분+보통 6분	JR 난바역	480¥

사용 가능한 패스
JR 패스, JR 칸사이 와이드 패스, JR 칸사이 패스, JR 칸사이 미니 패스

킨테츠 전철

나라 공원에서 가까운 킨테츠 나라역에서 오사카 난바 방면으로 환승 없이 편하게 갈 수 있는 노선이다. 나라의 니시노쿄 지역에 있는 야마토사이다이지역에서도 이용할 수 있다.

출발역	소요 시간(환승 소요 시간 제외)	도착역	요금
킨테츠 나라역	쾌속 급행 39분	오사카 난바역	680¥
야마토사이다이지역	쾌속 급행 32분	오사카 난바역	590¥

사용 가능한 패스
칸사이 레일웨이 패스

히메지에서 오사카 가기

JR

JR 패스 소지자라면 다른 회사 전철에 비해 빠른 신칸센을 이용할 수 있다는 것이 장점이다. 목적지가 우메다(JR 오사카역)이고 환승을 원치 않는다면 특급이나 신쾌속을 이용하는 것이 편리하다.

출발역	중간 환승역	소요 시간(환승 소요 시간 제외)	도착역	요금
❶ JR 히메지역	JR 신오사카역	신칸센(노조미, 미즈호) 29분+쾌속 4분 / 신칸센(히카리) 35분+쾌속 4분	JR 오사카역	3280¥ (자유석)
❷ JR 히메지역	-	특급 슈퍼 하쿠토 54분	JR 오사카역	2720¥ (자유석)
❸ JR 히메지역	-	신쾌속 61분	JR 오사카역	1520¥
❹ JR 히메지역	JR 오사카역+ JR 이마미야역	신쾌속 61분+ 보통 14분+ 보통 2분	JR 난바역	1690¥

사용 가능한 패스
❶ JR 패스(노조미, 미즈호 제외), JR 칸사이 와이드 패스(노조미, 미즈호 포함)
❷ JR 패스, JR 칸사이 와이드 패스
❸❹ JR 패스, JR 칸사이 와이드 패스, JR 칸사이 패스

한신 전철

우메다 지역이 목적지인 여행자라면 산요 히메지역에서 환승 없이 편하게 이용할 수 있는 노선이다. JR보다 시간이 더 걸리지만 가격이 저렴하다.

출발역	소요 시간(환승 소요 시간 제외)	도착역	요금
산요 히메지역	직통 특급 100분	오사카 우메다역	1320¥

사용 가능한 패스
칸사이 레일웨이 패스

- 한신 오사카우메다역에서 하차한 후 도보로 지하철 미도스지선 우메다역으로 이동해 미도스지 난바역(소요 시간 8분, 요금 240¥)으로 갈 수 있다.

Step 2
오사카 시내 교통 한눈에 보기

오사카 메트로와 광역 전철

오사카 대중교통 중 여행자가 많이 이용하게 되는 것이 전철이다. 전철은 '오사카 메트로'라 부르는 시영 지하철과 광역 전철인 JR, 킨테츠, 한큐, 한신, 케이한으로 구분된다. 오사카 메트로는 오사카의 시내 구간만 운행하는 도심 지하철이다. JR과 사철은 오사카 도심 구간을 포함해 주변 다른 도시까지 연결하는 광역 전철이다. 전철은 오사카 시내 거의 모든 관광지로 접근할 수 있어 편리하다. 오사카 메트로는 노선마다 고유의 색이 있으며, 역마다 알파벳 기호와 일련번호가 있어 역 이름을 몰라도 기호로 어느 역인지 알 수 있다.

| 5구간 | 19km 초과 | 390¥ | 200¥ |

- 1회용 승차권으로 연결되어 있지 않은 우메다 지역의 3개 역(우메다역, 히가시우메다역, 니시우메다역)에서 환승할 때는 개찰구 밖으로 나가 추가 요금 없이 환승할 수 있다. 반드시 연두색 개찰구를 이용해야 승차권이 회수되지 않으며 환승 시간은 30분을 넘기지 않아야 한다. 예) 히고바시역 승차, 니시우메다역 → 히가시우메다역 환승, 나카자키초역 하차

노선별 주요 관광지

노선 이름	역 이름	주변 관광지
미도스지	M08 센리추오	반파쿠키넨코엔 및 라라포트 엑스포 시티행 오사카모노레일 환승역
	M13 신오사카	신칸센 환승역
	M16 우메다	우메다 스카이 빌딩, 헵 파이브 대관람차, 츠유노텐 신사, 오사카 스카이 비스타, 요도바시 카메라 멀티미디어 우메다점, 한큐 우메다 본점, 한신 우메다 본점, 그랜드 프론트 오사카, 한큐 3번가, 루쿠아 오사카, 누차야마치 & 누차야마치 플러스
	M19 신사이바시	아메리카무라, 신사이바시지, 미도스지 명품 거리, 다이마루 신사이바시점
	M20 난바	도톤보리, 글리코 러너 전광판, 에비스바시, 톤보리 리버크루즈, 호젠지 요코초, 센니치마에 상점가, 에비스바시스지 상점가, 도톤보리 리버크루즈, 난바 워크, 빅 카메라 난바점, 난바 마루이, 타카시마야, 난바 파크, 우라난바, 센니치마에도구야스지 상점가

오사카 메트로 1회 승차 요금

구간	거리	어른 요금	어린이 요금
1구간	3km 까지	190¥	100¥
2구간	3km 초과 7km 이하	240¥	120¥
3구간	7km 초과 13km 이하	290¥	150¥
4구간	13km 초과, 19km 이하	340¥	170¥

노선	역 이름	주변 관광지
미도스지	M22 도부츠엔마에	텐노지 동물원, 신세카이, 츠텐카쿠, 잔잔요코초, 스파월드 세계의 대온천
	M23 텐노지	텐노지 공원, 텐노지 동물원, 하루카스 300 전망대, 오사카 시립 아베노 방재 센터, 한카이 전차
	M26 나가이	팀랩 보태니컬 가든 오사카
요츠바시	Y15 난바	미도스지선 M20 난바역과 동일
센니치마에	S16 난바	미도스지선 M20 난바역과 동일
	S17 닛폰바시	도톤보리, 쿠로몬 시장, 덴덴타운, 우라난바
	S19 츠루하시	츠루하시 상점가, 오사카 이쿠노 코리아타운, 천연 온천 노베하노유 츠루하시점
나가호리츠루미료쿠치	N15 신사이바시	미도스지선 M19 신사이바시역과 동일
	N17 마츠야마치	카라호리 상점가
	N20 모리노미야	오사카 성
	N21 오사카 비지니스파크	오사카 성
타니마치	T18 타니마치욘초메	오사카 성, 오사카 역사 박물관, BK 플라자
	T19 나카자키초	나카자키초
	T20 히가시우메다	츠유노텐 신사, 소네자키 오하츠텐진도리 상점가
	T21 미나미모리마치	오사카텐만구, 텐진바시스지 상점가
	T22 텐마바시	오사카 덕 투어, 조폐 박물관 벚꽃길
	T26 시텐노지마에유히가오카	시텐노지
	T27 텐노지	미도스지선 M23 텐노지역과 동일
추오	C11 오사카코	지라이온 박물관, 텐포잔 대관람차, 레고랜드 디스커버리 센터, 카이유칸, 산타 마리아 유람선, 텐포잔 마켓 플레이스
	C13 벤텐초	소라니와 온천 오사카 베이 타워
	C18 타니마치욘초메	오사카 성, 오사카 역사 박물관, BK 플라자
	C19 모리노미야	오사카 성
사카이스지	K11 텐진바시스지로쿠초메	텐진바시스지 상점가, 오사카 시립 주택 박물관, 천연 온천 나니와노유
	K12 오기마치	텐진바시스지 상점가
	K17 닛폰바시	도톤보리, 쿠로몬 시장, 덴덴타운, 우라난바
	K18 에비스초	한카이 전차, 신세카이, 츠텐카쿠, 덴덴타운
	K19 도부츠엔마에	미도스지선 M22 도부츠엔마에역과 동일
난코 포트타운 (뉴트램)	P10 트레이드 센터마에	사키시마 코스모 타워 전망대
	P18 스미노에코엔	천연 온천 스파 스미노에

- 오사카 메트로 전 노선(시내 구간 한정)은 오사카 e-패스와 엔조이 에코 카드를 사용할 수 있다.

광역 전철(오사카 시내 & 시크릿 오사카 구간) 주요 관광지

노선 이름	역 이름	주변 관광지
JR 오사카 칸조선	오사카	미도스지선 M16 우메다역과 동일
	텐마	텐진바시스지 상점가
	오사카조코엔	수상 버스 아쿠아라이너
	모리노미야	오사카 성
	츠루하시	센니치마에선 S19 츠루하시역과 동일
	텐노지	미도스지선 M23 텐노지역과 동일
	신이마미야	텐노지 동물원, 신세카이, 츠텐카쿠, 잔잔요코초, 스파월드 세계의 대온천
	다이쇼	나니와 탐험 크루즈
	벤텐초	소라니와 온천 오사카 베이 타워
	니시쿠조	카미카타 온천 잇큐
JR 유메사키선	유니버설 시티	유니버설 스튜디오 재팬
JR 한와선	나가이	팀랩 보태니컬 가든 오사카
JR 토카이도·산요 본선	스이타	아사히 맥주 박물관
	야마자키	산토리 야마자키 증류소
JR·난카이 칸사이쿠코선	린쿠타운	린쿠 프리미엄 아웃렛
킨테츠 나라선	오사카난바	미나토마치 리버 플레이스, 오렌지 스트리트 타치바나도리, 그 외 미도스지선 M20 난바역과 동일
	킨테츠닛폰바시	센니치마에선 S17 닛폰바시역과 동일
	츠루하시	JR 츠루하시역과 동일

한큐 본선	오사카 우메다	미도스지선 M16 우메다역과 동일
한큐 타카라즈카선	이케다	컵 누들 박물관 오사카 이케다
한신 본선	오사카우메다	미도스지선 M16 우메다역과 동일
한신 난바선	오사카난바	미나토마치 리버 플레이스, 오렌지 스트리트 타치바나도리, 그 외 미도스지선 M20 난바역과 동일
	니시쿠조	JR 니시쿠조역과 동일
케이한 본선	텐마바시	타니마치선 T22 텐마바시역과 동일

오사카의 교통 & 관광 패스

오사카 시내에서 이동이 많은 날이라면 교통 패스 구입을 고려해보자. 대표적인 교통 패스는 오사카 e-패스와 엔조이 에코 카드, 두 가지다. 무제한으로 대중교통을 이용할 수 있지만, 패스 가격이 만만치 않아 자칫 패스 가격만큼 이용하지 못할 수도 있으니 여행 계획을 고려해 구입 여부를 결정하자. 칸사이 레일웨이 패스 소지자도 사용 기간 내에 JR을 제외한 오사카 메트로와 시내버스 광역 전철을 무제한으로 이용할 수 있다.

오사카 e-패스

오사카 시내 관광지 중 약 25개 시설을 무료로 이용할 수 있는 관광 패스. 지정 음식점에서의 10% 할인 기능도 포함하고 있다. 온라인 판매처에서 구입해 QR코드를 저장한 뒤 무료 또는 할인 가능한 시설에서 QR코드를 제시해 입장할 수 있다. 구입 시 패스를 사용할 날짜를 선택해 구입해야 하며 같은 시설을 중복 이용할 수 없다. 사용할 날짜 당일까지는 일정 변경이 가능하지만, 날짜가 지나면 패스를 사용할 수 없으니 주의하자.
패스는 1일권과 2일권 두 가지가 있으며 둘 다 대중교통 이용기능이 없다. 1일권의 경우 오사카 메트로 1데이 패스(오사카 메트로 지하철+시티버스) 또는 공유자전거 이용기능을 추가한 것을 선택할 수 있다. 오사카 메트로 1데이 패스를 추가하는 경우 모바일 QR코드로 사용할 수 없고 지정된 장소에서 실물 카드로 교환해 사용해야 한다.

홈페이지 : www.e-pass.osaka-info.jp/kr
가격 : 오사카 e-패스 1일권 2400¥, 2일권 3000¥ / 오사카 e-패스 프리미엄 6500¥
판매 사이트 : KLOOK, KKDAY, Deep Experience Osaka
오사카 메트로 1데이 패스 교환처 : 칸사이 투어리스트 인포메이션 센터 칸사이 국제공항, 에디온 난바 본점 8층, 스기드러그 링크스 우메다점(요도바시 카메라 멀티미디어 우메다 지하 1층)

오사카 메트로 1일 승차권 엔조이 에코 카드

오사카 메트로(지하철) 전 노선과 시내버스를 무제한으로 이용할 수 있는 교통 패스. 오사카 시내에서 하루 동안 이동이 잦은 날 이용할 만하다. 평일보다 주말과 공휴일에 가격이 싸기 때문에 주말에 이용하는 것이 더 효율이 높다. 각 역의 승차권 자동 발매기에서 구매할 수 있다. 사용할 때마다 카드 뒷면에 승차 이력이 기록된다. 1일권으로 당일(24시간 아님)에만 사용할 수 있다.

홈페이지 : https://subway.osakametro.co.jp/ko/

가격 : 평일 820¥, 토·일요일·공휴일 620¥

<1일 승차권 엔조이에코카드 구입하기>

<오사카 메트로 1회용 승차권 구입하기>

① 오사카 메트로(지하철) 각 역 승차권 자동 발매기

② 화면에서 '한국어' 버튼을 터치한다.

③ 화면에서 '카드' 버튼을 터치한다.

④-1 화면에서 아래쪽 인원수를 선택한 후 평일이면 '1일 승차권' 버튼을 터치한다.

④-2 화면에서 아래쪽 인원수를 선택한 후 토·일요일·공휴일이면 '1일 승차권 주말 및 공휴일' 버튼을 터치한다.

⑤ 자동 발매기에 요금을 투입한다.

⑥-1 평일권 구매를 위해 화면에서 '820' 버튼을 터치한다.

⑥-2 주말 및 공휴일권 화면에서 '620' 버튼을 터치한다.

⑦ 1일 승차권이 발권된다.

⑧ 1일 승차권과 거스름돈을 챙긴다.

① 노선도에서 목적지까지의 요금을 확인한다.

② 화면에서 한국어 버튼을 터치한다.

③ 승차권(지하철, 환승 승차권) 버튼을 터치한다.

④ 확인한 요금을 투입한다.

⑤ 인원수를 선택하고 목적지에 해당하는 요금이 쓰인 버튼을 터치한다.

⑥ 승차권과 거스름돈을 챙긴다.

Step 3
오사카 여행 코스

오사카가 처음이라면, '찐' 오사카 방문 인증샷 명소
서울의 경복궁, 파리의 에펠탑처럼 잘 알려진 장소지만 안 가면 섭섭한 곳. 오사카에 왔다면 이곳에서 인증숏은 찍어봐야 하지 않을까.

오사카 e-패스 들고 하루 종일 공짜 여행!
오사카 e-패스로 무료입장 가능한 관광지가 많으니 바쁘다 바빠! 체력은 필수니, 그 와중에 먹거리와 쇼핑 스폿도 살뜰히 챙기자.

음식의 도시 오사카를 체험해 보자

아사히 맥주 박물관을 관람하며 해장술로 하루 일정을 시작. 그랜드 프런트 오사카 우메키타 다이닝에서 우아하게 식사를 한 후 투어 버스로 오사카 도심 드라이브도 즐겨보자. 마무리는 오사카 최대 맛집 거리 도톤보리다.

로컬의 일상 공유하기, 현지인 인기 스폿

여행자와 현지인이 교차하는 장소에서 로컬의 분위기를 느껴보자. 텐시바에서 점심 식사 후 나카자키초의 감성 카페에서 티타임도 가져보자. 텐마역 먹자골목에서 가볍게 1차를 즐기고 2차의 민족답게 퇴근한 직장인이 모여드는 우라난바에서 2차를 달린다.

게임과 애니메이션 덕후력 만렙 충전!

레트로 게임, 캐릭터 상품을 좋아한다면 덴덴타운 홈페이지에서 한국어 안내도를 다운로드해 나만의 보물을 찾아 나서보자. 운전면허증이 없거나 운전에 자신이 없다면 아키바카트 오사카는 일정에서 제외하도록 하자.

놀 것 많은 항만 지역에서 1박 2일
(feat. 유니버설 스튜디오 재팬)

오픈런부터 하루종일 유니버설 스튜디오 재팬에서 즐거운 시간을 보낸 뒤 지친 몸은 온천에서 풀어주자. 자동차에 관심이 있다면 클래식카를 모아놓은 지라이온 박물관을 일정에 추가해도 좋다.

주당이라면 주목! 일본 술 200% 즐기는 애주가 코스

산토리 야마자키 증류소는 오사카 외곽 작은 마을에 있어 양조장을 관람한 뒤 한적하게 여운을 즐기기도 좋다. 오사카로 돌아오는 길에 아사히 맥주 박물관에 들러 위스키에 이어 맥주도 맛보자. 세계 여러 나라의 음식을 맛볼 수 있는 그랜드 프런트 오사카 우메키타 플로어는 늦은 시간까지 영업하니 여유롭게 술과 음식을 즐길 수 있다.

여행 중 당 떨어진 날, 느긋하게 보내는 하루

빡빡한 여행 일정으로 피곤한 날, 하루 정도는 여유 있게 일정을 짜보자. 오전에 온천에 들러 느긋하게 휴식을 취하고 배를 채운 뒤 한카이 전차를 타고 오사카 도심 풍경도 감상해보자. 저녁 무렵에 팀랩 보태니컬 가든에 가면 색색의 불빛으로 물든 아름다운 풍경을 만날 수 있다.

① JR 야마자키역 또는 한큐 오야마자키역
↓ 도보 약 10~12분
② 산토리 야마자키 증류소
↓ JR 야마자키역에서 JR 전철 22분 JR 스이타역+ 도보 약 8분
③ 아사히 맥주 박물관
↓ JR 스이타역에서 JR 전철 9분 JR 오사카역+ 도보 약 8분
④ 그랜드 프런트 오사카 (북관 6층 우메키타 플로어)
↓ 도보 약 18분
⑤ 리커 마운틴 우메다점

① 도부츠엔마에역
↓ 도보 약 2분
② 스파월드 세계의 대온천
↓ 도보 약 1분
③ 신세카이 맛집
↓ 츠텐카쿠에서 도보 약 5분
④ 한카이 전차(에비스초역)
↓ 스미요시역 환승 → 텐노지에키마에역
⑤ 하루카스 300 전망대
↓ 텐노지역에서 지하철 나가이역+ 도보 약 10분
⑥ 팀랩 보태니컬 가든 오사카

오사카가 고향인 음식 도장 깨기

오므라이스, 타코야키, 오코노미야키, 쿠시카츠는 오사카에서 시작된 음식으로 알려져 있다. 본인 마음에 드는 식당에서 한 번쯤 본고장의 맛을 보자.

① 난바역 25번 출구

↓ 도보 약 7분

② 홋쿄쿠세이 신사이바시 본점

↓ 도보 약 7분

③ 오렌지 스트리트

↓ 동쪽 입구에서 도보 약 9분

④ 신사이바시스지

↓ 도톤보리 쪽 입구에서 도보 약 1분

⑤ 도톤보리, 톤보리 리버 크루즈

↓ 도보 약 4분

⑥ 타코야키 쿠쿠루 도톤보리 본점

↓ 도보 약 1분

⑦ 에비스바시스지 상점가

↓ 남쪽 입구에서 도보 약 6분

⑧ 난바 파크 → 도보 약 4분 → ⑨ 센니치마에도구야스지 상점가

↑ 도보 약 7분

⑩ 오코노미야키 미즈노

↑ 도보 약 2분

⑪ 쿠시카츠 다루마 난바 본점

쿠시카츠 다루마

오코노미야키 미즈노

Ⓐ MINAMI
미나미

미나미를 대표하는 키워드를 딱 한 가지만 꼽으라고 한다면 단연! 음식이다. 여행자에게 맛집 거리 1번지는 도톤보리. 각양각색의 간판을 건 식당과 길거리 음식은 여행자의 군침을 흘리게 만든다. 오사카의 향토 음식인 타코야키와 오코노미야키를 비롯해 스시와 라멘 등 웬만한 일본 음식은 여기서 다 맛볼 수 있을 정도다. 여러 가지 식재료와 길거리 음식을 맛볼 수 있는 쿠로몬 시장도 가깝다. 현지인이 즐겨 찾는 맛집에 가고 싶다면 우라난바로 가보자. 퇴근 후 한잔 술로 하루의 피로를 날리는 샐러리맨들의 분위기를 느낄 수 있다.

교통 한눈에 보기

① 칸사이국제공항→미나미	난카이 전철(칸사이공항역-난카이난바역)	46분	970¥
	칸사이 공항 리무진 버스(난바 OCAT행)	50분	1300¥
② 교토→미나미	JR+미도스지선(JR 교토역-JR 오사카역-우메다역-난바역)	50분	580¥
	한큐 전철+미도스지선(교토카와라마치역-오사카우메다역-우메다역-난바역)	65분	650¥
	케이한 전철+미도스지선(기온시조역-요도야바시역-난바역)	65분	620¥
③ 고베→미나미	JR+미도스지선(JR 산노미야역-JR 오사카역-우메다역-난바역)	45분	660¥
	한큐 전철+미도스지선(한큐산노미야역-우메다역-난바역)	46분	570¥
	한신 전철(고베산노미야역-오사카난바역)	41분	420¥
④ 나라→미나미	JR(나라역-텐노지역-난바역)	50분	580¥
	한신 전철(킨테츠나라역-오사카난바역)	36분	680¥
⑤ 키타→미나미	지하철 미도스지선(우메다역-난바역)	8분	240¥
	지하철 요츠바시선(니시우메다역-요츠바시역)	6분	240¥
	지하철 사카이스지선(텐진바시스지로쿠초메역-닛폰바시역)	10분	240¥
⑥ 텐노지→미나미	지하철 미도스지선(텐노지역-난바역)	6분	240¥
⑦ 오사카 성→미나미	지하철 타니마치선+센니치마에선(타니마치욘초메역-타니마치큐초메역-난바역)	11분	240¥
	지하철 추오선+미도스지선(타니마치욘초메역-혼마치역-난바역)	14분	240¥
⑧ USJ→미나미	JR+한신 전철(JR 유니버설시티역-JR 니시쿠조역-니시쿠조역-오사카난바역)	25분	390¥

오사카 미나미 지역 다니는 방법

WALK 걷기에 웬만큼 자신이 있다면 미나미의 주요 관광지는 도보로 이동 가능하다. 지하철 난바역을 기준으로 도톤보리와 신사이바시스지, 에비스바시스지는 5분 정도 거리이고 쿠로몬 시장과 덴덴타운은 10~15분 거리다.

SUBWAY 미나미 지역의 관광지는 지하철 1~2개 역 정도의 거리에 있어 이용할 일이 많지는 않다. 지하철은 주로 우메다나 텐노지 또는 그 외 다른 지역으로 이동하는 경우에 이용하게 된다.

BUS 오사카 시내는 지하철로 대부분 이동이 가능하므로 시내버스를 이용하는 경우는 거의 없다.

TAXI 지하철로 이동하기 애매한 곳이나 걷기에 체력적으로 부담스러운 경우 적절하게 이용하면 된다.

TO DO LIST

☐ 글리코 러너 전광판을 배경으로 기념사진 찍기

☐ 도톤보리 유명 맛집과 쿠로몬 시장에서 미식 즐기기

☐ 에비스바시스지, 신사이바시스지 걸으며 소소한 쇼핑 즐기기

☐ 덕후들의 성지 덴덴타운에서 나만의 보물 찾기

☐ 호리에 오렌지 스트리트에서 카페와 편집숍, 브랜드 숍 구경하기

☐ 저녁에 우라난바의 주점에서 로컬 분위기 즐기기

미나미 추천 코스

도톤보리 주변 도톤보리 서쪽 입구로 진입하면 에비스바시가 가깝다. 도톤보리는 동서로 900m 정도 뻗어 있다. 가게마다 걸린 재미있는 간판은 포토 스폿이 되어준다. 도톤보리와 이어진 호젠지요코초와 센니치마에 상점가도 둘러보고 돈키호테에서 쇼핑을 즐길 수 있다. | **소요 시간 : 약 3시간 30분**

START — 지하철 난바역 14번 출구

도보 3분

① 에비스바시 · 글리코 러너 전광판
글리코 러너 전광판을 배경으로 기념사진 찍기

도보 0분

② 도톤보리
거리를 걸으며 기념사진 촬영과 길거리 음식 맛보기

도보 2분

③ 톤보리 리버 크루즈
보트 투어 즐기기

도보 3분

④ 호젠지요코초
골목 구경하며 호젠지 또는 맛집에 들러보기

도보 1분

⑤ 센니치마에 상점가
상점가를 걸으며 마음에 드는 가게 구경하기

난바역·덴덴타운 주변

난카이난바역 주변에 백화점과 대형 쇼핑몰이 들어서 있으며 옆은 우라난바 구역이다. 관광객이 즐겨 찾는 지역이지만 우라난바 쪽으로 한 블록만 가면 거짓말처럼 현지인의 거리로 바뀐다.

| 소요 시간 : 약 5시간

START 지하철 난바역 14번 출구

도보 3분

1 에비스바시스지
상점가를 걸으며 마음에 드는 가게 구경하기

도보 6분

2 난바파크
쇼핑몰 내 다양한 가게를 둘러보며 식당이나 카페에서 쉬어 가기

도보 5분

3 센니치마에도구야스지 상점가
다양한 주방용품 구경하기

도보 5분

4 덴덴타운
좋아하는 게임이나 캐릭터 숍, 메이드 카페 둘러보기

도보 6분

5 쿠로몬 시장
시장의 가게를 둘러보며 길거리 음식 맛보기

도보 5분

6 우라난바
현지 직장인의 술자리 분위기에 어우러져 저녁 식사 또는 술자리 하기

호리에·신사이바시 주변

도톤보리강 북쪽, 한신 고속 1호 도로의 서쪽을 호리에, 동쪽은 신사이바시 지역으로 구분한다. 오렌지 스트리트 북쪽 요츠바시역과 니시나가호리역 주변은 키타호리에라 부르며 카페와 펍, 작은 공연장이 모여 있다. 남북으로 길게 이어진 신사이바시스지를 따라 백화점과 쇼핑몰, 수많은 상점이 즐비하다. | 소요 시간 : 약 5시간

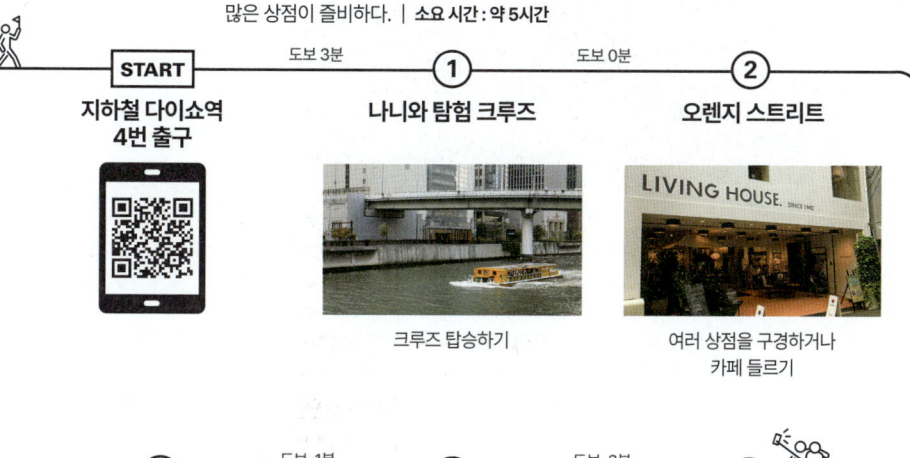

START — 지하철 다이쇼역 4번 출구

도보 3분

1 나니와 탐험 크루즈
크루즈 탑승하기

도보 0분

2 오렌지 스트리트
여러 상점을 구경하거나 카페 들르기

도보 2분

3 미나토마치 리버 플레이스
강을 따라 산책하고 벼룩시장이나 야외 공연이 열리면 구경해 보기

도보 3분

4 아메리카무라
미국과 일본의 분위기가 섞인 거리의 여러 가게를 둘러보며 길거리 음식 맛보기

도보 1분

5 신사이바시스지
다이마루 백화점과 상점가의 가게를 둘러보며 마음에 드는 물건 구입하기

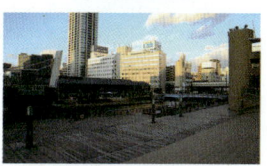

오사카 미나미 지역 1 DAY 코스

미나미의 주요 관광 스폿을 둘러보는 일정이다. 볼거리보다 대부분 관광지가 상점가와 쇼핑 스폿, 먹자골목이기 때문에 취향에 따라 마음에 드는 가게에서 구경하며 시간을 보내거나 좋아하는 음식을 먹기에 좋다. 오타쿠가 아니라면 덴덴타운은 코스에서 빼도 좋다. | 소요 시간 : 약 6시간 30분

지하철 신사이바시역 5번 출구

① 신사이바시스지

다이마루 백화점과 상점가의 가게 둘러보기

② 에비스바시 · 글리코 러너 전광판

글리코 러너 전광판을 배경으로 기념 촬영하기

⑨ 우라난바

저녁 식사 또는 술자리 갖기

도보 0분 ③ 도보 0분 ④ 도보 6분 ⑤

도톤보리   **에비스바시스지**   **난바파크**

거리를 걸으며 기념사진 찍고 맛있는 음식 맛보기   상점가의 가게 둘러보기   쇼핑몰의 가게를 둘러보며 디저트 카페에서 휴식 가지기

⑧ 도보 6분 ⑦ 도보 5분 ⑥

쿠로몬 시장   **덴덴타운**   **센니치마에도구야스지 상점가**

길거리 음식 맛보며 시장 구경하기   좋아하는 게임이나 캐릭터 상품 둘러보기   상점가 구경하며 필요한 물건 쇼핑하기

도톤보리 주변

SIGHTSEEING →

도톤보리
道頓堀

MAP P.258E
VOL1 P.046

도톤보리는 '천하의 부엌', 먹다가 망한다는 '쿠이다오레'라는 수식어로 소개되는 오사카에서 가장 유명한 거리다. 1612년에 야스이 도톤이라는 사람에 의해 강이 운하로 정비되기 시작했다. 도톤보리의 남쪽을 중심으로 연극 공연을 위한 오두막이 들어서면서 일본 연극의 본고장으로 변화했다. 연극으로 사람들이 몰리자 자연스레 식당도 생겨났다. 지금은 약 500m 길이의 거리를 따라 늘어선 맛집을 찾는 여행자로 언제나 인산인해를 이룬다.

ⓕ 지하철 미도스지선·센니치마에선·요츠바시선 난바역 14번 출구에서 도보 1분 ⓣ 없음 ⓞ 제한 없음 ⓗ 연중무휴 ⓟ 무료 ⓦ www.dotonbori.or.jp/ko

글리코 러너 전광판
グリコサイン

MAP P.258E
VOL1 P.047

도톤보리의 볼거리 중 하나를 꼽자면 가게마다 저마다의 개성을 내세운 독특한 간판이다. 그중 가장 유명한 간판이 두 팔을 번쩍 들고 뛰는 육상 선수가 그려진 글리코사의 옥외 광고판이다. 오사카를 대표하는 랜드마크로도 꼽히는데 이 광고판을 배경으로 인증사진을 찍어야 오사카에 가봤다고 할 수 있을 정도다. 1935년에 처음 세워져 여섯번의 리뉴얼을 거쳤고, 2014년에 지금의 디자인으로 바뀌었다.

구글지도 도톤보리 글리코 사인

ⓕ 지하철 미도스지선·센니치마에선·요츠바시선 난바역 14번 출구에서 도보 3분 ⓣ 없음 ⓞ 제한 없음 ⓗ 연중무휴 ⓟ 무료

에비스바시
えびす橋
MAP P.258E

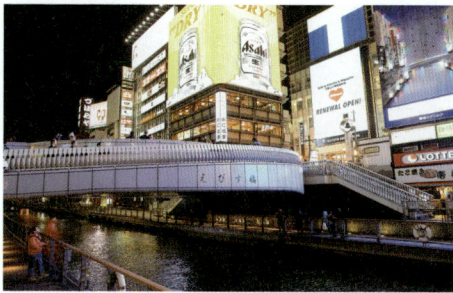

도톤보리의 서쪽 입구 부근 도톤보리강 위에 놓인 다리. 처음 다리가 생긴 시기는 야스이 도톤에 의해 도톤보리강이 정비되던 때라고 전해진다. 예전엔 남자가 여자를 헌팅하는 장소로 유명해 '난바바시 ナンパ橋'라 부르기도 했다. 두 팔과 왼쪽 다리를 들고 글리코 네온사인을 배경으로 인증샷을 찍는 포토 스폿이기도 하다.

구글지도 에비스 다리

🅕 지하철 미도스지선·센니치마에선·요츠바시선 난바역 14번 출구에서 도보 3분 🅗 연중무휴 🅟 무료

호젠지요코초
法善寺横丁
MAP P.258E
VOL.1 P.047

호젠지요코초는 목조건물에 식당과 주점이 늘어선 예스러운 일본 느낌의 골목길이다. 해가 지고 골목에 불이 들어오면 더욱 감성적인 분위기가 된다. 골목 가운데 자리한 호젠지 절엔 이끼가 가득한 미즈카케후도손 水掛不動尊이라는 불상이 유명하다. 불상에 물을 뿌리며 소원을 빌면 이루어진다고 한다.

🅕 지하철 미도스지선·센니치마에선·요츠바시선 난바역 14번 출구에서 도보 3분 🅣 없음 🅞 제한 없음 🅗 연중무휴 🅟 무료

센니치마에 상점가
千日前商店街
MAP P.258E

도톤보리에서 남쪽으로 이어지는 상점가. 오코노미야키 미즈노와 이치란 라멘을 비롯한 맛집과 드러그 스토어, 잡화점 등 다양한 가게가 늘어서 있다. 에도시대 난바 주변은 화장장과 묘지, 형장이 모여 있는 지역이었다. 한 승려가 천일 동안 염불을 외며 불공을 드렸다. 이후 사람들은 승려의 공적을 기려 이 지역을 센니치마에라고 불렀다.

🅕 지하철 미도스지선·센니치마에선·요츠바시선 난바역과 연결된 난바워크 지하상가 B20 출구 앞 🅣 가게마다 다름 🅞 가게마다 다름 🅗 가게마다 다름 🅟 가게마다 다름 🅦 www.sennichimae.com

우키요코지
浮世小路
MAP P.258E

도톤보리 이마이 우동집 옆에 있는 좁은 골목. 폭은 약 1m 남짓, 길이 50m 정도인 골목에 타이쇼·쇼와시대 도톤보리 주변의 풍경을 재현해놓았다. 붉은색 등롱 사이엔 연극 공연이 번성하던 시절 극장과 찻집이 늘어선 거리 모습과 재현한 장식품이 벽을 채운다. 골목 중간엔 일본의 전래동화에 나오는 잇슨보시를 모신 신사도 있다.

🅕 지하철 미도스지선·센니치마에선·요츠바시선 난바역 14번 출구에서 도보 4분 🅣 없음 🅞 제한 없음 🅗 연중무휴 🅟 무료 🅦 www.dotonbori.or.jp/ukiyo

하리쥬 도톤보리점
はり重 道頓堀店
MAP P.258E

타코야키 쿠쿠루 도톤보리 본점
たこ家道頓堀くくる道頓堀本店
MAP P.258E

1919년에 개업한 흑모 와규 전문점이다. 일본 전통 요리인 스키야키와 샤부샤부를 판매하는 니혼 료리, 비프 커틀릿과 햄버그스테이크, 스튜 등을 파는 하리쥬 그릴, 카레라이스와 소고기 커틀릿 카레, 야키니쿠 정식 등을 파는 하리쥬 카레 숍까지 3개의 가게로 구성되어 있다.

오사카 쇼치쿠좌 맞은편, 쿠쿠루 간판을 다리로 감싼 빨간색 문어가 눈길을 끄는 가게. 타코야키도 인기 메뉴지만 도톤보리 내 다른 타코야키 가게와 다른 점은 효고현 아카시의 향토 음식인 아카시야키를 함께 판매한다는 것. 아카시야키는 반죽에 달걀을 넣어 달걀찜처럼 푹신한 식감을 내는데 생선으로 우려낸 맑은 국물에 담갔다 먹는다.

구글 지도 하리쥬 도톤보리 본점

지하철 미도스지선·센니치마에선·요츠바시선 난바역 14번 출구에서 도보 1분 06-6211-7777 11:30~22:30(L.O 21:15) 화요일(공휴일 또는 공휴일 전날인 경우, 12월에는 영업) 스키야키코스 1인 7700¥~ www.harijyu.co.jp

구글 지도 타코야키 쿠쿠루 본점

지하철 미도스지선·센니치마에선·요츠바시선 난바역 14번 출구에서 도보 2분 06-6212-7381 월~금요일 11:00~21:00, 토·일·공휴일 10:00~21:00(L.O 20:30) 연중무휴 타코야키 979¥(8개), 1199¥(10개), 1419¥(12개), 아카시야키 979¥(8개) www.shirohato.com/kukuru

카니도라쿠 도톤보리 본점
かに道楽 道頓堀本店
MAP P.258E

겐로쿠스시 도톤보리점
元禄寿司 道頓堀店
MAP P.258E
VOL.1 P.102

1960년 도톤보리에 처음 문을 연 게 전문 식당이다. 포토 스팟으로도 인기를 얻고 있는 빨간색 대게가 다리를 움직이는 간판으로 유명하다. 대표 메뉴는 개업 당시부터 꾸준히 인기를 얻고 있는 카니스키다. 맑고 깊은 맛의 육수를 끓여 채소와 함께 게살을 익혀 먹는 요리다. 게 구이와 게살 샤부샤부도 인기 메뉴다.

1958년 처음으로 회전초밥 가게를 시작한 겐로쿠스시의 도톤보리점이다. 회전초밥은 겐로쿠스시의 창업주 부모님이 운영하던 맥주 공장의 컨베이어 벨트에서 힌트를 얻었다고 한다. 스시의 재료에 따라 가격대가 조금씩 다르며 대체로 가격대비 무난한 맛을 보인다. 본점은 킨테츠선 후세역 근처에 있다.

지하철 미도스지선·센니치마에선·요츠바시선 난바역 14번 출구에서 도보 3분 06-6211-8975 11:00~22:00(21:00까지 입장) 12월 31일 미즈키(런치 코스) 4950¥, 츠구미(런치 코스) 5940¥ https://douraku.co.jp

지하철 미도스지선·센니치마에선·요츠바시선 난바역 14번 출구에서 도보 4분 06-6211-8414 월~금요일 11:15~22:30, 토·일·공휴일 10:45~22:45 연중무휴 매장 식사 기준 1접시 165~385¥ www.mawaru-genrokuzusi.co.jp

도톤보리 이마이
道頓堀今井

MAP P.258E
VOL1 P.106

1946년에 개업해 일본 전역에 지점을 가진 이마이 본점. 홋카이도산 천연 다시마에 큐슈산 사바부시, 우루메부시를 섞어 맑으면서도 감칠맛과 깊은 맛을 내는 국물이 특징이다. 기본은 밀가루 면이지만 취향에 따라 소바(메밀 면)을 선택할 수 있다. 메뉴에 따라 토핑으로 어묵, 새우튀김, 오리고기, 버섯 등을 올린다.

📍 지하철 미도스지선·센니치마에선·요츠바시선 난바역 14번 출구에서 도보 4분 ☎ 06-6211-0319 ⏰ 11:30~21:30(L.O 21:00) 🚫 수요일(공휴일인 경우 영업) 💰 키츠네 우동 880¥ 🌐 www.d-imai.com

킨류 라멘 도톤보리점
金龍ラーメン 道頓堀店

MAP P.258E
VOL1 P.108

무료로 무제한 제공되는 공깃밥과 반찬으로 나오는 김치로 한국인에게도 잘 알려진 라멘집이다. 붉은색 가게 건물과 초록색 용 간판 때문에 멀리서도 눈에 잘 띈다. 메뉴는 라멘 한 가지지만 고명으로 얹는 차슈의 양에 따라 가격이 달라진다. 24시간 운영이라 그런지 언제 가도 기다리는 줄이 거의 없어 편하다.

📍 지하철 미도스지선·센니치마에선·요츠바시선 난바역 14번 출구에서 도보 6분 ☎ 06-6211-3999 ⏰ 24시간 🚫 연중무휴 💰 라멘 800¥, 차슈라멘 1100¥

도톤보리 카무쿠라 센니치마에점
本どうとんぼり神座 千日前店

MAP P.258E

잘게 썰어낸 양배추로 그릇을 가득 덮은 라멘으로 유명한 곳. 채소를 주재료로 사용해 담백하면서 가벼운 느낌의 국물이 다른 라멘집과 차별된다. 돼지고기를 끓여 만들어 느끼한 라멘 국물을 선호하지 않는다면 한 번쯤 시도해볼 만하다. 기본 오이시 라멘에 더하는 토핑에 따라 메뉴가 달라진다. 교자와, 가라아게 등 사이드 메뉴도 선택 가능.

📍 지하철 미도스지선·센니치마에선·요츠바시선 난바역 14번 출구에서 도보 5분 ☎ 06-6213-1238 ⏰ 10:00~23:30(L.O 23:00) 🚫 연중무휴 💰 오이시 라멘 820¥ 🌐 https://kamukura.co.jp

오코노미야키 미즈노
お好み焼 美津の

MAP P.258E
VOL1 P.112

1945년에 개업한 오코노미야키 전문점. 여러 해에 걸쳐 미슐랭 가이드에 선정되었으며 언제나 문 앞에 대기자가 많다. 참마와 함께 고기, 해산물, 채소가 섞여 부드러운 맛을 내는 야마이모야키와 여섯 가지의 재료를 넣은 미즈노야키가 인기 메뉴다. 테이블에 놓인 철판에서 직원이 직접 요리해주기 때문에 보는 재미도 있다.

📍 지하철 미도스지선·센니치마에선·요츠바시선 난바역 14번 출구에서 도보 4분 ☎ 06-6212-6360 ⏰ 11:00~22:00(L.O 21:00) 🚫 목요일(공휴일, 골든위크, 연말연시일 경우 영업) 💰 미즈노야키 1500¥, 야마이모야키 1730¥ 🌐 www.mizuno-osaka.com

텟판진자 도톤보리점
鉄板神社 道頓堀店

MAP P.258E

도톤보리 강가에 위치한 꼬치구이 전문점. 고기, 채소, 해산물 등 다채로운 재료를 꼬치에 꿰어 철판에 호쾌하게 구워낸다. 메뉴판에서 원하는 꼬치를 골라 주문지에 체크하면 오픈 주방에서 조리해서 가져다 준다. 무엇을 주문해도 거의 실패가 없으나 아스파라거스 베이컨 메뉴는 꼭 시킬 것. 한글 메뉴판을 갖추고 있다.

구글 지도 테판진자 도톤보리점

도톤보리 강변. 에비스바시에서 도톤보리 강을 따라가다 나타나는 다음 다리 바로 옆에 있다. ☎ 050-5868-1977 ⏰ 12:00~03:00 연중무휴 💰 각종 꼬치 요리 150~500¥, 기타 각종 철판 요리 400~1200¥ 🌐 www.teppan-jinjya.com

이치란 라멘 도톤보리점 본관
一蘭 道頓堀店本館

MAP P.258E
VOL.1 P.108

후쿠오카에 본점을 둔 돈코츠 라멘 전문점. 라면 종류도 돈코츠 라멘 한 가지뿐이다. 무인 주문기에서 주문 후 독서실처럼 칸막이가 된 1인석 자리에 앉으면 요청 사항을 적는 종이를 준다. 자신의 입맛에 따라 맛의 진하기 정도, 기름진 정도, 토핑 종류 선택, 소스 선택, 면의 익힘 정도까지 선택할 수 있다.

지하철 미도지선·센니치마에선·요츠바시선 난바역 14번 출구에서 도보 5분 ☎ 06-6212-1805 ⏰ 10:00~22:00(L.O 21:45) 연중무휴 💰 라멘 1080¥ 🌐 https://ichiran.com

앗치치 혼포 도톤보리 본점
あっちち本舗 道頓堀店

MAP P.258E
VOL.1 P.111

머리에 노란 띠를 두른 귀여운 문어 캐릭터와 '앗치치 앗치치 혼포노~'로 시작하는 앗치치 해피데이라는 중독성 강한 노래가 흘러나오는 타코야키 가게. 기본 타코야키에 타코야키소스와 폰즈소스, 마요네즈, 간장, 소금 등 여러 가지 토핑을 조합한 메뉴를 선택할 수 있다. 음료가 함께 나오는 세트 메뉴를 선택하면 100엔이 할인된다.

구글 지도 앗치치 도톤보리 본점

지하철 미도스지선·센니치마에선·요츠바시선 난바역 14번 출구에서 도보 5분 ☎ 06-7860-6888 ⏰ 월~목, 일요일, 공휴일 10:00~02:00, 금요일 09:00~02:00, 토요일 09:00~03:00 연중무휴 💰 타코야키(8개) 600¥, 타코야키+음료 세트 700¥ 🌐 www.acchichi.net

혼케오타코 도톤보리 본점
本家大たこ 道頓堀本店

MAP P.258E
VOL.1 P.111

1972년에 도톤보리에서 타코야키 가게 중 제일 먼저 생긴 곳이다. 오래된 역사와 달리 전면에 가판대가 놓인 가게는 소박한 모습이다. 타코야키 자체는 그리 크지 않지만, 속에 들어 있는 문어가 꽤 실하다. 타코야키 가게에서는 드물게 야키소바와 쿠시카츠도 함께 판매한다.

구글 지도 본가 오타코 도톤보리 본점

지하철 미도스지선·센니치마에선·요츠바시선 난바역 14번 출구에서 도보 4분 ☎ 06-6211-5223 ⏰ 10:00~23:00 연중무휴 💰 타코야키 500¥(6개), 800¥(10개) 🌐 http://foresta.group

아지노야
味乃家

MAP P.258E

수십 년 동안 고수한 듯한 아날로그 감성 물씬 풍기는 가게 분위기와 벽 곳곳에 걸린 유명인의 사인이 1965년에 문을 연 맛집이라는 것을 말해주는 듯하다. 갖가지 재료를 모두 담은 스페셜 믹스 오코노미야키와 세 가지 맛 미니 사이즈 오코노미야키, 오믈렛 야키소바, 네기야키 등 이 집만의 독특한 메뉴들이 시선을 끈다.

지하철 미도스지선·센니치마에선·요츠바시선 난바역 14번 출구에서 도보 1분 06-6211-0713 화~목요일, 일요일·공휴일 11:00~22:00, 금~토요일 11:00~23:00 월요일 스페셜 믹스 오코노미야키 2990¥, 아지노야 믹스 오코노미야키 1480¥ http://ajinoya-okonomiyaki.com/ko

타코우메 본점
たこ梅 本店

MAP P.258E

1844년부터 오뎅을 파는 노포로 목조로 된 지금의 가게 외관도 옛 모습과 크게 다르지 않다. 따뜻한 술이 잘 식지 않도록 속이 빈 이중구조의 컵을 만들었으며 지금도 사용한다. 오뎅은 니혼슈와 잘 어울리며 맥주와도 잘 어울리는 문어, 채소 조림, 고래 고기 등을 맛볼 수 있는 곳이다.

지하철 미도스지선·센니치마에선·요츠바시선 난바역 14번 출구에서 도보 7분 06-6211-6201 16:00~21:50(L.O 21:30) 부정기(홈페이지에 공지) 오뎅 단품 181~990¥ https://takoume.jp

메오토젠자이
夫婦善哉

MAP P.258E

부부를 의미하는 메오토 夫婦와 단팥죽을 의미하는 젠자이 善哉가 합쳐져 가게 이름이 되었다. 1883년에 개업한 가게로 일본의 소설가 오다 자쿠노스케가 발표한 동명 소설의 배경이기도 하다. 한 그릇을 둘이 나누어 먹으면 헤어진다는 속설 때문에 1인분이 두 그릇으로 제공된다. 그 때문에 부부나 커플이 먹으면 사이가 좋아진다고 한다.

지하철 미도스지선·센니치마에선·요츠바시선 난바역 14번 출구에서 도보 2분 06-6211-6455 10:00~22:00(L.O 21:45) 연중무휴 메오토젠자이 820¥ https://sato-res.com/meotozenzai

츠루통탄 소에몬초 본점
つるとんたん 宗右衛門町店

MAP P.258E
VOL.1 P.119

커다란 그릇 때문에 '세숫대야 우동'으로 잘 알려진 곳이다. 일본 각지에 지점을 둔 프랜차이즈지만 맛도 체인점 수준 이상이다. 나비 같은 느낌의 우동부터 얼음 위에 면을 올린 냉우동까지 재료도 모양도 다양한 수십 종류의 우동이 커다란 메뉴판을 가득 채운다. 자신의 기호에 따라 면의 굵기와 양, 토핑을 선택할 수 있다.

구글 지도 츠루통탄 소에몬쵸점

지하철 사카이스지선·센니치마에선·닛폰바시역 2번 출구에서 도보 3분 06-6211-0021 월~금요일, 일요일 11:00~다음 날 06:00, 금~토요일 11:00~다음 날 08:00 연중무휴 명란크림 우동 1580¥, 카레 우동 1180¥ https://www.tsurutontan.co.jp

하나마루켄 난바·호젠지점　MAP P.258E
花丸軒 難波・法善寺店

일본 내 라멘 가게에 고기를 공급하는 정육 회사에서 운영하는 라멘집. 돼지 뼈를 12시간 이상 고아낸 육수를 베이스로 한 쇼유(간장) 맛 라멘이다. 그래서인지 국물이 기름지고 간은 약간 센 편이다. 대표 메뉴는 '행복'이라는 뜻의 시아와세 라멘. 기본 시아와세 라멘에 삶은 달걀이나 차슈를 올린 라멘, 밥이나 교자가 함께 나오는 세트도 있다.

📍 지하철 미도스지선·센니치마에선·요츠바시선 난바역 14번 출구에서 도보 4분　📞 06-6213-0131　🕐 24시간　❌ 일요일, 연말연시　🍜 시아와세 라멘 950¥　🌐 https://arakawa-fs.jp

큐슈라멘 키오우 도톤보리점　MAP P.258E
九州らーめん亀王 道頓堀店　VOL.1 P.108

낯선 이름의 식당인데 언제나 줄이 있어 호기심을 자극하는 라멘집이다. 식당 로고의 거북이 그림은 늦더라도 라멘 업계의 톱을 지향한다는 의미를 담고 있다. 일본라멘의 정석인 돼지 뼈를 고아 만든 진한 국물과 얇은 면발, 녹는다는 느낌의 부드러운 차슈가 특징이다. 토마토 베이스 라멘과 국물이 없는 아부라소바도 인기 메뉴다.

구글 지도　규슈라멘 키오-토마토라멘

📍 지하철 미도스지선·센니치마에선·요츠바시선 난바역 11번 출구에서 도보 3분　📞 06-6484-0090　🕐 11:00~01:30(L.O)　❌ 비정기　🍜 키오라멘 980¥, 치즈토마토라멘 990¥　🌐 https://shop.kiou.co.jp

SHOPPING →

돈키호테 도톤보리점　MAP P.258E
ドン・キホーテ 道頓堀店　VOL.1 P.185

언젠가부터 일본 여행을 할 때 한번은 들러야 하는 쇼핑 필수 코스가 된 곳이다. 저렴한 가격에 생활 필수품과 과자, 의약품, 화장품, 전자 제품에 이르기까지 다양한 제품을 갖춰 구경하는 재미도 있다. 소비세를 제외한 제품 구매 금액이 5000¥ 이상이면 계산할 때 현장에서 바로 면세 혜택을 받을 수 있다.

📍 지하철 미도스지선·센니치마에선·요츠바시선 난바역 14번 출구에서 도보 5분　📞 06-4708-1411　🕐 11:00~다음 날 03:00　❌ 연중무휴　🛒 제품마다 다름　🌐 www.donki.com

ENJOYING →

톤보리 리버 크루즈　MAP P.258E
とんぼりリバークルーズ

도톤보리강을 따라 운행하는 유람선. 돈키호테 도톤보리점 앞 선착장에서 출발해 호리에 미나토마치 리버 플레이스 근처와 닛폰바시까지 약 2km 구간을 운행한다. 도톤보리 주변 풍경을 감상하며 잠시 여유로운 시간을 보내기 좋다. 일본어로 열심히 설명하는 승무원과 다리 밑을 지날 때 손을 흔들어주는 사람들과의 교감도 쏠쏠한 재미다.

📍 지하철 미도스지선·센니치마에선·요츠바시선 난바역 14번 출구에서 도보 5분　📞 06-6441-0532　🕐 11:00~21:00(매시 정각과 30분에 출항)　❌ 부정기(홈페이지에 공지)　🎫 어른 1500¥, 중·고·대학생 1000¥, 초등학생 500¥　🌐 www.ipponmatsu.co.jp

난바역, 덴덴타운 주변　　　SIGHTSEEING →

난바파크
なんばパークス　　　MAP P.258F

오사카 미나미 지역에서는 가장 큰 규모의 복합 쇼핑몰. 다양한 생활 잡화와 의류, 푸드코트 등의 가게가 입점해 있다. 부드럽고 유려한 곡선의 건물 곳곳에 꾸민 미니 정원, 저녁이면 곳곳에서 빛나는 조명으로 휴식 공간으로도 인기가 높다. 8층에 마련된 난카이 호크스 기념관에는 과거 난카이 호크스 야구팀에 관련된 물품이 전시돼 있다.

구글 지도　난바 파크스

🄵 지하철 미도스지선·센니치마에선·요츠바시선 난바역 5번 출구에서 도보 5분 🅣 06-6644-7100 🅞 11:00~21:00(가게마다 다름) 🅗 가게마다 다름 🅟 가게마다 다름 🅦 https://nambaparks.com

에비스바시스지 상점가
戎橋筋商店街　　　MAP P.258E / P.258F

넉넉한 풍채와 수염난 얼굴을 한 '에비탄'을 마스코트로 하는 상점가. 도톤보리 에비스바시 남쪽에서부터 난바마루이 백화점 옆까지 약 350m에 이르는 구간을 따라 가게와 식당 등의 점포가 이어진다. 1615년 도톤보리강 정비가 끝나고 점차 상점가가 형성되면서 수백 년의 시간에 걸쳐 현재의 모습으로 발전했다.

🄵 난바워크 지하상가(지하철 난바역과 연결) B13·B15번 출구 앞 🅣 가게마다 다름 🅞 가게마다 다름 🅗 연중무휴(가게마다 다름) 🅟 가게마다 다름 🅦 www.ebisubashi.or.jp

난바워크
なんばウォーク　　　MAP P.258E

한신·킨테츠 전철 오사카난바역에서부터 지하철 난바역을 지나 닛폰바시역까지 이어지는 약 700m 길이의 지하 쇼핑 스트리트. 서쪽에서부터 1~3번가로 구역이 나뉘어 있다. 쇼핑가 내에는 만남의 장소로 활용되는 모두 5개의 광장이 조성돼 있는데 1번가 아트 파크에는 시카고 미술관 소장 작품의 복제 미술품이 전시돼 있다.

🄵 난바워크 지하상가(지하철 난바역과 연결) B3~B30번 출구 지하 🅣 가게마다 다름 🅞 10:00~22:00(가게마다 다름) 🅗 부정기(홈페이지에 공지) 🅟 가게마다 다름 🅦 https://walk.osaka-chikagai.jp

쿠로몬 시장
黒門市場　　　MAP P.258E / P.258F

1822년, 엔묘지라는 절의 산문 앞에 생선 장사꾼들이 시장을 열면서 엔묘지 시장이 생겼다. 절의 산문이 검은색이었는데 1912년에 난바 대화재 때 절이 소실된 이후 사람들은 '검은 문의 시장'이라는 의미인 쿠로몬 시장으로 불렀다. 식재료 외 길거리 음식과 기념품, 생필품 등을 판매해 현지인과 관광객의 발길이 끊이지 않는다.

구글 지도　쿠로몬시장

🄵 지하철 사카이스지선·센니치마에선 닛폰바시역 10번 출구에서 도보 1분 🅣 06-6631-0007 🅞 08:00~21:00(가게마다 다름) 🅗 가게마다 다름 🅟 가게마다 다름 🅦 https://kuromon.com

EATING →

우라난바
裏難波
MAP P.258F

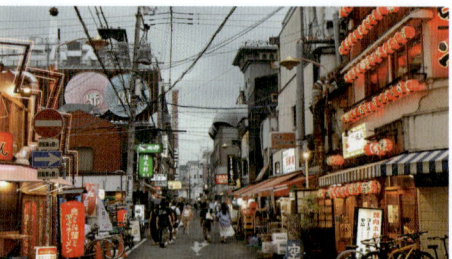

'난바의 뒤'라는 의미인 우라난바는 난바의 뒷골목으로 10여 년 전부터 관광객보다는 현지인에게 입소문이 나면서 맛집 거리로 핫해진 곳이다. 퇴근 후 귀갓길에 삼삼오오 모여 하루의 피로를 푸는 직장인들의 모습을 많이 볼 수 있다. 서민적인 느낌의 식당과 술집이 대부분이라 로컬의 분위기를 즐기고 싶을 때 들르기 좋다.

🚇 난바 난난 지하상가(지하철 난바역 2·3번 출구 방향에서 연결) E9번 출구에서 도보 2분 ⏱ 가게마다 다름 ☎ 가게마다 다름 🏠 가게마다 다름 💴 가게마다 다름 🌐 https://uranmb.com

다이닝 아지토
DINING あじと
MAP P.258F

우라난바 일본 유명인들의 호평으로 유명해지면서 우라난바가 알려지는 계기가 된 가게다. 대표 메뉴인 흑모 와규를 사용한 로스트비프와 생선 요리, 파스타, 피자까지 다양한 메뉴와 니혼슈와 맥주, 와인 등을 고를 수 있다. 점심에는 카레라이스나 스테이크를 올린 도시락 등 캐주얼한 음식을 맛볼 수 있다.

구글 지도 다이닝구 아지토

🚇 난바 난난 지하상가(지하철 난바역 2·3번 출구 방향에서 연결) E9번 출구에서 도보 3분 ☎ 06-6633-0588(17:00~23:00), 090-8826-0588(예약) ⏱ 점심 11:30~14:30, 저녁 17:00~23:00 🏠 부정기 💴 난코츠이리츠쿠네 680¥, 로스트비프 2480¥ 🌐 www.dining-ajito.com

사카나야 히데조 타치노미텐
魚屋 ひでぞう 立ち呑み店
MAP P.258F

우라난바 '서서 마시는 가게'라는 이름대로 의자 없이 바와 테이블 앞에 서서 먹는 선술집으로 우리나라 실내 포차 같은 유쾌한 분위기다. 저렴하면서도 맛있는 안주로 인기가 자자해 문을 열자마자 순식간에 가게가 손님으로 가득 찬다. 안주는 참치와 꽁치, 넙치, 오징어, 문어, 성게 등 싱싱한 제철 해산물로 만든 요리다.

🚇 난바 난난 지하상가(지하철 난바역 2·3번 출구 방향에서 연결) E9번 출구에서 도보 3분 ☎ 06-6648-8789 ⏱ 17:00~24:00 🏠 연중무휴 💴 단품 요리 280~880¥ 🌐 http://s-hidezo.jp

치보 센니치마에 본점
千房 千日前本店
MAP P.258F

철판에서 익어가는 오코노미야키에 하얀색 마요네즈를 뿌려 멋진 모양을 내는 퍼포먼스를 넋을 잃고 보다 보면 어느새 먹음직한 오코노미야키가 완성된다. 테이블에는 가츠오부시와 파슬리를 비롯한 소스와 시치미까지 놓여 있어 취향대로 뿌려 먹을 수 있다. 인기 메뉴는 도톤보리 야키로 취향에 따라 파와 서니사이드업 달걀을 추가할 수 있다.

🚇 난바 난난 지하상가(지하철 난바역 2·3번 출구 방향에서 연결) E5번 출구에서 도보 2분 ☎ 06-6643-0111 ⏱ 11:00~22:00 🏠 연중무휴 💴 도톤보리야키 2280¥ 🌐 www.chibo.com

리쿠로오지상노미세 난바 본점
りくろーおじさんの店なんば本店 MAP P.258E VOL1 P.143

수플레 치즈 케이크 하나로 맛집 반열에 오른 빵집. 딸랑딸랑 종소리가 울리면 김이 모락모락 올라오는 치즈 케이크가 오븐에서 나오고 가게의 상징인 인상 좋게 웃는 아저씨 그림이 빵 위에 찍힌다. 갓 구운 치즈 케이크는 입안에서 녹아내린다. 2층과 3층에 마련된 카페에서 2잔 분량으로 준비되는 커피나 홍차와 함께 즐겨도 좋다.

구글 지도 리쿠로오지산노미세 난바본점

🚇 지하철 미도스지선·센니치마에선·요츠바시선 난바역 11번 출구에서 도보 2분 ☎ 0120-57-2132 🕐 1층 매장 09:00~20:00, 2층 카페 11:30~17:30(L.O 16:30) 🏠 연중무휴 💴 치즈 케이크 965¥ 🌐 www.rikuro.co.jp

지유켄 난바 본점
自由軒 難波本店 MAP P.258E VOL1 P.114

1910년에 오사카 최초의 서양식 음식점으로 개업한 식당. 100여 년 동안 꾸준하게 인기를 얻고 있는 명물 카레로 유명하다. 접시에 담은 카레라이스 가운데 날달걀을 얹은 모양이 독특하다. 카레라이스 외에도 오므라이스와 스테이크, 튀김, 커틀릿 등 메뉴가 다양하다.

🚇 지하철 미도스지선·센니치마에선·요츠바시선 난바역 11번 출구에서 도보 2분 ☎ 06-6631-5564 🕐 11:00~20:00 🏠 월요일 💴 메이부츠 카레 900¥ 🌐 www.jiyuken.co.jp

551호라이 본점
551蓬莱 本店 MAP P.258E

돼지고기를 넣은 만두, 부타망으로 유명한 중화요리 전문점이다. 1층은 테이크아웃 매장으로, 2층과 3층은 중화요리 식당으로 운영된다. 대표 메뉴인 부타망은 찐빵처럼 두툼한 만두피 안에 돼지고기로 만든 큼직한 소가 들어있다. 구입하자마자 따뜻할 때 먹는 것이 가장 맛있게 먹는 방법이다.

구글 지도 551 호라이만두

🚇 지하철 미도스지선·센니치마에선·요츠바시선 난바역 11번 출구에서 도보 1분 ☎ 06-6641-0551 🕐 1층 매장 10:00~21:30 🏠 첫째·셋째주 화요일+부정기(홈페이지에 공지) 💴 부타망 4개 920¥, 6개 1380¥ 🌐 www.551horai.co.jp

쥬테이
重亭 MAP P.258E

1946년에 개업한 경양식집. 식당 인테리어에서 일본 쇼와시대 특유의 복고적인 분위기가 묻어난다. 창업 당시의 맛을 지키기 위해 늘 노력한다는데 맛을 입에 넣으면 살살 녹는 육즙 가득한 함박스테이크가 유명하다. 빵빵하게 부푼 듯 두툼한 고기에 얹은 데미글라스 소스와도 잘 어울린다. 오므라이스도 꽤 인기 메뉴.

🚇 지하철 미도스지선·센니치마에선·요츠바시선 난바역 11번 출구에서 도보 3분 ☎ 06-6641-5719 🕐 11:30~14:30(L.O), 17:00~19:30(L.O) 🏠 수요일+부정기 💴 햄버그스테이크(180g) 1300¥, 오므라이스 850¥ 🌐 www.jyutei.com

스시 마츠모토
鮨まつもと

MAP P.258E
VOL.1 P.129

도쿄 아카사카에 위치한 미슐랭 1스타 스시야 '마츠모토'의 오사카 분점. 난바 한복판에 자리해 찾기 쉽다. 5천엔 안팎의 저렴한 가격에 오마카세를 경험할 수 있다. 오사카다운 쾌활하고 소박한 분위기도 매력적. 일본의 대표적인 미식 포털 '타베로그'에서 예약할 수 있다.

📍 난바 비쿠카메라와 같은 큰길 선상에 있다. ☎ 050-5570-8702 🕐 12:00~15:00, 17:00~23:00 📅 부정기 💰 점심 오마카세 코스 4000~1만 2000¥ 🌐 sushi-matsumoto-g.com

하브스 난바파크점
HARBS なんばパークス店

MAP P.258F

나고야에 본점을 둔 하브스의 오사카 지점 중 하나. 첨가물은 줄이고 제철 과일과 신선한 재료를 사용해 최적의 레시피로 완성한 케이크로 이름 높은 곳이다. 신메뉴를 선보이기보다 변함없는 맛을 유지하기 때문에 언제 방문해도 원하는 메뉴를 찾을 수 있다. 난바파크점에서는 13종류의 케이크와 커피, 차 외에 파스타로 식사도 가능하다.

구글 지도 하브스 난바파크스점

📍 지하철 미도스지선·센니치마에선·요츠바시선 난바역 5번 출구에서 도보 5분 난바파크 내 3층 ☎ 06-6636-0198 🕐 11:00~20:00 📅 연중무휴 💰 미루 크레프(Mille Crepes) 1조각 980¥ 🌐 www.harbs.co.jp

닛폰바시 이치미젠
日本橋一味禅

MAP P.258F

일본 돈부리 그랑프리 텐동 부문에서 금상을 수상한 식당. 우리나라에도 <식신로드>라는 프로그램에서 소개된 적이 있다. 가게 규모는 작지만 대체로 대기가 거의 없는 편이어서 편하다. 기름에서 갓 건져낸 튀김을 밥 위에 푸짐하게 얹는다. 튀김의 주재료는 새우와 닭고기, 붕장어로 채소튀김과 함께 섞어 메뉴를 구성한다.

📍 지하철 사카이스지선·센니치마에선 닛폰바시역 5번 출구에서 도보 8분 ☎ 06-6643-2006 🕐 11:00~16:00 📅 월요일+부정기 💰 에비아나고텐 1100¥ 🌐 www.ichimizen.com

규카츠 토미타
牛かつ 冨田

MAP P.258F

덴덴타운 초입에 위치한 규카츠 전문점. 소고기 겉면을 튀겨낸 상태에서 서빙되며 자리에 마련된 미니 화로에서 직접 구워 먹는 방식이다. 고기를 입안에 넣으면 살살 녹는다는 느낌이 들 정도로 육질이 부드럽다. 규카츠와 밥, 샐러드, 미소국이 포함된 세트이며 고기 양과 마 유무를 고를 수 있다. 밥은 무료로 한 번 리필 된다.

구글 지도 토미타 규카츠

📍 난바 난난 지하상가(지하철 난바역 2·3번 출구 방향에서 연결) E9번 출구에서 도보 4분 ☎ 없음 🕐 11:00~21:00(L.O 20:45) 📅 연중무휴 💰 규카츠 세트(마 없음 130g) 1800¥, 규카츠 세트(마 없음 260g) 2800¥

치토세 혼텐
千とせ 本店

MAP P.257D

1949년에 오픈한 오사카의 대표적인 노포 식당. 오사카식 맑은 소고기국 '니쿠스이 肉すい'를 최초로 만든 곳이다. 고깃국물의 진한 감칠맛과 은은한 단맛이 어우러진다. 메뉴는 니쿠스이, 두부가 들어간 니쿠스이, 니쿠 우동 딱 세 개이고, 공깃밥은 별도로 주문한다. 영업 시간이 매우 짧은데 줄이 길기 때문에 가능하면 오픈런 하는 것이 좋다.

구글 지도 치토세 본점

난카이 난바역에서 도보 약 3분 06-6633-6411 수~월요일 10:30~14:30 (재료 소진 시 바로 마감) 화요일 니쿠스이·니쿠 우동 800¥, 두부가 들어간 니쿠스이 850¥, 공깃밥 150~250¥ www.chitose-nikusui.com

자우라
座裏

MAP P.258E

자우라는 가부키자의 '자', 뒤라는 뜻인 '우라'을 합성한 말이다. 과거 공연장이 많았던 미나미 지역의 대표 건축물인 신가부키자의 뒤쪽에 형성된 먹자골목을 말한다. 2017년에 신가부키자가 호텔 로얄 클래식 오사카로 바뀌었지만 여전히 자우라로 부른다. 선술집부터 서양식 음식점까지 개성 있는 가게 주인의 일품요리를 맛볼 수 있는 곳이다.

지하철 미도스지선·센니치마에선·요츠바시선 난바역 12번 출구에서 도보 1분

와비스케 난바본점
わびすけ 難波本店

MAP P.256B

자우라 점심시간에만 맛볼 수 있는 오반자이정식으로 인기를 얻고 있는 식당. 고기를 얹은 다시마키(달걀말이)나 치킨난반 등 메뉴를 선택할 수 있다. 저렴한 가격에 여러 가지 반찬과 국물까지 나오는 가성비에 현지인도 즐겨 찾는다. 저녁에는 술과 안주를 파는 선술집으로 변모한다.

구글 지도 Wabisuke Namba Main Store

난바워크 B5번 출구에서 도보 1분 070-8349-3137 점심 월요일~토요일 11:30~14:30(L.O), 저녁 월요일~일요일 17:30~23:00(L.O) 부정기 점심 오반자이정식 800¥, 저녁 술안주 단품요리 480¥~

와카바야 난바점
若葉屋 なんば店

MAP P.258E

자우라 다양한 종류의 고기를 구워먹을 수 있는 야키니쿠 식당. 등심과 갈비, 안창살 등 익숙한 부위부터 우설과 간, 소꼬리, 말고기 육회 같은 낯선 메뉴까지 웬만한 부위의 고기를 다 만날 수 있다. 벽에 걸린 일본 유명인의 사인과 사진 속에 임영웅의 사진도 보인다. 한국어 표기도 충실한 편이어서 주문에 큰 어려움은 없다.

구글 지도 야키니쿠 와카바

지하철 미도스지선·센니치마에선·요츠바시선 난바역 12번 출구에서 도보 1분 06-6649-0099 평일 17:00~23:30, 토요일·공휴일 12:00~23:00, 일요일 12:00~22:00 월요일 네기시오탄(파소금구이) 1480¥ http://sendenkan.sun.bindcloud.jp/wakabaya

야키톤 에에몬야
焼きとん ええもん家   MAP P.256B

'야키톤'은 돼지고기의 다양한 부위를 꼬치에 꿰어 숯불에 굽는 요리로, 야키토리의 돼지고기 버전이라고 생각하면 쉽다. '에에몬야'는 자우라에 위치한 작은 야키톤 전문점으로, 가게 안에서 비장탄을 사용해 직접 굽는 맛있는 야키톤을 선보인다. 현지인 분위기를 제대로 즐길 수 있는 가게. 한국어 메뉴판이 마련되어 있다.

구글 지도 에에몬가

F 자우라 북쪽. 지하철 미도스지선·센니치마에선·요츠바시선 난바역 B5 출구에서 도보 5분 이내　T 06-6632-0588　O 18:00~24:00　H 부정기
각종 야키톤 꼬치 1개 200~350¥　W yakiton-eemonya.foodre.jp

브루클린 로스팅 컴퍼니 난바점
Brooklyn Roasting Company Namba   MAP P.257D

뉴욕 브루클린 원조의 커피숍으로, 주로 오사카와 도쿄에 지점이 있는데, 난바점이 일본 플래그쉽 지점이다. 매장 내에 로스터리 시설을 갖추고 직접 원두를 볶는다. 선로 아래에 자리하고 있어 공간감이 매우 독특한데다 가끔씩 열차 지나가는 소리를 들을 수 있다. 전원 플러그를 갖춘 좌석이 많아 간단한 사무 작업하기도 좋다.

구글 지도 브루클린 로스팅 컴퍼니 난바

F 지하철 사카이스지선 에비스초역에서 도보 약 5분　T 06-6599-9012
O 월~금요일 09:00~20:00, 토·일·공휴일 08:00~20:00　H 연중무휴
각종 커피 500~800¥　W www.brooklynroasting.jp

SHOPPING

오사카 타카시마야
大阪タカシマヤ MAP P.258E VOL.1 P.195

1831년에 교토에서 헌옷과 포목을 취급하는 가게로 창업해 메이지시대에는 왕실에 옷감을 납품했다. 난카이난바역과 연결된 오사카점 건물의 외관은 유럽을 연상시킨다. 9층 규모의 매장에 잡화와 의류, 보석, 화장품, 식당 등의 매장이 충실히 입점해 있다. 외국인의 경우 소비세 미포함 5,000¥ 이상 물품을 구매하면 면세 혜택을 받을 수 있다.

F 난바 난난 지하상가(지하철 난바역 2·3번 출구 방향에서 연결) E4번 출구 앞　T 06-6631-1101　O 10:00~20:00　H 부정기(홈페이지에 공지)
제품마다 다름　W www.takashimaya-global.com/kr

난바 마루이
なんばマルイ   MAP P.258F

지하 1층부터 지상 7층 규모의 대형 백화점으로 난카이난바역과 마주 보고 있다. 처음 개점 당시 토호 영화사와 협업하는 형태로 부지를 마련해 백화점 내 토호 시네마가 함께 입점해 있는 것이 특징이다. 지하 식품관과 1층 매장에 식품관을 비롯해 칼디 커피팜, 빵집 등 먹거리 숍과 중저가 생활 실속형 매장도 여럿 입점해 있다.

F 난바 난난 지하상가(지하철 난바역 2·3번 출구 방향에서 연결) E1번 출구 앞　T 06-6634-0101　O 11:00~20:00　H 부정기(홈페이지에 공지)
제품마다 다름　W www.0101.co.jp/085

에디온 난바 본점
EDION なんば本店

MAP P.258F
VOL.1 P.021

라이프 센트럴 스퀘어 난바점
LIFE Central Square なんば店

MAP P.256B

'에디온 EDION'은 대형 가전 양판점 체인으로, 주로 칸사이 지역을 비롯한 서일본에서 매장을 열고 있다. 난바점은 에디온의 플래그십 매장으로, 규모가 상당하다. 전자제품 외에도 생활용품, 문구, 식품, 완구 등 매우 다양한 상품 구색을 자랑하는데, 특히 6층의 일본 술 매장에서 닷사이, 쿠보타 등을 저렴하게 팔아 인기가 높다.

일본의 대중적인 슈퍼마켓 체인인 '라이프'의 난바 대형 매장으로, 오사카 시내에서 가장 규모가 크고 쾌적한 슈퍼마켓으로 꼽힌다. 양념류를 비롯한 각종 식품 쇼핑을 하고 싶은 여행자가 가장 우선 순위로 꼽을만한 곳이다. 면세도 가능하다. 지상에서 찾기 보다는 지하 보도를 통하는 것이 좀더 찾기 쉽다.

📍 지하철 미도스지선·센니치마에선·요츠바시선 난바역 1번 출구에서 도보 약 2분 ☎ 06-6630-6733 🕐 1~6층 10:00~21:00, 7~8층 10:00~22:00, 9층 11:00~22:00 🏠 연중무휴 🌐 namba.edion.com

📍 JR 난바역에서 도보로 약 1분. 또는 난바 지하 쇼핑가에서 OCAT 방향 30번 출구를 찾는다. ☎ 06-6634-0300 🕐 09:00~24:00 🏠 연중무휴 🌐 store.lifecorp.jp/detail/west219

빅쿠 카메라 난바점
ビックカメラ なんば店

MAP P.258F

센니치마에도구야스지 상점가
千日前道具屋筋商店街

MAP P.258F

요도바시 카메라, 야마다덴키와 함께 일본 전역에 지점을 보유한 대형 전자 제품 양판점 중 하나. 일본 양판점의 장점은 무엇보다 직접 물건을 보고 만지며 체험해볼 수 있다는 것이다. 거기에 저렴한 가격을 지향하며 품목에 따라 세일하는 것도 있으니 꼼꼼히 챙겨볼 필요가 있다. 외국인 여행자에게 주어지는 면세 혜택도 잊지 말 것.

돈키호테 난바센니치마에점 앞에서부터 약 160m 직선으로 이어지는 주방 기구 전문 상점가. 음식과 관련된 모든 소품과 주방 기구를 다루는 전문 상점가다. 식당에서 필요한 모든 물품이 총집합됐다고 보면 된다. 식당뿐 아니라 가정에서 쓸만한 것들도 많으니 찬찬히 구경해볼 만하다. 전기 제품을 구입할 경우 전기 규격을 확인해야 한다.

📍 난바 난난 지하상가(지하철 난바역 2·3번 출구 방향에서 연결) E21번 출구 앞 ☎ 06-6634-1111 🕐 10:00~21:00 🏠 연중무휴 🌐 www.biccamera.com

📍 난바 난난 지하상가(지하철 난바역 2·3번 출구 방향에서 연결) E9번 출구에서 도보 1분 🕐 09:00~18:00(가게마다 다름) 🌐 www.doguyasuji.or.jp

덴덴타운
でんでんタウン

MAP P.257D
VOL.1 P.182

지하철 닛폰바시역과 에비스초역 사이 전기·전자 제품, 비디오게임, 피겨, 프라모델, 애니메이션 관련 제품을 판매하는 매장과 메이드 숍이 밀집한 구역이다. 도쿄 아키하바라와 함께 일본 오타쿠의 성지로 꼽힌다. 눈에 띄는 대형 매장으로 조신 슈퍼키즈랜드, 스루가야, 애니메이트 등이 있다. 홈페이지에서 한국어판 지도를 다운받을 수 있다.

🚇 지하철 사카이스지선·센니치마에선 닛폰바시역 5번 출구에서 도보 8분
🌐 www.nippombashi.jp

조신 슈퍼키즈랜드 본점
Joshin スーパーキッズランド本店

MAP P.257D

덴덴타운 각종 취미 용품을 판매하는 전문점으로, 비슷한 업종의 매장 중에서 일본 최대 규모로 꼽힌다. 1층에는 피규어 전문점인 '타마시 네이션'이 큰 규모로 자리하고 있고, 윗층에는 장난감, 프라모델, 프라모델 제작용 장비, 도색 용품, 철도 모형, 비행기 모형, 미니카 등의 매장이 층층이 자리하고 있다.

구글 지도 죠신 슈퍼키즈랜드 본점

🚇 지하철 사카이스지선 에비스초역에서 1B 출구에서 도보 약 4분. 덴덴타운 대로변에 위치 ☎ 06-6634-0041 ⓘ 10:00~20:00 연중무휴
🌐 store.joshin.co.jp

애니메이트 오사카 닛폰바시점
animate 大阪日本橋店

MAP P.257D

덴덴타운 다양한 애니메이션과 및 게임 관련 상품을 취급하는 전문 매장. 1~2층의 애니메이트와 3층의 중고 전문점 라신반, 4층의 만화 전문 서점 멜론 북스, 5층의 트레이딩 카드 전문점이 에스컬레이터와 계단으로 자연스럽게 연결된다. 애니메이트의 1층은 만화책 중심이고, 2층은 앙상블 스타즈 등 여성향 캐릭터 및 게임 관련 상품을 판매한다.

🚇 지하철 사카이스지선 에비스초역에서 1B 출구에서 도보 약 5분 ☎ 06-6636-0628 ⓘ 11:00~20:00 연중무휴 🌐 www.animate.co.jp/shop/osaka

무인양품 난바시티점
無印良品 なんばCITY

MAP P.258F
VOL.1 P.206

전세계적으로 높은 인기를 누리는 생활 잡화 브랜드 무인양품(무지)의 난바시티 지점. 난바 일대의 여러 무지 매장 중 규모와 접근성이 가장 좋은 곳이라 할 수 있다. 가습기형 디퓨저 등 무인양품의 인기 상품을 대부분 잘 갖추고 있고, 카레, 음료, 바움쿠헨 등의 식품류도 구입할 수 있다.

🚇 난바시티 남관 2층. 난카이 난바역 남구에서 도보 약 3분 ☎ 06-6644-2688 ⓘ 11:00~21:00 연중무휴 🌐 www.muji.com/jp/ja/shop/detail/061540

EXPERIENCE →

아키바카트 오사카
アキバカート大阪

MAP P.258F

고카트를 타고 오사카 시내를 달리는 체험을 할 수 있는 어트랙션. 최고 속력이 60km/h지만 지상고가 낮아 체감 속도는 상상 이상이다. 고카트를 타고 오사카 시내와 오사카 성 등 주요 관광지를 따라 드라이브를 즐길 수 있다. 홈페이지에서 예약할 수 있으며, 이용 시에는 일본 운전면허증 또는 국제운전 면허증이 필요하다.

ⓕ 지하철 사카이스지선·센니치마에선 닛폰바시역 10번 출구에서 도보 12분 ⓣ 080-9697-8605 ⓞ 10:00~20:00 ⓗ 연중무휴 ⓟ 1시간 코스 1만 3000¥ ⓦ www.osakakart.com

호리에 주변

SIGHTSEEING →

미나토마치 리버 플레이스
湊町リバープレイス

MAP P.256B

오사카난바역 인근 도톤보리강가에 팔각형 지붕을 얹은 건물이 미나토마치 리버 플레이스다. 맞은편 도톤보리와는 다르게 차분한 분위기여서 풍경을 감상하며 여유 있게 산책을 즐기기 좋다. 해가 지고 건물 조명에 불이 켜지면 강과 어우러진 야경이 꽤 아름답다. 옥외 광장과 실내 콘서트홀 해치(Hatch)에서 음악회나 공연이 열리곤 한다.

ⓕ 킨테츠선·한신선 오사카난바역 26-A·26-B·26-C번 출구에서 도보 1분 ⓣ 가게마다 다름 ⓞ 09:00~22:00(가게마다 다름) ⓗ 연중무휴(가게마다 다름) ⓟ 가게마다 다름 ⓦ www.oud.co.jp/riverplace

아메리카무라
アメリカ村

MAP P.256A

주로 창고나 주차장이었던 거리에 미국에서 수입해온 구제 의류나 잡화 등을 판매하는 것이 미디어에 유행 발상지로 소개되며 '아메리카무라'라는 이름을 얻었다. 지금도 저마다의 개성을 내세운 점포들이 밀집해 있어 젊은이들이 모이는 활기찬 거리다. 저녁이 되면 거리는 다시 한번 변신해 바와 클럽이 성황을 이룬다.

ⓕ 지하철 미도스지선·나가호리츠루미료쿠치선 신사이바시역 8번 출구에서 도보 4분 ⓣ 가게마다 다름 ⓞ 가게마다 다름 ⓗ 가게마다 다름 ⓟ 가게마다 다름 ⓦ https://americamura.jp

오렌지 스트리트
オレンジストリート立花通り

MAP P.256B

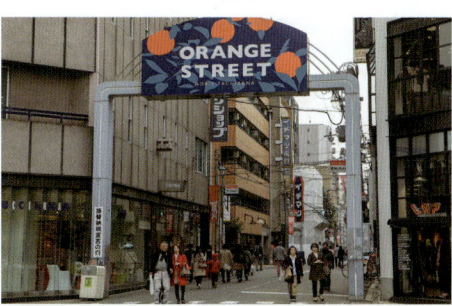

호리에 지역을 대표하는 상권으로 약 750m 구간의 거리에 카페와 인테리어 숍, 수입 가구점, 잡화점, 옷 가게 등 세련된 느낌의 가게가 늘어섰다. 에도시대에 타치바나도리는 목재 창고와 가구점으로 유명했던 곳이다. 후루기야 JAM 호리에점, 구제 의류 가게 팔 스톡, 더 굿랜드 마켓 호리에점 등 빈티지 숍과 편집숍도 여럿 만날 수 있다.

ⓕ JR·킨테츠선·한신선 오사카난바역 26-C 출구에서 도보 4분 ⓣ 가게마다 다름 ⓞ 가게마다 다름 ⓗ 가게마다 다름 ⓟ 가게마다 다름 ⓦ http://horie.ne.jp

EATING

물랭
MOULiN

`MAP P.256B`

세련되고 한가로운 분위기의 이탈리안 레스토랑 겸 카페로, 도톤보리강 옆에 자리하고 있다. 실내석과 테라스석을 갖추고 있는데, 테라스석에서는 도톤보리강의 아름다운 풍경을 즐길 수 있다. 파스타, 스테이크 등 다양한 메뉴를 갖추고 있는데, 런치 메뉴가 매우 저렴하며 특히 라자냐의 인기가 높다.

구글지도 MOULiN

ⓕ 지하철 요츠바시선 요츠바시역 에서 도보 약 2분, 미도스지선 난바역에서 도보 5분 ☎ 06-6532-9880 ⓒ 월~금요일 11:30~22:00, 토·일·공휴일 11:00~22:00 ⓟ 연중무휴 ⓟ 런치메뉴 1000~1500¥ ⓦ moulin715.com

원조 아이스도그
元祖アイスドッグ

`MAP P.256A`

따끈하게 구운 핫도그 모양 빵 사이에 소프트 아이스크림을 올린 길거리 음식. 일본의 여러 미디어와 매체에 소개되면서 유명해졌다. 가게 안 벽에 붙은 수많은 사인과 사진으로 인기를 증명한다. 기본 바닐라 아이스크림 외 초코, 말차 등을 고를 수 있고 딸기, 망고, 캐러멜 소스 등을 추가할 수 있다.

구글지도 아이스도그

ⓕ 지하철 요츠바시선 요츠바시역 5번 출구에서 도보 3분, 또는 신사이바시역 7번 출구에서 도보 5분 ☎ 06-6281-8089 ⓒ 11:00~19:30(L.O) ⓟ 부정기 ⓟ 아이스도그바나나 500¥ ⓦ www.ice-dog.net

코가류 아메리카무라 본점
甲賀流 アメリカ村本店

`MAP P.256A`
`VOL.1 P.111`

아메리카무라 미츠코엔(삼각 공원) 앞에 위치한 타코야키 가게. 미슐랭 가이드에도 소개된 곳이어서 맛은 어느 정도 인정받은 곳이라 할 수 있다. 오사카에서도 처음으로 타코야키에 마요네즈를 뿌려 만든 소스마요는 지금까지도 코가류에서 인기 메뉴로 꼽힌다. 타코야키를 달걀 반죽으로 감싼 옴타코와 센베이로 감싼 메뉴도 있다.

구글지도 코가류 타코야끼 본점

ⓕ 지하철 요츠바시선 요츠바시역 5번 출구에서 도보 2분 ☎ 06-6211-0519 ⓟ 연중무휴 ⓒ 10:30~20:30(토요일, 공휴일 전날은 21:30까지) ⓟ 타코야키 소스마요 550¥(10개) ⓦ https://www.kougaryu.jp

호리에 핫코우도
堀江発酵堂

`MAP P.256B`

오가닉 음식을 내세우며 발효(핫코우)라는 이름을 사용할 정도로 건강한 식재료에 진심인 곳이다. 테이블이 5개뿐으로 크지 않은 식당이지만 여러 가지 식료품을 파는 가게도 겸하고 있다. 먹어봐야 할 것은 건강한 식재료로 만든 다양한 정식 메뉴다. 비건 메뉴의 종류도 꽤 많다. 디저트와 카페 메뉴도 놓치지 말 것.

구글지도 Horie Hakkoudou

ⓕ 지하철 요츠바시선 요츠바시역 6번 출구에서 도보 6분 ☎ 06-6541-8111 ⓒ 11:00~19:30(L.O) ⓟ 연중무휴 ⓟ 핫코우카라아게테이쇼쿠 2030¥ ⓦ www.horie-hakkoudou.com

도후스무디파프마미나미호리에점 MAP P.256A
豆腐スムージー PAPMA(パプマ) 南堀江本店

귀여운 노부부 캐릭터가 눈에 띄는 두부 스무디 가게. 설탕과 우유, 첨가물, 착색료를 사용하지 않고 과일로 단맛을 내 만든다. 13종류 중 3가지 종류의 베리 맛, 검정깨 맛, 바나나 맛이 인기 메뉴다. 2층에 휘트니스센터가 있어 건강하고 마시기 좋은 음료를 만들기 위해 들어가는 재료의 양을 세세히 연구했다고 한다.

구글 지도 papmasmoothie

ⓕ 지하철 요츠바시선 요츠바시역 6번 출구에서 도보 5분 ⓣ 070-8946-9894 ⓞ 11:00~18:00 ⓗ 부정기 ⓟ 트리플베리 850¥, 블랙세서미 850¥ ⓦ https://papmasmoothie.stores.jp

테라 카페 차니와 MAP P.256A
寺カフェ 茶庭

400년이 넘는 역사를 가진 만푸쿠지 경내에 있는 카페. 경내에 들어서면 '오사카 도심에 이런 공간이?' 라는 느낌을 주는 오아시스 같은 공간이다. 예쁜 장식이나 인테리어를 하지 않았음에도 큰 창을 통해 비치는 사찰의 정원과 느긋한 느낌이 마음을 치유해준다. 커피와 티, 몇 종류의 스위츠, 기념품이 될만한 아기자기한 소품을 판매한다.

ⓕ 지하철 요츠바시선 요츠바시역 6번 출구에서 도보 5분 ⓣ 06-6543-8125 ⓞ 목요일~금요일 13:00~17:30, 토요일 12:00~17:30 ⓗ 일요일~수요일+부정기 ⓟ 맛차 750¥, 커피 500¥ ⓦ www.horie-manpukuji.com/chaniwa

카네리타 스위츠 MAP P.256A
カネリータ・スイーツ

흰색과 파란색이 조화된 외관의 그리스를 연상시키는 작지만 예쁜 디저트 가게. 비건 스위츠 전문점이라는 독특한 컨셉을 내세운다. 달걀과 유제품 등 동물성 재료, 땅콩을 사용하지 않고 식물성 재료로만 만든다. 주인장은 쇼케이스 뒤 주방에서 제품을 만드느라 늘 바쁘다. 케이크와 도넛류가 주종을 이루며 음료도 판매한다.

구글 지도 Canelita Sweets

ⓕ 지하철 요츠바시선 요츠바시역 6번 출구에서 도보 5분 ⓣ 06-6535-9710 ⓞ 11:00~19:00 ⓗ 월요일, 연말연시(12월 31일~1월 4일) ⓟ 시나몬슈거 330¥+세금(8~10%) ⓦ https://canelita-sweets.com

야오야토 고항 오쿠라 MAP P.256A
八百屋とごはん おおくら

옛날 일본 가옥의 분위기로 꾸민 식당에 들어서면 가정집인 듯, 식당인 듯 독특하면서도 편안한 분위기가 느껴진다. 유기농 채소를 사용한 밥상은 자극적이지 않은 편안한 일본식 집밥의 맛 그 자체다. 영양사였다는 어머니의 영향을 받아 가정식 식당을 냈다는 말에 수긍이 된다. 주문 시 원하는 밥양을 고를 수 있다.

ⓕ 지하철 요츠바시선 요츠바시역 6번 출구에서 도보 1분 ⓣ 06-6532-3381 ⓞ 11:00~23:00(L.O22:30) ⓗ 연중무휴 ⓟ 만텐테이쇼쿠 1350¥ ⓦ https://sasaya-company.jp/brand/okura

쿠이신보
くいしんぼ   MAP P.256A

오사카 찐 로컬 분위기를 느낄 수 있는 오코노미야키와 타코야키 전문점. 철판이놓인 바를 따라 식사할 수 있는 자리가 마련돼 있어 조리과정을 볼 수 있다. 주인장이 한신 타이거즈 팬이어서 식당 곳곳에 사인과 관련 물품을 걸어두었다. 토핑에 따라 메뉴가 다양하며 소스 선택도 가능하다. 조리과정을 지켜볼 수 있는 것도 재미 요소.

구글 지도 Kuishinbo

지하철 요츠바시선 요츠바시역 5번 출구에서 도보 1분 06-6531-1467 월~금요일 12:00~14:00, 17:00~22:00, 토·일·공휴일 12:00~16:00, 17:00~21:00 부정기 오코노미야키 800¥~1300¥ www.instagram.com/okonomiyaki_kuishinbo

멜 커피 로스터스
Mel Coffee Roasters   MAP P.256A

호리에 북쪽과 이어지는 '신마치 新町' 지역에 자리한 작은 스페셜티 커피 전문 로스터리로, 오사카에서 가장 맛있는 커피숍 중 하나로 꼽힌다. 케냐, 파나마 등 다양한 산지의 원두를 약배전이나 중배전으로 로스팅하여 선보인다. 테이크아웃 및 원두 판매가 주종이라 내부에 앉을 자리가 없다는 것은 미리 알고 갈 것.

지하철 요츠바시선 요츠바시역 2번 출구에서 도보 약 3분 06-4394-8177 화~금요일 10:00~18:00, 토·일·공휴일 11:00~18:00 월요일 www.melcoffee.shop

ENJOYING →

삿포로 스프카레 잭 신마치점
札幌スープカレー JACK 新町店   MAP P.256A

오사카에서 삿포로의 명물 음식인 스프카레를 맛볼 수 있는 식당. 전문점답게 삿포로에 있는 스프카레 식당에 비해 뒤지지 않는 맛을 보인다. 홋카이도 한정 판매용인 삿포로 클래식 맥주도 만날 수 있다. 주문은 메뉴에서 원하는 스프카레를 고른 후 맵기와 기본 스프 종류, 밥양, 토핑까지 선택하면 된다.

구글 지도 수프 카레 잭 신마치

지하철 나가호리츠루미료쿠치선 니시나가호리역 1번 출구에서 도보 4분 06-6710-9654 11:00~15:00, 18:00~22:00 연중무휴 치킨베지카레 1350¥ https://soupcurry-jack.com

나니와 탐험 크루즈
なにわ探検クルーズ   MAP P.256B

물의 도시 오사카의 운하를 따라 유람하면서 오사카 구경을 하는 유람선이다. 라쿠 크루즈에는 라쿠고가(落語家)라 부르는 기모노 차림의 만담가가 함께 승선해 안내를 맡는데, 혼자서 여러 등장인물을 연기하며 승객들의 흥을 돋운다. 운항 중 수위가 다른 구간에서는 파나마 운하처럼 수위를 조절해 통과하거나 지붕이 열리기도 한다.

JR·지하철 나가호리츠루미료쿠치선 다이쇼역 4번 출구에서 도보 1분 06-6441-0532 09:00~18:00 12월 29일~1월 4일 어른 3,500¥, 중·고등·대학생 2000¥, 초등생 이하는 어른 1명당 1명 무료(1명 초과 인원은 1인당 1000¥) www.ipponmatsu.co.jp

SHOPPING

어 베이싱 에이프
A Bathing Ape

MAP P.256B
VOL.1 P.021

상어 모양의 '샤크 후디' 및 독특한 카모플라주 패턴으로 유명한 일본의 스트릿 패션 브랜드 어 베이싱 에이프의 호리에 매장. '베이프 BAPE'라는 약칭으로 더 유명하다. 신규 상품 및 한정 상품을 다양하게 갖춰놓고 있다. 상품의 수가 많지는 않아 조금만 늦어도 텅텅 비기 일쑤이므로 되도록 오픈런할 것. 면세도 가능하다.

구글 지도 베이프 스토어® 오사카

🄵 지하철 요츠바시선 요츠바시역에서 도보 약 5분. 오렌지 스트리트 내
🕾 06-6535-2700 🕘 11:00~20:00 🄷 연중무휴 🌐 jp.bape.com/pages/store-list/osaka

더 굿랜드 마켓
THE GOODLAND MARKET

MAP P.256A
VOL.1 P.021

리사이클과 제로 웨이스트를 테마로 한 제품을 중심으로 다양한 브랜드가 한 자리에 모인 셀렉트숍. 오래된 주택을 리모델링해 사용하고 있어 차분한 느낌을 준다. 다양한 브랜드의 의류, 신발, 잡화, 가정용 소품 등을 취급하는데, 특히 스위스의 업사이클링 가방 브랜드 '프라이탁 FREITAG'의 제품을 다양하게 구비하고 있다.

구글 지도 더 굿랜드 마켓 호리에점

🄵 지하철 요츠바시선 요츠바시역에서 도보 약 5분. 오렌지 스트리트 내
🕾 050-2017-9002 🕘 11:00~19:30 🄷 연중무휴 🌐 media.urban-research.jp/brand/the-goodland-market

히스테릭 글래머
HYSTERIC GLAMOUR

MAP P.256A
VOL.1 P.021

60~80년대의 록 음악과 팝 아트를 메인 콘셉트로 내세운 파격적이면서 세련된 디자인의 일본 스트릿 브랜드. 호리에의 매장은 일본 히스테릭 글래머 매장을 통틀어 가장 큰 규모에 속한다. 특유의 도발적인 여성 그래픽이 들어간 제품을 비롯한 히스테릭 글래머의 인기 상품을 대부분 만나볼 수 있다. 면세도 가능하다.

구글 지도 HYSTERIC GLAMOUR

🄵 지하철 요츠바시선 요츠바시역에서 도보 약 5분. 오렌지 스트리트 내
🕾 06-6535-7676 🕘 11:30 ~ 20:00 🄷 연중무휴 🌐 hystericglamour.jp

슈프림 오사카
Supreme Osaka

MAP P.256B
VOL.1 P.020

특유의 새빨간 로고로 유명한 미국의 대표적인 스트릿 브랜드인 슈프림의 오사카 매장. 오사카에 단 하나 뿐인 슈프림 매장이다. 물건 숫자가 아주 많은 것은 아니지만 신규 상품이 활발하게 들어오기 때문에 언제나 사람들로 북적인다. 정오만 지나가도 물건이 다 빠질 정도이므로 오픈런을 추천한다. 면세 가능.

🄵 지하철 요츠바시선 요츠바시역에서 도보 약 5분. 오렌지 스트리트 내.
🕾 06-6533-0705 🕘 11:00~20:00 🄷 연중무휴 🌐 supremenewyork.com

메종 미하라 야스히로
Maison Mihara Yasuhiro

MAP P.256B
VOL.1 P.021

독창적인 디자인의 남성 의류와 신발로 높은 인기를 누리고 있는 일본의 디자이너 미하라 야스히로의 플래그십 스토어. 블랙핑크의 로제가 'APT'의 뮤직비디오에서 신고 나온 스니커즈가 바로 이 브랜드의 제품이다. 오렌지 스트리트의 끝자락에 위치해 있다. 면세도 가능하다.

구글 지도 Maison Miharayasuhiro
지하철 요츠바시선 요츠바시역에서 도보 약 5분. 오렌지 스트리트 내
06-6563-9807 · 11:00 ~ 20:00 · 연중무휴 · miharayasuhiro.jp

오버라이드 미나미호리에
Override Minamihorie

MAP P.256B
VOL.1 P.020

다양한 스타일의 모자를 전문적으로 취급하는 편집숍. 볼캡, 버킷햇, 스냅백, 비니, 페도라 등 세상의 모든 모자를 이곳에서 만나볼 수 있다. 두 개의 층으로 구성되어 있으며, 자유로운 시착이 가능하다. 브랜드도 다양한데, 특히 캉골 KANGOL과 뉴에라 NEW ERA의 제품이 많다. 면세가 가능하다.

구글 지도 Override Minamihorie
지하철 요츠바시선 요츠바시역에서 도보 약 5분. 오렌지 스트리트 내
06-6534-7179 · 11:00 ~ 20:00 · 연중무휴 · overridehat.com

킨달 신사이바시 아메리카무라
kindal shinsaibashi amerikamura

MAP P.256A

슈프림, 꼼데가르송, 메종 마르지엘라 등 명품 및 디자이너 브랜드의 중고 의류 및 잡화를 취급하는 빈티지 셀렉트숍. 품질과 상태가 우수한 구제 및 이월 상품을 비교적 저렴한 가격에 판매한다. 면세도 가능하다. 건물의 2~4층에 입점하고 있으므로 계단이나 엘리베이터를 이용해 2층으로 올라갈 것.

구글 지도 kindal shinsaibashi amerikamura second hand store
지하철 요츠바시선 요츠바시역에서 도보 약 5분. 아메리카무라 중심 광장 부근 · 06-6212-2828 · 11:00~20:00 · 연중무휴 · kindal.jp

스투시 오사카 챕터
Stüssy Osaka Chapter

MAP P.256A
VOL.1 P.200

미국에서 탄생한 세계적인 스트릿 브랜드 스투시의 대형 매장. 스투시의 단일 매장으로서는 일본 내에서도 손에 꼽히는 규모이다. 최신 컬렉션 및 한정판을 다양하게 구매할 수 있으며, 면세도 가능하다. 오사카의 여러 스트릿 브랜드 매장 중에 득템 확률이 높은 곳으로 손에 꼽힌다. 되도록 오전 시간에 방문할 것.

구글 지도 스투시 미나미점
지하철 미도스지선·나가호리츠루미료쿠치선 신사이바시역 7번 출구에서 도보 약 5분 · 06-6282-1517 · 11:00~19:00 · 연중무휴 · jp.stussy.com

신사이바시, 미나미센바 주변　　SIGHTSEEING →

신사이바시스지
心斎橋筋　　MAP P.257D　　VOL.1 P.185

지하철 신사이바시역 앞에서부터 남쪽으로 도톤보리 에비스바시(다리) 앞까지 이어지는 약 600m 길이의 상점가. 상점가와 연결되는 다이마루 백화점을 비롯해 각종 카페와 음식점, 베이커리, 의류, 잡화, 드러그 스토어에 이르기까지 각양각색의 가게들이 상점가를 빼곡히 채운다. 유동 인구도 어마어마해 인파에 밀려다닐 정도다.

지하철 미도스지선·나가호리츠루미료쿠치선 신사이바시역 5·6번 출구 앞　06-6211-1114　가게마다 다름　가게마다 다름　가게마다 다름　https://www.shinsaibashi.or.jp

미도스지 명품 거리
御堂筋　　MAP P.256A

지하철 미도스지선 난바역에서 북쪽으로 요도야바시역까지 이르는 대로가 미도스지 도로다. 이 거리는 고급 스포츠카와 전자 제품 매장, 글로벌 고급 브랜드이 즐비하다. 그중 난바역 북쪽에서부터 신사이바시역 북쪽 주변까지 구간은 전 세계 거의 모든 명품 매장이 있어 일본 최대의 명품 쇼핑 거리로 손꼽힌다.

지하철 미도스지선·나가호리츠루미료쿠치선 신사이바시역 남쪽과 지하철 미도스지선·센니치마에선·요츠바시선 난바역 북쪽 사이의 미도스지 거리

EATING →

카라호리 상점가
空堀商店街　　MAP P.257C

타니마치초와 마츠야마치초 두 개 블록에 동서로 이어진 약 400m 구간을 말한다. 1945년에 형성된 상점가로 지금도 1970~1980년대 레트로한 모습을 간직하고 있다. 카라호리 空堀라는 지명은 오사카 성 주변 해자 중 이 지역의 해자가 물이 없었다는 데서 유래한 이름이다. 영화 <프린세스 도요토미>의 촬영지 중 한 곳이기도 하다.

구글 지도 Karahori Shopping Street

지하철 나가호리츠루미료쿠치선 마츠야마치역 3번 출구에서 도보 3분　06-6762-2229　가게마다 다름　가게마다 다름　가게마다 다름　https://karahori-osaka.com

홋쿄쿠세이 신사이바시 본점
北極星 心斎橋本店　　MAP P.256B

1925년에 처음 오므라이스를 만든 식당으로 잘 알려진 곳이다. 인기 메뉴인 치킨 오므라이스 외에도 명란젓, 비프카레, 버섯, 새우튀김 등 어느 것을 골라도 평균 이상의 맛을 낸다. 고풍스러운 일본 전통식 가옥 가운데 있는 중정을 빙 둘러 다다미가 깔린 방에서 유리창을 통해 일본식 정원을 감상하며 식사할 수 있다.

지하철 미도스지선·센니치마에선·요츠바시선 난바역 25번 출구에서 도보 4분　06-6211-7829　11:30~21:30　12월 31일~1월 1일　치킨 오므라이스 1080¥　www.hokkyokusei.online

파블로 신사이바시 본점
PABLO 心斎橋本店   MAP P.257C   VOL1 P.143

치즈 케이크로 선풍적인 인기를 끈 뒤 해외 지점까지 낸 디저트 전문점. 대표 메뉴인 파블로 토로케루 치즈 타르트는 살구잼을 바른 바삭한 겉면 속에 부드럽게 흘러내리는 치즈 크림이 가득 들어 있어 직경 15cm의 두툼한 크기임에도 먹다 보면 순삭되는 경험을 하게 된다. 치즈 타르트 겉면을 캐러멜라이즈한 미니 브뤼레도 인기 메뉴다.

구글 지도 갓 구운 치즈 타르트 전문점 PABLO 신사이바시 본점
📍 지하철 미도스지선·나가호리츠루미료쿠치선 신사이바시역 6번 출구에서 도보 3분 ☎ 06-6211-8260 🕐 평일 11:00~20:00 토·일요일·공휴일 10:00~21:00 🚫 부정기 🍴 파블로 토로케루 치즈 타르트 1480¥, 파블로 미니 브륄레 300¥ 🌐 www.pablo3.com

메이지켄
明治軒   MAP P.257C

케첩과 양파 맛이 나는 밥에 얇은 달걀옷, 그 위에 데미그라스소스를 뿌린 오므라이스를 한입 먹으면 뭔가 옛날스러운 느낌의 맛이 입안을 맴돈다. 맛을 보면 1925년에 개업했다는 사실에 고개가 끄덕여진다. 대표 메뉴인 오므라이스 외에도 카레라이스, 하이라이스, 햄버그스테이크, 스튜 그라탱 등의 음식도 함께 판매한다.

📍 지하철 미도스지선·나가호리츠루미료쿠치선 신사이바시역 5·6번 출구에서 도보 2분 ☎ 06-6271-6761 🕐 11:00~15:00, 17:00~20:30(L.O 20:00) 🚫 수요일(공휴일인 경우 다음 날 휴업) 🍴 오므라이스와 소고기쿠시카츠 3개 세트 1180¥ 🌐 www.meijiken.com

상미 신사이바시점
実身美 心斎橋店   MAP P.257C

'실속이 있고(実), 몸에 좋고(身), 맛이 있다(美)'라는 세 가지 개념을 담아 이름을 지었다는 식당이다. 이름에서 보듯 히로시마산 현미와 제철 채소, 인공 첨가물이 없이 효소를 살린 드레싱 등을 사용해 음식을 만든다. 메뉴는 '일일 건강밥'으로 매일 조금씩 다른 재료를 사용해 만든 소박한 가정식 밥상을 차려낸다.

구글 지도 sangmi Shinsaibashi
📍 지하철 미도스지선·나가호리츠루미료쿠치선 신사이바시역 5번 출구에서 도보 3분 ☎ 06-6224-0316 🕐 11:00~21:00(15:00~17:00는 카페타임, L.O 20:30) 🚫 일요일 🍴 히가와리 켄코고항 란치(일일 건강밥 런치) 1450¥ 🌐 https://sangmi.jp

카스텔라 긴소 신사이바시 본점
カステラ銀装 心斎橋本店   MAP P.257C

1952년에 개업한 오사카를 대표하는 카스텔라 가게. 정성스레 싼 포장지와 정갈한 모양의 카스텔라가 우선 시선을 끈다. 기분 좋을 정도로 적당한 단맛과 약간의 촉촉함, 바닥에 박힌 설탕이 한 번 입에 넣으면 멈출 수 없게 만든다. 서로 다른 맛을 지닌 청색 상자와 적색 상자, 계절별로 선보이는 기간 한정 메뉴 등 다양한 맛도 매력이다.

구글 지도 카스텔라 긴소 신사이바시점
📍 지하철 미도스지선·나가호리츠루미료쿠치선 신사이바시역 5번 출구에서 도보 1분 ☎ 06-6245-0021 🕐 13:00~18:30 🚫 1월 1일 🍴 긴소 카스텔라 청색 상자 1188¥·적색 상자 1404¥ 🌐 www.ginso.co.jp

무기토토리
麦×鶏

뼈가 녹을 정도로 닭을 푹 고아서 낸 뽀얀 국물로 만드는 '토리파이탄 鳥白湯'을 선보이는 라멘 전문점. 진한 닭 육수를 거품기로 휘저어 치밀한 거품 상태로 만든 국물이 특징으로, 입에 닿는 느낌이 매우 부드럽다. 일반 라멘과 츠케멘 두 종류가 있는데, 츠케멘 쪽이 더 인기가 높다. 카라아게도 맛있는 편. 내부가 청결하고 인테리어도 감각적이다.

MAP P.257C

지하철 신사이바시역에서 도보 5분, 신사이바시역 사거리에서 북쪽으로 3블록 직진 후 우회전, 다시 2블록 직진 후 좌회전한다. ☎ 06-6121-7601 ⓗ 11:00~14:30, 18:00~21:30 부정기 각종 라멘 950~1900¥, 각종 츠케멘 1000~1600¥ www.instagram.com/mugi_tori

후센
風泉

관광객보다 현지인 단골이 주로 찾는 식당이다. 1980년대 가정집 거실을 보는 듯한 인테리어는 아기자기하며 편안한 분위기다. 제철 채소와 생선 등의 식재료를 사용한 일본의 가정식 오반자이를 맛볼 수 있다. 점심은 오반자이 밥상으로 식사가 가능하고 저녁엔 오마카세 오반자이 요리와 함께 술을 곁들일 수 있다.

MAP P.256A

구글 지도 風泉

지하철 미도스지선·요츠바시선·주오선 혼마치역 5번 출구에서 도보 1분, APA 호텔 옆 건물 2층 ☎ 06-6262-6255 ⓗ 11:30~15:00, 17:30~22:00(저녁은 예약 필수) 토·일요일·공휴일 오반자이(점심) 1200¥~, 오마카세 코스 요리(저녁) 5000¥~

후사야
冨紗家

카라호리 상점가 내에 위치한 가게. 메뉴는 크게 오코노미야키, 네기야키, 모단야키, 야키소바, 그 외 단품 요리로 구분할 수 있다. 그중 야마이모(산마)와 돼지고기, 양배추를 넣고 달걀로 감싼 톤톤야키가 대표 메뉴다. 실내에 붙은 유명인의 사인이 눈길을 끈다. 우리나라에서는 유튜브에서 마츠다 부장이 소개하기도 했다.

MAP P.257C

지하철 나가호리츠루미쿠시센 마츠야마치역 3번 출구에서 도보 4분 ☎ 06-6762-3220 화~금요일 17:00~24:00(L.O 23:30), 토·일·공휴일 12:00~24:00(L.O 23:30) 월요일 톤톤야키 1210¥ https://fusaya.gorp.jp

시아와세노팬케이크 신사이바시점
幸せのパンケーキ 心斎橋店

일본 전역에 지점을 가지고 있는 팬케이크 전문점. 몸에 좋은 재료를 사용한다는 고집으로 베이킹파우더를 사용하지 않고 마치 솜사탕을 먹는듯한 폭신폭신한 식감을 만들어낸다. 홋카이도산 우유로 만든 발효 버터와 뉴질랜드산 마누카 꿀을 섞어 진한 맛을 낸다. 과일이나 초콜릿, 그래놀라 등 다양한 재료를 얹어 메뉴도 다양하다.

MAP P.256A

구글 지도 시아와세노 팬케이크 신사이바시점

지하철 미도스지선·나가호리츠루미쿠시선 신사이바시역 7번 출구에서 도보 4분 ☎ 06-6211-1000 월~금요일 11:00~19:15(L.O), 토·일·공휴일 10:00~19:40(L.O) 부정기 시아와세노팬케이크 1380¥ https://magia.tokyo

르 카페 V
LE CAFE V
MAP P.257C

세계적인 명품 브랜드 루이비통이 세계 최초로 선보인 카페. 매우 세련되고 고급스러운 인테리어와 매우 정중하고 친절한 서비스, 그리고 눈을 의심하게 하는 높은 가격대 모두 이곳이 루이비통의 카페임을 실감하게 해 준다. 'L' 사인으로 라테아트를 해 주는 카페라테와 스카라보와 협업한 허브티가 인기 메뉴이다.

구글 지도 LE CAFE V

- 지하철 미도스지선·나가호리츠루미료쿠치선 신사이바시역 3번 출구에서 도보 약 5분. 루이비통 사옥 7층
- 06-4256-1277
- 11:00~20:00
- 연중무휴
- 각종 커피 2000~2200¥, 각종 차 1900~2400¥, 음식 메뉴 2000~5000¥
- instagram.com/lecafev

SHOPPING

새터데이 뉴욕 시티
Saturdays New York City
MAP P.256A

뉴욕 맨하튼에 본점을 둔 카페겸 옷가게로 일본에는 도쿄와 오사카, 교토, 나고야 네 개의 도시에 지점을 가지고 있다. 카페는 흰색 벽과 천장, 콘크리트 바, 나무로 된 테이블이 조화를 이뤄 단순하지만 세련되고 현대적인 감각을 내보인다. 음료와 디저트, 간단한 점심 메뉴를 판매하며 2층에선 의류와 패션 잡화를 판매한다.

구글 지도 Saturdays NYC

- 지하철 미도스지선·나가호리츠루미료쿠치선 신사이바시역 3번 출구에서 도보 3분
- 06-4963-3711
- 09:00~20:00(1층), 11:00~20:00(2층)
- 12월 31일~1월 1일
- 배치브루 커피 500¥
- https://saturdaysnyc.co.jp/blogs/stores/osaka

신사이바시 파르코
心斎橋PARCO
MAP P.257C
VOL.1 P.196

도쿄 이케부쿠로역에 본점을 둔 백화점으로 다이마루 백화점과 같은 그룹이다. 파르코는 이태리어로 공원이라는 뜻이다. 화장품과 럭셔리 디자이너 브랜드를 포함한 의류, 패션 제품이 주종을 이루며 6층 캐릭터 숍과 7층 무지, 9층에 프랑프랑, 10층에 라이프스타일 전문점 핸즈가 입점해있다. 라이프스타일 편집숍인 플라자도 재미있는 곳이다.

구글 지도 파르코 신사이바시

- 지하철 미도스지선·나가호리츠루미료쿠치선 신사이바시역 4번 출구 앞
- 06-7711-7400
- 10:00~20:00
- 1월 1일
- 제품마다 다름
- https://shinsaibashi.parco.jp

팝 컬쳐 신사이바시
POP CULTURE SHINSAIBASHI
MAP P.257C
VOL.1 P.012

신사이바시 파르코의 6층에 위치한 구역으로, 애니메이션, 게임, 캐릭터 상품 등 일명 '오타쿠' 전문점이 여러 곳 모여있다. 스튜디오 지브리의 공식 매장 '동구리 공화국'을 중심으로 치카와, 짱구, 고질라, 레고, 캡콤 샵 등이 입점했다. 동구리 공화국의 가오나시 조형물이 최근 오사카 인증숏 포인트로 인기를 끌고 있다.

- 신사이바시 파르코 6층
- 매장마다 다름
- 10:00~20:00
- 신사이바시 파르코의 휴무에 준함
- shinsaibashi.parco.jp.k.ali.hp.transer.com

다이마루 신사이바시점
大丸心斎橋店

MAP P.257C
VOL.1 P.185

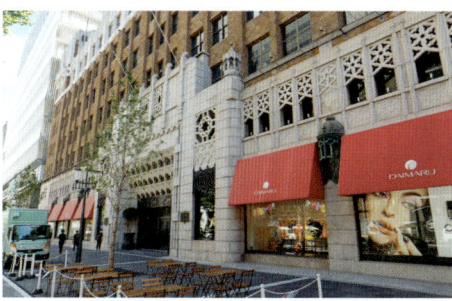

현대적인 느낌의 빌딩인 우메다점과 달리 신사이바시점은 미도지 대로변에 고풍스러운 건물 외관을 가졌다. 파르코 백화점과 연결되어 내부에서 서로 이동이 가능하다. 지하 식품점부터 1층 화장품 잡화점, 그 외 패션, 라이프 스타일 잡화, 레스토랑까지 전형적인 백화점의 구성을 갖췄다. 9층 캐릭터 숍도 많은 발길을 모은다.

구글 지도 다이마루 신사이바시

지하철 미도스지선·나가호리츠루미료쿠치선 신사이바시역 4B, 6번 출구 앞 050-1781-0000 10:00~20:00 1월 1일~2일(2025년) 제품마다 다름 www.daimaru.co.jp

이세이 미야케 미나미센바
ISSEY MIYAKE SEMBA

MAP P.256A
VOL.1 P.199

일본의 유명 디자이너 브랜드 이세이 미야케의 숍으로, 여성복, 남성복, 캐주얼은 물론 플리츠플리즈, 바오바오 등 이세이 미야케의 다양한 브랜드가 모두 모여있다. 오사카는 물론 서일본 전체를 아우르는 플래그십 스토어이다. 매장 방문은 완전 예약제로 운영되므로 홈페이지 등을 통해 최소 3일 전에는 예약할 것.

구글 지도 이세이미야케 셈바

지하철 미도스지선·나가호리츠루미료쿠치선 신사이바시역 3번 출구에서 도보 약 2~3분 06-6251-8887 11:00~20:00 연중무휴 isseymiyake.com

간조 오사카점
GANZO大阪店

MAP P.256A

도쿄에 시부야에 본점을 둔 최고급 남성용 가죽 제품 전문점. 최고급 가죽을 가지고 장인이 한땀한땀 손으로 만들어낸다. 간조 제품은 오랜 세월을 사용하면서 그 멋을 더해가는데 매력이 있다. 제품은 가방과 지갑이 주종을 이룬다. 매장 2층에 스페셜 오더를 위한 상담 공간이 마련돼 있다. 홈페이지에서 온라인 구매도 가능하다.

구글 지도 GANZO Osakaten

지하철 미도스지선·나가호리츠루미료쿠치선 신사이바시역 3번 출구에서 도보 4분 06-6120-9977 11:00~20:00 부정기 에이본 38cm 서류가방 16만5000¥ www.ganzo.ne.jp

레드 윙 슈 스토어 오사카
Red Wing Shoe Store Osaka

MAP P.256A

1905년에 미국 미네소타주에서 시작한 고품질의 가죽 신발 전문점. 여러나라에 지점을 두고 있지만 모든 제품을 메이드 인 USA로 고집한다. 붉은색 벽돌과 나무로 된 출입문, 거기에 쓰인 영어가 수십 년전 미국적인 분위기를 물씬 풍긴다. 다양한 라인업과 제품을 구비하고 있어 레드윙 신발 애호가라면 들러볼만 하다.

구글 지도 Red Wing Shoe Store Lumber Co

지하철 미도스지선·나가호리츠루미료쿠치선 신사이바시역 3번 출구에서 도보 6분 06-6224-0520 평일 12:00~20:00, 토·일·공휴일 11:00~19:00 수요일, 12월 30일~1월 2일 6인치 클래식 구두 4만 5870¥ redwingheritage.jp

KITA
키타

오사카 도심의 북부인 키타구는 남으로 나카노시마부터 북으로 요도가와 남부, 동으로 오카와까지 이르는 도심 지역이다. 우메다와 텐진바시스지, 나카노시마가 키타구에 속한다. 중심지인 우메다에는 여러 백화점을 비롯해 그랜드 프런트 오사카, 요도바시 카메라, 루쿠아, 헵 파이브, 차야마치 등 수많은 쇼핑몰과 쇼핑 스트리트가 이어진다. 쇼핑몰에 입점한 세련된 식당가와 레트로 감성 가득한 카페 거리 나카자키초, 신우메다 쇼쿠도가이, JR 텐마역 앞 등 로컬 분위기 물씬 풍기는 맛집도 만날 수 있다. JR 오사카역과 우메다역에서 교토나 고베 등 다른 도시로 이동하기도 편리하다.

교통 한눈에 보기

- ③ 고베
- ② 교토
- ⑧ USJ
- **키타**
- ⑦ 오사카 성
- ① 칸사이 국제공항
- ⑤ 미나미
- ⑥ 텐노지
- ④ 나라

① 칸사이국제공항→키타	JR(칸사이공항역-오사카역)	74분	1210¥
	칸사이 공항 리무진 버스(신한큐 호텔행)	58분	1800¥
② 교토→키타	JR(교토역-오사카역)	50분	580¥
	한큐 전철(교토카와라마치역-오사카우메다역)	43분	410¥
③ 고베→키타	한큐 전철(고베산노미야역-오사카우메다역)	36분	330¥
④ 나라→키타	JR(나라역-오사카역)	58분	820¥
⑤ 오사카 미나미→키타	지하철 미도스지선(난바역-우메다역)	8분	240¥
	지하철 요츠바시선(요츠바시역-니시우메다역)	6분	240¥
	지하철 사카이스지선(닛폰바시역-텐진바시스지로쿠초메역)	10분	240¥
⑥ 오사카 텐노지→키타	지하철 미도스지선(텐노지역-우메다역)	6분	240¥
⑦ 오사카 성→키타	JR(모리노미야역 또는 오사카조코엔역-오사카역)	9~11분	170¥
	지하철 타니마치선(타니마치욘초메역-히가시우메다역)	7분	240¥
	지하철 추오선+미도스지선(타니마치욘초메역-혼마치역-우메다역)	15분	240¥
⑧ USJ→키타	JR(유니버설시티역-니시쿠조역-오사카역)	12분	190¥

오사카 키타 지역 다니는 방법

[WALK] JR 오사카역을 기준으로 지하철 우메다역 주변과 나카자키초까지 도보로 이동 가능하다.

[SUBWAY] 히가시우메다역에서 타니마치선을 이용해 나카자키초와 텐진바시스지로쿠초메역까지 빠르게 이동할 수 있다. 요츠바시선 히고바시역에서 나카노시마로 이동 가능하다.

[BUS] 키타신치와 우메다역, 누차야마치 북쪽 인근까지 우메다 주변을 순환하는 우메구루 버스를 15~20분 간격으로 운행한다. 1회 승차 요금은 100¥, 1일 승차권은 200¥이다.

[TAXI] 지하철로 이동하기 애매한 곳이나 걷기에 체력적으로 부담스러운 경우 적절하게 이용하면 된다.

TO DO LIST

- ☐ 우메다 스카이 빌딩 공중 정원 전망대에서 도심의 야경 감상하기

- ☐ 헵 파이브 대관람차 타고 스릴을 즐기며 풍경 감상하기

- ☐ 나카자키초 골목을 거닐며 맛집과 카페, 빈티지 감성 가게 둘러보기

- ☐ 오사카 스카이 비스타 버스 타고 오사카 시내 유람하기

- ☐ 백화점과 대형 쇼핑몰 구경하며 쇼핑 즐기기

- ☐ 텐진바시지 상점가와 JR 텐마역 앞 주점 골목에서 현지인 분위기 느껴보기

키타 추천 코스

우메다 주변 우메다 지역의 주요 관광지를 둘러보는 코스다. JR 오사카역과 한큐 우메다역을 중심으로 백화점과 대형 쇼핑몰이 있고 주변에 상점과 식당이 빼곡하게 들어섰다. 취향에 따라 좋아하는 분야의 상점 위주로 둘러보자. | 소요 시간 : 약 6시간

START 지하철 우메다역 — 도보 5분 — ① 한큐·한신·다이마루 백화점 (지하 식품관, 다이마루 캐릭터 숍, 패션, 잡화 매장 둘러보기) — 도보 7분 — ② 오사카 스카이 비스타 (시티투어 버스 타고 오사카 도심 투어 하기) — 도보 10분 — ③ 누차야마치 & 누차야마치 플러스 (패션, 잡화, 식품 매장 둘러보기) — 도보 3분 — ④ 한큐 3번가 (캐릭터 숍을 비롯한 여러 상점, 식당가 들르기) — 도보 7분 — ⑤ 그랜드 프런트 오사카 (좋아하는 분야의 매장과 우메키타 플로어 방문하기) — 도보 10분 — ⑥ 키누타니 코지 천공 미술관 (미술관 관람하기) — 도보 5분 — ⑦ 우메다 스카이 빌딩 공중 정원 전망대 (전망대에서 오사카 도심 풍경 감상하기)

텐진바시스지 주변

오카와의 북쪽, 요도가와의 남쪽 도심 중 텐진바시스지를 중심으로 나카자키초까지 포함한 지역. 우메다의 고층 빌딩 숲이 거짓말처럼 사라지고 주거지 모습이 나타난다. 오사카 시민들의 로컬 감성을 느끼고 빈티지한 분위기의 골목을 만날 수 있다. | **소요 시간 : 약 5시간**

START — 도보 3분 → ① — 도보 1분 → ②

- **지하철 미나미모리마치역 7번 출구**
- ① **오사카텐만구**
- ② **텐진바시스지 (잇초메~로쿠초메)**

경내를 둘러보고 학교나 취업 합격 빌어보기

상점가를 걸으며 마음에 드는 여러 가게 구경하기

⑤ ← 도보 10분 + 지하철 2분 — ④ ← 도보 10분 — ③

- ⑤ **나카자키초**
- ④ **천연 온천 나니와유**
- ③ **오사카 시립 주택 박물관**

  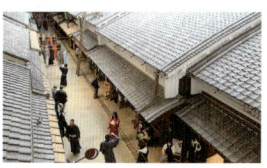

골목을 걸으며 상점과 카페 들러보기

온천욕 즐기기

박물관 관람하며 기모노 체험도 해보기

오사카 키타 지역 반나절 코스

나카자키초를 둘러보고 우메다 지역으로 이동해 주요 쇼핑몰에서 쇼핑과 식사를 할 수 있다. 쇼핑몰은 여기서 제시한 장소에 구애받지 말고 취향에 따라 원하는 곳을 방문해도 좋다. | **소요 시간 : 약 3시간 30분**

START — 나카자키초역 2번 출구

도보 1분

① 나카자키초
예쁜 골목에서 기념사진 찍으며 상점이나 카페도 들러보기

도보 10분

② 누차야마치 & 누차야마치 플러스
패션, 잡화, 식료품 가게 둘러보기

도보 10분

③ 그랜드 프런트 오사카
취향에 따라 원하는 매장 둘러보고 식당가에서 휴식 취하기

도보 6분

④ 한큐·한신·다이마루 백화점
지하 식품관과 원하는 분야의 매장 들러보기

오사카 키타 지역 1 DAY 코스

텐진바시스지와 우메다 지역의 주요 스폿을 모두 돌아보는 일정이다. 많이 걸어야 하는 일정이므로 중간중간 카페나 쇼핑몰 등에서 휴식도 취하자. 우메다 지역의 백화점이나 쇼핑몰은 마음에 드는 곳만 골라 방문하면 된다. | 소요 시간: 약 8시간

우메다 주변   SIGHTSEEING →

우메다 스카이 빌딩 공중 정원 전망대 MAP P.292A
梅田スカイビル 空中庭園展望台   VOL.1 P.069

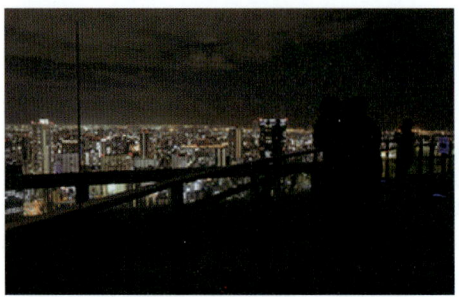

우메다 스카이 빌딩 옥상에 조성된 전망대. 허공을 지나는 아찔한 에스컬레이터를 타면 39층 실내 전망대에 도착한다. 한 층 더 오르면 360도로 풍경을 감상할 수 있는 원형 야외 전망대에 다다른다. 우메다 북쪽을 흐르는 요도가와의 석양과 고층빌딩이 즐비한 야경이 압권이다. 커플이라면 사랑을 약속하는 하트 모양 자물쇠를 걸어보자.

구글 지도 **우메다 공중정원**

지하철 미도스지선 우메다역 5번 출구에서 도보 9분, 우메다 스카이 빌딩 39층 ☎ 06-6440-3855 ⏰ 09:30~22:30(입장은 22:00까지) 🏢 연중무휴 💴 어른 2000¥, 어린이(4~12세) 500¥, 전망대+미술관 공통권 2800¥ 🌐 www.skybldg.co.jp/observatory

키누타니 코지 천공 미술관 MAP P.292A
絹谷幸二 天空美術館

일본 미술계에서 명망이 높은 화가 키누타니 코지의 작품을 감상할 수 있는 미술관. 단순히 벽에 그림을 걸어두는 형태의 미술관이 아니라 첨단 기술을 사용해 관람객의 흥미를 끄는 점이 눈에 띈다. 대형 스크린의 3D 영상을 통해 손에 잡힐 듯 입체감 있는 작품을 감상하거나 VR 영상에 키누타니 고지가 출연해 미술관을 안내한다.

구글 지도 **기누타니 고지 천공 미술관**

지하철 우메다역 5번 출구에서 도보 9분, 우메다 스카이 빌딩 웨스트 27층 ☎ 06-6440-3760 ⏰ 월·수·목요일 10:00~18:00, 금·토요일, 공휴일 전날 10:00~20:00 🏢 화요일, 12월 30일~1월 3일 💴 어른 1300¥, 중·고등·대학생 800¥ 🌐 www.kinutani-tenku.jp

헵 파이브 관람차 MAP P.292A
HEP FIVE 観覧車

JR 오사카역 맞은편에 자리한 쇼핑몰 헵 파이브 건물 옥상에 설치된 빨간색 대관람차. 약 106m 높이까지 올라가 우메다 주변 풍경은 물론, 맑은 날이면 서쪽으로는 아카시대교, 동쪽으로 이코마산까지 보인다고 한다. 캐빈에는 3.5mm 스피커선 연결 단자가 마련돼 있어 휴대폰을 연결해 탑승 중 원하는 음악을 들을 수도 있다.

화이티우메다 지하상가(지하철 우메다역·히가시우메다역과 연결) H28번 출구 앞 헵 파이브 7층 ☎ 06-6366-3634 ⏰ 11:00~23:00(최종 탑승 22:45) 🏢 부정기 💴 6세 이상 800¥ 🌐 www.hepfive.jp/ferriswheel

츠유노텐 신사 MAP P.292B
露天神社

1300년 전 창건되었을 것으로 추정하는 신사로 사랑을 기원하고 인연을 맺어준다는 연인의 성지로 유명하다. 1701년에 유녀 오하츠와 간장 가게 종업원 도쿠베에가 여기서 동반 자살한 사건이 <소네자키 신주>라는 작품으로 극화되어 많은 인기를 끌었다. 그 때문에 현지인에게는 여주인공의 이름을 딴 '오하츠텐진'이라는 이름으로 잘 알려졌다.

지하철 타니마치선 히가시우메다역 7번 출구에서 도보 3분 ☎ 06-6311-0895 ⏰ 06:00~24:00 🏢 연중무휴 💴 무료 🌐 www.tuyutenjin.com

소네자키 오하츠텐진도리 상점가　MAP P.292B
曽根崎 お初天神通り商店街

츠유노텐 신사 앞에서부터 오기마치도리까지 이르는 약 300m 길이의 상점가. 태평양 전쟁 직후 츠유노텐 신사 경내에 음식점이 모여들며 거리가 형성되었다. 현재는 식당과 주점이 들어선 유흥가의 분위기다. 상점가 입구 간판에 츠유노텐 신사와 얽힌 비극적인 사랑의 여주인공 오하츠의 그림이 있다.

구글 지도 Ohatsu tenjin dori

지하철 타니마치선 히가시우메다역 2·4번 출구에서 도보 1분 가게마다 다름 가게마다 다름 가게마다 다름 가게마다 다름 www.ohatendori.com

겜미안 니시우메다점　MAP P.292B
玄米&やさい食堂 玄三庵 西梅田店

현미밥을 기본으로 일본 각지에서 엄선한 건강하고 신선한 재료를 사용해 건강한 밥상을 차려내는 식당. 홈페이지에 각 재료의 산지에 대해 자세히 공개할 정도로 식재료에 대한 자부심이 남다르다. 39가지 반찬을 베이스로 요일에 따라 다른 반찬이 나오는 건강 정식이 인기다. 담백하고 속이 편안한 식사를 찾는다면 들러볼 것.

구글 지도 Gen-Mi-An Nishiumeda

지하철 요츠바시선 니시우메다역 7B번 출구에서 도보 2분 06-4795-2215 11:30~20:30(L.O), 토요일·공휴일 11:30~17:30(L.O) 일요일, 12월 29일~1월 3일 39품목의 건강 정식 1490¥ https://genmian.jp/shop-nishiumeda

긴자 카가리 루쿠아오사카점　MAP P.292A
銀座 篝 ルクア大阪店

도쿄 긴자에 본점을 둔 닭고기 국물 라멘집. 미슐랭 빕구루망에 소개된 곳이지만 라멘이라는 음식으로나 양으로 봐도 가격은 비싼 편이다. 그럼에도 맛 하나로 웨이팅을 만들어 낸다. 가고시마에서 자란 닭을 우려내 뽀얗고 진한 국물을 만들어 내는데 이 맛이 일품이다. 메뉴에 따라 쇼유나 트러플, 굴을 넣은 것으로도 선택할 수 있다.

구글 지도 Ginza Kagari Lucua Osaka

JR 오사카역앞 쇼핑몰 루쿠아 지하 2층 06-6151-2541 11:00~23:00 부정기(쇼핑몰 루쿠아 휴일에 따름) 토리파이탄소바 1400¥ www.instagram.com/kagari_osaka

그르니에 한큐우메다점　MAP P.292A
グルニエ 阪急梅田店

가게 이름인 그르니에는 프랑스어로 '다락방'이라는 의미로 파리 아파트 최상층의 다락방을 형상화했다는 가게 인테리어가 무척이나 감각적이다. 첨가물을 사용하지 않고 구워냈다는 다양한 종류의 빵과 과자, 수제잼, 프랑스 리옹에 있는 찻집 <차유안>의 홍차 등을 판매한다. 커스터드 크림이 듬뿍 들어간 브륄레 밀피유가 인기 메뉴다.

구글 지도 grenier 우메다 점

지하철 미도스지선 우메다역 6번 출구에서 도보 2분 06-6360-6655 10:00~20:00 부정기 브륄레 밀피유 1000¥ www.instagram.com/patisserie_grenier

인디언카레 한큐산반가이점
インデアンカレー 三番街店

MAP P.292A
VOL.1 P.114

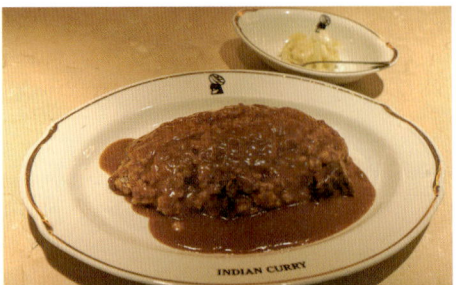

1947년에 개업한 노포로 오사카에서 맛으로 손꼽히는 카레 식당 중 하나다. 주문 후 마음의 준비를 하기도 전에 음식이 나오는 속도와 중독성 있는 맛으로 주로 바쁜 직장인이나 현지인에게 인기 있다. 좀 더 풍부한 맛을 위해 카레 소스를 추가하거나 부드러운 맛을 위해 달걀을 추가해 먹는 것도 좋다.

구글 지도 인디안 카레 산반가이점

한큐오사카우메다역 한큐 3번가 남관 지하 2층 18호 06-6372-8813 월~금요일 11:00~22:00(L.O 21:45), 토·일·공휴일 10:00~22:00(L.O 21:45) 부정기 인디언카레 880¥ www.indiancurry.jp

이사리비
漁火

MAP P.292A
VOL.1 P.017

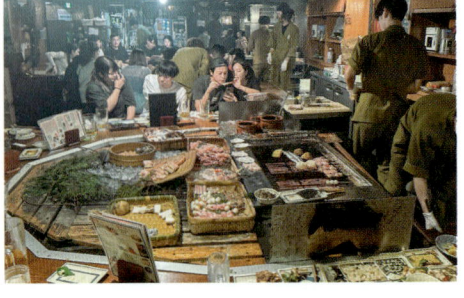

1973년에 문을 연 로바타야키. 점원들이 각종 꼬치류를 화로에서 구워낸 뒤 화로 주변에 둘러앉은 사람들에게 길쭉한 막대로 건네주는 재미있는 장면이 연출된다. 가격이 매우 저렴한 편이나 맛은 그에 비해 전반적으로 준수하다. QR로 주문과 계산이 가능하다. 2시간의 이용 제한이 있으며, 예약하는 편이 좋다.

구글 지도 리키마루 로바타야키 이사리비

우메다역 부근. 한큐3번가와 가깝다. 06-6373-2969 16:00~23:00 부정기 꼬치 메뉴 300¥~ www.rikimaru-isaribi.com

더 시티베이커리 그랜드프론트오사카점
The City Bakery グランフロント大阪

MAP P.292A

뉴욕 유니온스퀘어에서 개업해 프레첼크로와상으로 뉴요커에게 인기를 얻은 빵집이다. 우메다의 그랜드프론트오사카점은 미국 외 해외에 지점을 낸 첫 국가 일본의 1호점이다. 아침 식사로 팔렸다는 것이 이해가 될 정도로 크로와상이 큼직하다. 크로와상 외에도 여러 종류의 빵을 갖추고 카페에서는 커피와 음료, 식사 메뉴도 판매한다.

구글 지도 The City Bakery

JR 오사카역 북쪽 출구 앞 우메키타광장 지하 1층 06-6359-2010 07:30~20:00 부정기 프레첼크로와상 453¥, 홀위트크로와상 432¥ www.thecitybakery.jp

키지 우메다 스카이 빌딩점
きじ 梅田スカイビル店

MAP P.292A

우메다 스카이 빌딩 지하에 쇼와시대(1926~1989) 골목 풍경을 재현한 다키미코지에 있는 키지의 분점이다. 카운터석에 앉으면 바로 앞에서 음식 만드는 모습을 볼 수 있다. 인기 메뉴는 야키소바에 달걀을 섞은 모단야키. 고기와 해산물을 모두 넣어 만든 우메다 스카이 빌딩점 한정 메뉴 타키미야키도 추천 메뉴.

구글 지도 오코노미야키 키지 우메다스카이빌딩점

지하철 미도스지선 우메다역 5번 출구에서 도보 9분, 우메다 스카이 빌딩 지하 1층 06-6440-5970 11:30~21:30(L.O) 목요일 모단야키 980¥, 야키소바 780¥ 없음

신우메다쇼쿠도가이
新梅田食道街
MAP P.292A

거대한 비즈니스타운 우메다의 직장인이 퇴근하면서 즐겨 찾는 식당가. 1950년에 18개의 식당으로 시작해 현재는 100개의 점포를 헤아릴 정도가 됐다. 70여 년의 세월이 스친 레트로한 감성과 술잔을 부딪치는 직장인들의 떠들썩한 소리가 정감을 주는 곳이다. 키지 본점과 하나타코 등 유명한 가게도 여럿 입점해 있다.

- 지하철 미도스지선 우메다역 2번 출구에서 도보 1분 ☎ 가게마다 다름
- ⊙ 가게마다 다름 Ⓗ 가게마다 다름 Ⓟ 가게마다 다름 ⓦ https://shinume.com

마츠바 소혼텐
松葉 総本店
MAP P.292A

신우메다쇼쿠도가이 쿠시카츠 전문점. 저렴한 안주 가격과 기다란 바 자리에 서서 먹는 캐주얼한 분위기인데, 주로 퇴근한 직장인들이 잠시 들러 하루의 피로를 날리는 선술집이다. 소고기와 돼지고기, 채소, 해산물 등을 튀긴 쿠시카츠는 맥주와 찰떡궁합을 이룬다. 자리마다 놓인 양배추는 무료로 제공된다. 한국어 메뉴도 있어 편하다.

구글 지도 마츠바 본점

- 지하철 미도스지선 우메다역 2번 출구에서 도보 1분, 신우메다쇼쿠도가이 내 ☎ 06-6312-6615 ⊙ 월~금요일 14:00~22:00, 토·일요일·공휴일 11:00~22:00 Ⓗ 1월 1일~3일+부정기 Ⓟ 쿠시카츠 1꼬치 120~300¥ ⓦ 없음

하나다코
はなだこ
MAP P.292A

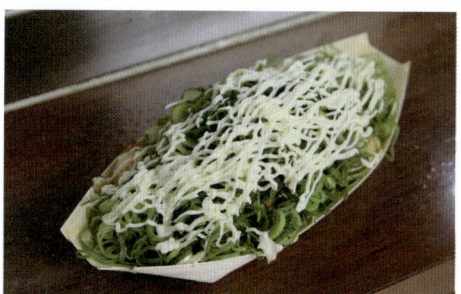

신우메다쇼쿠도가이 1950년에 개업해 우메다에서 맛집으로 입소문난 타코야키 가게. JR 오사카역 동쪽 횡단보도 건너편 신우메다쇼쿠도가이 입구 첫 번째 가게여서 찾기도 쉽다. 메뉴는 타코야키와 네기마요, 다코센 세 가지뿐인데, 그중 타코야키 위에 잘게 썬 파를 가득 올리고 마요네즈를 그물망처럼 뿌린 네기마요가 인기다.

- 지하철 미도스지선 우메다역 2번 출구에서 도보 1분, 신우메다쇼쿠도가이 내 ☎ 06-6361-7518 ⊙ 10:00~22:00 Ⓗ 연중무휴 Ⓟ 타코야키 6개 570¥, 네기마요 6개 670¥ ⓦ 없음

카메스시 소혼텐
亀すし 総本店
MAP P.292B

SNS 등에서 오사카 대표 스시 맛집으로 입소문을 타고 있는 우메다의 스시 전문점. 전 좌석이 카운터석이라 스시 만드는 과정을 볼 수 있고, 요리사와 직접 소통하기도 좋다. 종이에 적어 요리사에게 직접 주거나 종업원을 불러 주문하는데, 한국어 메뉴판을 갖추고 있다. 신선한 재료를 매우 두툼하게 썰어 초밥에 얹는것이 특징이다.

구글 지도 가메스시 총본점

- 지하철 히가시우메다역 4번 출구에서 160m 직진, 우메다에서 도보 10분 ☎ 06-6312-3862 ⊙ 화~토요일 11:30~22:30, 일요일 11:30~21:30 Ⓗ 월요일 Ⓟ 각종 스시 400~1810¥ ⓦ kamesushi.jp

효테이
瓢亭　MAP P.292B

츠유노텐 신사 근처, 유기리 소바로 유명한 소바 전문점. 유기리 소바의 메밀 면은 유자의 겉부분을 곱게 갈아 나가노에서 맷돌로 빻은 하얀 메밀가루와 섞어 면에 은은한 유자 향이 배게 했다. '유기리'라는 이름은 실화를 바탕으로 한 가부키 <구루와분쇼>에 나오는, 오사카에서 유명한 팔방미인 유녀 유기리의 이름에서 따온 것이라고 한다.

구글지도 효테이 유기리소바

🄵 지하철 타니마치선 히가시우메다역 7번 출구에서 도보 4분　📞 06-6311-5041　🕐 월~금요일 11:00~23:00, 토요일 11:00~22:30　🚫 일요일, 공휴일　💰 유기리 소바 1550¥　🌐 www.hyoutei-soba.com

미후네
美舟　MAP P.292B

한큐 히가시도리 상점가에 있는 오코노미야키 식당으로 1948년에 개업했다. 식당 내부는 일본 쇼와시대 느낌 가득한 레트로 감성 그 자체다. 철판이 붙어 있는 1인용 테이블에 소스와 가츠오부시 등도 놓여 있어 주문한 메뉴의 재료가 서빙되면 직접 구워 먹는 방식이다. 주메뉴는 고기와 해산물을 넣은 오코노미야키와 야키소바.

🄵 화이티 우메다 지하상가(오사카우메다역, 히가시우메다역과 연결) J4번 출구에서 도보 2분　📞 06-6361-2603　🕐 12:00~14:30(입점은 13:30까지), 18:00~22:00(입점은 21:00까지)　🚫 화요일, 부정기　💰 믹스야키 1350¥　🌐 없음

SHOPPING →

파티세리 몽셰르 도지마 본점
パティスリーモンシェール 堂島本店　MAP P.292B　VOL.1 P.119

케이크와 서양식 과자를 판매하는 도지마롤의 원조 격인 제과점. 매장이 파리 샹젤리제 거리 어디쯤에서 옮겨온 듯 이국적인 모습이다. 인기 메뉴인 도지마롤은 홋카이도산 우유와 바닐라를 사용해 만든 크림이 부드러우며 너무 달지 않아 고급스러운 느낌을 준다. 바닐라 외 과일과 블루베리 요쿠르트, 피스타치오, 말차 등 다양한 메뉴가 있다.

구글지도 파티세리 몽쉐르 도지마 본점

🄵 케이한 나카노시마선 와타나베바시역 7번 출구에서 도보 2분　📞 06-6136-8003　🕐 월~금요일 10:00~19:00, 토·일요일·공휴일 10:00~18:00　🚫 연중무휴　💰 도지마롤 1개 1680¥, 1/2개 896¥　🌐 www.mon-cher.com

리커 마운틴 우메다점
Liquor Mountain 梅田店　MAP P.292B　VOL.1 P.155

위스키를 비롯한 고도수 독주를 전문으로 판매하는 할인 주류점. 오사카의 여러 할인 주류점 중 구색과 접근성이 가장 좋은 곳에 속한다. 다양한 하드 리커와 일본 전통술을 구비하고 있는데, 세계적으로도 흔치 않은 브랜드나 숙성 연수의 술이 종종 입고된다. 조금씩 맛만 보고 싶은 구매자를 위해 보틀 위스키를 10㎖ 단위로 덜어 팔기도 한다.

구글지도 Liquor Mountain

🄵 JR 키타신치역 주변, 우메다에서 도보 10분　📞 06-4796-3311　🕐 화~토요일 11:30~22:30, 일요일 11:30~21:30　🚫 월요일　🌐 www.likaman.co.jp

킷테 오사카
KITTE 大阪

MAP P.292B

일본에서 아직 널리 알려지지 않은 좋은 상품을 모아 판매한다는 독특한 콘셉트를 가진 쇼핑몰. 오사카점은 쇼와 시대 건물인 옛 오사카 중앙 우체국을 리모델링해 2024년에 오픈했다. 홋카이도에서부터 오키나와까지 일본 각지에서 모인 15개의 안테나 숍에서 지역 유명 상품을 쇼핑할 수 있어 현지인이 많이 찾는다.

구글 지도 **키테오사카**

JR 오사카역 사쿠라바시게이트, 지하철 요츠바시선 니시우메다역 4A번 출구에서 도보 2분 ☎ 06-7739-4800 ⊙ 11:00~20:00(일부 매장 23:00까지) ⊖ 1월 1일+비정기 ⊕ 매장마다 다름 ⊕ https://osaka.jp-kitte.jp

다이마루 우메다점
大丸梅田店

MAP P.292B
VOL1 P.210

1717년 교토 후시미에서 작은 가게로 시작한 이곳은 일본 주요 도시에 9개의 지점을 갖춘 대형 백화점 체인이다. 요즘 인기를 얻고 있는 곳은 13층 캐릭터 숍. 애니와 게임 캐릭터 숍인 포켓몬 센터, 닌텐도 스토어, 원피스 센터 등이 있다. 산리오 숍은 5층에 있다. 다이마루 신사이바시점에서도 캐릭터 숍을 운영한다.

구글 지도 **다이마루 백화점 우메다점**

JR 오사카역 중앙남쪽 출구와 연결 ☎ 06-6271-1231 ⊙ 백화점 10:00~20:00, 14층 식당가 11:00~23:00 ⊖ 1월 1일~2일(2025년) ⊕ 가게마다 다름 ⊕ www.daimaru.co.jp

포켓몬 센터 오사카
Pokémon Center Osaka

MAP P.292B
VOL1 P.210

포켓몬스터의 공식 상품을 판매하는 숍으로, 오사카에서는 가장 먼저 생긴 포켓몬센터이다. 어린이 여행자들 사이에서는 성지와 같은 곳으로 통하고 있다. 피카츄, 파이리, 꼬부기, 이브이, 뮤 등 다양한 캐릭터의 인형을 비롯해 포켓몬 캐릭터를 활용한 문구, 생활용품, 팬시류 등의 다양한 상품을 취급하고 있다.

구글 지도 **포켓몬센터 오사카**

다이마루 우메다 13층 ☎ 06-6346-6002 ⊙ 10:00~20:00 ⊖ 다이마루 우메다의 휴무에 준함 ⊕ www.pokemon.co.jp/shop/pokecen/osaka

한큐 우메다 본점
阪急うめだ本店

MAP P.292A
VOL1 P.185

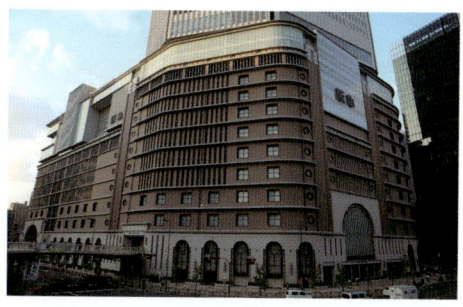

2층에선 에르메스 외 여러 명품 브랜드의 가방과 화장품, 향수를 판매한다. 3~6층은 명품 브랜드를 비롯한 여러 브랜드의 여성 의류 매장으로 채워져 있다. 12층 식당가에는 교토의 햄버그스테이크 맛집인 그릴 캐피탈 토요테이도 입점해 있다. 9~12층까지는 건물 중앙부 천장이 뚫린 오픈 공간으로 기간 한정 마켓이나 이벤트가 열린다.

구글 지도 **한큐백화점 우메다 본점**

지하철 미도스지선 우메다역 지하 통로, JR 오사카역 앞 광장 육교로 연결 ☎ 06-6343-1231 ⊙ 10:00~20:00, 12·13층 식당가 11:00~22:00 ⊖ 부정기 ⊕ 가게마다 다름 ⊕ www.hankyu-dept.co.jp

한신 우메다 본점
阪神梅田本店

MAP P.292B

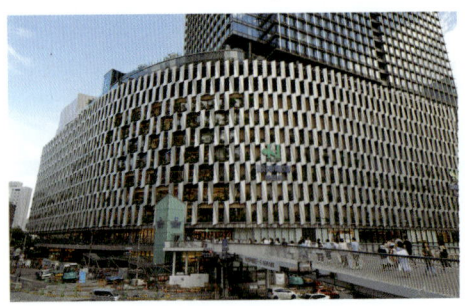

한신 백화점은 200개 가까운 매장이 밀집한 지하 1층 식품관의 인기가 높은데 클럽 하리에, 유하임, 동크 같은 유명 제과점과 화과자 가게, 반찬 가게, 루피시아를 비롯한 차, 커피 가게, 식료품 가게 등이 망라되어 있다. 그중에서도 한신 명물로 불리는 이카야키가 유명한데 밀가루와 오징어, 달걀, 파를 넣어 구워낸 것이다.

🅟 지하철 미도스지선 우메다역 지하 통로, JR 오사카역 앞 광장 육교로 연결 ☎ 06-6345-1201 ⏰ 10:00~20:00, 9층 한신 대식당 11:00~22:00 🅗 1월 1일 🅟 가게마다 다름 🌐 www.hanshin-dept.jp

그랜드 프런트 오사카
グランフロント大阪

MAP P.292A
VOL1 P.198

JR 오사카역 북쪽 광장 앞, 남관과 북관, 2개의 커다란 빌딩에 패션 잡화, 인테리어, 라이프스타일, 뷰티, 레스토랑, 카페 등의 매장이 밀집한 복합 쇼핑몰로 칸사이 최대 규모를 자랑한다. 남관 7~9층에 있는 식당가 우메키타 다이닝에는 미슐랭 맛집이나 일본에 처음 생긴 식당, 줄 서는 맛집으로 유명한 식당이 입점해 있다.

🅟 지하철 미도스지선 우메다역 5번 출구에서 도보 5분 ☎ 06-6372-6300 ⏰ 10:00~23:00(가게마다 다름) 🅗 부정기 🅟 가게마다 다름 🌐 www.grandfront-osaka.jp

루쿠아 오사카
ルクア大阪

MAP P.292A
VOL1 P.197

JR 오사카역과 연결된 쇼핑몰로 서관 루쿠아 1100과 동관 루쿠아를 통칭해 루쿠아 오사카로 부른다. 패션과 트렌드에 예민한 커리어우먼이 주 고객층이기 때문에 패션과 라이프스타일, 보디 케어, 화장품 등의 상품을 취급한다. 10층 식당가에는 쿠시카츠 다루마, 지하 2층 푸드코트에는 오므라이스 맛집으로 유명한 홋쿄쿠세이가 입점해 있다.

구글 지도 쇼핑몰 루쿠아

🅟 JR 오사카역 북쪽 출구와 연결 ☎ 06-6151-1111 ⏰ 10:30~20:30, 지하 2층·지상 10층 식당가 11:00~23:00 🅗 부정기 🅟 가게마다 다름 🌐 www.lucua.jp

요도바시 카메라 멀티미디어 우메다
ヨドバシカメラ マルチメディア梅田

MAP P.292A

일본 대표 가전 양판점 중 하나로 우메다점은 일본 요도바시 카메라 체인 중 가장 큰 지점이다. 도쿄 신주쿠의 요도바시(현 니시신주쿠)에서 사진 상회로 시작했지만 지금은 모든 종류의 전자 제품과 피규어 등을 총망라한다. 판매하는 거의 모든 제품을 전시하며, 부담 없이 사용해보고 구매할 수 있다는 것이 장점이다.

🅟 지하철 미도스지선 우메다역 5번 출구에서 연결 ☎ 06-4802-1010 ⏰ 09:30~22:00 🅗 부정기 🅟 제품마다 다름 🌐 www.yodobashi.com

한큐 3번가
阪急三番街 MAP P.292A

한큐 전철 오사카우메다역에 있는 쇼핑센터. 1969년에 한큐 백화점이 지금의 자리로 이전하며 생긴 쇼핑 시설을 활용하면서 생겨났다. 3번가는 당시 한큐 백화점이 있던 옛 주소의 번지수다. 라이프스타일 숍 프랑프랑을 비롯해 카페, 식당, 패션, 뷰티 케어 관련 매장이 입점해 있으며 레고 스토어, 리락쿠마 스토어, 키디랜드 등 캐릭터 숍도 있다.

📍 한큐오사카우메다역 건물 지하 2층~지상 2층, 지하철 미도스지선 우메다역에서 한큐오사카우메다역 방향 지하 통로로 연결 🕐 가게마다 다름 ⏰ 10:00~23:00(가게마다 다름) 🚫 부정기(홈페이지에 공지) 💰 가게마다 다름 🌐 https://www.h-sanbangai.com

프랑프랑 우메다점
Francfranc 梅田店 MAP P.292A

여심을 저격할 만한 라이프스타일, 생활 잡화, 인테리어 소품을 전문으로 판매하는 매장이다. 한큐 3번가에 위치한 우메다점은 프랑프랑 체인 중 서일본에서 가장 큰 규모다. 일상생활에 필요할 것 같은 물건은 거의 다 있다고 해도 좋을 만큼 다양하며 세련되고 감각적인 디자인이 지름신을 떨쳐내기 힘들게 만든다.

구글 지도 Francfranc 우메다점

📍 지하철 미도스지선 우메다역 1번 출구에서 도보 4분 ☎ 03-4216-4021 ⏰ 10:00~21:00 🚫 부정기 💰 제품마다 다름 🌐 https://francfranc.com

누차야마치 & 누차야마치 플러스
NU茶屋町 & NU茶屋町プラス MAP P.292A

한큐 오사카우메다역 맞은편에 세련되고 모던한 느낌의 건물로 단장한 쇼핑몰. 누차야마치와 누차야마치 플러스, 두 건물에 패션과 라이프스타일 숍, 식당, 카페가 주로 입점해 있다. 들러볼 만한 곳은 누차야마치 지하 1층에 위치한 세계 맥주와 요리를 즐길 수 있는 펍, 누차야마치 플러스 2층 오가닉 식료품점과 향신료, 칼디 커피팜 등의 매장이다.

📍 지하철 미도스지선 우메다역 1번 출구에서 도보 6분 🕐 가게마다 다름 ⏰ 11:00~21:00(쇼핑), 11:00~24:00(다이닝, 가게마다 다름) 🚫 부정기(홈페이지에 공지) 💰 가게마다 다름 🌐 https://nu-chayamachi.com

우메다 로프트
梅田 Loft MAP P.292A

세련되고 감각적인 가정용 집기, 인테리어 소품, 문구, 주방용품, 패브릭 등으로 유명한 생활잡화 체인. 우메다에 위치한 로프트는 8층 규모의 빌딩에 자리하고 있는데, 이는 일본 전체에서도 손에 꼽힐 정도로 큰 규모이다. 매우 다양한 상품군을 선보이며, 계절 한정이나 컬래버레이션 상품도 찾아볼 수 있다.

구글 지도 로프트 우메다

📍 지하철 미도스지선 나카츠역에서 도보 4분. 우메다역에서 도보 10분 이내 ☎ 06-6359-0111 ⏰ 11:00~21:00 🚫 연중무휴 🌐 www.loft.co.jp/shoplist/umeda

오사카 스카이 비스타
OSAKA SKY VISTA

MAP P.292B

오사카 시내 관광 명소를 두루 거치는 2층짜리 빨간색 시티 투어 버스. 우메다와 오사카 성, 나카노시마 등을 거치는 우메다 루트와 나카노시마, 미도스지, 도톤보리, 아베노 하루카스, 우메다를 거치는 난바 루트를 운행한다. 날씨가 좋은 날엔 천장이 없는 2층 좌석에 앉아 드라이브를 즐기기 좋다. 승차 시엔 한국어 음성 가이드를 요청하자.

JR 오사카역 1층 중앙 개찰구에서 도보 1분, 오사카역 JR 고속버스 터미널 승강장 0570-00-2424(예약), 06-6781-3231(당일 운행 문의) 운행시간 홈페이지에 공지 부정기(홈페이지에 공지) 어른 2000¥, 어린이 1000¥ www.kintetsu-bus.co.jp/skyvista

텐진바시스지 상점가
天神橋筋商店街

MAP P.293C P.293D
VOL1 P.061

일본에서 가장 긴 상점가로 유명한 쇼핑 아케이드. 천장이 있는 아케이드 구역은 오사카텐만구 근처 1초메부터 지하철 텐진바시스지로쿠초메역 앞까지 6개 구역으로 약 1.8km에 이른다. 소박하고 서민적인 느낌의 잡화와 생활용품 매장, 식당, 식료품 가게 등이 주를 이룬다. 산책하듯 찬찬히 걸으며 맛집이나 나만의 쇼핑 아이템을 찾아보기 좋다.

지하철 타니마치선·사카이스지선 미나미모리마치역 7번 출구에서 30초, 지하철 사카이스지선 오기마치 역 1번 출구에서 30초, 지하철 타니마치선·사카이스지선·한큐센리선 텐진바시스지로쿠초메역 8번 출구 앞 가게마다 다름 www.tenjin123.com(1~3초메)

오사카 시립 주택 박물관
大阪くらしの今昔館

MAP P.293C
VOL1 P.070

에도시대 후기부터 1940년대까지 오사카 시민들의 주거를 테마로 한 박물관. 상설 전시관은 2개 층으로 나뉘는데, 9층 전시관에는 1830년대 에도시대 가상의 마을 거리를 실제처럼 재현해놓았다. 8층 전시관에서는 메이지시대부터 쇼와시대까지의 오사카 거리 풍경을 재현한 디오라마를 관람할 수 있다. 기모노 의상 체험도 인기다.

지하철 타니마치선·사카이스지선·한큐센리선 텐진바시스지로쿠초메역 3·8번 출구에서 도보 1분 06-6242-1170 10:00~17:00(입장은 16:30까지) 화요일(공휴일인 경우 개관), 12월 29일~1월 2일 어른 600¥, 고등·대학생 300¥ www.osaka-angenet.jp/konjyakukan

오사카텐만구
大阪天満宮

MAP P.293D
VOL1 P.089

949년에 처음 창건된 것으로 알려진 신사. 학문의 신으로 숭배되는 학자 스가와라 미치자네를 모시고 있어 합격을 기원하는 수험생과 학부모가 많이 찾는다. 7월 24~25일경에는 교토 기온 마츠리, 도쿄 간다 마츠리와 함께 일본의 3대 마츠리로 꼽히는 덴진 마츠리가 열린다. 덴진 마츠리가 열릴 때는 여러 행사와 함께 대규모 불꽃놀이도 행해진다.

JR 오사카텐만구역·지하철 미나미모리마치역 7번 출구에서 도보 2분 06-6353-0025 09:00~17:00 연중무휴 무료 https://osakatemmangu.or.jp

나카자키초
中崎町

MAP P.293C
VOL.1 P.131

우메다에서 동쪽으로 도심을 조금만 걸으면 거짓말처럼 풍경이 바뀌며 레트로한 느낌의 골목길이 나온다. 100년 가까운 세월을 보낸 목조건물에 소박하면서도 감각적으로 꾸민 개성 넘치는 가게와 카페가 곳곳에 눈에 띈다. 나카자키초는 딱히 무언가를 하지 않아도 걷고 사진 찍는 것만으로도 즐거움을 주는 곳이다.

ⓕ 지하철 타니마치선 나카자키초역 2번 출구 앞 ⓣ 가게마다 다름 ⓞ 가게마다 다름 ⓗ 가게마다 다름 ⓟ 가게마다 다름 ⓦ https://nakazakicho.net

야마타츠
山辰

MAP P.293C

나카자키초 원래 정육점이지만 튀김 음식으로 더 유명한 곳이다. 가장 인기 높은 메뉴는 고로케인데 갓 튀겨 건네주는 것을 한입 베어 물면 빵가루 가득한 바삭한 튀김옷과 촉촉한 고기 소가 입안에서 살살 녹는다. 저렴한 가격은 덤. 고로케 외에도 돈카츠, 비프카츠, 새우카츠, 콘볼, 민치카츠 등의 메뉴가 있다.

ⓕ 지하철 타니마치선 나카자키초역 2번 출구에서 도보 1분 ⓣ 06-6371-6494 ⓞ 11:00~18:30 ⓗ 수요일 ⓟ 고로케 90¥ ⓦ 없음

삐삐네라 키친
ピピネラキッチン

MAP P.293C

나카자키초 나카자키초의 골목과 잘 어울리는 2층짜리 고민가를 개조한 카페. 목조 건물로 세월의 흔적을 가득 담은 듯한 인테리어는 반전이다. 영국에 거주한 적이 있다는 주인이 모은 영국식 고가구와 잡화, 소품으로 꾸민 실내가 묘하게 잘 어울린다. 건강한 식재료로 만든 오반자이 점심식사와 디저트, 음료를 판매한다.

구글 지도 피피네라 키친

ⓕ 지하철 타니마치선 나카자키초역 2번 출구에서 도보 2분 ⓣ 050-5304-6369 ⓞ 12:00~17:00(L.O 16:30) ⓗ 월요일(공휴일인 경우 영업) ⓟ 오반자이 세트 1100¥, 커피 570¥ ⓦ https://pipinerakitchen.foodre.jp

마조 카페
マジョ カフェ

MAP P.293C
VOL.1 P.133

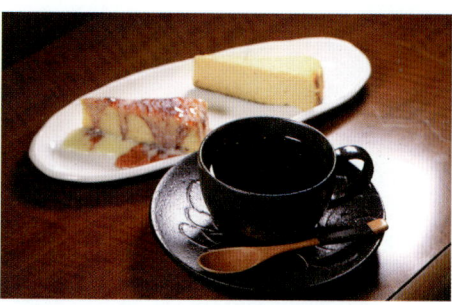

나카자키초 100년 정도 된 주택을 개조해 만든 카페이자 공방. 독특하게도 마녀를 콘셉트로 카페를 꾸몄다. 실내에는 카페인지 액세서리 가게인지 분간이 가지 않을 정도로 다양한 디자인의 장신구와 액세서리 소품이 진열되어 있다. 음료는 기본적으로 커피와 티, 그리고 '내 마음대로'라는 의미를 지닌 음료 키마구레소다 등 종류가 다양하다.

구글 지도 majo cafe

ⓕ 지하철 타니마치선 나카자키초역 4번 출구에서 도보 5분 ⓣ 06-6371-1577 ⓞ 12:30~17:30(L.O 17:00) ⓗ 부정기 ⓟ 마조 블렌드 커피 440¥

덱스터 다이너
Dexter Diner
MAP P.293C

나카자키초 한껏 미국적인 분위기로 꾸민 수제 햄버거 식당. 햄버거를 맛본 사람들의 입소문을 타고 맛집으로 유명해진 곳이다. 한입 베어 물면 두툼한 번의 식감이 인상적이다. 먹음직스럽게 녹아내린 체더치즈와 두껍게 썰어낸 베이컨이 기본을 이룬다. 거기에 모차렐라 치즈와 파인애플, 할라피뇨 등 취향껏 추가할 수 있는 토핑이 풍부한 맛을 이룬다.

구글 지도 Dexter Diner

지하철 타니마치선 나카자키초역 4번 출구에서 도보 4분 090-7754-0959 월~금요일 11:00~15:00(L.O), 18:00~20:00(L.O), 토·일요일·공휴일 11:00~16:00(L.O) 수요일, 부정기 수제 베이컨 치즈 버거 1550¥ https://dexterdiner.com

닐
neel
MAP P.293C

나카자키초 도쿄에서 브런치 맛집으로 인기를 얻고 있는 닐 카페의 나카자키초점. 오사카에서도 젊은 여성들에게 인기를 얻고 있다. 실내는 심플하고 모던한 느낌의 감각적인 인테리어로 꾸몄다. 수프와 함께 나오는 샌드위치와 버터를 올린 크레페는 한 끼 식사로도 손색없는 양과 맛이다. 커피와 다양한 맛의 프리미엄 티 등 음료도 충실하다.

구글 지도 닐 카페 나카자키초점

지하철 타니마치선 나카자키초역 4번 출구에서 도보 4분 06-6867-9996 10:00~20:30(L.O 20:00) 연중무휴(12월 31일~1월 12일은 부정기) 카츠샌드 1380¥, 오리지널 심플 슈가거 버터 크레페 610¥ https://neel.coffee

살롱 드 아만토
Salon de AManTo
MAP P.293C
VOL.1 P.133

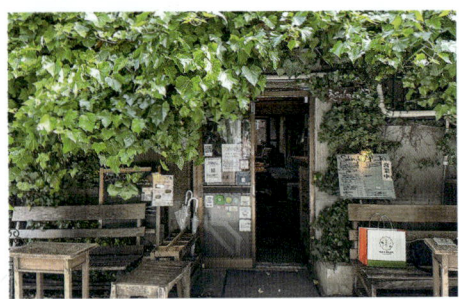

나카자키초 120년이 넘은 구옥을 개조해 카페로 꾸민 곳으로, 나카자키초 예술가들의 본부 역할을 하는 곳이다. 온통 담쟁이로 덮인 외관부터 만만치 않은 예술적 '포스'를 느낄 수 있다. 내부는 허름하지만 잘 꾸민 시골집 같은 느낌을 준다. 야외 테이블의 분위기가 매우 좋으나 흡연석이라는 것은 미리 알아둘 것. 커피 가격이 저렴한 것도 매력 포인트.

지하철 나카자키초역에서 도보 5분 이내 06-6371-5840 12:00~22:00 연중무휴 아만토 커피 300¥, 기타 커피류 400~500¥ amanto.jp

OSA 카페
OSA COFFEE
MAP P.293C
VOL.1 P.133

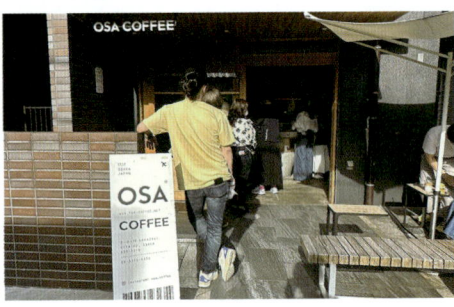

나카자키초 후쿠오카의 명물 카페인 FUK 카페(에프유케이 카페)의 오사카 지점. '오에스에이 카페'로 읽는다. 최근 오사카 현지인들 사이에서 라테 맛집으로 소문나 줄이 길다. 라테 맛집답게 메뉴판에 '밀크 milk' 메뉴를 전면 배치했다. 내부에는 앉을 자리가 없고 야외 좌석이 몇 자리 마련되어 있다. 디저트도 맛있는 편. 기념품도 구입 가능하다.

구글 지도 OSA COFFEE

지하철 나카자키초역에서 도보 5분 이내 06-6359-6900 10:00~18:00 연중무휴 라테류 550~650¥, 아메리카노 450¥ instagram.com/osa_coffee

시치후쿠진
七福神
MAP P.293C

오사카의 명물 요리인 쿠시카츠를 선보이는 이자카야. 본점과 지점이 붙어 있는데, 본점은 카운터석 몇 개가 놓여 있는 허름한 실내 포장마차 느낌. '근본'에 가까운 쿠시카츠를 선보이는 곳으로, 주문하면 그 즉시 재료를 튀겨 앞에 놓아주고, 소스는 단지에 들어 있는 것을 딱 한번만 찍어 먹거나 작은 국자로 떠서 바른다. 오뎅과 도테야키도 맛있다.

구글 지도 시치후쿠진 본점

- F 지하철 텐진바시스지로쿠초메역에서 도보 5분 T 06-6881-0889
- 화~일요일 11:30~22:00 휴 월요일 P 쿠시카츠 150~500¥, 오뎅 100~400¥, 도테야키 430¥(3개) W instagram.com/kushikatsu_shichifukujin

하루코마 본점
春駒 本店
MAP P.293C
VOL.1 P.103

텐진바시스지 상점가 내에 있는 가성비 좋은 스시집. 저렴한 가격이지만 재료가 신선하고 맛도 좋아 가성비의 민족인 한국인의 발길도 끊이지 않는다. 주문은 메모지에 적어 전달하는데, 스시의 종류가 헤아리기 힘들 정도로 많아도 메뉴판에 사진과 함께 한국어 표기까지 있어 큰 어려움이 없다.

- F 지하철 타니마치선·사카이스지선·한큐센리선 텐진바시스지로쿠초메역 12번 출구에서 도보 3분 T 06-6351-4319 11:00~21:30(L.O) / 재료 소진 시 영업 종료 휴 화요일 P 스시 1접시(2개) 110~935¥

치구사
千草
MAP P.293C

정통 오사카 스타일의 오코노미야키와 철판구이를 선보이는 노포. 텐진바시스지 상점가의 후미진 골목 안에 위치해 관광객보다는 현지인이 좋아한다. 두툼한 돼지 목살 한쪽이 통으로 들어가는 '치구사야키 千草焼き'가 간판 메뉴다. 모든 테이블에 불판이 설치되어 있어 직접 구워 먹을 수도 있으나, 치구사야키를 주문하면 가게 직원이 조리해준다.

구글 지도 치구사 오코노미야끼

- F 지하철 텐진바시스지로쿠초메역에서 도보 5분 T 06-6351-4072
- 수~월요일 11:00~21:30 휴 화요일 P 치구사야키 1100¥, 키타 오코노미야키류 850~1100¥, 야키소바류 850~1100¥ W instagram.com/okonomiyaki_chigusa

천연 온천 나니와노유
天然温泉 なにわの湯
MAP P.293C

도심 상가 건물에 있는 대중목욕탕 분위기의 온천이다. 일반 대중목욕탕과의 차이라면 지하에서 끌어올린 천연 탄산 온천수를 사용한다는 것. 피부의 각질층을 연화해 분비물을 유화하는 작용이 있어 미인탕이라 부르기도 한다. 10여 개에 이르는 다양한 테마의 욕장과 사우나 시설이 있다. 목욕을 마친 후 휴게실에서 우유도 마셔보자.

- F 지하철 텐진바시스지로쿠초메역 6번 출구에서 도보 8분 T 06-6882-4126 월~금요일 10:00~다음 날 01:00, 토·일요일·공휴일 08:00~다음 날 01:00 휴 연중무휴 P 중학생 이상 평일 850¥, 토·일요일·공휴일 950¥ / 초등학생 400¥ W www.naniwanoyu.com

나카노시마 주변 SIGHTSEEING →

나카노시마
中之島
MAP P.293D

오사카 시내 중심부를 흐르는 토지마카와, 토사호리카와 사이에 있는 섬. 동서로 약 3km에 달하는 곳에 일본은행 오사카지점을 비롯해 박물관과 미술관, 호텔, 도서관, 공원 등이 들어서 있다. 강이 보이는 카페나 식당에서 휴식을 취하거나 강가의 산책로를 거니는 것도 좋다. 5~6월과 10~11월에는 나카노시마장미원에도 들러보자.

📍 게이한본선, 미도스지선 요도야바시역 1번, 7번 출구에서 도보 2분 📞 없음 🎫 제한없음 🕐 연중무휴 💰 무료 🌐 www.nakanoshima-style.com

오사카시립동양도자미술관
大阪市立東洋陶磁美術館
MAP P.293D

한국과 중국, 일본 및 서아시아의 도자기를 소장, 전시하는 미술관. 아카타산업이 파산위기에 몰리자 보유중인 도자기를 스미토모은행이 인수해 오사카시에 기증하면서 1982년에 개관했다. 이 중엔 고려청자가 포함돼 있으며 재일한국인인 이병창이 기증한 도자기 컬렉션도 운영한다. 도자기 미술품에 관심이 있다면 들러볼 것.

📍 지하철 미도스지선·게이한본선 요도야바시역 1번 출구에서 도보 8분 📞 06-6223-0055 🕐 09:30~17:00(16:30까지 입장) 🚫 월요일, 12월 28일~1월 4일 💰 어른 1800¥, 고등·대학생 800¥ 🌐 www.moco.or.jp

국립국제미술관
国立国際美術館
MAP P.292B
VOL.1 P.016

나카노시마에 위치한 현대미술관으로, '국제미술관'이라는 타이틀 답게 전세계 각지의 현대미술품을 다양하게 소장하고 있으며 관련 기획전도 자주 개최한다. 내부에 세계적인 미술가들의 작품을 무료로 전시하고 있는 것으로도 유명하다. 특히 로비 중앙에 걸려 있는 호안 미로의 대형 회화가 인상적이다.

📍 지하철 요츠바시선 히고바시역 3번 출구에서 서쪽으로 도보 약 10분 📞 06-6447-4680 🕐 일·화~금요일 10:00~17:00, 금·토요일 10:00~20:00 🚫 월요일, 연말연시, 전시 교체 기간 💰 전시마다 다름 🌐 www.nmao.go.jp

오사카나카노시마 미술관
大阪中之島美術館
MAP P.292B
VOL.1 P.015

근현대 미술을 전문으로 다루는 미술관으로서, 1983년부터 무려 40년 가까이 준비하여 설립했다고 한다. 바스키아, 모딜리아니, 마리 로랑생 등 해외 유명 작가들의 작품과 사에키 유조를 비롯한 일본 유명 화가들의 서양화를 대거 소장하고 있다. 다채로운 기획전을 통해 소장품과 초청 작품들을 선보인다.

구글 지도 오사카 나카노시마 미술관

📍 국립국제미술관 바로 옆에 있다. 📞 06-6447-4680 🕐 화~일요일 10:00~17:00 🚫 월요일, 연말연시, 전시 교체 기간 💰 전시마다 다름 🌐 nakka-art.jp

EATING →

오사카시립 과학관
大阪市立科学館 MAP P.292B

천문, 과학을 주제로하는 박물관. 1989년에 개관했지만, 전신인 오사카시립 전기 과학관은 1937년에 개관한 일본 최초의 과학관이다. 아톰으로 유명한 만화가 테츠카 오사무도 어린 시절에 자주 방문했다고 한다. 다양한 과학관련 쇼와 체험, 전시물을 만날 수 있어 꽤 흥미롭다. 동양 최초로 도입된 플라네타륨이 인기 관람 코스다.

지하철 요츠바시선 히고바시역 3번 출구에서 도보 8분 06-6444-5656 09:30~17:00 월요일, 연말연시+비정기 어른 400¥, 고등·대학생 300¥(전시장) / 어른 600¥, 고등·대학생 450¥, 3세~중학생 300¥(플라네타륨) www.sci-museum.jp

요타로 본점
与太呂 本店 MAP P.292B

1927년에 개업해 튀김과 도미밥으로 인기를 얻은 식당이다. 여러 차례 미슐랭 가이드 2스타에 선정되기도 했다. 커다란 참돔 한 마리를 통째로 올려 지은 밥은 먹기 좋게 살을 발라 섞어준다. 채소와 해산물을 사용한 튀김은 종류와 가짓수에 따라 여러 가지 코스로 준비된다. 방문 하루 전까지 예약을 해야한다.

지하철 요츠바시선 히고바시역 4번 출구에서 도보 5분, 나카노시마다이마루빌딩 3층 06-6147-2313 11:30~13:00(L.O), 18:00~20:00(L.O) 일요일, 연말연시+부정기 런치코스 5500¥, 텐푸라와 도미밥 스탠다드 코스 7700¥ https://yotaro.co.jp

글리치 커피 오사카
GLITCH COFFEE OSAKA MAP P.292B

다양한 산지의 싱글 오리진 원두를 최고의 로스팅으로 선보이는 스페셜티 커피 전문점. 바리스타가 손님과 다각도로 대화를 나눈 뒤 가장 알맞는 원두와 마시는 방식을 추천해 준다. 바리스타들이 대부분 영어를 잘하는 편. 콘래드 호텔이 입점한 빌딩 1층에 라운지처럼 자리하고 있어 좌석이 매우 편하고 고급스럽다.

구글지도 GLITCH COFFEE OSAKA

케이한선 와타나베바시역과 바로 연결된다. 06-4256-3066 월~금요일 08:00~19:00, 토·일요일 09:00~19:00 부정기 스페셜티 커피 800~2000¥ glitchcoffee.com

아미히코 키타하마점
阿み彦 北浜店 MAP P.293D

350년이 넘는 역사를 지닌 장어덮밥 전문점. 일본 전통 가옥 느낌을 주는 인테리어가 정갈하고 고급스럽다. 쪄내지 않고 바로 굽는 칸사이 지방의 방식대로 생장어를 숯불에서 바로 구워낸다. 거기에 창업 때부터 전해지는 소스를 뿌려 장어 덮밥을 완성한다. 고슬고슬한 밥의 식감도 좋다. 장어구이나 덮밥 외 카이세키 요리도 선택할 수 있다.

구글지도 아미히코

지하철 사카이스지선·게이한본선 23번 출구 앞 헤이와도산키타하마빌딩 지하 1층 06-6201-5315 11:00~14:00, 17:00~20:00 일요일 우나기동 3800¥~6000¥ https://amihiko-kitahama.gorp.jp

C TENNOJI
텐노지

오사카 남부 철도 교통의 중심지인 텐노지역 주변은 100년 전 쇼와시대와 현대식 시설이 공존하는 지역이다. 거리에는 100여 년의 세월 동안 서민의 발이 되어준 노면전차가 여전히 운행되고 일본에서 하늘 높이 솟은 아베노 하루카스가 시선을 끈다. 일본에서 가장 오래된 절로 알려진 시텐노지와 쇼와시대의 모습을 간직한 츠텐카쿠, 아날로그 감성 가득한 먹자 거리 신세카이와 잔잔요코초 등이 조화를 이룬다. 한국인이 정착해 코리아타운을 이룬 츠루하시에서는 한국적인 분위기의 전통시장도 만날 수 있다. 밋밋했던 옛 모습을 벗고 새롭게 단장한 텐노지 공원은 주말을 즐기는 시민들로 활기가 넘친다.

교통 한눈에 보기

① 칸사이 국제공항→텐노지	JR(칸사이공항역-텐노지역)	53분	1080¥
② 교토→텐노지	JR(교토역-오사카역-텐노지역)	52분	950¥
	한큐 전철+미도스지선(교토카와라마치역-오사카우메다역-텐노지역)	70분	700¥
	케이한 전철+타니마치선(기온시조역-덴마바시역-텐노지역)	65분	670¥
③ 고베→텐노지	JR(산노미야역-오사카역-텐노지역)	46분	740¥
	한큐 전철+미도스지선(한큐산노미야역-오사카우메다역-미도스지 우메다역-텐노지역)	53분	620¥
	한신 전철+JR(고베산노미야역-니시쿠조역-JR 니시쿠조역-JR 텐노지역)	46분	510¥
④ 나라→텐노지	JR(나라역-텐노지역)	33분	510¥
	킨테츠 전철(킨테츠나라역-츠루하시역)	32분	590¥
⑤ 오사카 키타→텐노지	지하철 미도스지선(우메다역-난바역)	16분	290¥
	지하철 타니마치선(히가시우메다역 또는 덴진바시스지로쿠초메역-텐노지역)	14~18분	290¥
	지하철 사카이스지선(덴진바시스지로쿠초메역-도부츠엔마에역)	14분	240¥
⑥ 오사카 미나미→텐노지	지하철 미도스지선(난바역-텐노지역)	6분	240¥
⑦ 오사카 성→텐노지	지하철 타니마치선(타니마치욘초메역-텐노지역)	6분	240¥
⑧ USJ→텐노지	JR(유니버설시티역-니시쿠조역-텐노지역)	17분	210¥

오사카 텐노지 지역 다니는 방법

[WALK] 텐노지역을 중심으로 시텐노지, 텐노지 공원, 하루카스 300, 신세카이까지는 도보로 이동하는 데 어려움이 없다.

[SUBWAY] 텐노지에서 츠루하시로 이동할 때 JR을 이용하면 편리하다.

[BUS] 대부분 전철과 도보로 이동 가능해 버스를 이용하는 경우는 거의 없다.

[TAXI] 대부분 관광지가 전철역에서 도보 20분 이내 거리이니 필요에 따라 적절히 이용하자.

TO DO LIST

□ 일본에서 두 번째로 높은 건물 전망대 하루카스 300에서 오사카 전경 감상하기

□ 츠텐카쿠 야외 전망대에서 아찔한 스릴 느껴보기

□ 스파월드 세계의 대온천 또는 천연 온천 노베하노유 츠루하시점에서 온천욕 즐기기

□ 쿠시카츠의 발상지인 신세카이에서 쿠시카츠 맛보기

□ 텐노지 공원에서 산책을 즐기고 텐시바에서 음식 먹으며 쉬어 가기

□ 덜컹이는 한카이 전차 타고 온몸으로 아날로그 감성 느끼기

텐노지 추천 코스 　**텐노지 공원 주변**

지역이 넓지 않아 동선이 크게 중요하지는 않다. 츠텐카쿠와 하루카스 300 전망대 중 취향에 따라 한 곳만 방문해도 되고, 시간대를 옮겨 석양이나 야경을 감상해도 좋다. ｜ **소요 시간 : 약 7시간**

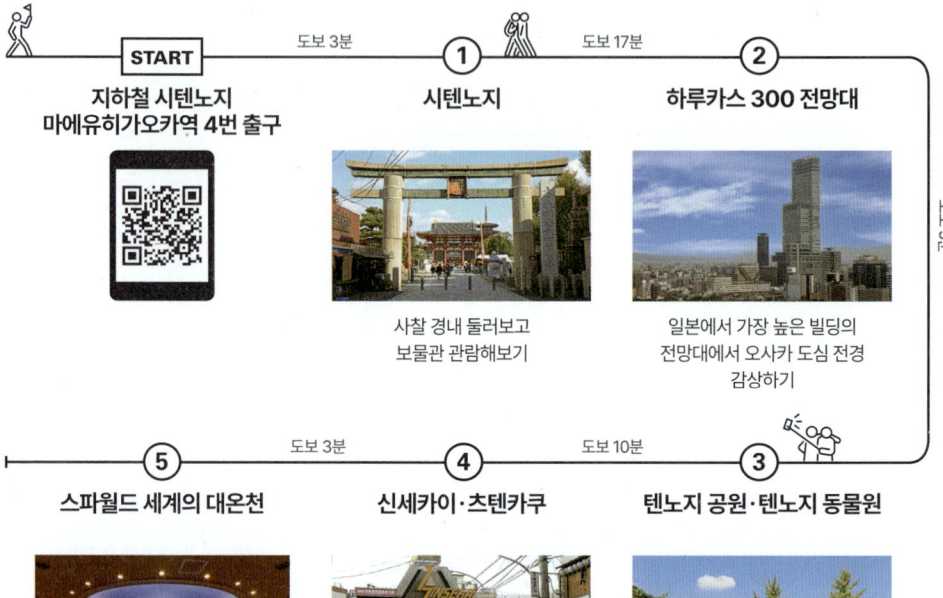

START — 지하철 시텐노지 마에유히가오카역 4번 출구

도보 3분 → ① **시텐노지** — 사찰 경내 둘러보고 보물관 관람해보기

도보 17분 → ② **하루카스 300 전망대** — 일본에서 가장 높은 빌딩의 전망대에서 오사카 도심 전경 감상하기

도보 5분 → ③ **텐노지 공원·텐노지 동물원** — 게이타쿠엔과 공원 둘러보고 텐시바에서 쉬어 가기

도보 10분 → ④ **신세카이·츠텐카쿠** — 츠텐카쿠 옥외 전망대 방문해보고 신세카이에서 맛있는 음식 맛보기

도보 3분 → ⑤ **스파월드 세계의 대온천** — 온천욕 즐기며 휴식 취하기

츠루하시 주변

한인이 많이 모여 사는 지역으로 곳곳에 한국적인 분위기가 묻어난다. 츠루하시 상점가는 옛날 한국 시골의 재래시장을 보는듯하다. 이쿠노 코리아타운은 오사카 한류1번지다운 분위기다. ｜ **소요 시간 : 약 3시간**

START — JR 츠루하시역 동쪽 출구

도보 0분 → ① **츠루하시 상점가** — 시장 둘러보기

도보 12분 → ② **오사카 이쿠노 코리아타운** — 거리를 따라 둘러보며 길거리 음식 맛보기

오사카 텐노지 지역 1 DAY 코스

텐노지와 츠루하시 지역의 주요 관광지를 둘러보는 코스다. 하루카스 300 전망대와 츠텐카쿠 중 한 곳만 선택해도 좋다. 시간 여유가 있다면 한카이 전차를 타고 아날로그 감성을 느껴보자. | 소요 시간 : 약 6시간

START — ① JR 츠루하시역 동쪽 출구

— 도보 7분 →

① 천연 온천 노베하노유 츠루하시점
온천욕 즐기기

— 도보 7분+지하철 10분+도보 3분 →

② 시텐노지
사찰 경내 둘러보고 보물관 관람해보기

— 도보 17분 →

③ 하루카스 300 전망대
일본에서 가장 높은 빌딩의 전망대에서 오사카 도심 전경 감상하기

— 도보 17분 →

④ 텐노지 공원·텐노지 동물원
게이타쿠엔과 공원 둘러보고 텐시바에서 쉬어 가기

— 도보 10분 →

⑤ 신세카이·츠텐카쿠
츠텐카쿠 옥외 전망대 방문해보고 신세카이에서 맛있는 음식 맛보기

— 도보 10분 →

③ 천연 온천 노베하노유 츠루하시점
온천욕 즐기기

텐노지 공원 주변　　SIGHTSEEING

텐노지 공원
天王寺公園　　MAP P.314B

1909년에 조성된 오사카 시내 남부의 대표적인 공원이다. 중앙에 오사카 시립 미술관이 위치하고 서쪽에는 텐노지 동물원이 있다. 미술관 동쪽은 연못에 인공 섬이 있는 일본식 정원 게이타쿠엔이 자리 잡고 있다. 2015년에는 공원 입구에 식당과 카페, 어린이 놀이터, 잔디 공원 등의 시설을 갖춘 텐시바가 들어서 세련된 공원으로 탈바꿈했다.

구글 지도 천왕사(덴노지) 공원

지하철 미도스지선·타니마치선 텐노지역 19·20번 출구에서 도보 1분 가게마다 다름 07:00~22:00(텐시바 영업시간은 가게마다 다름) 연중무휴(텐시바 휴무는 가게마다 다름) 무료 www.tennoji-park.jp

텐노지 동물원
天王寺動物園　　MAP P.314B

텐노지 공원 1915년에 텐노지 공원에 생긴 동물원. 도쿄와 교토에 이어 생긴 일본의 세 번째 동물원이다. 사자, 기린, 하이에나 같은 아프리카 동물과 북극곰, 펭귄 등 약 180종에 달하는 다양한 동물을 만날 수 있다. 오랜 역사만큼 동물원 전체에 레트로 느낌이 강하게 풍기지만 아이와 함께라면 한 번쯤 들러볼 만하다.

지하철 미도스지선·타니마치선 텐노지역 19·20번 출구에서 도보 5분 06-6771-8401 09:30~17:00(5·9월 토·일요일·공휴일은 18:00까지), 폐원 1시간 전까지 입장 월요일(공휴일인 경우 다음 날) 고등·대학생·어른 500¥, 초등·중학생 200¥ www.tennojizoo.jp

오사카 시립 미술관
大阪市立美術館　　MAP P.314B

텐노지 공원 텐노지 공원 내 자리한 미술관. 원래는 게이타쿠엔과 함께 일본의 유명 기업 스미토모가의 대저택으로 미술관 건립을 위해 오사카시에 기증되었다. 본관과 지하 전람회실에서 일본과 중국의 다양한 미술품을 전시한다. 현재는 대규모 개수 공사를 위해 휴관 중이며 2025년 봄에 재개장할 예정이다.

지하철 미도스지선·타니마치선 텐노지역 19·20번 출구에서 도보 6분 06-6771-4874 09:30~17:00(입장은 16:30까지) 월요일(공휴일인 경우 다음 날 휴관), 12월 28일~1월 4일, 전시 교체 기간 컬렉션전 고등학생 이상 300¥ www.osaka-art-museum.jp

잇신지
一心寺　　MAP P.314B

정토 신앙으로 유명한 승려 호넨이 1185년에 지은 작은 초가집이 시초가 되었다. 건축가 출신의 주지가 설계한 철근 재질의 산문이 독특하다. 이 절은 납골당에 사람의 유골로 만든 불상이 안치돼 있는 것으로 유명하다. 불상을 유리관 안에 넣어 공개해 실제 모습을 가까이서 볼 수 있다. 지금도 불자들의 납골 의뢰가 계속되고 있다.

지하철 텐노지역 6번 출구에서 도보 10분 06-6771-0444 09:00~16:00 연중무휴 무료 www.isshinji.or.jp

신세카이
新世界   MAP P.314B

에비스초역과 도부츠엔마에역 사이에 위치한 유흥가. 1903년에 조선인 남녀를 전시했던 제5회 내국권업박람회를 계기로 루나파크라는 유원지가 생겼다. 이후 연극 공연장이나 영화관이 모이며 유흥가로 발전됐다. 거리 한가운데 츠텐카쿠가 상징물처럼 서 있고 주변에 쿠시카츠 다루마 본점을 비롯한 수많은 식당과 이자카야가 늘어섰다.

구글 지도 신세카이 혼도리 상점가

🄵 지하철 사카이스지선 에비스초역 3번 출구 앞 🕿 가게마다 다름 🕒 가게마다 다름 🄷 가게마다 다름 🄿 무료 🅆 http://shinsekai.net

잔잔요코초
ジャンジャン横丁   MAP P.314B

정식 명칭은 난요도리 南洋通. 과거 사미센을 연주하며 호객할 때 나는 "잔~잔~" 소리 때문에 잔잔요코초라는 이름이 붙었다. 지금까지 쇼와시대의 분위기가 묻어 있는 작은 골목 상점가다. 바둑이나 장기를 두는 모습, 줄지어 들어선 쿠시카츠 가게, 레트로 게임 센터, 독특한 벽 장식 등 아날로그 분위기를 한껏 느낄 수 있다.

🄵 지하철 미도스지선·사카이스지선 도부츠엔마에역 5번 출구에서 도보 2분 🕿 가게마다 다름 🕒 가게마다 다름 🄷 가게마다 다름 🄿 가게마다 다름 🅆 없음

츠텐카쿠
通天閣   MAP P.314B

내국권업박람회 이후 1912년에 루나파크의 상징물로 세워졌다. 에펠탑을 모델로 당시 동양 최대 높이인 75m로 건설돼 '하늘에 통하는 건물'이란 뜻의 이름이 붙었다. 4층과 5층에 있는 빛의 전망대와 황금 전망대 외에 2023년 9월 마무리된 리뉴얼 공사를 통해 스릴 넘치는 최상단 야외 전망대, 60m 길이의 타워 슬라이더 어트랙션이 신설됐다.

🄵 지하철 에비스초역 3번 출구에서 도보 2분 🕿 06-6641-9523 🕒 10:00~20:00(입장은 19:30까지) 🄷 연중무휴 🄿 고등학생 이상 1200¥, 5세~중학생 600¥ / 텐망 파라다이스 입장 시 고등학생 이상 300¥, 5세~중학생 200¥ 추가 / 타워 슬라이더 요금 별도 🅆 www.tsutenkaku.co.jp

하루카스 300 전망대
ハルカス300 展望台   MAP P.314B VOL.1 P.048

JR 텐노지역 앞 높이 300m, 60층짜리 초고층 빌딩이다. 타워가 아닌 빌딩으로는 일본에서 가장 높다. 빌딩 최상단인 59층부터 60층까지가 하루카스 300 전망대로 발아래로 융단을 깐 듯한 오사카 도심의 풍경이 펼쳐진다. 날씨가 좋으면 교토와 롯코산, 아카시해협 대교, 칸사이 국제공항까지 조망할 수 있다.

🄵 JR·지하철 미도스지선·타니마치선 텐노지역 지하 통로로 아베노하루카스 빌딩과 연결 🕿 06-6621-0300 🕒 09:00~22:00 🄷 연중무휴 🄿 어른 2000¥, 중·고등학생 1200¥, 초등학생 700¥, 유아(4~5세) 500¥ 🅆 www.abenoharukas-300.jp/observatory

시텐노지
四天王寺

MAP P.314B
VOL1 P.095

593년에 쇼토쿠 태자가 창건한 일본에서 현존하는 가장 오래된 절이다. 시텐노지는 6세기경 중국과 한반도에서 전해진 가람 배치를 보여주는데, 주문과 고주노토, 곤도, 고도를 일렬로 세우고 회랑이 둘러싸는 형태다. 11월 초순엔 고대부터 중세까지 한반도의 사절단을 맞았던 교류 행사로 와소 마츠리가 열린다. '와소'는 한국어로 '왔소'라는 의미다.

지하철 타니마치선 시텐노지마에유히가오카역 4번 출구에서 도보 3분 06-6771-0066 사당·중심 가람·본방 정원 08:30~16:30(10월~3월은 16:00까지) 연중무휴 중심 가람 300¥, 본방 정원 300¥, 보물관 500¥ www.shitennoji.or.jp

그리루본 신세카이 본점
グリル梵 新世界本店

MAP P.314B

1961년 개업해 소고기 히레카츠로 이름을 알린 양식당. 양식당이라는 메뉴와는 달리 외관은 1980년대 가정집, 실내는 오래된 다방 느낌이 난다. 히레헤레는 오사카 방언으로 안심 부위를 말한다. 히레카츠를 주문하면 채소 샐러드와 양파 수프가 함께 나온다. 히레카츠를 빵 사이에 넣어 만든 샌드위치도 인기 상한가를 치고 있다.

구글 지도 그릴 본

지하철 사카이스지선 에비스초역 3번 출구에서 도보 2분 06-6632-3765 12:00~14:00(L.O), 17:00~19:00(L.O) / 재료 소진 시 종료 6·16·26일(해당일이 토·일요일·공휴일인 경우 월요일에 휴무) 히레카츠 카레니코미 2200¥, 히레비프 가츠산도 2200¥

신세카이칸칸
新世界 かんかん

MAP P.314B

언제 찾아도 손님이 문전성시를 이루는 타코야키 전문점. 메뉴도 오로지 타코야키 딱 하나다. 수량도 선택의 여지 없이 8개들이만 판매한다. 바삭하게 잘 구운 겉면과 촉촉한 속이 전형적인 오사카식 타코야키여서 그 맛을 아는 사람이라면 호불호가 거의 없을 맛이다. 가격도 여느 도톤보리 가게들에 비해 저렴한 편이어서 가성비가 높다.

지하철 사카이스지선 에비스초역 3번 출구에서 도보 5분 06-6636-2915 09:30~18:00 월·화요일 타코야키 8개 450¥

타코야키야마짱 본점
たこやき やまちゃん 本店

MAP P.314B

타코야키 전문점으로 오사카에 지점을 여럿 두고 있다. 닭뼈에 10여 종류의 계절 과일과 채소를 넣어 4시간 동안 끓인 육수와 다시마, 가다랑어 등을 넣어 우린 국물을 섞어 반죽을 만든다. 인기 메뉴는 아무런 토핑도 올리지 않은 기본형 타코야키다. 치즈나 김가루를 뿌린 타코야키와 아카시야키, 야키소바, 이카야키(오징어 구이)도 있다.

구글 지도 야마짱 타코야끼

킨테츠선 오사카아베노바시역 8번 출구에서 도보 1분 06-6622-5307 11:00~22:00, 금~토요일은 23:00까지 1월 1일 타코야키 8개 720¥, 10개 870¥, 12개 1020¥ www.takoyaki-yamachan.net

쿠시카츠 다루마 신세카이 본점
串かつだるま 新世界総本店   MAP P.314B VOL.1 P.113

1929년에 개업해 최초로 쿠시카츠를 만든 곳이다. 입구 옆에 조형물을 세워두는 다른 지점과 달리 2층 창문을 통해 내다보게 설치한 조형물이 재미있다. 실내는 좁고 오래된 정적인한 노포 분위기다. 채소와 육류, 해산물, 어묵, 소시지에 이르기까지 약 40종류의 쿠시카츠를 맛볼 수 있다. 무엇을 먹을지 고민된다면 세트 메뉴를 선택해도 좋다.

ⓕ 지하철 사카이스지선 에비스초역 3번 출구에서 도보 4분 ⓣ 06-6645-7056 ⓞ 11:00~22:30(L.O 22:00) ⓗ 연중무휴 ⓟ 쿠시카츠 단품 143~396¥, 도테야키 440¥ ⓦ www.kushikatu-daruma.com

텐구
てんぐ   MAP P.314B VOL.1 P.113

잔잔요코초에 있는 쿠시카츠 전문점. 간판에 얼굴이 붉고 코가 긴 일본의 상상 속 요괴 텐구의 얼굴이 걸려 있다. 이곳에서는 15종류의 쿠시카츠와 도테야키를 맛볼 수 있다. 졸인 시로미소에 담긴 도테야키는 그 자체로도 좋지만 테이블에 놓인 시치미를 뿌리면 더 맛있게 먹을 수 있다.

ⓕ 지하철 미도스지선·사카이스지선 도부츠엔마에역 5번 출구에서 도보 3분 ⓣ 06-6641-3577 ⓞ 10:30~21:00(L.O) ⓗ 월요일(공휴일인 경우 영업) ⓟ 쿠시카츠 단품 130~490¥, 도테야키 130¥

SHOPPING →

야에카츠
八重勝   MAP P.314B

잔잔요코초에 있는 쿠시카츠 전문점. 텐구와 나란히 서 있다. 요즘은 유명세로 관광객의 비중도 높아졌지만 일본 TV에 소개되어 현지인이 많이 찾는다. 텐구에 비해 쿠시카츠의 종류가 좀 더 많은데, 그중 인기 메뉴는 소고기다. 도테야키 역시 인기 메뉴다.

ⓕ 지하철 미도스지선·사카이스지선 도부츠엔마에역 5번 출구에서 도보 3분 ⓣ 06-6643-6232 ⓞ 10:30~20:30 ⓗ 목요일, 셋째 주 수요일, 부정기 ⓟ 쿠시카츠 단품 230~500¥, 도테야키 390¥

텐노지 미오
天王寺ミオ   MAP P.314B VOL.1 P.205

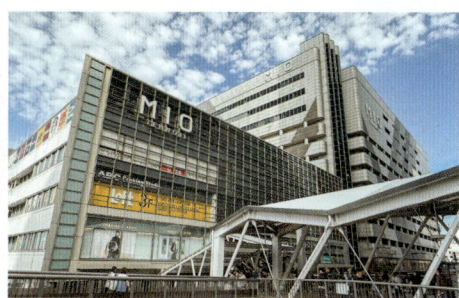

텐노지역에 위치한 대형 쇼핑몰로, 다양한 브랜드와 레스토랑, 카페 등이 입점해 있다. 무인양품, 로프트, 닛토리 등 실용적인 브랜드가 다수 입점해 있어 원스톱 쇼핑을 즐길 수 있다. 특히 지하에 칼디 매장이 상당히 큰 규모로 자리하고 있으므로 칼디 쇼핑을 노리는 여행자라면 꼭 들러볼 것.

ⓕ 텐노지역과 지하에서 바로 연결된다. ⓣ 06-6770-1000 ⓞ 쇼핑 10:30~20:30, 레스토랑 11:00~22:00 ⓗ 부정기 ⓦ www.tennoji-mio.co.jp

ENJOYING →

스파월드 세계의 대온천
スパワールド世界の大温泉   MAP P.314B

세계의 목욕탕을 재현한 이색 온천이자 워터파크. 아시아 존과 유로 존으로 나뉘는 온천과 사우나, 암반욕장, 워터파크로 구성되어 있다. 온천은 1개월 간격으로 남녀 욕장을 바꾼다. 부대시설로 식당과 카페, 푸드코트가 있는 푸드 존과 스포츠 짐, 노래방, 당구장, 탁구장, 다트장이 있는 플레이 스폿, 휴식 공간으로 마사지 숍이 마련되어 있다.

⑨ 지하철 도부츠엔마에역 5번 출구에서 도보 2분 ☎ 06-6631-0001 ⓞ 온천 10:00~다음 날 08:45, 온돌 사우나 10:00~다음 날 05:00(입장은 04:00까지) ⓗ 부정기 ⓟ 13세 이상 1500~2500¥(온천, 수영장 입장료 포함, 온돌 사우나 별도) ⓦ www.spaworld.co.jp/korea

한카이 전차
阪堺電車   MAP P.314B

1911년 12월에 개통해 현재 일본에서 가장 오래된 노면전차. 에비스초역과 하마데라에키마에역을 운행하는 한카이선과 텐노지에키마에역에서 하마데라에키마에역까지 운행하는 우에마치선, 2개의 노선이 있다. 덜컹덜컹 느리게 운행하는 1칸짜리 전차에 몸을 맡기고 창밖 거리 풍경을 감상하며 아날로그 감성을 즐기기 좋다.

⑨ 지하철 사카이스지선 에비스초역 3번 출구에서 도보 4분 ☎ 06-6671-3080 ⓞ 에비스초역 첫차 05:18, 막차 22:04 ⓟ 1회 승차 어른 230¥, 어린이 120¥ / 1일권 어른 730¥, 어린이 350¥ ⓦ www.hankai.co.jp

츠루하시역 주변   SIGHTSEEING →

오사카 시립 아베노 방재 센터
あべのタスカル 大阪市立阿倍野防災センター   MAP P.314B   VOL.1 P.180

진도 7 규모의 지진과 화재 진압 및 탈출 등 위험 상황에 대처하는 요령을 체험을 통해 배우는 곳이다. 우리나라도 지진 안전지대가 아니라는 뉴스가 들리는 만큼 유용한 경험이 될 수 있다. 중학생 이상을 대상으로 하는 5개 코스가 있으며, 소요 시간은 코스에 따라 30분~2시간이다. 초등학생 대상 1시간 코스도 있다.

구글 지도 오사카 아베노 방재 센터

⑨ JR·지하철 미도스지선·타니마치선 텐노지역 13번 출구에서 도보 7분 ☎ 06-6643-1031 ⓞ 10:00~18:00(입장은 17:30까지) ⓗ 수요일, 마지막 주 목요일(공휴일인 경우 다음 날), 12월 28일~1월 4일 ⓟ 무료 ⓦ www.abeno-bosai-c.city.osaka.jp/tasukaru

츠루하시 상점가
鶴橋商店街   MAP P.315C

츠루하시역 주변에 형성된 상점가. 츠루하시역 앞 시장에 발을 들이면 우리나라 전통시장에서 나는 독특한 반찬 냄새가 먼저 반긴다. 츠루하시, 이쿠노 지역은 일본 최대의 한인 밀집 지역이어서 시장엔 한국식 반찬이나 한복, 이불, 잡화 등을 판매하는 가게가 주를 이룬다. 1980년대 우리나라 시장의 느낌을 주는 정겨운 풍경을 만날 수 있다.

구글 지도 츠루하시 시장

⑨ JR, 킨테츠, 지하철 사카이스지선 츠루하시역 동쪽·서쪽 출구 앞 ⓞ 가게마다 다름 ⓗ 가게마다 다름 ⓗ 가게마다 다름 ⓟ 가게마다 다름 ⓦ https://tsurushin.com

오사카 이쿠노 코리아타운
大阪生野コリアタウン　　MAP P.315C

1920년대에 공업 도시로 발전한 오사카와 제주도 간 직항 배편이 취항하자 일자리를 찾아 건너간 한국인들이 정착하며 형성한 한인타운이다. 이 지역은 이쿠노라는 지명을 사용하기 전엔 이카이노 猪飼野였는데 백제계 도래인이 많이 거주하며 돼지를 길러 붙은 지명이었다. 현재는 칸사이 최대의 코리아타운으로 K-팝 팬이 많이 찾는다.

🚇 킨테츠 츠루하시역 동쪽 출구에서 도보 12분 ⏰ 가게마다 다름 ⓒ 가게마다 다름 ⓗ 가게마다 다름 💰 가게마다 다름 🌐 https://osaka-koreatown.com

츠루하시 마구로 쇼쿠도
鶴橋まぐろ食堂　　MAP P.315C
EATING

신선하고 두툼한 참치를 밥 위에 듬뿍 올려 맛과 가성비를 모두 잡아 유명해진 식당. 전에 비해 가격이 꽤 올랐지만 인기는 여전하다. 오토로, 주토로, 아카미 등 참치의 부위에 따라 메뉴가 나뉘며 주토로와 아카미를 반씩 올린 하프동이 인기 메뉴다. 원래 츠루하시 상점가 내에 있었지만 2023년에 츠루하시 제1주차장 앞 외부로 이전했다.

🚇 킨테츠 츠루하시역 동쪽 출구에서 도보 2분 ☎ 06-6974-9779 ⏰ 10:30~재료 소진 시 ⓒ 수요일, 부정기 💰 오토로동 4700¥, 메이부츠동 2800¥

츠루하시 후게츠 본점
鶴橋風月 本店　　MAP P.315C

우리나라에까지 지점을 낼 정도로 인기를 얻은 오코노미야키 전문점. 처음 1950년에 텐마에 있는 후게츠에서 분점으로 츠루하시에 개업해 '싸지만 맛있다'는 평을 받으며 인기를 얻었다. 전통의 메뉴 후게츠야키와 인기 메뉴로 떠오른 모단야키를 비롯해 야키소바, 테판야키가 있으며 다양한 재료를 사용해 취향껏 골라 먹는 재미가 있다.

구글 지도 츠루하시 후게츠 본점

🚇 JR, 킨테츠 츠루하시역 서쪽 출구, 또는 지하철 센니치마에선 츠루하시역 7번 출구에서 도보 1분 ☎ 06-6771-7938 ⏰ 월~금요일 11:30~22:30(L.O 21:30), 토·일요일·공휴일 11:00~23:00(L.O 22:00) ⓒ 1월 1일 💰 후게츠야키 1580¥, 치타마부타 모단야키 1780¥ 🌐 https://fugetsu.jp

천연 온천 노베하노유 츠루하시점
天然温泉 延羽の湯 鶴橋店　　MAP P.315C
ENJOYING

오사카 동남부 하비키노시에 본점을 둔 노베하노유의 츠루하시 지점. 천연 온천물이 나오는 대욕장과 노천 온천, 프라이빗 가족 온천탕을 갖추었다. 욕탕 외에 고급스러운 사우나 시설도 눈길을 끈다. 특히 한국식 찜질방을 재현해 황토방과 한방 찜질방, 맥반석방, 게르마늄방 등 다양한 종류의 한증막과 휴게 공간이 마련되어 있다.

구글 지도 노베하노유(온천)

🚇 킨테츠 츠루하시역 동쪽 출구에서 도보 6분 ☎ 06-4259-1126 ⏰ 10:00~다음 날 02:00(입장은 01:00까지) ⓒ 연중무휴(시설 점검 시 휴무) 💰 중학생 이상 월~금요일 900¥, 토·일요일·공휴일 1000¥ / 초등학생 이하 월~금요일 500¥, 토·일요일·공휴일 560¥ 🌐 www.nobuta123.co.jp

OSAKA CASTLE
오사카 성

오사카 도심 동부를 가로지르는 다이니네야가와가 네야가와와 합류하는 지점에 오사카 성이 자리 잡고 있다. 네야가와의 물줄기는 다시 오카와에 합류된다. 세 갈래의 강줄기가 합류되는 지역이어서 강과 어우러진 아름다운 도심 풍경을 곳곳에서 만날 수 있다. 봄이 되면 곳곳을 벚꽃이 뒤덮는 오사카 성 공원과 왕벚꽃 터널을 이루는 조폐 박물관 벚꽃길은 벚꽃을 즐기려는 사람들로 인산인해를 이룬다. 도심을 흐르는 강에서 유람선을 타고 유유자적하게 풍경을 감상하거나 수륙양용 버스를 타고 오사카를 둘러보는 이색 투어도 만날 수 있다.

교통 한눈에 보기

- ① 칸사이 국제공항
- ② 교토
- ③ 고베
- ④ 나라
- ⑤ 키타
- ⑥ 미나미
- ⑦ 텐노지
- ⑧ USJ
- 오사카 성

구간	경로	소요시간	요금
① 칸사이 국제공항→오사카 성	JR(칸사이공항역-텐노지역-모리노미야역 또는 오사카조코엔역)	약 69분	1210¥
② 교토→오사카 성	JR(교토역-오사카역-오사카조코엔역 또는 모리노미야역)	약 45분	820¥
	케이한 전철(기온시조역-덴마바시역)	50분	430¥
③ 고베→오사카 성	JR(산노미야역-오사카역-오사카조코엔역 또는 모리노미야역)	약 46분	660¥
	한큐 전철+타니마치선(고베산노미야역-오사카우메다역-히가시우메다역-타니마치욘초메역)	약 50분	570¥
	한신 전철+타니마치선(고베산노미야역-오사카우메다역-히가시우메다역-타니마치욘초메역)	약 50분	570¥
④ 나라→오사카 성	JR(나라역-텐노지역-모리노미야역 또는 오사카조코엔역)	약 50분	740¥
	킨테츠 전철(킨테츠나라역-이코마역-타니마치욘초메역)	48분	860¥
⑤ 오사카 키타→오사카 성	JR(오사카역-모리노미야역 또는 오사카조코엔역)	9~11분	170¥
	지하철 타니마치선(히가시우메다역-타니마치욘초메역)	7분	240¥
	지하철 미도스지선+주오선(우메다역-혼마치역-타니마치욘초메역)	15분	240¥
⑥ 오사카 미나미→오사카 성	지하철 센니치마에선+타니마치선(난바역-타니마치큐초메역-타니마치욘초메역)	11분	240¥
	지하철 미도스지선+주오선(난바역-혼마치역-타니마치욘초메역)	14분	240¥
⑦ 텐노지→오사카 성	지하철 타니마치선(텐노지역-타니마치욘초메역)	6분	240¥
⑧ USJ→오사카 성	JR(유니버설시티역-니시쿠조역-오사카조코엔역 또는 모리노미야역)	약 27분	210¥

오사카 오사카 성 지역 다니는 방법

WALK 오사카 성 공원 주변 지하철역에서 오사카 성 공원까지는 도보로 약 1~10분 정도 소요된다. 오사카 성 공원을 둘러볼 때 걷기 힘들다면 공원 내 로드 트레인이나 전기차를 이용할 수 있다.

SUBWAY 오사카 성 공원 주변 JR 모리노미야역과 오사카성공원역, 지하철 타니마치선 타니마치욘초메역에서 오사카 성으로 갈 수 있다. 조폐 박물관 벚꽃길과 오사카 덕 투어 승강장도 지하철역에서 멀지 않다.

BUS 주요 관광지는 지하철로 접근 가능해서 굳이 버스를 이용할 필요가 없다.

TAXI 주요 관광지 간의 거리가 멀지 않아 대중교통 이용이 번거로울 때 이용해볼 만하다.

TO DO LIST

- ☐ 오사카 성 공원과 오사카 성 텐슈카쿠 방문하기
- ☐ 오사카 성 고자부네 뱃놀이 즐기기
- ☐ 오사카 역사 박물관 방문하기
- ☐ 벚꽃이 터널을 이룬 조폐 박물관 벚꽃길 걸어보기(4월 초~중순 한정)
- ☐ 오사카 거리와 강을 넘나드는 수륙양용 투어 버스 오사카 덕 투어 즐기기
- ☐ 수상 버스 아쿠아라이너 타고 물의 도시 오사카 유람하기

오사카 성 추천 코스

오사카 성 주변 코스 | 오사카 성 공원은 벚꽃 명소 중 하나로 봄에 방문하면 더 아름다운 풍경을 만날 수 있다. 공원이 매우 넓어 많이 걸어야 하니 휴식을 취하거나 로드 트레인 또는 전기차를 이용하자. | **소요 시간:** 약 5시간(조폐 박물관 벚꽃길 포함 시 약 6시간 30분)

오사카 성 주변   SIGHTSEEING

오사카 성
大阪城

MAP P.326A
VOL.1 P.051

1582년, 100년 넘게 전쟁이 지속되었던 전국시대에 일본 통일을 이룬 오다 노부나가는 부하인 아케치 미츠히데의 배신으로 생을 마감했다. 그 뒤를 이어 도요토미 히데요시는 아케치 미츠히데를 제거하고 권력을 잡았다. 히데요시는 이 이듬해에 이시야마혼간지 터(지금의 오사카 성 부지)에 오사카 성의 축조를 시작했다. 1590년에 통일을 이루었고 일본의 중심지로 만들려 했던 오사카 성은 히데요시가 사망한 1598년에야 완성되었다. 당시 오사카 성의 규모는 지금의 약 5배 정도에 달했다고 한다. 1615년 도요토미 가문의 멸문을 위한 도쿠가와 이에야스의 공격으로 소실되었지만, 이에야스가 권력을 잡은 뒤 새로이 재건했다. 현재 성내 여러 건물은 1931년에 시민들의 모금으로 복구된 것이 소실과 복구를 거치며 현재에 이르렀다. 특히 텐슈카쿠(천수각)는 1997년에 대대적인 수리를 거친 최근의 것이다. 텐슈카쿠 최상층인 8층 전망대에서 사방으로 오사카 성 공원과 주변 도심 풍경을 감상할 수 있다. 2~7층은 도요토미 히데요시와 오사카 성에 관한 전시물이 주를 이룬다. 2층에는 히데요시가 애용했다는 황금 다실도 전시돼 있다. 오사카 성은 그 자체로 공원의 역할을 하고 있으며 매화와 벚꽃이 피는 봄의 풍경이 가장 아름답다.

🚇 지하철 타니마치욘초메역 9번 출구에서 도보 8분 ☎ 06-6941-3044 ⏰ 텐슈카쿠 09:00~17:00(입장은 16:30까지), 니시노마루 정원 3~10월 09:00~17:30, 11~2월 09:00~16:30 / 공원 구역은 상시 🎫 텐슈카쿠 12월 28일~1월 1일, 니시노마루 월요일, 12월 28일~1월 4일 💰 공원 구역 무료, 니시노마루 200¥(16세 이상), 텐슈카쿠 고등학생 이상 600¥, 오사카 역사 박물관(상설전)+오사카 성 텐슈카쿠 세트권 1000¥, 아쿠아라이너+오사카 성 텐슈카쿠 세트권 2400¥ 🌐 www.osakacastlepark.jp

ZOOM — IN

오사카 성 핵심 볼거리

1. 오테몬 / 大手門

오사카 성으로 진입하는 정문으로 1620년대에 처음 세웠다. 1945년 공습과 태풍의 피해를 입어 1967년 지금의 모습으로 보수되었다. 오테몬은 주 기둥과 보조 기둥이 지붕을 떠받치는 구조로 이루어져 있는데, 이는 한반도에서 전해진 고라이몬 高麗門이라 부르는 건축양식이다.

2. 오테구치마스가타의 거석 / 大手口枡形の巨石

오테몬 안쪽의 성벽을 이루고 있는 거대 암석. 1620년 도쿠가와 이에야스의 명으로 오사카 성이 재건될 당시 사용한 것이다. 가로 11.7m, 높이 5.5m이며 무게는 103톤 정도로 추정된다고 한다. 돌 왼쪽 아랫부분에 있는 문양이 문어를 닮아 타코이시 蛸石라고 부르기도 한다.

3. 니시노마루 정원 / 西の丸庭園

오사카 성 서쪽, 오테몬을 지나자마자 왼쪽에 보이는 정원. 봄이면 니시노마루의 벚꽃에 둘러싸인 텐슈카쿠의 풍경을 볼 수 있는 곳이다. 니시노마루에 있는 영빈관은 국빈 만찬이 열리는 비공개 장소지만 평소에는 고급 레스토랑으로도 이용된다. 홈페이지에서 사전 예약 필수.

ⓟ 고등학생 이상 200¥ ⓦ 영빈관 레스토랑 www.osakacastle.jp/restaurant

4. 타몬야구라, 센간야구라 / 多門櫓, 千貫櫓

타몬야구라는 오테몬 안쪽에 중간 문에 있는 망루를 말한다. 센간야구라는 오테몬 옆, 적의 침입을 막기 위해 만든 해자의 석벽 위에 있는 망루다. 타몬야구라의 내부엔 과거에 사용했던 물건이 여럿 전시되어 있다. 센간야구라에서는 창이나 돌 등을 던져 적의 침입을 막았다. 센간야구라는 1620년대 도쿠가와 이에야스의 명으로 재건된 당시의 원형이 남은 몇 개 안 되는 건물 중 하나다.

5. 오사카 성 텐슈카쿠 / 大阪城天守閣

성의 중심이 되는 핵심 건물로 오사카 성에 관련된 자료와 유물을 전시하는 박물관으로 사용하고 있다. 건물 최상부인 8층은 360도로 주변을 둘러볼 수 있는 전망대인데, 계단을 통해 아래로 내려오며 차례로 전시물을 만날 수 있다. 대부분 상설 전시물은 도요토미 히데요시의 생애와 당시 시대상에 관한 유물이며 복원된 조립식 황금 다실이 유명하다.

6. 도요토미 히데요리 자결 터

도요토미 히데요시가 56세에 소실인 요도도노와의 사이에서 얻은 차남이 도요토미 히데요리다. 1598년에 히데요시가 사망한 후 1600년 세키가하라 전투에서 도쿠가와 이에야스가 실권을 거머쥐었다. 도쿠가와 이에야스는 1614년에 교토의 호코지를 재건할 때 일어난 종명 사건을 구실로 오사카 성을 공격했고, 이듬해 히데요리가 어머니와 함께 자결하며 도요토미 가문은 멸문되었다. 텐슈카쿠 북쪽 공터 한쪽에 조그만 비석이 남아 있다.

7. 오사카 성 로드 트레인 & 일렉트릭 카 / 大阪城ロードトレイン & エレクトリックカー

광활한 오사카 성 공원 안에서 편하게 이동할 수 있는 교통수단. 증기기관차 모양의 로드 트레인은 모리노미야역↔조 테라스 오사카 안내소 앞↔고쿠라쿠바시↔토요쿠니 신사 앞 구간을 운행한다. 일렉트릭 카는 바바초↔오테마에↔사쿠라몬↔도요쿠니 신사 앞↔성남버스 주차장 앞↔바바초 구간을 운행한다.

ⓟ 로드 트레인 중학생 이상 400¥, 일렉트릭 카 300¥ / 1일 패스 중학생 이상 1000¥

오사카 역사 박물관
大阪歴史博物館

MAP P.326B

오사카 역사를 주제로 고대부터 현대에 이르는 역사와 생활상을 보여준다. 10층 고대관은 645년에 고토쿠 왕이 백제 도래인 계열의 소가씨파를 제거하고 아스카에서 나니와 難波로 천도할 때 지은 나니와 궁이 전시돼 있다. 9층에는 전국시대 말 혼간지와 에도시대의 오사카, 7층에는 다이쇼 말, 쇼와 초기의 오사카 도시 모습이 전시되어 있다.

- 지하철 타니마치욘초메역 9번 출구에서 도보 2분 ☎ 06-6946-5728
- ⏰ 09:30~17:00(입장은 16:30까지) 🅷 화요일(공휴일인 경우 다음 날) 💰 어른 600¥, 고등·대학생 400¥ 🌐 www.osakamushis.jp

조폐 박물관 벚꽃길
造幣博物館 桜の通り

MAP P.326A
VOL.1 P.076

오사카 조폐 박물관 주변 오카와 강변 벚꽃길. 남쪽 카와사키바시부터 북쪽 게마사쿠라노미야 공원 너머까지 약 1.8km에 이른다. 4월 초에서 중순 벚꽃이 만개하면 '사쿠라 노도리' 행사가 개최돼 많은 사람이 몰린다. 이곳 벚꽃은 겹벚꽃으로 연분홍과 진분홍, 옥색, 적색 등 다양한 색이 어우러져 있다. 먹거리를 파는 포장마차도 늘어서 흥을 돋운다.

- 케이한선·지하철 타니마치선 덴마바시역 1번 출구에서 도보 11분 ☎ 없음 ⏰ 월~금요일 10:00~19:30, 토·일요일 09:00~19:30(4월 초·중순 개화) 🅷 연중무휴 💰 무료 🌐 www.mint.go.jp/enjoy/toorinuke

EATING →

피스 오사카
ピースおおさか

MAP P.326B

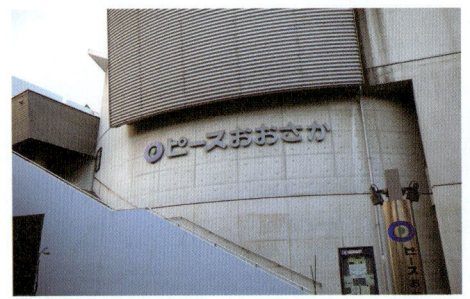

전쟁의 참상과 평화의 중요성을 알리는 것을 목표로 설립된 박물관. 제2차 세계대전의 막바지인 1945년에 공습으로 폐허가 된 오사카의 모습을 볼 수 있는 여러 전시물을 만날 수 있다. 대부분 전시물이 일본의 시각으로 바라본 전쟁의 모습과 피해 상황에 대한 것들이지만 당시 전쟁의 배경과 과정, 오사카의 발전 모습 등을 볼 수 있다.

- JR·나가호리츠루미료쿠치선 모리노미야역 1번 출구에서 도보 3분 ☎ 06-6947-7208 ⏰ 09:30~17:00(입장은 16:30까지) 🅷 월요일, 12월 28일~1월 4일, 관내 정리일 💰 어른 250¥, 고등학생 150¥ 🌐 www.peace-osaka.or.jp

조 테라스 오사카
JO-TERRACE OSAKA

MAP P.326A

20여 개의 카페와 식당, 상점이 모여 있는 오사카 성 공원 내 유일한 쇼핑가. 공원을 걷다 지칠 때 오사카 성의 풍경을 감상하며 쉴 수 있는 공간이다. 벽화와 어우러진 벤치는 포토 스폿이다. 한식당과 하와이안 포케 식당 3포케 오사카, 프랑스 코스 요리 식당 캐슬 가든 오사카, 팬케이크로 인기를 얻고 있는 카페 그램 등이 입점해 있다.

- JR 오사카조코엔역 2번 출구에서 도보 1분 ☎ 가게마다 다름 ⏰ 가게마다 다름 🅷 가게마다 다름 💰 가게마다 다름 🌐 https://jo-terrace.jp

오사카 성 고자부네
大阪城 御座船　MAP P.326A

오사카 성을 둘러싼 안쪽 해자(우치보리)에서 즐기는 뱃놀이. 오사카 성 북쪽 고쿠라쿠바시(극락교) 옆에 선착장이 있다. 선체 곳곳을 황금색으로 칠해 화려한 모습의 배는 도요토미 히데요시가 탔다는 호마루 배를 참고해 만들었다고 한다. 해자를 한 바퀴 왕복하며 주변 경치를 감상하면서 뱃놀이를 즐기는 데 20분 정도 소요된다.

오사카 성 텐슈카쿠 북쪽 고쿠라쿠바시(극락교) 건너서 왼쪽 06-6314-3773 10:00~16:30(계절에 따라 조금씩 다름) 연말연시, 악천후 시 고등학생 이상 1500¥, 초등·중학생 750¥, 65세 이상 1000¥ www.banpr.co.jp

오사카 덕 투어
大阪ダックツアー　MAP P.326A

일본에서 처음으로 시작한 수륙양용 관광버스. 하치켄야 선착장을 출발해 히가시우메다 지역까지 빙 둘러오는 코스다. 하이라이트는 오카와에 버스가 통째로 빠지는 순간이다. 버스에 유리창이 없어 더 스릴이 넘친다. 투어 내내 가이드가 재미있게 안내해주지만 일본어라 아쉬움이 있다. 투어 시간은 시즌에 따라 60~75분 정도 소요된다.

지하철 텐마바시역 2번 출구에서 도보 3분 06-6941-0008 09:10~16:20 출발(4월 15일~11월 30일), 10:00~14:40 출발(12월 1일~3월 19일) 연중무휴 4월 15일~11월 30일 어른 3800¥, 12월 1일~3월 19일 어른 3000¥ http://japan-ducktour.com

수상 버스 아쿠아라이너
大阪水上バス アクアライナー　MAP P.326A

오사카 성 공원 앞을 흐르는 다이니네야가와, 네야가와, 그리고 키타구 남쪽을 흐르는 오카와까지 왕복하는 관광용 유람선. 오사카 성 공원 선착장에서 출발하면 멀리 오사카 성의 텐슈카쿠가 시야에 들어온다. 천장까지 유리창으로 덮여 풍경을 감상하기 좋다. 다리 밑을 지나며 강에서 바라보는 오사카 도심의 색다른 풍경을 만날 수 있다.

JR 오사카조코엔역 2번 출구에서 도보 3분 06-6942-5511 10:15~16:15 출발(홈페이지에 공지) 부정기(홈페이지에 공지) 중학생 이상 2000¥, 초등학생 1000¥ https://suijo-bus.osaka

BK 플라자
BKプラザ　MAP P.326B

오사카 NHK 방송국 1층과 9층에 있는 방송국 견학 시설. 1층은 TV 공개방송이나 촬영 세트를 공개하기도 하며 방송 체험 스튜디오, VR 체험 코너 등이 마련되어 있다. 9층은 NHK에서 방송한 프로그램에 관련된 전시물과 85인치 8K 영상 감상실 등이 있다. 어른뿐 아니라 어린이를 위한 체험, 관람 코스도 잘 갖추어 아이와 함께 가기에도 좋다

구글 지도 NHK BK Plaza

지하철 타니마치욘초메역 9번 출구에서 도보 2분 06-6937-6020 10:00~18:00(입장은 17:30까지) 화요일, 연말연시 무료 www.nhk.or.jp/osaka/bkplaza

BAY AREA
항만 지역

오사카의 항만 지역은 오사카만 바다를 끼고 육지와 바다가 번갈아 교차하는 지형과 섬으로 이루어져 있다. 유니버설 스튜디오 재팬이 있는 코노하나구와 카이유칸이 있는 텐포잔, 오사카항 페리 터미널이 있는 난코 등으로 구분할 수 있다. 부산에서 오사카행 페리를 타면 도착하는 곳이 난코의 페리 터미널이다. 오사카 최대의 놀이 시설인 유니버설 스튜디오 재팬을 비롯해 아쿠아리움, 레고랜드 디스커버리 센터 오사카, 대관람차, 클래식 카 박물관, 유람선, 온천 등 유명 관광지가 많이 몰려 있는 곳이기도 하다. 지하철과 트램을 이용해 모든 관광지로 접근할 수 있어 대중교통을 이용한 여행도 큰 어려움이 없다.

교통 한눈에 보기

- ① 칸사이 국제공항
- ② 교토
- ③ 고베
- ④ 나라
- ⑤ 키타
- ⑥ 미나미
- ⑦ 텐노지
- 항만 지역

경로	노선	시간	요금
① 칸사이 국제공항→항만 지역	JR(칸사이공항역-니시쿠조역-유니버설시티역)	약 80분	1210¥
	칸사이 공항 리무진 버스(유니버설 스튜디오 재팬행)	70분~	1800¥
② 교토→항만 지역	JR(교토역-오사카역-니시쿠조역-유니버설시티역)	약 54분	820¥
	한큐 전철+JR(교토카와라마치역-오사카우메다역-JR 오사카역-JR 니시쿠조역-JR 유니버설시티역)	약 65분	600¥
③ 고베→항만 지역	JR(산노미야역-오사카역-니시쿠조역-유니버설시티역)	약 50분	660¥
	한큐 전철+JR(고베산노미야역-오사카우메다역-JR 오사카역-JR 니시쿠조역-JR 유니버설시티역)	약 55분	520¥
	한신 전철+JR(고베산노미야역-니시쿠조역-JR 유니버설시티역)	약 45분	490¥
④ 나라→항만 지역	JR(나라역-니시쿠조역-유니버설시티역)	약 70분	820¥
	킨테츠 전철+JR(킨테츠나라역-니시쿠조역-JR 유니버설시티역)	약 55분	1070¥
⑤ 오사카 키타→항만 지역	JR(오사카역-니시쿠조역-유니버설시티역)	약 16분	190¥
	지하철 미도스지선+추오선(우메다역-혼마치역-오사카코역)	약 22분	290¥
⑥ 오사카 미나미→항만 지역	한신 전철+JR(오사카난바역-니시쿠조역-JR 유니버설시티역)	약 25분	390¥
	지하철 미도스지선+추오선(난바역-혼마치역-오사카코역)	약 20분	290¥
⑦ 오사카 텐노지→항만 지역	JR(텐노지역-니시쿠조역-유니버설시티역)	약 27분	210¥
	지하철 미도스지선(텐노지역-혼마치역-오사카코역)	약 29분	290¥

오사카 항만 지역 다니는 방법

WALK 항만 지역의 주요 관광지는 인근 지하철역에서 대부분 도보로 10분 이내 거리에 위치한다. 지하철을 이용하면 도보로 이동 가능하다.

SUBWAY 항만 지역에서 이용할 수 있는 주요 교통수단이다. 대부분 관광지가 지하철역에서 도보로 이동 가능한 곳에 있다.

BUS 카미카타 온천 잇큐의 경우, 인근 지하철역에서 셔틀버스를 이용해야 한다.

TAXI 강과 바다가 맞닿은 복잡한 형태의 지형으로 다른 구의 관광지로 이동 시 빙 돌아가야 하기 때문에 요금이 많이 나올 수 있다는 점에 주의해야 한다.

TO DO LIST

- ☐ 유니버설 스튜디오 재팬에서 힘닿는 데까지 놀아보기
- ☐ 카이유칸의 일본 최대급 실내 수조에서 헤엄치는 고래상어 만나기
- ☐ 소라니와 온천 오사카 베이 타워에서 유유자적 온천욕 즐기기
- ☐ 가슴 뻥 뚫리는 바다 전망 감상하며 스릴 넘치는 텐포잔 대관람차 탑승하기
- ☐ 콜럼버스의 배, 산타마리아호 타고 바다 유람 즐기기
- ☐ 사키시마 코스모 타워 전망대에서 항구 주변 풍경 감상하기

항만 지역 추천 코스

유니버설시티, 텐포잔, 난코 주변 코스 1

유니버설 스튜디오 재팬에서 소라니와 온천 오사카 베이 타워는 멀지 않은 거리여서 JR 전철을 타고 금방 갈 수 있다. JR 벤텐초역과 연결 통로로 이어져 있어 접근성도 좋다. **소요 시간: 약 10시간**

START — 도보 2분 — ① 도보 5분+지하철 15분+도보 5분 — ②

- JR 유니버설시티역
- ① 유니버설 스튜디오 재팬 — 어트랙션 탑승하며 신나게 놀기
- ② 소라니와 온천 오사카 베이 타워 — 온천욕 즐기고 휴식을 취하며 피로 풀기

유니버설시티, 텐포잔, 난코 주변 코스 2

오사카의 항만 지역은 복잡한 지형을 이루고 있지만, 주요 관광지는 전철로 쉽게 접근할 수 있다. 카이유칸을 비롯해 여러 관광 시설이 있는 텐포잔은 시민들의 휴식처다. 난코에는 부산을 오가는 국제 페리 터미널을 비롯해 사키시마 코스모 타워 전망대 등의 관광 시설이 들어서 있다. **소요 시간: 약 4시간 30분**

START — 도보 7분 — ① 도보 3분 — ② — 도보 2분 — ③ — 도보 20분 — ④ — 도보 6분+지하철 7분+도보 6분 — ⑤

- 지하철 오사카코역 2번 출구
- ① 텐포잔 대관람차
- ② 카이유칸
- ③ 산타마리아 유람선
- ④ 지라이온 박물관
- ⑤ 사키시마 코스모 타워 전망대

유니버시티, 텐포잔, 난코 주변

SIGHTSEEING

유니버설 스튜디오 재팬
ユニバーサルジャパン

MAP P.334A
VOL1 P.157

미국의 유명 영화사 유니버설 픽처스의 영화를 소재로 만든 테마파크. 세계적으로 흥행했던 영화를 테마로 어트랙션이 구성되어 있어 아이뿐 아니라 할리우드 영화를 좋아하는 어른들에게도 흥미진진한 곳이다. 유니버설 스튜디오 재팬(USJ)은 슈퍼 닌텐도 월드와 위저딩 월드 오브 해리포터, 미니언 파크, 유니버설 원더랜드, 할리우드, 뉴욕, 샌프란시스코, 쥬라기 공원, 애머티 빌리지, 워터 월드 구역의 탑승형 어트랙션과 쇼 어트랙션으로 구성되어 있다. 유니버설 스튜디오 중 유일하게 일본에만 있는 슈퍼 닌텐도 월드와 호그와트를 현실에 재현한 위저딩 월드 오브 해리포터, 익룡에게 잡혀 하늘을 나는 더 플라잉 다이노소어는 언제나 관람객이 몰리는 인기 만점 어트랙션이다. 방문 전에 USJ 공식 앱을 설치하면 e정리권을 발권해 줄 서지 않고 인기 어트랙션을 탑승하거나 어트랙션별 대기 시간을 실시간으로 체크하는 등 좀 더 편리하게 USJ를 즐길 수 있다. 여러 가지 어트랙션을 즐기고 싶다면 어트랙션 탑승 대기 시간을 줄여주는 유니버설 익스프레스 패스를 구입하거나 e정리권, 싱글 라이더 제도를 이용하자. USJ 공식 홈페이지에서 한국어판 파크 맵(스튜디오 가이드)을 다운로드 할 수 있다.

JR 유니버설시티역에서 도보 5분 ☎ 06-6465-4005 ⏱ 08:00~22:00(개장 시간이 수시로 바뀌므로 홈페이지에서 확인 필요) 🅿 부정기 💴 1데이 스튜디오 패스 12세 이상 8600¥~, 4~11세 5600¥~, 65세 이상 7700¥~ / 1.5데이 스튜디오 패스 12세 이상 1만3100¥~, 4~11세 8600¥~ / 2데이 스튜디오 패스 12세 이상 1만6300¥~, 4~11세 1만600¥~(입장일에 따라 가격이 다름) 🌐 www.usj.co.jp

ZOOM ─────── IN

유니버설 스튜디오 재팬 핵심 볼거리

1	슈퍼 닌텐도 월드	일본 닌텐도사의 유명 게임 캐릭터인 슈퍼마리오를 테마로 한 어트랙션 구역. 가장 최근에 생긴 어트랙션이라 인기 고공행진 중이다. 구역에 입장하면 마치 게임 속 세상으로 들어온 듯한 느낌이 든다. 어트랙션으로 마리오카트와 요시 어드벤처가 있다.	
2	위저딩 월드 오브 해리포터	멀리서 보이는 호그와트 성 안팎의 모습이 영화 속으로 들어간 듯 실감 난다. 구역 입구에는 호그와트로 향하는 기차가 전시되어 있고 영화에 나오는 각종 굿즈를 판매하는 가게가 마을을 이룬다. 4D 어트랙션 해리 포터 앤드 더 포비든 저니를 탑승하고 구역 내에서 열리는 이벤트 공연도 관람할 수 있다.	
3	더 플라잉 다이너소어	쥬라기 공원 구역에 있는 어트랙션. 익룡에게 붙잡혀 하늘을 난다는 콘셉트로 엎드린 자세로 허공에 매달려 탑승하는 롤러코스터다. 매달려서 아래를 보는 자세 때문에 급상승과 하강, 360도 회전할 때마다 느껴지는 스릴감이 대단하다.	
4	워터 월드	약 20분간 진행되는 쇼 어트랙션으로 캐빈 코스트너가 주연을 맡은 영화 <워터 월드>를 테마로 한 공연이다. 단순한 공연이라 하기엔 동원된 소품이나 사실감, 스턴트 액션이 대단해 끝날 때까지 시간 가는 줄 모를 정도다.	
5	미니언 파크	애니메이션 속 귀여운 악동 미니언즈가 현실에서 걸어 다니고 곳곳에 장식되어 있는 만화 속 세상이다. 미니언 메이햄과 프리즈 레이 슬라이드 어트랙션 외에도 여러 볼거리, 즐길 거리가 많은 곳이다. 미니언즈와의 기념사진 촬영도 필수!	
6	할리우드 드림 더 라이드 백드롭	할리우드 드림 더 라이드와 함께 할리우드 구역의 최고 인기 라이드. USJ에서 2013년에 기간 한정으로 선보인 롤러코스터인데 사라지는 것을 아쉬워한 많은 사람의 요청으로 정식 어트랙션으로 자리 잡았다. 앞으로 달리는 할리우드 드림 더 라이드와 달리 뒤로 달리는 것이 할리우드 드림 더 라이드 백드롭의 묘미.	
7	죠스	유명한 OST가 떠오를 만큼 영화 <죠스> 속 마을 모습을 실감 나게 재현한 애머티 빌리지의 어트랙션. 보트를 타고 마을을 한 바퀴 돌아보는 투어 중간에 보트를 덮쳐오는 식인 상어의 습격으로 긴장감이 더해진다.	
8	유니버설 원더랜드	10세 이하 아이와 동행한다면 꼭 들러야 할 구역이다. 스누피와 헬로키티 등 아이들이 좋아할 만한 귀여운 캐릭터를 활용한 어트랙션 10가지를 모아놓았다. 아이가 직접 운전해보거나 스누피를 타고 하늘을 나는 경험도 해볼 수도 있다. 핑크 핑크한 드레스를 입은 헬로 키티와의 기념 촬영은 덤!	

☑ 헷갈리는 유니버설 스튜디오 재팬 입장권 종류 한 방에 정리하기

스튜디오 패스(입장권)

유니버설 스튜디오 재팬 1회용 파크 입장권으로 기본적으로 우리나라의 자유이용권 개념이다. 입장권 종류는 오후 3시부터 입장하는 트와일라이트, 1일, 1.5일(트와일라이트+1일), 2일권이 있다. 이용하려는 날짜에 따라서도 시즌으로 구분돼 요금이 다르다. 시즌에 따른 요금 차이는 비수기, 준성수기, 성수기 개념으로 이해하면 된다.

	A 시즌		B 시즌		C 시즌		D 시즌		E 시즌	
	12세 이상	4~11세	12세 이상	4~11세	12세 이상	4~11세	12세 이상	4~11세	12세 이상	4~11세
1일권	8600¥	5600¥	9400¥	5800¥	9900¥	6200¥	1만400¥	6400¥	1만900¥	6800¥
1.5일권	1만3100¥	8600¥	1만4400¥	8900¥	1만6000¥	1만¥	1만6800¥	1만400¥	1만7600¥	1만1000¥
2일권	1만6300¥	1만0600¥	1만7900¥	1만1000¥	1만8800¥	1만1800¥	1만9800¥	1만2200¥	2만700¥	1만2900¥

트와일라이트 A 시즌 : 12세 이상 6000¥, 4~11세 3900¥

☑ 시간은 금이다! 유니버설 스튜디오 재팬을 효율적으로 즐기는 방법

유니버설 익스프레스 패스란?

어트랙션에 탑승할 때 대기 시간을 단축할 수 있는 티켓이다. 이 패스는 입장권 기능이 없으므로 파크 입장을 위해 스튜디오 패스도 함께 구입해야 한다. 패스는 이용할 수 있는 어트랙션과 상품의 종류가 자주 바뀌므로 크게 익스프레스4와 익스프레스7 두 가지가 있다고 염두에 두고 원하는 어트랙션을 포함한 패스가 있는지 확인해야 한다. '슈퍼 닌텐도 월드'와 '위저딩 월드 오브 해리포터'가 포함된 패스의 경우 에어리어 입장 확약권 기능을 포함한다. 패스의 가격도 성수기와 비수기, 이용하려는 날짜까지 남은 기일, 구입 시점에 남아 있는 재고량 등에 따라 가격이 바뀌므로 구입 시 USJ 홈페이지에서 가격을 확인하도록 하자.

e정리권/추첨권을 활용하자

유니버설 익스프레스 패스가 없을 때 추가 비용 없이 인기 어트랙션 구역에 빠르게 입장할 수 있는 방법이다. 대상 에어리어는 '위저딩 월드 오브 해리포터'와 '슈퍼 닌텐도 월드'. e정리권은 파크에 입장한 후에 발권할 수 있으며 일찍 발권할수록 당첨될 확률이 높다. 오픈런이 필요하다는 얘기. e정리권이 매진되면 추첨권을 신청할 수 있다. 추첨권은 이름처럼 발권하는 데 운이 필요하다.

① USJ 공식 앱을 휴대폰에 설치한다.
② 구입한 스튜디오 패스의 QR코드를 USJ 앱에 등록한다. 하나의 앱에 일행의 패스를 함께 등록할 수 있다.
③ USJ 파크에 입장하자마자 앱에서 입장을 원하는 시간대를 선택하고 e정리권을 발권한다.
④ 입장 시간이 되면 에어리어 입구에서 발권받은 QR코드를 제시하고 입장한다.

요야쿠노리(よやくのり)도 있다!

유니버설 원더랜드에 있는 어트랙션의 탑승 시간을 예약할 수 있는 제도. 파크 입장 후 예약 탑승 발권소에서 원하는 시간과 어트랙션의 탑승 예약 후 지정된 시간이 되면 줄을 서지 않고 바로 입장해 탑승할 수 있다. 예약에 별도의 비용이 들지는 않는다.

예약 탑승 티켓 발권소 : 엘모의 고 고 스케이트보드 발권소, 몹피의 벌룬 여행 발권소, 엘모의 버블 버블 발권소, USJ 공식 앱
예약 탑승 가능한 어트랙션 : 날아라 스누피, 몹피의 벌룬 여행, 엘모의 고 고 스케이트보드, 엘모의 버블버블

USJ 공식 앱에서 어트랙션별 대기 시간을 확인하자

스마트폰에 USJ 공식 앱을 설치하면 각 어트랙션의 실시간 탑승 대기 시간과 운휴 여부를 확인할 수 있다.

지라이온 박물관
ジーライオンミュージアム

MAP P.334A
VOL.1 P.183

사진에서나 보던 전설적인 자동차를 실물로 만날 수 있는 클래식 카 박물관. 마차부터 현대에 이르는 유명한 자동차 수십 대가 전시되어 있다. 놀라운 건 모든 자동차가 복원을 거쳐 실제 운행 가능한 상태라는 것이다. 전시된 자동차는 수시로 바뀌어 갈 때마다 새로운 차량을 볼 수 있다. 자동차를 좋아하는 마니아라면 놓치지 말 것.

구글 지도 지라이언 뮤지엄

F 지하철 추오선 오사카코역 6번 출구에서 도보 6분 T 06-6573-3006
O 11:00~17:00 월요일(공휴일인 경우 다음 날)+부정기 P 중학생 이상 1300¥ W https://glion-museum.jp

텐포잔 대관람차
天保山大観覧車

MAP P.334A

텐포잔에 있는 지름 100m짜리 대관람차. 지상에서부터 최고점까지 높이가 112.5m로 건설 당시 일본에서 가장 큰 것이었으나 지금은 네 번째로 높은 대관람차다. 바닥이 투명한 곤돌라는 물론 휠체어에 탄 채 탑승할 수 있는 곤돌라도 마련되어 있다. 어마어마한 높이로 인해 스릴과 함께 항구 주변의 도시 풍경, 석양, 야경을 감상할 수 있다.

F 지하철 추오선 오사카코역 1번 출구에서 도보 3분 T 06-6576-6222
O 10:00~21:00(홈페이지에 공지) H 부정기(홈페이지에 공지) P 입장료 900¥ / 텐포잔 대관람차+산타마리아 세트권 중학생 이상 2400¥, 초등학생 1600¥ W http://tempozan-kanransya.com

레고랜드 디스커버리 센터 오사카
レゴランド・ディスカバリー・センター大阪r

MAP P.334A
VOL.1 P.178

블록 완구의 세계적인 대명사인 레고 LEGO에서 운영하는 실내 테마파크. 레고로 만든 다양한 작품과 체험 시설, 어린이 놀이터 등이 다채롭게 들어서 있다. 실내에 있어 더울 때는 시원하게, 추울 때는 따뜻하게, 비 올 때는 쾌적하게 즐길 수 있다. 레고를 좋아하는 어린이에게는 실패할 확률이 거의 없으나 규모가 다소 작다는 의견도 있다.

F 텐포잔 마켓 플레이스 3층 T 080-0100-5346 O 월~금요일 10:00~18:00, 토·일요일 10:00~19:00 H 연중무휴 P 2200~3200¥(날짜마다 다름) W www.legolanddiscoverycenter.com/osaka

카이유칸
海遊館

MAP P.334A
VOL.1 P.177

나고야항 수족관에 이어 일본에서 두 번째로 큰 규모의 수족관. 하지만 2마리의 고래상어가 헤엄치는 실내 수조의 크기는 나고야 것보다 큰 일본 최대급이다. 상설 전시관은 태평양과 호주, 남극 등 환태평양 일대의 바다와 일본 해구의 심해를 재현해놓았다. 운이 좋으면 고래상어가 몸을 수직으로 세워 식사하는 모습도 볼 수 있다.

구글 지도 해유관

F 지하철 추오선 오사카코역 1번 출구에서 도보 9분 T 06-6576-5501
O 08:00~20:30(영업시간이 유동적이므로 홈페이지에서 확인 필요) H 부정기(홈페이지에 공지) P 일반 요금 고등학생 이상 2700~3500¥, 초·중학생 1400~1800¥, 3세 이상 700~900¥ W www.kaiyukan.com

사키시마 코스모 타워 전망대
さきしまコスモタワー展望台   MAP P.334B VOL.1 P.049

난코에 있는 빌딩 전망대로 주변에 높은 건물이 거의 없어 탁 트인 바다와 도시 전망을 감상할 수 있다. 오사카 베이 지역에서 가장 높은 빌딩으로 지상 252m, 52층 높이다. 전망대 유리창이 앞쪽으로 살짝 기울어져 있어 발아래 전망을 보기 편하다. 가까운 베이 지역은 물론, 날씨가 좋으면 아카시해협 대교와 고베 도심도 보인다.

구글 지도 오사카 부 사키시마청사 전망대

뉴트램선 트레이드센터마에역 2번 출구에서 도보 6분 06-6615-6055 11:00~22:00(입장은 21:30까지) 월요일(공휴일인 경우 다음 날) 고등학생 이상 1000¥, 초등·중학생 600¥ https://sakishima-observatory.com

산타마리아 유람선
サンタマリア   MAP P.334A

신대륙 탐험에 나섰던 콜럼버스의 기함 산타마리아호를 재현한 관광 크루즈선. 범선이었던 산타마리아호를 모티브로 당시보다 2배 정도 큰 규모로 재현했다고 한다. 크루즈선 2층 객실은 간식과 음료를 판매하는 푸드 카운터와 테이블을 마련해 음식을 먹을 수도 있다. 시원한 바닷바람을 쐬며 오사카만의 풍경과 석양을 즐기기 좋다.

지하철 추오선 오사카코역 1번 출구에서 도보 11분 06-6942-5511 11:00~17:00 부정기 중학생 이상 1800¥, 초등학생 900¥ / 카이유칸+산타마리아 세트권 어른 4000¥, 초등생 2050¥ https://suijo-bus.osaka/intro/santamaria

EATING

스시차야 스시카츠
寿司茶屋 すし活   MAP P.334A

오사카의 회전초밥 식당을 이미 섭렵하고 한 번쯤 럭셔리한 초밥을 맛보고 싶다면 들러볼 만한 오마카세 스시 전문점. 손님이 코스를 선택하면 입담 좋은 주인장이 설명을 곁들이며 음식을 내놓는다. 필자에게 귓속말로 전한 맛의 비결은 사람의 체온과 비슷한 밥의 온도, 비닐에 싸 얼음에 담가놓은 생선, 고품질 생와사비, 직접 담근 간장소스라고.

구글 지도 스시카츠

JR, 지하철 추오선 벤텐초역 북쪽 출구에서 도보 2분 06-6584-3866 18:00~24:00(입장은 21:00까지) 부정기 오마카세 코스 2만2000¥, 3만3000¥, 5만5000¥~ https://sushikatsu.net

SHOPPING

텐포잔 마켓 플레이스
天保山マーケットプレース   MAP P.334A

텐포잔 대관람차와 카이유칸 사이에 있는 복합 상가. 2층 식당가에 1960년대 오사카의 거리를 재현한 나니와쿠이신보요코초에는 타코야키, 오코노미야키 같은 오사카 음식과 스테이크, 한국 식당도 입점해 있다. 3층은 푸드코트와 레고랜드가 입점해 있다.

지하철 추오선 오사카코역 1번 출구에서 도보 7분 06-6576-5501 10:00~20:30(가게 및 날짜에 따라 다름, 홈페이지 공지) 부정기(홈페이지 공지) 가게마다 다름 https://www.kaiyukan.com/thv/marketplace

ENJOYING →

캡틴라인
キャプテンライン　　MAP P.334A

유니버설시티 포트와 텐포잔의 카이유칸 니시하토바 사이를 운행하는 셔틀 크루저. 관광용 유람선이라기보다 교통수단으로 더 유용하다. 유니버설 스튜디오 재팬과 카이유칸을 함께 들르는 일정일 때 두 번 환승해야 하는 전철에 비해 10분 만에 아지카와를 건널 수 있어 빠르고 편리하다. 시원한 바닷바람과 풍경은 덤.

F 지하철 추오선 오사카코역 1번 출구에서 도보 7분　T 06-6573-8222　O 09:30~18:00(출항 시간 홈페이지에 공지)　H 부정기　중학생 이상 편도 900¥, 왕복 1700¥ / 초등학생 편도 500¥, 왕복 900¥ / 3세 이상 편도 400¥, 왕복 700¥　W https://www.mmjp.or.jp/Capt-Line

카미카타 온천 잇큐
上方温泉一休　　MAP P.334A

일본 전통적인 분위기의 천연 온천. 물을 첨가하거나 재이용하지 않고 100% 천연 온천수를 열교환기에 통과시켜 목욕에 쾌적한 온도로 냉각시켜 사용한다. 욕장은 두 가지 테마로 나뉘는데 나무를 사용한 기노유 木のゆ와 돌을 사용한 이시노유 石のゆ로 매일 남탕과 여탕이 바뀐다. 식당과 마사지 숍, 미용실 등 부대시설도 갖췄다.

F JR 니시쿠조역 앞 육교 건너편에서 셔틀버스(홈페이지에 운행 시간 공지)로 약 15분　T 06-6467-1519　O 10:00~24:00(입장은 23:00까지)　H 셋째 주 화요일, 부정기　12세 이상 750¥, 어린이 400¥　W www.onsen19.com

소라니와 온천 오사카 베이 타워
空庭温泉 大阪ベイタワー　　MAP P.334A

단일 온천으로는 칸사이 최대급 규모로 지하 1000m에서 끌어올린 천연 온천수를 이용한다. 9종류의 온천탕과 7종류의 암반욕장, 닥터 피시, 마사지 숍, 식당, 게임장, 기념품 가게 등의 시설이 있다. 편의, 공용 공간에서는 유카타를 착용한다. 아트 호텔 오사카 베이 타워에 숙박하는 경우 아침에도 이용할 수 있으며 입장료도 할인받을 수 있다.

 소라니와온천

F JR, 지하철 추오선 벤텐초역 북쪽 출구에서 도보 5분　T 06-7670-5126　O 11:00~23:00(입장은 22:00까지)　H 월 1회 부정기(홈페이지에 공지)　중학생 이상 2310~3630¥, 4세~초등학생 1320¥　W https://solaniwa.com

천연 온천 스파 스미노에
天然露天温泉 スパスミノエ　　MAP P.334B

도심이 아닌 자연 속에 와 있는 듯한 노천탕이 인상적인 온천. 나무가 무성한 숲을 테마로한 모리노츠보유 森のつぼ湯와 대나무 숲을 테마로 한 지쿠린유 竹林の湯가 있다. 일주일에 한 번씩 남탕과 여탕이 바뀐다. 우동과 스시를 맛볼 수 있는 식당과 마사지 숍 등 부대시설을 갖추었다.

구글 지도 천연 노천온천 스파 스미노에

F 뉴트램선·지하철 요츠바시선 스미노에코엔역 2번 출구에서 도보 8분　T 06-6685-1126　O 10:00~다음 날 02:00(입장은 01:00까지)　H 연중무휴　중학생 이상 평일 750¥, 토·일·공휴일 850¥　W http://spasuminoe.jp

SECRET OSAKA
시크릿 오사카

오사카 도심을 조금 벗어난 주변 또는 소도시에도 가볼 만한 명소가 여럿이다. 아름다운 풍경을 볼 수 있는 곳, 먹거리 체험을 할 수 있는 곳, 유유자적 쇼핑을 즐길 수 있는 곳 등이다. 반나절 혹은 하루 코스로 다녀올 수 있는 거리로 여행 일정에 하루 끼워 넣기에도 큰 무리가 없다. 맥주나 위스키를 즐긴다면 아사히와 산토리 공장 견학 프로그램을 신청하고 아이와 함께 즐길 만한 체험 프로그램을 찾는다면 컵 누들 박물관으로 가보자. 나가이 식물원의 팀랩 보태니컬 가든 오사카는 야간에 조명을 활용해 예술 작품 속에 들어와 있는 듯한 환상적인 공간을 만날 수 있다.

교통 한눈에 보기

- ① 오사카 시내
- ② 반파쿠키넨코엔
- ② 라라포트 엑스포시티
- ③ 컵 누들 박물관 오사카 이케다
- ④ 산토리 야마자키 증류소
- ⑤ 나가이 식물원
- ⑥ 린쿠 프리미엄 아웃렛

구간	교통수단	소요시간	요금
① 오사카 시내→아사히 맥주 박물관	JR(오사카역-스이타역)	9분	190¥
② 오사카 시내→반파쿠키넨코엔, 라라포트 엑스포시티	지하철 미도스지선+오사카 모노레일 (우메다역-센리추오역-반파쿠키넨코엔역)	약 30분	630¥
	한큐 전철+오사카 모노레일 (오사카우메다역-미나미이바라키역-반파쿠키넨코엔역)	약 32분	530¥
③ 오사카 시내→컵 누들 박물관 오사카 이케다	한큐 전철(오사카우메다역-이케다역)	18분	280¥
④ 오사카 시내→산토리 야마자키 증류소	JR(오사카역-야마자키역)	27분	480¥
	한큐 전철(오사카우메다역-오야마자키역)	34분	330¥
⑤ 오사카 시내→나가이 식물원	JR(텐노지역-나가이역)	9분	170¥
	지하철 미도스지선(텐노지역-나가이역)	6분	240¥
⑥ 오사카 시내→린쿠 프리미엄 아웃렛	JR(텐노지역-린쿠타운역)	44분	840¥
	난카이(난카이난바역-린쿠타운역)	38분	820¥

시크릿 오사카 지역 다니는 방법

WALK 오사카 도심 외곽에 위치해 도보로는 이동할 수 없다. 각 관광지 내부에서는 모두 도보 이동 가능하다.

SUBWAY 관광지까지 도보로 이동할 수 있는 거리에 전철역이 위치하므로 가장 유용하고 편리한 교통수단이다.

BUS 노선이 잘 갖춰져 있지 않고 전철을 이용하는 편이 싸고 편해 이용할 일이 없다.

TAXI 먼 거리로 요금이 비싸 가성비가 떨어지는 교통수단이다.

TO DO LIST

☐ 아사히 맥주 박물관 또는 산토리 야마자키 증류소 견학 프로그램 참여해보기

☐ 예술 작품 같은 나가이 식물원의 상설전 팀랩 보태니컬 가든 오사카 관람하기

☐ 컵 누들 박물관 오사카 이케다에서 나만의 컵라면 만들어보기

☐ 린쿠 프리미엄 아웃렛에서 쇼핑 즐기기

☐ 반파쿠키넨코엔에서 산책을 즐기며 여유로운 시간 보내기

☐ 라라포트 엑스포시티에서 일본 최고의 대관람차 탑승해보고 쇼핑과 엔터테인먼트 즐기기

반파쿠키넨코엔
万博記念公園

VOL.1 P.077

1970년에 개최된 만국박람회 부지에 조성한 공원. 공원 가운데 박람회 당시 상징물이었던 하얀색 태양의 탑이 다소 기괴한 모습으로 서 있다. 광활하다고 표현할 수 있을 만큼 넓은 공원은 크게 자연문화원, 일본 정원, 엑스포70 파빌리온 구역으로 구분된다. 꽃과 숲이 어우러진 공원은 벚꽃과 튤립, 단풍 명소이기도 하다. 때때로 일요일이나 공휴일에 개러지 세일이 열리기도 하는데 장소와 일정은 홈페이지에서 확인할 수 있다. 태양의 탑 내부는 박물관으로 운영되며 입장을 위해 사전 예약이 필요하다.

오사카모노레일 반파쿠키넨코엔역에서 도보 6분 ⓣ 0120-1970-89(무료), 06-6877-7387 ⓗ 09:30~17:00 수요일(공휴일인 경우 다음 날 휴원), 연말연시+부정기 자연문화원·일본 정원 공통권 어른 260¥, 초등·중학생 80¥ / 엑스포70 파빌리온 고등학생 이상 210¥ www.expo70-park.jp

팀랩 보태니컬 가든 오사카
teamLab Botanical Garden Osaka

VOL.1 P.015

컵 누들 박물관 오사카 이케다
カップヌードルミュージアム 大阪池田

VOL.1 P.179

일본의 세계적인 미디어 아트 그룹 팀랩의 오사카 전시장. 오사카 남부에 위치한 '오사카 시립 나가이 식물원 大阪市立長居植物園' 서쪽 부분을 전시장으로 이용 중이다. 팀랩의 전시장은 일반적으로 실내인 것에 비해 이곳은 숲속에서 전시를 진행하며, 밤에만 연다. 영상, 조명, 음악이 어우러져 마치 요정의 숲을 헤매는 것 같은 기분이 든다.

1958년에 만든 세계 최초로 인스턴트라면의 발상지에 세운 박물관. 처음 개발한 치킨라면은 봉지 라면 형태였고 1971년엔 컵라면도 개발되었다. 이것이 우리가 일본 편의점에서 흔히 볼 수 있는 닛신 라면이다. 박물관에서는 치킨라면과 컵라면을 만들어볼 수 있는 체험 코너를 비롯해 라면과 관련된 여러 전시물을 만날 수 있다.

구글 지도 teamLab Botanical Garden Osaka

JR 나가이역에서 도보 10분 ⓣ 06-6699-5120 ⓗ 일몰 후 1시간 이내~21:30(시작 시간은 매달 변동되므로 홈페이지 확인 필요) 둘째·넷째 주 월요일 어른(고등학생 이상) 1800~2400¥, 어린이(초등·중학생) 500~800¥ www.teamlab.art/e/botanicalgarden

한큐 다카라즈카선 이케다역에서 도보 7분 ⓣ 072-752-3484 ⓗ 09:30~16:30(입장은 15:30까지) 화요일(공휴일인 경우 다음 날), 연말연시 입장료 무료 www.cupnoodles-museum.jp/ja/osaka_ikeda

라라포트 엑스포시티
ららぽーとエキスポシティ

아사히 맥주 박물관
アサヒビールミュージアム VOL.1 P.153

각종 라이프스타일, 패션 숍과 레스토랑, 카페, 엔터테인먼트 등의 시설을 갖춘 대형 쇼핑 파크. 오사카 외곽에 있어 시내보다 여유롭게 쇼핑을 즐길 수 있는 곳이다. 입구에 들어서면 123m로 일본에서 가장 높다는 대관람차와 건담 조형물이 눈에 띈다. 거대한 규모의 쇼핑몰답게 다양한 브랜드 숍이 빠짐없이 입점해 있다.

아사히 맥주의 스이타 공장. 견학 프로그램을 운영해 인터넷 사전 신청 후 공장을 둘러볼 수 있다. 약 1시간 소요되는 견학 프로그램은 아사히 맥주에 관한 영상 시청과 VR 체험 후 맥주가 생산되는 과정을 둘러보고 맥주를 시음하는 것으로 마무리된다. 여러 종류의 맥주와 논알코올 맥주, 음료 중 원하는 것 두 가지를 시음할 수 있다.

구글지도 Asahi Beer Museum

오사카모노레일 반파쿠키넨코엔역에서 도보 4분 06-6170-5590 월~금요일 10:00~21:00, 토·일요일·공휴일 10:00~22:00(가게에 따라 다름) 1월 중순~하순 중 하루(부정기) 가게에 따라 다름 https://mitsui-shopping-park.com/lalaport/expocity

JR 스이타역 북쪽 출구에서 도보 10분 06-6388-1943 투어 출발 10:00~15:00 연말연시, 부정기 투어 참가비 20세 이상 1000¥, 초등학생 이상 300¥ www.asahibeer.co.jp/brewery/suita

산토리 야마자키 증류소
サントリー 山崎蒸溜所 VOL.1 P.152

린쿠 프리미엄 아웃렛
りんくう・プレミアムアウトレット VOL.1 P.202

일본 싱글 몰트위스키의 대표 브랜드인 야마자키 위스키를 제조하는 곳으로, 오사카와 교토의 경계 지역인 '야마자키 山崎'에 있다. 방문자를 위한 견학 코스와 팩토리 숍을 운영 중인데, 시중에서 구하기 힘든 제품을 판매해 인기가 높다. 견학 코스는 유료와 무료가 있는데, 둘 다 반드시 사전에 예약해야 한다. 예약은 홈페이지에서 할 수 있다.

칸사이 국제공항으로 가는 해상교를 건너기 전, 린쿠타운에 있는 프리미엄 아웃렛. 미국 사우스캐롤라이나주에 있는 항구도시 찰스턴을 재현한 건물이 이국적이다. 의류와 스포츠용품, 생활 잡화, 화장품, 인테리어 제품 등을 한자리에서 만날 수 있다. 칸사이 국제공항까지 운행하는 셔틀버스도 있어 귀국 전 시간이 남을 때 들러 쇼핑하기에도 좋다.

JR 야마자키역에서 도보 15분 075-962-1423 유료 투어 일본어 10:20·12:30·13:30·14:40(각 80분간 진행), 영어 11:20~12:40 / 무료 투어 10:00~16:40(1시간 단위로 입장) 연말연시 약 2주간(홈페이지공지) 유료 투어 3000~1만¥ suntory.co.jp/factory/yamazaki

JR 칸사이공항선, 난카이 공항선 린쿠타운역 4번 출구에서 도보 12분 072-458-4600 10:00~21:00(가게마다 다름) 2월 셋째 주 목요일 가게마다 다름 www.premiumoutlets.co.jp/rinku

• AREA 02 •

KYOTO
교토

흔히 우리나라의 경주에 비유하는 교토는 헤이안시대를 관통하는 도시로 794년부터 1868년까지 일본의 수도였다. 서일본의 중심 도시인 오사카와는 약 50km 떨어져 있어 전철로 30분 정도면 닿을 수 있다. 1000년 전 번성했던 불교문화의 유적이 지금까지 전해져 전통적인 일본의 분위기를 느낄 수 있다. 교토를 입다가 망한다는 의미로 키다오레 着だおれ라 표현하기도 하는데, 예부터 복식이 발달해 기모노 문화의 발상지이기도 하다. 고풍스러운 사찰과 현대적인 건물, 벚꽃과 단풍이 어우러져 일본에서도 손꼽히는 아름다운 도시다.

무작정 따라하기

Step 1
교토 시내 중심지로 이동하기

교토시의 중심지는 크게 JR 교토역 주변과 시조카와라마치 주변, 두 곳을 꼽을 수 있다. JR 교토역은 신칸센을 비롯한 각종 특급열차와 로컬 열차, 지하철, 시내버스가 분주히 드나드는 교토 교통의 현관이다. 시조카와라마치는 한큐 전철과 케이한 전철이 오사카 방면으로 뻗어 있고 교토 시내 곳곳을 연결하는 시내버스가 정차하는 교토 최대의 번화가다.

JR 교토역

한큐 교토 카와라마치역

오사카에서 교토 가기

JR

JR은 한큐 전철에 비해 요금이 다소 비싸지만 빠르다는 것이 장점이다. 아라시야마로 갈 때도 교토역에서 바로 환승할 수 있다. JR 칸사이 와이드 패스를 소지한 여행자의 경우 신칸센을 이용할 때 신오사카 → 교토 구간은 이용할 수 없다는 데 주의하자.

출발역	중간 환승역	소요 시간(환승 소요 시간 제외)	도착역	요금
JR 오사카역	-	칸쿠 특급 하루카 32분	JR 교토역	1340¥ (자유석)
		신쾌속 29분		580¥
JR 신오사카역	-	칸쿠 특급 하루카 27분		1340¥ (자유석)
		신쾌속 24분		580¥
JR 모리노미야역	JR 오사카역	보통 11분 + 신쾌속 29분		820¥
JR 텐노지역	JR 오사카역	야마토지 쾌속 15분 + 신쾌속 29분		950¥
JR 유니버설 시티역	JR 니시쿠조역 + JR 오사카역	보통 5분 + 보통 6분 + 신쾌속 29분		820¥
JR 오사카역	JR 교토역	신쾌속 29분 + 보통 16분	JR 사가아라시야마역	990¥

사용 가능한 패스
JR 패스, JR 칸사이 와이드 패스, JR 칸사이 패스, JR 칸사이 미니 패스(JR 칸사이 미니 패스는 하루카 이용 시 별도 특급권 필요)
- JR 교토역 북쪽 광장 교토에키마에 京都駅前 정류장에서 4·5·17·205번 시버스를 타고 시조카와라마치 四条河原町 정류장에서 하차해 교토 번화가로 갈 수 있다(230¥).

한큐 전철

오사카의 번화가인 우메다에서 교토의 번화가인 시조카와라마치까지 한 번에 연결하는 노선이어서 편리하다. 텐진바시스지로쿠초메 기점은 사카이스지선과 연결돼 있어 텐가차야역에서 난카이선과도 만난다. 칸사이공항역에서 사철로 교토로 이동할 때 이용할 수 있는 노선이다.

출발역	중간 환승역	소요 시간(환승 소요 시간 제외)	도착역	요금
오사카 우메다역	-	특급 43분	교토 카와라마치역	410¥
텐진바시스지로쿠초메역	아와지	보통 8분 + 특급 35분		410¥
오사카 우메다역	카츠라역	특급 34분 + 보통 7분	아라시야마역	410¥
텐진바시스지로쿠초메역	아와지역 + 카츠라역	보통 8분 + 특급 27분 + 보통 7분		390¥

사용 가능한 패스
칸사이 레일웨이 패스, 한큐한신 1DAY 패스

케이한 전철

케이한 전철의 오사카 기점은 요도야바시역(케이한 본선)과 나카노시마역(케이한 나카노시마선)으로 2개의 노선이 있다. 두 노선은 텐마바시역에서 합쳐져 케이한 본선으로 운행하니 둘 중 접근성이 좋은 역을 이용하면 된다. 요도야바시역이 오사카 메트로 미도스지선과 연결돼 있어 편리하다.

출발역	중간 환승역	소요 시간(환승 소요 시간 제외)	도착역	요금
요도야바시역	-	특급 48분	기온시조역	430¥
나카노시마역	텐마바시역	보통 7분 + 특급 44분		490¥
키타하마역	-	특급 46분		430¥
텐마바시역	-	특급 44분		430¥
교바시역	-	특급 40분		420¥

사용 가능한 패스
칸사이 레일웨이 패스, 교토-오사카 관광권(케이한 전철) 1일·2일, 교토-오사카 관광 승차권(케이한 전철+오사카 메트로) 1일

고베에서 교토 가기

JR

고베 시내 역에 따라 신쾌속이 정차하지 않는 역이 있다. 이 경우 보통을 타고 교토까지 가면 시간이 오래 걸리므로 신쾌속이 정차하는 역에서 신쾌속으로 갈아타는 것이 빠르다.

출발역	중간 환승역	소요 시간(환승 소요 시간 제외)	도착역	요금
JR 산노미야역	-	신쾌속 52분	JR 교토역	1110¥
JR 모토마치역	JR 산노미야역	보통 1분 + 신쾌속 52분		1110¥
JR 고베역	-	신쾌속 56분		1110¥
JR 신나가타역	JR 산노미야역	보통 9분 + 신쾌속 52분		1280¥
JR 롯코미치역	JR 아시야역	보통 9분 + 신쾌속 44분		1110¥
JR 스미요시역	JR 아시야역	보통 6분 + 신쾌속 44분		1110¥
JR 산노미야역	JR 교토역	신쾌속 52분 + 보통 16분	JR 사가아라시야마역	1520¥

사용 가능한 패스
JR 패스, JR 칸사이 와이드 패스, JR 칸사이 패스, JR 칸사이 미니 패스

한큐 전철

고베 시내 역에서 오사카 우메다행 전철을 탄 후 주소역에서 오사카 우메다에서 출발한 교토 카와라마치행

전철로 환승한다. 아라시야마로 가는 경우 카스라역에서 한큐 아라시야마선 전철로 환승한다.

출발역	중간 환승역	소요 시간(환승 소요 시간 제외)	도착역	요금
고베 산노미야역	주소역	특급 23분+ 특급 40분	교토 카와라마치역	640¥
하나쿠마역	주소역	특급 26분+ 특급 40분		770¥
코소쿠 고베역	주소역	특급 27분+ 특급 40분		770¥
롯코역	주소역	보통 32분+ 특급 40분		640¥
고베 산노미야역	주소역+ 카츠라역	특급 23분+ 특급 32분+ 보통 7분	아라시야마역	640¥

사용 가능한 패스
칸사이 레일웨이 패스, 한큐한신 1DAY 패스

나라에서 교토 가기

JR

킨테츠 전철보다 요금이 저렴하고 JR 나라역에서 출발하는 전철이 30분 간격으로 운행하기 때문에 환승 없이 편하게 갈 수 있다는 것이 장점이다.

출발역	중간 환승역	소요 시간(환승 소요 시간 제외)	도착역	요금
JR 나라역	-	미야코지 쾌속 44분	JR 교토역	720¥
JR 호류지역	JR 나라역	야마토지 쾌속 12분+ 미야코지 쾌속 44분		990¥
JR 나라역	JR 교토역	미야코지 쾌속 44분+ 보통 17분	JR 사가아라시야마역	990¥

사용 가능한 패스
JR 패스, JR 칸사이 와이드 패스, JR 칸사이 패스, JR 칸사이 미니 패스

킨테츠 전철

교토행 특급은 기본 운임에 추가 특급권 운임이 필요하다. 일반적으로 이용하는 교토행 급행은 하루에 10회 정도만 운행한다. 시간이 맞지 않을 때는 야마토사이다이지역 또는 타케다역에서 환승해 갈 수 있다.

출발역	중간 환승역	소요 시간(환승 소요 시간 제외)	도착역	요금
킨테츠 나라역	-	급행 45분	교토역	760¥
	야마토 사이다이지역	쾌속 급행 5분+ 급행 40분		

사용 가능한 패스
칸사이 레일웨이 패스

출발역	중간 환승역	소요 시간(환승 소요 시간 제외)	도착역	요금
산요 히메지역	신카이치역 +주소역	직통 특급(한신) 55분 + 특급(한큐) 28분 + 준특급(한큐) 43분	교토 카와라 마치역	1630¥
	오사카 우메다역	직통 특급(한신) 95분 + 특급(한큐) 43분		1730¥

사용 가능한 패스
칸사이 레일웨이 패스
- 한큐 카라스마역에서 하차하면 지하철 카라스마선으로 환승해 JR 교토역(소요 시간 3분, 요금 220¥)으로 갈 수 있다.

히메지에서 교토 가기

JR
JR 패스 소지자라면 신칸센(노조미, 미즈호 제외)을 이용하면 좋다. JR 칸사이 와이드 패스 소지자는 히메지역 → 신오사카역까지만 신칸센을 이용할 수 있다는 것에 주의하자. 패스가 없다면 신쾌속이 환승 없이 편하게 갈 수 있는 가성비 좋은 교통수단이다.

출발역	중간 환승역	소요 시간(환승 소요 시간 제외)	도착역	요금
JR 히메지역	-	❶ 신칸센(히카리) 51분	JR 교토역	4840¥ (자유석)
	-	❷ 특급 슈퍼 하쿠토 98분		4170¥ (자유석)
	-	❸ 신쾌속 93분		2130¥
	JR 교토역	❹ 신쾌속 93분+ 보통 16분	JR 사가아라시야마역	2640¥

사용 가능한 패스
❶ JR 패스(노조미, 미즈호 제외)
❷ JR 패스, JR 칸사이 와이드 패스
❸❹ JR 패스, JR 칸사이 와이드 패스, JR 칸사이 패스
- JR 교토역 북쪽 광장 교토에키마에 京都駅前 정류장에서 4·5·17·205번 시버스를 타고 시조카와라마치 四条河原町 정류장에서 하차해 교토 번화가로 갈 수 있다(230¥).

한신·한큐 전철
JR보다 저렴하지만 중간에 환승이 필요하고 시간이 더 오래 걸린다는 단점이 있다.

출발역	중간 환승역	소요 시간(환승 소요 시간 제외)	도착역	요금

Step 2
교토 시내 교통 한눈에 보기

교토 시영 지하철과 광역 전철

교토 도심을 지나는 전철은 카라스마선과 토자이선, 2개의 지하철 노선과 광역 전철 JR, 한큐, 케이한 전철이 있다. 지하철은 환승역인 카라스마오이케역을 중심으로 남북 방향 카라스마선, 동서 방향 토자이선이 지난다. 교토의 지하철과 광역 전철은 노선이 제한적이어서 접근 가능한 관광지가 많지 않다. 시버스를 주로 이용하되 필요에 따라 보조 수단으로 지하철을 이용하는 것이 좋다. 칸사이 레일웨이 패스 이용자는 무료(JR 제외)로 승차할 수 있다.

교토 지하철 1일권

교토 시영 지하철 카라스마선과 토자이선, 두 노선을 하루 동안 무제한으로 이용할 수 있는 승차권. 구입 후 처음 사용한 당일 막차까지 사용할 수 있다. 지하철 1회 승차 기본요금이 220¥이므로 최소 네 번은 이용해야 1일권 가격보다 이득이 된다. 자신의 일정을 고려해 구입 여부를 결정하도록 하자. 교토 시내 일부 관광 시설 입장료 할인 혜택이 있다.

가격 : 어른(12세 이상) 800¥, 어린이(6~11세) 400¥
구입처 : 교토 시내 각 지하철역 매표소 및 자동 발권기
주요 할인 관광 시설 : 토에이우즈마사영화마을, 교토 철도 박물관, 니조 성, 교토시 동물원, 교토 부립 식물원

교토 시영 지하철 1회 승차 요금

구간	거리	어른 요금	어린이 요금
1구간	3km까지	220¥	110¥
2구간	3km 초과 7km 이하	260¥	130¥
3구간	7km 초과 11km 이하	290¥	150¥
4구간	11km 초과 15km 이하	330¥	170¥
5구간	15km 초과	360¥	180¥

노선별 주요 관광지

노선 이름	역 이름	주변 관광지
카라스마선	교토역	JR 교토역, 교토 타워, 교토 포르타(교토역 지하상가), 요도바시 카메라 멀티미디어 교토, 히가시혼간지
	시조역	다이마루 교토점, 니시키이치바
	카라스마오이케역	신푸칸
	마루타마치역	교토교엔, 센토고쇼
	이마데카와역	도시샤 대학교, 교토교엔, 교토고쇼
	키타야마역	교토 부립 도판 명화의 정원, 교토 부립 식물원
토자이선	우즈마사텐진가와역	란덴(케이후쿠 전철) 란덴텐진가와역
	니조조마에역	니조 성
	카라스마오이케역	신푸칸
	교토시야쿠쇼마에역	산조도리 상점가(동쪽 입구)
	히가시야마역	쇼렌인, 오카자키 공원, 헤이안 진구
	케아게역	케아게 인클라인, 난젠지, 교토시 동물원
JR	우지역	뵤도인, 우지가미신사, 겐지 모노가타리 뮤지엄, 우지 시영 다실 타이호안
	이나리역	후시미이나리타이샤
	토후쿠지역	토후쿠지, 센뉴지
	교토역	카라스마선 교토역과 동일
	우메코지교토니시역	교토 철도 박물관, 우메코지 공원, 교토 수족관
	우즈마사역	토에이우즈마사영화마을, 코류지

JR	니조역	산조도리 상점가(서쪽 입구)
	사가아라시야마역	아라시야마 지역 일대
	카메오카역	호즈가와쿠다리
한큐	교토 카와라마치역	시조도리, 카와라마치도리, 폰토초, 니시키이치바, 기온, 기온신바시, 하나미코지도리, 켄닌지, 야사카 신사, 마루야마코엔
	카라스마역	다이마루 백화점 교토
	오미야역	란덴(케이후쿠 전철) 시조오미야역
케이한	우지역	JR 우지역과 동일
	주쇼지마역	겟케이칸 오쿠라 기념관
	후시미이나리역	후시미이나리타이샤
	토후쿠지역	토후쿠지, 센뉴지
	시치조역	귀 무덤, 산주산켄도, 교토 국립박물관
	기요미즈고조역	고조자카, 기요미즈자카, 산넨자카, 기요미즈데라
	기온시조역	한큐 전철 교토 카와라마치역과 동일
	산조역	산조도리 상점가(동쪽 입구)
	데마치야나기역	에이잔 전철 데마치야나기역

교토 시버스

교토를 여행하는 데 가장 요긴한 대중 교통수단은 시버스다. 시버스는 관광지뿐 아니라 교토 도심 구석구석을 연결하기 때문이다. 교토 시내 구간의 1회 승차 요금은 거리에 상관없이 230¥이다. 환승 적용이 되지 않으니 탈 때마다 요금을 내야 한다. 교토 시내 혼잡 구간은 교통 정체가 자주 발생하며 퇴근 시간은 정체가 극에 달하니 버스 이용 시에는 여유 있게 일정을 짜는 것이 좋다. 칸사이 레일웨이 패스 이용자는 무료로 승차할 수 있다.

<교토 시버스 승차 방법>

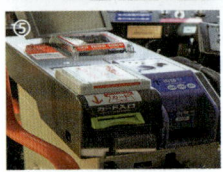

<교토 시버스 승차 방법>

① 버스 정류장에서 타야 할 버스의 노선 번호를 확인한다.
② 버스가 정차하면 뒷문으로 승차한다.
③ 차내 안내 방송과 버스 앞쪽 안내 화면을 보고 내려야 할 정류장을 확인한다.
④ 내려야 할 정류장 차례가 되면 하차 벨을 누른다.
⑤ 목적지 정류장에 도착하면 자리에서 일어나 운전사 옆에 있는 요금함에 요금을 넣고 앞문으로 하차한다.

여행 팁 : 버스 기사는 잔돈을 거슬러주지 않으므로 현금 승차 시 가능한 한 요금을 잔돈으로 맞춰서 준비하는 것이 좋다. 1000¥짜리 지폐와 500·100·50¥짜리 동전은 버스 내 마련된 동전 교환기에서 잔돈으로 바꿔 요금을 낸다.

교토 시버스 노선도

교토 시버스의 노선을 파악할 때는 무료로 배부하는 교토 시버스 노선도를 보는 것이 가장 정확하다. 종이로 된 노선도는 JR 교토역 2층 관광 안내소, JR 교토역 북쪽 광장에 있는 버스 티켓 센터(버스 매표소), 그 외 교토 시내 시버스·지하철 안내소와 지하철역에 비치되어 있다. 교토 시청 홈페이지에서도 市バス(시버스) → 路線図(노선도)를 클릭하면 최신 개정된 한국어판 버스 노선도 PDF 파일을 다운로드할 수 있다.

홈페이지 : www.city.kyoto.lg.jp/kotsu
여행 팁 : 시조카와라마치 사거리에서 목적지 방면 버스 정류장이 어디인지 모를 때 교토 카와라마치역 6번 출구(지하) 앞에 있는 한큐

교토 관광 안내소에 문의해보자. 한국어로 친절하게 답변해준다.

지하철·버스 1일권

지하철·버스 1일권은 교토에서 여행자가 사용할 수 있는 무제한 승차권이다. 시버스와 지하철의 모든 노선과 교토 버스, 케이한 버스, 서일본 JR 버스를 이용 당일 막차까지 무제한으로 이용할 수 있다. 교토 시내 여행 시 주로 이용하게 되는 시버스의 시내 구간 1회 승차 요금이 230¥, 지하철 기본요금이 220¥이니 최소 버스를 다섯 번 이용해야 1일권 가격보다 이득이 된다. 여행 일정을 고려해 구입 여부를 결정하자. 구입 후 처음 사용 시 승차권에 날짜가 찍히며 해당 날짜만 사용할 수 있다. 날짜가 찍힌 후에는 버스에서 내릴 때 기사에게 승차권을 보여주면 된다. 매번 잔돈을 챙겨야 하는 불편이 없어 편리하다.

가격 : 어른(12세 이상) 1100¥, 어린이(6~11세) 550¥
구입처 : 시버스·지하철 안내소(JR 교토역 북쪽 광장 버스 티켓 센터, JR 교토역 중앙1개찰구 옆 교토치카 교토, 지하철 카라스마오이케역 내), 시버스 차내 운전기사, 지하철역
여행 팁 : 교토 버스 1일 승차권은 2024년 4월 1일부터 사용이 중지되었다.

<지하철·버스 1일권 이용 가능 구간>

교통수단	이용 가능 구간	이용 불가 구간
교토 시버스	전 노선 (일부 기간 한정 노선 제외)	51번 : 교토역 앞~ 히에이산 정상 90번 : 한큐아라시야마역~ 니시야마 타카오 95번 : 오하라~쿠라마
교토 지하철	전 노선	없음(란덴 전철과 에이잔 전철 이용 불가)

교토 버스	전 노선	10번, 19번 : 오하라 외곽 구간(데마치야나기역~오하라 구간은 유효) 52번 : 쿠라마 외곽 구간 (쿠라마 온센~히로카와라)
케이한 버스	교토 시내 노선, 야마시나·다이고 지역 노선	교토 히에이산선, 교토 히에이헤이선, 고속도로 운행 노선, 정기 관광버스, 고속버스, 공항 리무진 버스
서일본 JR 버스	다카오·게이호쿠선 (교토에키마에~도가노오)	도가노오 외곽 구간

란덴(케이후쿠 전철)

아라시야마역에서 시조오미야역과 키타노하쿠바이초역, 2개의 노선을 운행하는 노면 전철. 현지에서는 아라시덴이라 부르기도 한다. 도심 간이역과 노면 전철이 주는 운치가 있는 교통수단이다. 봄에는 오타노역~나루타키역처럼 벚꽃 터널을 지나는 구간이 있어 아름다운 풍경도 감상할 수 있다.

요금 : 어른(12세 이상) 250¥, 어린이(6~11세) 120¥

<란덴 이용 방법>

① 전철이 역에 정차하면 승차한다. 시조오미야역, 아라시야마역, 카타비라노츠지역, 키타노하쿠바이초역에서 승차할 경우 1회용 승차권을 구입한 뒤 전철에 승차한다.

② 하차는 반드시 맨 앞문으로만 한다. 승차권을 구입한 경우 승무원에게 표를 내고 하차한다. 표가 없다면 앞문에 있는 요금함에 현금을 지불하고 하차한다. 시조오미야역, 아라시야마역, 카타비라노츠지역, 키타노하쿠바이초역에서 하차하는 경우 전철 앞문이 아닌 역 개찰구에서 요금을 낸다.

③ 카타비라노츠지역에서 환승할 때 요금은 지불할 필요가 없다. 요금은 최종 목적지 역에서 하차하면서 지불하면 된다.

아라시덴 1일권

란덴(케이후쿠 전철)을 하루 동안 무제한으로 이용할 수 있는 승차권. 란덴 전철의 노선이 제한적이어서 이용 가치가 높지는 않다. 거리 상관없이 1회 승차 요금이 250¥이므로 하루에 세 번 이상 이용한다면 1일권을 구입하는 것이 이득이다.

가격 : 어른(12세 이상) 700¥, 어린이(6~11세) 350¥
구입처 : 시조오미야역, 카타비라노츠지역, 아라시야마, 키타노하쿠바이초역
* 여행 팁 : 교토 지하철·아라시덴 1일권(1300¥)은 가격에 비해 활용도가 높지 않아 티켓 가격보다 더 많이 이용하기가 쉽지 않으니 본인 일정에 따라 구입을 고려하자.

에이잔 전철

교토 동북부 데마치야나기역에서 야세히에이잔구치와 구라마 지역으로 운행하는 전철. 이치조지로 갈 때 편리한 교통수단이며 가을엔 '단풍 터널'이라 부르는 이치하라역~니노세역 구간이 유명하다.

<에이잔 전철 이용 방법>
① 뒷문으로 승차하면서 정리권을 뽑는다.
② 전철이 운행하면서 앞쪽 전광판에 요금이 표시된다. 정리권에 적힌 정류장 번호에 해당하는 요금을 확인한다.
③ 하차할 역에 정차하면 앞문 옆에 있는 요금함에 요금을 넣고 앞문으로 하차한다.

에에킷푸(에이잔 전철 1일 승차권)

에이잔 전철을 하루 동안 무제한으로 이용할 수 있는 승차권. 에이잔 전철 1회 승차 요금이 거리에 따라 220~470¥이니 1일 승차권 구입이 이득인지는 일정에 따라 고려해야 한다.

가격 : 어른(12세 이상) 1200¥, 어린이(6~11세) 600¥
구입처 : 데마치야나기역, 슈가쿠인역, 쿠라마역

Step 3
교토 여행 코스

어서와! 교토는 처음이지? 교토 대표 필수 스폿
안 가보면 서운한 곳, 교토를 대표하는 장소만 엄선했다. 유명한 만큼 아름답기도 한 곳이지만 수많은 관광객과 혼잡은 어느 정도 각오해야 한다.

봄 한정, 교토 최고의 벚꽃을 만나보자

교토는 물가에 버드나무처럼 가지가 늘어진 수양벚나무가 다른 어느 곳보다 잘 어울리는 도시다. 세월이 느껴지는 고찰과 거리, 강변을 수놓은 벚꽃은 교토를 찾은 여행자의 시선을 사로잡는다.

가을 한정, 교토 최고의 단풍을 만나보자

벚꽃 시즌 못지않게, 아니 어쩌면 그보다 더 유명한 것이 교토의 단풍이다. 붉은 단풍이 군락을 이뤄 사찰 곳곳을 뒤덮은 풍경은 엽서 속 사진을 현실에서 마주하는 느낌이다. 어마어마한 인파가 몰리는 시즌이라는 것도 염두에 두자.

1. 긴카쿠지미치 정류장
 — 도보 약 10분 —
2. 긴카쿠지
 — 도보 약 3분 —
3. 철학의 길
 — 철학의 길 남쪽 입구에서 도보 약 15분 —
4. 케아게 인클라인
 — 케아게역에서 지하철 4분 + 산조케이한역 2번 출구에서 도보 약 8분 —
5. 기온시라카와(기온신바시)
 — 도보 약 4분 —
6. 기온시조역 인근 카모 강변
 — 도보 약 8분 —
7. 마루야마코엔

1. JR·케이한 토후쿠지역
 — 도보 약 10분 —
2. 토후쿠지
 — 토후쿠지 정류장에서 버스 약 10분 + 기요미즈미치 정류장에서 도보 약 12분 —
3. 기요미즈데라
 — 도보 약 10분 + 기요미즈미치 정류장에서 86번 버스 약 15분 + 오카자키코엔(도부츠엔마에) 정류장에서 도보 약 20분 —
4. 난젠지
 — 도보 약 7분 —
5. 에이칸도

아이와 함께 즐기는 흥미진진한 체험 여행

벚꽃 시즌 못지않게, 아니 어쩌면 그보다 더 유명한 것이 교토의 단풍이다. 붉은 단풍이 군락을 이뤄 사찰 곳곳을 뒤덮은 풍경은 엽서 속 사진을 현실에서 마주하는 듯한 느낌이다. 어마어마한 인파가 몰리는 시즌이라는 것도 염두에 두자.

전통문화와 현대의 힙함이 공존하는 교토 즐기기

교토는 오래된 건축물과 불교미술에 더해 현대적인 감각을 덧입혀가는 도시다. 일본 최초의 찻집에서 강물이 흐르는 풍경을 보며 차를 마셔보고 신푸칸에 입점한 뉴욕 3대 커피로 꼽히는 카페에서 커피도 마셔보자.

여행은 사진이지, 교토에서 찍어보는 인생샷

교토만큼 일본 전통 의상이 잘 어울리는 도시도 없다. 전통 의상을 입고 교토 거리의 포토 스폿에서 인생샷을 찍어보자.

① 지하철 카라스마선 고조역 4번 출구
↓ 도보 약 4분
② 교토 기모노 렌털 유메야카타 (의상 렌털)
↓ 도보 약 9분+케이한 기요미즈고조역에서 전철 8분 / +도보 약 6분
③ 후시미이나리타이샤
↓ 도보 약 6분+케이한 후시미이나리역에서 전철 10분 / +기온시조역에서 도보 약 7분
④ 기온 신바시(타츠미바시)
↓ 도보 약 5분
⑤ 하나미코지도리
↓ 도보 약 12분
⑥ 켄닌지
↓ 도보 약 15분
⑦ 니넨자카
↓ 도보 약 1분
⑧ 야사카노토 포토 스폿 (산넨자카에서 호칸지 방향 골목)
↓ 도보 약 26분 또는 택시 약 7분
⑨ 교토 기모노 렌털 유메야카타 (의상 반납)

불교미술과 역사에 관심이 많은 학구파를 위한 코스

교토 국립박물관에서 불교 미술과 로댕의 '생각하는 사람' 등 다양한 예술 작품을 만나보자. 임진왜란 때 우리 선조들의 아픈 이야기가 담긴 귀 무덤도 가깝다. 도시샤 대학교에 마련된 윤동주와 정지용의 시비도 마음을 숙연하게 한다.

① 하쿠부츠칸산주산겐도마에 정류장
↓ 도보 약 2분
② 산주산켄도
↓ 도보 약 2분
③ 교토 국립박물관
↓ 도보 약 7분
④ 귀 무덤
↓ 도보 약 6분+ 케이한 시치조역에서 전철 5분+ / 토자이선 산조역에서 지하철 6분+ +니조조마에역 1번 출구에서 도보 약 3분
⑤ 니조 성
↓ 도보 약 3분+ 토자이선 니조조마에역에서 지하철 2분+ 카라스마선 카라스마 오이케역에서 지하철 4분+ 이마데카와역 3번 출구에서 도보 약 1분
⑥ 도시샤 대학교
↓ 도보 약 8분
⑦ 교토고쇼

CENTRAL KYOTO
교토 중부

교통과 숙박, 관광, 미식, 쇼핑을 편리하게 즐길 수 있는 교토의 중심지다. 카와라마치와 시조도리, 산조도리 주변은 교토의 번화가로 백화점과 음식점, 카페, 숙박 시설, 각종 상점이 거리를 따라 늘어서 있다. 또 기온과 기요미즈데라 등 교토를 대표하는 관광지도 걸어서 이동 가능한 거리에 모여 있다. 한큐 전철 교토카와라마치역과 케이한 본선 기온시조역이 이웃해 오사카로 이동하기도 쉽다. 이 지역을 지나는 시내버스 노선도 많아 교토 시내 다른 지역으로의 접근성도 좋다.

교통 한눈에 보기

① 칸사이 국제공항→교토 중부	JR 특급 하루카+시버스(칸사이공항역-교토역-시조카와라마치역) JR+시버스(칸사이공항역-오사카역-교토역-시조카와라마치 정류장)	98분~ 135분	3110¥(자유석) 2140¥
② 오사카→교토 중부	한큐 전철(우메다역-교토카와라마치역) 케이한 본선(요도야바시역-기온시조역)	43분 48분	410¥ 430¥
③ 고베→교토 중부	한큐 전철(고베산노미야역-주소역-교토카와라마치역)	72분	640¥
④ 나라→교토 중부	킨테츠 전철+케이한 전철 (킨테츠나라역-킨테츠탄바바시역-탄바바시역-기온시조역)	약 61분	960¥
⑤ JR 교토역→교토 중부	지하철 카라스마선(교토역-시조역) 시버스 4·5·17·86·205번(교토에키마에 정류장-시조카와라마치 정류장)	4분 18분~	220¥ 230¥
⑥ 아라시야마→교토 중부	한큐 전철(아라시야마역-교토카와라마치역) 란덴 전철(아라시야마역-시조오미야역) 시버스 11번(아라시야마 정류장-시조카와라마치 정류장)	18분 24분 45분~	240¥ 250¥ 230¥

교토 중부 지역 다니는 방법

[WALK] 기온시조역과 야사카 신사 사이 기온 거리를 기준으로 서쪽 카라스마역, 동쪽 기요미즈데라까지 각각 도보 20~25분 정도 걸리는 거리여서 대부분 주요 관광지는 도보로 이동할 수 있다.

[SUBWAY] 카와라마치와 기온, 기요미즈데라 주변은 가까운 지하철 노선이 없다. 도시샤 대학교나 교토교엔, 니조 성에 갈 때 출발지에 따라 지하철을 이용할 만하다.

[BUS] 버스로는 단거리지만 20분 이상 걸어야 하거나, 몸이 피곤할 때 이용해볼 만하다. 한큐 카와라마치역 주변에서 기요미즈데라나 니조 성, 도시샤 대학교, 교토교엔, 헤이안 진구 방면이 타볼 만한 노선이다.

[TAXI] 2~3명 정도의 일행이 요금을 분담할 수 있다면 버스 환승 구간에서 편하게 이용할 수 있는 교통수단이다. 버스가 운행하지 않는 평일에 쇼군즈카세이류덴으로 가는 경우 택시를 이용해야 한다.

TO DO LIST

☐ 기요미즈자카, 산넨자카, 니넨자카, 하나미코지도리 등 골목 산책 즐기기

☐ 벚꽃이 만발한 마루야마코엔에서 포장마차 음식 먹으며 정취 즐기기

☐ 기모노·마이코 의상 입고 거리 산책하기

☐ 벚꽃 핀 네네노미치에서 인력거 타보기

☐ 교토의 부엌, 니시키이치바에서 맛있는 음식 먹기

☐ 해 질 무렵 카모 강변에 앉아 물멍 하기

교토 중부 중심부

교토 중부 추천 코스

기온·기요미즈데라·산조도리 주변 코스 1

이 지역에서는 기모노 체험을 해보거나 운이 좋으면 게이코 혹은 마이코를 볼 수 있다. 기요미즈데라와 코다이지의 야간 라이트업 행사 기간엔 저녁 관람도 좋다. 7월에는 야사카 신사와 기온 일대에서 기온 마츠리가 열린다. | **소요 시간 : 약 7시간**

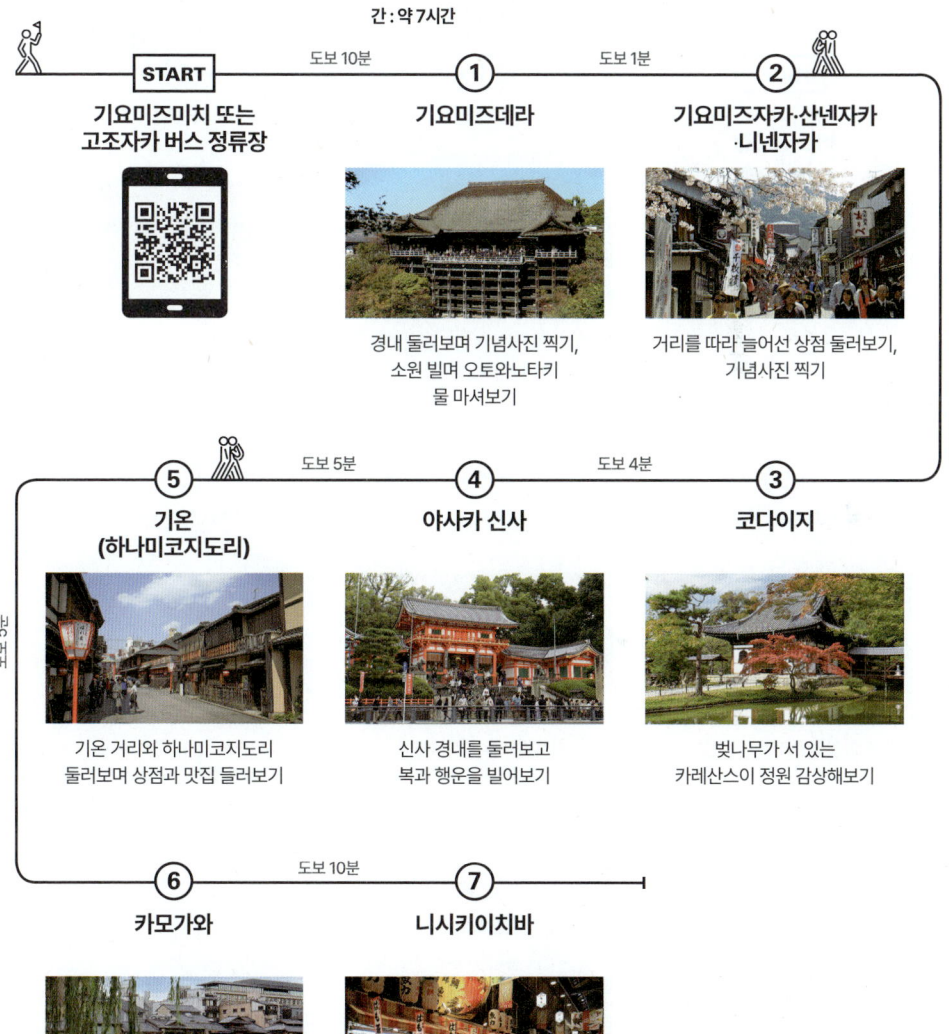

START 기요미즈미치 또는 고조자카 버스 정류장 — 도보 10분 → **1** 기요미즈데라 (경내 둘러보며 기념사진 찍기, 소원 빌며 오토와노타키 물 마셔보기) — 도보 1분 → **2** 기요미즈자카·산넨자카·니넨자카 (거리를 따라 늘어선 상점 둘러보기, 기념사진 찍기) — 도보 3분 → **3** 코다이지 (벚나무가 서 있는 카레산스이 정원 감상해보기) — 도보 4분 → **4** 야사카 신사 (신사 경내를 둘러보고 복과 행운을 빌어보기) — 도보 5분 → **5** 기온(하나미코지도리) (기온 거리와 하나미코지도리 둘러보며 상점과 맛집 들러보기) — 도보 5분 → **6** 카모가와 (커피 한 잔 들고 강변에 앉아 물멍 하며 잠시 쉬어 가기) — 도보 10분 → **7** 니시키이치바 (시장의 여러 길거리 음식 맛보기)

기온·기요미즈데라·산조도리 주변 코스 2

카모가와, 기온시조역을 중심으로 주변을 둘러보는 동선이다. 벚꽃 시즌이라면 저녁 무렵에 마루야마코엔의 벚나무 아래서 음식을 즐겨도 좋다. 봄가을 쇼렌인 야간 라이트업 기간에는 저녁으로 일정을 변경해 방문해보자. | **소요 시간 : 약 6시간 30분**

긴카쿠지·헤이안 진구 주변

벚꽃 시즌이 아니라면 철학의 길은 풍경보다 길 주변 카페나 가게를 구경하는 것도 소소한 즐거움이다. 에이칸도와 난젠지는 교토의 유명 단풍 명소로 가을에 더욱 아름답다. 많이 걸어야 하는 동선이니 쉬엄쉬엄 체력을 안배하자. | **소요 시간 : 약 5시간 30분**

START 긴카쿠지미치 버스 정류장 — 도보 10분 — ① 긴카쿠지 — 도보 3분 — ② 철학의 길

카레산스이 양식의 정원과 칸논덴 등 경내 둘러보기

벚꽃길 산책하기

도보 4분

⑤ 헤이안 진구 — 도보 15분 — ④ 난젠지 — 도보 7분 — ③ 에이칸도

신엔의 풍경 감상하며 산책하기

산몬 2층에서 경내 풍경 감상해보기

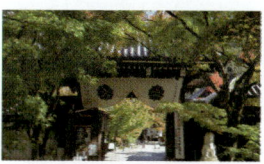

경내 둘러보고 고개 돌린 불상 감상하기

교토교엔 주변

많은 스폿에 가지 않지만 세 곳 모두 드넓은 면적을 자랑하는 곳이어서 많이 걸을 수 있다. 특히 교토교엔은 정보관에 들러 둘러보고 싶은 곳을 골라서 관람하는 것도 좋다. 사전에 가이드 투어 신청을 하면 센토고쇼도 관람할 수 있다. | **소요 시간 : 약 4시간 30분**

교토 중부 지역 1 DAY 코스

쇼군즈카세이류덴으로 가는 버스는 주말과 공휴일에만 운행하니 평일은 택시를 이용해야 한다. 벚꽃 시즌이라면 쇼군즈카세이류덴에 들른 후 지하철 케아게역 옆 케아게 인클라인에서 벚꽃을 즐겨도 좋다. 가을엔 난젠지와 에이칸도의 단풍이 아름답다. | 소요 시간 : 약 8시간

 START
산조케이한 버스 정류장

버스 20분 또는 택시 10분

① 쇼군즈카세이류덴

1000년 전 그렸다는 불화와 교토 시내 전망 감상해보기

버스 5분+도보 8분 또는 택시 10분

② 난젠지

방장과 정원 둘러보고 수로에서 인생 사진 찍어보기

⑤ 니시키이치바

여러 가지 길거리 음식 맛보기

버스 20분+도보 3분

④ 오카자키 공원 & 헤이안 진구

공원과 신엔에서 풍경 즐기며 산책하기

도보 17분 또는 택시 5분

③ 에이칸도

경내 둘러보고 고개 돌린 불상 감상하기

⑥ 시조도리 & 카와라마치도리

상점과 맛집 둘러보며 쇼핑하기

도보 3분

⑦ 폰토초
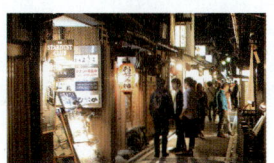
맛집 들러 카모 강 풍경 감상하며 식사하기

기온·기요미즈데라·산조도리 주변 SIGHTSEEING

기요미즈데라
清水寺

MAP P.361D
VOL1 P.052

교토를 소개하는 사진이나 영상에 빠지지 않고 나올 정도로 교토를 대표하는 사찰이자 관광지. 778년에 창건되어 헤이안 천도(794년) 이전부터 존재하던 교토의 몇 안 되는 사찰 중 하나다. 창건 이후 1000년 동안 여러 차례 소실과 재건을 반복했다. 에도 막부 3대 쇼군인 도쿠가와 이에미츠의 명으로 본당을 포함해 여러 전각이 들어서며 현재의 모습을 갖춘 것은 1633년이다. 1994년에는 유네스코 세계문화유산으로도 등록되었다. 사계절 아름다운 곳이지만 특히 경내 곳곳에 핀 벚꽃이 아름다운 봄과 본당 주변을 뒤덮은 빨간색 단풍이 압도적인 가을에 더 아름답다. 오쿠노인 앞에서 본당을 바라보는 장소가 인생 포토 스폿이다. 계절마다 디자인이 바뀌는 입장권은 기요미즈데라의 사계절 풍경을 담고 있다. 본당의 지붕을 자세히 보면 흔히 볼 수 있는 기와가 아닌 독특한 질감의 재질이 덮고 있는 것을 볼 수 있다. 이는 히와다부키라 부르는 히노키(노송) 나무껍질인 히와다를 촘촘히 겹쳐 지붕을 덮는 방식으로 제작된다. 히와다로 만든 지붕은 재료의 특성상 약 몇십 년에 한 번 교체해야 하는데, 가장 최근엔 50년 만인 2020년에 공사가 마무리되었다.

🚉 케이한 본선 기요미즈고조역 4번 출구에서 도보 25분, 또는 58·86·202·206·207번 시버스 승차 후 고조자카·기요미즈미치 정류장 하차, 도보 15분 ☎ 075-551-1234 🕐 06:00~18:00(특별 배관 및 시즌에 따라 폐문 시간이 다름) 🗓 연중무휴 💴 16세 이상 400¥, 6~15세 200¥ 🌐 www.kiyomizudera.or.jp

ZOOM ——— IN

기요미즈데라 핵심 볼거리

1	**니오몬** 仁王門	기요미즈자카의 끝에서 만나는 기요미즈데라의 정문. 문을 가운데 두고 좌우 양옆에 사악한 것이 들어오는 것을 막는다는 고마이누(사자를 닮은 조각상)가 입을 벌리고 서 있다. 기요미즈데라의 본당에서 일왕이 거주하는 교토고쇼를 보지 못하도록 하기 위해 만들었다고 한다.	
2	**산주노토** 三重塔	높이 31m로 삼중탑 중에서는 일본에서 가장 큰 규모라고 알려진 탑. 처음 만든 시기는 847년이고 지금의 것은 1632년에 재건된 것이다. 탑 안에는 대일여래상과 진언팔조상이 있고 천장과 기둥에는 불화와 용 등의 그림이 그려져 있다고 한다.	
3	**샤쿠조와 게타** 錫杖と下駄	본당 마루(무대) 입구 부근에 놓여 있는 철제 지팡이와 나막신. 일본의 영웅호걸로 그려지는 가마쿠라시대의 스님 벤케이가 사용했던 것이라고 전해진다. 쇠 지팡이(샤쿠조)는 길이가 약 2.6m, 무게는 약 96kg이고 쇠로 만든 나막신(게타)은 한쪽이 약 12kg이다. 지팡이를 들어 올리면 부처님으로부터 은혜를 입는다고 한다.	
4	**혼도 & 기요미즈노 부타이** 本堂 & 清水の舞台	일본의 국보로 지정된 본당은 절벽에 지어져 못을 사용하지 않고 만든 13m 높이의 목재 기둥이 떠받치는 부타이(무대)로 유명하다. 현재의 본당은 에도시대인 1633년에 재건된 것이다. 여기서 바라보는 교토 시내 풍경이 유명하다.	
5	**오토와노타키** 音羽の滝	본당 옆 계단 아래, 오토와의 폭포라는 이름의 세 갈래 물줄기가 흐르는 샘이 있다. '맑은 물'이란 뜻의 기요미즈의 유래이기도 하다. 정면에서 봤을 때 왼쪽부터 장수와 사랑, 학문을 의미한다. 기다란 국자에 물을 받아 마시며 소원을 비는데, 셋 중 하나만 선택해야 효험이 있다고 한다.	
6	**지슈 신사** 地主神社 (현재 임시 휴업 중)	기요미즈데라 경내에 있는 신사. 신사의 경내에는 조몬시대부터 전해져 내려온다는 유명한 2개의 돌이 있다. 인연 점의 돌 恋占いの石이라 부르는데, 한쪽 돌에서 눈을 감고 걸어 반대편 돌에 무사히 도착하면 사랑을 이룬다는 이야기가 전해온다.	
7	**단풍**	기요미즈데라는 벚꽃 시즌도 좋지만 그보다 단풍 시즌 풍경이 더 압도적이다. 단풍 명소가 즐비한 교토에서도 매년 세 손가락 안에 드는 단풍 스폿으로 꼽힌다. 단풍 풍경의 하이라이트는 오쿠노인에서 바라보는 본당 모습이다.	
8	**야간 라이트업**	매년 봄, 여름, 가을에 열리는 야간 라이트업 행사. 저녁 9시 30분까지 사찰 내 곳곳에 조명이 켜지고 밤하늘을 향해 푸른색 곧은 빛이 쏘아 올려진다. 낮과는 완전히 다른 기요미즈데라의 매혹적인 풍경을 만날 수 있다. 특히 벚꽃이 피는 봄과 단풍이 드는 가을이 아름답다.	

기온 거리
祇園
MAP P.361D

야사카 신사와 한큐 교토카와라마치역 사이 대로를 중심으로 한 번화가. 일본 전통 가옥, 고급 음식점과 찻집, 기념품 가게가 기온 거리를 구성한다. 게이샤의 거리로도 유명해 운이 좋으면 저녁 무렵 출근하는 마이코와 마주치기도 한다. 매년 7월엔 일본 3대 지역 축제 중 하나인 기온마츠리가 열린다. 시조거리에 유명한 요지야 기온점이 있다.

구글 지도 Gion

케이한 본선 기온시조역 6·7번 출구 앞 www.gion.or.jp

기요미즈자카
清水坂
MAP P.361D

기요미즈미치 버스 정류장이 있는 히가시오지도리 도로에서부터 기요미즈데라까지 약 600m 거리의 언덕길. 기요미즈데라가 생길 때 함께 생긴 참배길이다. 기요미즈데라에 가기 위해 꼭 지나야 하는 길 중 하나로 관광객을 위한 기념품 매장과 카페, 기모노 체험 숍 등의 가게가 늘어서 있으며, 언제나 관광객으로 붐빈다.

케이한 본선 기요미즈고조역 4번 출구에서 도보 20분, 또는 58·86·202·206·207번 시버스 승차 후 고조자카·기요미즈미치 정류장 하차 후 도보 10분

고조자카
五条坂
MAP P.361D

고조자카 버스 정류장 인근 고조도리와 히가시오지도리, 두 도로가 만나는 지점에서 기요미즈데라 방향으로 난 언덕길로 산넨자카 앞 기요미즈자카까지 약 450m 길이의 거리. 거리 중간중간 식당, 기념품 가게와 함께 도자기를 싸게 판매하는 가게가 여럿이다. 고조자카는 교토의 전통 도자기인 기요미즈야키의 발상지다.

케이한 본선 기요미즈고조역 4번 출구에서 도보 10분, 또는 58·86·202·206·207번 시버스 승차 후 고조자카 정류장 하차, 도보 1분

산넨자카
産寧坂(三年坂)
MAP P.361D
VOL.1 P.068

기요미즈자카 중간에 북쪽으로 난 내리막 돌계단부터 니넨자카 계단 앞까지의 길. 기요미즈데라가 창건되고 몇 년 뒤인 다이도 3년(808년)에 참배길로 만들어졌다. 그 때문에 산넨자카라는 이름이 붙었다고 전해진다. 이 돌계단에서 넘어지면 3년 안에 죽는다는 이야기가 있는데, 이 경우 계단 아래 가게에서 표주박을 사면 화를 면한다고 한다.

케이한 본선 기요미즈고조역 4번 출구에서 도보 20분, 또는 58·86·202·206·207번 시버스 승차 후 고조자카·기요미즈미치 정류장 하차, 도보 10분

니넨자카
二年坂

MAP P.361D
VOL1 P.068

산넨자카에서 이어지는 내리막 돌계단부터 코다이지 방향 도로 앞까지의 길. 길을 따라 이어지는 가옥이 아름다운 풍경을 만들어내 산넨자카와 함께 중요 전통 건물군 보존 지구로 지정됐다. 헤이안시대 매장지 히가시야마의 토리베노로 가던 길목이어서 산넨자카와 같이 니넨자카 돌계단에서 넘어지면 2년 안에 죽는다는 속설이 전해진다.

🚶 케이한 본선 기요미즈고조역 4번 출구에서 도보 20분, 또는 58·86·202·206·207번 시버스 승차 후 기요미즈미치 정류장 하차, 도보 8분

이시베코지
石塀小路

MAP P.361D
VOL1 P.024

야사카 신사 미나미로몬(남루문) 남쪽 시모카와라도리와 네네노미치를 연결하는 좁은 골목길. 바닥의 네모반듯한 돌길을 따라 메이지시대 말부터 타이쇼시대에 걸쳐 형성된 돌담과 목조 주택이 줄지어 서 있다. 전통적인 교토의 옛 거리의 모습과 기모노를 입고 걷는 사람들, 돌담에 기대 세워둔 자전거가 감성적인 풍경을 그려낸다.

🚶 58·86·202·206·207번 시버스 승차 후 히가시야마아스이 정류장 하차, 도보 3분

네네노미치
ねねの道

MAP P.361D

코다이지 서쪽 담장을 따라 남북으로 곧게 뻗은 길. 원래 이름은 코다이지미치였지만 재정비 후 도요토미 히데요시의 부인 네네가 코다이지에서 19년 동안 여생을 보낸 것을 기려 네네노미치로 바꾸었다. 봄이면 돌길을 따라 가로수처럼 심은 벚나무의 꽃잎이 날리고, 인력거꾼과 기모노를 입은 관광객이 오가며 낭만적인 풍경을 연출한다.

구글지도 ene-no-michi

🚶 58·86·202·206·207번 시버스 승차 후 히가시야마아스이 정류장 하차, 도보 5분

호칸지
法観寺

MAP P.361D

기요미즈데라에서 산넨자카를 따라 걸으면 고풍스러운 건물 사이 우뚝 솟은 고주노토(오중탑)가 보인다. 이곳은 유명한 포토 스폿으로 교토를 대표하는 풍경 중 하나다. 호칸지의 고주노토는 '야사카노토'로도 부르는데, 야사카는 고구려 도래인의 성씨다. 아스카시대에 쇼토쿠 태자가 창건했다고 전해진다. 탑에 올라 주변 경관을 감상할 수 있다.

구글지도 호칸지(야사카의 탑)

🚶 58·86·202·206·207번 시버스 승차 후 기요미즈미치 정류장 하차, 도보 5분 ☎ 075-551-2417 🕐 10:00~15:00 📅 부정기
💰 야사카노토 입장료 중학생 이상 400¥

야사카코신도
八坂庚申堂
MAP P.360B

호칸지 앞에 있는 사찰로 정식 명칭은 콘고지코신도 金剛寺庚申堂다. 경내에 들어서면 여러 색의 수많은 '쿠쿠리사루' 부적을 볼 수 있다. 이 부적은 손발을 묶은 원숭이 모양이라고 하는데 욕망대로 행동하지 못하는 모습으로 만들어 욕심에 치우치지 말라는 계율을 전한다. 고신도에 놓인 세 마리 원숭이상은 귀와 눈, 입을 가린 모습이다.

구글 지도 콘고지(야사카 경신당)

📍 58·86·202·206·207번 버스 승차 후 기요미즈미치 정류장 하차, 도보 5분 📞 075-541-2565 🕐 09:00~17:00 🏠 연중무휴 💰 무료 🌐 www.yasakakousinndou.sakura.ne.jp

코다이지
高台寺
MAP P.361D

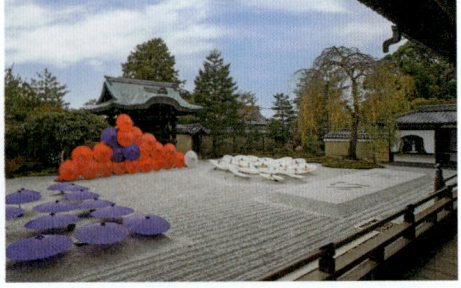

도요토미 히데요시 사후에 부인 네네가 그를 기리기 위해 건립한 사찰. 코다이지라는 이름은 네네의 출가해 비구니가 되며 받은 법명 고다이인 고게츠신코우 高台院湖月心公에서 따온 것이다. 방장에 앉아 벚나무가 서 있는 아름다운 카레산스이 정원을 감상할 수 있다. 봄, 여름, 가을에는 야간 라이트업 관람도 가능하다.

📍 58·86·202·206·207번 시버스 승차 후 히가시야마야스이 정류장 하차, 도보 7분 📞 075-561-9966 🕐 09:00~17:30(야간 특별 관람 기간은 22:00까지) 🏠 부정기 💰 어른 600¥, 중·고등학생 250¥ 🌐 www.kodaiji.com

마루야마코엔
円山公園
MAP P.361D VOL.1 P.076

1887년에 만든 교토 최초의 도시 공원으로 야사카 신사 동쪽에 있다. 공원 가운데 서 있는 상징적인 벚나무 '기온시다레자쿠라(기온 수양벚꽃)'로 유명하다. 현재 벚나무는 2대째로 1949년에 심은 것이다. 벚꽃이 피는 3~4월 저녁이 되면 공원에 불빛이 켜지고 벚나무 아래 마련된 마루에 앉아 음식을 먹는 사람들로 붐빈다.

구글 지도 마루야마 공원(원산 공원)

📍 12·46·58·86·201·202·203·206·207번 시버스 승차 후 기온 정류장 하차, 도보 2분 📞 011-621-0253 🕐 24시간 🏠 연중무휴 💰 무료 🌐 https://maruyamapark.jp

쇼렌인
青蓮院
MAP P.361D

교토 천태종의 5개 몬제키(왕족이나 귀족이 법통을 잇는 사찰 또는 주지) 사원 중 하나. 에도시대에는 임시 궁궐로 사용되기도 했다. 쇼렌인은 아름다운 정원으로도 유명한데, 무로마치시대의 정원과 에도시대 일본의 건축 장인 고보리 엔슈의 작품이라는 기리시마노니와(식물의 정원)도 만날 수 있다. 봄에는 야간 라이트업도 실시한다.

📍 지하철 토자이선 히가시야마역 2번 출구에서 도보 7분, 또는 5·46·86번 시버스 승차 후 진구미치 정류장 하차, 도보 3분 📞 075-561-2345 🕐 09:00~17:00(입장은 16:30까지) 🏠 연중무휴 💰 어른 600¥, 중·고등학생 400¥, 초등학생 200¥ 🌐 www.shorenin.com

치온인
知恩院
MAP P.361D

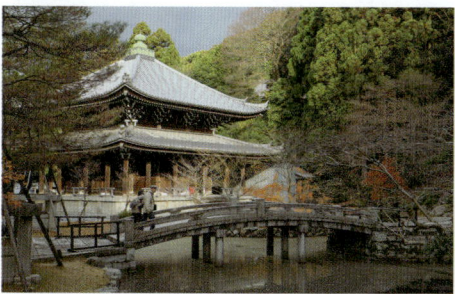

마루야마코엔 옆에 위치한 일본 불교 정토종의 총본산. 현재 일본 내 산몬 중 가장 크다는 산몬을 비롯한 국보와 문화재를 여럿 보유하고 있다. 유젠엔과 방장 정원에서 일본식 정원의 아름다움을 느끼며 산책을 즐기거나 예부터 전해오는 '지온인의 7대 불가사의'를 찾아보는 것도 재미있다. 숙박 시설인 지온인 와준카이칸도 운영한다.

구글 지도 지온인

F 12·46·86·201·202·203·206번 시버스 승차 후 치온인마에 정류장 하차, 도보 8분 T 075-531-2111 O 09:00~16:00 H 연중무휴 P 경내 무료 (고등학생 이상 우젠엔 300¥, 방장 정원 400¥, 우젠엔+방장 정원 공통권 500¥) W www.chion-in.or.jp

케아게 인클라인
蹴上インクライン
MAP P.361D

교토시와 오츠시 사이 뱃길 중 고저차 36m의 경사 구간 운송을 위해 1891년부터 1948년까지 사용된 길이 약 582m의 철길이다. 현재는 철길을 따라 무성하게 핀 벚꽃이 터널을 이뤄 교토에서도 포토 스폿으로 유명하다. 이제는 사용하지 않는 기찻길이 주는 묘한 낭만과 꽃길이 주는 아름다움이 어우러진 곳이다.

구글 지도 케아게 인클라인

F 지하철 토자이선 케아게역 1번 출구에서 도보 4분

쇼군즈카 세이류덴
将軍塚 青龍殿
MAP P.361D

히가시야마 능선에 있는 쇼렌인의 부속 사찰. 세이류덴 대무대는 교토에서 탁 트인 시내 전망을 볼 수 있는 최고의 전망 스폿이다. 일본의 3대 불화 중 하나인 국보 아오후도묘오 青不動明王를 보유하고 있다. 11세기에 그린 것으로 추정하는데, 1000년이란 시간이 무색할 만큼 보존 상태가 뛰어나다. 봄가을에 야간 라이트업도 실시한다.

F 지하철 산조케이한역 앞 산조케이한 C1 정류장에서 케이한 버스 70번 승차 후 쇼군즈카세이류덴 정류장 하차 (토·일·공휴일만 운행) T 075-771-0390 O 09:00~17:00 (입장은 16:30까지) H 연중무휴 P 어른 600¥, 중·고등학생 400¥, 초등학생 200¥ W shogunzuka.com

야사카 신사
八坂神社
MAP P.361D

656년에 창건되었다고 전해지며, 모든 재앙을 물리친다는 스사노오노미코토 외 여러 신을 모신다. 창건 설화 중 하나가 고구려 도래인 이리시가 스사노오노미코토를 봉안한 것이 시초라는 것이다. 기온 마츠리는 헤이안시대에 역병이 진정되기를 기원하는 야사카 신사의 제례로 시작되었다. 교토 사람들은 기온상 祇園さん이란 애칭으로도 부른다.

F 12·46·58·86·201·202·203·206·207번 시버스 승차 후 기온 정류장 하차, 도보 1분 T 075-561-6155 O 24시간 H 연중무휴 P 무료 W www.yasaka-jinja.or.jp

하나미코지도리
花見小路
MAP P.360B

일본 에도시대에 온 듯 예스러운 분위기를 풍기는 거리. 에도시대엔 겐닌지로 가는 대나무 숲길이었다고 한다. 지금의 하나미코지도리가 형성된 시기는 100여 년 전 시조도리에 전차가 개통되고 찻집 영업이 금지되면서부터. 고급 식당과 찻집, 전통 공연이 열리는 기온코너 등이 있다. 운이 좋으면 저녁 무렵 거리에서 마이코를 마주치기도 한다.

케이한 본선 기온시조역 6·7번 출구에서 도보 3분

미야가와초
宮川町
MAP P.360B

기온시조역에서 남쪽, 카모 강 옆 미야가와스지 2초메부터 6초메까지 이르는 거리. 고카가이 五花街라 부르는 교토의 전통적인 5개 가카이(유흥가) 중 하나다. 가부키가 시작된 에도시대 초기에 형성되어 이후 유흥가로 발전했으며, 지금은 연중 공연이 열리는 찻집 거리가 되었다. 다다미방에서 마이코의 기예를 보며 식사를 즐길 수 있다.

구글 지도 Miyagawa-chō

케이한 본선 기온시조역 1번 출구에서 도보 2분 인력거 8750~3만 2500¥ www.miyagawacho.jp

켄닌지
建仁寺
MAP P.360B

송나라에서 수행한 에이선사가 1202년에 창건한 절. 선종불교의 사찰로는 교토에서 가장 오래된 곳이다. 좌선이나 참선을 중요한 수행법으로 여기는 선종 사찰답게 경내 곳곳에 조성된 카레산스이 정원을 바라보면 마음이 차분해진다. 금박을 배경으로 일본 민간신앙 속 풍신 후우진과 라이진을 금박 병풍에 그린 국보 '풍신뇌신도'로 유명하다.

케이한 본선 기온시조역 1번 출구에서 도보 5분, 또는 58·86·202·206·207번 시버스 승차 후 히가시야마야스이 정류장 하차, 도보 5분 075-561-6363 10:00~17:00(입장은 16:30까지) 부정기 어른 800¥, 초등·중·고등학생 500¥ www.kenninji.jp

기온신바시
祇園新橋
MAP P.360B

기오시조역 인근 카모 강의 지류 시라강과 만나는 신바시 거리에 놓인 다리. 시라강을 따라 전통 양식으로 지은 고급 식당과 료칸 등이 줄지어 있다. 강가에 가지를 늘어뜨리고 서 있는 수양버들과 전통식 목조건물, 그 아래로 흐르는 맑은 물이 조화를 이뤄 감성적인 풍경을 만든다. 특히 벚꽃이 피는 시기 해 질 무렵 풍경이 아름답다.

케이한 본선 기온시조역 9번 출구에서 도보 4분 https://gion-shinbashi.jp

시조도리
四条通
 P.360B

한큐카와라마치역과 카라스마역 사이 교토 최고 번화가. 대형 백화점과 수많은 식당, 카페, 가게가 거리를 가득 메운다. 시조도리는 도로 가운데가 약간 불룩한데, 1912년 개통해 1972년까지 운행한 노면전차의 선로가 지금도 땅속에 묻혀 있기 때문이다. 지금의 도로 폭도 이때 확장되어 이곳의 건물은 오래된 것도 100년 남짓 되었다.

구글 지도 **Shijo-dori**
한큐 전철 카와라마치역과 카라스마역 지하 연결 통로 5~20번 출구 앞
https://kyoto-shijo.or.jp

카와라마치도리
河原町通
 P.360B

교토 북쪽 가모대교 옆 카와라마치이마데카와를 시작으로 남쪽으로 주조도리까지 약 6km에 이르는 대로. 카와라마치도리는 지하철 교토시야쿠쇼마에역에서 한큐카와라마치역에 이르는 카와라마치산조와 시조카와라마치까지를 말하며 이 주변은 호텔과 식당, 카페, 상점 등이 빼곡하게 들어서 산조도리와 함께 교토 최대의 번화가를 이룬다.

한큐 전철 카와라마치역 3B 출구 앞 www.kyoto-kawaramachi.or.jp

폰토초
先斗町
 P.360B

한큐카와라마치역과 기온시조역 사이 카모 강 서쪽에 남북으로 약 500m에 이르는 유흥 골목. 1712년 무렵부터 다카세카와 高瀬川의 뱃사공과 승객을 상대로 한 료칸과 찻집이 생기며 형성되었다. 교토의 전통 유흥가인 고카가이 五花街 중 하나이며, 현재는 골목을 따라 고급 식당과 술집, 찻집 등이 빼곡히 들어서 있다.

한큐 전철 카와라마치역 1A 출구, 또는 케이한 본선 카와라마치역 4번 출구에서 도보 1분 www.ponto-chou.com

산조도리 상점가
三条通
 P.360B

서쪽 센본도리와 동쪽 호리카와도리 사이 동서로 약 800m에 이르는 아케이드 상점가. 1914년 72개 점포를 시작으로 현재 186개의 점포가 시장을 형성하고 있다. 현지인이 주로 이용하는 상점가여서 관광지가 아닌 로컬 분위기를 느낄 수 있다. 신사와 공원, 레트로한 분위기의 카페, 디저트 가게 등 관광객이 들러볼 만한 곳도 있다.

JR 니조역에서 도보 6분, 또는 9·12·50번 시버스 승차 후 호리카와산조 정류장 하차, 도보 30초 http://sanjokai.kyoto.jp

EATING

니시키이치바
錦市場　MAP P.360B　VOL.1 P.062

'교토의 부엌'이란 별명대로 수많은 식재료와 먹거리를 만날 수 있는 전통 시장. 1615년 에도 막부에서 생선 도매상을 허용하면서부터 생겨났다. 덥고 습한 교토의 날씨에 생선을 보관하기 용이한 차가운 지하수가 솟는 우물이 있기 때문이었다. 교토 시민들의 식탁에 오르는 식재료부터 관광객의 눈과 입을 즐겁게 해줄 먹거리가 많다.

📍 한큐 전철 카와라마치역·카라스마역 지하 연결 통로 16번 출구에서 도보 2분　🌐 www.kyoto-nishiki.or.jp

스타벅스 교토 니넨자카
STARBUCKS 京都二寧坂　MAP P.362

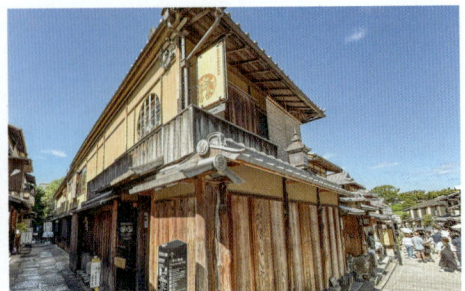

니넨자카에 늘어선 마치야 중 하나를 리모델링한 건물에 입점해 있는 스타벅스. 일본 전통 건축과 현대적인 커피 문화의 조화로 관광객들에게 절대적인 인기를 누리고 있다. 특히 2층에 위치한 다다미 좌석은 쉽게 자리잡기 어려울 정도로 인기가 높다. 성수기에는 내부에 입장하기 위한 줄이 길게 선다.

구글 지도 스타벅스 교토 니넨자카 야사카차야점

📍 산넨자카에서 니넨자카로 접어드는 골목 입구의 초입　📞 075-532-0601　🕐 08:00~20:00　🚫 연중무휴　💰 각종 커피 350~750¥　🌐 starbucks.co.jp/store/search/detail.php?id=1476

닛토도 교토 커피
日東堂 KYOTO COFFEE　MAP P.362

잡화점 겸 카페. 1층은 각종 공예품과 잡화, 기념품 등을 판매하는 숍과 핸드 드립 커피를 선보이는 테이크아웃 커피 스탠드가 자리하고 있고, 2층은 카페 겸 갤러리가 자리한다. 2층의 창문에서 야사카의 탑이 손에 잡힐 듯이 가까이 보인다. 2층은 종종 전시회 등으로 이용되며, 그럴 때는 카페 영업을 하지 않는다.

구글 지도 Nittodo & Kyoto Cafe

📍 야사카의 탑 바로 맞은편　📞 075-525-8115　🕐 10:00~18:00　🚫 부정기　💰 각종 커피 450~800¥　🌐 nittodo.jp

기온탄토
祇園 たんと　MAP P.362

고급 식당이 즐비한 기온신바시에서 부담 없이 들를 수 있는 교토식 오코노미야키 식당. 12가지 오코노미야키 외에도 철판구이, 네기야키, 야키소바, 우동 등 음식 종류가 수십 가지에 이른다. 인기 메뉴는 다양한 고기와 해산물을 넣은 오코노미야키 스페셜. 창밖으로 보이는 아름다운 시라카와 주변의 풍경도 이곳의 매력이다.

📍 케이한 본선 기온시조역 9번 출구에서 도보 4분　📞 075-525-6100　🕐 12:00~15:00(L.O 14:30), 17:00~22:00(L.O 21:30)　🚫 부정기(홈페이지에 공지)　💰 오코노미야키 스페셜 1900¥　🌐 www.gion-tanto.com

이즈우
いづう

MAP P.362

1791년에 개업한 스시 전문점. 사바(고등어) 스시가 유명하다. 교토 북부 후쿠이현 와카사만에서 잡은 고등어를 특징이 다른 쌀을 섞어 지은 밥 위에 올리고 홋카이도산 다시마로 감싸 완성한다. 식당 초대 명인 이름에 토끼를 뜻하는 한자가 있어 스시를 자른 단면이 토끼처럼 보이도록 만드는 것이 특징. 장어와 도미 등 여러 종류의 초밥이 있다.

F 케이한 본선 기온시조역 7번 출구에서 도보 4분 **T** 075-561-0751 **⊙** 월·수요일~토요일 11:00~21:30(L.O), 일요일·공휴일 11:00~20:30(L.O) **H** 화요일(공휴일인 경우 영업) **P** 사바 스시 1인분(4관) 2200¥ **w** www.izuu.jp

텐푸라 텐슈
天冨良天周

MAP P.362

교토에서도 텐푸라 맛집으로 잘 알려진 식당. 모든 메뉴가 튀김으로 구성돼 있다. 가성비 좋은 텐동을 선보이는 점심시간엔 오픈 전부터 줄이 늘어선다. 장아찌와 미소국이 기본으로 포함되며 텐동의 주재료인 붕장어와 대하의 조합에 따라 메뉴가 나뉜다. 저녁엔 붕장어와 11가지 재료를 사용한 튀김 요리 등으로 구성된 코스 요리를 선보인다.

구글 지도 텐슈

F 케이한 본선 기온시조역 7번 출구에서 도보 2분 **T** 075-541-5277 **⊙** 11:00~14:00, 17:30~21:30(L.O 20:30) **H** 연중무휴 **P** 아나고 텐동 1450¥ **w** http://tensyu.jp

잇센요쇼쿠
壹銭洋食

MAP P.362
VOL.1 P.112

교토식 오코노미야키로 오코노미야키의 전신이라 할 만한 음식. 다이쇼 말기에 물에 녹인 밀가루를 철판에 굽고 다진 파 등을 올린 뒤 소스를 뿌려 1엔에 팔던 것이다. 당시에는 소스를 뿌리면 모두 양식이라 생각했기에 한 푼으로 살 수 있는 양식이란 의미로 '잇센요쇼쿠'라 불렸다고 한다. 독특한 인테리어도 구경할 만하다.

구글 지도 Issen Yoshoku

F 케이한 본선 기온시조역 7번 출구에서 도보 1분 **T** 075-533-0001 **⊙** 월~금요일 11:00~다음 날 01:00, 토요일·공휴일 전날 11:00~다음 날 03:00, 일요일·공휴일 10:30~22:00 **H** 연중무휴 **P** 잇센요쇼쿠 850¥ **w** https://issen-yosyoku.co.jp

카기젠요시후사 본점
鍵善良房 本店

MAP P.362

쿠즈키리의 발상지로 알려진 화과자 가게. 1726년 이전에 개업한 것으로 추정되는 노포지만 매장은 상당히 고급스럽다. 목 넘김이 매끈하면서 식감은 쫄깃한 쿠즈키리는 칡뿌리에서 전분을 내 건조한 가루를 국수처럼 만든 음식이다. 얼음물에 담긴 쿠즈키리를 흑설탕물에 담갔다 먹는다. 약 50종에 달하는 화과자와 양갱 등도 판매한다.

구글 지도 카기젠 요시후사 시조본점

F 케이한 본선 기온시조역 7번 출구에서 도보 4분 **T** 075-561-1818 **⊙** 09:30(카페는 10:00~18:00, L.O 17:30) **H** 월요일(공휴일인 경우 다음 날) **P** 쿠즈키리 1400¥ **w** www.kagizen.co.jp

기온츠지리
祇園辻利 MAP P.362

일본에서도 명성이 높은 우지 말차를 사용해 만든 파르페, 츠지리를 맛볼 수 있는 디저트 가게. 투명하고 길쭉한 유리잔에 말차를 듬뿍 넣어 만든 모찌와 와라비모찌, 아이스크림, 생크림 등을 넣어 만든 토쿠센 츠지리 파르페 맛차가 인기 메뉴다. 츠지리도 여러 종류가 있으며 그 외 빙수와 음료, 말차 소바까지 메뉴가 다양하다.

구글 지도 츠지리

🄵 케이한 본선 기온시조역 6번 출구에서 도보 3분 ☎ 075-561-2257 ⓞ 월~금요일 10:30~19:00, 토·일요일·공휴일 10:30~20:00 ⓗ 연중무휴 ₩ 도쿠센 츠지리 파르페 1694¥ 🌐 www.giontsujiri.co.jp

기온쿄료리 하나사키 기온점
祇園京料理 花咲 祇園店 MAP P.362

쿄료리라 부르는 교토식 카이세키 식당. 코스 요리는 매달 제철 식재료를 사용하기 때문에 요리의 구성이 조금씩 달라진다. 보통 1만¥ 전후의 가격대지만 점심 한정 미니카이세키는 단출한 구성으로 절반 정도의 가격에 쿄료리를 즐길 수 있어 인기다. 마이코의 공연을 관람하며 식사하는 연회코스는 방문시 최소 3일 전에 예약해야 한다.

구글 지도 Hanasaki

🄵 12·46·58·86·201·202·203·206·207번 시버스 승차 후 기온 정류장 하차, 도보 3분 ☎ 075-533-3050 ⓞ 11:30~14:00(L.O), 17:30~22:00(L.O 20:00) ⓗ 부정기 ₩ 미니 카이세키(점심 8품) 4950¥ 🌐 www.gion-hanasaki.com

나카무라로
中村楼 MAP P.362 VOL.1 P.125

무로마치시대에 찻집으로 시작해 메이지시대 개화기에는 고급 요정으로 이름을 얻어 여러 유명인이 방문하기도 했다. 두부에 미소(된장)를 발라 대나무 꼬치를 꽂은 토후덴가쿠 豆腐田楽는 에도시대부터 이 집 명물로 인기를 얻었다. 세월의 흔적이 담긴 다다미방에서 아름답게 꾸민 일본식 정원을 감상하며 쿄료리를 즐길 수 있다.

🄵 12·46·58·86·201·202·203·206·207번 시버스 승차 후 기온 정류장 하차, 도보 4분 ☎ 075-561-0016 ⓞ 11:00~14:00까지 입점, 17:00~19:00까지 입점 ⓗ 수요일 ₩ 점심 카이세키 8800¥, 저녁 카이세키 1만8975~4만4275¥ 🌐 www.nakamurarou.com

쿄료리 이소베
京料理いそべ MAP P.362

'고급'을 내세우는 쿄료리 식당에 비해 캐주얼한 곳. 고급 카이세키 코스에 비해 간략한 구성이지만 저렴한 가격에 쿄료리를 체험할 수 있다. 두부와 유바를 사용한 메뉴가 주를 이루는데, 특히 교토의 명물 중 하나인 유바(두유를 끓여 표면에 생긴 막)를 직접 만들어 음식에 사용한다. 방문 시 사전 예약해야 한다.

구글 지도 ISOBE

🄵 12·46·58·86·201·202·203·206·207번 시버스 승차 후 기온 정류장 하차, 도보 10분 ☎ 075-561-2216 ⓞ 11:00~22:00 ⓗ 부정기 ₽ 교유바즈쿠시 3300¥, 마루야마 벤토 3850¥ 🌐 www.kyoryori-isobe.co.jp

초라쿠칸
長楽館　　　MAP P.362

1909년 국내외 귀빈을 접대하기 위한 영빈관으로 문을 열어 현재 호텔과 레스토랑, 카페로 사용하고 있다. 서양의 고풍스러운 성의 느낌을 주는 외관, 중후한 분위기의 인테리어와 어울리는 앤티크한 가구가 인상적이다. 레스토랑에서는 프렌치 코스 요리를 맛볼 수 있고, 카페에서는 애프터눈 티 세트와 음료, 계절마다 다른 디저트를 판매한다.

구글지도 Dessert Cafe Chourakukan

12·46·58·86·201·202·203·206·207번 시버스 승차 후 기온 정류장 하차, 도보 6분　075-561-0001　카페 11:00~18:30(L.O 18:00), 애프터눈 티 12:00~18:00(2시간 이용)　부정기　초라쿠칸 블렌드 티 1100¥
www.chourakukan.co.jp

쿄료리 하나사키만지로
京料理花咲萬治郎　　　MAP P.362

네네노미치에 있는 기온 쿄료리 하나사키의 자매점. 지은 지 120년이 되었다는 건물 1층 개인실에서는 안뜰 풍경을 감상할 수 있다. 제철 식재료를 사용해 계절별로 메뉴가 달라지며 5~10월에는 계절 한정 요리도 제공한다. 점심에는 가게의 명물인 밀기울로 만든 후멘텐신(국수 딤섬)과 유바 요리도 즐길 수 있다.

구글지도 만지로

58·86·202·206·207번 시버스 승차 후 히가시야마야스이 정류장 하차, 도보 6분　075-551-2900　11:30~14:00, 17:30~22:00(L.O 20:00)　부정기　미니 카이세키 네네고젠(점심) 5000¥, 카이세키 이카사(저녁) 1만1000¥　www.kyoto-manjiro.com

이모보 히라노야 혼케
いもぼう平野家本家　　　MAP P.362

300여 년 동안 후계자를 통해 전해져 히라노야에서만 맛볼 수 있다는 이모보 전문점. 이모보는 교토의 향토 요리 중 하나로 예부터 교토에 가면 한 번쯤 맛봐야 하는 요리로 꼽힌다. 새우를 닮은 모양에 줄무늬가 있는 토란 '에비이모'와 일주일 이상 숙성한 대구를 함께 조리해 독특한 맛을 내는 요리다.

구글지도 이모보히라노야

12·46·58·86·201·202·203·206·207번 시버스 승차 후 기온 정류장 하차, 도보 6분　075-525-0026　11:00~15:00(L.O 14:00), 17:00~21:00(입점은 19:30까지, L.O 20:00)　연중무휴　츠키고젠 2750¥　www.imobou.com

히사고
ひさご　　　MAP P.362

닭고기와 달걀을 넣은 오야코(부모와 자식) 덮밥으로 유명한 식당. 달걀이 반숙 느낌이어서 꽤 수분감 있는 덮밥으로 후루룩 넘길 수 있다. 교토 사람들이 즐겨 먹는 기누가사동 衣笠丼도 인기 메뉴. 기누가사동은 가마보코(어묵의 일종)와 유부 튀김, 파를 간장, 술, 미림 등을 더해 끓인 육수에 삶아 달걀로 감싸 밥 위에 얹은 덮밥이다.

58·86·202·206·207번 시버스 승차 후 히가시야마야스이 정류장 하차, 도보 3분　050-5485-8128　11:30~16:00(L.O 15:30)　월·금요일　오야코동 1100¥　https://kyotohisago.gorp.jp

토스이로 기온점
豆水楼 祇園店

MAP P.362
VOL1 P.127

교토에서 유명한 식재료 중 하나인 두부를 이용한 카이세키 요리를 내놓는 식당. 두부와 함께 채소와 유부, 장어 등 제철 식재료를 사용해 만든 다채로운 요리를 상에 올린다. 점심 한정 메뉴인 시라유리를 주문하면 좀 더 저렴한 가격에 두부 카이세키 요리를 즐길 수 있다. 차가운 오보로 두부는 원하면 추가로 요청할 수 있다.

구글 지도 Tousuiro Gion

- 📍 58·86·202·206·207번 시버스 승차 후 히가시야마야스이 정류장 하차, 도보 1분 ☎ 075-561-0035 ⏰ 월~토요일 11:30~15:00·17:00~22:00, 일요일·공휴일 11:30~15:00·17:00~21:30(입점은 20:00까지) 🏠 연중무휴 💴 츠바키(점심 카이세키) 5000¥ 🌐 https://tousuiro.com

분노스케차야
文の助茶屋

MAP P.362
VOL1 P.117

1909년에 개업한 일본식 디저트 가게로 와라비모찌가 유명하다. 우리에게 다소 생소한 와라비모찌는 고사리 뿌리에 있는 전분을 가루로 만들어 물과 설탕 등의 재료와 함께 끓이고 식힌 뒤 굳혀 겉에 콩가루나 말차가루 등을 뿌린 디저트. 몰캉몰캉한 젤리와 인절미가 섞인 듯한 식감이 독특하다. 일본미 발산하는 인테리어는 덤.

- 📍 58·86·202·206·207번 시버스 승차 후 기요미즈미치 정류장 하차, 도보 5분 ☎ 075-561-1972 ⏰ 11:00~17:00 🏠 부정기 💴 와라비모찌 550¥, 말차 와라비모찌 605¥ 🌐 https://ecstore.bunnosuke.jp

카사기야
かさぎ屋

MAP P.362

니넨자카 계단 옆에 위치한 일본식 디저트 카페로 1914년 창업한 노포다. 목조건물에서 세월의 흔적을 느껴진다. 나무로 된 테이블에 놓인 주전자와 찻잔, 소박한 소품들로 장식한 실내는 푸근한 느낌이다. 인기 메뉴는 팥으로 만든 오하기(찹쌀떡)와 젠자이(팥죽). 단맛이 강해 쌉쌀한 말차와도 잘 어울린다. 여름엔 카키고리(빙수)도 인기다.

- 📍 58·86·202·206·207번 시버스 승차 후 기요미즈미치 정류장 하차, 도보 8분 ☎ 075-561-9562 ⏰ 11:00~18:00 🏠 화요일 💴 산쇼쿠오하기 750¥, 젠자이 750¥

키르훼봉 교토
キルフェボン 京都

MAP P.362
VOL1 P.146

과일 타르트로 인기가 높은 디저트 카페. 계절마다 수확되는 신선한 제철 과일을 올려 타르트를 만든다. 그 때문에 계절마다 다른 메뉴를 만날 수 있으며, 원하는 메뉴를 맛보려면 판매 기간을 잘 확인해야 한다. 오사카 우메다에도 지점이 있지만 교토점에서는 동화에 나오는 집처럼 아기자기한 분위기를 즐길 수 있다.

- 📍 지하철 토자이선 교토시야쿠쇼마에역 3번 출구에서 도보 5분, 또는 3·4·5·10·11·17·32·59·86·205번 시버스 승차 후 카와라마치산조 정류장 하차, 도보 3분 ☎ 075-254-8580 ⏰ 11:00~19:00(L.O 18:30) 🏠 부정기 💴 제철 과일 타르트(계절별) 1조각 1069¥ 🌐 www.quil-fait-bon.com

스시노무사시 산조 본점
寿しのむさし 三条本店

MAP P.362

산조 본점을 포함해 교토에서만 모두 4개의 지점을 운영하는 회전 초밥 체인점. 산조도리 쇼핑가 입구 옆에 있어 눈에 잘 띈다. 식당이 넓어서인지 대기 줄이 있는 경우가 거의 없어 언제 방문하든 쾌적하게 식사할 수 있다. 수십 가지에 달하는 초밥의 종류는 접시 색깔에 따라 가격이 구분되며, 신선한 재료로 만든 스시는 입을 즐겁게 한다.

구글 지도 스시노 무사시

지하철 토자이선 교토시야쿠쇼마에역 3번 출구에서 도보 3분, 또는 3·4·5·10·11·17·32·59·86·205번 시버스 승차 후 카와라마치산조 정류장 하차, 도보 2분 075-222-0634 11:00~21:30(L.O) 1월 1일, 부정기 스시 1접시 160~976¥ https://sushinomusashi.com

이노다 커피 본점
INODA Coffee 本店

MAP P.362
VOL.1 P.139

1940년 창업한 노포로, 교토에서 가장 오래된 카페 중 한 곳이다. 20세기 초 유럽 카페 같은 고풍스러운 인테리어가 인상적. 묵직한 맛의 커피를 선보이며, 원두도 판매한다. 간단한 식사도 판매하는데, 특히 조식이 맛있기로 유명하다. 교토식 카페 조식이 궁금하다면 크루아상과 샐러드, 차로 구성된 '교토의 조식(쿄노초쇼쿠, 京の朝食)'을 주문할 것.

지하철 카라스마선 카라스마오이케역 5번 출구에서 도보 7분 075-221-0507 07:00~18:00 부정기 각종 커피 및 음료 750~850¥, 교토의 조식(07:00~11:00) 1780¥ www.inoda-coffee.co.jp

블루보틀 커피 교토 롯카쿠 카페
Blue Bottle Coffee Kyoto Rokkaku Café

MAP P.362
VOL.1 P.135

블루보틀 커피 교토 2호점으로, 롯카쿠 거리 어느 모퉁이의 작고 오래된 건물에 자리한 다. 2층 건물로 좌석은 모두 2층에 있는데, 오래된 다락 같은 느낌을 주는 레트로풍 공간이다. 창가에 자리를 잡으면 예스러운 모습의 창문 너머로 교토 시내 풍경을 감상할 수 있다. 고즈넉한 분위기의 카페를 찾는 사람에게 추천.

구글 지도 Blue Bottle Coffee - Kyoto Rokkaku Cafe

지하철 카라스마선 카라스마오이케역 5번 출구에서 도보 4분 09:00~19:00 부정기 각종 커피 577~750¥ https://store.bluebottlecoffee.jp

굿맨 로스터 교토
GOODMAN ROASTER 京都

MAP P.360B
VOL.1 P.140

시조카라스마 뒷골목에 한가롭게 자리한 작은 로스터리 카페다. 2019년에 문을 연 비교적 신상 매장이다. 에스프레소를 주력으로 선보이는데, 라테나 플랫 화이트 등 우유를 넣은 '화이트' 커피는 무엇을 주문하든 실패하지 않는다. 아침 일찍 열어 해가 지면 닫으므로 모닝커피를 즐기는 곳으로 추천한다. 원두 구매도 강력 추천.

구글 지도 Goodman Roaster Kyoto

카라스마역에서 도보 10분 090-3861-9256 목~화요일 08:00~18:00(금요일은 11:00~13:00 브레이크 타임) 수요일 각종 커피 550~830¥ https://goodman-company.com

나다이 돈카츠 카츠쿠라 시조히가시노토인텐
名代とんかつ かつくら 四条東洞院店　MAP P.362

돈카츠 하나로 많은 사람을 줄 세운 전문점. 테이블엔 돈카츠 소스, 매운맛 소스, 유자 드레싱, 절임이 놓여 있다. 참깨를 갈아 원하는 소스를 넣어 돈카츠를 찍어 먹는다. 육즙을 머금은 두툼한 고기는 부드럽고, 입자가 굵은 빵가루는 입안에서 바삭함을 더해준다. 밥과 양배추, 미소 된장국은 무료로 추가할 수 있다.

구글 지도 가츠쿠라

한큐 전철 카라스마역 18번 출구에서 도보 2분 ☎ 075-221-4191 ⏰ 11:00~21:00(L.O 20:30) 연중무휴 이와추 돼지 로스카츠 120g 2300¥, 160g 2700¥, 200g 3100¥ 🌐 www.katsukura.jp

사와와
茶和わ　MAP P.362　VOL.1 P.145

최근 일본 전역으로 뻗어나가고 있는 말차 디저트 전문 체인으로, 교토 대표 지점이 니시키이치바에 있다. 말차 와라비모찌를 중심으로 사브레, 도라야키, 카스텔라, 파르페 등 말차가 들어간 과자와 디저트를 선보인다. 1층은 매장, 2층은 디저트 카페로 운영하며, 말차를 듬뿍 뿌린 소프트아이스크림을 테이크아웃으로 판매한다.

한큐 전철 카와라마치역과 카라스마역 지하 연결 통로 16번 출구에서 도보 4분(니시키이치바 내) ☎ 075-708-6377 ⏰ 10:00~18:00 부정기 말차 소프트아이스크림 가벼운 맛 440¥, 진한 맛 550¥ 🌐 www.telacoya.co.jp

쿄고쿠카네요
京極かねよ　MAP P.362

메이지시대에 개업해 100년간 장어 요리만 취급해온 식당. 커다란 일본 전통식 목조건물 1층에는 테이블 좌석이, 2층에는 다다미 좌석이 마련되어 있다. 숙련된 장인이 굽는다는 장어는 입안에 넣으면 녹아내리듯 부드럽고, 개업 때부터 계승되어온 소스가 맛을 책임진다. 밥 위에 장어를 올린 우나기동, 장어와 달걀부침을 얹은 긴동이 있다.

구글 지도 카네요

3·4·5·10·11·17·32·59·86·205번 시버스 승차 후 카와라마치산조 정류장 하차, 도보 3분 ☎ 050-5303-1220 ⏰ 11:30~16:00(L.O 15:30), 17:00~20:30(L.O 20:00) / 재료 소진 시 영업 종료 수요일 우나기동(보통) 3200¥, 긴시동(보통) 3000¥ 🌐 https://kyogoku-kaneyo.co.jp

양식당 키치키치
ザ 洋食屋キチキチ　MAP P.362　VOL.1 P.019

유쾌하고 시끄러운 할아버지 요리사가 재주를 부리며 오므라이스를 만들어내는 영상으로 틱톡, 유튜브, 페이스북 등에서 인기를 얻은 식당. 거의 모든 좌석이 카운터석이고, 요리사와 종업원들이 주방 안팎에서 1시간가량 요리를 겸한 쇼를 펼친다. 음식이 생각보다 맛있는 것이 반전이다. 당일 방문 예약만 받는다.

구글 지도 키치키치 오므라이스

케이한 전철 산조역 6번 출구에서 도보 6분 ☎ 075-211-1484 ⏰ 월~금요일 17:00~21:00, 토·일요일 12:00~14:00·17:00~21:00 부정기(홈페이지에 공지) 오므라이스 레귤러 3000¥, 스몰 1600¥, 기타 양식류 1600~3800¥ 🌐 https://kichikichi.com

규카츠 교토 카츠규 폰토초 본점
牛カツ京都勝牛 先斗町本店

 MAP P.362
VOL1 P.121

엘리펀트 팩토리 커피
Elephant Factory Coffee

 MAP P.362
VOL1 P.140

교토의 대표적인 규카츠 전문점. 몇 년 전 일본 전역에 규카츠가 붐을 일으킨 시기에 일본에서 가장 먼저 생긴 규카츠 전문 체인으로, 폰토초에 본점이 있다. 외관은 아담하고 고풍스럽지만 내부는 생각보다 넓은 편. 질 좋은 소고기를 두툼하게 저며 레어 상태로 튀겨낸 '근본' 규카츠를 맛볼 수 있다. 브레이크 타임이 없다는 것도 빼놓을 수 없는 장점.

후미진 골목의 허름한 건물에 있지만 뛰어난 커피 맛과 친절함, 소박하면서 차분한 분위기 때문에 교토의 커피 러버 사이에서 상당한 인기를 누리고 있는 커피숍. 드립 커피가 주메뉴로 원두의 질과 드립 솜씨 모두 수준급이다. 대부분의 카페가 일찍 닫는 교토에서 늦은 밤까지 운영한다는 점도 매력 중 하나. 책을 읽거나 일을 하기도 좋다.

구글 지도 Elephant Factory Coffee

ⓕ 한큐 전철 카와라마치역 1A 출구에서 도보 6분, 폰토초 골목 중간 ☎ 075-251-7888 ⓗ 11:00~22:00 부정기 ¥ 서로인규카츠젠(M) 2079¥, (L) 2519¥ ⓦ https://gyukatsu-kyotokatsugyu.com

ⓕ 교토카와라마치역에서 도보 5분 ☎ 075-212-1808 ⓗ 금~수요일 13:00~다음 날 00:30, 목요일 13:00~다음 날 06:30 부정기 ¥ 커피 750~950¥, 티 1100¥

겐카이돈
玄海丼

MAP P.362

Y's 버거
Y's Burger

MAP P.362

2024년 4월에 처음 문을 열어 빠르게 인기를 얻고 있는 신상 해산물 덮밥 식당. 고객에게 '싸고, 빠르고, 맛있다'는 생각을 갖게 하는 것이 목표라고 한다. 직접 방문해서 먹어보면 그들의 목표가 이해된다. 카이센동이 유명한 홋카이도를 떠올리게 하는데 가격은 더 저렴하다. 저녁 시간에는 술을 반값으로 할인해주는 세트메뉴도 판매한다.

함박 스테이크로 유명한 그릴 데미에서 만든 햄버거 가게. 그릴 데미의 노하우가 담긴 햄버거 패티와 데미글라스 소스를 사용해 맛을 끌어 올렸다. 첫 한입을 씹는 순간 느껴지는 번의 식감이 인상적이다. 옆 테이블에서 먹던 서양인도 엄지를 치켜세우더라. 세트에 나오는 음료 양이 다소 적은 것이 아쉽다.

구글 지도 Genkai-don

구글 지도 Y's Burger

ⓕ 한큐전철 교토카와라마치 9번 출구에서 도보 4분 ☎ 075-606-4389 ⓗ 11:00~14:30(L.O), 17:00~20:30(L.O) 수요일, 연말연시 ¥ 사이조 큐우겐카이돈 3600¥, 우메코스 1000¥ ⓦ https://genkaidon.jp

ⓕ 한큐전철 교토카와라마치 9번 출구에서 도보 2분 ☎ 075-254-8810 ⓗ 11:30~15:00, 17:00~20:30(L.O) 월요일, 셋째 주 목요일, 12월 30일~1월 3일, 오봉 다음 주 월~목요일 ¥ Y's버거 세트 1480¥, 테리야키 스페셜 세트 1480¥ ⓦ www.ys-burger.com

난다테이
なんだっ亭

MAP P.362

돈코츠 커리 라멘을 베이스로 하는 라멘을 내는 곳으로 츠케멘과 토마토커리라멘이 인기 메뉴. 츠케멘은 돈코츠와 카레를 섞은 국물에 면과 토핑을 찍어 먹는다. 토마토커리 라멘은 토마토와 카레 맛이 동시에 느껴지는데 거기에 버터를 넣은듯한 느끼함이 한 스푼 더해진 맛이다. 취향에 따라 원하는 토핑을 추가할 수 있다.

구글 지도 Nandattei

F 한큐전철 교토카와라마치 9번 출구에서 도보 2분 T 075-746-4001
⊙ 11:30~16:00, 18:00~21:00 H 부정기 P 카레츠케멘 900¥, 토마토카레라멘 1100¥ W 없음

멘도코로 자노메야
麺処 蛇の目屋

MAP P.362
VOL.1 P.109

카와라마치 거리에서 뻗어나간 매우 좁은 뒷골목에 자리한 라멘집으로, 미슐랭 빕구르망에 선정되었다. 토종닭을 잡내 없이 진하게 잘 끓여낸 국물을 선보이는데, 특히 닭 뼈가 녹을 정도로 오래 끓여 낸 국물인 '토리파이탄 鳥白湯'으로 유명하다. 라멘집치고는 점포가 넓어 붐비는 시간을 피해 방문하면 줄을 서지 않고도 입장 가능하다.

F 카와라마치 거리에서 뻗어나간 '카유코치 花遊小路'라는 아주 좁은 골목으로 들어간다. 산리오 갤러리 부근에 골목 입구가 있다. T 075-231-2772 ⊙ 11:00~16:00, 18:00~21:30 H 부정기 P 각종 라멘 1100~1250¥ W jyanomeya31.thebase.in

타고토 본점
田ごと 本店

MAP P.362

1871년에 개업한 전통의 교토식 요리 전문점. 일본에서도 이름이 높은 '쿄야사이(교토 채소)'를 비롯한 교토의 식재료를 사용해 교토만의 맛을 구현한 반찬을 도시락에 담아낸다. 도시락에 담았지만 음식의 퀄리티는 가정식 수준을 넘어 간단한 카이세키 요리를 연상시킨다. 교토 최대 번화가인 카와라마치역 앞에 있어 접근성도 좋다.

구글 지도 Tagoto honten

F 한큐 전철 카와라마치역 6번 출구에서 바로 T 075-221-1811 ⊙ 11:30~15:00, 17:00~21:00(L.O 20:00) H 수요일 P 고에쓰 미즈사스 벤토 4400¥, 카이세키 1만1000~1만8700¥ W https://kyoto-tagoto.co.jp

멘야 이노이치
麺屋 猪一

MAP P.362
VOL.1 P.109

미슐랭 빕 구르망에 선정된 라멘집으로 와규로 만든 진하면서도 깔끔하고 고급스러운 라멘을 선보인다. 제한된 수의 손님만 받기 때문에 오픈 1시간 전에는 줄을 서야 당일 입장 가능한 시간 지정 티켓을 받을 수 있으며, 지정된 시간에 도착한 다음에도 20~30분쯤 다시 줄을 서야 한다. 그러나 라멘 마니아라면 감수할 가치가 있을 정도로 맛있다.

구글 지도 멘야 이노이치 하나레

F 한큐 전철 교토카와라마치역 8번 출구에서 도보 5분 T 075-285-1059 ⊙ 11:00~14:30, 17:30~21:00 H 부정기 P 아부리 와규 소바 1600¥ W https://inoichi.stores.jp

토쿠라 교토 산조점
とくら 京都三条店

MAP P.362

슌사이 이마리
旬菜いまり

MAP P.360B
VOL.1 P.116

산조 거리에 위치한 수제 햄버그 스테이크 전문점. 젓가락으로 자르자 마자 육즙이 흐를 정도로 촉촉하고 부드러운 햄버그 스테이크의 정식을 합리적인 가격에 선보인다. 관광객과 현지인 모두에게 인기가 높은데, 특히 한국인 손님이 많다. 식사 시간 대에는 줄이 긴 편이나 회전이 빨라 대기 시간이 아주 길지는 않다.

구글 지도 도쿠라 교토 산조점

지하철 카라스마선 카라스마오이케역에서 도보 약 4분 075-744-0777 월·화·목·금요일 11:00~15:00, 17:00~22:00 토·일·공휴일 11:00~21:30 수요일 햄버그 런치 990~1590¥ tokura-hamburg.com

ENJOYING →

롯카쿠 거리 부근에 위치한 작은 료코리 식당. 조식과 석식 두 타임을 운영하는데, 조식은 '교토의 아침밥 京の朝ごはん'이라는 이름으로 다양한 반찬으로 구성된 오반자이 정식을 내놓고 저녁은 니혼슈와 곁들여 즐기는 료코리를 선보인다. 조식은 매일 30식 한정의 완전 예약제이며 전화 예약만 가능하다.

지하철 카라스마역에서 도보 10분 075-231-1354 07:30~11:00, 17:30~23:00 부정기 조식 오반자이 1900¥ kyoto-imari.com

교토 기모노 렌탈 유메야카타 고조점
京都着物レンタル夢館 五条店

MAP P.360B

마이코헨신 스튜디오 시키 본점
舞妓体験スタジオ四季本店

MAP P.361D

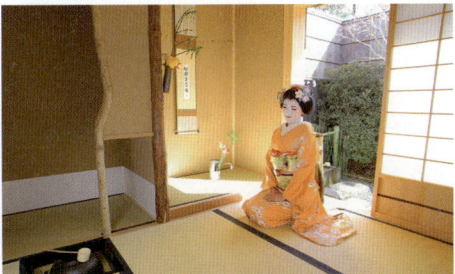

기모노 전문 종합 기업 호사이에서 운영하는 기모노 렌탈 숍. 1000점 이상의 기모노와 유카타, 소품을 갖추어 선택의 폭이 넓다. 기모노를 착용 후 교토 관광을 즐길 수 있는 '교토 관광 기모노 렌탈 플랜'이 여행자에게 인기가 높다. 원하는 경우 헤어와 메이크업, 사진 촬영 플랜도 추가할 수 있다.

구글 지도 Kyoto Kimono Rental Yumeyakata Gojo

지하철 카라스마선 고조역 1번 출구에서 도보 4분 075-354-8515 10:00~17:30(입점은 16:00까지) 12월 31일~1월 3일 기모노 렌털 스탠더드 플랜 4180¥~ www.yumeyakata.com

기요미즈자카에 있는 기모노 렌탈 숍. 기모노를 대여해 교토 시내를 산책하는 것을 위주로 하는 다른 업체에 비해 사진 촬영에 좀 더 특화되어 있다. 화장과 헤어를 포함해 게이코나 마이코로 완벽 변신해 상품에 따라 실내·외에서 사진 촬영을 진행한다. 사진 퀄리티가 높은 편이며, 다도 체험을 포함한 플랜도 운영한다.

케이한 본선 기요미즈고조역 4번 출구에서 도보 20분, 또는 58·86·202·206·207번 시버스 승차 후 고조자카·기요미즈미치 정류장 하차, 도보 10분 075-531-2777 09:00~17:00(접수는 15:00까지) 연중무휴 기모노 렌탈 플랜 3278¥~ www.maiko-henshin.com

SHOPPING

신푸칸
新風館
MAP P.360B

1926년부터 교토 중앙 전화국으로 사용하던 건물. 더 현대 서울을 설계한 영국 건축가 리처드 로저스의 설계로 증축한 뒤 2020년에 세련된 복합 쇼핑몰로 변모했다. 미국 ACE 호텔의 아시아 첫 지점과 영화관, 식당, 카페, 상점 등이 입점해 있다. 스텀프타운 커피 로스터스와 카페 키츠네, 1LDK, 빔즈 재팬, 메종 키츠네 등이 눈에 띈다.

🚇 지하철 카라스마오이케역 5번 출구에서 도보 20초 🏪 가게마다 다름 🕐 숍 11:00~20:00, 식당 10:00~22:00(가게마다 다름) 📅 1월 1일 가게마다 다름 🌐 https://shinpuhkan.jp

동구리 공화국 기요미즈점
どんぐり共和国 清水店
MAP P.362

스튜디오 지브리의 공식숍 체인인 동구리 공화국의 기요미즈카차 점. '이웃집 토토로', '센과 치히로의 행방불명', '마녀 배달부 키키' 등 지브리 작품의 다양한 캐릭터 상품을 취급한다. 매장으로 들어가는 입구가 나무와 덩굴로 장식되어 있어 마치 오래된 숲속의 미로처럼 신비로운 느낌을 준다. 매장의 크기는 작은 편.

📍구글 지도 도토리 공화국 기요미즈점

🚇 기요미즈자카에서 산넨자카로 들어가는 입구 맞은 편 ☎ 075-525-7170 🕐 09:30~17:30 📅 연중무휴(연말연시 등에 부정기 휴무가 있을 수 있음) 🌐 www.donguri-sora.com

시치미야 혼포
七味家本舗
MAP P.362

도쿄의 야겐보리, 나가노의 야와타야 이소고로와 더불어 일본 3대 시치미로 꼽히는 '시치미야'의 본점. 역사가 무려 360년을 헤아린다. 이곳의 시치미는 산초의 향이 두드러지고 매운맛은 비교적 순한 편이다. 기요미즈데라에 관련한 기념품을 찾고 있거나 일본 식품에 관심이 많은 사람들이라면 꼭 방문해 볼 것.

📍구글 지도 시치미야 본점

🚇 기요미즈자카에서 산넨자카로 들어가는 입구 옆 ☎ 075-551-0738 🕐 09:00~18:00 📅 연중무휴 🌐 www.shichimiya.co.jp

포터 스탠드 교토
Porter Stand Kyoto
MAP P.362

터프하면서 세련된 디자인과 높은 실용성으로 인기 높은 일본의 가방 브랜드 요시다 포터의 교토 지점. 산넨자카의 마치야를 현대적으로 재해석한 건물에 입점해 있다. 포터의 인기 상품은 물론 교토 한정 상품이나 지역 장인과 협업한 컬래버레이션 상품도 만나볼 수 있다. 면세도 가능하다.

📍구글 지도 Porter Stand Kyoto

🚇 기요미즈자카에서 산넨자카로 접어드는 길 초입의 계단 위 ☎ 075-541-0222 🕐 10:30~19:00 📅 부정기 🌐 www.yoshidakaban.com

코주 교토 니넨자카점
香十 京都二寧坂店

MAP P.362

선향(인센스 스틱)을 중심으로 다양한 향기나는 아이템을 판매하는 전문 상점. 약 450년 전에 교토에서 문을 열었고, 도쿄로 이전했다가 2016년에 교토로 돌아와 니넨자카에 점포를 열었다. 자스민, 수선화, 머스크, 편백 등 대중적인 향은 물론 귤꽃 등 교토 인근의 특산물로 만든 매우 고급스러운 향까지 만나볼 수 있다.

구글 지도 Koju Kyoto Ninenzaka Store

니넨자카 중간 지점 075-551-0285 11:00~18:00 연말연시(12월 31일, 1월 1일) www.koju.co.jp

아사히토안
朝日陶庵

MAP P.362

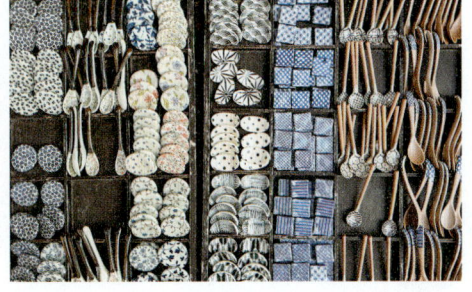

전국에서 선별된 젊은 도예가들이 만든 현대적이고 참신한 그릇, 식탁 소품, 테이블웨어 등을 다양하게 취급하는 도예 전문점. 일상 생활에서 쓰기 좋은 실용적이며 디자인도 예쁜 제품이 상당히 많다. 가격도 합리적인 편. 실용적이면서 예쁜 기념품을 찾는 사람들이라면 찾아와 볼 것. 매장 안팎의 분위기도 매우 좋다.

구글 지도 ASAHI Tou'an Craft Shop

기요미즈자카를 통해 기요미즈데라 방향으로 올라가다 오른쪽으로 나있는 작은 골목 '아사히자카 朝日坂'로 들어간다. 075-551-1656 09:30~17:30(기요미즈데라 야간 개방 시 영업 시간 연장) 연중무휴 www.asahizaka.kyoto/kr

벤토 & 코
Bento & Co

MAP P.360B

2012년에 일본 최초의 도시락 전문점으로 오픈한 가게. 저렴한 것부터 수십만 원대에 이르는 도시락과 주방용품, 젓가락, 보자기 등 도시락과 관련된 여러 제품을 판매한다. 아이들이 좋아할 만한 귀여운 캐릭터가 그려진 도시락, 30년 이상 건조한 나무로 장인이 수제작한 젓가락까지 제품군이 다양하다.

3·4·5,10,11·17,32·59·86,205번 시버스 승차 후 카와라마치산조 정류장 하차, 도보 4분 075-708-2164 평일 13:00~17:00, 토·일요일·공휴일 11:00~17:00 연말연시 제품마다 다름 www.bentoandco.jp

에디온 교토 시조 카와라마치점
エディオン 京都四条河原町店

MAP P.362

교토의 번화가인 시조카와라마치 사거리에 있는 쇼핑몰. 본점은 오사카의 난바에 있다. 패션 및 잡화 제품은 찾아보기 어렵고 대부분 가전제품과 생활용품, 미용, 건강 제품이 주를 이룬다. 지하 1층에는 닌텐도와 소니 등의 게임을 체험할 수 있는 부스가 마련돼 있다. 7층 식당가에는 오므라이스의 원조로 유명한 홋쿄쿠세이가 입점해 있다.

구글 지도 에디온 교토 시조 카와라마치점

한큐 교토 카와라마치역 2번 출구와 연결 075-213-6021 10:00~21:00 부정기 매장마다 다름 https://kyoto.edion.com

요지야 기온본점
よーじや 祇園本店

MAP P.360B

카가이(유흥가)와 가부키가 발달한 교토에서 1904년에 무대 화장 도구 판매상으로 시작한 가게. 타이쇼시대 초기에는 칫솔 장사를 하며 '요지야(칫솔 가게)'라 불리던 것이 지금의 상호가 되었다. 이후 얼굴의 유분을 없애주는 기름종이가 인기를 얻으며 지금까지도 대표 상품으로 사랑받고 있다. 게이샤 얼굴을 표현한 로고가 유명하다.

🚇 케이한 본선 기온시조역 6번 출구에서 도보 3분 ☎ 075-541-0177 ⏰ 평일 10:30~18:30, 토·일·공휴일 10:30~19:00 🏠 연중무휴 💰 기름종이 5권 세트 1960¥ 🌐 www.yojiya.co.jp

이치자와 신자부로 한푸
一澤信三郎帆布

MAP P.361D

1905년에 창업한 교토의 명물 가방 가게. 유행을 타지 않고 남녀노소 누구에게나 잘 어울리는 심플한 디자인이 돋보인다. 배의 돛에 다는 범포를 사용해 질기고 튼튼해 내구성과 실용성을 갖췄다. 제품의 종류는 작은 지갑부터 어깨에 메는 토트백, 등에 메는 백팩 등 다양해서 자신의 용도에 맞는 가방을 고를 수 있다.

구글 지도 Ichizawa Shinzaburo Hanpu

🚌 12·46·86·201·202·203·206번 시버스 승차 후 지온인마에 정류장 하차, 도보 2분 ☎ 075-541-0436 ⏰ 10:00~18:00 🏠 화요일(계절에 따라 무휴) 💰 토드백 H-30 1만8700¥, 륙색 R-05(L) 2만6400¥ 🌐 www.ichizawa.co.jp

산리오 갤러리
Sanrio Gallery

MAP P.362
VOL.1 P.209

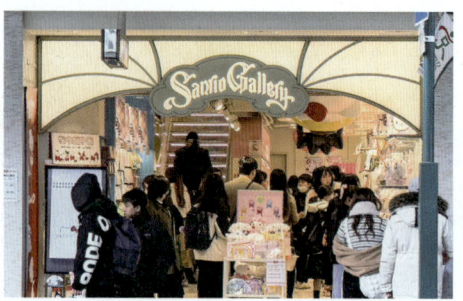

일본의 대표적인 캐릭터 회사인 산리오 Sanrio의 공식 상품을 판매하는 상점. 교토에서는 가장 큰 산리오숍이고 칸사이의 산리오 매장을 통틀어서도 규모가 큰 편이다. 카와라마치 대로변에 있어 찾기 쉬운 것도 장점.

🚇 지하철 카와라마치역 6번 출구에서 바로 옆 건물 1층 ☎ 075-229-6945 ⏰ 11:30~20:00 🏠 부정기 🌐 sanrio.co.jp

닌텐도 교토
Nintendo KYOTO

MAP P.362

<슈퍼 마리오>, <동물의 숲> 등으로 유명한 일본의 세계적인 비디오 게임 기업 닌텐도의 공식 스토어. 2023년 10월에 오픈한 핫플레이스이다. 닌텐도 스위치를 비롯한 비디오 게임 콘솔과 각종 게임 소프트웨어는 물론 인기 게임 캐릭터를 응용한 각종 굿즈를 판매한다. 교토에서만 구할 수 있는 한정판도 많다.

구글 지도 Nintendo KYOTO

🚇 교토 타카시마야 백화점 7층 ☎ 0570-008-100 ⏰ 10:00~20:00 🏠 연중무휴(단, 시설 점검 및 타카시마야 백화점의 휴무에 따른 부정기 휴무 가능) 🌐 www.nintendo.co.jp/officialstore

스탠다드 프로덕츠 교토시조도리점
Standard Products 京都四条通店　MAP P.362

저렴한 가격의 상품을 취급하는 다이소에서 런칭한 브랜드. 기존 다이소에 비해 가격이 조금 비싸지만 싸구려라는 느낌이 들지 않을 정도의 품질을 갖춘 제품을 취급한다. 모든 제품의 가격이 110¥~1100¥이다. 주방, 생활 및 패션 잡화와 주방용품등 일상생활에 필요한 웬만한 제품이 구비 돼 있다.

구글 지도 StandardProducts

🚇 한큐전철 교토카와라마치 13번 출구에서 도보 2분 ☎ 082-420-0100 🕐 09:30~21:00 🅿 비정기 💰 제품마다 다름 🌐 https://standardproducts.jp

테라마치쿄고쿠 상점가
寺町京極商店街　MAP P.362

교토 도심의 시조도리부터 산조도리까지 남북으로 잇는 상점가. 테라(절)마치라는 이름은 오닌의 난 이후 황폐해진 거리를 1590년에 토요토미 히데요시가 부흥시키면서 80여 개의 절과 탑이 늘어선 사원거리로 조성했기 때문이다. 지금도 몇 개의 절이 남아 있다. 식당과 카페, 의류, 생활용품 등 다양한 가게가 입점해 있다.

구글 지도 Teramachi Kyogoku shopping street South Entrance

🚇 한큐전철 교토카와라마치 9번 출구에서 도보 1분 ☎ 075-241-0084(상점가 진흥조합) 🕐 가게마다 다름 🅿 가게마다 다름 💰 가게마다 다름 🌐 www.kyoto-teramachi.or.jp

포켓몬센터 교토
Pokémon Center Kyoto 寺町　MAP P.360B

포켓몬스터 상품의 공식 스토어인 포켓몬 센터의 교토 시점. 시조카와라마치 큰길가에 위치해 있다. 피카츄, 이브이, 꼬부기, 잠만보 등 인기 캐릭터를 중심으로 수많은 포켓몬의 인형 및 캐릭터를 응용한 생활용품, 문구, 각종 잡화 등을 선보인다. 교토의 특색을 살려 전통 복장을 입은 한정판 상품도 마련되어 있다.

🚇 교토 경제센터 SUINA 무로마치 2층. 지하철 카라스마선 시조역 또는 한큐 교토선 카라스마역 26번 출구와 직접 연결된다. ☎ 075-353-0250 🕐 10:00~20:00 🅿 연중무휴 🌐 https://www.pokemon.co.jp/shop/kr/pokecenkyoto

칼디 커피 산조 카와라마치점
KALDI COFFEE 三条河原町店　MAP P.362　VOL.1 P.205

커피를 기본으로 와인, 수입 맥주, 안주류, 각종 소스와 스프레드, 드레싱 등을 판매하는 종합 식품점 칼디의 산조 카와라마치 지점. 입구만 보면 규모가 그다지 커보이지 않으나 안으로 들어가면 제법 넓으며, 2층까지 있다. 한국인들이 즐겨찾는 소스나 드레싱, 스프레드 류는 대부분 2층에 있으므로 꼭 올라가 볼 것.

🚇 지하철 토자이선 교토시야쿠쇼마에역에서 도보 약 5분. 산조 거리와 카와라마치도리가 만나는 지점 ☎ 075-254-7931 🕐 10:00~21:00 🅿 연중무휴 🌐 www.kaldi.co.jp

긴카쿠지·헤이안 진구 주변   SIGHTSEEING

긴카쿠지
銀閣寺

MAP P.361C

정식 명칭은 히가시야마 지쇼지다. 무로마치 막부 8대 쇼군인 아시카가 요시마사가 자신의 조부가 만든 킨카쿠지(금각사)에서 영감받아 지었다. 긴카쿠지는 원래 사찰이 아닌 아시카가 요시마사가 은퇴 후 자신이 지낼 별장으로 1482년에 건축한 것이다. 처음 지을 때는 정원을 중심으로 한 산장으로 지으려 했기에 자신이 기거할 츠네노고쇼를 비롯해 많은 건물을 지었다. 그 뒤 은색의 누각 칸논덴을 짓기 시작했지만 아시카가 요시마사가 완성을 보지 못하고 사망하면서 지금까지 은빛 건물은 찾아볼 수 없다. 요시마사가 사망한 후 그의 유언에 따라 별장은 사찰로 바뀌었다. 지쇼지는 요시마사의 법명에서 따온 이름이다. 이후 1550년에 벌어진 전투로 절은 칸논덴과 도구만 남기고 모두 소실되었다. 에도 시대에 도쿠가와 이에야스의 명으로 여러 누각과 정원의 건축과 보수가 이루어지며 지금의 모습을 갖추었다. 긴카쿠지라는 이름은 훗날 사람들이 아시카가 요시마사가 칸논덴을 은박으로 덮으려 했던 것을 기려 칸논덴을 긴카쿠라 불렀고, 사찰도 긴카쿠지라는 이름으로 부르게 되었다.

구글 지도 지쇼지

5·17·32·203·204번 시버스 승차 후 긴카쿠지미치 정류장 하차, 도보 10분 ☎ 075-771-5725 ⏰ 3월 1일~11월 30일 08:30~17:00, 12월 1일~2월 28일 09:00~16:30 연중무휴 고등학생 이상 500¥, 초등·중학생 300¥ www.shokoku-ji.jp/ginkakuji

ZOOM — IN

긴카쿠지 핵심 볼거리

1	**칸논덴(긴카쿠)** 観音殿(銀閣)	지쇼지라는 원래 명칭보다 더 유명한 긴카쿠지(은각사)라는 별칭으로 부르게 된 이유이자 상징 같은 건물이다. 조그만 연못과 어우러진 2층짜리 목조건물로 유일하게 현존하는 무로마치시대 누각 정원 건축물로 알려졌다. 1층은 신쿠우덴, 2층은 조온카쿠라는 이름이 붙어 있다. 일본의 국보이자 세계문화유산으로 지정되었다.	
2	**호조** 方丈	지쇼지(긴카쿠지)의 본당 건물로 에도시대 초기에 지은 것이라 전해진다. 내부에는 석가모니불을 본존불로 모시고 있다. 호조 내부에서 눈길을 끄는 것은 에도시대 화가인 이케노 다이가와 요사 부손이 미닫이문과 벽마다 그린 수묵화다. 현재 붙어 있는 그림은 원본이 아니고 고화질로 복제한 것이다.	
3	**도구도** 東求堂	긴카쿠지를 세운 아시카가 요시마사의 염지불(사실에 모셔두거나 몸에 지니며 항상 공양하는 작은 불상)을 모신 불당이다. 칸논덴과 함께 창건 초기부터 존재했던 불당으로 원래 본존으로 아미타삼존을 모셨다. 현재 내부엔 요시마사의 동상과 서재가 있다. 일본의 국보로 지정되었으며, 도구도의 모습이 비치는 연못과 어우러진 풍경이 아름답다.	
4	**긴샤단 & 코게츠다이** 銀沙灘 & 向月台	긴샤단은 호조 앞에 넓게 은빛 모래를 깔아 만든 카레산스이 양식의 정원이다. 모래가 물결을 이루듯 가장자리는 우아한 곡선을 이루고 평평하게 다듬은 윗면엔 패턴이 그려져 있다. 한쪽에는 윗부분이 평평하게 깎인 원뿔형 모래더미 코게츠다이가 있다. 코게츠다이에 올라앉아 동산에 떠오르는 보기 위해 만들었다는 설이 전해진다.	
5	**전망대**	전망대 도구도 앞 연못 옆 언덕으로 오르는 길을 따라 잠시 걸으면 긴카쿠지 경내를 조망할 수 있는 전망대가 나온다. 카레산스이 양식의 정원을 가운데 두고 왼쪽의 칸논덴(긴카쿠)과 오른쪽 호조까지, 아름다운 긴카쿠지의 풍경이 한눈에 들어온다.	

사진제공 : 나코우치 나오히코

테츠가쿠노미치(철학의 길)
哲学の道
MAP P.361C
VOL.1 P.075

긴카쿠지 진입로 입구 부근부터 구마노냐쿠오지 신사 앞까지 수로를 따라 남쪽으로 1.5km가량 이어진 길. 일본의 유명한 철학자 니시다 기타로가 매일 교토 대학교로 가면서 명상을 즐기던 길이어서 '철학의 길'이라는 이름이 붙었다. 수로를 따라 벚나무를 빼곡하게 심어 봄이면 벚꽃이 터널을 이루는 장관을 연출한다.

구글 지도 철학의 길

5·17·32·203·204번 시버스 승차 후 긴카쿠지미치 정류장 하차, 도보 7분 / 24시간 / 연중무휴 / 무료

신뇨도
真如堂
MAP P.361C

984년에 창건된 천태종 사찰로 정식 명칭은 레이쇼잔 신쇼고쿠라쿠지다. 봄엔 벚꽃이, 가을엔 붉은 단풍이 경내를 물들이는데, 특히 단풍에 둘러싸인 산주노토의 풍경이 아름답다. 유료 입장 구역인 카레산스이 양식의 정원은 누워 있는 석가모니와 불제자들의 모습, 갠지스강을 석조물로 표현한 것이다.

구글 지도 진정극락사(진여당)

5·32·93·203·204번 시버스 승차 후 신뇨도마에 정류장 하차, 도보 9분 / 075-771-0915 / 09:00~16:00 / 부정기 / 무료(서원·정원 고등학생 이상 500¥, 중학생 400¥) / www.shin-nyo-do.jp

호넨인
法然院
MAP P.361C

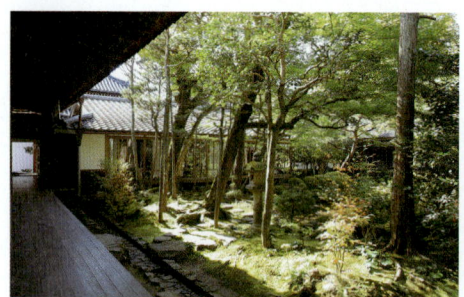

1680년에 세운 사찰. 규모가 크지 않지만 붐비지 않아 고즈넉한 일본 사찰의 아름다움을 즐기기 좋다. 일본의 유명한 소설가 타니자키 준이치로의 무덤이 있는 곳으로 잘 알려졌으며 가을철 단풍도 아름답다. 가람 내부는 공개하지 않지만 4월 1~7일, 11월 1~7일, 연 2회 일반에게 공개된다. 철학의 길에서 가까워 산책 중 잠시 들르기 좋다.

구글 지도 법연원(호넨인)

5·17·32·93·203·204번 시버스 승차 후 긴린샤오코마에 정류장 하차, 도보 11분 / 075-771-2420 / 06:00~16:00 / 연중무휴 / 무료(봄가을 가람 특별 공개 800¥) / www.honen-in.jp

에이칸도
永観堂
MAP P.361C
VOL.1 P.085

진언종 창시자 쿠카이가 853년에 창건한 고찰. 교토 최고의 단풍 명소 중 하나로 다른 곳에 비해 특히 빨간 단풍색이 곱다. 고개를 왼쪽으로 돌린 불상 아미타여래의 전설도 유명하다. 승려 에이칸이 염불을 외는데 아미타여래상이 불단에서 내려왔다. 그러고는 놀라는 에이칸에게 고개를 돌리며 "에이칸, 느리군"이라 말했다고 전해진다.

구글 지도 젠린지(에이칸도)

5번 시버스 승차 후 난젠지·에이칸도미치 정류장 하차, 도보 5분, 또는 32번 시버스 승차 후 미야노마에초 정류장 하차, 도보 5분 / 075-761-0007 / 09:00~17:00(입장은 16:00까지) / 연중무휴 / 어른 600¥, 초·중·고등학생 400¥ / www.eikando.or.jp

난젠지
南禅寺

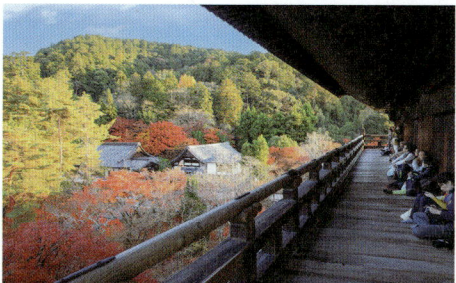

카메야마 왕이 모친의 별궁으로 지은 것을 1291년에 선종 사찰로 기증한 곳. 중요문화재로지정되었으며 일본 3대 산문 중 하나인 거대한 산문의 2층 난간에 오르면 경내 풍경을 감상할 수 있다. 카레산스이식 정원과 내부 여러 벽화가 그려진 방장은 일본의 국보로 지정돼 있다. 경내는 붉은색 벽돌로 만든 수로가 지나며 여러 포토 스폿을 만든다.

구글 지도 남선사(난젠지)

ⓕ 지하철 토자이선 케아게역 1번 출구에서 도보 7분 ⓣ 075-771-0365 ⓞ 3월 1일~11월 30일 08:40~17:00, 12월 1일~2월 28일 08:40~16:30 ⓗ 12월 28일~31일 ⓟ 호조테이엔 어른 600¥ / 산문 어른 600¥ / 난젠인 어른 400¥ ⓦ https://nanzenji.or.jp

헤이안 진구
平安神宮

헤이안 천도 1100년을 기념해 1895년에 세운 신궁. 어머니가 백제 무령왕의 후손으로 알려진 간무 왕과 헤이안쿄의 마지막 왕인 고메이 왕을 제신으로 모신다. 참배 공간뿐 아니라 결혼식 장소로도 사용된다. 신전을 둘러싼 4개의 정원으로 이루어진 신엔은 헤이안쿄 조경 기법을 집대성해 계절마다 아름다운 풍경을 보여준다.

구글 지도 헤이안 신궁

ⓕ 5·46·86번 시버스 승차 후 오카자키코엔비주츠칸·헤이안 진구마에 정류장 하차, 도보 5분 ⓣ 075-761-0221 ⓞ 06:00(신엔 08:30)~18:00(3월 15일~9월 30일, 그 외 시즌에 따라 17:00 또는 17:30에 폐관) ⓗ 연중무휴 ⓟ 경내 무료 / 신엔 어른 600¥, 어린이 300¥ ⓦ www.heianjingu.or.jp

오카자키 공원
岡崎公園

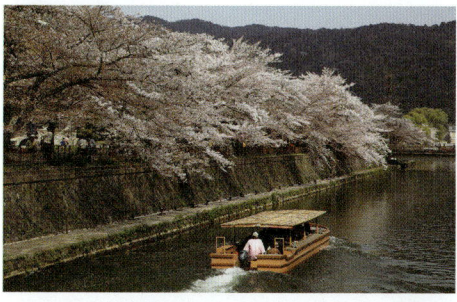

1895년에 박람회장으로 사용된 부지를 공원으로 조성한 곳이다. 입구에 주홍색의 거대한 토리이가 눈에 띈다. 교토를 대표하는 종합 공원으로 거대한 규모를 자랑한다. 공원 내에는 박물관과 미술관, 도서관, 동물원, 야구장 등 다양한 문화 시설이 들어서 있다. 봄철 공원 주변의 수로를 따라 핀 벚꽃을 감상하며 즐기는 뱃놀이도 빼놓을 수 없다.

ⓕ 5·46·86번 시버스 승차 후 오카자키코엔비주츠칸·헤이안 진구마에 정류장 하차 ⓞ 24시간 ⓗ 연중무휴 ⓟ 무료 ⓦ www.kyoto-okazaki.jp

교토시 쿄세라 미술관
京都市 京セラ美術館

1933년에 건립된 공립미술관. 옛 이름은 '교토시 미술관'이었는데, 2017년에 시작한 리노베이션에 쿄세라에서 거액을 지원하며 미술관 명칭에 50년간 회사의 이름을 붙이기로 계약했다고 한다. 주로 교토 출신의 일본 근현대 작가의 작품을 대거 소장하고 있으며, 교토에서 가장 중요하고 규모 큰 전시는 대부분 이곳에서 열린다.

구글 지도 교토시교세라미술관

ⓕ 지하철 토자이선 히가시야마역에서 도보 약 7분 ⓣ 075-771-4334 ⓞ 화~일요일 10:00~18:00 ⓗ 월요일, 연말연시 ⓟ 상설전 - 일반 730¥ 대학생 300¥ 초·중·고등학생 무료, 기획전 - 전시마다 다름(1500~2500¥선) ⓦ kyotocity-kyocera.museum/kr

교토국립근대미술관
京都国立近代美術館   MAP P.361C

일본의 근현대 미술을 중심으로 다양한 작품을 소장·전시하는 교토의 공립 미술관. 1963년에 개관했으며, 회화·조각·공예·사진 등 근대 미술 작품 약 13,000점을 소장하고 있다. 상설전 및 다양한 기획전을 통해 칸사이 지역의 현대 미술을 조망한다. 일본의 유명 건축가인 마키 후미히코가 설계한 건물도 좋은 볼거리.

구글 지도 **교토국립근대미술관**

ⓕ 쿄세라 미술관 맞은 편 ⓣ 075-761-4111 ⓗ 화~일요일 09:30~17:00, 기획전 기간 중 금요일 09:30~20:00 ⓗ 월요일, 연말연시 ⓟ 상설전 - 일반 430¥ 대학생 130¥ 초·중·고등학생 무료, 기획전 - 전시마다 다름 (1000~2000¥선) ⓦ www.momak.go.jp

후카
楓花   MAP P.361C

노부부가 운영하는 작지만 정갈한 느낌의 식당이다. 창밖으로 보이는 정원 풍경도 마음이 평화로워지게 한다. 밥 위에서 몽글몽글하게 익힌 달걀과 버터, 소스가 섞여 주르륵 흘러내리는 오므라이스의 비주얼은 보는 것만으로도 군침이 흐른다. 하이라이스나 함박스테이크가 더 맛있다는 사람들도 있으니 일행이 여럿이면 나눠 먹는 것도 좋다.

구글 지도 **후카 긴카쿠지**

ⓕ 긴카쿠지미치 버스정류장에서 도보 10분 ⓣ 075-771-5538 ⓗ 11:30~14:30(L.O) ⓗ 화~수요일, 1월 1일~5일+부정기 ⓟ 후와토로오므라이스 1500¥ ⓦ 없음

카페 치코로
Cafe Chikoro   MAP P.361C

지은 지 100여 년 된 고민가 카페. 식당 주인의 조부모가 거주했던 주택을 개조해 2023년에 카페를 개업했다. 텃밭에서 직접 기른 유기농 채소로 만든 음식을 밥상에 올린다. 많은 손님을 받을 수 없어 음료와 디저트 메뉴를 제외한 식사메뉴는 전화나 인스타 DM을 통해 사전 예약을 받는다. 영어와 일어가 가능하다.

구글 지도 **Café Chikoro**

ⓕ 긴카쿠지미치 버스정류장에서 도보 10분 ⓣ 050-3595-7417 ⓗ 11:00~16:00 ⓗ 화~수요일, 일요일, 공휴일 ⓟ 런치 단품 1200¥, 오가닉 커피 550¥ ⓦ www.instagram.com/cafe_chikoro

갓포 카츠타케
割烹 かつ竹   MAP P.361C

칸사이에서 즐겨 먹는 음식인 오차즈케 전문 식당. 오차즈케는 말 그대로 뜨거운 녹차에 밥과 츠케모노라 부르는 식재료를 말아 먹는 음식을 말한다. 작은 식당이지만 일본 전통 음악이 잔잔하게 흐르는 분위기에 할머니 주인장이 내주는 음식이 꽤 맛있다. 맛있게 먹으려면 밥을 국물에 말고 취향껏 와사비와 소금을 넣어 먹자.

ⓕ 5·17·32·203·204번 시버스 승차 후 긴카쿠지미치 정류장(시버스) 하차, 도보 5분 ⓣ 075-752-1189 ⓗ 11:30~15:00, 17:00~22:00(저녁은 하루 전까지 예약) ⓗ 월요일(공휴일인 경우 영업), 1월 1~3일 ⓟ 하모차즈케 1500¥ ⓦ https://kappokatsutake.wixsite.com/website

긴후쿠
銀福
MAP P.361C

교토에 왔으니 전통 교토식 음식을 맛보겠다는 여행자라면 한번쯤 들러볼만한 곳. 다다미가 깔린 2층 좌석은 일본의 전통 숙소인 료칸을 연상케 한다. 대표메뉴인 니신동(청어덮밥)과 소바, 도시락이 있다. 니신동은 간장소스에 버무린 밥 위에 니신을 얹어 나온다. 세트메뉴는 보기보다 양이 많으며 생선의 비린 맛을 싫어하는 사람에게는 비추.

구글지도 Ginfuku

- 긴카쿠지미치 버스정류장에서 도보 6분 ☎ 075-771-5770 ⓒ 11:30~18:00(재료 소진 시 종료) ⓗ 매주 1회 부정기 ⓦ 니신돈부리세트 1250¥
  ⓦ www.ginfuku.com

오멘 긴카쿠지 본점
おめん 銀閣寺本店
MAP P.361C

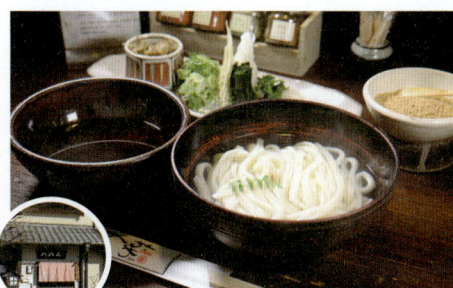

양념 국물에 원하는 만큼 참깨와 채소를 넣고 면을 국물에 찍어 먹는 츠케멘 스타일의 우동을 판매하는 식당. 이런 방식의 우동은 군마현에서 기원한 것이라 한다. 오멘 おめん이라는 식당 이름도 그 지역의 방언으로 면을 뜻하는 오멘 御麺에서 가져온 것. 냉·온면을 고를 수 있고 사바(고등어) 스시, 덴푸라 등과 어우러진 세트 메뉴도 있다.

- 5·17·32·203·204번 시버스 승차 후 긴카쿠지미치 정류장 하차, 도보 10분 ☎ 075-771-8994 ⓒ 평일 10:30~18:00(L.O 17:30), 주말, 공휴일 10:30~15:30(L.O), 17:00~20:00(L.O) ⓗ 목요일, 부정기(홈페이지에 공지) ⓦ 오멘(냉·온) 1350¥ ⓦ https://omen.co.jp

더 다이너
The Diner
MAP P.361C

철학의 길을 따라 걷다가 만날 수 있는 힙한 분위기의 샌드위치 식당. 교토의 전통 가옥과 바를 섞어놓은 듯한 독특한 분위기다. 어느 것을 골라도 실패하지 않을 것 같은 네 가지 맛의 샌드위치를 시작으로 사이드 메뉴와 술을 포함한 다양한 종류의 드링크류가 메뉴판을 가득 채운다. 샌드위치를 테이크 아웃 하는 경우엔 가격이 더 저렴하다.

구글지도 THE DINER

- 긴린샤코마에 버스정류장에서 도보 7분 ☎ 없음 ⓒ 12:00~18:00 ⓗ 수요일, 12월 31일~1월 6일+부정기 ⓦ 치즈스테이크샌드위치 1540¥
  ⓦ www.instagram.com/the_diner_kt

보타닉 커피 교토
Botanic Coffee Kyoto
MAP P.351C

평범한 건물 외관의 카페지만 문을 열고 안으로 들어서는 순간 180도 달라지는 분위기가 반전이다. 수십 년 된 서양의 가정집을 옮겨놓은 듯한 카페 분위기와 30년 이상 되었다는 유럽 앤틱 스타일의 식기가 시선을 끈다. 누구나 읽을 수 있도록 비치한 책도 편안한 느낌이다. 커피를 비롯한 음료와 팬케이크, 파이 등 먹거리도 충실하다.

- 신뇨도마에 버스정류장에서 도보 6분 ☎ 075-366-4723 ⓒ 09:00~17:30(L.O) ⓗ 월요일+부정기 ⓦ 아메리카노 커피 700¥, 카페오레 750¥
  ⓦ www.instagram.com/botanic_coffee_kyoto

히노데 우동
日の出うどん
MAP P.361C
VOL.1 P.107

짧은 영업시간, 언제 가도 서 있는 줄 때문에 부지런해야 맛볼 수 있는 우동 전문 식당. 일본 영화 <어제 뭐 먹었어?> 촬영지이기도 하다. 대표 메뉴는 카레 우동으로 소고기, 닭고기, 두부, 미역 등의 토핑으로 메뉴를 구분한다. 면은 우동 면과 메밀 면, 중화 면 중 선택 가능하다. 카레 우동 외에도 다양한 종류의 우동이 있다.

F 5번 시버스 승차 후 난젠지·에이칸도미치 정류장 하차, 도보 7분, 또는 32번 시버스 승차 후 미야노마에초 정류장 하차, 도보 2분 T 075-751-9251 H 11:00~15:30 일요일, 첫째·셋째 주 월요일 P 소고기카레우동 1200¥, 닭고기카레우동 1200¥

모안
茂庵
MAP P.361C
VOL.1 P.141

철학의 길에서 약간 떨어진 곳에 위치한 야트막한 산 위에 숨듯이 자리한 카페. 20세기 초에 다실로 만든 목조건물을 개조해 만들었다. 매우 조용하고 고즈넉하며 단아한 분위기가 가득하다. 수다와 과도한 사진 촬영을 금한다는 것을 염두에 둘 것. 각종 음료와 간단한 디저트를 판매한다. 교토다운 고요함을 즐기고 싶은 사람에게 추천.

F 킨린샤코마에 정류장에서 도보 15~20분 T 075-761-2100 H 수~일요일 12:00~16:30 월·화요일 P 각종 음료 1100¥, 디저트(음료와 세트로 주문해야 함) 400~700¥ W https://mo-an.com

혼케 니시오 야츠하시 본점
本家西尾八ッ橋 本店
MAP P.361C

1689년에 창업한 전통 과자점. 교토의 대표적인 전통 과자인 '야츠하시 八ッ橋'로 유명하다. 19세기에 교토역에 철도가 개통했을 때 가장 먼저 생긴 기념품 가게가 바로 니시오의 매장이었다고 한다. 얇은 피 안에 팥이 들어간 전통 야츠하시를 비롯해 다양한 야츠하시를 선보이며, 야츠하시 맛 아이스크림도 맛볼 수 있다.

F 교토 시영 버스 5, 100, 110번을 타고 '쿠마노진자마에(熊野神社前)'에서 하차한 뒤 도보 5분 이내 T 075-761-0131 H 08:00~17:00 연중무휴 P 각종 야츠하시 500~2000¥, 야츠하시 아이스크림 250¥ W www.8284.co.jp

블루보틀 커피 교토 카페
Blue Bottle Coffee Kyoto Café
MAP P.361C
VOL.1 P.135

블루보틀의 교토 대표 매장이자 교토 1호점. 난젠지 부근에 자리해 다른 지점과 구분할 필요가 있을 때는 '난젠지점'이라고도 하나, 정식 명칭은 '블루보틀 커피 교토'다. '쿄마치야(옛 교토 전통식 주택)' 두 채를 개조해 카페로 꾸민 곳으로, 두 건물 사이의 야외와 각 건물 내부에 좌석이 있다. 고풍스러우면서도 개방감 있는 것이 특징이다.

F 지하철 토자이선 케아게역 2번 출구에서 도보 8분 H 09:00~18:00 부정기 P 각종 커피 550~660¥ W bluebottlecoffee.jp

효테이 별관
瓢亭 別館

MAP P.361C
VOL.1 P.123

미슐랭 3스타에 빛나는 교토의 유명 요정 효테이의 별관으로, 아침 식사와 점심 벤토 전문으로 운영한다. 특히 이곳의 아침 죽은 교토 조식 문화의 최고봉이라고 할 정도로 수준이 높다. 최고급 쌀로 정성껏 쑨 죽에 진한 가쓰오부시 소스를 뿌려서 먹는데, 맛이 완벽한 조화를 이룬다. 전화 예약 필수이므로 숙박 중인 숙소에 예약을 부탁하자.

구글 지도 효테이 본점

F 지하철 토자이선 케아게역 2번 출구에서 도보 8분 ☎ 075-771-4116 ⓞ 금~수요일 조식 08:00~10:00(L.O), 점심 벤토 12:00~14:30(L.O) H 목요일 ₩ 아침 죽 정식 5445¥ w http://hyotei.co.jp

교토교엔 주변

SIGHTSEEING →

교토교엔
京都御苑

MAP P.360A

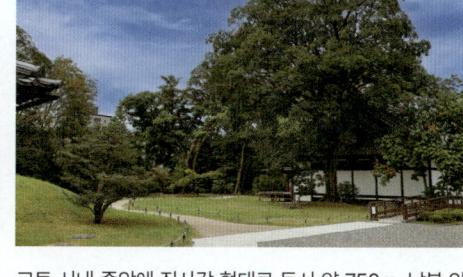

교토 시내 중앙에 직사각 형태로 동서 약 750m, 남북 약 1.4km 규모로 조성된 공원. 공원이 교토고쇼와 센토교쇼를 둘러싸고 있어 방대한 넓이를 짐작케 한다. 왕이 거주하던 당시엔 고쇼 주변에 군주의 집과 관청 등의 건물이 있었으나, 왕이 거처를 도쿄로 옮기며 공원으로 조성됐다. 녹음 사이를 걸으며 조용히 산책을 즐기기 좋다.

F 지하철 카라스마선 마루타마치역 1번 출구에서 도보 2분, 또는 이마데카와역 3번 출구에서 도보 3분 ☎ 075-211-6364 ⓞ 24시간 H 연중무휴 ₩ 무료 w https://fng.or.jp/kyoto

교토고쇼
京都御所

MAP P.360A

1331년 고곤왕의 즉위 때부터 메이지유신까지 일왕이 거주하던 곳. 즉위식 등 여러 의식이 행해지던 시신덴을 비롯해 여러 건물과 정원이 주요 볼거리다. 쇼다이부노마는 유리를 통해 내부도 볼 수 있다. 가이드 투어 참여는 사전 신청이 필요하나 자유 관람은 예약이 필요 없다. 홈페이지에서 한국어 음성 가이드 앱을 다운로드 할 수 있다.

F 지하철 카라스마선 이마데카와역 3번 출구에서 도보 10분 ☎ 075-211-1215 ⓞ 09:00~17:00 가이드 투어 일어 09:30·10:30·13:30·14:30, 영어 10:00·14:00 H 월요일(공휴일인 경우 다음 날), 12월 28일~1월 4일, 궁내 행사일 ₩ 무료 w https://sankan.kunaicho.go.jp/guide/kyoto.html

교토 센토고쇼
京都仙洞御所

MAP P.360A

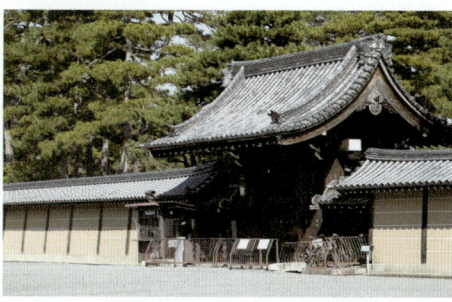

일본의 상왕(퇴위한 왕)이 거주하던 곳. 1630년에 퇴위한 고미즈노 왕을 위해 건립되었다. 1854년에 고텐(왕의 거처)이 소실된 후 재건되지 않아 건물보다 정원이 주요 볼거리다. 자유 관람이 불가해 사전 신청 후 가이드 투어만 가능하다. 가을 단풍과 어우러진 연못 주변 풍경이 특히 아름답다. 무료로 한국어 음성 가이드를 대여할 수 있다.

구글 지도 센토고쇼

F 지하철 카라스마선 마루타마치역 1번 출구에서 도보 12분 ☎ 075-211-1215 ⓞ 09:30·11:00·13:30·14:30·15:30(일 5회) H 월요일(공휴일인 경우 다음 날), 12월 28일~1월 4일, 궁내 행사일(홈페이지에 공지) ₩ 무료 w https://sankan.kunaicho.go.jp/guide/sento.html

니조 성
二条城

MAP P.360A

1598년 도요토미 히데요시가 사망하고 휘하에 있던 도쿠가와 이에야스가 세키가하라 전투 이후 실권을 장악하게 된다. 1603년에는 일왕으로부터 세이타이 쇼군으로 임명되며 에도(도쿄의 옛 이름) 막부의 초대 쇼군이자 최고 권력자의 자리에 올랐다. 1603년에 완공된 니조 성은 에도 막부가 교토고쇼에 거처하는 일왕의 경비와 도쿠가와 이에야스가 교토를 방문할 때 거처로 사용하기 위해 만든 것이다. 일본의 국보인 니노마루고텐과 성내 여러 건축물이 중요문화재로 지정되었다. 니조 성에서는 텐슈카쿠(천수각)의 모습을 볼 수 없다. 원래 6층짜리 건물이 있었지만 1750년에 낙뢰로 소실된 후 재건되지 않았다. 현재는 텐슈카쿠의 기초에 해당하는 이시가키 石垣만 남아 성의 전경을 둘러볼 수 있는 전망대 역할을 하고 있다. 별도 유료 입장 구역인 니노마루고텐과 텐슈카쿠가 있던 자리인 혼마루 구역, 해자를 따라 이어진 정원 구역으로 이루어져 있다. 벚꽃이 만발하는 봄철 정원의 풍경이 특히 아름답다. 유네스코 세계문화유산으로 지정되었다.

🅿 지하철 토자이선 1번 출구에서 도보 3분, 또는 9·12·50번 시버스 승차 후 니조조마에 정류장 하차, 도보 2분 ☎ 075-841-0096 ⏰ 08:45~17:00(입장은 16:00까지) 🏥 12월 29일~31일(니노마루고텐은 1·7·8·12월 화요일, 12월 26일~28일, 1월 1~3일, 공휴일인 경우 다음 날) 💴 니조 성 어른 800¥, 중·고등학생 400¥, 초등학생 300¥ / 니조 성+니노마루고텐 어른 1300¥, 중·고등학생 400¥, 초등학생 300¥ 🌐 https://nijo-jocastle.city.kyoto.lg.jp

---

ZOOM IN

니조 성 핵심 볼거리

1. 니노마루고텐 二の丸御殿
도쿠가와 이에야스의 거처로 사용하던 건물. 6개 건물로 이루어져 있으며, 내실의 넓이는 다다미 800장 이상 규모라고 한다. 벽에는 황금색을 배경으로 한 벽화로 장식되어 화려하기 그지없다. 나무와 못을 사용해 만든 니노마루고텐의 복도는 사람이 밟을 때마다 새소리 같은 소리가 나도록 만들었다. 이는 도쿠가와 이에야스의 거처에 사람이 들고 날 때 알 수 있도록 해 침입에 대비한 것이라고 한다.

2. 혼마루고텐 本丸御殿
니노마루고텐이 완성된 이후 에도막부의 3대 쇼군인 도쿠가와 이에미츠가 성의 서쪽을 확장해 1626년에 완공했다. 원래의 건물은 소실됐고 현재의 혼마루고텐은 1894년에 교토고쇼에 있는 궁전의 일부를 옮겨온 것이다. 일왕 등 외부의 중요한 손님을 접객하거나 정무를 본 뒤 휴식을 취하기 위한 공간 등이 있다.

3. 정원 庭園
니조 성의 정원은 니노마루 정원과 혼마루 정원, 성 전체를 둘러 이어지는 정원이 있다. 니노마루 정원은 연못 중앙에 작은 섬을 두고 다리로 연결해 정원을 둘러볼 수 있게 한 것이 일본식 정원의 특징을 잘 보여준다. 방문객의 카페로 이용하는 와라쿠안과 식사나 결혼식장으로 사용되기도 하는 코운테이가 있는 세류엔의 풍경도 아름답다.

도시샤 대학
同志社大学　　MAP P.360A

메이지시대 교육자이자 크리스트교 전도사였던 니시마 조가 1875년에 세운 학교. 캠퍼스가 크지 않지만, 붉은색 벽돌과 시계탑, 예배당 등 예쁘고 낭만적인 요소로 가득하다. 우리나라에는 시인 윤동주가 유학했던 학교로 잘 알려졌다. 캠퍼스 내에 윤동주와 '향수'로 유명한 정지용의 시비가 있어 지금도 한국인의 발길이 끊이지 않는다.

Ⓕ 지하철 카라스마선 이마데카와역 3번 출구에서 도보 1분　Ⓣ 075-251-3120　Ⓞ 24시간　Ⓗ 연말연시　￥ 무료　Ⓦ www.doshisha.ac.jp

쿤주칸
薫習館　　MAP P.360A

전통 향 전문점인 '쇼에이도 松栄堂'가 운영하는 향 체험관. 기본적인 인센스 스틱부터 사향이나 용뇌 등 고급 향료의 향까지 다양하고 재미있는 방법으로 체험해 볼 수 있다. 규모가 크지는 않으나 체험 방법이 신선하고 재미있어 평소 향에 관심이 있다면 매우 유익하게 즐길 수 있다. 공예나 미술 작품의 소규모 전시도 열린다.

구글지도 훈습관

Ⓕ 지하철 카라스마선 카라스마오이케역에서 니조 성 방향으로 도보 약 5분　Ⓣ 075-212-5590　Ⓞ 10:00~18:00　Ⓗ 연말연시　￥ 무료　Ⓦ kunjyukan.jp

---

EATING →

료쿠주안시미즈
緑寿庵清水　　MAP P.361C

1847년에 개업한, 일본에서 유일한 콘페이토(별사탕) 가게. 콘페이토는 포르투갈에서 일본으로 전해진 후 왕족과 귀족, 고급 무사가 먹는 귀한 과자로 인기를 얻었다. 다양한 재료를 사용해 오랜 시간에 걸쳐 수제로 만드는데, 맛과 색이 다른 종류가 60가지가 넘는다. 설탕을 넣지 않고 굳혀 많이 달지 않고 재료의 맛을 잘 표현한다.

Ⓕ 케이한 본선·에이잔 전철 본선 데마치야나기역 2번 출구에서 도보 8분, 또는 3·17·201·203·206번 시버스 승차 후 하쿠만벤 정류장 하차, 도보 2분　Ⓣ 075-771-0755　Ⓞ 10:00~17:00　Ⓗ 수요일(공휴일인 경우 영업)　￥ 고부쿠로(작은 주머니) 750¥　Ⓦ www.konpeito.co.jp

오모노사토
おもの里　　MAP P.360A

동네 주민이 주로 찾는 카페 겸 도시락 식당. 작은 테이블 5개가 놓인 작은 규모지만 가정집 같은 조용하고 편안한 분위기가 돋보인다. 일주일에 한번씩 식단이 바뀌는 도시락은 직접 지은 밥과 화학조미료를 사용하지 않고 농가에서 구입한 유기농 채소와 건강한 식재료를 사용해 만든 반찬을 곁들인다. 카페 메뉴로 음료와 디저트류가 있다.

구글지도 Omonosato

Ⓕ 지하철 카라스마선 이마데카와역 6번 출구에서 도보 3분　Ⓣ 075-777-7604　Ⓞ 11:30~16:00(L.O)　Ⓗ 토~월요일, 골든위크, 오봉, 연말연시 (부정기)　￥ 도시락 1150¥, 아이스커피 500¥　Ⓦ www.instagram.com/lunchbox_and_cafe_tadaima

치쿠유안타로아츠모리
竹邑庵太郎敦盛

MAP P.360A

테이블과 다다미석이 마련된 실내는 지인의 가정집에 놀러 온 듯 편안한 분위기의 식당. 껍질째 갈아낸 메밀로 면을 뽑아 면의 색이 진한 갈색을 띤다. 메뉴는 세 종류의 소바. 날달걀과 구조 파를 담은 그릇에 국물을 붓고 잘 저어 메밀면을 국물에 담갔다 먹는 방식이다. 함께 나오는 우메보시(매실 장아찌)도 입맛을 돋운다.

지하철 카라스마선 마루타마치역 2번 출구에서 도보 2분 ☎ 075-256-2665 ⓗ 11:00~14:30 일요일, 공휴일 아츠모리 소바 1050¥, 옷카케 사라 소바 1070¥

소쇼쿠카페 렌 호리카와쇼텐가이텐
素食カフェRen 堀川商店街店

MAP P.360A

대만식 음식 위주의 비건 식당. 요리에 고기와 생선, 달걀, 우유 등 동물성 재료와 고쿤(五葷)이라 부르는 자극성이 있는 5가지 채소를 사용하지 않는 것이 특징이다. 추천메뉴인 투데이 스페셜 플레이트는 밥과 몇 가지 반찬을 올린 비건 음식으로 무난한 맛을 보여준다. 채식을 좋아하지 않는다면 호불호가 있을 수 있다.

구글지도 Vegetarian Cafe Ren Horikawa

호리카와시모초자마치 버스정류장에서 도보 2분 ☎ 075-384-8112 11:00~19:00(L.O) 일요일 오늘의 스페셜 플레이트 1400¥ https://cafe-ren-horikawa.therestaurant.jp

니조코야
二条小屋

MAP P.360A
VOL.1 P.138

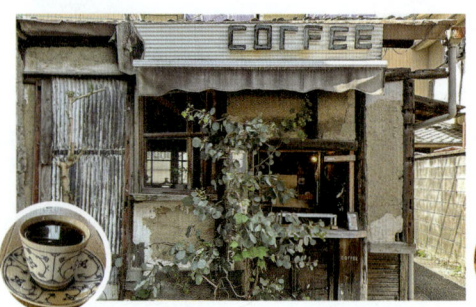

창고 또는 헛간처럼 보이는 허름하고 작은 공간이나, 알고 보면 지금 교토 최고의 핸드 드립 전문점으로 주목받는 곳이다. 바리스타가 마치 예술품을 만들듯 정성 들여 커피를 내린다. 한 번에 5~6명만 들어갈 수 있을 정도로 좁고 좌석이 없어 모두 서서 마셔야 한다. 테이크아웃으로 주문하면 전용 윈도에서 바리스타가 핸드 드립으로 내려준다.

니조 성 근처, 지하철 니조조마에역에서 도보 5분 ☎ 090-6063-6219 수~월요일 11:00~18:00 화요일, 부정기(페이스북에 고지) 커피(핫/아이스) 500~600¥ www.facebook.com/nijokoya

쿠라스 에비스가와
クラス エビスガワ

MAP P.360A

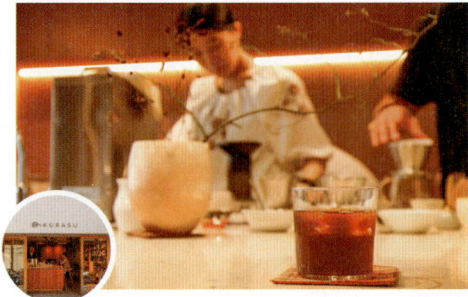

2020년에 개업해 교토 현지인들에게 입소문 난 카페. 머신을 사용하지 않고 카페에서 판매하는 홈브루잉 제품을 사용해 직접 내린 맛있는 커피를 판매한다. 카페 가운데 놓인 아일랜드 식탁에 스태프와 손님이 둘러앉아 이야기를 나누며 커피를 마실 수 있다는 것도 이 카페만의 즐거움이다. 스태프들의 친절함과 힙스러움을 경험해보시길.

지하철 카라스마선 마루타마치역 7번 출구에서 도보 7분 ☎ 없음 10:00~18:00 부정기 콜드브루 아이스 커피 600¥~, 맛차라떼 600¥ https://kurasu.kyoto

잇포도차호 교토혼텐
一保堂茶舗 京都本店

MAP P.360A

1717년에 차와 도자기 등을 취급하는 가게로 시작했지만 1846년에 '잇포도'라는 이름을 받으면서 전문 찻집이 되었다. 교토부와 나라현, 시가현의 산간지방에서 재배되는 차를 취급한다. 티백과 말차, 호지차, 이리반차 등 다양한 차 종류가 구비되어 있으며 다기를 포함한 차 관련 제품도 판매한다.

지하철 토자이선 교토시야쿠쇼마에역 3번 출구에서 도보 6분 ☎ 075-211-4018 ⏰ 10:00~16:30(L.O) 휴 둘째주 수요일, 1월 1일~3일 ₩ 맛차 우몬노무카시(코이차) 2420¥, 센차 호센 1650¥ 🌐 www.ippodo-tea.co.jp

멘바카 이치다이
めん馬鹿一代

MAP P.360A
VOL1 P.018

파를 듬뿍 얹은 라멘 위에 불이 활활 타오르는 기름을 끼얹어 불기둥이 치솟는 장관을 연출하는, 일명 '파이어 라멘'으로 각종 SNS에서 화제몰이를 하고 있는 명물 라멘집. 가격이 일반 라멘의 2~3배임에도 언제나 긴 줄이 늘어선다. 휴대폰을 직원에게 맡기면 알아서 거치대에 설치한 뒤 불쇼를 영상으로 남겨준다.

구글 지도 멘바카 파이어라멘

지하철 토자이선 니조조마에역에서 도보 약 10분, JR 산인선 니조역에서 도보 약 15분 ☎ 075-812-5818 ⏰ 11:00~21:00 휴 연중 무휴 ₩ 네기라멘 3300¥, 각종 세트 메뉴 4000~12000¥ 🌐 www.fireramen.com(예약 가능)

SHOPPING →

라 마드라그
la madrague

MAP P.360A
VOL1 P.019

'코로나 샌드위치'라는 이름의 거대한 달걀 샌드위치로 유명한 레트로 카페. 커피로 유명했던 '세븐' 카페와 샌드위치로 유명했던 '코로나' 카페의 장소와 메뉴를 물려받아 문을 열었다고 한다. 코로나 샌드위치는 양이 많아 혼자서는 다 먹기 힘든데, 남는 음식은 상자값을 별도로 지불하고 포장이 가능하다.

지하철 카라스마선 카라스마오이케역에서 도보 약 10분 ☎ 075-744-0067 ⏰ 8:00~18:00(재료 소진시 조기 종료) 휴 부정기 ₩ 코로나 샌드위치 990¥, 커피 및 음료 500~700¥ 🌐 madrague.info

라이프 니조역 스토어
LIFE Nijo Station Store

MAP P.360A
VOL1 P.207

실용적인 대형 슈퍼마켓 체인인 라이프의 대형 매장으로, JR 니조역 부근에 큰 규모로 자리하고 있다. 두 개의 층으로 이루어져 있는데, 1층은 식료품 매장이고 2층은 드러그 스토어와 문구·잡화점으로 구성되어 있다. 2층에서는 면세도 가능하다. 1층에서 판매하는 빵, 도시락, 샌드위치 등의 평가가 매우 좋다.

구글 지도 LIFE Nijo Station Store

JR 니조역에서 도보 약 5분, 지하철 토자이선 니조역 1번 출구에서 도보 약 2분 ☎ 075-821-1110 ⏰ 1층 09:00~24:00, 2층 09:00~22:00(드러그 스토어는 ~21:00) 휴 연중무휴 🌐 www.lifecorp.jp

SOUTHERN KYOTO
교토 남부

이 책에서는 JR 교토역을 기준으로 남쪽 히가시야마구와 후시미구, 그리고 교토역 인근을 교토 남부 지역으로 구분했다. 교토역은 토카이도·산요 신칸센을 비롯해 다른 도시로 운행하는 JR의 각 노선, 교토시 지하철, 하치조구치 터미널, 교토 시내 각 지역으로 운행하는 시내버스 승강장을 갖춘 교토 교통의 중심지로 교토 내 주요 관광지 또는 다른 도시로 이동하기 편리해 교토 여행의 거점으로 활용하기에도 좋은 지역이다. JR 교토역은 교토에서도 가장 현대적인 건축물로 꼽힌다. 기차역이자 백화점이며 지하 식당가까지 갖추어 그 자체로 대형 쇼핑몰이다.

교통 한눈에 보기

① 칸사이 국제공항→교토 남부	JR 특급 하루카(칸사이공항역-교토역)		80분~	3110¥(자유석)
	JR(칸사이공항역-오사카역-교토역)		117분	1910¥
	칸사이 공항 리무진 버스(칸사이국제공항-교토역 하치조구치 정류장)		88분~	2800¥
② 오사카→교토 남부	JR 특급 하루카(오사카역-교토역)		30분	1340¥(자유석)
	JR(산노미야역-오사카역-교토역)		29분	580¥
③ 고베→교토 남부	JR 특급 슈퍼 하쿠토(산노미야역-교토역)		46분	2310¥(자유석)
	JR(산노미야역-교토역)		52분	1110¥
④ 나라→교토 남부	JR(나라역-교토역)		44분	720¥
	킨테츠 전철(킨테츠나라역-교토역)		51분	760¥
⑤ 아라시야마→교토 남부	JR(사가아라시야마역-교토역)		16분~	240¥

*여행 팁 : JR 쾌속 및 신쾌속 전철 이용 시 출발지 역에서 목적지 역까지 표를 구입하는 것보다 중간 역에서 환승하면서 표를 나눠서 구입하면 좀 더 저렴하다.
예) 칸사이 국제공항-오사카(1210¥)-교토(580¥) / 산노미야-오사카(420¥)-교토(580¥)

교토 남부 지역 다니는 방법

WALK JR 교토역에서 교토 타워와 히가시혼간지까지는 도보로 이동 가능하다.

SUBWAY JR 교토역에서 토후쿠지나 후시미이나리타이샤에 갈 때 편하게 이용할 수 있다.

BUS JR 교토역에서 도지, 니시혼간지, 교토 철도 박물관, 산주산겐도 등의 관광지는 버스 이용이 편리하다.

TAXI JR 교토역을 기준으로 주요 관광지가 멀지 않은 거리이니 상황에 따라 이용해볼 만하다.

TO DO LIST

☐ 교토 라멘 코지에서 일본 전국에서 유명한 라멘 가게의 라멘 맛보기

☐ 산토리 맥주 공장 견학 프로그램 참여해 맥주 시음해보기

☐ 교토의 유명 양조장인 겟케이칸 오쿠라 기념관에서 니혼슈 맛보기

☐ 교토 철도 박물관에서 기차 운전 시뮬레이터 즐기고 증기기관차 열차 탑승해보기

☐ 교토 타워 전망대에서 교토 도심 전망 감상하기

☐ 후시미이나리타이샤에서 영화 <게이샤의 추억> 장면처럼 인생 사진 찍어보기

교토 남부 추천 코스

교토역 주변 코스 1

맥주에 관심이 없거나 예약을 하지 않은 경우, 아이와 동행한 가족이라면 산토리 맥주 공장 방문 일정을 빼도 된다. 봄철 야간 라이트업 기간에는 벚꽃과 어우러진 아름다운 토지의 풍경을 만날 수 있다.

| 소요 시간: 약 9시간 30분

교토역 주변 코스 2

니혼슈에 관심이 없다면 겟케이칸 오쿠라 기념관 일정은 빼도 좋다. 가을 단풍철 토후쿠지는 어마어마한 인파가 몰려 이동에 많은 시간이 걸리니 일정을 여유 있게 잡아야 한다. | **소요 시간 : 약 9시간**

케이한 전철 주쇼지마역 — 도보 7분 — ① 겟케이칸 오쿠라 기념관 — 도보 7분+케이한 전철 10분+도보 4분 — ② 후시미이나리타이샤

양조장 관람하고 시음해보기

토리이 길 걸으며 영화 속 장면처럼 기념사진 찍기

⑤ 교토 국립박물관 — 도보 1분 — ④ 산주산겐도 — 택시 6분 또는 도보 11분+버스 4분+도보 4분 — ③ 토후쿠지

수많은 전시물과 로댕의 '생각하는 사람' 조각상 감상하기

본당 내부에 있는 1000여 개의 불상 감상하기

극락으로 가는 다리 츠텐교를 걸어보고 4개의 정원 둘러보기

⑥ 귀 무덤

귀 무덤 둘러보기

JR 교토역 주변   SIGHTSEEING →

교토역
京都駅   P.405C

우메다 스카이 빌딩, 삿포로 돔 등의 건축물을 설계한 하라 히로시가 설계해 1997년에 완공한 건물. 기차역이지만 JR 이세탄 백화점을 비롯해 여러 가게와 음식점, 호텔이 입점해 있고 스카이웨이 전망대, 옥상에 야외 정원까지 갖춘 복합 쇼핑·문화 공간이기도 하다. 2층에 한국어 안내도 가능한 교토 종합 관광 안내소가 있다.

🚇 JR·지하철 카라스마선 교토역 하차, 또는 4·5·9·17·26·28·33·50·81·86·88·205·206·208번 시버스 승차 후 교토에키마에 정류장 하차 ☎ 075-361-4401 ⏰ 역 구내 24시간, 상업 구역은 가게마다 영업시간 다름 🗓 연중무휴 💰 무료 🌐 www.kyoto-station-building.co.jp

교토 타워
京都タワー   P.405C

JR 교토역 건너에 우뚝 솟은 흰색 전망 타워. 1953년에 완공돼 1964년에 신칸센 개통을 기념해 전망실을 만들었다. 지상 100m 높이의 타워 전망실에 오르면 주변 도심 풍경을 360도로 감상할 수 있다. 가까이는 토지와 기요미즈데라 등 유명 사찰이 보이고 날씨가 좋은 날은 멀리 오사카까지 보인다. 전망대에서 보는 교토의 야경이 아름답다.

🚇 교토 포르타(JR 교토역 북쪽 출구 앞 광장 지하상가) 2번 출구 앞 ☎ 075-361-3215 ⏰ 전망실 10:00~21:00(입장은 20:30까지) 🗓 부정기 💰 어른 900¥, 고등학생 700¥, 초등·중학생 600¥, 3세 이상 200¥ 🌐 www.kyoto-tower.jp

히가시혼간지
東本願寺   P.405C

정토진종 신슈오타니파의 본산으로 공식 명칭은 신슈혼보다. 1272년에 시작된 사찰이지만 에도시대 네 번의 화재로 소실돼 현재 건물은 메이지시대에 재건된 것이다. 사찰의 본당 코에이도는 가로가 76m, 높이 38m에 이르는 세계 최대의 목조건물이기도 하다. 아미타여래를 안치한 아미타도 내부는 기둥과 천장에 금색으로 장식돼 있다.

구글 지도 진종본묘(히가시혼간지)

🚇 5·26·86·205·206번 시버스 승차 후 카라스마나나조 정류장 하차, 도보 1분 또는 교토 포르타(JR 교토역 북쪽 출구 앞 광장 지하상가) 2번 출구에서 도보 6분 ☎ 075-371-9181 ⏰ 3~10월 05:50~17:30, 11~2월 06:20~16:30 🗓 연중무휴 💰 무료 🌐 www.higashihonganji.or.jp

쇼세이엔
涉成園   P.405C

히가시혼간지의 부속 정원. 에도막부 3대 쇼군인 도쿠카와 이에미츠가 기증한 부지에 조성되었다. 인케츠지 연못과 어우러진 다리와 건축물, 다실, 꽃과 나무가 쇼세이엔 13경이라 부르는 아름다운 풍경을 그려낸다. 봄, 가을 야간 라이트업 때는 색색의 조명을 받은 나무가 연못에 반영되는 황홀한 풍경을 마주할 수 있다.

🚇 교토 1번 출구에서 도보 12분 ☎ 075-371-9210 ⏰ 09:00~17:00(11~2월은 16:00까지, 입장은 종료 30분 전까지) 🗓 연중무휴 💰 어른 700¥, 고교생 이하 300¥ 🌐 www.higashihonganji.or.jp

니시혼간지
西本願寺 MAP P.405C

정토진종 혼간지파의 본산으로 공식 명칭은 혼간지다. 분리된 히가시혼간지와 구분하기 위해 니시혼간지라 부른다. 유네스코 세계문화유산으로 지정되었으며, 본당 고엔도와 여러 건물은 일본의 국보이기도 하다. 연못과 어우러진 비운카쿠는 킨카쿠, 긴카쿠와 함께 교토 3대 누각으로 꼽힌다. 가을엔 노랗게 물든 커다란 은행나무가 시선을 끈다.

🚌 9·28번 시버스 승차 후 니시혼간지마에 정류장 하차 📞 075-371-5181 🕐 05:30~17:00 📅 연중무휴 💰 무료 🌐 www.hongwanji.kyoto

토지
東寺 MAP P.405C

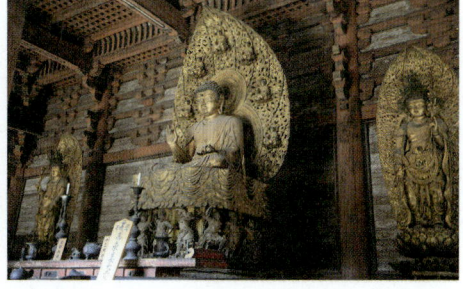

토지는 794년 헤이안쿄(교토의 옛 이름)로 천도할 무렵(794년) 사이지 西寺와 쌍을 이뤄 건립됐다. 토지는 현존하는 헤이안쿄의 유일한 유적으로, 유네스코 세계문화유산이기도 하다. 국보인 고주노토(오중탑)는 높이가 55m로 현존하는 목조탑 중 가장 높고, 내부엔 여러 불상을 모시고 있다. 매월 21일엔 경내에서 플리마켓 코보이치가 열린다.

🚌 207번 시버스 승차 후 토지히가시몬마에 정류장 하차, 도보 1분, 또는 202·207·208번 시버스 승차 후 구조오미야 정류장 하차, 도보 3분 📞 075-691-3325 🕐 05:00~17:00 📅 부정기 💰 경내 무료, 킨도·고도 500¥(보물전 기간 800¥, 라이트업 기간 1000¥) 🌐 https://toji.or.jp

교토 철도 박물관
京都鉄道博物館 MAP P.404A

우메코지 증기기관차관을 리뉴얼해 2016년에 개관했다. 현역에서 은퇴한 증기기관차부터 신칸센까지 실물 열차가 전시되어 있다. 1/80 스케일의 대형 철도 디오라마와 열차 운전 시뮬레이터는 '철덕'을 흥분시키기에 충분하다. 야외 전시관에서는 왕복 1km 구간을 운행하는 증기기관차 'SL 스팀호' 열차를 탑승해볼 수 있다.

🚌 33번 시버스 승차 후 우메코지코엔·교토테츠도하쿠부츠칸마에 정류장 하차 📞 0570-080-462 🕐 10:00~17:00(입장은 16:30까지) 📅 수요일, 12월 30일~1월 1일, 부정기 💰 어른 1500¥, 고등·대학생 1300¥, 초등·중학생 500¥, 3세 이상 200¥ 🌐 www.kyotorailwaymuseum.jp

교토 수족관
京都水族館 MAP P.405C

우메코지 공원에 있는 아쿠아리움. 일본의 천연기념물이자 세계 최대 양서류라 불리는 오산쇼우오(큰 도롱뇽)를 전시하는 곳이다. 500톤의 바닷물을 저장해 바닷속 풍경을 재현한 대수조, 수중과 육지에서의 펭귄 모습을 볼 수 있는 관람 시설 등을 갖췄다. 야외에서는 돌고래 공연도 관람할 수 있다. 아이와 함께 가볼 만하다.

🚌 33·58·86·88·205·206·207·208번 시버스 승차 후 나나조오미야·교토스이조쿠칸마에 정류장 하차, 도보 5분 🕐 10:00~18:00, 10:00~20:00, 09:00~20:00(시기, 요일에 따라 다름) 📅 연중무휴 💰 대학생 이상 2400¥, 고등학생 1800¥, 초등·중학생 1200¥ 🌐 www.kyoto-aquarium.com

산주산겐도
三十三間堂　　　　　　　　　MAP P.405C

1164년에 창건되었으며 정식 명칭은 렌게오인이다. 약 120m에 달하는 법당의 기둥 사이에 33칸이 있어 산주산겐도라 부른다. 일본의 국보인 본당은 세계에서 가장 긴 목조건물로도 인정받는다. 내부엔 일본의 국보로 지정된 1000개의 관음 입상과 1개의 관음 좌상, 풍신·뇌신상, 고대 인도에서 유래한 28신의 입상이 늘어서 장관을 이룬다.

86·88·206·208번 시버스 승차 후 하쿠부츠칸산주산켄도마에 정류장 하차, 도보 1분 075-561-0467 4월 1일~11월 15일 08:30~17:00, 11월 16일~3월 31일 09:00~16:00(입장은 15:30까지) 연중무휴 어른 600¥, 중·고등학생 400¥, 초등학생 300¥ www.sanjusangendo.jp

교토 국립박물관
京都国立博物館　　　　　　　MAP P.405C

도쿄 국립박물관, 나라 국립박물관과 함께 일본의 3대 박물관 중 하나로 꼽힌다. 비공개 구역인 메이지 고도관은 고풍스러운 서양식 건물로 1897년에 개관했다. 현대적인 건축물인 헤이세이 지신관에는 평상 전시와 특별 전시로 구분해 일본과 중국 등 동양의 도자기와 회화, 조각품, 불상, 공예품 등 다양한 미술품을 소개한다.

86·88·206·208번 시버스 승차 후 하쿠부츠칸산주산켄도마에 정류장 하차, 도보 1분 075-525-2473 09:30~17:00(입장은 16:30까지) 월요일(공휴일인 경우 다음 날), 연말연시 정원 어른 300¥ / 명품 갤러리 어른 700¥ / 특별전 어른 1800¥ www.kyohaku.go.jp

귀 무덤
耳塚　　　　　　　　　　　　MAP P.405C

임진왜란과 정유재란 때 일본군이 전승의 증거로 베어낸 조선인의 귀와 코를 묻은 무덤. 일본군은 공적을 인정받기 위해 베어낸 귀와 코를 소금에 절여 도요토미 히데요시에게 보냈다. 더 많은 공을 세우기 위해 남녀노소, 심지어 살아 있는 사람도 베어냈다고 한다. 인근에 도요토미 히데요시를 신으로 모신 신사가 있다는 사실도 아이러니하다.

86·88·206·208번 시버스 승차 후 나나조케이한마에 정류장 하차, 도보 5분, 또는 케이한 본선 시치조역 6번 출구에서 도보 6분 24시간 연중무휴 무료

후시미이나리타이샤
伏見稲荷大社　　　　　　　　MAP P.405C
　　　　　　　　　　　　　　VOL.1 P.066

일본 전국 약 3만 개 이나리 신사의 총본사. 신토의 신 중 인기가 높은 쌀과 차, 술을 관장하는 이나리신에게 풍작과 사업 번창, 가내 안전, 소원 성취를 기원한다. 경내 곳곳에 이나리신의 사자인 이나리키츠네(이나리 여우)상이 있다. 주홍색 토리이가 끝없이 늘어서 터널을 이루는 모습이 장관이며 영화 <게이샤의 추억> 촬영지이기도 하다.

구글 지도 후시미 이나리 신사

JR 이나리역에서 도보 3분 또는 케이한 본선 후시미이나리역에서 도보 5분 075-641-7331 일출~일몰 연중무휴 무료 https://inari.jp

센뉴지
泉涌寺

MAP P.405C

진언종 센뉴지파의 총본산으로 본존으로 석가여래와 아미타여래, 미륵여래를 모신다. 일본 왕실과 관계가 깊어 '미데라'로도 부른다. 1242년엔 일본 87대 왕인 시조 왕의 장례를 치르고 릉이 조성되었다. 그 후 난보쿠초시대부터 아즈치모모야마시대, 에도시대의 여러 왕의 릉이 이곳에 모셔졌다. 레이메이덴에는 일왕의 위패도 모시고 있다.

🅟 JR, 케이한본선 토후쿠지역에서 도보 20분 ☎ 075-561-1551 ⓘ 09:00~17:00(입장은 16:30까지, 3월~11월), 09:00~16:30(입장은 16:00까지, 12월~2월) 🅗 부정기, 넷째주 월요일 신쇼텐(보물관) 휴관 🅟 고등학생 이상 500¥, 초등·중학생 300¥ 🌐 https://mitera.org

EATING →

토후쿠지
東福寺

MAP P.405C
VOL.1 P.085

진언종 교토고잔(교토의 5개 선종 사원) 중 하나로 1255년에 창건되었다. 법당에는 독특하게 2m 길이의 불상 손이 안치돼 있는데, 화재로 소실된 15m 높이 석가여래좌상의 손이다. 교토 최고의 단풍 명소 중 하나로 경내 전체가 울긋불긋 물드는데, 본당과 개산당을 잇는 츠텐바시에서 바라보는 단풍의 풍경이 백미다.

🅟 JR, 케이한본선 토후쿠지역에서 도보 약 10분 ☎ 075-561-0087 ⓘ 4~10월 09:00~16:30, 11월~12월 첫째 주 일요일 08:30~16:30, 12월 첫째 주 월요일~3월 09:00~16:00 🅗 연중무휴 🅟 혼보 정원 어른 500¥, 츠텐바시·카이산도 어른 600¥ 🌐 https://tofukuji.jp

교토 라멘 코지
京都拉麵小路

MAP P.405C

JR 교토역 10층에 있는 라멘 전문 식당가. 일본 전국에서 소문난 인기 라멘 식당을 한곳에 모아놓은 곳이다. 가게마다 자신들의 개성을 내세운 라멘을 선보이기 때문에 맛도 종류도 다양해 취향대로 골라 먹기 좋다. 이곳에서의 생존 경쟁도 치열해 종종 새로운 라멘집으로 바뀐다.

구글지도 **Kyoto Ramen Koji**

🅟 JR 교토역 빌딩 10층 ☎ 가게마다 다름 ⓘ 11:00~22:00(L.O 21:30) 🅗 연중무휴 🅟 가게마다 다름 🌐 www.kyoto-ramen-koji.com

교토 포르타
京都ポルタ –

MAP P.405C

JR 교토역 북쪽 출구 앞 광장의 지하상가. 1980년에 지하철 카라스마선의 개통을 약 6개월 앞두고 쇼핑 공간을 만든 것이 포르타의 시작이다. 패션과 잡화, 뷰티 매장과 식당, 카페 등 다이닝이 주를 이룬다. 일식과 서양식, 아시아 음식, 카페와 베이커리까지 웬만한 음식 종류를 망라한다. 2024년 봄에는 대규모 리뉴얼이 예정되어 있다.

🅟 JR 교토역 북쪽 광장 지하 ☎ 075-365-7528(포르타 안내소) ⓘ 포르타 다이닝 11:00~22:00(가게마다 다름) 🅗 부정기 🅟 가게마다 다름 🌐 www.porta.co.jp

그릴 캐피탈 토요테이 교토 포르타점
グリルキャピタル 東洋亭 京都ポルタ店
MAP P.405C

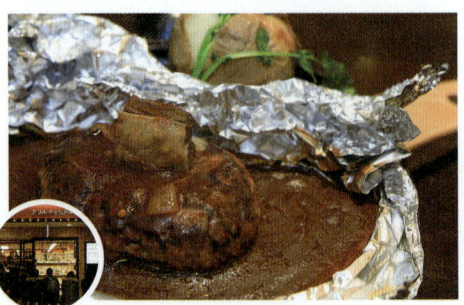

교토 포르타 1897년에 개업한 서양 요리 식당. 포르타점은 교토역 지하상가에 있어 본점보다 접근성이 훨씬 좋다. 간판 메뉴는 뜨거운 팬 위에 빵빵하게 부푼 알루미늄 포일에 싸여 나오는 함박스테이크. 스튜와 어우러진 소고기, 육즙 가득 머금은 햄버그스테이크는 입안에서 녹아내린다. 세트 메뉴에 포함된 토요테이 명물 통토마토 샐러드도 인기.

📍 교토 포르타(JR 교토역 북쪽 출구 앞 광장 지하상가) 내 서쪽 에어리어 C10 출구 옆 ☎ 075-343-3222 🕐 11:00~22:00(L.O 21:00) 📅 연중무휴 💰 하쿠넨요쇼쿠 햄버그스테키 단품 1520¥, 런치 1720¥ 🌐 www.touyoutei.co.jp

만시게 쇼안
萬重 小庵
MAP P.405C

교토 포르타 교토 포르타에 자리한 전통 음식 전문점. 정갈한 벤토, 오반자이 정식 등을 합리적인 가격에 선보인다. 점포가 넓어 자리가 많고 브레이크 타임 없이 영업해 애매한 시간에도 식사가 가능한 것이 장점. 어르신과 함께 교토역 근처에서 식사할 곳을 찾을 때 무난하게 떠올릴 만한 곳이다. 예약은 받지 않는다.

📍 교토 포르타 서쪽 구역 ☎ 075-343-392 🕐 11:00~22:00 📅 부정기(교토 포르타 휴무에 준함) 💰 각종 벤토 정식 1980~2500¥ 🌐 www.kyoryori-manshige.co.jp

신푸쿠사이칸 본점
新福菜館 本店
MAP P.405C

1938년에 개업한, 교토에서 손꼽히는 유명 주카 소바(중화 소바) 전문점. 주카 소바 식당답게 상호도 '새로운 복 요리점'이란 의미. 쇼유(간장) 베이스에 닭과 돼지 뼈를 우려 맛을 낸 진한 갈색 국물이 특징이다. 라멘의 양과 고기, 멘마 등 위에 올리는 토핑에 따라 메뉴가 달라진다.

구글 지도 푸쿠사이칸 본점

📍 교토 포르타(JR 교토역 북쪽 출구 앞 광장 지하상가) A3 출구에서 도보 3분 ☎ 075-371-7648 🕐 09:00~20:00 📅 수요일, 부정기 💰 주카 소바 소 700¥, 보통 850¥ 🌐 https://shinpukusaikan.net

혼케 다이이치 아사히 본점
本家 第一旭 本店
MAP P.405C

교토에서 둘째가라면 서러울 인기 라멘집. 새벽 오픈 전부터 줄 서는 사람들을 볼 수 있다. 식재료에 많은 공을 들이는데, 지방이 적고 맑은 국물을 내기 위해 2회 출산한 무게 120kg 정도의 암퇘지만 고집한다. 후시미산 간장과 쿠조 파를 사용하는 것도 본점의 장점. 국물이 넘칠 정도로 그릇 가득 담겨 나오는 비주얼만으로도 군침이 돈다.

📍 교토 포르타(JR 교토역 북쪽 출구 앞 광장 지하상가) A3 출구에서 도보 3분 ☎ 075-351-6321 🕐 06:00~다음 날 01:00 📅 목요일 💰 도쿠세 라멘 1140¥, 멘마 라멘 1040¥ 🌐 www.honke-daiichiasahi.com

SHOPPING

JR 교토 이세탄
JR 京都伊勢丹

MAP P.405C

미츠코시 이세탄 그룹의 백화점. 교토점은 1990년 JR 교토역이 개축되면서 칸사이 1호점으로 개점했다. 1886년에 기모노 가게로 시작해 교토점에도 기모노 매장이 자리 잡고 있다. 지하 1층 교토 전통식 니시쿄즈키 식당, 프랑스풍 베이커리에도 들러보자. 11층엔 그릴 캐피탈 토요테이와 1889년에 개업한 츠키지스시 세이도 있다.

구글 지도 JR교토 이세탄백화점

ⓕ JR 교토역과 연결 ⓣ 075-352-1111 ⓗ 10:00~20:00(7~11층 식당은 11:00~22:00 또는 23:00까지) ⓗ 부정기 ⓟ 가게마다 다름 ⓦ www.mistore.jp/store/kyoto.html

요도바시카메라 멀티미디어 교토
ヨドバシカメラ マルチメディア京都

MAP P.405C

일본을 대표하는 가전제품 양판점 중 하나. 오사카의 우메다 지점보다 규모가 작다. 라이벌 중 하나인 빅카메라에 비해 고급 오디오나 게임, 프라모델 관련 제품 등 매니악한 상품도 많이 갖추고 있는 것이 특징이다. 그 외 여행 관련 상품, 문방구, 신발 매장이 있고 6층 식당가엔 현지인들도 많이 찾는 인기 식당도 여럿 있다.

ⓕ 지하철 토자이선 교토역 2번 출구에서 도보 약 1분 ⓣ 075-351-1010 ⓗ 09:30~22:00 ⓗ 부정기 ⓟ 제품마다 다름 ⓦ www.yodobashi.com

 ENJOYING

겟케이칸 오쿠라 기념관
月桂冠大倉記念館

MAP P.405D

1637년에 교토 후시미 지역의 오쿠라 가문에서 창업한 교토를 대표하는 니혼슈 브랜드. 사전 예약을 통해 양조 기술자의 안내로 기념관과 1906년에 지은 주조장 견학을 할 수 있다. 투어 마지막엔 시음도 할 수 있는데, 계절마다 다양한 술을 준비한다. 투어에서만 맛볼 수 있는 세 종류의 사케 원액을 시음하기도 한다.

구글 지도 월계관 사케 박물관

ⓕ 케이한 주쇼지마역 북쪽 출구에서 도보 6분 ⓣ 075-623-2056 ⓗ 09:30~16:30, 가이드 투어(예약제) 토·일요일·공휴일 14:15 ⓗ 8월 13일~16일, 12월 28일~1월 4일, 부정기 ⓟ 일반 견학 20세 이상 600¥, 가이드 투어 3000¥ ⓦ www.gekkeikan.co.jp

산토리 천연수의 맥주 공장 교토
サントリー 天然水のビール工場 京都

MAP P.404B

일본의 유명 맥주 브랜드 중 하나인 산토리의 맥주 공장. 사전 신청자를 대상으로 공장 견학 프로그램을 운영한다. 친절한 직원의 안내로 맥주를 생산하는 제조 공정을 따라 공장 곳곳을 둘러볼 수 있다. 견학 마지막엔 갓 생산된 신선한 맥주의 시음도 한다. 일본어로만 진행되는 것이 아쉬운 점. 가이드 투어 신청은 홈페이지에서 가능하다.

구글 지도 산토리(천연수 맥주 공장)교토

ⓕ 한큐 니시야마텐노잔역에서 셔틀버스로 약 18분 또는 JR 나가오카쿄역에서 셔틀버스로 약 8분(홈페이지에 운행 시간 공지) ⓣ 075-952-2020 ⓗ 09:30~17:00 ⓗ 연말연시+부정기 ⓟ 일반 가이드 투어 무료, 더 프리미엄 몰츠 가이드 투어 2000¥ ⓦ www.suntory.co.jp/factory/kyoto

WESTHERN KYOTO
교토 서부

이 책에서는 니조 성과 아라시야마 사이에 위치한 지역, 교토시 북서쪽에 해당하는 곳을 교토 서부로 구분했다. 킨카쿠지를 비롯해 료안지, 닌나지 등의 관광지가 모두 몰려 있어 교토 여행에서 빼놓을 수 없는 지역이다. 유명 관광지 외에는 눈에 띄는 번화가가 없으며, 대부분은 주거지로 이루어져 있다. 대중교통 노선도 다소 제한적이어서 관광지를 지나는 몇 개의 버스 노선과 일부 지역을 지나는 JR 산인 본선, 란덴 노면전철이 전부다. 주요 관광지로 이동할 때 약간 걸을 생각을 한다면 대중교통으로 여행할 수 있지만, 상황에 따라 택시를 이용하는 것이 편리할 때도 있다.

교통 한눈에 보기

① 교토 남부→교토 서부	JR(교토역-우즈마사역)	14분	200¥
	시버스 205번(교토에키마에 B3 정류장-킨카쿠지미치 정류장)	50분~	230¥
② 교토 중부→교토 서부	시버스 205번(시조카와라마치 F 정류장-킨카쿠지미치 정류장)	40분~	230¥
	시버스 204번(긴카쿠지미치 정류장-킨카쿠지미치 정류장)	40분	230¥
	란덴 전철(시조오미야역-우즈마사코류지역)	13분	250¥
	란덴 전철(시조오미야역-카타비라노츠지역-료안지역)	약 30분	250¥
③ 교토 북부→교토 서부	시버스 204번(시모가모진자마에 정류장-킨카쿠지미치 정류장)	20분~	230¥
④ 아라시야마→교토 서부	JR(사가아라시야마역-우즈마사역)	2분	150¥
	란덴 전철(아라시야마역-우즈마사코류지역)	10분	250¥

교토 서부 지역 다니는 방법

WALK 주요 관광지가 드문드문 위치해 걸어서 이동하기에는 무리가 있다.

SUBWAY 란덴 전철로 료안지와 코류지와 토에이우즈마사 영화마을 인근까지 이동 가능하다.

BUS 교토 서부 지역의 주요 교통수단이지만 노선이 많지는 않다. 킨카쿠지에서 료안지, 닌나지, 다이카쿠지 구간 이동 시 유용하다.

TAXI 대중교통으로 주요 관광지 사이를 이동하는 것이 편리한 지역이 아니어서 상황에 따라 유용한 교통수단이 될 수 있다.

TO DO LIST

☐ 20kg이 넘는 금박으로 덮은 킨카쿠지의 황금 누각 구경하기

☐ 료안지의 카레산스이 정원 감상하며 멍때리기

☐ 토에이우즈마사영화마을에 있는 에반게리온 초호기 탑승하고 조종사 등급 받기

☐ 토에이우즈마사영화마을에서 에도시대에 관련된 여러 체험과 드라마 촬영 세트 관람하기

☐ 코류지에서 일본 국보 1호로 지정된 삼국시대의 불상, 목조미륵보살반가상 감상하기

교토 서부 추천 코스

킨카쿠지 주변 코스

숙소에서 토에이우즈마사영화마을로 이동하는 것이 편하다면 제시한 동선의 역순으로 이동해도 무리가 없다. 닌나지는 교토의 벚꽃 명소 중 하나다. 식당이 많은 지역이 아니어서 이름난 맛집을 찾기가 어렵다. 점심 식사를 위해 동선에서 가까운 식당을 미리 알아두는 것도 좋다. | **소요 시간 : 약 7시간 30분**

START — 도보 1분 — ① — 도보 8분+버스 5분+도보 4분 또는 택시 6분 — ②

키타노텐만구마에 버스 정류장

키타노텐만구
경내 둘러보고 소원 빌어보기

킨카쿠지
황금 누각 감상하고 다실에서 차 마셔보기

도보 5분+버스 6분

⑤ — 도보 7분+란덴 전철 12분 — ④ — 버스 3분 — ③

코류지
경내 둘러보고 목조미륵보살반가사유상 감상하기

닌나지
복도를 따라 이어지는 경내와 정원 둘러보기

료안지
햇살 받으며 카레산스이 정원 감상하고 교요치 연못 주변 산책하기

도보 9분

⑥

토에이우즈마사영화마을

파크 내 관람 및 기모노 체험해보고 에반게리온 초호기와 기념 촬영 해보기

킨카쿠지 주변

SIGHTSEEING →

킨카쿠지
金閣寺

MAP P.417C
VOL.1 P.056

임제종 쇼코쿠지파의 탑두 사원(대사찰 인근에 소속된 작은 사찰) 중 하나로 정식 명칭은 로쿠온지다. 황금색 누각이 너무나 유명해 흔히 킨카쿠지(금각사)라고 부르지만 원래 이름은 '사슴을 기르는 뜰'이라는 뜻이다. 샤리덴은 무로마치 막부 3대 쇼군이었던 아시카가 요시미츠의 저택으로 1398년에 완성되었다. 요시미츠는 샤리덴에서 죽는 날까지 10여 년 동안 기거했다. 킨카쿠지의 역사에서 가장 유명한 사건 중 하나는 1950년에 발생한 방화 사건이다. 이로 인해 샤리덴이 화재로 전소되었다. 이 사건을 소재로 일본의 소설가 미시마 유키오가 장편소설 《킨카쿠지》를 발표했으며, 그의 대표작이 되었다. 소실된 샤리덴은 1955년에 금박을 입혀 재건했으나 금박이 너무 얇아 시간이 지나면 금박이 벗겨지는 일이 생겼다. 1987년에 일본 버블 경제의 자본력으로 기존보다 5배 더 두꺼운 금박을 사용해 보수하면서 지금의 모습을 갖췄다. 맑은 날 햇빛에 비치는 찬란한 황금색과 인공 연못 교코치에 반영되는 샤리덴의 모습은 감탄을 자아낸다. 1994년엔 유네스코 세계문화유산에도 등재되었다.

구글지도 금각사

📍 12·59·204·205번 시내버스 승차 후 킨카쿠지미치 정류장 하차, 도보 4분 ☎ 075-461-0013 🕘 09:00~17:00 🎌 연중무휴 💴 고등학생 이상 500¥, 초등·중학생 300¥ 🌐 www.shokoku-ji.jp/kinkakuji

ZOOM IN

킨카쿠지 핵심 볼거리

1	샤리덴 舎利殿	화려한 황금색으로 단장된, 사리를 안치한 누각. 샤리덴 덕에 이 사찰이 킨카쿠지라고 불리게 됐다. 방화로 인한 화재로 1955년에 재건되었으며 1987년에 보수되었는데, 이때 샤리덴의 벽면에 약 20kg에 달하는 얇은 금박을 붙여 지금의 모습을 완성했다. 층마다 각기 다른 세 가지 건축양식을 적용한 점도 독특하다.	
2	리쿠슈노마츠 陸舟の松	요시미네데라의 유유노마츠 遊龍の松, 호센인의 고요노마츠 五葉乃松와 함께 교토미마츠(京都三松, 교토삼송)로 꼽힌다. 무로마치 막부 3대 쇼군이었던 아시카가 요시미츠가 분재였던 소나무를 땅에 심은 것이라 전해져 수령을 600년 이상으로 추정한다. 배를 닮은 독특한 형태가 시선을 끈다.	
3	셋카테이 夕佳亭	다실로 사용하던 작은 정자. 셋카테이라는 이름을 살펴보면 저녁이라는 의미인 셋, 뛰어나다, 좋다, 아름답다 등의 의미인 카, 정자라는 의미인 테이로 이루어져 있다. 여기서 내려다보이는 석양에 비친 금각사의 모습이 무척 아름다워 붙은 이름이라고 한다.	
4	다실	킨카쿠지의 관람 경로 끝부분에서 만날 수 있는 다실은 지친 다리를 잠시 쉬어 가기에 좋다. 빨간색으로 장식된 테이블은 이끼 정원으로 둘러싸여 차를 마실 때 마음이 차분해진다. 다실에서 다도 체험도 해볼 수 있다.	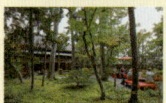

료안지
龍安寺

MAP P.416A
VOL.1 P.061

1450년에 창건된 사찰로 일본 카레산스이 양식의 정원을 대표하는 곳이다. 모래가 깔린 정원엔 완벽을 의미하는 15개의 돌이 있는데, 어느 각도에서든 하나의 돌은 보이지 않는다. 이는 불완전을 의미하며, 가진 것에 감사하라는 의미라고 한다. 1975년 영국 엘리자베스 2세 여왕이 방문한 뒤 세계적으로 알려졌다.

59번 시버스 승차 후 료안지마에 정류장 하차, 도보 1분, 또는 케이후쿠 전철 아라시야마선(란덴 전철) 료안지역에서 도보 10분 075-463-2216 3~11월 08:30~17:00, 12~2월 08:30~16:30 부정기 어른 600¥, 고등학생 500¥, 중학생 300¥ www.ryoanji.jp

키타노텐만구
北野天満宮

MAP P.417C

947년에 창건된 텐진 신앙의 발상지이자 일본에 1만 개가 넘는 텐만구, 텐진사의 총본사. 텐진 신앙은 헤이안시대 정치가이자 학자였던 스가와라 미치자네 사후에 신으로 숭배하는 신앙을 말한다. 학업이나 문화 예술의 성취나 액막이를 기원하는 참배객이 많이 찾는다. 매월 25일에는 텐진이치라고 부르는 플리마켓이 열린다.

10·50·203번 시버스 승차 후 키타노텐만구마에 정류장 하차, 도보 6분 075-461-0005 07:00~17:00 연중무휴 경내 무료 https://kitanotenmangu.or.jp

닌나지
仁和寺

MAP P.416A

888년에 창건된 진언종 오무로파의 총본산. 100여년 전까지 일본의 왕족이 출가해 주지를 맡을 정도로 왕실과 관계가 깊어 고송풍 건물 특징을 보인다. 유명한 닌나지의 니오몬은 치온인, 난젠지의 산몬과 함께 '교토 3대 문'이라고 부른다. 유네스코 세계문화유산으로 지정되었으며, 교토의 대표적인 벚꽃 명소이기도 하다.

📍 10·26·59번 시버스 승차 후 오무로닌나지 정류장 하차 ☎ 075-461-1155 🕐 3~11월 09:00~17:00(입장은 16:30까지), 12~2월 09:00~16:30(입장은 16:00까지) 🚫 연중무휴 💰 닌나지고쇼테이엔 어른 800¥, 고등학생 이하 무료 / 레이호칸 어른 500¥, 고등학생 이하 무료 🌐 https://ninnaji.jp

코류지
広隆寺

MAP P.416B

603년에 창건된 진언종 사찰로 교토에서 가장 오래된 절이며, 쇼토쿠 태자가 건립했다고 전해지는 7개의 사찰 중 하나다. 코류지의 여러 문화재 중 일본 국보 1호인 목조미륵보살반가사유상은 우리의 주목을 끈다. 삼국시대에 제작된 금동미륵보살반가사유상과 거의 비슷한 형식을 띠어 불교미술 전파의 상징적인 존재로 여겨지기 때문이다.

📍 11번 시버스 승차 후 우즈마사코류지마에 정류장 하차, 도보 1분 ☎ 075-861-1461 🕐 09:00~17:00(12~2월은 16:30까지) 🚫 연중무휴 💰 어른 800¥, 고등학생 500¥, 초·중학생 400¥

ENJOYING →

토에이우즈마사영화마을
東映太秦映画村

MAP P.416B
VOL1 P.183

 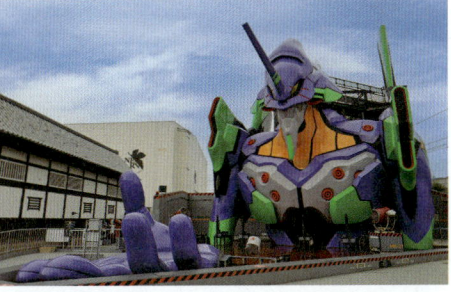

토에이 영화사가 운영하는 테마파크이자 사극 촬영소. 기모노나 사극 의상을 입고 에도시대 거리를 재현한 오픈 세트장을 걸어보거나 닌자 체험을 해볼 수 있다. 드라마나 영활 촬영이 있는 경우 견학도 가능하다. 애니메이션 <에반게리온>에 나오는 초호기 조종석에 탑승해 기념 촬영도 해보자. 2024년부터 2028년까지 진행될 전면 리뉴얼을 통해 천연 온천과 교토 정통 요리, 커피 하우스, 신규 어트랙션 등의 시설이 추가된다고 한다.

구글지도 도에이 우즈마사영화촌

📍 91·93번 시버스 승차 후 우즈마사에이가무라미치 정류장 하차, 도보 5분, 또는 케이후쿠 전철 아라시야마선(란덴 전철) 우즈마사코류지역에서 도보 7분, 또는 JR 우즈마사역에서 도보 15분 ☎ 0570-06-4343 🕐 09:00~17:00(시즌에 따라 변동, 홈페이지에 공지) 🚫 부정기 💰 어른 2400¥, 중·고등학생 1400¥, 3세 이상 1200¥ 🌐 www.toei-eigamura.com

NORTHERN KYOTO
교토 북부

이 책에서는 데마치야나기역을 기준으로 Y자로 분기되는 카모강과 타카노강 인근 지역을 교토 북부로 구분했다. 교토 부립 식물원을 중심으로 북쪽에 카미가모 신사, 남쪽에 시모가모 신사가 있다. 데마치야나기역에서 에이잔 전철로 편하게 갈 수 있는 이치조지는 교토 로컬의 감성을 잘 느낄 수 있는 동네다. 칸사이에서 라멘 골목으로 유명하며, 일본에서 가장 아름답다는 서점 케이분샤와 드라마 촬영지였던 카페도 있어 골목을 천천히 걸으며 동네 구경하기 좋다. 데마치야나기역에서 케이한 전철로 오사카와 교토 남부 토후쿠지, 후시미이나리, 우지 방면, 나라 방면으로 이동할 수 있다.

교통 한눈에 보기

- ③ 교토 서부 ─ 교토 북부
- ② 교토 중부
- ④ 오사카 ─ ① 교토 남부
- ⑤ 나라

① 교토 남부→교토 북부	교토 버스 17번(교토에키마에 C3 정류장-아카노미야 정류장(이치조지))	40분~	230¥
	시버스 205번(교토에키마에 A2 정류장-시모가모진자마에 정류장)	30분~	230¥
	지하철 카라스마선(교토역-기타야마역)	15분	290¥
	케이한 전철(후시미이나리역 또는 토후쿠지역-데마치야나기역)	13~15분	280¥
② 교토 중부 →교토 북부	시버스 4번 또는 205번(시조카와라마치 A 또는 B정류장- 시모가모진자마에 정류장)	20분~	230¥
	지하철+에이잔 전철(기온시조역-데마치야나기역-이치조지역)	약 15분	450¥
③ 교토 서부→교토 북부	시버스 204번(킨카쿠지미치 정류장-시모가모진자마에 정류장)	20분~	230¥
④ 오사카→교토 북부	케이한 전철(요도야바시역-데마치야나기역)	57분	590¥
⑤ 나라→교토 북부	JR+케이한 전철(JR 나라역-토후쿠지역-데마치야나기역)	약 75분	1000¥
	킨테츠 전철+케이한 전철(킨테츠나라역-탄바바시역-데마치야나기역)	약 60분	1020¥

교토 북부 지역 다니는 방법

[WALK] 이치조지 지역 내 주요 관광지와 맛집은 도보로 이동 가능하다.

[SUBWAY] 이치조지 지역으로 갈 때 데마치야나기역에서 이치조지역까지 에이잔 전철을 이용할 수 있다. 지하철 카라스마선을 이용해 교토 부립 식물원으로 갈 수 있다.

[BUS] 교토 북부의 주요 관광지와 교토 내 다른 지역으로 이동하는 데 버스가 주요 교통수단이 된다. 다만 각 방면으로 노선이 다양하지 않아 환승해야 하는 경우가 종종 있으니 1일 교통 패스를 이용하면 도움이 된다.

[TAXI] 버스나 지하철을 여러 번 환승해야 하는 노선인 경우나 정류장까지 거리가 먼 경우 이용을 고려해볼 수 있다.

TO DO LIST

☐ 일본에서 가장 아름다운 서점이라는 케이분샤에 들러보기

☐ 칸사이에서도 라멘 골목으로 유명한 이치조지에서 마음에 드는 라멘 맛보기

☐ 아날로그 감성을 싣고 동네 주택가를 지나는 에이잔 전철 타보기

☐ 시센도 또는 엔코지에서 유유자적하게 정원을 감상하며 힐링하기

☐ 시모가모신사 연리지 앞에서 좋은 인연 기원하기

교토 북부 추천 코스

카미가모 신사 주변   관광지 교토답지 않게 비교적 한적하게 여행할 수 있는 지역이다. 시간이 충분치 않은 경우 시모가모 신사와 카마가모 신사 중 한 곳만 방문하는 것도 괜찮다. 지하철 키타오지역 인근에 있는 경양식집 그릴 하세가와는 식사를 위해 들러볼 만하다. | **소요 시간 : 약 5시간 30분**

START — 다이토쿠지마에 버스 정류장 — 도보 2분 — ① 다이토쿠지 (단풍으로 유명한 고토인 등 부속 사원 방문하기) — 도보 2분+버스 13분+도보 2분 — ② 시모가모 신사 (연리지 옆 아이오이샤에서 소원 빌어보기) — 도보 3분+버스 10분+도보 5분 — ③ 교토 부립 도판 명화의 정원 (천천히 정원을 둘러보며 명화 감상하기) — 도보 1분 — ④ 교토 부립 식물원 (식물원 풍경 감상하며 산책 즐기기) — 도보 5분+버스 11분+도보 1분 — ⑤ 카미가모 신사 (경내 둘러보고 소원 빌어보기, 매월 넷째 주 일요일에 열리는 수공예품 플리마켓 둘러보기)

이치조지·슈가쿠인 주변

오전에 슈가쿠인리큐를 방문하려면 인터넷에서 사전 방문 신청을 해야 한다. 슈가쿠인리큐 방문 전 시간 여유가 있다면 세키잔젠인을 먼저 방문해도 된다. 관광지 간 거리가 다소 멀고 대중교통이 마땅치 않으니 체력을 잘 안배하자. | **소요 시간 : 약 8시간**

START 슈가쿠인리큐미치 버스 정류장

— 도보 13분 —

① 슈가쿠인리큐
가이드 투어 참가하기

— 도보 5분 —

② 세키잔젠인
경내 둘러보고 할아버지 그림이 그려진 오미쿠지(길흉의 점을 치기 위해 뽑는 제비)로 운세 알아보기

— 도보 20분 —

③ 만슈인
경내 정원과 여러 그림, 불상 감상하기

— 도보 15분 —

④ 엔코지
본당 다다미 방에 앉아 계절의 아름다움을 품은 액자 정원 감상하기

— 도보 5분 —

⑤ 시센도
액자 정원 감상하기

— 도보 5분 —

⑥ 콘푸쿠지
바쇼안에서 경내 풍경 감상해보기

— 도보 20분 —

⑦ 케이분샤 이치조지점

서점 내부 둘러보거나 책 또는 기념품 구입하기

카미가모 신사 주변   SIGHTSEEING

카미가모 신사
上賀茂神社

교토에서 가장 오래된 신사 중 하나. 정식 명칭은 카모와케이카즈치진자다. 교토의 호족 카모 가문의 조상신 카모와케이카즈치를 모신다. 유네스코 세계문화유산에 등재되었으며 혼덴과 곤덴은 일본의 국보다. 5월 15일엔 교토 3대 마츠리 중 하나로 헤이안시대 일본 왕실의 신사참배 행렬을 재현한 가모마츠리(아오이마츠리)가 열린다.

구글 지도 가모와케이카즈치 신사

④ 4·46번 시버스 승차 후 카미가모진자마에 정류장 하차, 도보 3분 ☎ 075-781-0011 ⏰ 05:30~17:00 ⓗ 연중무휴 ⓟ 무료 ⓦ www.kamigamo-jinja.jp

시모가모 신사
下鴨神社

정식 명칭은 카모미오야진자. 교토에서 가장 오래된 신사 중 하나로 여겨지며 유네스코 세계문화유산에 등재돼 있다. 앞에 펼쳐진 넓은 숲길을 따라 산책하기에 좋다. 시모가모 신사의 로몬 앞, 아이오이샤에는 두 나무가 중간에 하나로 합쳐진 연리지가 있는데 절차에 따라 에마(소원을 빌면서 바치는 나무판)를 봉납하면 인연이 맺어진다고 한다.

구글 지도 가모미오야 신사 (시모가모신사)

④ 205번 시버스 승차 후 시모가모진자마에 정류장 하차, 도보 3분 ☎ 075-781-0010 ⏰ 06:00~17:00 ⓗ 연중무휴 ⓟ 무료 ⓦ www.shimogamo-jinja.or.jp

교토 부립 도판 명화의 정원
京都府立陶板名画の庭

전 세계 최초 시도된 옥외 회화 정원. '마지막 심판'을 비롯한 세계적으로 유명한 명화의 도판화 8점을 건물 곳곳에 전시해놓았다. 건물은 일본의 유명한 건축가 안도 타다오가 설계한 것으로도 유명하다. 정원 안으로 들어서면 노출된 콘크리트와 물이 어우러진 건물의 모습이 안도 타다오의 전형적인 건축양식을 따른다.

④ 지하철 카라스마선 기타야마역 3번 출구에서 도보 1분, 또는 북8번 시버스 승차 후 쇼쿠부츠엔키타몬마에 정류장 하차, 도보 1분 ☎ 075-724-2188 ⏰ 09:00~17:00(입장은 16:30까지) ⓗ 12월 28일~1월 4일, 시설 점검일 ⓟ 어른 100¥ ⓦ http://kyoto-toban-hp.or.jp

교토 부립 식물원
京都府立植物園

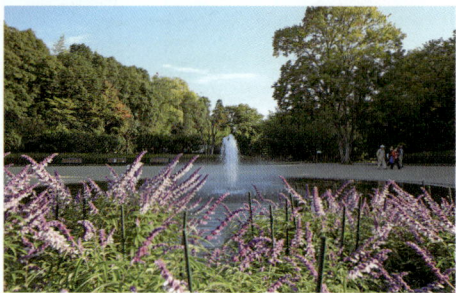

1924년에 개원한 이곳은 일본에서 가장 오래된 종합 식물원이다. 넓은 부지에 잘 가꾼 꽃과 나무, 산책로를 갖춘 교토 시민의 나들이 장소다. 약 4500종에 이르는 세계의 열대식물을 한자리에 모아놓은 회유식 관람 온실은 일본에서 가장 큰 규모다. 봄가을엔 연못 주변에 핀 벚꽃과 색색의 단풍으로 물드는 아름다운 풍경을 볼 수 있다.

④ 지하철 카라스마선 기타야마역 3번 출구에서 도보 1분 ☎ 075-701-0141 ⏰ 식물원 09:00~17:00(입장은 16:30까지), 온실 10:00~16:00(입장은 15:30까지) ⓗ 12월 28일~1월 4일 ⓟ 어른 200¥, 고등학생 150¥ / 온실 어른 200¥, 고등학생 150¥ ⓦ www.pref.kyoto.jp/plant

이치조지·슈가쿠인 주변 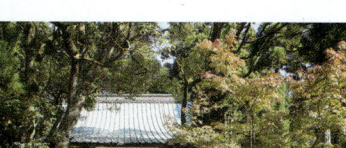 SIGHTSEEING →

다이토쿠지
大德寺

MAP P.424B

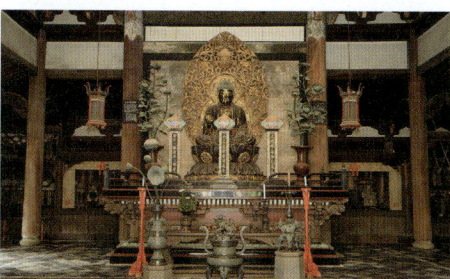

선종 불교 임제종 다이토쿠지파의 대본산으로 1315년에 창건되었다. 일본 다도를 정립했다는 센노 리큐가 자주 찾고 히데요시의 노여움을 사 자결한 곳이어서 다도의 정신적 고향으로 부른다. 20개가 넘는 부속 사찰 중 소켄인에는 도요토미 히데요시의 주군이었던 오다 노부나가의 묘지가 있다. 카레산스이 정원과 고토인의 단풍이 아름답다.

F 북8·12·204·205·206번 시버스 승차 후 다이토쿠지마에 정류장 하차, 도보 3분 T 075-491-0019 O 09:00~17:00(사찰별로 폐문 시간이 다름) H 연중무휴 P 경내 무료(경내 유료 사찰 입장료 별도, 사찰마다 다름) W www.rinnou.net/cont_03/07daitoku

세키잔젠인
赤山禅院

MAP P.425C

888년에 창건된 천태종 사원. 불교뿐 아니라 일본의 토착 신앙인 신토의 사상도 함께 숭배하는 곳이다. 세키잔 묘진(신토에서 신령에게 붙이는 존칭)의 제사일인 5일에 이곳에서 참배하면 상인인 경우 수금이 잘된다고 한다. 본당으로 통하는 입구에 커다란 염주를 두른 독특한 모양의 출입구가 눈에 띈다. 가을에 단풍이 예쁜 곳이기도 하다.

구글 지도 적산 선원

F 5번 시버스 승차 후 슈가쿠인리큐미치 정류장 하차, 도보 15분 T 075-701-5181 O 06:00~18:00 H 월요일(공휴일인 경우 다음 날), 12월 28일~1월 4일, 부정기 P 무료

슈가쿠인리큐
修学院離宮

MAP P.425C

1600년대 중반에 지은 일본 왕실의 이궁. 높이가 다른 세 곳에 각기 다른 방식으로 꾸민 상리궁, 중리궁, 하리궁이라 부르는 정원과 건물이 있다. 방문하려면 인터넷에서 사전 신청을 하거나, 방문 당일 입구에서 오후 1시 30분과 3시에 출발하는 가이드 투어 신청을 할 수 있다. 한국어 음성 가이드도 무료로 대여할 수 있다.

F 5번 시버스 승차 후 슈가쿠인리큐미치 정류장 하차, 도보 15분, 또는 에이잔 전철 슈가쿠인역에서 도보 20분 T 075-211-1215 O 가이드 투어 09:00·10:00·11:00·13:00·15:00 H 월요일(공휴일인 경우 다음 날), 12월 28일~1월 4일+부정기 P 무료 W https://sankan.kunaicho.go.jp

만슈인 몬제키
曼殊院門跡

MAP P.425C

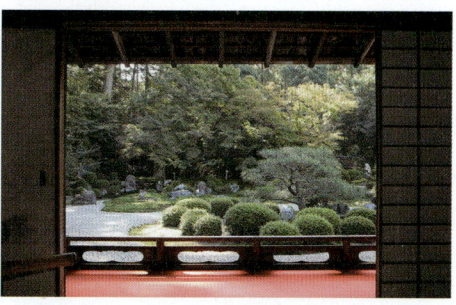

일본의 왕족이나 섭정 귀족의 자녀가 대대로 주지가 되는 몬제키 사원으로 1495년에 처음 창건되었다. 1656년에 이르러 지금의 장소에 자리 잡았다. 차를 마시며 일본의 유명한 조원가인 코보리 엔슈가 조성했다는 아름다운 정원을 감상할 수 있다. 봄에는 경내에 진달래와 벚꽃이 피고 가을에는 단풍이 정원의 아름다움을 더한다.

구글 지도 만수원(만슈인)

F 북8·5번 시버스 승차 후 이치조지시미즈초 정류장 하차, 도보 18분 T 075-781-5010 O 09:00~17:00(입장은 16:30까지) H 부정기 P 800¥ W www.manshuinmonzeki.jp

엔코지
圓光寺　　　MAP P.425C

도쿠가와 이에야스가 학교를 만들기 위해 1601년에 세운 사찰. 학교로 쓰인 만큼 여러 서적을 출판하기도 했으며, 일본에서 가장 오래된 목제 활자 5만4000개가 중요문화재로 지정돼 보관되고 있다. 카레산스이 양식과 더불어 봄에는 벚꽃이 피고 여름엔 이끼와 신록이 푸르며, 가을엔 붉은 단풍으로 뒤덮이는 정원이 아름다운 사찰이다.

구글 지도 원광사(엔코지)

F 북8·5번 시버스 승차 후 이치조지사가리마츠초 정류장 하차, 도보 10분, 또는 에이잔 전철 본선 이치조지역에서 도보 16분　075-781-8025　09:00~17:00　연중무휴　어른 600¥, 중·고등학생 500¥, 초등학생 300¥　www.enkouji.jp

콘푸쿠지
金福寺　　　MAP P.425D

864년에 처음 창건된 임제종 난젠지파 사찰. 에도시대 유명한 하이쿠(일본 전통 시의 장르)의 최고봉으로 꼽히는 마츠오 바쇼가 머문 곳으로 알려졌다. 바쇼가 머물렀다는 원래의 바쇼안은 소실되고 지금의 것은 요사 부부무라에 의해 재건된 것이지만, 소박한 본당과 카레산스이 정원, 돌계단 위 숲과 어우러진 바쇼안의 지붕이 그림 같다.

F 북8·5번 시버스 승차 후 이치조지사가리마츠초 정류장 하차, 도보 10분, 또는 에이잔 전철 본선 이치조지역에서 도보 15분　075-791-1666　09:00~17:00　부정기　어른 500¥, 중·고등학생 300¥

EATING →

시센도
詩仙堂　　　MAP P.425D

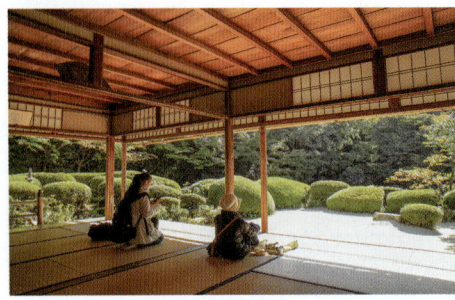

정식 명칭은 오토츠카로 도쿠가와 이에야스의 측근이자 경관 건축가로도 알려진 이시카와 조잔이 노후를 보내기 위해 지었다. 조잔이 주실인 시센노마에 걸어둔 옛 중국 시인 36명의 초상 때문에 시센도라 부른다. 다다미가 깔린 시센노마에 앉아 정원 풍경을 바라보면 마음이 차분해진다. 영국 찰스 황태자와 고 다이애나비가 방문하기도 했다.

구글 지도 시선당(시센도)

F 북8·5번 시버스 승차 후 이치조지사가리마츠초 정류장 하차, 도보 8분, 또는 에이잔 전철 본선 이치조지역에서 도보 13분　075-781-2954　09:00~17:00(입장은 16:45까지)　5월 23일　어른 700¥, 고등학생 500¥, 초등·중학생 300¥　www.kyoto-shisendo.net

타카야스
髙安　　　MAP P.425C

이치조지에서 손꼽히는 라멘 맛집 중 하나. 진한 국물이 인상적이다. 라멘 종류는 추카(중화) 라멘과 스지(소 힘줄) 라멘, 차슈 라멘, 세 가지다. 라멘 못지않게 치킨 가라아게도 평이 좋은데, 평일은 오후 5시까지 라멘과 치킨 가라아게, 공깃밥으로 구성된 세트 메뉴를 선택할 수 있다.

F 에이잔 전철 본선 이치조지역에서 도보 4분　075-721-4878　11:30~다음 날 02:00　부정기　추카 소바 920¥, 스지 라멘 1340¥, 차슈 라멘 1220¥

아카츠키 커피
アカツキコーヒー

MAP P.425D

하늘색과 흰색이 어우러진 인테리어로 소박하지만 세련된 느낌의 감성 카페. 부부가 운영하는 동네 카페지만 커피는 물론 샌드위치와 과자도 현지인들에게 인기를 얻고 있다. 일본에서 방영된 드라마 <빵과 스프, 고양이와 함께하기 좋은 날>의 촬영지이기도 하다. 여행 중 잠시 들러 힐링의 시간을 가지기 좋다.

에이잔 전철 본선 이치조지역에서 도보 7분　075-702-5399　월·토요일 10:00~17:00, 일요일 11:00~16:00　첫째·셋째·다섯째 주 수요일, 부정기　카페라테 590¥, 캐럿 케이크 550¥　https://akatsukikohi.base.shop

멘야 곳케이
麺屋極鶏

MAP P.425C

라멘으로 경쟁이 치열한 이치조지에서도 색다른 맛으로 독보적인 입지를 구축한 라멘집이다. 이곳의 라멘은 닭고기로 맛을 낸 것이 특징인데, 많은 양의 닭을 넣어 진하다 못해 되직하기까지 한 국물을 완성한다. 이외에도 고춧가루를 추가한 라멘, 마늘을 넣은 라멘, 생선을 넣은 라멘까지 꽤 개성 강한 메뉴로 구성되어 있다.

에이잔 전철 본선 이치조지역에서 도보 7분　075-711-3133　11:30~22:00(재료 소진 시 영업 종료)　월요일　토리다쿠(보통) 1350¥, 아카다쿠(보통) 1400¥

SHOPPING →

이치조지 나카타니
一乗寺中谷

MAP P.425D
VOL.1 P.146

1935년에 개업한 일본식 화과자 전문점. 수십 년 동안 향토 과자로 인기를 얻은 뎃치요칸(뎃치 양갱)으로 잘 알려진 곳이다. 뎃치요칸은 이치조지 마을 젊은이들이 오츠이에 참배하러 갈 때 도시락 대신 들고 간 것이 시작이라고 한다. 하얀색 티라미수에 콩을 올리고 슈거 파우더를 뿌린 기누고시료쿠치차 티라미수도 인기 높은 메뉴다.

북8·5번 시버스 승차 후 이치조지사가리마츠초 정류장 하차, 도보 2분, 또는 에이잔 전철 본선 이치조지역에서 도보 6분　075-781-5504　09:00~18:00(찻집 L.O 17:00)　수요일　뎃치요칸(소) 500¥, 기누고시료쿠차 티라미수 1980¥　www.ichijouji-nakatani.com

케이분샤 이치조지점
恵文社 一乗寺店

MAP P.425D

'일본에서 가장 아름다운 서점'이라는 별명이 붙은 작은 동네 서점이다. 붉은색 벽돌과 낡아 보이는 나무 간판, 몇십 년은 사용한 듯한 책장과 텅스텐 조명으로 밝힌 실내가 감성적인 공간을 연출한다. 서적 외에 작가들이 만든 생활 소품이나 잡화 등도 판매하니 한 번쯤 들러 구경해 볼 만하다.

에이잔 전철 본선 이치조지역에서 도보 3분　075-711-5919　11:00~19:00　1월 1일　제품에 따라 다름　www.keibunsha-books.com

E SECRET KYOTO
시크릿 교토

교토 도심의 서쪽 끝에 있는 아라시야마는 헤이안시대 귀족들이 별장을 짓고 휴양하던 지역이다. 카츠라강 주변에는 온천과 료칸이 있고 벚꽃과 단풍이 번갈아 여행자의 시선을 끈다. 우지시는 일본에서 녹차로 세 손가락에 드는 지역이다. 헤이안시대 중반인 1000년경에 쓰여 일본 고전문학의 최고 걸작으로 꼽히는 《겐지모노가타리》의 주요 배경지이기도 하다. 오하라는 사찰의 정원이 아름답기로 이름난 지역이다. 몇몇 유명한 사찰을 제외하고는 작고 조용한 시골 마을의 풍경이어서 마음 푸근하게 산책을 즐기기도 좋다.

교통 한눈에 보기

```
                    ❹ 오하라
                       │
        ❶❷ 아라시야마     │
            │           │
오사카 ── 카츠라 ──── 교토 시내
                       │
                       │
                    ❸ 우지
```

① 교토 시내→아라시야마	JR(교토역-사가아라시야마역)	16분	240¥
	한큐 전철(교토카와라마치역-카츠라역-아라시야마역)	17분	240¥
	란덴 전철(시조오미야역-아라시야마역)	24분	250¥
② 오사카→아라시야마	JR(오사카역-교토역-사가아라시야마역)	약 60분	990¥
	한큐 전철(오사카우메다역-카츠라역-아라시야마역)	약 45분	410¥
③ 교토 시내→우지	JR(교토역-우지역)	16분	240¥
	케이한 전철(기온시조역-주쇼지마역-우지역)	약 30분	320¥
④ 교토 시내→오하라	교토 버스 17번(교토에키마에 C3 정류장-오하라 정류장)	약 70분	560¥
	교토 버스 16·17번(시조카와라마치 F 정류장-오하라 정류장)	약 50분	530¥

*여행 팁 : JR 오사카-사가아라시야마 구간은 매표 시 오사카-교토 구간(580¥) 구입 후 교토역에서 교토-사가아라시야마 구간(240¥) 따로 사는 것이 더 저렴하다.

시크릿 교토 다니는 방법

WALK 아라시야마, 우지, 오하라 세 곳 모두 동네 안에서 도보로 주요 관광지의 여행이 가능하다.

SUBWAY 세 지역 모두 동네 안에서 이동할 수 있는 지하철이 없다.

BUS 우지와 오하라는 작은 동네여서 굳이 버스를 이용할 필요는 없다. 아라시야마는 도보 20분 이상 거리를 이동할 때 버스 노선이 있다면 이용을 고려해볼 수 있다.

TAXI 아라시야마에서 도보 20분 이상 거리를 이동할 때 이용을 고려해볼 수 있다.

TO DO LIST

☐ 아라시야마에서 사가노 토롯코 열차 타고 강을 따라 이어지는 절경 감상하기

☐ 호즈강 상류에서 출발하는 호즈가와쿠다리 보트를 타고 때 묻지 않은 자연 풍경 감상하기

☐ 치쿠린(대숲)을 걸으며 힐링하고 노노미야 신사에서 좋은 인연 기원하기

☐ 아라시야마의 명물 먹거리인 유바 치즈 맛보기

☐ 일본에서 가장 오래된 찻집 우지의 츠우엔차야 또는 타이호안에서 차 마셔보기

☐ 오하라 호센인에서 액자 정원 감상하기

시크릿 교토 추천 코스

아라시야마 코스 1

토롯코사가역에서 사가노 토롯코 열차에 승차한 후 토롯코카메오카역에서 하차한다. 역 앞에서 버스로 호즈가와쿠다리 선착장까지 이동해 보트를 타면 토게츠교 근처에 도착한다. 호즈가와쿠다리만 이용하고 싶은 경우 JR 전철을 타고 JR 카메오카역에서 하차해 선착장까지 걸어갈 수 있다. | **소요시간: 약 7시간 30분**

START → 도보 1분 → ① 사가노 토롯코 열차 → 버스 15분 → ② 호즈가와쿠다리

JR 사가아라시야마역

사가노 토롯코 열차 타고 풍경 즐기기

강을 따라 운행하는 뱃놀이 즐기기

⑤ 노노미야 신사 ← 도보 0분 ← ④ 치쿠린(대숲) ← 텐류지 북문에서 도보 0분 ← ③ 텐류지

소원 빌어보기

대나무 숲길 따라 산책하기

방장에 앉아 정원 풍경과 천장에 그려진 운룡도 감상하기

⑥ 조잣코지 → 도보 10분 → ⑦ 기오지 → 도보 10분 → ⑧ 아다시노넨부츠지

경내 둘러보고 타호토 탑 앞에서 시내 풍경 조망해보기

계절에 따라 초록과 빨간색으로 풍경이 바뀌는 이끼 정원 풍경 감상하기

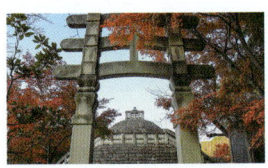

경내를 가득 채운 수많은 석불과 석탑 둘러보기

아라시야마 코스 2

에비스야 인력거를 이용할 때 소요 시간과 요금이 다른 여러 코스 중 원하는 것을 선택할 수 있다. 대숲을 지나는 코스를 선택하면 일반 관광객은 지날 수 없는 길도 가볼 수 있다. | **소요 시간 : 약 7시간**

START — 한큐 아라시야마역
도보 6분
① 호린지 — 경내 둘러보기
도보 7분
② 아라시야마 몽키파크 이와타야마 — 원숭이에게 먹이 주고 전망 감상해보기
도보 5분
③ 토게츠교 — 토게츠교 주변, 또는 다리 위에서 주변 풍경 감상하기
도보 1분
④ 에비스야 교토 아라시야마 총본점 — 인력거 투어 해보기
도보 22분
⑤ 니손인 — 2개의 본존불과 정원 풍경 감상하기
도보 6분
⑥ 세이료지 — 본존 석가여래입상과 경내 둘러보기
도보 12분
⑦ 다이카쿠지 — 회랑을 따라 건물 내부와 정원 풍경 관람하기

우지 우지시의 주요 관광지를 모두 돌아보는 동선이다. 자신의 취향에 따라 타이호안 대신 뵤도인 경내 찻집이나 츠우엔차야에서 차를 마셔도 좋다 | **소요 시간 : 약 4시간 30분**

오하라 시간 여유가 없다면 잣코인은 일정에서 제외하고 여유가 있다면 잣코인 가는 길은 산책하듯 걸으며 동네 구경하기 좋다. 식사와 온천 제공하는 숙박업소에서 1박 하며 힐링하는 것도 추천. | **소요 시간 : 약 5시간**

START 오하라 버스 정류장 — 도보 13분 — ① 산젠인 — 도보 2분 — ② 쇼린인

① 슈헤키엔을 감상해보고 이끼 정원의 지장보살 찾아보기

② 경내를 둘러보고 본당에서 쇼묘 들어보기

④ 잣코인 — 도보 25분 — ③ 호센인 — 도보 1분

④ 찬찬히 산책하며 경내 둘러보기

③ 차 마시며 액자 정원 감상하기

아라시야마 SIGHTSEEING

호린지
法輪寺
MAP P.434B

713년에 창건된 작은 사찰. 특이한 것은 사찰 내에 있는 덴덴구 電電宮 신사인데, 전기와 전파를 수호하는 신을 모신다. 카츠라카와 남쪽 아라시야마산 중턱에 있어 토게츠교의 전경이 한눈에 보인다. 매년 4월 13일에는 13세가 되는 남녀가 허공장보살에게 참배를 드리는 통과의례를 치르는 것으로도 유명하다.

한큐아라시야마선 아라시야마역에서 도보 6분 075-862-0013 09:00~17:00(입장은 16:30까지) 연중무휴 무료 www.kokuzohourinji.com

아라시야마 몽키파크 이와타야마
嵐山モンキーパークいわたやま
MAP P.434B

아라시야마 산 중턱에 위치한 원숭이 테마파크. 약 120마리의 원숭이가 자유롭게 노는 모습을 볼 수 있다. 파크 입구에서 원숭이가 있는 곳까지 약 20분 정도 숲길을 오르는데, 덕분에 파크에서 교토 도심의 전경을 한눈에 조망할 수 있다. 파크 내 휴게소에서는 먹이를 구입해 원숭이에게 먹이 주는 체험도 해볼 수 있다.

구글지도 몽키파크

한큐아라시야마선 아라시야마역에서 도보 8분 075-872-0950 09:00~16:00 1월 1일, 부정기(악천후 시) 16세 이상 600¥, 4~15세 300¥ www.monkeypark.jp

토게츠교
渡月橋
MAP P.434B

836년에 승려 토쇼가 카츠라카와에 만든 목조다리. 현지인은 토게츠교를 경계로 강의 상류 쪽은 오이카와, 하류 쪽은 카츠라카와로 부른다. 그리고 오이카와의 상류는 호즈카와로 부른다. 원래 이름은 호린지바시였지만 가마쿠라시대에 카메야마 왕이 달이 건너는 것처럼 보인다고 감탄하며 토게츠교라는 이름을 붙였다고 한다.

구글지도 도게츠 교

란덴(케이후쿠 전철) 아라시야마역에서 도보 3분 없음 제한 없음 연중무휴 무료 없음

텐류지
天龍寺
MAP P.434B

1255년에 아라시야마산을 조망할 수 있는 자리에 지은 이궁을 1339년에 선종 사원으로 바꾼 사찰이다. 창건 당시엔 선종 사원의 특징인 일직선의 가람에 산문과 불전, 법당, 방장이 있었지만 오닌의 난 때 대부분 소실되고, 정원만이 창건된 당시의 모습을 유지하고 있다. 방장에서 바라보는 연못과 어우러진 카레산스이 정원이 아름답다.

란덴(케이후쿠 전철) 아라시야마역에서 도보 2분 075-881-1235 08:30~17:00 연중무휴 고등학생 이상 500¥, 초등·중학생 300¥ www.tenryuji.com

치쿠린(대숲)
竹林

MAP P.434B
VOL.1 P.055

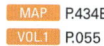

하늘을 가릴 정도로 수십 미터 높이로 웃자란 대나무가 숲을 이루는 곳. 아라시야마를 대표하는 장소 중 하나로 일본에서는 CF와 드라마 촬영지로도 잘 알려졌다. 대나무 사이로 난 길을 따라 걸으면 몸도 마음도 치유되는 듯한 느낌이다. 관광객이 너무 붐비는 것은 함정! 아침 이른 시간에 가면 붐비는 인파를 피해 여유로운 산책을 즐길 수 있다.

Ⓕ 란덴(케이후쿠 전철) 아라시야마역에서 도보 6분 Ⓣ 없음 Ⓞ 제한 없음 Ⓗ 연중무휴 Ⓟ 무료 Ⓦ 없음

노노미야 신사
野宮神社

MAP P.434B

아라시야마의 대숲 안에 있는 작은 신사. 인연을 맺어주고 자녀를 갖게 해주는 신과 학업의 신을 모신다. 경내에는 '오카메이시 神石(龜石)'라는 유명한 돌이 있는데, 팻말에 '기도를 담아 쓰다듬으면 소원이 이루어진다'라고 쓰여 있다. 노노미야 신사는 고전 소설 《겐지모노가타리》에도 등장한다. 원목 자체를 사용한 검은 도리이도 특징이다.

Ⓕ 란덴(케이후쿠 전철) 아라시야마역에서 도보 8분 Ⓣ 075-871-1972 Ⓞ 제한 없음 Ⓗ 연중무휴 Ⓟ 무료 Ⓦ www.nonomiya.com

조잣코지
常寂光寺

MAP P.434A

아즈치모모야마시대 승려 닛신이 이곳에서 은둔 생활을 하며 1596년에 세운 사찰. 조잣코지라는 이름은 사찰의 아름다운 풍경에서 불교의 이상향을 뜻하는 조자코토에서 기원했다. 절이 크지는 않지만 높지 않은 오구라산 중턱에 있어 아라시야마 동네 전경이 시야에 들어온다. 가을 단풍 시즌에 특히 아름다운 곳이다.

Ⓕ 란덴(케이후쿠 전철) 아라시야마역에서 도보 17분 Ⓣ 075-861-0435 Ⓗ 09:00~17:00(입장은 16:30까지) Ⓗ 연중무휴 Ⓟ 500¥ Ⓦ https://jojakko-ji.or.jp

니손인
二尊院

MAP P.434A

834~848년경 창건된 천태종 사찰. 목조 석가여래와 아미타여래, 두 본존을 모시고 있어 니손인이라는 이름이 붙었다. 봄철 벚꽃도 좋지만, 가을 단풍은 아라시야마의 명소 중 하나로 꼽힐 만큼 아름답다. 정문인 소몬을 들어서 본당으로 향하는 약 100m 참배길 구간을 따라 단풍이 터널을 이룬다.

Ⓕ JR 산인본선 사가아라시야마역에서 도보 24분 Ⓣ 075-861-0687 Ⓗ 09:00~16:30 Ⓗ 연중무휴 Ⓟ 중학생 이상 500¥ Ⓦ https://nisonin.jp

기오지
祇王寺　　　　　　　　MAP P.434A

여름엔 초록의 이끼가, 가을엔 떨어진 낙엽으로 붉게 물드는 정원이 인상적인 절이다. 사찰의 건물은 주택만 한 크기의 본당이 유일하다. 내부에는 계절에 따라 바뀐 나뭇잎의 색이 비쳐 '무지개 창'이라 부르는 둥근 요시노 창이 있다. 헤이안시대의 권력자에게 버림받은 여인이 비구니가 된 사연이 전해지며 4개의 목조 비구니상이 안치되어 있다.

11·28·93번 시버스, 62·72·92·94번 교토버스 승차 후 사가쇼갓코마에 정류장 하차, 도보 10분　075-861-3574　09:00~16:50(입장은 16:30까지)　1월 1일　어른 300¥, 초·중·고등학생 100¥ / 기오지·다이카쿠지 공통권 600¥　www.giouji.or.jp

아다시노 넨부츠지
あだし野念仏寺　　　　MAP P.434A

약 1200년 전 코보대사가 창건한 정토종 사찰. 헤이안시대에 넨부츠지 절터는 풍장(화장 후 뼛가루를 바람에 날리는 장례 풍습)을 지내던 화장장이었다. 경내의 수천에 달하는 석불과 석탑은 옛날 이곳에 묻힌 사람들의 무덤이라 할 수 있다. '아다시'는 허무하다는 뜻으로 세상에 다시 태어나거나 극락정토로 가기를 바라는 소원이 담겨 있다.

구글 지도 아다시노염불사(아다시노넨부츠지)

11·28·93번 시버스, 62·72·92·94번 교토버스 승차 후 사가쇼갓코마에 정류장 하차, 도보 22분　075-861-2221　09:00~17:00(입장은 16:30까지, 1·2·12월은 15:30까지)　부정기　어른 500¥, 중·고등학생 400¥　www.nenbutsuji.jp

다이카쿠지
大覚寺　　　　　　　　MAP P.434A

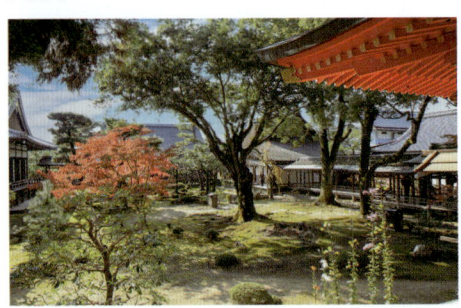

876년에 창건된 진언종 다이카쿠지파의 본산이다. 원래는 사가왕의 혼인 신방으로 사용할 별궁으로 만들었던 것이어서 사가고쇼라고도 부른다. 신전과 심경전을 연결하는 회랑을 따라 건물 내부와 정원의 풍경을 둘러볼 수 있다. 경내 커다랗게 자리한 오사와이케 연못 주변의 풍경도 아름답다. 일본의 사극 드라마 촬영지로 활용되기도 한다.

구글 지도 대각사(다이가쿠지)

28·91번 시버스, 94번 교토버스 승차 후 다이카쿠지 정류장 하차 또는 JR 사가아라시야마역에서 도보 16분　075-871-0071　09:00~17:00(입장은 16:30까지)　연중무휴　어른 500¥, 초·중·고등학생 300¥　www.daikakuji.or.jp

세이료지
清凉寺　　　　　　　　MAP P.434A

본존의 석가여래상이 유명해 '사가샤카도'라는 이름으로 잘 알려진 정토종의 사찰. 국보로 지정된 석가여래상은 37세의 젊은 석가의 모습이라고 한다. 사가 왕의 열두 번째 왕자 미나모토노 토오루의 별장이었지만 사망 후 세이료지라 부르던 것이 이름의 유래가 되었다. 토오루는 《겐지모노가타리》의 주인공 히카루 겐지의 모델이라는 설도 있다.

28·91번 시버스, 62·72·92·94번 교토버스 승차 후 사가샤카도마에 정류장 하차, 도보 2분 또는 JR 사가아라시야마역에서 도보 15분　075-861-0343　09:00~16:00(레이호칸 특별 공개 4·5·10·11월)　연중무휴　어른 400¥, 중·고등학생 300¥, 초등생 200¥　http://seiryoji.or.jp

EATING

% 아라비카 교토 아라시야마
% Arabica 京都嵐山

MAP P.434B
VOL.1 P.139

일명 '응커피'라고 불리는 곳으로, 교토에서 시작해 세계로 뻗어나간 커피숍 체인이다. 최근 아라시야마점이 인기가 가장 높은데, 이곳의 커피를 들고 호즈가와를 배경으로 찍는 사진이 아라시야마 대세 인증숏 장소일 정도. 에스프레소에 좋은 우유를 부은 '교토 라테'가 간판 메뉴로, 달콤하면서도 부드럽다. 소이 밀크, 오트 밀크 옵션도 가능하다.

구글지도 아라비카 % 카페 교토 아라시야마

F 케이후쿠 전철 아라시야마선(란덴 전철) 아라시야마역에서 도보 4분 **T** 075-748-0057 **O** 09:00~18:00 **H** 부정기 **P** 각종 커피 350~650¥, 밀크 옵션 소이 밀크 50¥, 오트 밀크 100¥ 추가 **W** arabica.coffee

쇼라이안
松籟庵

MAP P.434B
VOL.1 P.127

아라시야마 공원 카메야마 지구 내 전망 좋은 곳에 자리한 두부 요리 전문점. 유도후를 비롯해 다양한 두부 요리를 정성스러운 카이세키 코스로 선보인다. 교토의 두부가 그려내는 다채로운 세계와 조우하는 인상적인 식사 경험을 할 수 있다. 예약은 필수라고 생각하는 것이 편하다. 원칙적으로는 전화 예약만 받으며 방문 예약은 가능하나 인터넷 예약은 불가능하다.

F 케이후쿠 전철 아라시야마선(란덴 전철) 아라시야마역에서 도보 15분 **T** 075-861-0123 **O** 월~목요일 11:00~16:00, 금~일요일 11:00~16:00·17:30~20:00 **H** 부정기 **P** 카이세키 코스 4200~1만¥ **W** www.shoraian.jp

ENJOYING

요지야 카페 사가노아라시야마점
よーじやカフェ 嵯峨野嵐山店

MAP P.434B
VOL.1 P.145

마이코와 게이코가 사용하는 화장품 가게로 시작해 기름종이로 잘 알려진 요지야에서 운영하는 카페. 여러 지점이 있었지만 현재는 교토역 지하 포르타점과 아라시야마점만 남았다. 화장품처럼 대부분 음료와 디저트 메뉴에 요지야의 로고인 여자 얼굴이 그려져 있는 것이 특징이다. 우지 말차를 사용한 카푸치노와 파르페가 인기다.

F JR 사가아라시야마역에서 도보 8분 **T** 075-865-2213 **O** 10:00~18:00(L.O 17:30) **H** 연중무휴 **P** 요지야 특제 말차 카푸치노 850¥ **W** https://yojiyacafe.com

디오라마 교토 재팬
ジオラマ 京都 Japan

MAP P.434B

'철덕'이라면 절대 지나칠 수 없는 전시관. 교토를 작게 축소해놓은 철도 디오라마를 전시하는 곳으로 서일본에서 가장 큰 규모다. 교토역을 비롯해 정교하게 만든 교토의 명소와 유명 사찰 등의 건물이 디오라마에 빼곡하게 놓여 있고, 그 사이를 신칸센을 비롯한 여러 종류의 열차가 달린다. 전기 기관차의 운전석도 조작해볼 수 있다.

구글지도 Diorama Kyoto JAPAN

F JR 산인본선 사가아라시야마역 앞 토롯코사가역 내 **T** 075-871-3994 **O** 09:00~17:00(입장은 16:30까지, 사가노 토롯코 열차 운행 시간에 따라 변동) **H** 부정기 **P** 어른 530¥, 어린이 320¥(사가노 토롯코 열차 이용 시 어른 530¥, 어린이 320¥) **W** www.sagano-kanko.co.jp

사가노 토롯코 열차
嵯峨野トロッコ列車

MAP P.434B
VOL.1 P.055

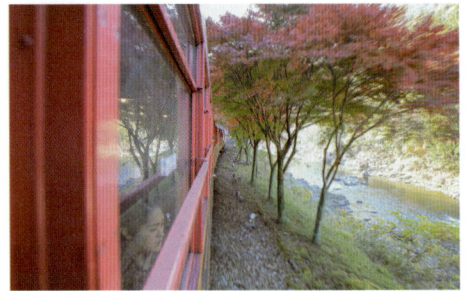

토롯코 사가역에과 토롯코 카메오카역 사이 호즈강을 따라 협곡을 달리는 관광 열차. 주변 경치를 즐길 수 있도록 느린 속도로 운행하는데, 편도 소요 시간은 26분이다. 창 밖으로 때 묻지 않은 자연의 풍경을 즐길 수 있으며 크리스마스 등 이벤트 열차도 운행한다. 인기가 좋아 만석이 되는 경우가 많으니 홈페이지에서 사전 예약하는 것이 좋다.

구글 지도 **도롯코사가**

- JR 산인본선 사가아라시야마역 앞 토롯코사가역 ☎ 075-861-7444
- 09:02~17:04(운행 시간표 홈페이지에 공지) 휴 12월 30일~2월 말일 (그 외 부정기 운휴일 홈페이지에 공지) 요금 12세 이상 편도 880¥, 6~11세 편도 440¥ 홈페이지 www.sagano-kanko.co.jp

호즈가와쿠다리
保津川下り

MAP P.434B
VOL.1 P.083

카메오카에서부터 아라시야마까지 협곡의 풍경을 감상하며 즐기는 뱃놀이. 1600년대 초반 교토의 상인이 탄바시와 교토시를 연결하는 호즈강 물길을 개척해 물자를 운반한 것에서부터 시작되었다. 계절마다 바뀌는 아름다운 풍경과 저마다 이름이 붙은 독특한 형상의 바위가 흥미를 더하고 코스 중간에 만나는 급류는 스릴을 더한다.

구글 지도 **도게츠 교**

- 사가노 관광 철도 토롯코카메오카역에서 버스로 약 15분 ☎ 0771-26-5846 ⏰ 09:00~17:00(운항시간 홈페이지에 공지) 휴 부정기 요금 어른 6000¥, 4세~초등학생 4500¥ 홈페이지 www.hozugawakudari.jp

우지

SIGHTSEEING →

에비스야 교토 아라시야마 총본점
えびす屋 京都嵐山總本店

MAP P.434B

일본의 왕족이나 귀족이 별장지로 아름다운 풍경을 즐겼던 아라시야마를 산책할 수 있는 관광용 인력거. 1992년에 아라시야마에서 3대의 인력거로 시작해 지금은 일본의 주요 관광지에 지점을 두고 있다. 인력거로 산책을 즐기며 기념 촬영은 물론, 주요 관광지 설명과 방문도 가능하다. 이용하는 코스에 따라 각기 다른 기념품을 제공한다.

구글 지도 **Ebisuya Arashiyama Rickshaw**

- 케이후쿠 전철 아라시야마선(란덴 전철) 아라시야마역에서 도보 3분 ☎ 075-864-4444 ⏰ 09:30~일몰(시즌에 따라 변동) 휴 연중무휴 요금 4000¥~7만4500¥(코스와 인원에 따라 다름) 홈페이지 www.ebisuya.com

뵤도인
平等院

MAP P.435C

10엔짜리 동전에 새겨진 봉황당의 전경과 1만 엔짜리 뒷면에 그려진 봉황의 모습으로 유명한 사찰. 후지와라 요시도리의 명으로 1052년에 창건되었다. 연못에 떠 있는 궁전 같은 아름다운 봉황당의 전경이 유명하다. 지붕에는 한 쌍의 황금색 봉황이 날개를 펼치고 있는데 지폐에 있는 그 봉황의 모습이다. 박물관 호쇼칸의 관람도 놓치지 말 것.

- 케이한우지선 우지역에서 도보 8분, 또는 JR 나라선 우지역 남쪽 출구에서 도보 11분 ☎ 0774-21-2861 ⏰ 정원 08:30~17:30, 호도 09:30~16:10, 호쇼칸 09:00~17:00 휴 연중무휴 요금 정원+호쇼칸 어른 700¥, 중·고등학생 400¥, 초등학생 300¥ 홈페이지 www.byodoin.or.jp

우지카미 신사
宇治上神社　MAP P.435C

건조물이나 토지를 수호하는 신을 모시는 신사. 1060년에 지은 신사의 본당은 일본에 현존하는 신사 건축물 중 가장 오래된 것이다. 바이덴(배전)은 본당과 함께 일본 국보로 지정돼 있다. 바이덴 앞 '기요메노스나'라 부르는 2개의 원뿔형 모래 더미는 '깨끗한 모래'라는 뜻으로 설날이나 축제 때 경내에 뿌려 1년간 신사를 깨끗하게 해준다고.

구글 지도 우지가미 신사

케이한우지선 우지역에서 도보 10분, 또는 JR 나라선 우지역 남쪽 출구에서 도보 17분 ☎ 0774-21-4634 ⏱ 09:00~16:30 연중무휴 무료
www.pref.kyoto.jp/isan/ujigami.html

겐지모노가타리 뮤지엄
源氏物語ミュージアム　MAP P.435C

헤이안시대 중기에 무라사키 시키부가 쓴 장편소설 《겐지모노가타리》를 테마로 한 박물관. 《겐지모노가타리》는 일본 최초의 장편소설이자 고전문학의 걸작으로도 꼽힌다. 소설 마지막 10장의 공간적 배경이 우지시다. 소설과 관련된 전시물이 있고, 영화도 상영하며, 관련 강좌와 세미나가 열리기도 한다.

구글 지도 우지시 겐지모노가타리 뮤지엄

케이한우지선 우지역에서 도보 9분, 또는 JR 나라선 우지역 남쪽 출구에서 도보 16분 ☎ 0774-39-9300 ⏱ 09:00~17:00(입장은 16:30까지) 월요일(공휴일인 경우 다음 날), 연말연시 어른 600¥, 어린이 300¥
www.city.uji.kyoto.jp/site/genji

닌텐도 뮤지엄
Nintendo Museum　MAP P.435C / VOL.1 P.013

2024년 10월 초에 문을 연 따끈따끈한 핫 플레이스로서, 닌텐도의 탄생부터 현재까지의 역사를 보여주는 박물관이다. 1969년에 설립된 닌텐도 공장의 부지를 통째로 전시관으로 만든 만큼 규모는 상당하다. 이곳에서만 판매하는 한정 기념품도 있다. 입장권은 추첨제로 판매하고 있으며, 3개월 전의 일정부터 추첨 응모가 가능하다.

킨테츠 교토선 오구라역에서 도보 약 5분, 또는 JR 나라선 JR오구라역에서 도보 약 10분 수~월요일 10:00~18:00 화요일 성인(18세 이상) 3300¥, 청소년(12세~17세) 2200¥, 어린이(6세~11세) 1100¥, 미취학 아동(5세 이하) 무료　museum.nintendo.com

시인 윤동주 기억과 화해의 비
詩人尹東柱 記憶と和解の碑　MAP P.435C

2017년 우지 강가에 세운 윤동주의 시비. 윤동주의 시 <새로운 길>이 한글과 일본어로 새겨져 있다. 교토에서 유학 중이던 시인 윤동주가 징병을 피하려 귀국을 결심한 뒤 체포되기 한 달 전인 1943년 6월에 학우들과 송별회를 위해 찾은 장소가 우지다. 시비에서 400m쯤 떨어진 아마가세 구름다리에서 찍은 기념사진이 지금까지 전해진다.

게이한 우지역 또는 JR 우지역에서 도보 40분 없음 상시 없음 무료 없음

EATING →

츠우엔차야
通圓茶屋

MAP P.435C
VOL.1 P.145

헤이안시대 말기인 1160년에 개업한 노포 찻집이다. 우지교의 보초로 일하던 은퇴한 사무라이가 지친 여행자에게 차를 대접하면서 시작됐다고 한다. 일본에서 가장 오래된 찻집이며 도요토미 히데요시와 토쿠가와 이에야스 같은 권력자도 이곳에서 차를 마셨다. 소설 《미야모토 무사시》에 나오는 원조 블렌드 차 무사시가 유명하다.

구글 지도 츠엔혼텐

F 케이한우지선 우지역에서 도보 3분, 또는 JR 나라선 우지역 남쪽 출구에서 도보 11분 T 0774-21-2243 O 09:30~17:30 H 연중무휴 P 말차 만텐 30g 캔 4800¥, 센차 무사시 140g 1250¥ W www.tsuentea.com

우지 시영 다실 타이호안
宇治市営茶室 対鳳庵

MAP P.435C

우지차를 홍보하기 위해 시에서 운영하는 찻집. 헤이안시대에 당나라에서 전해졌다고 알려진 우지차는 시즈오카, 사야마와 함께 일본의 3대 녹차 산지로 불린다. 녹차 중에서도 가루로 만든 말차가 특히 유명한데, 떫고 쌉싸름한 맛 뒤에 단맛과 감칠맛이 느껴지는 것이 특징이다. 다다미가 깔린 방에서 일본식 다도 체험을 해볼 수 있다.

*타이호안 옆에 있는 우지시 관광 센터에서 티켓을 구입하면 된다.

F 케이한우지선 우지역에서 도보 13분, 또는 JR 나라선 우지역 남쪽 출구에서 도보 14분 T 0774-23-3334 O 10:00~16:00 H 12월 21일~1월 9일 P 말차 1000~3000¥ W www.city.uji.kyoto.jp/site/uji-kankou/7035.html

나카무라토키치 뵤도인점
中村藤吉平等院店

MAP P.435B

1854년에 개업한 녹차 전문점인 나카무라토키치의 카페. 인근에 있는 본점과 달리 뵤도인점은 우지 강가에 있어 사진을 찍거나 창밖 풍경을 바라보며 여유로운 시간을 가지려는 사람들에게 인기가 많다. 뵤도인점 한정 메뉴인 마루토파르페를 비롯한 여러 가지 말차 음료와 아이스크림이 인기를 얻고 있다.

F 게이한 우지역에서 도보 6분, JR 우지역에서 도보 9분 T 0774-22-9500 O 10:00~17:00(L.O 16:30) H 부정기 P 마루토파르페 1800¥ W https://tokichi.jp

이토큐에몬 우지 본점 & 카페
伊藤久右衛門 宇治本店·茶房

MAP P.435C

1832년에 설립된 우지의 대표적인 녹차 브랜드 '이토큐에몬'의 본점 매장. 말차, 호지차, 교쿠로, 센차 등 이토큐에몬에서 출시하는 다양한 녹차 상품을 한 자리에서 만나볼 수 있다. 내부에는 카페도 운영하고 있는데, 신선한 말차를 사용한 다양한 디저트를 선보인다. 특히 파르페의 인기가 높다.

구글 지도 이토큐에몬 우지 본점

F 케이한 전철 우지선 우지역 또는 미무로도역에서 도보 약 5분, JR 나라선 우지역에서 도보 약 12분 O 10:00~18:00 H 1월 1~2일 및 기타 부정기 휴무 P 각종 디저트 및 음료 1000~2000¥ W www.itohkyuemon.co.jp

오하라

SIGHTSEEING

산젠인
三千院

MAP P.435D

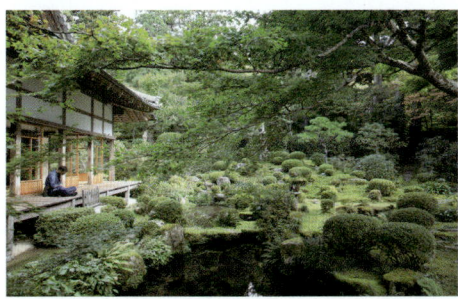

대대로 왕족이 주지를 이어온 몬제키 사원. 슈헤키엔과 유세이엔, 삼나무가 어우러진 경내는 격조 높은 아름다움을 뽐낸다. 오조고쿠라쿠인에는 신자가 임종할 때 아미타여래와 그 수행자들이 극락정토에서 맞이하러 오는 모습을 표현한 3개의 불상, 아미타본존좌상이 모셔져 있다. 이끼 정원 곳곳에 숨어 있는 귀여운 지장보살도 놓치지 말 것.

16·17·19번 교토버스 승차 후 오하라 정류장(종점) 하차, 도보 13분 075-744-2531 3월~10월 09:00~17:00, 11월 08:30~17:00, 12월~2월 09:00~16:30 연중무휴 어른 700¥, 중·고등학생 400¥, 초등학생 150¥ www.sanzenin.or.jp

쇼린인
勝林院

MAP P.435D

1013년에 창건된 사찰로 정토종 호넨과 천태종 겐신이 논쟁을 펼친 '오하라 문답'의 장소로 유명하다. 일본 쇼묘(법요 의식에서 경전을 노래처럼 부르는 종교 음악)가 시작된 교잔오하라의 중심 사찰로 일본 음악의 원천이 된 텐다이 쇼묘의 발상지다. 사찰 입구 산도카와에 걸린 작은 다리를 건너면 극락정토인 사찰로 들어선다는 의미를 지닌다.

16·17·19번 교토버스 승차 후 오하라 정류장(종점) 하차, 도보 10분 075-744-2409 09:00~17:00(입장은 16:30까지) 연중무휴 어른 300¥, 초등·중학생 200¥ www.shourinin.com

호센인
宝泉院

MAP P.435D
VOL.1 P.084

약 700년 된 고목이 있는 액자 정원으로 유명한 절. 도요토미 히데요시 군대와 격전을 벌인 후 자결한 수백의 도쿠가와 이에야스 부하들의 피가 묻은 후시미성의 마루를 가져와 천장으로 사용했다는 이야기도 유명하다. '치유의 소리'라고 하는 스이킨쿠츠 대나무 구멍에 귀를 대면 동굴 속 떨어지는 물방울의 반향음이 종소리처럼 들린다.

16·17·19번 교토버스 승차 후 오하라 정류장(종점) 하차, 도보 10분 075-744-2409 09:00~17:00(입장은 16:30까지) 연중무휴 어른 900¥, 중·고등학생 800¥, 초등학생 700¥(말차 이용권 포함) www.hosenin.net

잣코인
寂光院

MAP P.435D

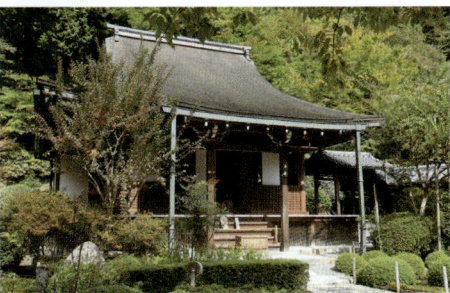

594년에 쇼토쿠태자가 아버지인 요메이왕의 추모를 위해 지은 천태종 비구니 사찰. 13세기 일본 군기 문학작품 《헤이케모노가타리》에도 등장하는 헤이시 무신 정권의 수장 타이라노 키요모리의 딸 타이라노 토쿠코가 정권이 몰락한 후 출가해 여생을 보낸 곳으로 유명하다. 방문 시 신청하면 경문을 베껴 쓰는 사경 체험을 해볼 수 있다.

16·17·19번 교토버스 승차 후 오하라 정류장(종점) 하차, 도보 16분 075-744-3341 3~11월 09:00~17:00·09:00~16:30, 12월 10:00~16:00, 1월~2월 말일 09:00~16:30 연중무휴 고등학생 이상 600¥, 중학생 350¥, 초등학생 100¥ www.jakkoin.jp

• AREA 03 •

KOBE

고베

1868년에 개항하면서 외국인과 서양 문물이 유입된 도시로 지금까지 곳곳에 이국적인 풍경이 남아 있는 효고현의 중심 도시다. 오사카만을 사이에 두고 칸사이 국제공항과 마주 보는 위치이며 동쪽 오사카까지는 전철로 20~30분 정도면 갈 수 있는 거리다. 교토가 1000년 전 일본 수도로서의 헤리티지를 간직한 도시라면 고베는 근대 개항기 이후에 급속히 발전하며 지금의 모습을 갖춘 도시다. 일본에서도 유명한 커피와 빵, 디저트 브랜드가 즐비하고 바다를 낀 항구의 풍경도 아름답다.

무작정 따라하기

Step 1
고베 시내 중심지로 이동하기

산노미야는 고베의 번화가이자 교통의 중심지이다. JR과 한큐, 한신 산노미야역이 한자리에 모여 있으며 지하철 세이신·야마테선도 지난다. 포트라이너와 여러 시내버스 노선의 출발점이며 시티 루프 버스, 포트 루프 버스까지 신칸센을 제외한 고베의 모든 대중 교통수단을 만날 수 있다.

오사카에서 고베 가기

JR

한큐, 한신 전철에 비해 조금 빠르지만 요금 또한 조금 비싸다. 오사카 시내에서 JR 오사카 순환선을 이용할 경우 JR 오사카역에서 산노미야행 전철로 바로 환승할 수 있어 사철에 비해 환승이 편하다.

출발역	중간 환승역	소요 시간 (환승 소요 시간 제외)	도착역	요금
JR 오사카역	-	신쾌속 21분	JR 산노미야역	420¥
JR 신오사카역	-	신쾌속 33분	JR 산노미야역	570¥
JR 모리노미야역	JR 오사카역	보통 11분 + 신쾌속 21분	JR 산노미야역	660¥
JR 텐노지역	JR 오사카역	야마토지 쾌속 15분 + 신쾌속 21분	JR 산노미야역	740¥
JR 유니버설 시티역	JR 니시쿠조역 + JR 오사카역	보통 5분 + 야마토지 쾌속 5분 + 신쾌속 21분	JR 산노미야역	660¥

사용 가능한 패스
JR 패스, JR 칸사이 와이드 패스, JR 칸사이 패스, JR 칸사이 미니 패스

한큐 전철

JR에 비해 요금이 저렴해 가성비가 좋다. 출발역이 오사카 우메다역이어서 오사카 시내 다른 지역에서 출발하는 경우 지하철을 이용한 뒤 한큐 오사카 우메다역까지 이동해야 하므로 환승이 다소 번거로울 수 있다.

출발역	소요 시간 (환승 소요 시간 제외)	도착역	요금
오사카 우메다역	특급 28분	고베 산노미야역	330¥

사용 가능한 패스
칸사이 레일웨이 패스, 한큐한신 1DAY 패스

한신 전철

한큐 전철과 조건이 비슷하지만 JR이나 한큐 전철에는 없는 난바에서 출발하는 직행 노선이 있어 오사카 난바역에서 출발할 때 편리하다.

출발역	소요 시간 (환승 소요 시간 제외)	도착역	요금
오사카 우메다역	직통 특급 31분	고베 산노미야역	330¥
오사카 난바역	쾌속 급행 41분	고베 산노미야역	420¥

사용 가능한 패스
칸사이 레일웨이 패스, 한큐한신 1DAY 패스

교토에서 고베 가기

JR

한큐·한신 전철과 달리 환승 없이 갈 수 있는 직행이 있어 편리하다. 다만 가격이 2배 가까이 비싸다는 것이 단점이다. JR 패스 소지자는 신고베역까지 무료로 신칸센을 이용할 수 있다. JR 칸사이 와이드 패스 소지자의 경우 교토 → 신오사카 구간은 신칸센을 이용할 수 없다는 것에 주의하자.

출발역	중간 환승역	소요 시간 (환승 소요 시간 제외)	도착역	요금
JR 교토역	-	신칸센 히카리 28분	JR 신고베역	2870¥ (자유석)
JR 교토역	-	신쾌속 51분	JR 산노미야역	1110¥
JR 니조역	JR 교토역	보통 7분 + 신쾌속 51분	JR 산노미야역	1340¥

출발역		소요 시간	도착역	요금
JR 이나리역	JR 교토역	보통 5분+ 신쾌속 51분	JR 산노미야역	1340¥
JR 우지역		미야코지 쾌속 16분+ 신쾌속 51분		1520¥
JR 사가아라시야마역		쾌속 12분+ 신쾌속 51분		1520¥

사용 가능한 패스
신칸센 : JR 패스(노조미, 미즈호 제외)
그외 : JR 패스, JR 칸사이 와이드 패스, JR 칸사이 패스, JR 칸사이 미니 패스

한큐 전철

중간에 환승해야 한다는 불편함이 있지만 JR 대비 요금이 훨씬 저렴하다. 출발역이 교토 카와라마치역으로 JR과 다르다.

출발역	중간 환승역	소요 시간 (환승 소요 시간 제외)	도착역	요금
교토 카와라마치역	주소역	특급 38분+ 특급 24분	고베 산노미야역	640¥
카라스마역	주소역	특급 36분+ 특급 24분		640¥
오미야역	카츠라역+ 주소역	준급 7분+ 특급 30분+ 특급 24분		640¥
아라시야마역	카츠라역+ 주소역	준급 7분+ 특급 30분+ 특급 24분		640¥

사용 가능한 패스
칸사이 레일웨이 패스, 한큐한신 1DAY 패스

나라에서 고베 가기

JR

킨테츠·한신처럼 직통 노선이 없어 중간에 한 번 환승을 해야 한다는 것이 단점이다. JR 패스 소지자라면 JR 나라역에서 JR 교토역으로 이동해 신칸센(노조미, 미즈호 제외)을 이용하는 방법도 있다.

출발역	중간 환승역	소요 시간 (환승 소요 시간 제외)	도착역	요금
JR 나라역	JR 오사카역	야마토지 쾌속 52분+ 신쾌속 21분	JR 산노미야역	1280¥
JR 호류지역	JR 오사카역	야마토지 쾌속 41분+ 신쾌속 21분	JR 산노미야역	1110¥

사용 가능한 패스
JR 패스, JR 칸사이 와이드 패스, JR 칸사이 패스, JR 칸사이 미니 패스

킨테츠·한신 전철

오사카 난바역을 경유해 환승 없이 고베 산노미야역까지 운행하는 직통 노선이라 편하다는 것이 장점이다. 요금도 JR보다 조금 저렴하다.

출발역	소요 시간 (환승 소요 시간 제외)	도착역	요금
킨테츠 나라역	쾌속 급행 83분	고베 산노미야역	1100¥

사용 가능한 패스 칸사이 레일웨이 패스

히메지에서 고베 가기

JR

신쾌속은 한신 전철과 요금은 동일하지만 훨씬 빨라 가성비가 가장 좋은 교통수단이다. JR 칸사이 와이드 패스 소지자는 신칸센 노조미나 미즈호, 사쿠라를 이용할 경우 15~16분 만에 JR 신고베역에 도착할 수 있다.

출발역	소요 시간 (환승 소요 시간 제외)	도착역	요금
JR 히메지역	신칸센(히카리) 22분	JR 신고베역	2750¥ (자유석)
JR 히메지역	신쾌속 39분	JR 산노미야역	990¥

사용 가능한 패스
신칸센: JR 패스(노조미, 미즈호 제외), JR 칸사이 와이드 패스
신쾌속: JR 패스, JR 칸사이 와이드 패스, JR 칸사이 패스

한신 전철

JR 신쾌속과 요금은 동일하지만 시간이 더 오래 걸린다. 칸사이 레일웨이 패스 이용자에게 추천하는 노선이다.

출발역	소요 시간 (환승 소요 시간 제외)	도착역	요금
산요 히메지역	직통 특급 66분	고베 산노미야역	990¥

사용 가능한 패스 칸사이 레일웨이 패스

Step 2
고베 시내 교통 한눈에 보기

고베 시영 지하철과 광역 전철

고베 도심 지하철 노선은 크게 신고베역, 산노미야역을 지나는 세이신·야마테선과 항만 지역의 미나토모토마치역, 하버랜드역을 지나는 카이간선이 있다. 두 노선은 신나카타역에서만 환승 가능해 도심 가까운 거리도 돌아가야 하기 때문에 다소 비효율적이다. 산노미야역에서 2정거장, 호쿠신선 타니가미역에서 산다선으로 환승해 아리마온센역으로 갈 때 유용한 교통수단이다. 광역 전철은 JR과 한큐, 한신 전철이 지나며 산노미야역에서 모토마치역, 신나카타, 나다고고 지역으로 이동할 때 이용할 만하다.

고베 시영 지하철 1회 승차 요금

구간	어른 요금	어린이 요금
1구간~9구간 (호쿠신선 미포함)	210~470¥	105~235¥
호쿠신 1구간+1구간~8구간 (호쿠신선 포함)	280~510¥	140~255¥

노선별 주요 관광지

노선 이름	역 이름	주변 관광지
세이신·야마테선	신고베역	누노비키 폭포, 키타노이진칸, 키타노텐만 신사, 누노비키하브엔 & 로프웨이, 신칸센 환승역
	산노미야역	고베 한큐 백화점, 고베 마루이, 고베 산노미야 센터가이, 토어 로드 & 토어 웨스트, 이쿠타 신사
	켄초마에역	소라쿠엔
	신나카타역	철인 28호 모뉴먼트
카이간선	산노미야·하나도케마에역	고베 한큐 백화점, 고베 마루이, 고베 산노미야 센터가이, 고베 시청 전망 로비
	큐쿄류치·다이마루마에역	구 거류지, 모토마치 상점가, 난킨마치, 다이마루 고베점
	하버랜드역	고베 하버랜드, 고베항 크루즈, 고베 포트 타워, 메리켄 파크, 고베 해양 박물관·가와사키 월드
	신나카타역	철인 28호 모뉴먼트
JR	산노미야역	세이신·야마테선 산노미야역과 동일
	모토마치역	모토마치 상점가, 난킨마치, 다이마루 고베점
	고베역	카이간선 하버랜드역과 동일
	신나카타역	철인 28호 모뉴먼트
한큐	고베 산노미야역	세이신·야마테선 산노미야역과 동일
한신	이시야가와역	슈신칸
	스미요시역	하쿠츠루주조 자료관
	우오자키역	키쿠마사무네 주조 기념관, 사쿠라마사무네 기념관
	고베 산노미야역	세이신·야마테선 산노미야역과 동일
	모토마치역	JR 모토마치역과 동일

포트라이너·롯코라이너

포트라이너는 산노미야역에서 포트 아일랜드로, 롯코라이너는 산노미야에서 롯코 아일랜드로 운행하는 고가 전철이다. 두 섬은 관광지보다 항구와 근린 시설, 공원 등이 주를 이루어 여행자의 방문이 많은 지역은 아니다. 칸사이 국제공항에서 베이 셔틀을 타고 산노미야로 갈 때 고베공항역에서 포트라이너를 이용하게 된다.

포트라이너 1회 승차 요금

구간	어른 요금	어린이 요금

1구간	210¥	100¥
2구간	250¥	120¥
3구간	290¥	140¥
4구간	340¥	170¥

롯코라이너 1회 승차 요금

구간	어른 요금	어린이 요금
1구간	210¥	100¥
2구간	250¥	120¥

시티 루프 버스·포트 루프 버스

고베 도심의 주요 관광지를 순환하는 버스. 고베 도심 여행자에게 가장 유용한 교통수단이다. 고베 도심 전역을 순환하는 시티 루프와 산노미야역에서 항만 지역을 순환하는 포트 루프, 2개 노선이 있다. 첫차와 막차 부근 시간대에는 버스가 노선 전체를 다 돌지 않고 중간에 운행이 종료되니 이 시간대에는 버스가 어디까지 운행하는지 시간표를 확인하자.

홈페이지 : 시티 루프 버스 www.shinkibus.co.jp/bus/cityloop
포트 루프 버스 www.shinkibus.co.jp/bus/portloop

1회 승차 요금

버스 종류	어른	어린이(초등학생 이하)
시티 루프 버스	300¥	150¥
포트 루프 버스	230¥	120¥

운행 시간

버스 종류	평일	토·일요일·공휴일
시티 루프 버스	08:18~21:10 (1일 39회 운행)	08:13~23:25 (1일 53회 운행)
포트 루프 버스	08:50~21:10 (1일 35회 운행)	08:55~21:10 (1일 35회 운행)

시티 루프 버스 & 포트 루프 버스 이용 방법

① 시티 루프(또는 포트 루프) 버스 정류장에 있는 운행 시간표에서 다음번 도착할 버스의 시간을 확인한다.
② 버스가 정류장에 도착하면 버스 앞면에 쓰인 운행 방면을 확인하고 뒷문으로 승차한다.
③ 자리에 앉아 정류장 안내 방송에 귀를 기울인다.
④ 도착할 정류장이 다가오면 하차 벨을 누른다.
⑤ 1회 승차일 경우 안내양(포트 루프 버스는 운전기사 옆 요금함)에게 요금을 지불한다. 1일/2일권 소지자는 승차권을 보여주면 된다.
⑥ 목적지에 도착하면 뒷문(포트 루프 버스는 앞문)으로 하차한다.

시티 루프 & 포트 루프 주요 정류장 주변 관광지

노선 이름	정류장	주변 관광지
시티 루프	1 카모메리아	고베 관광선 선착장, 모자이크, 고베 포트 타워, 메리켄 파크, 고베 해양 박물관·카와사키 월드
	2 하버랜드 (모자이크마에)	고베 하버랜드 우미에, 모자이크, 고베 크루즈 콘체르토, 고베 호빵맨 어린이 박물관 & 쇼핑몰
	4 난킨마치 (차이나타운)	난킨마치(차이나타운), 모토마치 상점가
	5 구거류지	구 거류지, 고베 시립 박물관
	6 산노미야 센터 가이 히가시구치	산노미야 센터가이, 고베 마루이, 고베 한큐 백화점
	7 치카테츠산노미야에키마에 (키타노이진칸·신고베 방면)	JR 산노미야역, 한큐 산노미야역, 지하철 산노미야역, 이쿠타 신사

고베 시티 루프 & 포트 루프 버스 1일/2일 승차권

시티 루프 버스와 포트 루프 버스, 신키 버스 야마테선, 시내 노선버스(포트아일랜드선, 시라카와고베선)를 1일 또는 연속 2일 동안 무제한으로 이용할 수 있는 승차권. 시티 루프 버스 1회 승차 요금이 300¥이므로 세 번 이상 승차하면 이득이다. 고베 도심 관광지 곳곳을 둘러보려 한다면 가장 편리하고 가성비 좋은 방법이다. 승차권에서 이용하려는 날짜의 월, 일을 긁어 사용한다. 버스 하차 시 승차권의 날짜가 표시된 부분을 펼쳐서 보여주면 된다. 고베 시내 약 30개 관광 시설에서 입장료 할인 또는 특전 혜택을 받을 수 있다.

구입처 : 고베시 종합 인포메이션 센터(JR 산노미야역 남쪽), 신고베역 관광 안내소(JR 신고베역 개찰구 부근), 신키 버스 고베 산노미야 버스 터미널, 키타노 공방의 거리, 시티 루프 버스 차내(1일권만 가능)

1일/2일 승차권으로 이용 가능한 버스 노선

버스 종류	노선 이름	유효 운행 구간
시티 루프 버스	시티 루프	전체 구간
포트 루프 버스	포트 루프	전체 구간
신키 버스	야마테선 (山手線)	전체 구간 (산노미야센타이히가시구치 ↔ 고베에키마에)
노선버스	포트아일랜드선 (ポートアイランド線)	①신고베에키 ↔ 산노미야에키마에 ↔ 고베포토오아시스마에 ②고베에키미나미구치 ↔ 고베포토오아시스마에
노선버스	시라카와이다이선 (白川台神戸線)	미나토카와코엔니시데구치 ↔ 고베에키

1일/2일 승차권 가격

승차권 종류	어른	어린이(초등학생 이하)
1일권	800¥	400¥
2일권	1200¥	600¥

시티 루프

	정류장	주요 장소
시티 루프	8 키타노코보노마치(토어 로드)	키타노 공방의 마을, 토어 로드 & 토어 웨스트
	10 키타노이진칸	키타노이진칸, 키타노텐만 신사
	11 누노비키하브엔 & 로프웨이	누노비키 폭포, 누노비키하브엔 & 로프웨이
	12 신고베에키	신칸센 신고베역, 지하철 신고베역
	13 지카테츠 산노미야에키 (난킨마치·항구·하버랜드 방면)	JR 산노미야역, 한큐 산노미야역
	14 시야쿠쇼마에	고베 시청 전망 로비
	15 모토마치 쇼텐가이 (난킨마치마에)	모토마치 상점가, 난킨마치(차이나타운), 다이마루 고베점
	16 메리켄 파크	메리켄 파크, 고베항 지진 메모리얼 파크, 고베 해양 박물관·카와사키 월드
	17 포트 타워마에	고베 포트 타워, 메리켄 파크, 고베 해양 박물관·카와사키 월드
포트 루프	30 신고베에키마에	신칸센 신고베역, 지하철 신고베역, 누노비키 폭포, 누노비키하브엔 & 로프웨이
	31 산노미야에키마에	산노미야 센터가이, 고베 마루이, 고베 한큐 백화점, JR 산노미야역, 한큐 산노미야역
	32 시야쿠쇼·히가시유엔치마에	고베 시청 전망 로비
	35 메리켄파크	시티 루프 버스 16 메리켄 파크 정류장과 동일
	36 포트 타워마에	고베 포트 타워, 메리켄 파크, 고베 해양 박물관·카와사키 월드
	37 하버랜드	시티 루프 2 하버랜드(모자이크마에) 정류장과 동일
	38 카모메리아	시티 루프 버스 1 카모메리아 정류장과 동일
	41 히가시유엔치마에	고베 시청 전망 로비
	42 산노미야센터가이히가시구치	산노미야 센터가이, 고베 마루이, 고베 한큐 백화점, JR 산노미야역, 한큐 산노미야역

Step 3
고베 여행 코스

고베 도심 핵심 관광지 100% 즐기기
산노미야 지역과 항만 지역까지 고베 도심의 주요 관광지를 하루에 돌아보는 코스.

맛있는 술과 음식이 함께하는 애주가의 보람찬 체험 여행
고베 도심 동쪽, 술의 동네 나다고고에서 이름난 니혼슈를 만나보고 유명한 고베의 스테이크도 맛보자. 400m 높이에서 고베 도심 전경과 바다를 바라보며 차 한잔 마시는 여유도 부려볼 수 있다.

자연과 온천으로 힐링하는
롯코·아리마 1박 2일 휴식 코스

고베 도심 동쪽, 술의 동네 나다고고에서 이름난 니혼슈를 만나보고 유명한 고베의 스테이크도 맛보자. 400m 높이에서 고베 도심 전경과 바다를 바라보며 차 한잔 마시는 여유도 부려볼 수 있다.

다이어트가 뭐예요?
디저트의 도시에서 맛있으면 0칼로리!
일본에서도 손꼽히는 커피와 빵, 디저트 브랜드가 즐비한 도시에서 즐기는 오감이 행복한 여행.

AREA 03 ― 고베

① JR 산노미야역
　도보 약 14분
② 카페 프로인드리브(브런치)
　도보 약 14분
③ 이쿠타 신사
　도보 약 6분
④ 토어 로드 & 토어 웨스트
　도보 약 10분
⑤ 파티스리 투스 투스
　도보 약 7분
⑥ 난킨마치
　도보 약 16분
⑦ 소라쿠엔
　도보 약 16분
⑧ 르세트

⑨ 마야 뷰라인 & 마야산 키쿠세이다이(야경)
가노초산초메 정류장에서 JR 롯코미치 방면 18번 버스 약 25분 + 마야 케이블 & 곤돌라 15분 + 도보 약 1분

카페 프로인드리브 브런치

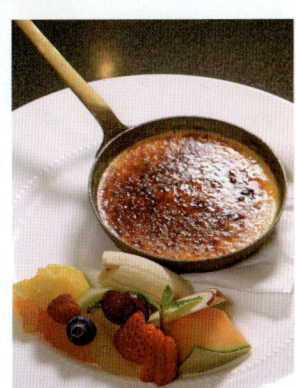

파티스리 투스 투스

A SANNOMIYA
산노미야

고베 최대의 번화가인 산노미야라는 지명은 산노미야역 인근에 있는 이쿠타 신사에서 유래한 것이다. 이쿠타 신사 안에는 8개의 작은 신사가 있는데, 그중 세 번째 신사를 뜻하는 산노미야 三宮가 지명으로 사용되었다. 산노미야역 주변은 JR과 한큐 전철, 한신 전철, 고베 시영 지하철, 포트라이너, 고속버스와 칸사이 공항 리무진 버스, 시내버스가 출발하고 도착하는 고베 교통의 중심지다. 한큐 백화점과 다이마루 백화점, 민트 고베 등 대형 백화점과 쇼핑몰, 상점가, 식당 및 가게가 밀집한 상업 지구로 고베 여행의 거점으로 적합한 지역이다.

교통 한눈에 보기

① 칸사이 국제공항→산노미야	JR(칸사이공항역-오사카역-산노미야역)	108분	1740¥
	칸사이 공항 리무진 버스(고베 산노미야행)	65분~	2200¥
	베이 셔틀(칸사이 국제공항-포트라이너 고베 공항역-산노미야역)	약 70분	외국인 할인가 840¥
② 오사카→산노미야	JR(오사카역-산노미야역)	22분	420¥
	한큐 전철(오사카우메다역-고베산노미야역)	27분~	330¥
	한신 전철(오사카우메다역-고베산노미야역)	31분~	330¥
	한신 전철(오사카난바역-고베산노미야역)	41분~	420¥
③ 교토→산노미야	JR(교토역-산노미야역)	53분	1110¥
	한큐 전철(교토카와라마치역-주소역-고베산노미야역)	72분~	640¥
④ 나라→산노미야	JR(나라역-오사카역-산노미야역)	약 80분	1280¥
	킨테츠 & 한신 전철(고베산노미야역-오사카난바역-킨테츠나라역)	85분	1100¥
⑤ 고베 항만 지역→산노미야	시티 루프 버스 또는 포트 루프 버스(하버랜드 정류장-산노미야 정류장)	약 15분	300¥ 또는 230¥

고베 산노미야 지역 다니는 방법

WALK 산노미야역에서 키타노이진칸까지는 도보 20분 거리여서 고베 도심의 가까운 관광지는 걸어서 이동 가능하다.

SUBWAY 산노미야역이나 키타노이진칸 주변 지역은 지하철을 이용할 필요가 없다. 고베 도심에서 외곽으로 이동할 때 지하철을 이용하면 좋다.

BUS 여행자에게는 고베 도심의 주요 관광지를 두루 거쳐 순환하는 시티 루프 버스가 유용하다.

TAXI 도심 내에서 이동하는 경우 이용할 일이 거의 없다. 필요에 따라 이용하자.

TO DO LIST

- ☐ 키타노이진칸 영국관 펍에서 음식 먹어보기
- ☐ 키타노이진칸 키타노 외국인 클럽에서 드레스 입고 기념 촬영하기
- ☐ 키타노이진칸 향기의 집 오란다관에서 나만의 향수 만들어보기
- ☐ 누노비키하브엔 카페 '더 베란다 고베'에서 뷰 감상하며 디저트 즐기기
- ☐ 일본에서도 유명한 고베규 또는 스테이크 먹어보기
- ☐ 고베의 커피와 유명한 베이커리의 디저트 맛보기

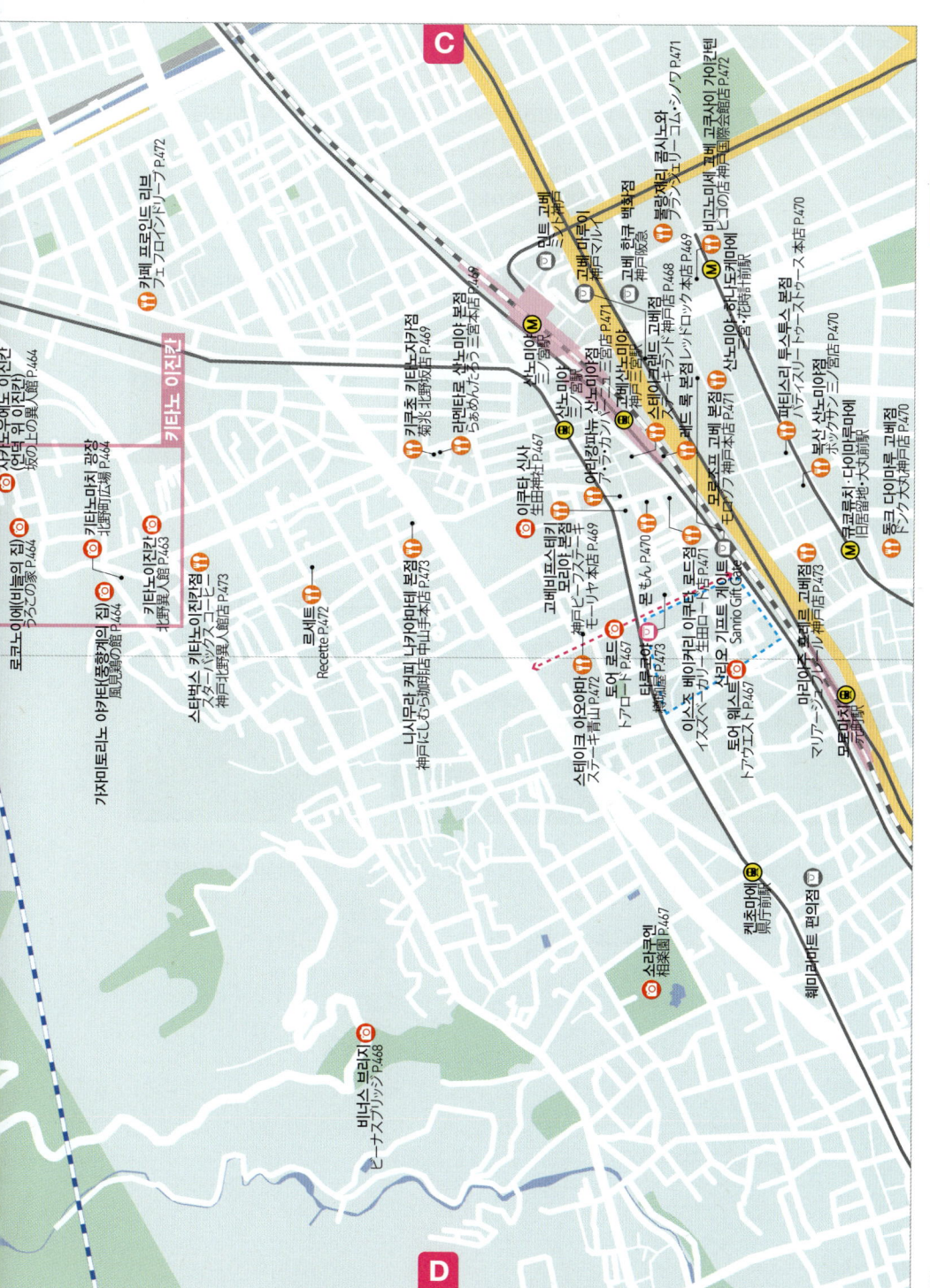

산노미야 추천 코스

산노미야 역·키타노이진칸 주변

시티 루프 버스 1일권을 소지하고 있다면 지하철을 이용하지 말고 조금 돌아가더라도 시티 루프 버스를 이용해 이동한다. 키타노이진칸과 누노비키하브엔에서 머무는 시간에 따라 전체 일정의 소요 시간이 크게 달라진다. 본인의 취향에 따라 시간을 안배하도록 하자. | 소요 시간 : 약 7시간

START
산노미야역

시티 루프 버스 10분+도보 5분

① **키타노텐만 신사**

잉어 동상에 물 뿌리며 소원 빌기

도보 1분

② **키타노이진칸**

마음에 드는 이진칸 관람하기

도보 12분+로프웨이 10분

⑤ **토어로드&토어 웨스트**

카페와 상점 둘러보기

도보 14분+지하철 2분+도보 5분

④ **누노비키 폭포**

폭포 풍경 감상하며 잠시 휴식 취하기

로프웨이 10분+도보 20분

③ **누노비키하브엔**

정원과 향기의 자료관 등 둘러보고 더 베란다 고베에서 디저트 먹기

산노미야역·키타노이진칸 주변

SIGHTSEEING →

키타노이진칸
北野異人館

MAP P.460B
VOL.1 P.071

고베 도심 북부에 서양 건축양식으로 지은 주택이 모여 있는 구역으로 고베 개항기에 외국인들이 거주하던 동네다. 1854년에 미국에 의해 처음 일본이 개항되고 개항지가 점차 확대되면서 1868년에 고베항도 개항되었다. 이후 고베를 방문하는 외국인의 수가 늘어나면서 치외법권 구역인 거류지의 용지가 부족해졌다. 이에 일본 정부는 일본인과 함께 어울려 살 수 있도록 동쪽으로 이쿠타카와, 서쪽으로 우지카와로 한정해 새로운 거주지를 지정했다. 남쪽으로 고베항을 조망할 수 있는 키타노 지역에 유럽풍 외국인 주택이 생겨난 것이 키타노이진칸의 시작이다. 이후 태평양전쟁을 거치고 도시의 발달로 빌딩과 재건축이 늘어나며 대부분의 이진칸이 사라지고 10여 채의 건물만이 남아 지금의 모습에 이르렀다. 현재는 옛 이진칸의 특성을 살린 전시관으로 운영된다. 100여 년 전 생활 모습과 이국적인 건축물, 생활 도구 등을 둘러볼 수 있다. 관람하고 싶은 이진칸이 여러 곳이라면 할인 패스도 고려해볼 수 있다. 2개, 3개, 4개, 7개의 이진칸을 묶어 관람할 수 있는 할인 패스를 판매한다. 본인의 취향을 고려해 고르면 된다.

구글 지도 기타노이진칸

🅕 지하철 산노미야역 북1번 출구에서 도보 20분 또는 시티 루프 버스 키타노이진칸 정류장에서 하차 후 도보 4분 ☎ 078-251-8360(키타노 관광안내소) 🅞 전시관에 따라 다름 🅗 전시관에 따라 다름 🅟 할인 패스 : 키타노 7관 주유 패스(중학생 이상 3300¥, 초등학생 880¥, 우로코노이에 & 전망 갤러리, 야마테하치반칸, 키타노가이코쿠진 클럽, 사카노우에노이진칸, 에이코쿠칸, 요칸나가야, 벤노이에) / 야마노테 4관 패스(중학생 이상 2200¥, 초등학생 550¥ 우로코노이에 & 전망 갤러리, 야마테하치반칸, 키타노가이코쿠진 클럽, 사카노우에노이진칸) / 키타노도리 3관 패스(중학생 이상 1540¥, 초등학생 330¥, 에에코쿠칸, 요칸나가야, 벤노이에) / 3관 공통권(어른 1400¥, 중·고등학생 1000¥, 초등학생 700¥, 카오리노이에 오란다칸, 덴마크칸, 빈·오스트리아노이에) / 2관 공통권(650¥, 카자미도리노야카타 · 모에기노야카타) 🌐 www.kobeijinkan.com

ZOOM — IN

키타노이진칸 핵심 볼거리

1 키타노마치 광장
北野町広場

이진칸이 모여 있는 동네 입구에 조성된 작은 커뮤니티 광장. 광장 한쪽에 키타노 관광 안내소가 자리하며, 광장 곳곳엔 작은 분수대와 악기를 연주하는 동상, 화분이 놓여 있다. 군것질을 하며 벤치에 앉아 잠시 휴식을 취하기 좋다.

2 우로코노이에(비늘의 집)
うろこの家

'비늘의 집'이라는 이름은 물고기의 비늘을 닮은 외벽 때문에 붙었다. 원통형 벽면이 어우러져 있어 얼핏 중세 유럽의 성처럼 보이기도 한다. 키타노에 있는 이진칸 중에서도 이곳에서 고베항 쪽을 바라보는 전망이 좋다.
◎ 4~9월 09:30~18:00, 10~3월 09:30~17:00 ❖ 부정기 ⓟ 중학생 이상 1100¥, 초등학생 220¥ ⓦ https://kobe-ijinkan.net/uroko

3 카자미토리노 야카타(풍향계의 집)
風見鶏の館
2023년 10월 1일부터 공사로 인한 장기 휴관

키타노마치 광장에서 가장 먼저 눈에 띄는, 키타노이진칸의 랜드마크 같은 건물이다. 키타노마치의 상징으로도 여겨지는 삼각형 지붕의 닭 모양 풍향계 때문에 풍향계의 집이라는 이름이 붙었다. 붉은색 벽돌을 사용해 1909년경에 독일인 무역상의 집으로 지은 건물이다.
◎ 09:00~18:00 ❖ 2·6월 첫째 주 화요일(공휴일인 경우 다음 날) ⓟ 어른 500¥(시티 루프 버스 1일 승차권 소지 시 450¥), 고등학생 이하 무료 ⓦ https://kobe-kazamidori.com

4 모에기노 야카타(연두의 집)
萌黄の館

1903년에 미국 총영사의 자택으로 지은 건물. 100여 년 전 지은 미국식 건물의 전형을 보여주는 듯한 목조건물로 마치 마크 트웨인의 소설 속에서 나올 것 같은 모습이다. 건물을 연두색으로 칠해 '연두의 집'이라는 이름이 붙었다. 내부는 100년 전 소박한 생활 모습을 엿볼 수 있으며, 2층 창가 복도는 포토 스폿으로도 인기를 끌고 있다.
◎ 09:30~18:00 ❖ 2월 셋째 주 수요일~목요일 ⓟ 어른 400¥, 고등학생 이하 무료

5 카오리노이에 오란다칸(향기의 집 오란다관)
香りの家オランダ館

오랫동안 네덜란드 총영사가 거주하던 주택으로 내부엔 당시 사용하던 가구를 전시하고 있다. 네덜란드를 주제로 하는 이진칸이어서 봄철의 튤립과 네덜란드 전통 의상, 나막신 등도 볼 수 있다. 매장에서는 여러 가지 잡화와 함께 향수를 판매하는데, 좋아하는 여러 가지 향을 조합해 나만의 향수도 만들어 구입할 수도 있다.
◎ 10:00~17:00 ❖ 부정기 ⓟ 어른 700¥, 중·고생 500¥, 초등학생 300¥ ⓦ www.orandakan.shop-site.jp

6 사카노우에노 이진칸(언덕 위 이진칸)
坂の上の異人館

지금의 이름으로 바뀌기 전까지 중국 영사관으로 부르던 이진칸. 키타노 지역의 이진칸 중 유일하게 동양의 분위기를 머금은 곳이다. 내부에는 명나라와 청나라시대의 가구와 미술품 도자기 등으로 장식되어 있다. 안뜰에 입을 벌린 한 쌍의 사자 사이를 걸어 통과하면 커플의 애정이 높아진다는 얘기도 있다.
◎ 10:00~17:00 ❖ 평일(토·일요일·공휴일만 개관) ⓟ 중학생 이상 550¥, 초등학생 110¥ ⓦ https://kobe-ijinkan.net/sakanoue

7	덴마크칸(덴마크관) デンマーク館	원통형 건물 내부에는 원래 크기의 1/2로 축소해 만든 것이라는 바이킹 배에는 귀여운 모습의 바이킹 인형도 놓여 있다. 덴마크의 유명한 동화 작가 안데르센의 서재가 재현되어 있으며, 인어공주 동상도 이곳에서 만날 수 있다. ◎ 10:00~17:00 ⓗ 부정기 ⓟ 중학생 이상 500¥, 초등학생 300¥ ⓦ www.orandakan.shop-site.jp	
8	고베키타노 비주츠칸 (고베 키타노 미술관) 神戸北野美術館	1898년에 지어 1978년까지 미국 영사의 관저로 사용하던 건물. 현재는 제휴를 맺은 프랑스 파리 몽마르트르 화가들의 작품을 전시하는 미술관으로 이용된다. 내부 공간 중 일부는 카페로 사용해 작품을 감상하며 잠시 쉬어 가기 좋다. ◎ 09:30~17:30 ⓗ 부정기 ⓟ 중학생 이상 500¥, 초등학생 300¥ ⓦ www.kitano-museum.com	
9	고베 트릭 아트 후시기나 료지칸 (고베 트릭 아트 불가사의한 영사관) 神戸トリックアート・不思議な領事館	1900년대 초반에 지어 태평양전쟁 이후에는 파나마 영사관으로 사용하던 건물이다. 2010년대 중반까지 파나마 영사관을 주제로 한 전시관이었다. 이후 내부를 모두 리뉴얼해 트릭 아트 전시관으로 바꾸었다. 고베에서 볼 수 있는 모습이나 명화를 주제로 한 것 등 재미있는 사진을 찍을 수 있는 여섯 가지 테마의 트릭 아트를 만날 수 있다. ◎ 10:00~17:00 ⓗ 부정기 ⓟ 중학생 이상 880¥, 초등학생 220¥ ⓦ https://kobe-ijinkan.net/trick	
10	빈·오스트리아 노이에 (빈·오스트리아의 집) ウィーン・オーストリアの家	오스트리아의 생활과 문화를 엿볼 수 있는 전시물, 모차르트와 관련된 전시물을 볼 수 있는 이진칸. 합스부르크의 유일한 여성 통치자였던 마리아 테레지아의 모습이 담긴 벽화와 100여 년 전 그림을 바탕으로 모차르트가 태어난 방을 재현한 곳을 만날 수 있다. 야외 노천 리큐어 숍에서는 오스트리아 맥주와 와인도 판매한다. ◎ 10:00~17:00 ⓗ 부정기 ⓟ 중학생 이상 500¥, 초등학생 300¥ ⓦ www.orandakan.shop-site.jp	
11	플라톤 쇼소쿠 비주츠칸 (이탈리아관) プラトン装飾美術館 (イタリア館)	키타노 지역의 이진칸 중에서 유일하게 소유주가 거주하며 공개하고 있는 곳이다. 세월의 흔적이 묻은 이탈리아 감성을 가득 품은 건물과 주인장이 유럽에서 수집한 18~19세기 미술품, 생활용품이 실내를 가득 채우고 있다. 주말과 공휴일에 카페로 운영하는 풀장 딸린 정원 테라스에선 차와 디저트를 맛볼 수 있다. ◎ 09:30~17:00 ⓗ 12월 30~1월 2일 ⓟ 어른 800¥, 중·고등학생 500¥	
12	에이코쿠칸(영국관) 英国館	1909년에 영국인이 설계한 이진칸. 건축 당시 모습을 그대로 유지하고 있다. 정문을 들어서자마자 고풍스러운 검은색 차량이 시선을 끈다. 아서 코넌 도일의 추리소설에 나오는 베이커 거리 221B번지는 소설 속 홈스와 왓슨의 모습이 실감 나는 소품과 함께 재현되어 있다. 고풍스러운 영국식 펍에서 가볍게 한잔 즐길 수도 있다. ◎ 4~9월 09:30~18:00, 10~3월 09:30~17:00 ⓗ 부정기 ⓟ 중학생 이상 880¥, 초등학생 220¥ ⓦ https://kobe-ijinkan.net/england	

13	키타노 가이코쿠진 쿠라부 (키타노 외국인 클럽) 北野外国人倶楽部	개항기 회원제로 이용하던 외국인 사교장을 재현한 이진칸. 입구에 사자상이 있어 라이온 하우스 3호관이라 불렸다. 프랑스 부르봉 왕조의 귀족 저택에 있던 목제 벽난로와 중세의 부엌, 침실, 마차 등을 볼 수 있다. 별도의 비용을 내면 45분간 마음에 드는 드레스를 입고 사진을 촬영할 수도 있다(1일 4팀 이용 가능). 예약이 필요하지만 방문시 예약자가 없다면 당일 이용도 가능하다. ◎ 4~9월 09:30~18:00, 10~3월 09:30~17:00 ⓗ 부정기 ⓟ 중학생 이상 550¥, 초등학생 110¥ ⓦ https://kobe-ijinkan.net/club	
14	요칸나가야(프랑스관) 洋館長屋	1908년에 2가구가 거주할 수 있도록 한 외국인 아파트로 지어 좌우가 대칭을 이룬 독특한 구조를 띤다. 실내에는 나폴레옹 시대와 19세기 말 가구가 배치돼 있다. 19세기 말에 만든 여행용 루이 비통 골동품 트렁크가 특히 눈에 띈다. 에밀 갈레와 돔 형제의 유리공예품, 아르누보시대의 작품 등도 볼 수 있다. ◎ 4~9월 09:30~18:00, 10~3월 09:30~17:00 ⓗ 부정기 ⓟ 중학생 이상 550¥, 초등학생 110¥ ⓦ https://kobe-ijinkan.net/france	
15	벤노이에(벤의 집) ベンの家	영국인 사냥가였던 벤 엘리슨을 기리는 박물관으로 동물의 박제품을 전시해놓은 이진칸. 전시된 박제는 벤이 모두 사냥한 것은 아니라고 한다. 시선을 끄는 커다란 북극곰부터 조그만 나비 표본에 이르기까지 종류와 수도 상당하다. 독특한 전시관이긴 하지만 동물에 흥미가 없는 여행자라면 그다지 매력적이지 않을 수 있다. ◎ 4~9월 09:30~18:00, 10~3월 09:30~17:00 ⓗ 부정기 ⓟ 중학생 이상 550¥, 초등학생 110¥ ⓦ https://kobe-ijinkan.net/ben	
16	야마테하치반칸 (야마테8번관) 山手八番館	의자에 앉으면 소원을 이루게 된다고 TV에 소개되어 일본에서도 화제가 된 새턴의 의자가 인기다. 19세기에 만든 이 의자는 원래 이탈리아의 교회에 있던 것을 가져왔다고 한다. 3대 조각 거장으로 꼽히는 로댕, 부르델, 베르나르의 작품과 피카소가 영향을 받았다는 탄자니아의 마콘데 조각, 인도 간다라와 태국의 불상도 전시돼 있다. ◎ 4~9월 09:30~18:00, 10~3월 09:30~17:00 ⓗ 부정기 ⓟ 중학생 이상 550¥, 초등학생 110¥ ⓦ https://kobe-ijinkan.net/yamate	
17	라인노 야카타(라인의 집) ラインの館	1915년 프랑스인 J. R 드레웰 부인이 건축해 살던 주택이다. 다른 이진칸과는 달리 키타노의 이진칸에 대한 안내소 역할을 하는 곳으로 유일하게 입장료가 무료다. 이 지역에 이진칸이 지어진 이유 등에 대한 설명을 볼 수 있다. 설명 자료 외에 기본적인 가구와 생활용품도 있어 들러볼 만하다. ◎ 09:00~18:00 ⓗ 2·6월 셋째 주 목요일(공휴일인 경우 다음 날) ⓟ 무료 ⓦ https://kobe-kazamidori.com/rhine	
18	무어 하우스 Moore House	100여 년간 무어 가족이 거주하던 저택을 2020년에 티 룸으로 개조해 일반에 개방했다. 우아한 흰색 목조건물과 계단식 정원이 자리한 이진칸의 로망 같은 외관을 자랑한다. 커피, 홍차, 허브티 등의 음료 및 딸기와 계절 과일을 사용한 디저트를 주로 선보인다. 너무 덥거나 춥지 않다면 야외 테이블에 자리를 잡아볼 것. ⓕ 키타노도리·키타노이진칸 매표소를 바라보고 길을 따라 오른쪽으로 약 100m ⓣ 078-855-9789 ◎ 수~월요일 11:00~17:00 ⓗ 화요일 ⓟ 각종 음료 770¥, 딸기 밀푀유 단품 1500¥·음료 세트 2500¥ ⓦ kitanomoore.com	

토어 로드 & 토어 웨스트
トアロード & トアウエスト

MAP P.461C

산노미야역과 모토마치역 사이 남북으로 1km 정도 경사진 길, 토어 로드가 있다. 토어 웨스트는 토어 로드를 기준으로 서쪽의 구역을 말한다. 고베 개항 당시 비즈니스 구역이던 구 거류지 구역과 외국인의 거주지인 키타노 지역을 연결하는 길이었다. 지금도 이국적이고 세련된 의류와 잡화 매장, 카페, 셀렉트 숍 등이 들어서 있다.

ⓕ 지하철 세이신·야마테선 산노미야역 W3 출구에서 도보 4분, 또는 한큐 고베선 고베산노미야역 서쪽 4번 출구에서 도보 4분, 또는 JR 모토마치역 동쪽 출구에서 도보 4분 ⓞ 가게마다 다름 ⓗ 가게마다 다름 ⓟ 가게마다 다름 ⓦ https://torroad.jp

이쿠타 신사
生田神社

MAP P.461C

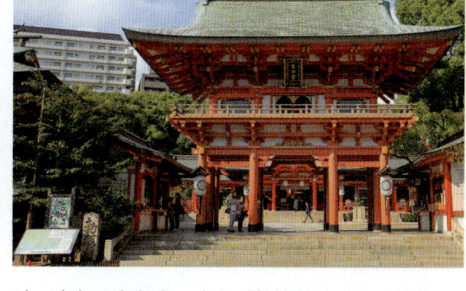

산노미야 도심에 있는 신사. 정확한 창건 시기는 알려지지 않았는데, 일본에서 가장 오래된 신사 중 하나일 것으로 추측된다. 만물을 낳고 기르며 성장을 수호하는 신을 숭배해 연애와 결혼을 기원하는 사람들의 발길이 끊이지 않는다. 고베라는 지명과 산노미야라는 지명이 모두 이쿠타 신사에서 유래된 것이라고 알려져 있다.

ⓕ 지하철 산노미야역 서쪽 3번 출구에서 도보 1분 ⓣ 078-321-3851 ⓞ 09:00~17:00 ⓗ 연중무휴 ⓟ 무료 ⓦ https://ikutajinja.or.jp

소라쿠엔
相楽園

MAP P.461D

메이지시대 말기인 1900년대 초반에 전 고베 시장 부친의 저택에 조성한 정원. 봄에는 철쭉과 진달래가, 가을엔 빨간색 단풍이 정원을 덮는다. 소라쿠엔은 폭포가 있는 심산유곡과 강물이 바다로 흐르는 풍경을 축소해 표현한 지천회유식 정원이다. 바다를 상징한다는 연못 주위 돌다리와 징검돌을 건너며 찬찬히 정원의 풍경을 감상해보자.

ⓕ 지하철 세이신·야마테선 켄초마에역 1번 출구에서 도보 4분 ⓣ 078-351-5155 ⓞ 09:00~17:00(입장은 16:30까지) ⓗ 목요일(공휴일인 경우 다음날), 12월 29일~1월 3일 ⓟ 15세 이상 300¥, 초등·중학생 150¥ ⓦ www.sorakuen.jp

키타노텐만 신사
北野天満神社

MAP P.460B

키타노마치 광장에서 계단을 오르면 만나는 작은 신사. 학문의 신 스가와라 미치자네를 모셔 학업 성취나 액막이를 위해 기도하려는 사람들이 주로 찾는다. 경내에 있는 잉어 동상에 물을 뿌리고 소원을 빌면 이루어진다고 한다. 매달 25일에는 플리마켓이 열린다. 벚꽃이 피는 시기에 여기서 바라보는 키타노마치와 고베 도심의 풍경이 아름답다.

구글 지도 키타노텐만 신사

ⓕ 시티 루프 버스 키타노이진칸 정류장에서 하차 후 도보 4분 ⓣ 078-221-2139 ⓞ 07:30~17:00 ⓗ 연중무휴 ⓟ 무료 ⓦ www.kobe-kitano.net

비너스 브리지
ビーナスブリッジ
MAP P.461D

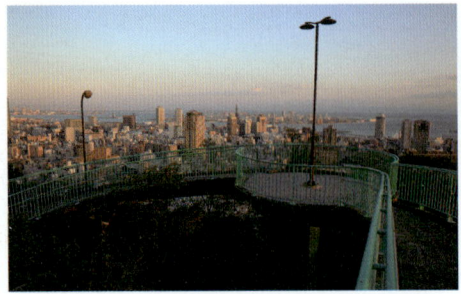

키타노이진칸에서 서쪽, 스와야마 공원에 있는 전망 브리지. 마야산이나 롯코산에 비해 낮고 도심에서 가까워 고베의 스카이라인이 선명하게 보인다. 그만큼 야경도 아름답지만 밤에 차 없이 가는 길은 조금 으슥하기 때문에 주의가 필요하다. 연인들의 애정 표현을 상징하는 사랑의 자물쇠도 많이 걸려 있다.

구글 지도 Venus Bridge
- 시버스 7번 승차 후 스와야마코엔시타 정류장에서 하차해 도보 20분
- 24시간 연중무휴 무료

누노비키노타키
布引の滝
MAP P.460A

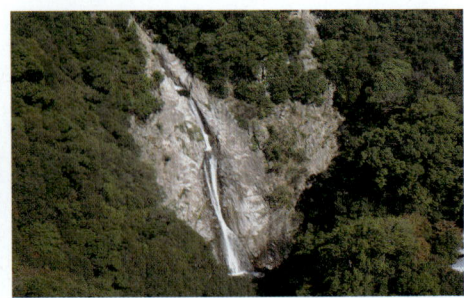

신칸센이 정차하는 신고베역 뒤쪽, 고베 도심을 남북으로 흐르는 이쿠타강 상류에 있는 폭포. 도심과 가까운 곳에 이런 폭포가 있다는 사실도 놀랍지만 일본 폭포 백선에 꼽힐 정도로 아름다운 풍경을 자랑한다. 온타키, 멘타키, 메오토타키, 츠츠미가타키라는 이름이 붙은 4개의 폭포가 하나의 누노비키노타키(누노비키의 폭포)를 이룬다.

구글 지도 누노비키 폭포
- JR·지하철 세이신·야마테선·호쿠신선 신고베역에서 도보 20분
- 24시간 연중무휴 무료

누노비키하브엔 & 로프웨이
布引ハーブ園 & ロープウェイ
MAP P.460A
VOL.1 P.077

일본 최대 규모의 허브 공원으로 테마가 다른 12개의 정원에 계절마다 색색의 꽃을 피우는 곳이다. 로프웨이 승강장에서 곤돌라에 탑승해 고베의 풍경을 감상하다 보면 어느새 공원에 닿는다. 발트부르크 성을 모티브로 만들었다는 레스트 하우스 주변은 독일 분위기가 물씬 풍긴다. 카페에서 고베 풍경을 감상하며 차를 마시는 것도 좋다.

구글 지도 고베 누노비키 허브정원/로프웨이
- 신고베역에서 도보 5분, 누노비키 로프웨이 탑승 078-271-1160
- 10:00~17:00 또는 10:00~20:30(기간, 요일에 따라 다름, 홈페이지 참조)
- 연중무휴 고등학생 이상 편도 1400¥, 왕복 2000¥(로프웨이+허브원 입장료) www.kobeherb.com

스테이크랜드 고베점
ステーキランド 神戸店
EATING →
MAP P.461C

가성비를 중요시하는 여행자를 사로잡은 스테이크 전문점이다. 오전 11시부터 오후 2시까지 일반 소고기를 사용해 서비스 런치를 운영하는데, 이 시간에는 고기의 부위와 양에 따라 1200¥부터 4500¥ 이하의 금액으로 스테이크를 즐길 수 있다. 본격적인 와규나 고베규 코스도 다른 식당에 비해 조금 저렴한 편이다. 맛보다 가성비!

- 한큐고베선 고베산노미야역 서쪽 2번 출구에서 바로 078-332-1653 11:00~22:00(L.O 21:00) 부정기 스테이크(L) 150g 런치 1880¥, 텐더 스테이크 160g 디너 6280¥ https://steakland-kobe.jp

레드 록 본점
レッドロック 本店

MAP P.461C
VOL.1 P.120

얇게 썰어낸 소고기를 쌓아 올리고 채소와 요거트 소스, 달걀을 얹은 덮밥으로 로스트비프동의 유행을 선도한 곳. 맛 외에도 비교적 저렴한 가격과 한 끼 식사로 든든한 양, 혼자도 먹을 수 있는 소고기라는 판매 전략이 인기의 비결이다. 이제는 가격이 꽤 올랐지만, 일본 여러 미디어에 소개되어 인기를 얻으며 지점을 확장해가고 있다.

구글지도 레드락 본점

📍 한큐 전철 산노미야역 서쪽 4번 출구 방향 고가 철로 아래 상점가 내 ☎ 078-334-1030 🕐 11:30~21:30(L.O 21:00) / 연말연시 영업시간 변동 있을 수 있음 🏠 연중무휴 💰 로스트 비프동(레귤러) 1400¥, 스테키동(레귤러) 1800¥ 🌐 www.redrock-kobebeef.com

고베비프스테키 모리야 본점
神戸ビーフステーキ モーリヤ 本店

MAP P.461C
VOL.1 P.115

1885년에 개업한 철판구이 스테이크 전문점. 모리야에서 맛의 비결로 꼽는 것이 고기의 품질인데 고베규의 원종인 다지마규 혈통 중 효고현의 계약 목장에서 출산 경험이 없는 암소 중 32개월 이상 살을 찌운 고기를 사용한다. 고베규 답게 고기가 입안에서 녹는다. 단점은 가볍게 맛보기엔 가격이 비싸다는 것. 홈페이지에서 예약이 가능하다.

구글지도 모리야 본점

📍 지하철 세이신·야마테선 산노미야역 E1 출구에서 도보 1분 ☎ 078-391-4603 🕐 11:00~22:00(L.O 21:00) 🏠 부정기(홈페이지에 공지) 💰 점심 우치모모 스테키 120g 6840¥, 고쿠조리브로스 스테키 150g 1만 7850¥ 🌐 www.mouriya.co.jp

라멘타로 산노미야 본점
らぁめんたろう 三宮本店

MAP P.461C

토마토 라멘, 토마토 카레 라멘 같은 독특한 메뉴를 선보이며 인기를 모으는 라멘 전문점. 라멘과 사이드 메뉴를 원하는 것으로 선택해 세트 메뉴를 구성할 수도 있다. 크리미한 느낌의 국물을 머금은 돈코츠 라멘처럼 기본 메뉴도 충실하다. 한국인의 기준으로 조금은 어설픈 맛이지만 김치도 제공된다.

구글지도 Ramen Taro Sannomiya Honten

📍 지하철 세이신·야마테선 산노미야역 E8 출구에서 도보 3분 ☎ 078-331-1075 🕐 11:00~22:00 🏠 연중무휴 💰 타로짱 라멘 1050¥ 🌐 https://kobe-ramentaro.com

키쿠초 키타노자카점
菊兆 北野坂店

MAP P.461C

효고현의 아카시시의 향토 음식인 아카시야키 전문 식당으로 1970년에 개업한 키쿠초의 지점이다. 아카시야키는 소스를 뿌려 먹는 타코야키와 달리 가다랑어로 우려낸 국물에 담갔다 먹는다는 차이가 있다. 문어를 품은 반죽은 달걀을 넣어 부드러운 식감을 낸다. 관광객이 없는 현지 노포 분위기를 즐기기에도 좋다.

구글지도 菊兆 北野坂店

📍 지하철 세이신·야마테선 산노미야역 E8 출구에서 도보 3분 ☎ 078-331-9813 🕐 17:00~다음 날 02:00 🏠 일요일 💰 아카시야키 680¥ 🌐 https://kikucho.shop

몬
もん

MAP P.461C

레트로한 느낌의 서양식 음식점으로 우리나라로 치면 추억의 경양식집 느낌의 식당이다. 대표 메뉴인 비프 커틀릿을 비롯해 돈카츠, 새우튀김, 굴튀김, 크로켓, 오믈렛, 스키야키, 샤부샤부 등 메뉴가 수십 가지에 이른다. 비프 커틀릿의 맛도 인테리어 만큼이나 레트로한 느낌이 나는데, 식감이 부드러운 고기와 바삭한 튀김옷이 잘 어우러진다.

구글 지도 Mon

📍 지하철 세이신·야쿠세선 산노미야역 W1 출구에서 도보 1분 ☎ 078-331-0372 🕐 11:00~21:00 📅 셋째 주 월요일 💰 비프 커틀릿 2860¥, 돈카츠 정식 1980¥

파티스리 투스투스 본점
パティスリー トゥーストゥース 本店

MAP P.461C

외관부터 인테리어까지 유럽풍의 세련되고 고급스러운 느낌이 가득한 디저트 전문점. 1층은 케이크나 쿠키를 판매하는 매장이고 2층은 럭셔리한 분위기의 티 살롱이다. 애프터눈 티세트와 과일로 만든 디저트, 크레페, 파스타 등을 맛볼 수 있다. 새콤한 과일과 벌꿀, 치즈 크림이 어우러져 상큼하면서 깔끔한 단맛을 낸다.

구글 지도 Patisserie Tooth Tooth

📍 지하철 규코류치·다이마루마에역 3번 출구에서 도보 2분 ☎ 078-334-1350 🕐 월~금요일 10:00~20:00(2층 11:00~19:00), 토·일요일 10:00~20:00(2층 11:00~20:00) 📅 부정기 💰 크림 브륄레 1100¥, 애프터눈 티 세트 3190¥~ 🌐 https://toothtooth.com/patisserie-tooth-tooth

복산 산노미야점
ボックサン 三ノ宮店

MAP P.461C

고베에 기반을 둔 제과점으로 유럽의 제과 기술을 도입해 일본인의 입맛에 맞춘 과자를 만든다. 1935년에 처음 개업했고 1964년부터 운영 중인 2대 오너는 고베 마이스터이기도 하다. 이곳은 케이크가 맛있기로 유명한데, 폭신폭신한 스펀지 같은 느낌이 나는 빵이 특징이다. 거기에 생크림과 제철 과일을 듬뿍 올려 많은 인기를 얻고 있다.

구글 지도 Bocksun

📍 지하철 카이간선 규코류치·다이마루마에역 3번 출구에서 도보 1분 ☎ 078-391-3955 🕐 11:00~19:00(L.O 18:30) 📅 1월 1일 💰 케이크 플레이트 드링크 세트 1870¥ 🌐 www.bocksun.com

동크 다이마루 고베점
ドンク 大丸神戸店

MAP P.461C
VOL.1 P.147

프랑스 빵 특유의 바삭바삭한 빵 껍질과 촉촉한 속을 만들기 위해 프랑스에서 전용 가마를 수입해 맛을 재현하는 빵집이다. 일본 내 여러 유명 프랑스 레스토랑도 이곳의 빵을 사용한다고 한다. 프랑스 빵을 지향하기 때문에 빵 종류는 바게트와 크루아상을 비롯한 유럽식 하드 빵이 주류를 이룬다.

구글 지도 다이마루고베점 DONQ

📍 JR·한신 전철 모토마치역에서 도보 4분 또는 지하철 카이간선 규코류치·다이마루마에역 1번 출구 앞 다이마루백화점 지하 1층 ☎ 078-333-6880 🕐 10:00~20:00 📅 부정기(백화점 휴무일에 따름) 💰 멘타이코프랑스(명란바게트) 303¥, 라이무기팡(호밀빵) 486¥ 🌐 https://donq.co.jp

모로조프 고베 본점
モロゾフ 神戸本店

MAP P.461C
VOL.1 P.143

1931년에 초콜릿 상점으로 시작한 고급 양과자 전문점. 고품질이면서도 다른 유명 초콜릿에 비해 합리적인 가격으로 인기를 얻었다. 1962년 출시된 후 아이부터 노인까지 즐겨 찾는다는 커스터드 푸딩이 대표 메뉴다. 효고현산 우유만 사용해 만들며 캐러멜소스와 어우러져 맛을 낸다. 덴마크 크림치즈 케이크도 인기 제품이다.

구글 지도 모로조프

📍 산티카(산노미야역 지하상가) A6 출구에서 도보 3분, 고베산노미야센터가이 내 ☎ 078-391-8718 🕐 11:00~20:00 📅 1월 1일, 부정기 💰 커스터드 푸딩 170g 357¥, 덴마크 크림치즈 케이크 1296¥ 🌐 www.morozoff.co.jp

아라캉파뉴 산노미야점
ア・ラ・カンパーニュ 三宮店

MAP P.461C
VOL.1 P.146

프랑스 남부 지방 프로방스를 콘셉트로 하는 타르트 전문 카페. 타르트의 주재료로 과일을 사용하는데, 대표 메뉴인 타르트 메리멜로의 경우 얼핏 봐도 여섯 가지 정도의 과일이 듬뿍 올라가 있다. 쇼케이스에는 레귤러 메뉴에 시즌 메뉴까지 더해 12~18가지 타르트를 진열한다. 파티시에가 일일이 수작업으로 만드는 것도 맛의 비결이라고.

구글 지도 아 라 캄파뉴

📍 지하철 세이신·야마테선 산노미야역 W1 출구에서 바로 ☎ 078-322-0130 🕐 12:00~22:00(L.O 21:15) 📅 연중무휴 💰 타르트 밀페유 1375¥(매장), 1350¥(테이크 아웃) 🌐 www.alacampagne.jp

이스즈 베이커리 이쿠타 로드점
イスズベーカリー 生田ロード店

MAP P.461C
VOL.1 P.147

1946년 개업해 질리지 않고 일상에서 매일 먹을 수 있는 빵을 콘셉트로 한 빵집이다. 가게 규모가 크진 않지만, 180종류의 빵을 갖추고 있다는 말처럼 빵 종류가 상당히 다양하다. 크로켓에 수제 카레와 삶은 달걀이 들어 있는 스카치 에그 카레빵으로 많은 인기를 얻었는데, 꾸준히 신제품을 내놓아 여러 종류의 빵이 인기를 얻고 있다.

구글 지도 이스즈베이커리

📍 한큐고베선 고베산노미야역 서쪽 1번, 서쪽 4번 출구에서 도보 1분, 또는 지하철 세이신·야마테선 산노미야역 W1 출구에서 도보 2분 ☎ 078-333-4180 🕐 09:00~22:00 📅 연중무휴 💰 스카치 에그 카레빵 248¥ 🌐 https://isuzu-bakery.jp

불랑제리 콤시노와
ブランジェリー コム・シノワ

MAP P.461C
VOL.1 P.147

고베의 프랑스 요리점인 비스트로 콤시노와를 개업한 프랑스 요리사가 오픈한 빵집. 맛있는 빵으로 입소문 났지만, 빵 종류도 다양하다. 다른 곳에서 볼 수 없는 이곳만의 빵도 많다. 요리사가 어릴 때 남프랑스에서 먹은 크루아상에 감명받아 만들었다는 '사쿠' 크루아상이 유명하다. 브런치를 맛볼 수 있는 카페도 함께 운영한다.

📍 지하철 카이간선 산노미야하나도케마에역 3번 출구 옆 ☎ 078-242-1506 🕐 08:00~18:00 📅 월요일, 수요일 💰 콤시노와크림빵 308¥(매장), 303¥(테이크 아웃) 🌐 www.comme-chinois.com/honten/boulangerie

비고노미세 고베 고쿠사이 가이칸텐
ビゴの店 神戸国際会館店
MAP P.461C
VOL.1 P.147

프랑스 빵을 일본에 보급한 비고 필립이 1972년에 개업한 빵집. 비고 필립은 1965년에 도쿄 국제전시회에서 프랑스 빵을 선보인 후 고베의 동크 베이커리에서 프랑스 빵을 전수했다. 바게트와 크루아상 등 프랑스풍 빵이 주류인데, 그중 명란 바게트가 특히 유명하다. 빵 가격표에 바게트가 아닌 '프랑스'라고 표기되어 있으니 헷갈리지 말 것.

구글 지도 비고노미세

📍 지하철 카이간선 산노미야하나도케마에역 1번 출구 앞 고베 국제회관 건물 지하 2층 ☎ 078-230-3367 ⏰ 10:00~20:00 🚫 고베 국제회관 휴무 일정에 따름 💴 맛차투툰 194¥, 치즈팡스 172¥ 🌐 www.bigot.co.jp

카페 프로인드 리브
カフェ フロインドリーブ
MAP P.461C

옛 유니온 교회 건물을 개조해 만든 카페로 고베에서 유명한 카페로 손에 꼽히는 곳이다. 유럽 분위기 물씬 풍기는 외관과 인테리어는 교회 건물이 주는 기품과 화려함이 그대로 남아 있다. 음료와 함께 제철 과일을 사용한 케이크와 타르트, 로스트비프 샌드위치를 맛볼 수 있다. 캐주얼한 메뉴로 구성된 아침과 점심 식사도 가능하다.

구글 지도 프로인드리브 본점

📍 지하철 세이신·야마테선 산노미야역 E2 출구에서 도보 11분 ☎ 078-231-6051 ⏰ 10:00~18:00(L.O 17:30) 🚫 수요일(공휴일인 경우 다음 날) 💴 프레시 케이크 & 드링크 세트 1122¥, 더블치즈BLT 1650¥ 🌐 http://h-freundlieb.com/wp1

스테이크 아오야마
ステーキ青山
MAP P.461C
VOL.1 P.115

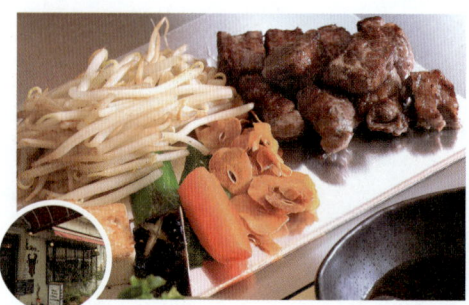

고베규 중에서도 A5 등급의 최고급 고기를 사용하는 스테이크 전문점. 좋은 고기를 사용하는 만큼 매일 문전성시를 이룬다. 런치와 디너는 같은 고기지만 런치엔 고기의 양 끝부분을, 디너엔 가운데 부분을 사용하는 것이 차이라고 한다. 새것처럼 윤이 나는 철판은 1963년 개업 때 사용한 것을 매일 닦는다며 얼굴에 얼핏 자부심을 내비친다.

📍 지하철 세이신·야마테선 산노미야역 W3 출구에서 도보 4분 ☎ 078-391-4858 ⏰ 12:00~21:00(L.O.), 런치 12:00~14:30 🚫 수요일, 연말연시 💴 흑모와규스테이크(런치) 2200¥~, 아오야마토쿠센마야 코스 1만 3200¥ 🌐 www.steakaoyama.net

르세트
Recette
MAP P.461C
VOL.1 P.128

산노미야에서 키타노이진칸으로 올라가는 언덕길 중간쯤에 위치한 아담한 프렌치 레스토랑. 소박하고 다정하면서도 섬세한 솜씨가 돋보이는 프렌치 코스 요리를 합리적인 가격에 선보인다. 고베의 유명 프렌치 레스토랑 중 가격대가 가장 저렴한 편에 속한다. 와인을 포함해 1만¥ 안팎에 고베 프렌치를 접하고 싶은 사람에게 추천.

구글 지도 루세트

📍 키타노자카·고베산노미야역에서 도보 10~15분 ☎ 078-221-0211 ⏰ 화~일요일 12:00~15:00, 18:00~22:00 🚫 월요일 💴 런치 8800¥·1만1000¥, 디너 1만6500¥·2만2000¥(서비스 요금 10% 별도) 🌐 recette-kobe.jp

스타벅스 키타노이진칸점
スターバックス コーヒー 神戸北野異人館店
MAP P.461C

고베 개항기에 잡거지 구역이었던 키타노의 이진칸 건물에 입점한 스타벅스. 2층짜리 목조건물로 처음에 미국인이 거주하던 주택이었다. 문화재로 지정된 지금의 건물은 1995년 한신·아와지 대지진 때 무너졌던 것을 복원한 것이다. 내부는 방마다 공간에 벽난로나 테이블, 의자 등 개항기 가구가 남아 있어 이국적인 분위기다.

구글 지도 스타벅스커피 고베 기타노이진칸점

📍 시티 루프 버스 키타노이진칸 정류장에서 하차 후 도보 3분 ☎ 078-230-6302 🕐 08:00~22:00 H 부정기 ☕ 카페 아메리카노(tall) 475¥, 카푸치노(tall) 455¥ 🌐 www.starbucks.co.jp

마리아주 프레르 고베점
マリアージュ フレール 神戸店
MAP P.461C
VOL.1 P.137

프랑스의 유명한 홍차 브랜드를 전문적으로 취급하는 카페로 차를 좋아하는 여행자라면 꼭 들러볼 만하다. 메뉴판의 여러 페이지에 걸쳐 글씨가 빼곡하게 적혀 있을 정도로 다양한 차를 취급한다. 티팟에 우려 내주는 차는 여러 잔을 마실 수 있는 양이어서 2층에서 창밖 풍경을 보며 여유로운 시간을 보내기 좋다.

구글 지도 Mariage Freres

📍 지하철 카이간선 규쿄류치·다이마루마에역 3번 출구에서 도보 2분, BAL 건물 2층 ☎ 078-391-6969 🕐 11:00~20:00 H 연중무휴 ☕ 마르코폴로100g 3780¥ 🌐 www.mariagefreres.co.jp

SHOPPING →

니시무라 커피 나카야마테 본점
神戸にしむら珈琲店 中山手本店
MAP P.461C

1948년에 개업한 카페로 흰색과 초록색이 어우러진 독일풍 5층짜리 건물은 존재감이 확실하다. 실내는 조금 올드하면서도 중후한 느낌을 준다. 태평양전쟁 후 커피가 귀한 시절에 일본 최초로 고급 원두를 사용한 스트레이트 커피를 선보이며 유명해졌다. 6종의 커피를 개별 로스팅해 블렌딩한 니시무라 오리지널 블렌드 커피가 인기 메뉴다.

구글 지도 니시무라 나카야마테 본점

📍 지하철 세이신·야마테선 산노미야역 W2·W3 출구에서 도보 5분 ☎ 078-221-1872 🕐 08:30~23:00 H 부정기 ☕ 니시무라 오리지널 블렌드 커피 700¥ 🌐 https://kobe-nishimura.jp

타루코야
樽珈屋
MAP P.461C

매장에서 커피 원두를 직접 로스팅해 판매하는 곳으로 자자한 입소문을 통해 실력을 입증받은 가게. 오너는 30년 넘게 이 매장에서 커피를 볶았다고 한다. 커피는 크게 싱글과 블렌드로 나뉘는데, 싱글의 경우 쿠바와 코스타리카, 에티오피아, 브라질, 과테말라, 케냐 등 여러 지역의 원두를 사용한다. 블렌드는 선호하는 맛에 따라 고를 수 있다.

구글 지도 TARUKOYA

📍 지하철 세이신·야마테선 산노미야역 W1 출구에서 도보 4분 ☎ 078-333-8533 🕐 11:00~19:00 H 수요일, 셋째 주 목요일 ☕ 스카이 블렌드 원두 100g 750¥, 클래식 블렌드 원두 100g 640¥ 🌐 www.tarukoya.jp

Ⓑ BAY AREA
항만 지역

이 책에서는 편의상 항만 지역을 산노미야역 남쪽과 모토마치역 주변, 난킨마치, 고베역 및 항구 주변, 포트 & 롯코 아일랜드로 구분했다. 이 지역의 매력은 항구 주변의 아름다운 풍경과 다양한 먹거리다. 바다에는 흰색 유람선이 오가고 붉은색 타워와 이국적인 건물이 불을 밝히면 아름다운 야경이 시선을 사로잡는다. 겨울에 열리는 루미나리에 행사도 빼놓을 수 없는 볼거리다. 중화풍 음식을 맛볼 수 있는 고베 난킨마치는 요코하마, 나가사키와 더불어 일본의 3대 차이나타운 중 하나로 꼽힌다. 항만 지역 주요 관광지는 시티 루프 버스와 포트 루프 버스를 이용해 편리하게 접근할 수 있다.

교통 한눈에 보기

① 칸사이 국제공항→항만 지역	JR(칸사이공항역-오사카역-모토마치역 또는 고베역)	110~113분	1740¥
② 오사카→항만 지역	JR(오사카역-모토마치역 또는 고베역) 한신 전철(오사카우메다역-모토마치역)	25~29분 33분	420¥ 또는 460¥ 330¥
③ 교토→항만 지역	JR(교토역-산노미야역-모토마치역) JR(교토역-고베역)	60분 55분	1110¥ 1110¥
④ 나라→항만 지역	JR(나라역-오사카역-산노미야역-모토마치역) JR(나라역-오사카역-고베역) 킨테츠 & 한신 전철(킨테츠나라역-고시엔역-모토마치역)	87분 86분 88분	1280¥ 1450¥ 1100¥
⑤ 산노미야→항만 지역	시티 루프 버스 또는 포트 루프 버스(산노미야 정류장-하버랜드 정류장)	약 15분	260¥ 또는 210¥

고베 항만 지역 다니는 방법

WALK 모토마치역에서 난킨마치, 고베 하버랜드 주변은 도보로 이동 가능하다.

SUBWAY 하버랜드 방향은 한큐 전철 산노미야역-고소쿠 고베역 또는 JR 전철 산노미야역-고베역 구간을 이용한다. 포트 아일랜드로 이동하는 경우 산노미야역에서 포트라이너를, 롯코 아일랜드로 이동하는 경우는 스미요시역에서 롯코 라이너를 이용한다.

BUS 여행자에게는 고베 도심의 주요 관광지를 두루 거쳐 순환하는 시티 루프 버스와 포트 루프 버스가 유용하다.

TAXI 항만 지역 내 관광지로 이동하는 경우 이용할 일이 거의 없다. 필요에 따라 이용하자.

TO DO LIST

- ☐ 하버랜드 모자이크에서 아름다운 고베항 풍경 감상하기
- ☐ 고베항에서 출발하는 관광선 또는 크루즈 탑승해보기
- ☐ 고베 포트 타워 전망대에 올라 주변 풍경 감상하기
- ☐ 일본의 3대 차이나타운 중 하나로 불리는 난킨마치에서 맛있는 음식 맛보기
- ☐ 고베 시청 전망 로비에서 고베 도심 풍경 감상하기
- ☐ 겨울에 개최되는 고베 루미나리에 구경하기

항만 지역 추천 코스

항만 지역 모토마치역에서 모자이크까지 곧장 이동하면 도보로 20분 정도 걸리는 거리다. 취향에 따라 관광선 대신 저녁 식사가 포함된 크루즈를 이용하는 것도 좋다. | 소요 시간 : 약 7시간

모토마치 주변

SIGHTSEEING →

고베 모토마치 상점가
神戸元町商店街

MAP P.476A

다이마루 고베점 앞부터 니시모토마치 키라라 광장 앞까지 약 1.2km 길이의 상점가. 가게가 늘어선 거리를 1874년에 정식 상점가로 정비했다. 당시는 수입품 가게의 영어 간판이 늘어선 이국적인 풍경의 상점가였다. 1번가 입구에 스테인드글라스로 장식한 파란색 아치 게이트가 인상적이다. 유명한 디저트 가게와 생활용품 가게가 많다.

구글지도 모토마치 상점가

ⓕ 지하철 카이간선 규쿄류치·다이마루마에역 2번 출구에서 도보 2분 ⓣ 078-391-0831 ⓞ 가게마다 다름 ⓗ 가게마다 다름 ⓟ 가게마다 다름 ⓦ www.kobe-motomachi.or.jp

고베 시청 전망 로비
神戸市役所展望ロビー

MAP P.477C

고베 시청 건물의 전망층. 24층에 있어 지상에서 약 100m 높이에서 고베 도심 풍경을 감상할 수 있다. 북쪽으로 기타노이진칸 주변과 누노비키하브엔, 동쪽으로 롯코 아일랜드, 남쪽으로는 포트 아일랜드, 서쪽으로 하버랜드 주변의 풍경이 시야에 들어온다. 낮 풍경도 좋지만 해 질 무렵의 석양과 도심의 야경이 아름답다.

구글지도 고베 시청 전망대

ⓕ 산노미야역 지하 통로 C7 출구 앞 고베 시청 24층 ⓣ 070-5651-0454 ⓞ 평일 09:00~22:00, 토·일요일·공휴일 10:00~22:00 ⓗ 12월 29일~1월 3일, 설비 점검일 ⓟ 무료 ⓦ www.city.kobe.lg.jp

고베 시립 박물관
神戸市立博物館

MAP P.477C

1982년 구 거류지 구역에 개관한 박물관. 쇼와시대인 1935년 준공된 옛 요코하마 쇼킨 은행 건물을 사용한다. 상설전시관에서 고베의 역사에 관한 전시물과 7만 점에 달하는 소장품을 관람할 수 있다. 16~17세기경 서양인과 처음 접하면서 출현한 미술 양식인 난반 미술품을 통해 당시 사회 분위기도 엿볼 수 있다.

ⓕ JR 산노미야역 서쪽 출구에서 도보 10분 ⓣ 078-391-0035 ⓞ 개관시 09:30~17:30(금·토요일은 20:00까지) ⓗ 월요일(월요일이 공휴일인 경우 다음 날) ⓟ 1층 무료 / 2층 컬렉션 전시실 어른 300¥, 대학생 150¥, 고등학생 이하 무료 ⓦ www.kobecitymuseum.jp

구 거류지
旧居留地

MAP P.476A
P.477C

1868년 1월 1일에 고베가 개항되면서 일본인과 분쟁을 피하기 위해 지정된 외국인 거류지. 10번지에 준공된 구 츠쇼 & Co의 창고를 시작으로 126구획의 도심지가 건설되었다. 당시에 이 지역은 서양식 건축물이 들어서면서 아름다운 거리로 명성이 높았다고 한다. 지금도 곳곳에 당시 건축물이 남아 명품 숍 등으로 활용되고 있다.

구글지도 구거류지38번관

ⓕ 지하철 카이간선 규쿄류치·다이마루마에역 2번 출구에서 도보 5분, 또는 시티 루프 버스 구 거류지 정류장 하차 ⓣ 078-332-0151 ⓞ 24시간 ⓗ 연중무휴 ⓟ 무료 ⓦ www.kobe-kyoryuchi.com

고베 루미나리에
神戸ルミナリエ

MAP P.477C
VOL.1 P.088

1995년 한신·아와지 대지진이 발생한 후 사망자의 명복을 빌고 도시의 부흥과 재생에 대한 희망을 위해 시작된 이벤트로 매년 12월 또는 1월에 개최된다. 해가 지면 구 거류지에 차량 통행을 제한한 도로를 따라 아름답게 장식된 수많은 루미나리에가 불을 밝힌다. 관람 행렬이 끝나는 히가시 유원지 주변엔 길거리 음식을 파는 노점도 있다.

🅕 JR 모토마치역 맞은편 구 거류지 일대 및 메리켄 파크 ☎ 078-230-1001 🕐 개최 기간 일몰 무렵부터 🅗 개최 기간 이외 💰 무료 🌐 www.feel-kobe.jp/kobe_luminarie

난킨마치
南京町

MAP P.476A

고베의 차이나타운. 고베 개항기에 중국은 일본과 조약이 체결되지 않은 국가였다. 난킨마치는 그 당시 외국인 거류지에 살 수 없던 중국인이 자리를 잡으며 형성되었다. 당시 일본인이 중국에서 온 사람을 친근하게 '난킨'이라 불렀기에 중국 마을이라는 의미인 난킨마치라 부른다. 중국풍으로 장식한 중국 음식점들이 들어서 있다.

🅕 지하철 카이간선 규쿄류치·다이마루마에역 2번 출구에서 도보 5분, 또는 시티 루프 버스 난킨마치(차이나타운) 정류장 하차 후 도보 2분 ☎ 가게마다 다름 🕐 10:00~22:00(가게마다 다름) 🅗 가게마다 다름 💰 가게마다 다름 🌐 www.nankinmachi.or.jp

EATING

로쇼키
老祥記

MAP P.476A

난킨마치 중앙 광장 정자와 조형물 주변에 많은 사람이 긴 줄을 이루며 서 있다면 십중팔구 로쇼키로 들어가는 줄이라고 생각하면 된다. 난킨마치의 터줏대감 격인 로쇼키는 중국 텐진 파오즈를 돼지고기를 넣은 만두인 부타망이라는 이름으로 선보인 원조 가게다. 부타망은 따뜻할 때 먹는 것이 가장 맛있다.

🅕 한신 전철 모토마치역 서쪽 출구에서 도보 4분, 난킨마치 내 ☎ 078-331-7714 🕐 10:00~18:30(재료 소진 시 영업 종료) 🅗 월요일(공휴일인 경우 다음 날), 부정기(홈페이지에 공지) 💰 부타망 5개 600¥, 10개 1200¥ 🌐 https://roushouki.com

윤윤
Yunyun

MAP P.476A

쌀국수 비훈(중국어로 미펀 米粉)과 샤오룽바오를 판매하는 중국식 패스트푸드 식당. 중국 남부에서 유래한 음식이라는 비훈은 중국 사람들이 아침 식사로 즐겨 먹는 음식 중 하나다. 샤오룽바오는 가게 앞에 긴 줄을 서게 만드는 상하이의 대표 음식이다. 바닥을 튀기듯 구워내고 속엔 육즙이 가득한 겉바속촉의 정석이다.

구글 지도 Yunyun

🅕 한신 전철 모토마치역 서쪽 출구에서 도보 4분, 난킨마치 내 ☎ 078-392-2200 🕐 11:00~18:00(재료 소진 시 영업 종료) 🅗 12월 30일~1월 1일, 부정기 💰 야키 쇼롱포 3개 400¥ 🌐 www.k-yunyun.jp 🅖 Yunyun

랏칸키
楽関記 MAP P.476A

최근 현지인들에게 높은 인기를 끌고 있는 중국요리점. 점심 정식을 합리적인 가격에 판매하는데, 메뉴의 맛이 고르게 좋다. 특히 샤오롱바오는 대만의 어지간한 식당보다 맛있으므로 꼭 주문하자. 샤오롱바오가 포함된 런치 메뉴는 하루 25인분만 준비하므로 꼭 먹고 싶다면 일찌감치 줄을 서는 것이 좋다.

구글 지도 Rakkanki

모토마치역에서 북쪽으로 약 150m 078-334-7172 수~월요일 11:30~14:00, 17:30~21:30 화요일 랏칸기노런치세트 1290¥, 샤오롱바오 5개 680¥(런치 주문 시) rakkanki.com

모토마치 케이크 모토마치 본점
元町ケーキ 元町本店 MAP P.476B VOL.1 P.144

모토마치 인근에서 손꼽히는 인기 케이크 가게. 1946년에 손수레에서 과자를 파는 것으로 시작했다. 간판에 '엄마의 선택'이라는 문구를 넣을 만큼 아이를 생각하는 엄마의 과자라는 콘셉트에 진심이다. 매장이 작지만, 안팎에 테이블을 두어 카페처럼 매장에서 먹을 수도 있다. 수십 종류의 케이크와 타르트, 푸딩, 마들렌 등을 판다.

구글 지도 모토마치 케이크

지하철 한신 고베고속선 니시모토마치역 동쪽 출구에서 도보 2분 078-341-6983 10:00~18:00 수·목요일 치즈 케이크(조각) 340¥, 자쿠로 330¥ https://motomachicake.com

모리야쇼텐
森谷商店 MAP P.476A

1873년에 개업한 고베규 전문 정육점. 직영 목장에서 고베규인 다지마규를 생산해 판매까지 일괄 처리 시스템을 갖추었다. 여행자에게는 정육점보다 현지인도 줄 서서 사먹는 고로케 가게로 더 유명하다. 바삭한 튀김옷 속을 꽉 채운 고기와 저렴한 가격, 입안에서 살살 녹는 맛을 내니 인기가 없을 수 없다. 근처에 간다면 꼭 맛볼 것.

지하철 가이간선 규코류치·다이마루미에역 2번 출구에서 도보 2분 078-391-4129 평일 10:30~19:30, 토·일요일·공휴일 10:00~19:30 부정기(홈페이지에 공지) 모리야노 고로케 110¥, 민치카츠 170¥ www.moriya-kobe.co.jp

유하임 본점
ユーハイム 本店 MAP P.476A VOL.1 P.144

제1차 세계대전 때 히로시마 수용소에 포로였던 독일의 과자 장인 카를 유하임이 석방된 후 1923년에 개업한 바움쿠엔 가게. 유하임은 일본의 바움쿠헨의 역사 그 자체라고 할 수 있다. 바움쿠헨은 오븐에서 회전시키며 20겹 이상으로 구워낸 층이 보여 나이테 빵이라고도 부른다. 푹신한 식감과 겉면에 바른 화이트 초콜릿의 달달함이 일품이다.

구글 지도 Juchheim's

지하철 카이간선 규코류치·다이마루미에역 2번 출구에서 도보 2분, 고베 모토마치상점가 내 078-333-6868 11:00~19:00(카페 17:30 L.O, 레스토랑 14:30 L.O) 수요일 바움쿠헨15 1620¥, 마이스타노데야키바움 2376¥ www.juchheim.co.jp

칸논야 모토마치 본점
観音屋 元町本店
MAP P.476A
VOL.1 P.144

수많은 베이커리와 제과점이 있는 고베 모토마치에서 치즈 케이크 하나로 손에 꼽히는 인기를 얻고 있는 디저트 가게. 대표 메뉴는 빵 위에 덴마크산 치즈를 녹여낸 덴마크 치즈 케이크다. 따끈따끈한 상태로 쭉 늘어나는 치즈를 즐기며 먹는 것이 더 맛있다. 특이하게 가게에 관음상을 모시고 있으며, 상호도 '관음 집'을 뜻하는 칸논야다.

구글 지도 칸논야 모토마치혼텐

F 한신 전철 모토마치역 서쪽 출구에서 도보 1분 T 078-391-1710 O 10:30~20:30 1월 1일 P 덴마크 치즈 케이크 단품 408¥

고베 후게츠도 모토마치 본점
神戸風月堂 元町本店
MAP P.476A
VOL.1 P.146

1897년에 양과자 가게로 개업한 디저트 가게. 대표적인 상품은 1927년에 판매하기 시작해 꾸준한 인기를 얻고 있는 양과자 고프르이다. 고프르는 얇은 2장의 센베이 사이에 크림을 발라 만든 과자다. 1961년에는 알베르트 슈바이처에게 고프르에 대한 감사장을 받았다고 한다. 일본 왕실에 여러 차례 과자를 납품하기도 했다.

구글 지도 후게츠도 고베

F 한신 전철 모토마치역 서쪽 출구에서 도보 2분, 고베 모토마치 상점가 내 T 078-321-5598 O 10:00~18:00(카페 11:00~17:30 L.O) H 1월 1일(카페 월요일, 1월 1일) P 고프르 6개입 702¥, 몽블랑 1210¥ W www.kobe-fugetsudo.co.jp

메리켄 파크 주변 SIGHTSEEING →

메리켄 파크
メリケンパーク
MAP P.476B

일본의 미항 중 하나로 꼽히는 고베 항구 동쪽 지역에 조성된 광장형 공원. 드넓은 공간이 있어 항구와 바다의 풍경을 감상하며 산책을 즐기거나 저녁엔 야경을 감상하기 좋다. 1995년 한신·아와지 지진을 기억하기 위한 메모리얼 파크와 물고기가 춤추는 듯한 조형물 피시댄스, 포토 스폿으로 인기가 높은 비 고베 Be Kobe 조형물 등이 있다.

구글 지도 메리켄 공원

F 고베 시티 루프 버스 메리켄 파크 정류장 또는 포트 타워마에 정류장 하차 O 24시간 H 연중무휴 P 무료 W www.feel-kobe.jp/area-guide/meriken-harbor

고베 해양 박물관·카와사키 월드
神戸海洋博物館・カワサキワールド
MAP P.476B

고베항 개항 120주년 기념 사업의 일환으로 세운 박물관. 입구에 들어서면 대형 목조 범선이 시선을 끈다. 항구도시인 고베에 관한 여러 전시물을 관람하거나 고베항 크레인과 배를 조종하는 시뮬레이터 체험도 가능하다. 카와사키 월드에서는 초기 신칸센과 헬기, 오토바이의 실물을 만나고 여러 가지 체험 및 관람 코너를 둘러 볼 수 있다.

F 고베 시티 루프 버스 포트 타워마에 정류장 하차 T 078-327-8983 O 10:00~18:00(입장은 17:30까지) H 월요일, 연말연시+부정기 P 어른 900¥, 초·중·고생 400¥ W 고베 해양 박물관 https://kobe-maritime-museum.com, 카와사키 월드 www.khi.co.jp/kawasakiworld

고베 포트 타워
神戸ポートタワー   MAP P.476B

고베항 선착장 동쪽 제방에 있는 타워. 가운데가 좁고 위아래가 넓은 형태로 우아한 곡선미를 뽐낸다. 붉은색은 고베항 풍경에 포인트가 되며 조명을 더한 저녁에 더욱 아름답다. 내부에는 360도로 풍경을 조망할 수 있는 전망대와 회전 카페&바가 있다. 레노베이션을 거쳐 2024년에 4층 테라스 카페와 최상층 야외 전망대가 추가되었다.

📍 고베 시티 루프 버스 포트 타워마에 정류장 하차 ☎ 078-391-6751 ⏰ 09:00~23:00(숍, 카페, 레스토랑 별도) 🅗 연중무휴 💰 고등학생 이상 전망 플로어+옥상 덱 1200¥, 전망층 1000¥ 🌐 www.kobe-port-tower.com

EATING →

고베 하버랜드
神戸ハーバーランド   MAP P.476B

고베 항구와 지하철 하버랜드역 사이에 조성된 대형 복합 쇼핑 및 관광 구역. 항구 주변에서 가장 눈에 띄는 모자이크를 비롯해 대형 쇼핑몰 우미에, 고베 호빵맨 어린이 박물관 & 몰, 대관람차 등이 들어서 식사와 쇼핑, 놀이를 원스톱으로 즐길 수 있다. 딱히 뭔가를 하지 않아도 고베항의 풍경을 보며 걷기만 해도 좋은 곳이다.

📍 지하철 카이간선 하버랜드역에서 연결되는 지하 듀오 고베 DUO KOBE 27번 출구에서 도보 3분 또는 고베 시티 루프 버스 하버랜드(모자이크마에) 정류장 하차 후 도보 2분 ☎ 078-360-3639 🌐 https://harborland.co.jp

ENJOYING →

피셔맨즈 마켓
フィッシャーマンズ マーケット   MAP P.476B

고베 하버랜드 모자이크 2층에 있는 바이킹 뷔페식당. 요즘 한국에서도 보기 힘든 합리적인 가격에 시간제한 없이 마음껏 음식을 먹을 수 있는 가성비 식당이다. 그릴 요리와 피자, 파스타, 대게를 포함한 해산물까지 준비된 음식의 수가 수십 가지에 이른다. 창가 좌석에 앉으면 덤으로 고베항의 아름다운 풍경을 감상할 수 있다.

구글지도 FISHERMAN'S MARKET

📍 JR 고베역에서 도보 10분 ☎ 078-360-3695 ⏰ 11:00~22:00(런치 접수 종료 15:00, 디너 입점 21:00까지) 🅗 연중무휴 💰 평일 런치 2528¥, 디너 3628¥ / 토·일요일·공휴일 런치 2968¥, 디너 3738¥ 🌐 shop.create-restaurants.co.jp/1158

고베항 관광선
神戸港觀光船   MAP P.476B

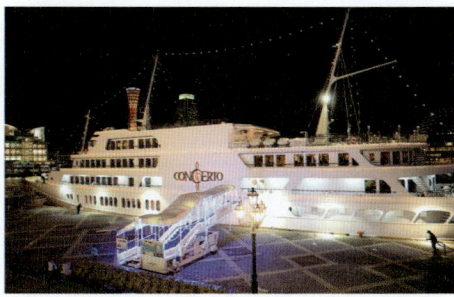

고베항에는 배를 타고 인근 해안을 유람하며 풍경을 즐길 수 있는 관광선 상품이 여럿 있다. 규모가 작은 관광선부터 콘체르토나 루미너스2 같은 크루즈선까지 다섯 종류의 배가 운항된다. 크루즈선은 점심이나 저녁 식사, 티타임을 즐길 수 있는 다양한 상품을 운영한다. 기념일이라면 케이크와 꽃다발 등이 준비되는 옵션도 선택할 수 있다.

📍 고베 관광선 선착장 및 고베 하버랜드 모자이크 주변(관광선별로 선착장이 다름) 🌐 https://thekobecruise.com(콘체르토, 루미너스고베2), https://kobebayc.co.jp(고자부네 아타케마루, 로열프린세스), www.kobe-seabus.com(보보고베)

SECRET KOBE
시크릿 고베

나다고고는 롯코 아일랜드 북쪽에 위치한 동네로 예로부터 '술의 고장'으로 유명하다. 이름난 양조장이 모여 있어 일본 술에 관심이 있다면 양조장 투어를 해볼 만하다. 일본에서 손꼽히는 전망 스폿인 마야산과 롯코산은 산 능선 전망대까지 케이블카와 로프웨이로 오른다. 산정의 여러 관광지를 연결하는 버스도 운행해 접근성이 좋다. 일본 3대 명천 중 하나로 꼽히는 아리마온센은 고베와 오사카에서 1시간 정도면 갈 수 있다. 숙박은 물론, 온천과 식사를 묶은 당일치기 상품도 많다. 히메지 성은 일본에서 가장 아름다운 성으로 꼽힌다. 당일치기로도 히메지 시내 주요 관광지를 여행할 수 있다.

교통 한눈에 보기

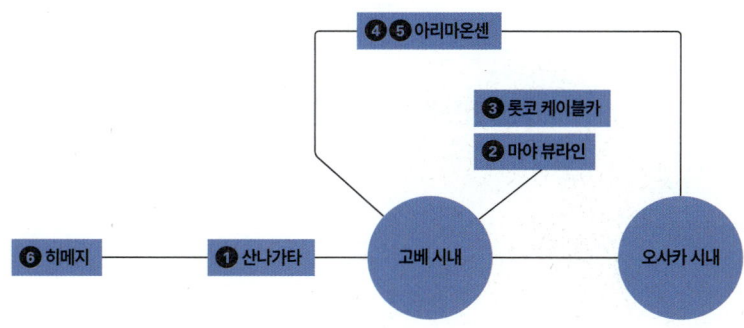

① 고베 시내→신나가타	JR(산노미야역-신나가타역)	9분	190¥
	지하철(산노미야역-신나가타역)	11분	240¥
② 고베 시내→마야 뷰라인	18번 버스(산노미야에키터미널마에역-마야케이블타역)	25분~	210¥
③ 고베 시내→롯코 케이블카	JR+16·106번 버스(산노미야역-롯코미치역-롯코케이블시타 정류장)	약 30분~	380¥
	한큐 전철+16·106번 버스(고베산노미야역-롯코역-롯코케이블시타 정류장)	약 35분~	410¥
	한신 전철+16번 버스(고베산노미야역-한신미카게역-롯코케이블시타 정류장)	약 45분~	410¥
④ 고베 시내→아리마온센	지하철(산노미야역-타니가미역-아리마구치역-아리마온센역)	약 35분	690¥
	한신 버스(산노미야 민트고베 터미널-아리마온센 터미널)	50분~	710¥
⑤ 오사카 시내→아리마온센	한큐 버스(우메다 한큐3번가 터미널-아리마온센 터미널)	60분	1400¥
⑥ 고베 시내→히메지	JR(산노미야역-히메지역)	41분	990¥
	한신 전철(고베산노미야역-산요히메지역)	63분	990¥

시크릿 고베 지역 다니는 방법

WALK 아리마온센 마을 내 주요 온천과 관광지는 도보로 이동 가능하다. 히메지역에서 히메지 성까지는 도보 이동이 가능하며 버스도 이용할 수 있다.

SUBWAY 고베 시내에서 신나카타는 JR이나 고베 지하철을, 히메지로 이동 시 JR이나 한신전철을 이용면 편리하다.

BUS 고베 시내에서 마야 케이블시타역, 아리마온센 이동 시 버스를 이용하면 편리하다. 롯코산 정상의 케이블카 역에서 각 관광지까지 노선버스를 운행한다.

TAXI 고베 시내에서 시크릿 각 지역까지 택시로 이동하기엔 거리가 멀고 요금이 비싸다.

TO DO LIST

- ☐ 원조 철인28호의 1:1 스케일 조형물 만나보기
- ☐ 마야산과 롯코산 전망대에서 파노라마 뷰 감상하기
- ☐ 고베 시립 롯코산 목장에서 이국적인 스위스 산골 마을 감성 즐기기
- ☐ 롯코 숲의 소리 박물관의 자동 연주 오르간 콘서트 감상하기
- ☐ 아리마온센에서 맛있는 식사와 함께 온천욕 즐기기
- ☐ '백로의 성'이라는 별명으로 유명한 히메지 성 방문하기

시크릿 고베 추천 코스

롯코산 주변 고베 시립 롯코산 목장에서 롯코 숲의 소리 박물관으로 갈 때는 롯코마야 스카이 셔틀버스를 타고 롯코케이블산조에키 정류장에서 내린 뒤 롯코아리마로프웨이 방면 롯코산조 버스로 환승해야 한다. 홈페이지에서 미리 두 버스의 운행시간표를 확인하자. | 소요 시간 : 약 **6시간 40분**

아리마온센 1
(당일치기)

걷다가 휴식이 필요할 때는 킨노유 앞 무료 족탕에서 발을 담그며 잠시 쉬어 가도 된다. 버스 터미널에서 오사카나 고베로 가는 버스를 탈 수 있다. | 소요 시간 : 약 5시간

아리마온센 2
롯코산 관광 후 아리마온센에 숙박

숙소의 온천과 외부 대중 온천, 두 번의 온천욕을 즐기는 경우 적갈색의 킨센과 무색의 긴센, 두 종류의 물을 모두 경험해보자. 오사카나 고베 등에서 아리마온센에 도착한 첫째 날이라면 동네 관광을 즐긴 뒤 숙소에서 제공하는 석식과 온천을 즐기면 된다. | 소요 시간 : 약 6시간

| 히메지 | 쇼샤잔엔교지로 갈 때는 JR 히메지역 북쪽 출구 앞 10번 승강장에서 8번 버스를 타고 쇼샤잔 로프웨이 정류장까지 이동한다. 돌아올 때는 8번 버스를 타고 히메지조오테몬마에 정류장에서 하차해 히메지 성으로 갈 수 있다.

| 소요 시간 : 약 5시간 30분

  START 버스 30분+로프웨이 4분 ① 로프웨이 4분+버스 24분 ②

JR 히메지역 또는 산요히메지역 　　쇼샤잔엔교지　　히메지 성

경내 둘러보기

동선을 따라 관람하고 텐슈카쿠에서 히메지 시내 전경 감상하기

나다고고 주변   SIGHTSEEING →

슈신칸
酒心館
MAP P.486B
VOL.1 P.150

유명 니혼슈 브랜드 '후쿠주 福寿'의 전시관 겸 팩토리 숍. 후쿠주의 역사와 제조 과정을 영상 및 시뮬레이션을 통해 셀프 견학 코스로 돌아본 뒤 시음을 즐길 수 있다. 최소 방문 이틀 전에 홈페이지를 통해 견학 예약을 해야 한다. 굳이 견학이 아니더라도 내부의 식당을 찾거나 기념사진이나 팩토리 숍 방문 목적으로 찾아도 좋은 곳이다.

구글 지도 고베 슈신칸

F 한신본선 이시야가와역에서 도보 15분 T 미공개 ⓘ 10:00~18:30 ⓡ 부정기 ⓦ 무료 ⓦ https://shushinkan.co.jp

하쿠츠루주조 자료관
白鶴酒造資料館
MAP P.486B
VOL.1 P.150

일명 '백학 사케'로 불리는 니혼슈 브랜드 하쿠츠루의 전시관. 약 2층 규모의 건물에 니혼슈 및 하쿠츠루의 역사와 전통 주조 방법에 대한 다양한 실물 크기 모형을 전시한다. 견학 코스를 자유롭게 개방해 기념사진 찍기 매우 좋으며, 니혼슈 관련 지식 또한 직관적으로 다가온다. 시음을 무료 및 무인으로 운영한다.

구글 지도 하쿠츠루슈조 자료관

F 한신본선 스미요시역에서 도보 10분 T 078-822-8907 ⓘ 09:30~16:30 ⓡ 부정기 ⓦ 무료 ⓦ www.hakutsuru.co.jp

키쿠마사무네주조 기념관
菊正宗酒造記念館
MAP P.486B
VOL.1 P.150

우리나라에서는 '국정종'이라는 이름으로 잘 알려진 니혼슈 브랜드 키쿠마사무네의 전시관. 일본에서도 가장 유명한 브랜드 중 하나이며, 고베에서 가장 큰 규모의 양조 공장이기도 하다. 브랜드의 역사와 전통 주조 과정에 대한 견학 코스와 팩토리 숍, 시음장을 돌아볼 수 있다. 시음장은 유인으로 운영하며 2종류의 술을 1잔씩 제공한다.

구글 지도 기쿠마사무네 사케 기념관

F 한신본선 우오자키역에서 도보 10분 T 078-854-1029 ⓘ 09:30~16:30 ⓡ 부정기 ⓦ 무료 ⓦ www.kikumasamune.co.jp/kinenkan

사쿠라마사무네 기념관
桜正宗記念館
MAP P.486B
VOL.1 P.151

청주를 '정종'이라고 부르게 된 유래가 된 니혼슈 브랜드 사쿠라마사무네의 기념관. 고베에서 가장 유서 깊은 니혼슈 브랜드 중 하나다. 내부에 전시 공간과 숍, 가이세키 요리를 선보이는 식당, 니혼슈 바, 카페가 있다. 전시 공간은 협소한 편이므로 니혼슈 쇼핑 또는 카페나 바에 들르는 목적으로 방문하는 것을 권한다.

구글 지도 사쿠라마사무네 기념관 - 사쿠라엔

F 한신본선 우오자키역에서 도보 10분 이내 T 078-436-3030 ⓘ 11:30~15:00, 17:00~21:00 ⓡ 화요일 ⓦ 무료 ⓦ sakuramasamune.co.jp

효고 현립미술관
兵庫県立美術館

MAP P.486B

2002년에 건립된 칸사이의 대표적인 공립미술관으로서, 일본의 스타 건축가 안도 타다오가 건물의 설계를 맡았다. 한 가운데에 위치한 노출 콘크리트 나선 계단 공간을 중심으로 실내와 실외의 공간이 유기적으로 연결되는 특이한 구조를 하고 있다. 로댕을 비롯한 세계적인 유명 미술가와 일본 근현대 미술가의 다양한 작품을 소장하고 있다.

JR고베선 나다역 남쪽 출구에서 도보 약 10분 / 화~일요일 10:00~18:00, 특별전 기간 금·토요일 10:00~20:00 / 월요일, 연말연시(12월 29일~1월 3일) / 상설전 - 일반 500¥, 대학생 400¥ / www.artm.pref.hyogo.jp

신나가타 역 주변 — SIGHTSEEING

철인 28호 모뉴먼트
鉄人28号モニュメント

VOL.1 P.183

신나가타역 인근 와카마츠공원에 있는 철인 28호 1:1 스케일 조형물로 1956년에 발표된 초기 디자인의 모습이다. 주변 상권의 활성화를 위해 원작 만화가 요코야마 미츠테루의 고향인 신나가타에 조형물을 만들었다. 만화에서 설정된 18m 전고에 맞춰 제작됐으며 조형물의 높이는 15m 30cm에 이른다. 주변의 가로등도 철인 머리 모양이다.

구글 지도 철인28호 기념물

JR·지하철 세이신·야마테선·카이간선 1번 출구에서 도보 3분 / 24시간 / 연중무휴 / 무료

마야산·롯코산 주변 — SIGHTSEEING

마야 뷰라인
まやビューライン

MAP P.487D

고베 마야산의 하부와 산상 능선까지 연결하는 케이블카와 로프웨이. 산악 철로를 달리는 케이블카는 산 아래 마야 케이블역에서 중턱에 있는 니지노역까지 운행한다. 여기서 케이블에 매달려 오르는 로프웨이로 갈아타면 마야산 산상에 있는 호시노역에 닿는다. 호시노역 앞에는 마야산 전망대가 있으며 도보 20분 거리에 텐조지가 위치한다.

산노미야에키터미널마에 정류장에서 18번 시버스 승차 후 마야 케이블시타 정류장 하차 / 078-861-2998 / 10:00~21:00 (계절 및 요일별로 다름, 홈페이지 확인) / 화요일, 부정기 / 편도 어른 900¥, 어린이 450¥, 왕복 어른 1560¥, 어린이 780¥ / http://koberope.jp/maya

마야산키쿠세이다이
摩耶山掬星台

MAP P.487D
VOL.1 P.089

마야산 해발 약 700m 호시노역 앞에 있는 전망대. 키쿠세이다이라는 이름은 '별을 손으로 잡을 수 있을 만큼 가까이 보이는 전망대'라는 뜻으로 붙은 이름이다. 고베 시가지와 항구, 포트 아일랜드, 롯코 아일랜드가 파노라마처럼 펼쳐지는 야경이 환상적이다. 고베의 마야·롯코산에서 보는 야경은 일본 3대 야경으로도 꼽힌다.

마야 케이블시타역에서 마야 케이블과 곤돌리 승차 후 정상에서 하차해 도보 1분 / 24시간 / 연중무휴 / 무료 / https://kobe-rokko.jp/maya

롯코 케이블카
六甲ケーブル
MAP P.487D

롯코산 하부 롯코케이블시타역과 산상 롯코산조역을 운행하는 케이블카. 1932년부터 운행을 시작해 현재 3세대 차량이 운행하고 있다. 롯코산조역 앞에서 여러 관광지로 운행하는 롯코산 순환 버스와 롯코마야 스카이 셔틀버스를 탈 수 있다. 롯코 케이블카와 순환버스, 롯코 아리마 케이블카를 모두 이용할 수 있는 세트 승차권도 판매한다.

구글 지도 Rokko Cable Line

JR 롯코미치역 앞에서 16·26·106번 시버스 승차 후 롯코케이블시타 정류장 하차 078-861-4700 07:10~21:10 연중무휴 편도 12세 이상 600¥, 6~11세 300¥ / 왕복 12세 이상 1100¥, 6~11세 550¥ www.rokkosan.com/cable

롯코산 텐란다이
六甲山天覧台
MAP P.487D

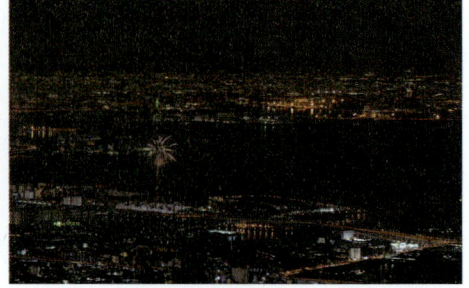

롯코산조역 앞에 있는 전망대로 이곳의 야경은 홋카이도의 하코다테산, 나가사키의 이나사야마 공원과 함께 일본 3대 야경으로 꼽힌다. 전망대에 카페가 있어 마야산에 비해 분위기가 훨씬 좋지만, 전망대 아래쪽 능선이 풍경 일부를 가리는 것이 마야산에 비해 아쉽다. 날씨가 좋으면 오사카의 아베노하루카스300 빌딩도 시야에 들어온다.

롯코 케이블카 승차 후 산 위 롯코산조에키 정류장 하차 078-861-5288 07:10~21:00 연중무휴 무료 www.rokkosan.com/tenrandai

고베 시립 롯코산 목장
神戸市立六甲山牧場
MAP P.487D
VOL.1 P.181

말과 양, 염소, 토끼 등 다양한 동물을 만날 수 있는 목장. 언덕 위에는 스위스풍 건물이 이국적인 유럽 감성을 자아낸다. 치즈 퐁뒤, 스테이크 등 알프스 지방의 향토 요리도 맛볼 수 있다. 목장 동물에게 먹이를 주는 체험은 아이들에게 인기가 높다. 치즈 공장을 견학하거나 목장에서 만든 신선한 우유와 치즈, 빵도 맛볼 수 있다.

롯코케이블산조에키 정류장에서 롯코마야 스카이 셔틀버스 승차 후 롯코산보쿠조 정류장 하차, 도보 1분 078-891-0280 09:00~17:00 화요일, 연말연시, 부정기(7~8월 피크 기간은 무휴) 3~11월 고등학생 이상 600¥, 12~2월 고등학생 이상 400¥ https://rokkosan.jp

롯코 숲의 소리 박물관
六甲森の音ミュージアム
MAP P.487D

인상주의 화풍의 그림을 떠올리게 하는 정원이 있는 오르골 박물관. 19~20세기에 만든 독특한 디자인의 오르골을 전시해놓았으며, 오르골 음악을 감상할 수 있는 콘서트도 연다. 마음에 드는 디자인의 케이스와 곡을 선택해 직접 조립해보는 체험도 가능하다. 정원을 산책하면서 카페의 테라스 좌석에서 여유로운 시간을 보내도 좋다.

구글 지도 롯코 오르골 뮤지엄

롯코케이블산조에키 정류장에서 롯코산조버스 승차, 뮤지엄마에 정류장 하차 후 도보 2분 078-891-1284 10:00~17:00 목요일(공휴일, 성수기인 경우 영업), 12월 31일~1월 1일 중학생 이상 1500¥, 4세~초등학생 750¥ www.rokkosan.com/museum

롯코 고산식물원
六甲高山植物園 MAP P.487D

롯코산 정상 부근에 있는 식물원. 해발 800m가 넘는 높이로 홋카이도 남부 지역과 기온이 비슷해 주로 고산식물과 한랭지 식물, 롯코산의 자생식물 등 약 1500종의 식물이 자란다. 봄부터 여름 사이에 다양한 꽃이 피는데, 6월엔 에델바이스도 볼 수 있다. 관람로를 따라 찬찬히 산책을 즐기고 카페와 식물 관련 잡화를 파는 가게도 들러보자.

ⓖ 롯코케이블산조에키 정류장에서 롯코 산조 버스 승차, 고잔쇼쿠부츠엔 정류장 하차 후 도보 2분 ⓣ 078-891-1247 ⓞ 10:00~17:00 ⓗ 11월 중순~3월 중순+부정기 ⓟ 중학생 이상 900¥, 4세~초등학생 450¥ ⓦ www.rokkosan.com/hana

롯코 가든 테라스
六甲ガーデンテラス MAP P.487D

이국적인 유럽식 건물과 오사카만 주변 풍경을 조망할 수 있는 롯코산정의 전망 포인트. 중세 유럽의 성의 일부를 연상시키는 전망 타워에서 바라보면 롯코 아일랜드, 포트 아일랜드, 칸사이 국제공항, 멀리 아카시대교까지 시야에 들어온다. 계절마다 열리는 LED 라이트를 이용한 야간 라이트업과 야경은 황홀한 분위기를 연출한다.

ⓖ 롯코케이블산조에키 정류장에서 롯코 산조 버스 승차 후 롯코가든 테라스 정류장 하차 ⓣ 078-894-2281 ⓞ 10:00~21:00 ⓗ 연중무휴 ⓟ 무료(롯코시다레 중학생 이상 1000¥) ⓦ www.rokkosan.com/gt

아리마온센 SIGHTSEEING →

롯코 아리마 로프웨이
六甲有馬ロープウェー MAP P.487D

원천
源泉

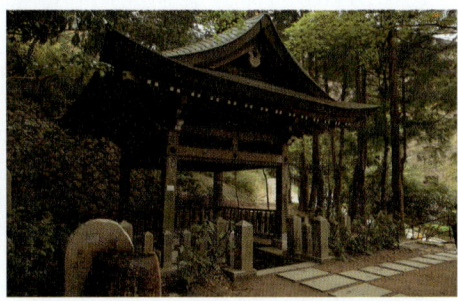

1970년부터 롯코산정과 아리마온센 마을 사이를 운행하는 곤돌라. 아리마온센 마을까지 빠르게 닿을 수 있어 고베 시내에서 출발해 롯코산 관광 후 아리마온센에서 온천을 즐기거나 하룻밤을 묵는 일정일 때 유용한 교통수단이다. 이 경우 롯코 케이블카와 롯코 산상 버스, 아리마 로프웨이를 모두 이용할 수 있는 패스권이 유용하다.

구글 지도 Rokko Arima Ropeway

일본의 3대 온천 중 하나로 꼽히는 아리마온센 마을에는 물의 색깔과 성분, 효능이 각기 다른 여러 온천수가 용출된다. 그 때문에 마을 곳곳에서 온천수가 솟는 원천의 모습을 볼 수 있다. 아리마의 온천수는 크게 적갈색을 띠는 킨센(금천)과 투명한 빛깔의 긴센(은천)으로 구분한다. 킨센은 철분과 염분을 함유한 것이 특징이며, 긴센은 탄산을 함유한 것이 특징이다.

ⓖ 롯코케이블산조에키 정류장에서 롯코 산조 버스 승차 후 로프웨이산조에키 정류장 하차 ⓣ 078-891-0031 ⓞ 09:30~20:10(계절 및 요일에 따라 다름) ⓗ 연중무휴 ⓟ 편도 12세 이상 1030¥, 6~11세 520¥, 왕복 12세 이상 1850¥, 6~11세 930¥ ⓦ https://koberope.jp/rokko

ⓣ 078-904-0708(관광 안내소) ⓞ 24시간 ⓗ 연중무휴 ⓟ 무료

ZOOM — IN

원천 핵심 스폿

1 탄산센겐
炭酸泉源

긴노유 인근 탄산센겐코엔에 있는 원천. 물의 온도 18.6°C로 높지 않아 마실 수 있다. 이름대로 이산화탄소를 머금어 톡 쏘는 느낌이 있으며, 철분 함유량이 높아 철 냄새를 연상시켜 썩 맛있지는 않다. 과거에는 이 물에 설탕을 넣어 사이다를 만들기도 했다. 현재는 이 물로 과자나 떡을 만드는 가게들이 있다.
Ⓕ 긴노유에서 도보 3분

2 텐진센겐
天神泉源

아리마 텐진 신사 경내에 있어 텐진센겐이라 부른다. 킨노유(금탕)에서 사용하는 온천수가 솟는 곳으로 황토색 빛깔을 띠는 온천수다. 원래는 투명한 색의 물이 솟지만 공기와 접촉한 뒤 시간이 지나면서 철분이 공기에 닿아 산화하며 점점 붉은색을 띤다. 600만 년 전 해수로 추정되며 염분 때문에 일주일에 한 번씩 파이프를 교체한다.
Ⓕ 킨노유에서 도보 2분

3 고쇼센겐
御所源泉

좁은 골목을 따라 걷다 만나는 공중목욕탕 마츠카제 옆에 있는 원천. 고쇼센겐은 다른 원천에 비해 비교적 최근인 1951년에 굴착했다고 한다. 수질은 철분과 염분을 함유한 킨센으로 용출되는 물의 온도는 97°C에 이른다. 온도가 높지만 밖으로 수증기를 뿜어내지 않아 다소 심심한 모습이다.
Ⓕ 킨노유에서 도보 3분, 호텔 하나코야도 옆

4 고쿠라쿠센겐
極楽泉源

도요토미 히데요시가 만든 유덴에서 사용하는 온천수로 알려진 원천이다. 히데요시와 네네를 비롯해 여러 다이묘가 즐겼던 온천수가 바로 고쿠라쿠센겐이다. 고쿠라쿠센겐도 킨센으로 염분을 함유하고 있는데, 미네랄 성분은 보통 해수의 2배에 달한다고 한다.
Ⓕ 타이코노유도노칸과 긴노유 사이

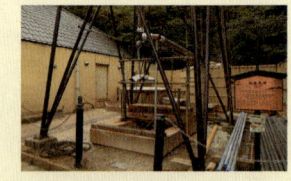

5 우와나리센겐
妬泉源

우와나리는 질투라는 뜻을 지니고 있다. 옛날 남편의 외도를 알게 된 아내가 남편의 애인을 죽이고 스스로 온천에 몸을 던졌다. 그 후 아름다운 여자가 온천 옆에 서면 탕이 질투로 격렬하게 끓어 이런 이름이 붙었다는 전설이 전해진다. 전설을 간직한 기존 우물은 물이 고갈되었고 뒤쪽에 새로운 수원이 굴착되었다.
Ⓕ 넨부츠지에서 도보 2분

아리마강 친수 공원
有馬川親水公園　　MAP P.487C

아리마온센역에서 마을로 향하는 입구 아리마강 주변을 정비해 만든 작은 공원으로 다이코바시부터 네네하시까지 약 130m에 이른다. 공원 주변에 벚나무가 많아 봄이면 벚꽃잎이 날리는 아름다운 풍경을 볼 수 있다. 벚꽃이 만발하는 3월 말, 4월 초에는 아리마 사쿠라 축제가 열린다. 7~8월에는 맥주 축제 아리마료후 비어 가든도 열린다.

구글지도 아리마가와 친수공원

🅕 고베전철 아리마선 아리마온센역에서 도보 4분, 또는 한큐버스 아리마 터미널에서 도보 2분 ☎ 078-904-0708(관광 안내소) ⓞ 24시간 🅗 연중무휴 🅟 무료

유모토자카
湯本坂　　MAP P.487C

약 400m 구간에 많은 상점이 모여 있어 아리마온센 관광 1번지라 할 수 있는 메인 거리. 개업한 지 400년이 넘는 노포와 먹거리, 기념품 가게가 밀집해 있다. 놓치지 말아야 할 간식거리는 미츠모리혼텐의 탄산센베이와 타케나카니 쿠텐의 크로켓, 아리마 사이다 등이다. 킨노유 앞, 무료로 이용할 수 있는 타이코노아시유에서 족욕도 즐겨보자.

🅕 고베전철 아리마선 아리마온센역에서 도보 7분 또는 한큐버스 아리마 터미널에서 도보 3분 ☎ 078-904-0708(관광 안내소) ⓞ 가게마다 다름 🅗 가게마다 다름 🅟 가게마다 다름

아리마 완구 박물관
有馬玩具博物館　　MAP P.487C

장난감 디자이너였던 가토 유조가 1995년에 발생한 한신·아와지 대지진 이후 친구와 의기투합해 만든 박물관. 200여 년 전 만든 독일의 전통 장난감과 철도 모형, 기계식으로 움직이는 장난감인 오토마타 등을 볼 수 있다. 어른과 아이 모두 즐길 수 있는 공예 체험 프로그램도 준비되어 있다.

🅕 한큐버스 아리마 터미널에서 도보 1분 ☎ 078-903-6971 ⓞ 10:00~17:00 🅗 부정기 🅟 중학생 이상 1000¥, 3세~초등학생 500¥ 🅦 www.arima-toys.jp

젠후쿠지
善福寺　　MAP P.487C

버스 터미널 앞 돌계단을 오르면 아담한 산몬을 만나는 사찰. 일본 중요문화재로 가마쿠라시대에 제작했다는 쇼토쿠 태자상을 모시고 있다. 수령 200년 이상으로 추정되는 수양 벚꽃은 가지를 늘어뜨린 모양새로 실 벚꽃이라 부르기도 한다. 가을에는 붉은색 나뭇잎이 경내를 둘러싸는 단풍 명소이기도 하다.

구글지도 Zenpukuji

🅕 한큐버스 아리마 터미널에서 도보 1분 ☎ 078-904-0708(관광 안내소) ⓞ 09:00~16:30 🅗 연중무휴 🅟 무료

온센지
温泉寺
MAP P.487C

나라시대 초기인 724년에 창건된, 아리마에서 가장 오래된 사찰. 약사여래와 함께 온센지를 건립한 승려 기요키와 가마쿠라시대에 아리마온센을 중흥시킨 승려 닌사이의 목상을 모시고 있다. 연초에는 두 목상이 목욕하는 행사가 열린다. 사전 전화 예약을 하면 좌선과 중국풍 정진 요리인 후차료리를 맛보는 체험에 참여할 수 있다.

한큐버스 아리마 터미널에서 도보 5분 078-904-0650 09:00~16:30 연중무휴 무료

타이코노유도노칸
太閤の湯殿館
MAP P.487C

아리마온센의 역사와 문화를 소개하는 자료관. 내부에는 1995년 한신·아와지 대지진으로 파손된 고쿠라쿠지 뒤편에서 출토된 온천탕과 기와, 다기 등 여러 유물을 전시한다. 도요토미 히데요시의 명으로 만든 유노야마고텐에서 사용한 것으로 추정되는 것들이다. 유노야마고텐은 히데요시가 아리마온센에 올 때 머물던 곳으로 알려져 있다.

구글 지도

한큐버스 아리마 터미널에서 도보 5분 078-904-4304 09:00~17:00(입장은 16:30까지) 수요일 어른 200¥, 어린이·학생 100¥ https://arimaspa-kingin.jp/taiko-01.htm

ENJOYING →

킨노유
金の湯
MAP P.487C

유모토자카에 있는 공중목욕탕으로 적갈색을 띠는 온천수를 금빛에 비유해 킨노유라고 부른다. 원천에서 솟는 철분과 나트륨 성분을 함유한 물이 90℃가 넘는 고온이라 목욕에 적합한 온도로 수온을 낮춰 사용한다. 이치노유와 니노유로 남녀 욕실이 구분되어 있으며, 목욕탕 앞 골목에 무료로 족욕할 수 있는 아시유가 있다.

구글 지도 킨노유(금탕)

한큐버스 아리마 터미널에서 도보 1분 078-904-0680 08:00~22:00 둘째·넷째 주 화요일, 1월 1일 어른 월~금요일(성수기 제외) 650¥, 토·일요일·공휴일 800¥, 초등·중학생 350¥, 킨노유+긴노유 공통권 1200¥ https://arimaspa-kingin.jp

긴노유
銀の湯
MAP P.487C

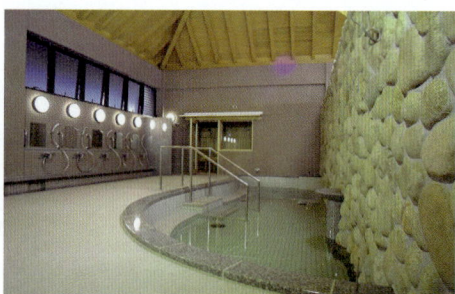

적갈색을 띠는 킨노유와 달리 투명한 온천수를 사용해 은빛에 비유해 긴노유라고 부른다. 킨노유와 마찬가지로 작은 대중탕이어서 우리나라 동네 목욕탕 모습과 크게 다르지 않다. 여기서 사용하는 온천수는 이산화탄소가 함유된 탄산천이어서 탕에 들어가면 물에 녹아 있는 기포가 피부를 기분 좋게 자극한다.

구글 지도 긴노유(은탕)

한큐버스 아리마 터미널에서 도보 6분 078-904-0256 09:00~21:00 첫째·셋째 주 화요일, 1월 1일 어른 월~금요일(성수기 제외) 550¥, 토·일요일·공휴일 700¥, 초등·중학생 300¥, 킨노유+긴노유 공통권 1200¥ https://arimaspa-kingin.jp

겟코엔(고로칸·유게츠산소)
月光園(鴻朧館·游月山荘) MAP P.487C

고로칸과 유게츠산소, 2개의 숙소로 이루어진 온천 숙박 시설. 시냇물과 숲이 만나는 곳에 있어 자연 속에서 쉬며 온천을 즐길 수 있다. 고로칸과 유게츠산소 모두 객실과 온천을 갖추고 있는데, 금탕과 은탕, 와인탕, 노천탕, 대욕장 등 테마가 다양하다. 숙박하지 않고 식사와 온천을 패키지로 즐길 수 있는 당일 온천 코스도 운영한다. 예약 필수.

구글 지도 Gekkoen

한큐버스 아리마 터미널에서 도보 7분 고로칸 078-903-5503, 유게츠산소 078-904-0366 고로칸 06:00~08:00, 09:00~24:00, 유게츠산소 06:00~09:00, 15:00~24:00 연중무휴 당일코스(토·일요일·공휴일만 가능) 7700~1만3860¥ www.gekkoen.co.jp

긴스이소 초라쿠
銀水荘 兆楽 MAP P.487C

아리마온센 마을 가장자리에 위치해 한가로운 분위기를 즐길 수 있는 곳이다. 건물 외관은 호텔이나 리조트 분위기지만 내부는 료칸처럼 다다미 객실과 빌라 타입의 객실도 마련돼 있다. 아리마의 금탕과 은탕 온천수 모두 즐길 수 있으며, 여름에는 야외 수영장도 이용할 수 있다. 숙박 없이 당일로 식사와 온천만 즐길 수도 있다. 예약 필수.

구글 지도 긴수이소우 초라쿠

아리마온센역에서 도보 8분 078-904-3306 대욕장 11:30~15:00·15:00~22:00, 쿠누기노유 12:00~15:00·15:00~22:00 연중무휴(당일 코스 연말연시 1주일간 휴업) 당일 코스 점심 6270~8800¥(임시 휴업), 저녁 중학생 이상 1만0500¥ https://choraku.com

타이코노유
太閤の湯 MAP P.487C

아리마온센에서 유일한 테마파크형 온천이다. 총 26가지의 다양한 테마 온천이 마련돼 있는데, 크게는 대욕장과 노천탕, 냉기욕장으로 구성된다. 암반욕장과 노천탕을 비롯해 독특하게 오사카 성의 황금 다실을 본떠 만든 황금의 증기탕과 도요토미 히데요시가 유노야마고텐에서 즐겼다는 찜탕도 재현되어 있다.

아리마온센역에서 도보 8분 또는 한큐버스 아리마 터미널에서 도보 6분 078-904-2291 10:00~22:00(입장은 21:00까지) 부정기 평일 중학생 이상 2750¥(풀타임), 2090¥(60분) / 토·일·공휴일 중학생 이상 2970¥(풀타임), 2200¥(60분) www.taikounoyu.com

효에코요카쿠
兵衛向陽閣 MAP P.487C

개업 이래 무려 700여 년의 시간 동안 아리마온센 마을을 지킨 고급 숙소. 일본식 인테리어로 꾸민 이치노유와 로마식 인테리어인 니노유는 남탕과 여탕으로 매일 번갈아가며 운영된다. 산노유는 커다란 유리문을 사이에 두고 내탕과 노천탕이 공존하는 형태다. 공용 휴식 공간에서는 오후 2시 30분부터 9시 30분까지 무료 음료를 제공한다.

고베진철 아리마선 아리마온센역에서 도보 6분, 또는 한큐버스 아리마 터미널에서 도보 3분 078-904-0501 이치노유·니노유 06:00~다음 날 01:00, 산노유 05:00~23:00 부정기(홈페이지에 공지) 당일 코스(온천+점심 식사) 3850~7920¥ www.hyoe.co.jp

히메지 | SIGHTSEEING

히메지 성
姫路城

일본에서 가장 잘 보존된 성으로, 일본의 국보이자 1993년에 호류지와 함께 유네스코 세계문화유산에 등재되었다. 성의 하얀색 외벽이 백로의 모습과 비슷해 보여 시라사기조(白鷺城, 백로성)라는 이름으로도 부른다. 성이 처음 축조되기 시작한 것은 슈고 다이묘였던 아카마츠 노리무라가 히메야마(히메산)에 요새를 세운 1333년이다. 오랜 세월을 거치며 증축되어 1617년경에 이르러 현재의 모습을 갖추었다. 히메지 성은 일본에서도 손꼽히는 목조건물인 텐슈카쿠 안으로 들어서면 건물을 떠받치는 목조 구조물들을 볼 수 있다. 텐슈카쿠를 떠받치는 이시가키(石垣, 축벽)은 훼손이 거의 없이 건축 당시의 모습을 간직하고 있다. 성의 아름다움으로는 일본 내 독보적인 성이라 할 만하다. 성에 1000그루가 넘는 벚나무가 있어 벚꽃이 피는 시기에 가장 아름답다. 주말과 공휴일에는 해자에서 보트 유람도 할 수 있다. 해질 무렵부터 자정까지 조명을 밝힌 히메지 성의 모습도 아름답다. 하늘이 어두워지니 하얀색의 텐슈카쿠가 몽환적으로 도드라져 보인다. 그 모습은 JR 히메지 역에서도 보이는데 현대적인 도심의 거리와 어우러진 모습이 색다르게 다가온다. 히메지 성 남쪽, 오테마에 공원 앞 히메지 시민 플라자 옥상에서 히메지성의 전경을 한눈에 감상할 수 있다.

🚇 JR 히메지역 북쪽 출구 앞 버스 정류장 6번 승강장에서 히메지 루프 버스 승차 후 히메지조테몬마에 정류장 하차, 또는 JR 히메지역 북쪽 출구에서 도보 20분, 또는 산요전철본선 산요히메지역에서 도보 16분 ☎ 079-285-1146 ⏰ 09:00~17:00(입장은 16:00까지) 🚫 12월 29일, 30일 💰 히메지 성 18세 이상 1000¥, 초등·중·고등학생 300¥, 히메지 성+고코엔 공통권 18세 이상 1050¥, 초등·중·고등학생 360¥ 🌐 www.city.himeji.lg.jp/castle

ZOOM — IN

히메지 성 주변 볼거리

1. 코코엔 好古園

히메지가 시로 정비된 100년이 된 것을 기념해 1992년에 조성한 정원. 히메지 성과는 서쪽 해자를 사이에 두고 마주 보고 있다. 그 때문에 히메지 성을 차경으로 하는 정원의 풍경이 아름다운 곳이다. 9개의 정원군으로 이루어져 있어 조금씩 정취가 다른 풍경을 만날 수 있다. 일본의 여러 영화나 드라마 촬영지이기도 하다.

📍 히메지 성 오테몬에서 도보 4분 ☎ 079-289-4120 ⏰ 09:00~17:00(입장은 16:30까지) 🚫 12월 29일, 30일 💴 18세 이상 310¥, 초·중·고등학생 150¥ / 히메지 성·코코엔 공통권 18세 이상 1050¥, 초·중·고등학생 360¥ 🌐 www.himeji-machishin.jp/ryokka/kokoen

2. 히메지 시립 동물원 姫路市立動物園

히메지 성 동쪽 해자 주변에 조성된 동물원. 동물원으로서 넓지는 않다. 소박하지만 몇 개의 놀이기구도 갖추었다. 펭귄과 낙타, 캥거루 같은 다소 의외의 동물을 포함해 수십 종의 동물을 만날 수 있다. 동물원 내 붉은색의 다리 시로미바시 너머로 보이는 텐슈카쿠와 주변 벚꽃 군락이 만드는 풍경은 일품이다.

📍 히메지 성 오테몬에서 도보 1분, 히메지 성 산노마루 광장 내 ☎ 079-284-3636 ⏰ 09:00~17:00(입장은 16:30까지) 🚫 12월 29일~1월 1일 💴 고등학생 이상 250¥, 5세~중학생 50¥ 🌐 www.city.himeji.lg.jp/dobutuen

쇼샤잔엔교지
書寫山圓教寺

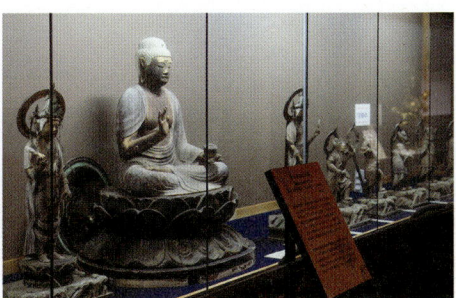

966년에 창건된 천태종 수행도장의 사찰. 톰 크루즈와 와타나베 켄이 출연한 영화 《라스트 사무라이》의 촬영지로 잘 알려졌다. 입구에는 교토의 기요미즈데라의 본당을 연상시키는 무대식 '부타이즈쿠리 舞台造' 구조가 적용된 건물, 마니덴이 눈에 띈다. 'ㄷ' 자 형태로 배치된 혼도와 지키도, 조교도는 보는 이를 압도하는 힘이 느껴진다. 사찰을 에워싼 청정 숲 사이에 난 오솔길을 따라 경내를 걸으면 여유로운 분위기에 마음이 평온해진다.

🗺 구글 지도 엔교지

📍 JR 히메지역 북쪽 출구 버스 정류장에서 8번 버스 승차 후 쇼샤 로프웨이 정류장(종점) 하차, 쇼샤 로프웨이 이용 ☎ 079-266-3327 ⏰ 봄~가을 08:30~18:00, 겨울 08:30~17:00 🚫 연중무휴(로프웨이는 점검을 위한 운휴일 있음) 💴 중학생 이상 500¥, 초등학생 300¥ 🌐 www.shosha.or.jp

• AREA 04 •

NARA

나라

나라 서쪽으로 오사카, 북쪽으로 교토가 전철로 약 1시간 거리여서 오사카나 교토에서 당일치기로 방문하는 여행자가 많이 찾는 도시. 나라시는 지하철이 없어 시내 주요 관광지를 둘러보는 교통수단은 시내버스와 도보다. 도심의 규모가 작아 칸사이의 다른 대도시에 비해 호젓한 여행을 즐길 수 있다. 나라는 일본 고대국가의 기틀이 마련된 지역으로 에도 시대와 헤이안시대 이전에 일본의 수도였던 곳이다. 오랜 역사만큼 지금까지 전해지는 여러 문화 유적과 도심의 절반이 녹지인 것도 매력이다.

무작정 따라하기

Step 1
나라 시내 중심지로 이동하기

나라 시내에는 JR과 킨테츠 일본철도가 운영하는 2개의 나라 역이 있다. 두 역은 도보 15분 정도 거리로 걸어서 이동 가능하다. 출발하는 도시에서 역의 위치, 교통 패스 소지 여부에 따라 편리한 노선을 선택하면 된다.

JR 나라역

킨테츠 나라역

오사카에서 나라 가기

JR

JR 오사카역에서 JR 텐노지역까지 구간에서 출발할 때는 JR 나라역으로 직행하는 야마토지 쾌속 大和地快速을 이용할 수 있다. USJ에서 출발하는 경우 유니버설시티역에서 유메사키선 탑승 후 니시쿠조역에서 나라행 야마토지 쾌속으로 환승한다. JR 난바역이나 그 외 오사카 순환선 JR 역에서 출발하는 경우 JR 텐노지역에서 야마토지 쾌속으로 환승한다.

출발역	중간 환승역	소요 시간 (환승 소요 시간 제외)	도착역	요금
JR 오사카역	-	야마토지 쾌속 50분	JR 나라역	820¥
JR 니시쿠조역	-	야마토지 쾌속 50분		740¥
JR 벤텐초역	-	야마토지 쾌속 43분		740¥
JR 난바역	JR 텐노지역	보통 6분 + 야마토지 쾌속 33분		580¥
JR 신이마미야역	-	야마토지 쾌속 36분		580¥
JR 텐노지역	-	야마토지 쾌속 33분	JR 나라역	510¥

사용 가능한 패스
JR 패스, JR 칸사이 와이드 패스, JR 칸사이 패스, JR 칸사이 미니 패스

킨테츠 전철

오사카의 난바, 츠루하시 지역에서 출발할 때 환승 없이 편리하게 이용할 수 있는 노선이다. JR 전철과 달리 킨테츠 나라역으로 도착한다. 특급은 추가 요금이 발생하니 이용 전 확인하자. 칸사이 레일웨이 패스를 소지한 여행자의 경우 특급을 제외한 일반 전철을 무료로 이용할 수 있다.

출발역	중간 환승역	소요 시간 (환승 소요 시간 제외)	도착역	요금
오사카 난바역	-	쾌속 급행 38분	킨테츠 나라역	680¥
킨테츠 닛폰바시역	-	쾌속 급행 35분		680¥
오사카우에혼마치역	-	쾌속 급행 33분		680¥
츠루하시역	-	쾌속 급행 31분		590¥

사용 가능한 패스 칸사이 레일웨이 패스

교토에서 나라 가기

JR

JR 교토역에서 JR 나라역까지 직행하는 전철을 이용할 수 있다. 아라시야마 지역에서 나라로 이동할 경우 JR 사가아라시야마역에서 전철로 JR 교토역까지 이동한 후 나라선 전철로 환승한다.

출발역	중간 환승역	소요 시간 (환승 소요 시간 제외)	도착역	요금
JR 교토역	-	미야코지 쾌속 44분	JR 나라역	720¥
JR 토후쿠지역	-	미야코지 쾌속 41분		720¥
JR 이나리역	JR 로쿠지조역	보통 약 60분 또는 보통 9분 + 미야코지 쾌속 33분		680¥

사용 가능한 패스
JR 패스, JR 칸사이 와이드 패스, JR 칸사이 패스, JR 칸사이 미니 패스

킨테츠 전철

JR 교토역 건물 내 남쪽에 있는 교토역(킨테츠 일본철도)에서 킨테츠 전철이 킨테츠나라역까지 운행한다. 직행 전철의 운행 간격이 넓은 시간대가 있는데 이 경우 야마토사이다이지역으로 가는 전철을 탄 후 야마토사이다이지역에서 킨테츠나라역으로 가는 전철로 환승하는 방법도 있다.

출발역	중간 환승역	소요 시간 (환승 소요 시간 제외)	도착역	요금
교토역	-	급행 47분	킨테츠 나라역	760¥
	야마토사이 다이지역	급행 41분+ 급행 6분		

사용 가능한 패스 칸사이 레일웨이 패스

고베에서 나라 가기

JR

고베에서는 나라로 직행하는 JR 노선이 없어 JR 오사카역에서 나라행 야마토지 쾌속으로 환승해야 한다.

출발역	중간 환승역	소요 시간 (환승 소요 시간 제외)	도착역	요금
JR 산노미야역	JR 오사카역	신쾌속 27분+ 야마토지 쾌속 50분	JR 나라역	1280¥

사용 가능한 패스
JR 패스, JR 칸사이 와이드 패스, JR 칸사이 패스, JR 칸사이 미니 패스

한신 · 킨테츠 전철

고베산노미야역에서 한신 전철을 이용하면 오사카난바역을 거쳐 킨테츠나라역까지 환승 없이 직행한다. 쾌속급행 'rapid exp'과 보통 'local' 두 종류의 전철이 운행한다. 요금은 동일하며 정차역 수에 따라 운행 시간에서 차이가 난다. 빠른 쾌속 급행을 이용하면 된다. 오사카난바역에서 킨테츠나라역까지 구간은 킨테츠 철도 노선을 이용한다.

출발역	중간 환승역	소요 시간 (환승 소요 시간 제외)	도착역	요금
고베 산노미야역	-	쾌속급행 78분	킨테츠 나라역	1100¥

사용 가능한 패스 칸사이 레일웨이 패스

히메지에서 나라 가기

JR

고속전철 신칸센을 이용할 수 있다는 장점이 있지만, 환승 횟수가 늘어 장점이 퇴색된다. 패스 소지자 중 신칸센을 이용하려는 경우가 아니라면 신쾌속을 이용하는 쪽이 가성비가 좋다.

출발역	중간 환승역	소요 시간 (환승 소요 시간 제외)	도착역	요금
JR 히메지역	JR 신오사카역 + JR 오사카역	신칸센 (히카리) 35분+ 쾌속 4분+ 야마토지 쾌속 50분	JR 나라역	4070¥ (자유석)
	JR 오사카역	신쾌속 61분+ 야마토지 쾌속 50분		2310¥

사용 가능한 패스
신칸센 : JR 패스(노조미, 미즈호 제외), JR 칸사이 와이드 패스(노조미, 미즈호 포함)
신쾌속 : JR 패스, JR 칸사이 와이드 패스, JR 칸사이 패스, JR 칸사이 미니 패스

산요 · 한신 · 킨테츠 전철

JR보다 시간은 더 걸리지만 요금이 조금 저렴하다.

출발역	중간 환승역	소요 시간 (환승 소요 시간 제외)	도착역	요금
산요 히메지역	아마가사키 역	직통 특급 86분+쾌속 급행 56분	킨테츠 나라역	2090¥

사용 가능한 패스 칸사이 레일웨이 패스

Step 2

시크릿 나라 지역으로 이동하기

호류지 法隆寺

호류지로 가는 가장 편리한 방법은 JR 호류지역에서 호류지행 버스를 이용하는 것이다. JR 호류지역은 JR의 야마토지선(JR 텐노지역~JR 나라역) 구간에 있다. 칸사이 내 각 지역에서 JR 전철을 이용해 JR 호류지역에서 하차해 남쪽 출구로 나와 버스 정류장에서 호류지행 72번 버스를 이용한다.

고베, 오사카에서 JR 호류지역 가기

고베 JR 산노미야역에서 출발하는 경우 JR 전철을 이용해 JR 오사카역까지 이동한다. JR 오사카역에서는 JR 나라역행 야마토지 쾌속전철을 이용해 JR 호류지역에서 하차한다.

출발역	중간 환승역	소요 시간 (환승 소요 시간 제외)	도착역	요금
JR 산노미야역	JR 오사카역	신쾌속 약 27분 +야마토지 쾌속 39분	JR 호류지역	1110¥
JR 오사카역	-	야마토지 쾌속 39분	JR 나라역	660¥

사용 가능한 패스
JR 패스, JR 칸사이 와이드 패스, JR 칸사이 패스, JR 칸사이 미니 패스

교토, 나라에서 JR 호류지역 가기

JR 교토역에서 출발하는 경우 JR 전철을 이용해 JR 나라역까지 이동한다. JR 나라역에서는 텐노지행 야마토지 쾌속 전철을 이용해 JR 호류지역에서 하차한다.

출발역	중간 환승역	소요 시간 (환승 소요 시간 제외)	도착역	요금
JR 교토역	JR 나라역	신쾌속 44분+ 야마토지 쾌속 11분	JR 호류지역	990¥
JR 나라역	-	야마토지 쾌속 11분		230¥

사용 가능한 패스
JR 패스, JR 칸사이 와이드 패스, JR 칸사이 패스, JR 칸사이 미니 패스

72번 버스 이용하기

출발	소요시간	도착	편도 요금
호류지역 法隆寺駅 정류장 2번 승강장	약 7분	호류지산도 法隆寺参道 정류장	220¥

호류지역 정류장 운행 시간표(2023년 3월 18일 개정)

시	평일			토·일요일·공휴일			
8				58			
9	12	32	55	17	37	54	
10	20	44		17	35	57	
11	2	20	44	20	44		
12	2	20	44	2	20	44	
13	2	20	44	2	20	44	
14	2	20	44	2	20	44	
15	2	20	44	2	20	40	58
16	2	20	44	18	46		

※ 호류지산도 정류장에서 호류지역 정류장행 버스 시간표 : 호류지역 각 출발 시각 9분 뒤

Step 3

나라 시내 교통 한눈에 보기

나라 시내 중심지와 나라 공원 주변으로 여행지를 한정한다면 도시 규모는 그리 크지 않다. 대부분 주요 관광지는 걷더라도 1시간 이내로 닿을 만한 거리에 있다. 도시 내 지하철이 없은 없으며 주요 교통수단은 버스다. 체력에 자신이 있다면 걷거나 자전거를 이용하는 것도 방법이다.

버스

나라 시내 중심지를 여행하는 데 가장 유용한 노선은 도심을 순환하는 노란색 1번과 2번 버스다. 이 노선만 이용해도 JR 나라역과 킨테츠나라역, 나라 공원 주변, 시내 중심지의 주요 관광지로 접근하는 데 큰 어려움이 없다. 그 외 이용할 만한 노선은 카스가타이샤 신사로 갈 수 있는 77·78·97·98번 정도다.

순환형 1·2번 버스

나라 시버스

나라 시내 순환형 1·2번 버스

- 1번 버스 : JR 나라역 정류장(동쪽 출구 5번 승강장), 나라 시내를 시계 방향으로 순환
- 2번 버스 : JR 나라역 정류장(동쪽 출구 2번 승강장), 나라 시내를 시계 반대 방향으로 순환
- 요금 : 1회 탑승 250¥(첫차는 220¥, 탑승 거리에 상관없음)
- 운행 시간 : 시간대에 따라 7~24분 간격으로 운행

정류장 번호	정류장 이름	정류장 주변 주요 관광지
N-1	JR 나라에키 JR奈良駅	JR 나라역, 산조도리
N-3	킨테츠나라에키 近鉄奈良駅	킨테츠나라역, 히가시무키상점가
N-4	켄초마에(코후쿠지) 県庁前(興福寺)	나라현청, 코후쿠지
N-6 (2번만 정차)	히무로진자·고쿠리츠하쿠부츠칸 氷室神社·国立博物館	나라 공원, 나라 국립박물관
N-7 (1번만 정차)	토다이지다이부츠덴·고쿠리츠하쿠부츠칸 東大寺大仏殿·国立博物館	나라 공원, 토다이지, 나라 국립박물관
N-7 (2번만 정차)	토다이지다이부츠덴·카스가타이샤마에 東大寺大仏殿·春日大社前	나라 공원, 토다이지, 카스가타이샤 신사
N-8	카스가타이샤오모테산도 春日大社表参道	우키미도
N-13	타나카초 (나라마치미나미구치) 田中町(ならまち南口)	나라마치

JR 나라역 관광 안내소

킨테츠나라역 관광 안내소

나라시 교통 패스

- 나라 공원·니시노쿄 세계유산 1데이 패스 :
  JR 나라역을 중심으로 동쪽 나라 공원 지역과 서쪽 니시노쿄 지역으로 운행하는 버스를 당일 하루(24시간이 아님) 동안 무제한으로 이용할 수 있는 교통 패스

구입처	JR 나라역 관광 안내소, 킨테츠나라역 관광 안내소
가격	어른 600¥, 어린이 300¥
이용 방법	승차 시 패스를 운전기사에게 제시
혜택	나라 시내 관광지와 음식점, 가게 등 60곳에서 할인 혜택 제공

자전거

나라 시내, 나라 공원 주변 지역은 거의 평탄한 지형으로 되어 있어 자전거를 이용하기에 큰 어려움이 없다. 체력에 자신이 없다면 전동 자전거 대여도 고려해보자.

- 렌털 사이클 에키린쿤 JR 나라역점 レンタサイクル 駅リンくん

찾아가기	동쪽 출구 오른쪽 계단으로 내려와 약 30m 전방 철도 고가 아래
전화	0742-26-3929
영업시간	08:00~18:00
휴무일	연중무휴
가격	일반 자전거 700¥(당일)

- 나라 자전거 센터(킨테츠나라) 奈良自転車センター(近鉄奈良)

찾아가기	킨테츠나라역 6번 출구 옆
전화	0742-22-5475
영업시간	09:00~19:30(18:30까지 반납)
휴무일	12월 30일~1월 3일
가격	일반 자전거 당일 1000¥, 3시간 이내 800¥

Step 4
나라 여행 코스

호류지·나라 공원 주변 주요 관광지 일주 코스

JR 나라역 동쪽에는 나라 시내 중심지와 드넓은 나라 공원이 펼쳐진다. 나라에 왔다면 꼭 봐야 할 주요 관광지가 이쪽에 모두 모여 있다.

나라 걸어보기, 산책 여행 코스

나라 시 동쪽 지역은 도시 자체가 하나의 커다란 공원과 같다. 사슴으로 유명한 나라 공원 외에도 전통적인 가옥 양식을 잘 보존한 동네 나라마치, 나라시 전경을 한눈에 볼 수 있는 와카쿠사산까지 찬찬히 걸어보자. 자전거를 빌리는 것도 좋다.

NARA PARK
나라 공원

나라는 고대 아스카, 나라시대에 일본의 수도였던 지역으로 오래된 문화유적을 만날 수 있는 지역이다. 나라 공원이라는 광활한 녹지가 도심과 어우러져 자연 친화적인 분위기를 느낄 수 있다. JR 나라역을 기준으로 도시의 동쪽으로 산조도리와 킨테츠 나라역, 토다이지와 사슴 공원이 이어진다. 고대 일본의 불교문화와 더불어 나라 여행이 독특한 것은 나라 공원과 그 주위를 자유로이 활보하는 약 1200마리의 사슴 때문이다. 그리고 한반도의 삼국에서 건너간 승려와 장인이 지은 토다이지 등 고대 한반도의 흔적을 만날 수 있는 곳이기도 하다.

교통 한눈에 보기

① 칸사이 국제공항→나라	칸사이 공항 리무진 버스(JR 나라역행)	85분~	2400¥
② 오사카→나라	JR(텐노지역-나라역)	33분	510¥
	킨테츠 전철(오사카난바역-킨테츠나라역)	33분	1200¥
③ 교토→나라	JR(교토역-나라역)	44분	720¥
	킨테츠 & 한신 전철(교토역-야마토사이다이지역-킨테츠나라역)	약 53분	760¥
④ 고베→나라	JR(산노미야역-오사카역-나라역)	약 80분	1240¥
	킨테츠 & 한신 전철(고베산노미야역-오사카난바역-킨테츠나라역)	85분	1100¥

나라 공원 지역 다니는 방법

[WALK] 킨테츠나라역에서 나라 공원 주변 주요 관광지는 대부분 도보로 5~30분 정도면 갈 수 있다. JR 나라역에서 나라 공원 주변 관광지까지는 걷기에 다소 거리가 있다.

[SUBWAY] 나라시내에는 지하철이 운행하지 않는다.

[BUS] 나라시내를 여행하는 데 가장 유용한 교통수단이다. 특히 JR 나라역과 나라 공원 주변까지 순환하는 1·2번 버스가 여행자에게 유용한 노선이다.

[TAXI] 전철역에서 나라 공원 주변 주요 관광지까지의 거리가 멀지 않아 걷기 힘든 경우 이용할 만하다.

TO DO LIST

- 나라 공원에서 사슴에게 먹이 주기
- 토다이지 다이부츠덴의 거대한 불상을 만나고 기둥 구멍 통과해보기
- 나라마치 골목길을 산책하며 마음에 드는 카페나 가게에 들러보기
- 나라마치에 있는 하루시카 매장에서 니혼슈 맛보기
- 나라 공원에서 인력거 타보기
- 나라 현청 옥상 전망대에서 노을이 지는 도시 풍경 감상하기

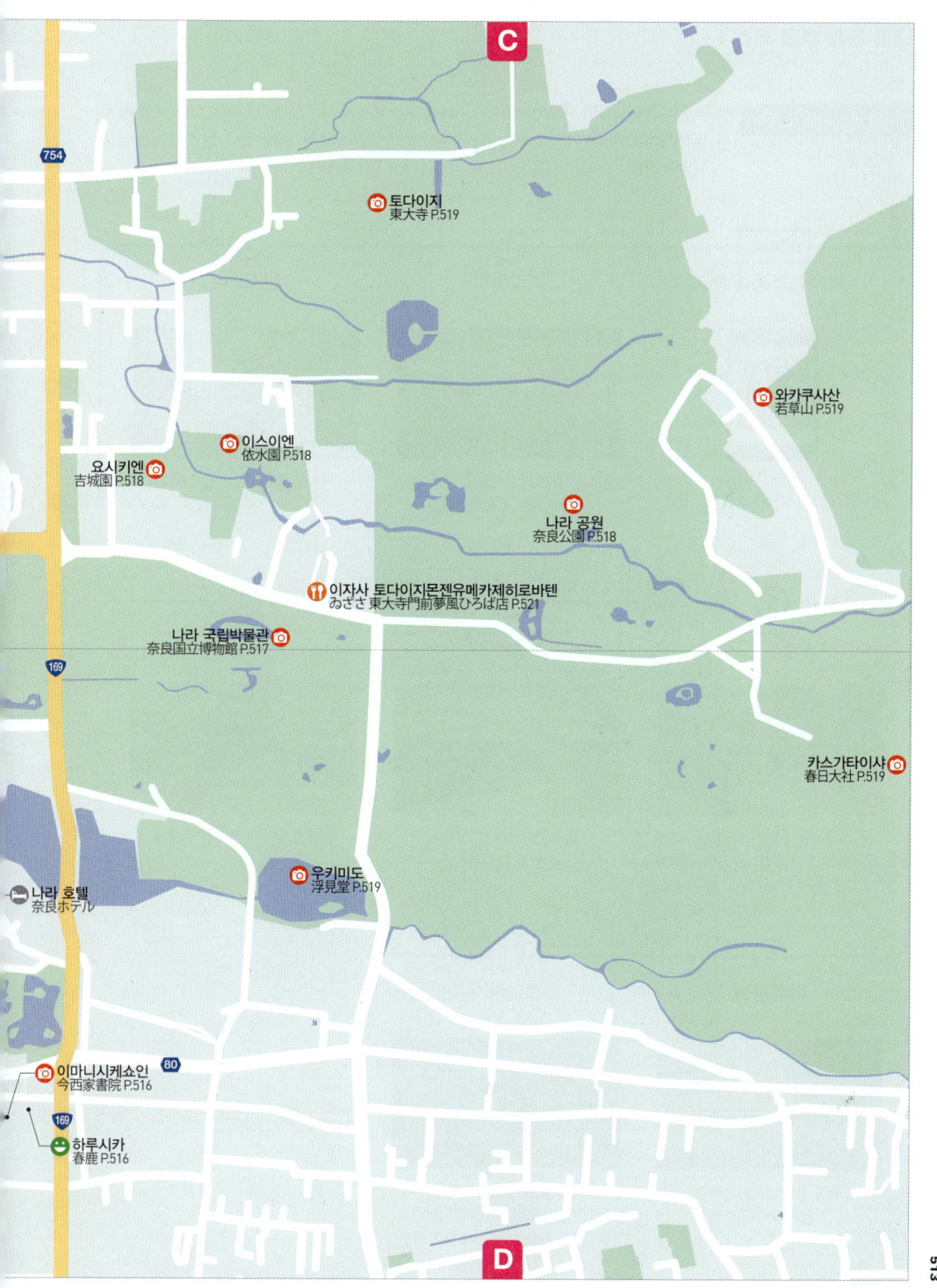

나라 공원 추천 코스

나라 공원 주변 코스 1

하루에 다 돌아보려면 나라마치와 나라 국립박물관에서의 시간 안배를 잘해야 한다. 일정이 조금 무리스럽다고 느껴지면 취향에 따라 한두 곳 정도 일정에서 제외해도 된다. 많이 걷는 데다 버스 이용이 힘드니 체력 안배를 잘하도록 하자. | 소요 시간 : 약 9시간 30분

START — JR 나라역 동쪽 출구

도보 17분

① 나라마치
동네 산책하며 카페나 가게, 간고지, 하루시카 등 들러보기

도보 6분

② 산조도리
거리를 걸으며 상점 둘러보기

도보 3분

③ 코후쿠지
경내 오중탑, 코쿠호칸, 토콘도 둘러보기

도보 16분

④ 나라 국립박물관
박물관 관람하며 불교미술과 불상 등 감상하기

버스 7분 또는 도보 18분

⑤ 카스가타이샤
카스가다이묘진 春日大明神이라고 쓰인 15개의 석등 찾아보기(하룻밤에 3개를 찾으면 사회적 지위와 부를 누리는 사람이 된다는 이야기가 전해짐)

⑥ 나라 공원
풍경 감상하며 산책하고 사슴에게 먹이 주기

도보 3분

⑦ 토다이지

경내 둘러보고 다이부츠덴 내 기둥의 액운을 막아준다는 구멍 통과해보기(체격이 큰 사람은 시도하지 말 것!)

나라 공원 주변 코스 2

박물관이나 사찰에 큰 관심이 없는 여행자에게 해당하는 동선이다. 나라 현청 옥상 전망대까지 일정을 마치고 시간 여유가 있으면 나라마치 일정을 추가하는 것도 좋다. | **소요 시간 : 약 5시간 40분**

START — JR 나라역 동쪽 출구 또는 킨테츠나라역 5번 출구

버스 5~11분+도보 15분

1. 와카쿠사산 — 산에 올라 나라 시내 전경 감상하기

도보 8분

2. 나라 공원 — 풍경 감상하며 산책하고 사슴에게 먹이 주기

도보 5분

3. 토다이지 — 경내 둘러보고 다이부츠덴 내 기둥의 액운을 막아준다는 구멍 통과해보기(체격이 큰 사람은 시도하지 말 것!)

도보 8분

4. 요시키엔 & 이스이엔 — 천천히 걸으며 정원과 풍경 감상하기

도보 8분

5. 나라 현청 옥상 전망대 — 옥상 전망대에 올라 나라 시내 풍경 감상하기

나라마치
奈良町

나라시대 당시 게이쿄 外京라 불렸던 동네로 헤이안시대 말기 사찰에 종사하는 사람들이 모여 마을로 형성되었다. 현재 동네의 모습에서도 에도시대 말기와 메이지시대에 걸쳐 갖춰져 당시의 분위기를 느낄 수 있다. 주민들이 거주하는 평범한 동네지만 오랜 역사를 간직한 절과 역사적인 건축물도 만날 수 있다. 골목 곳곳에 가정집을 개조해 만든 작은 식당, 포근한 분위기의 카페와 찻집, 아기자기한 소품을 파는 잡화점이 있어 나라마치 여행이 지루하지 않다. 처마에 붉은 천으로 원숭이를 형상화해 걸어둔 나쁜 액을 대신 받아준다는 부적 미가와리자루는 나라마치의 풍습이다.

JR 나라역 동쪽 출구에서 도보 5분 또는 킨테츠선 킨테츠나라역 2번 출구에서 도보 5분 또는 1·2번 시버스 승차 후 다나카초(나라마치미나미구치) 정류장 하차, 도보 2분 ☎ 0742-26-8610 ⓒ 24시간 ⓗ 가게마다 다름 ⓟ 무료 ⓦ https://naramachiinfo.jp

ZOOM — IN

나라마치 핵심 볼거리

1 간고지 元興寺

8세기 초에 후지와라쿄(지금의 나라현 가시하라시)에서 헤이조쿄(지금의 나라시)로 천도하면서 일본 최초의 본격적 가람인 아스카데라를 옮겨온 사찰. 규모가 그리 크지 않음에도 오랜 역사가 말해주듯 유네스코세계문화유산으로 지정되었으며 국보와 중요 문화재가 여럿이다. 인적이 많지 않아 고즈넉한 분위기를 즐길 수 있다.
ⓒ 09:00~17:00(입장은 16:30까지) ⓗ 연중무휴 ⓟ 어른 이상 500¥, 중·고등학생 300¥, 초등학생 100¥

2 이마니시케쇼인 今西家書院

무로마치시대 초기에 지은 이마니시 가문의 서원 건물. 당시 건축양식을 잘 보존하고 있어 1937년에 교토의 니조진야와 오사카의 요시무라 저택과 함께 민간 소유 건축물로는 처음으로 일본의 국보로 지정되었다. 현재는 카페로도 운영하며 정원 풍경을 감상하며 차와 간단한 음료를 마실 수 있다.
ⓒ 10:00~16:00(입장은 15:30까지) ⓗ 월~수요일, 오봉, 연말연시 ⓟ 400¥

3 하루시카 春鹿

1884년에 창업한, 나라 지역을 대표하는 양조장. 일본 술의 발상지로 알려진 나라에서도 좋은 술로 인정받아 나라현의 고급 카이세키 식당에서도 만날 수 있는 브랜드. 700¥을 지불하면 여러 종류의 니혼슈를 조금씩 맛볼 수 있다. 술과 관련한 기념품도 판매한다. 니혼슈에 관심이 있는 사람이라면 꼭 들러야 할 곳.
ⓒ 10:00~17:00 ⓗ 오봉, 연말연시, 9월 주조 축제 개최 시

산조도리
三条通り

MAP P.512B

나라 시내 중심부를 동서로 길게 관통하는 번화가. JR 나라역과 킨테츠 나라역 사이를 지나며 코후쿠지와 히가시무키 같은 관광지와도 연결된다. 길을 따라 식당과 카페, 상점, 숙박 시설이 많아 매주 일요일 오전 11시경부터 오후 7시경까지 차 없는 보행자 거리로 운영된다. 과거엔 카스가타이샤로 향하는 참배길이기도 했다.

F JR 나라역 동쪽 출구에서 도보 2분 또는 킨테츠나라역 6·7-s 출구에서 도보 4분 T 가게마다 다름 ⊙ 24시간(가게마다 다름) H 가게마다 다름 P 가게마다 다름

히가시무키 상점가
東向商店街

MAP P.512A P.512B

킨테츠나라역 2번 출구 앞에서부터 산조도리까지 남북으로 이어진 약 250m 길이의 상점가. 1300여 년 전 나라시대 일본의 수도였던 헤이조쿄 시절에 코후쿠지 부지와 접해 상점가의 서쪽에만 동쪽을 바라보고 가게가 들어서 '동향'이란 뜻의 히가시무키라는 이름이 붙었다. 식당과 상점, 생활 편의 시설이 상점가를 가득 채우고 있다.

구글 지도 Higashimuki Shopping Street

F 킨테츠선 킨테츠나라역 2번 출구에서 바로 T 가게마다 다름 ⊙ 가게마다 다름 H 가게마다 다름 P 가게마다 다름 W https://higashimuki.jp

코후쿠지
興福寺

MAP P.512B

645년에 창건돼 1300년이 넘는 역사를 지닌 사찰로 법상종의 대본산이다. 경내에선 가람의 중심 건물인 나카가네도 옆 국보인 오중탑이 눈에 띈다. 730년에 약 45m 높이로 세운 오중탑은 나라의 풍경을 대표하는 건축물 중 하나다. 고쿠호칸과 도콘도에는 문화재급 불상이 여럿 보관돼 있는데, 그중 아수라상이 특히 유명하다.

구글 지도 고후쿠지(흥복사)

F 킨테츠선 킨테츠나라역 2번 출구에서 도보 6분 T 0742-22-7755 ⊙ 09:00~17:00(입장은 16:45까지) H 연중무휴 P 경내 무료, 코쿠호칸 대학생 이상 700¥, 중·고등학생 600¥, 초등학생 300¥ W www.kohfukuji.com

나라 국립박물관
奈良国立博物館

MAP P.513C
VOL1 P.094

도쿄 국립박물관, 교토 국립박물관과 더불어 메이지시대에 설립된 일본의 대표적인 박물관 중 하나이다. 1894년에 완공된 본관 건물은 르네상스기 프랑스 건축양식으로 지은 것이다. 전시물 중 대표적인 것이 다양한 불상인데, 아스카시대부터 가마쿠라시대에 이르는 일본의 불상과 중국, 우리나라의 불상을 한자리에서 볼 수 있다.

F 1·2번 노란색 순환버스 승차 후 히무로진자·코쿠리츠하쿠부츠칸 정류장 하차 T 0742-22-7771 ⊙ 09:30~17:00 H 월요일(공휴일인 경우 다음 날), 12월 28일~1월 1일+부정기 P 어른 700¥, 대학생 350¥ W www.narahaku.go.jp

나라 현청 옥상 전망대
奈良県庁屋上展望台
MAP P.512A

높은 건물이 많지 않은 나라 시내에서 도심을 전망할 수 있는 몇 안 되는 전망 포인트 중 하나다. 맞은편 코후쿠지와 나라 공원의 풍경은 물론, 파노라마처럼 펼쳐지는 나라 시내의 풍경을 360도로 감상할 수 있다. 잔디와 보행로, 벤치, 망원경으로 꾸민 옥상은 작은 공원 같은 느낌을 준다. 이곳에서 바라보는 석양도 아름답다.

구글 지도 나라 현청

킨테츠선 킨테츠나라역 1번 출구에서 도보 6분 또는 1·2번 노란색 순환버스 승차 후 켄초마에(코후쿠지) 정류장 하차 0742-22-1101 월~금요일 08:30~17:30, 토·일요일·공휴일 4~10월 10:00~17:00·11~3월 13:00~17:00 부정기 무료 www.pref.nara.jp

나라 공원
奈良公園
MAP P.513C
VOL1 P.058

나라 도심 동쪽 코후쿠지와 나라 국립박물관, 토다이지, 카스가타이샤 등을 둘러싼 광활한 녹지 구역으로 1880년에 개설되었다. 나라 공원은 자유롭게 서식하는 약 1100마리의 사슴으로 유명하다. 공원 곳곳에서 판매하는 센베이를 구입해 사슴에게 먹이를 줄 수도 있다. 봄에 만발하는 벚꽃과 가을 단풍도 공원의 아름다움을 더한다.

토다이지다이부츠덴·고쿠리츠하쿠부츠칸 정류장 하차, 도보 5분 0742-22-0375 24시간 연중무휴 무료 www3.pref.nara.jp/park

요시키엔
吉城園
MAP P.513C

단아한 분위기의 일본식 정원. 원래는 코후쿠지의 승려가 거주하던 마니슈인이 있던 곳이었지만 메이지시대에 민간인 소유가 되었다가 현재는 나라시 소유로 운영되고 있다. 연못 정원과 이끼 정원, 차꽃 정원으로 구성된다. 이끼 정원에는 차경 기법을 적용해 만든 다실이 자리해 풍경을 감상하며 차를 즐길 수 있다.

구글 지도 Yoshikien Garden

킨테츠선 킨테츠나라역 1번 출구에서 도보 13분 또는 1·2번 노란색 순환버스, 77·78·97·98번 시버스 승차 후 켄초히가시 정류장 하차, 도보 4분 0742-22-5911 09:00~17:00(입장은 16:30까지) 2월 24~28일 무료(다실 이용은 유료)

이스이엔
依水園
MAP P.513C

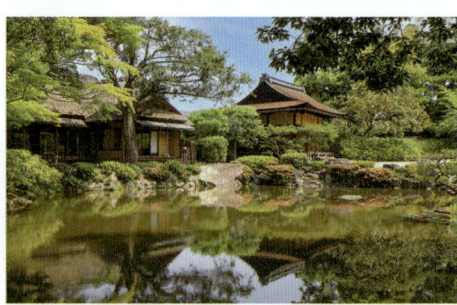

에도시대에 만든 전원 前園과 메이지시대에 만든 후원 後園, 두 부분으로 구성되는데, '물에 의존한다'는 의미를 지닌 이름대로 연못과 작은 폭포 등을 활용한 정원이다. 후원은 차경 기법을 도입한 것으로도 유명한데, 멀리 와카쿠사산을 배경으로 토다이지의 풍경이 정원의 풍경과 어우러진다.

구글 지도 의수원·영락미술관

1·2번 노란색 순환버스, 77·78·97·98번 시버스 승차 후 켄초히가시 정류장 하차, 도보 4분 0742-25-0781 09:30~16:30 화요일(공휴일인 경우 다음 평일), 9월 하순, 12월 말~1월 중순 어른 1200¥, 대학생 500¥, 고등학생 500¥, 초등·중학생 300¥ https://isuien.or.jp

우키미도
浮見堂　　　　　　　　MAP P.513D

나라 공원의 남쪽 끄트머리 사기이케 연못에 있는 정자. 정자의 이름은 시가현에 있는 사찰 만게츠지의 우키미도에서 가져온 것이다. 헤이안시대 승려인 에신소즈 겐신이 왕래하는 사람들의 안전과 구제를 기원하며 다리와 정자를 지었다고 한다. 해 질 무렵 호수에 정자가 비친 풍경이 아름답기로 유명하다.

🚌 1·2번 노란색 순환버스, 6·160번 시버스 승차 후 카스가타이샤오모테산도 정류장 하차, 도보 4분 ⓞ 24시간 ⓗ 연중무휴 ⓟ 무료

토다이지
東大寺　　　　　　　　MAP P.513C
　　　　　　　　　　　VOL 1 P.093

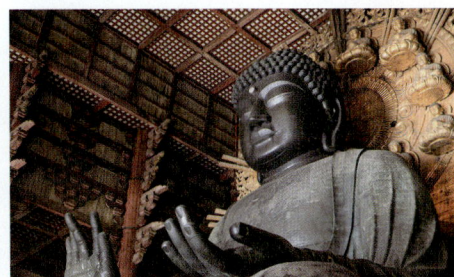

728년에 창건된 사찰로 유네스코 세계문화유산에 등재되어 있다. 높이 약 49m의 세계 최대 목조건물 다이부츠덴과 높이 약 15m인 대불이 유명하다. 현재 다이부츠덴은 12세기에 화재로 소실된 후 재건되었다가 1709년에 중건된 것이다. 내부 기둥에는 대불의 콧구멍 크기와 같다는 구멍이 나 있는데, 그곳을 통과하면 액운을 막아준다고 한다.

구글 지도 도다이지

🚌 1·2번 노란색 순환버스, 77·78·97·98번 시버스 승차 후 토다이지다이부츠덴·코쿠리츠하쿠부츠칸 정류장 하차, 도보 8분 ☎ 0742-22-5511 ⓞ 07:30~17:30(4월~10월), 08:00~17:00(11월~3월) ⓗ 연중무휴 ⓟ 다이부츠덴 중학생 이상 800¥, 초등학생 400¥ 🌐 www.todaiji.or.jp

카스가타이샤
春日大社　　　　　　　MAP P.513D

일본 역사상 최고의 세도가였던 후지와라 가문의 신을 모신 것을 시초로 768년에 건립되었다. 푸른 숲을 배경으로 세운 아름다운 주홍색 건물이 대비를 이룬다. 신사 입구에 난 1km의 참배로와 경내에 설치된 약 3000개의 토로(석등 또는 등롱)는 매년 2월과 8월 만토로 마츠리에 불을 밝혀 장관을 이룬다.

🚌 77·97번 시버스 승차 후 카스가타이샤혼덴 정류장 하차, 도보 2분 ☎ 0742-22-7788 ⓞ 4~10월 06:30~17:30, 11~2월 07:00~17:00 / 코쿠덴 10:00~17:00 ⓗ 연중무휴 ⓟ 경내 무료(코쿠덴 어른 500¥, 고등·대학생 300¥, 초등·중학생 200¥) 🌐 www.kasugataisha.or.jp

와카쿠사산
若草山　　　　　　　　MAP P.513C

나라 공원 동쪽 지역에 광범위한 면적을 차지하는 야산. 높이가 해발 342m로 산책하듯 정상에 오를 수 있다. 와카쿠사산은 3개의 언덕으로 이루어져 있는데, 각 언덕 정상에서 바라보는 나라 시내 풍경이 조금씩 다르게 보인다. 산 정상에 있는 거대 고분에서 귀신이 나왔다는 미신 때문에 매년 1월에 산에 불을 놓는 행사를 연다.

🚌 77·97빈 시버스 승차 후 가스기티이샤혼덴 정류장 하차, 도보 5분 ☎ 0742-22-0375 ⓞ 09:00~17:00 ⓗ 3월 셋째 토요일~12월 둘째 주 일요일 이외의 기간 ⓟ 중학생 이상 150¥, 3세 이상 80¥ 🌐 www3.pref.nara.jp/park/item/2585.htm

회전 초밥 토토긴 킨테츠나라에키마에텐   MAP P.512A
回転寿司ととぎん 近鉄奈良駅前店

부담 없는 가격대로 스시를 맛볼 수 있는 가성비 식당. 신선한 제철 생선과 미에현에서 재배한 고시히카리 품종의 쌀을 사용한다는 스시의 맛도 나쁘지 않다. 회전 초밥집답게 스시의 종류가 다양해 취향대로 골라 먹기 좋다. '토토긴'이라는 이름은 물고기를 뜻하는 오토, 맛있는 밥을 뜻하는 긴샤리를 조합해 만든 이름이라고 한다.

구글 지도 Kaiten sushi Totogin

⊙ 킨테츠선 킨테츠나라역 2번 출구에서 바로 ☎ 0742-20-1010 ⊙ 11:00~21:00 ⊙ 연중무휴 ⊙ 1접시 132~715¥ ⊙ www.totogin.com

오카루   MAP P.512B
おかる

나라 시내에서 인기 있는 오코노미야키 전문점. 토핑을 아낌없이 올린 특제 메뉴를 비롯해 오코노미야키, 모단야키, 야키소바, 야키우동으로 구분돼 있으며, 토핑에 따른 메뉴가 다양해 골라 먹는 재미가 있다. 술과 잘 함께 나오는 세트 메뉴도 있다. 킨테츠나라역 앞 히가시무키 상점가 내에 있어 현지인뿐 아니라 관광객도 많이 찾는다.

⊙ 킨테츠선 킨테츠나라역 2번 출구에서 도보 3분 ☎ 0742-24-3686 ⊙ 월~목요일 11:30~15:00·17:00~19:30(L.O), 토·일요일 11:30~19:30(L.O) ⊙ 수요일, 12월 31일~1월 1일 ⊙ 스페셜 오코노미야키 2000¥, 모단야키 1400¥

나카타니도   MAP P.512B
中谷堂

안에는 팥이 가득하고 겉에는 콩가루를 묻힌 쑥 찹쌀떡 가게. 기계를 사용하지 않고 전통 방식대로 수작업을 통해 떡을 만든다. 한 사람은 절구에 떡을 치고 다른 사람은 반죽을 고르는데, 절묘한 두 사람의 호흡으로 빠르게 메치기를 할 때면 이를 구경하기 위해 가게 앞에 사람들이 모여들 정도다. 부드럽고 쫄깃한 찹쌀떡 맛이 일품이다.

⊙ JR 나라역 동쪽 출구에서 산조도리로 도보 15분, 또는 킨테츠선 킨테츠나라역 2번 출구에서 도보 5분 ☎ 0742-23-0141 ⊙ 10:00~19:00(품절 시 영업 종료) ⊙ 부정기 ⊙ 1개 180¥ ⊙ www.nakatanidou.jp

멘토안   MAP P.512B
麺闘庵

유부 주머니에 면을 넣어 파로 묶은 독특한 비주얼의 우동인 킨차쿠 키츠네 우동으로 유명한 식당. 안으로 들어서면 벽에 걸린 수많은 사인이 맛집 포스를 풍긴다. 주인은 일본 전국의 맛있는 우동을 연구하면서 재미있는 우동을 만들고 싶었다고 한다. 맛은 짐작 가능한 담백한 우동의 맛, 그대로다. 카레 우동과 튀김 우동도 맛볼 만하다.

구글 지도 멘토안우동

⊙ JR 나라역 동쪽 출구에서 산조도리로 도보 15분, 또는 킨테츠선 킨테츠나라역 2번 출구에서 도보 5분 ☎ 0742-25-3581 ⊙ 11:00~15:00 ⊙ 화~목요일 ⊙ 킨차쿠 키츠네 우동 1100¥, 카레 킨차쿠 우동 1200¥

카메야
かめや
MAP P.512B

1965년에 개업한 가성비 좋은 오코노미야키 식당. 메뉴는 크게 오코노미야키와 모단야키, 야키소바, 데판야키 정도로 구분되며, 다양한 토핑을 조합해 종류가 40여 가지에 이른다. 대표 메뉴는 파, 오징어, 새우, 소고기, 지쿠와, 달걀 등을 넣어 만든 거대한 크기의 오코노미야키에 마요네즈로 다이부츠 大仏라 쓴 다이부츠야키다.

F JR 나라역 동쪽 출구에서 산조도리로 도보 16분, 또는 킨테츠선 킨테츠나라역 2번 출구에서 도보 6분 **T** 0742-22-2434 **O** 11:00~14:00, 11:00~22:00(L.O 21:00) **H** 부정기 **F** 다이부츠야키 1650¥, 야키소바 660¥

포쿠포쿠
ぽくぽく
MAP P.512B

야마토 포크(나라 지역에서 자란 돼지)로 만든 돈카츠와 돈테키(돼지고기 스테이크)가 인기 메뉴다. 바삭한 식감을 자랑하는 돈카츠에 샐러드와 반찬, 채소를 가득 넣은 국이 함께 나온다. 주문 시 돈카츠 양을 선택할 수 있다. 조그만 식당이어서 4인 이하로만 손님을 받으며 방문 전 영업 외 시간 또는 휴일에 전화로 예약해야 한다.

구글 지도 Poku-Poku

F 킨테츠선 킨테츠나라역 2번 출구에서 도보 13분 **T** 0742-31-2537 **O** 11:15~14:30(입장은 13:30까지), 17:30~20:00 **H** 화요일, 금요일, 첫 번째 월요일+부정기 **F** 사쿠사쿠 돈카츠노 세트 2200~2800¥(80g~200g) **W** http://pokupoku-yamato.cocolog-nifty.com

카나카나
カナカナ
MAP P.512B

나라마치에서 볼 수 있는 전형적인 고민가 건물에 자리한 가정식 식당이다. 카나카나 고항이라는 이름의 소박한 일본 가정식을 맛볼 수 있는 곳으로, 매일 반찬이 조금씩 바뀌어 지역 주민도 많이 찾는다. 식사 외 커피와 케이크, 푸딩도 판매해 식사와 디저트를 한자리에서 즐길 수 있다. 자극적이지 않은 음식을 찾는다면 추천.

F 킨테츠선 킨테츠나라역 2번 출구에서 도보 18분 **T** 0742-22-3214 **O** 11:00~19:00(L.O 18:30) **H** 월요일(공휴일인 경우 다음 날) **F** 카나카나 고항 1683¥ **W** https://kanakana.info

이자사 토다이지몬젠유메카제히로바텐
ゐざさ 東大寺門前夢風ひろば店
MAP P.513C

나라 지역의 향토 음식인 감잎 초밥으로 유명한 이자사의 토다이지 인근 지점. 2층 건물에 1층은 감잎 초밥 테이크아웃 판매점으로, 2층은 창밖 전망을 감상하며 음식을 먹을 수 있는 식당으로 운영한다. 감잎 초밥을 먹을 때는 스시의 겉에 감싼 감잎을 벗겨내고 간장을 찍지 않은 채 그대로 먹는다.

구글 지도 이자사 나카타니 혼포 유메카제 히로바

F 1·2번 순환버스 승차 후 토다이다이부츠덴·코쿠리츠하쿠부츠칸 정류장 하차 **T** 0742-22-8133 **O** 매장 10:00~17:00, 식당 11:00~16:00(L.O) **H** 월요일+부정기 **F** 무시카키노하즈시세트 1700¥ **W** www.izasa.co.jp

SECRET NARA
시크릿 나라

나라 시내 남서쪽 외곽, 조용한 시골 마을 이카루가초에 호류지가 있다. 이카루가는 쇼토쿠 태자를 부처님처럼 모시는 성덕종의 총본산을 일컫는 옛 이름이다. 아스카시대에 쇼토쿠 태자가 수도를 이곳으로 옮긴 뒤 지금의 토인가란 東院伽藍 자리에 거주했기 때문에 이카루가 궁 또는 절이라는 의미인 이카루가데라로 불렀다. 호류지 주변에는 아스카시대의 불교 유적이 여럿 남아 있으며, 일대의 불교 유적은 호류지와 함께 유네스코 세계문화유산에 등재되었다. 우리나라에는 현존하지 않는 삼국시대의 사찰 건축양식을 추측해볼 수 있는 호류지와 한적한 일본의 시골 마을의 정취를 느껴보자.

교통 한눈에 보기

① 칸사이 국제공항→호류지	JR(칸사이공항역-텐노지역-호류지역)	약 80분	1560¥
② 오사카→호류지	JR(텐노지역-호류지역)	22분	480¥
③ 교토→호류지	JR(교토역-나라역-호류지역)	64분	990¥
④ 고베→호류지	JR(산노미야역-오사카역-호류지역)	73분	1110¥
⑤ 나라→호류지	JR(나라역-호류지역)	11분	230¥

호류지 다니는 방법

WALK JR 호류지역에서 호류지까지는 도보로 30분 정도 소요된다. 호류지 경내는 도보로 이동한다.

SUBWAY 오사카 또는 나라 방면에서 전철로 오는 경우 JR 호류지역을 이용한다.

BUS JR 호류지역에서 호류지 앞까지 72번 버스를 이용한다.

TAXI 요금은 대략 860~950¥ 정도 예상하고 소요 시간은 10분 이내다. 굳이 이용할 일은 없다.

TO DO LIST

- [ ] 현존하는 가장 오래된 목조건물인 금당과 고주노토 둘러보기
- [ ] 사이인가란 다이코도에 모신 약사삼존불 관람하기
- [ ] 사이인가란 킨도에 모신 석가여래삼존상과 금당벽화(모사품) 관람하기
- [ ] 다이호조인에 모신 목조관음입상(백제관음상) 관람하기
- [ ] 토인가란의 유메도노에 모신 구세관음상 관람하기
- [ ] 주쿠지에 앉아서 쇼토쿠 태자의 부인인 이나베노 타치바나가 자수를 놓아 만든 천수국수장 감상하기

호류지
法隆寺

호류지는 쇼토쿠 태자를 종파의 원조로 하는 성덕종의 총본산으로 일본 최초로 유네스코 문화유산으로 등재된 사찰이다. 창건 시기에 대해서는 두 가지 설이 전해진다. 하나는 금당의 약사여래상 광배명에 있는 글귀에 근거한 것이다. 요메이 일왕 사후에 스이코 일왕(요메이 일왕의 여동생)과 쇼토쿠 태자가 요메이 일왕의 명복을 빌며 유지를 받들어 607년에 건립했다는 설이다. 다른 하나는 《일본서기》 내용에 근거한 것이다. 쇼토쿠 태자가 수도를 옮기며 605년에 이카루가 궁(현재의 호류지)으로 이동해 살았다는 기록에 근거해 이때 호류지가 이미 완공되었을 것으로 추측하는 설이다. 호류지의 가람은 크게 서쪽의 사이인가람과 동쪽 토인가람으로 나눌 수 있다. 사이인가람에는 금당과 고주노토(오중탑)를 비롯한 호류지의 주요 건물이 모여 있다. 토인가람은 쇼토쿠 태자가 거주했던 곳으로 현재의 정각은 쇼토쿠 태자 사후에 재건된 것이다. 토인가람 옆에는 쇼토쿠 태자가 어머니의 극락왕생을 기원하며 건립한 주쿠지라는 비구니 사찰이 있다. 호류지는 고구려의 승려 담징이 그렸다는 금당벽화로도 유명하다. 하지만 학계에서는 호류지의 건립 연대와 벽화의 제작자가 담징이라는 것에 대해 아직 논쟁의 여지가 있다고 한다. 원본 벽화는 1949년에 수리 중 발생한 화재로 소실되었고 남은 벽화는 호류지의 수장고에 보관되어 있다. 현재 우리가 킨도에서 볼 수 있는 금당벽화는 필사한 복제본이다. 호류지 홈페이지에서 화재로 소실되기 전 금당벽화 원본을 촬영한 12장의 그림을 볼 수 있다.

JR 호류지역에서 72번 버스 승차 후 호류지산도 정류장에서 하차 ☎ 0745-75-2555 ⏰ 08:00~17:00(11월 4일~2월 21일은 16:30까지) 🏠 연중무휴 💰 경내 무료(사이인가람·다이호조인·토인가람 내부 관람 중학생 이상 1500¥, 초등학생 750¥) 🌐 www.horyuji.or.jp

ZOOM —————— IN

호류지 핵심 볼거리

1 난다이몬 / 南大門

호류지의 정문 역할을 하는 문. 사이인가란과 일직선으로 배치되어 있어 난다이몬에서 사이인가란으로 통하는 주몬과 고주노토 등의 건축물이 시야에 들어온다. 호류지의 건물이 아스카시대의 것인데 난다이몬은 무로마치시대인 1438년에 재건된 것이다. 원래의 것은 지금보다 50m 정도 안쪽에 있었지만 화재로 소실되어 이축되었다. 문을 지날 때는 계단 아래 도미 모양(많이 닮지는 않았다)이라는 돌 타이이시鯛石도 찾아보자.

2 사이인가란 / 西院伽藍

호류지의 서쪽 가란으로 호류지의 중심이 되는 곳이다. 주몬을 중심으로 회랑이 둘러져 있고 가람 중심에 킨도(금당)와 고주노토(오중탑)가 나란해 배열돼 있으며 그 뒤로 다이코도가 배치된 형태다. 호류지가 현존하는 가장 오래된 목조건물이라는 것은 사이인가란의 킨도와 고주노토, 주몬, 회랑을 가리켜 말하는 것이다. 가란을 바라보고 있으면 부여 백제문화단지에 백제 왕실의 사찰을 재현한 능사의 모습과 놀랍도록 닮았다는 생각이 든다.

3 콘도 / 金堂

호류지에서 가장 유명한 건물이다. 내부에는 본존불인 석가삼존상을 비롯해 약사여래상, 아미타삼존상 등 여러 불상이 안치돼 있다. 그중 석가삼존상은 백제계 도래인 쿠라쿠리노 도리가 만든 것으로 알려졌다. 킨도의 내부 벽면은 벽화로 장식돼 있는데 이것이 유명한 금당벽화다. 처마 밑 구름 모양의 히지키 肘木가 아스카시대의 건축양식을 보여준다.

4 고주노토 / 五重塔

일본에서 가장 오래된 탑으로 꼽히는 높이 약 32m의 목조 오층탑. 탑의 중심에는 심주가 있어 오랫동안 지진에도 쓰러지지 않고 견딜 수 있었다고 한다. 1층 심주 주변엔 석가모니 설화에 나오는 네 가지 장면이 소조상으로 표현돼 있다. 발굴조사 때는 탑의 지하에서 백제와 신라의 영향을 받은 것으로 보이는 사리함이 발견되기도 했다.

5 다이호조인 / 大宝蔵院

호류지의 여러 보물을 보관하고 있는 건물. 이곳의 보물 중 가장 유명한 것이 목조관음입상(백제관음상)으로 아스카 조각품을 대표하는 불상이다. 높이 209.4cm로 늘씬한 곡선과 손의 굴곡 등이 우아해 동양의 비너스라 부르기도 한다. 백제계 장인이 제작했을 것으로 추정하지만 제작한 곳이 한반도인지, 일본인지에 대해서는 논쟁의 여지가 있다.

6 토인가란 / 東院伽藍

쇼토쿠 태자가 거주했던 이카루가 궁이 있던 구역. 쇼토쿠 태자 사후에 황폐해진 것을 안타까워한 승려 교신이 태자를 공양하기 위한 가란을 건립했다. 팔각형의 유메도노는 토인가란의 본당으로 내부에는 국보인 구세관음상을 모셔놓았다. 샤리덴은 쇼토쿠 태자가 합장할 때 손바닥에서 나왔다는 사리를 안치한 건물이다.

Day-30 무작정 따라하기 여행준비

D-30
여권&항공권 등 서류 체크하기

1. 준비할 서류 미리 보기
- □ **여권**(반드시 유효기간이 6개월 이상 남아있어야 한다. 그렇지 않으면 입국이 거부될 수 있다.)
- □ **항공권**
- □ **여행자보험**(선택 사항)
- □ **국제운전면허증**(렌터카 이용 시)

2. 여권 만들기
출국일을 기준으로 6개월 이상의 유효기간이 남아있는 여권을 가지고 있다면 별도의 여권을 발급받을 필요가 없다. 만약 출국일을 기준으로 잔여 유효기간이 6개월 미만이거나 여권이 없다면 여권을 발급받아 두어야 한다.
신청 기관 서울시 각 구청과 각 광역시청(서울특별시청은 제외) 및 구청, 그리고 각 지방 도청과 군청, 시청. 자세한 내용은 외교부 여권 안내 홈페이지에서 확인 가능.
신청 시 필요서류 여권용 사진 1장, 신분증(주민등록증 또는 운전면허증), 여권발급신청서(접수처에 비치되어 있음), 병역관계서류(25~37세 병역 미필 남성의 경우)
여권의 종류 및 발급 수수료(전자여권 및 사진전사식 여권 기준)

		58면	50,000원
	10년 이내 (18세 이상)	26면	47,000원
복수여권		58면	42,000원
	5년 (18세 미만)	8세 이상	
		26면	39,000원
		58면	33,000원
		8세 미만	
		26면	30,000원
단수여권	1년 이내	-	15,000원

PLUS TIP 여권사진 찍을 때 주의하세요!
여권사진 규격(가로 3.5cm, 세로 4.5cm)으로 6개월 이내 촬영한 컬러 사진이어야 한다. 모자등을 착용하지 않고 정면 사진으로 정수리부터 턱까지의 머리 길이가 3.2~3.6cm이어야 한다. 배경은 흰색이어야 하므로 흰색과 잘 구분되지 않는 밝은색의 의상은 피하도록 한다. 컴퓨터로 과도한 보정을 한 사진은 사용할 수 없다.

3. 여행자보험
온라인과 오프라인에서 가입할 수 있으며 온라인 보험 비교 사이트에서 내게 적합한 저렴한 보험 상품을 찾을 수 있다.
신청 장소 공항의 보험사 부스 또는 보험사의 인터넷 사이트
신청 서류 공항에서 가입 시 여권 필요, 인터넷 가입 시에는 필요서류가 없다.
비용 여행 기간과 나이, 보장 내용에 따라 다르다.

4. 국제운전면허증
일본에서 운전을 하려고 한다면 반드시 필요한 서류다. 또한 현지 렌터카 업체들이 우리나라 운전면허증도 함께 요구하는 곳이 있으므로 반드시 유효한 우리나라 운전면허증도 함께 가져가도록 한다. 칸사이의 주요 도시는 대중교통을 이용하기에 어려움이 없어 일부러 자동차를 이용한 여행을 계획한 경우가 아니라면 필요하지 않다.

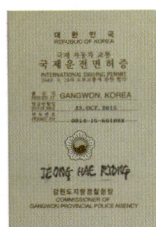

D-29
여행 정보 수집 및 예산 짜기

1. 여행 정보 수집하기
아무 정보 없이 떠나는 것도 여행의 묘미를 즐기는 방법 중 하나지만 정보가 있으면 편안하고 알찬 여행을 즐길 수 있다. 사전에 수집한 정보를 통해 가고 싶은 곳, 먹고 싶은 것, 하고 싶은 것 등을 골라 여행 일정을 만들어 보자. 그러면 일정에 따른 경비도 예상해볼 수 있다.

2. 예산 항목 및 지출 예상 경비
- □ **사전 준비비**(여권 발급비, 여행 물품 구입비, 여행자

보험, 유심 구입 또는 포켓 와이파이 렌트비, 여행 도서 구입비 등)
- ☐ **항공 요금** 18~35만원(세금, 유류 할증료 포함)
- ☐ **교통비**(공항~시내, 도시 간 이동경비, 시내에서의 이동경비) 1일 700~2000¥
- ☐ **숙박비** 1박 3000¥부터
- ☐ **식비** 끼니당 900~3000¥
- ☐ **입장료** 300~2000¥
- ☐ **기타 용돈** 여행비용은 항공요금 및 식비, 숙박업소 등에 따라 달라지므로 참고용으로 활용하자.

D-28
항공권 구입하기

여행할 날짜가 결정되었다면 가장 먼저 항공권부터 구입하도록 한다. 저비용 항공사나 얼리버드 항공권 등 여러 할인 이벤트에 신경을 곤두세워 조금이라도 싼 티켓을 확보하도록 한다. 여러 항공사의 항공권 가격을 비교해 보여주는 사이트를 이용할 수 있다. 항공사에 회원가입을 해 두고 뉴스레터 수신을 허용하면 얼리버드 티켓 오픈일 등에 대한 소식을 받아볼 수 있다 요즘은 할인 티켓이 나오면 알림 . 서비스를 해주는 스마트폰 어플도 나와 있으니 여러 채널을 열어놓고 적극적으로 저렴한 티켓을 찾아보자. 저렴한 항공권의 경우 스케줄을 변경할 수 없거나 변경 시 수수료를 내야 하는 경우가 많으니 구입 시 조건을 꼼꼼히 확인하는 것이 필요하다. 무료로 허용되는 수화물의 중량도 확인하자. 우리나라에서 출발하는 모든 직항노선은 칸사이국제공항으로 도착한다.

우리나라에서 칸사이국제공항까지 직항 운항하는 항공사
대한항공(인천·김포출발) https://kr.koreanair.com
아시아나 항공(인천·김포·김해출발) http://flyasiana.com
제주항공(인천, 김포·김해·무안출발) https://www.jejuair.net
진에어(인천·김해출발) https://www.jinair.com
티웨이항공(인천·김해·대구·제주·청주출발) www.twayair.com
이스타항공(인천출발) www.eastarjet.co
에어서울(인천출발) https://flyairseoul.com
에어부산(인천, 김해출발) www.airbusan.com
에어로케이항공(청주출발) www.aerok.com
JAL 일본항공(인천·김포출발) www.jal.co.jp
ANA 전일본공수(인천·김포출발) www.ana.co.jp
피치항공(인천출발) www.flypeach.com
(2024년 3월 기준)

항공권 구입 시 확인할 사항
- ☐ 항공권을 예약할 때는 여권상 영문 이름과 동일해야 한다. 알파벳 스펠링이 틀리지 않도록, 성과 이름의 기입 순서가 바뀌지는 않았는지 확인한다.
- ☐ 출발, 도착일 날짜 및 시간을 확인한다.
- ☐ 구입 조건을 확인한다. 여정을 변경할 때 수수료가 부과되지는 않는지, 날짜 변경이 불가능 한 항공권은 아닌지 등을 꼼꼼히 읽어보아야 한다.
- ☐ 마일리지 적립 유무도 확인한다.
- ☐ 항공권 구입 후 취소하게 되는 경우 수수료가 있는지, 있다면 금액은 얼마인지도 확인한다.
- ☐ 수화물 규정도 확인해야할 사항이다. 국내 대형항공사는 보통 23kg까지의 위탁 수화물을무료로 허용하는 경우가 많고 국내 저가 항공사는 15kg까지 허용하는 경우가 많다. 부피에 따라서도 제한이 있으니 확인해야 한다. 피치항공의 경우 수화물 규정이 까다롭다고 알려져 있는 항공사이므로 예약 시 꼼꼼한 확인이 필요하다. 피치항공의 경우 짐이 많다고 판단되면 온라인 결제를 이용하는 것이 유리하다. 공항에서 체크인 할 때보다 비용이 훨씬 저렴해진다.

D-27
숙소 예약하기

어느 여행지나 마찬가지겠지만 오사카의 숙소는 성수기와 비성수기, 숙소의 종류와 지역에 따라 가격 차이가 많이 난다. 특히 COVID-19 팬데믹 이후 막혔던 해외여행 수요의 폭발적인 증가와 일본인의 내수 여행 수요, 일본 정부의 숙박세 도입 등의 이유로 2020년 이

전보다 숙박 요금이 많이 올랐다. 여행하고자 하는 도시와 도시 간 이동 계획, 숙소의 위치, 시설, 가격 등의 요소를 고려해 마음에 드는 숙소를 예약하도록 하자. 숙소를 일찍 예약하면 저렴한 빈방이 남아있는 경우가 많으므로 선택의 폭이 넓어진다.

D-7
심 카드 또는 포켓 와이파이 주문하기

현지에서 인터넷을 이용하려고 하는 여행자라면 심 카드나 포켓 와이파이를 준비하는 것도 좋다. 대체로 통신사에서 데이터 로밍을 신청하는 것보다 저렴한 가격에 구입할 수 있다. 현지에 도착해서 심 카드를 구매하거나 포켓와이

e심을 지원하는 최신형 스마트폰인 경우는 구입한 e심을 QR코드로 등록해 설정해주면 일본에서 데이터를 사용할 수 있어 편리하다.

파이를 대여할 수도 있지만 대체로 한국보다 비싼 편이다. 혼자 사용할 예정이라면 심 카드를 사용하는 것이 편리하고 일행이 여럿이라면 포켓와이파이를 대여하는 것이 유리하다. 둘 다 음성통화는 지원되지 않으며 데이터만 사용할 수 있다. 지인과의 음성통화는 메신저 음성 채팅 기능을 이용할 수 있다. 인터넷으로 주문 후 제품을 택배로 받거나 출국 시 공항에서 픽업하는 방법이 있다.

D-4
면세점 쇼핑 및 환전하기

출국할 때나 귀국 할 때 공항 면세점에서 쇼핑을 할 수도 있지만 인터넷 면세점을 이용하거나 시내에 있는 면세점에 방문해서 출국 전 미리 쇼핑을 할 수도

있다. 구입한 물품은 출국시 공항에 있는 면세점 인도장에서 찾을 수 있다. 구입한 물건을 찾을 때는 여권과 항공권을 함께 제시해야 한다. 구입한 면세품을 귀국 시 다시 국내로 반입할 때 해외에서 구입한 물건과 함께 면세 한도 US$ 800에 포함된다는 사실을 기억하자. 환전은 출국 시 공항에서 하기보다는 미리 해두는 것이 좋다. 공항은 환전 시 적용 환율이 가장 불리한 곳이다. 자신이 환율 우대를 받을 수 있는 주거래 은행이나 모바일 앱을 이용하면 환율이 유리하다. 트래블 로그 또는 트래블 월렛 같은 체크카드를 이용하는 것도 방법이다.

D-3
비지트 재팬 웹 등록하기

비지트 재팬 웹은 일본 입국 시 기존 종이에 작성하던 입국카드를 대체하는 기능을 한다. 입국카드보다 빠른 입국 심사처리를 위해 미리 등록 해두면 좋다. 항공권과 숙소 예약이 끝났다면 늦어도 일본 입국 6시간 전까지는 등록이 완료되어야 한다. 등록 후 일정이나 호텔의 변경 사항이 생겨도 수정이 가능하다. 비지트 재팬 웹에 등록하지 않는 경우 기존처럼 비행기나 일본 공항에서 입국카드를 작성하면 된다.

D-2
짐 꾸리기

짐 꾸리기 체크리스트
☐ 여권(복사본 1장 포함)
☐ 항공권
☐ 여행경비(현금 및 해외에서 사용 가능한 신용카드 또는 체크카드)
☐ 의류&신발(속옷과 갈아입을 겉옷, 편한 운동화 등)
☐ 모자, 선글라스

- ☐ 현지에서 사용할 작은 가방
- ☐ 화장품
- ☐ 세면도구(수건, 칫솔, 치약, 샴푸, 린스, 바디워시, 비누, 면도기 등)
- ☐ 비상약품(두통약, 소화제, 1회용 밴드, 연고, 종합 감기약, 모기나 벌레물린데 바르는 약 등)
- ☐ 여성용품
- ☐ 카메라
- ☐ 휴대폰, 충전기
- ☐ 110V용 플러그
- ☐ 계절별 준비물(겨울철 여행 시에는 따뜻한 겨울용 잠바나 외투를 준비한다)
- ☐ 그 외 개인적으로 필요한 물품

PLUS TIP 짐 꾸릴 때 주의할 점
부득이 가져가야 하는 100ml를 초과하는 액체류(생수, 음료수, 화장품, 젤타입 제품 등)가 있다면 기내 반입이 허용되지 않으므로 반드시 수화물로 보내는 가방에 넣도록 한다. 그 외 양산, 우산, 카메라용 삼각대도 수화물로 보내야 한다. 보조배터리와 라이터, 페인트, 부탄가스 등 화재의 위험이 있는 물건들은 수화물로도 부칠 수 없으니 주의해야 한다.

D-0
출국하기

1. 공항으로 이동하기
칸사이국제공항 직항편이 출발하는 인천, 김해, 대구 등 각 공항까지 리무진 버스나 공항철도 택시 승용차 등으로 이동한다. 적어도 출발 두 시간 전까지는 공항에 도착하는 것이 좋고 성수기나 출국 인파가 몰리는 날이라면 더 여유 있게 도착하도록 한다.

2. 비행기 탑승 수속
공항에 도착하면 전광판에서 각 항공기 편별 체크인 카운터 위치를 확인한 뒤 해당 체크인 카운터에서 수화물로 짐을 부치고 보딩 패스를 발권 받는다. 도심공항터미널에서 미리 체크인 수속을 마쳤다면 이 과정은 생략하고 바로 출국장으로 이동할 수 있다. 체크인은 창구에서 할 수 있지만 줄이 긴 경우 창구 앞에 있는 무인 체크인 기계에서 셀프 체크인을 하면 기다리는 시간을 줄일 수 있다.

3. 환전하기
공항에서 환전하는 것보다 미리 환전해오는 것이 환율이 유리하다. 하지만 미처 환전을 하지 못했다면 공항에서라도 환전하면 된다.

4. 여행자보험 가입하기
미리 여행자 보험에 가입해두지 않았다면 공항에 있는 여행자보험 데스크 창구에서도 가입할 수 있다. 여행자 보험의 가입은 개인의 선택이므로 본인이 가입하는 것이 좋다고 판단되는 경우에 가입하도록 한다.

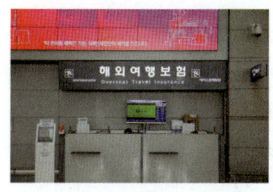

5. 데이터 로밍, 심카드 구입, 포켓 와이파이 수령
통신사 데이터 로밍을 사용할 경우 통신사 어플에서 신청하거나 자동 로밍인 경우 신청이 필요 없다. 일본은 자동 로밍 지역이므로 최근 몇 년 내 출시된 신형 휴대폰의 경우 현지에서 바로 인식하거나 전원을 껐다 켜는 것만으로 충분하다. 일본 심카드를 구입하거나 미리 신청해둔 포켓 와이파이 업체에서 기기를 수령하도록 한다.

6. 출국 심사
출국장 입구에서 보딩 패스와 여권을 보여주고 통과하면 곧바로 보안 검색대가 나온다. 여기서부터는 100ml이상의 용량을 가진 액체류는 반입이 되지 않으므로 주의한다. 기내에 반입할 가방과 주머니에 들어있는 소지품 등을 모두 수화물 검색대 위에 올려놓은 뒤 X-Ray 검색대를 통과한다. 이때 노트북 같은 전자제품은 가방에서 꺼내 검색대에 올리도록 한다. 별 이상이 없으면 다시 소지품을 챙겨 출국 심사대에서 여권과 보딩 패스를 제시하고 심사 대를 통과한다.

TIP 자동 출입국 심사하기
법무부 직원을 통한 출입국 심사 대신 미리 등록한 여권과 지문, 얼굴 인식만으로 셀프 출입국 심사를 할 수 있는 제도다. 출입국 심사 시 줄 서서 기다리는 시간을 줄일 수 있어 편리하다. 등록은 한 번만 하면 다음부터는 등록절차 없이 출입국 심사가 가능하다. 인천공항의 경우 3층 출국장 F카운터 부근에 있는 법무부 자동출입국심사 등록 센터에서 가능하며등록하는데 1분 정도 소요된다. 업무시간 06:30~19:30.

자리에 착석하고 안전벨트를 맨다. 휴대폰은 전원을 끄거나 비행기 모드로 전환해 둔다.

TIP 서울역 도심공항터미널 이용하기
① 서울역 도착 후 공항철도 서울역 입구로 에스컬레이터를 타고 지하 2층으로 이동한다.
② 직통열차 승차권 발매기에서 공항 행 직통열차 티켓을 구입한다(직통 열차를 이용해야만 얼리체크인 서비스 이용 가능).
③ 매표소 오른쪽에 있는 도심공항터미널로 이동한다.
④ 각 항공사 체크인 카운터에서 항공기 출발 3시간 전까지 탑승 수속을 하고 수화물을 부친다.
⑤ 법무부 출국관리사무소에서 출국 심사를 받은 후 공항행 직통 열차에 승차한다.
⑥ 인천공항에 도착하면 전용 출국 통로를 통해 출국한다.

수속 가능 항공사

인천공항 터미널	항공사	비고
1터미널	아시아나항공	공동운항편 포함 전 노선
	제주에어	미주(괌, 사이판), 중국 노선 제외한 전 노선
	티웨이항공	미주(괌, 사이판)을 제외한 전 노선
	에어서울	공동운항편 포함 전 노선
	에어부산	공동운항편 포함 전 노선
2터미널	대한항공	공동운항편 포함 전 노선
	진에어	미주(괌, 사이판)을 제외한 전 노선

7. 면세품 인도장에서 물건 찾기 & 면세점 쇼핑
시내 또는 인터넷 면세점에서 미리 구입한 물건이 있다면 해당 면세점의 인도장에서 물건을 찾는다 항공기 출발 시간에 여유가 . 있거나 구입해야할 물건이 있다면 면세점에서 물건을 구입할 수 있다. 이곳에서 구입한 물건을 다시 국내로 반입할 경우는 면세한도 미화 800$에 포함 된다는 것을 기억하자. 해외에서 여행자 휴대품으로 구내 반입하는 경우 면세한도 미화 800$와는 별도로 주류 2병(전체 용량 2L이하이고 총 가격이 미화 400$ 이하), 향수는 100ml 이하까지 면세범위에 해당된다.

8. 탑승 대기
항공사 체크인 카운터에서 받은 보딩 패스에 적힌 시간까지 늦지 않도록 해당 탑승 게이트에 도착해 탑승을 기다리도록 한다.

9. 비행기 탑승 후 출국 완료
탑승이 시작되면 직원의 안내에 따라 항공기에 탑승해

INDEX

1
% 아라비카 교토 아라시야마 _ 139, 443
551호라이 본점 _ 273

A
BK 플라자 _ 331
JR 교토 이세탄 _ 413
LHP _ 20
OSA 카페 _ 133, 308
Y's 버거 _ 383

ㄱ
간고지 _ 516
간조 오사카점 _ 289
갓포 카츠타케 _ 394
겐로쿠시 도톤보리점 _ 102, 266
겐지모노가타리 뮤지엄 _ 445
겐카이돈 _ 383
겜미안 니시우메다점 _ 299
겟케이칸 오쿠라 기념관 _ 413
겟코엔(고로칸·유게츠산소) _ 499
고베 루미나리에 _ 480
고베 모토마치 상점가 _ 479
고베 시립 롯코산 목장 _ 181, 494
고베 시립 박물관 _ 479
고베 시청 전망 로비 _ 479
고베 트릭 아트 후시기나 료지칸
(고베 트릭 아트 불가사의한 영사관) _ 465
고베 포트 타워 _ 483
고베 하버랜드 _ 483
고베 해양 박물관·카와사키 월드 _ 482
고베 우게스도 모토마시 본점 _ 482
고베비프스테키 모리야 본점 _ 115, 469
고베키타노 비주츠칸(고베 키타노 미술관) _ 465

고베항 관광선 _ 483
고조자카 _ 370
고주노토 _ 525
교토 국립박물관 _ 410
교토 기모노 렌털 유메야카타 고조점 _ 385
교토 라멘 코지 _ 411
교토 부립 도판 명화의 정원 _ 428
교토 부립 식물원 _ 428
교토 센토고쇼 _ 397
교토 수족관 _ 409
교토 철도 박물관 _ 409
교토 카츠규 _ 121
교토 쿄세라 미술관 _ 16
교토 타워 _ 408
교토 포르타 _ 411
교토고쇼 _ 397
교토교엔 _ 397
교토국립근대 미술관 _ 394
교토시 쿄세라 미술관 _ 393
교토역 _ 408
구 거류지 _ 479
국립국제미술관 _ 16, 310
굿맨 로스터 교토 _ 140, 381
귀 무덤 _ 410
규카츠 교토 카츠규 폰토초 본점 _ 383
규카츠 토미타 _ 274
그랜드 프런트 오사카 _ 198, 304
그르니에 한큐우메다점 _ 299
그리루본 신세카이 본점 _ 320
그릴 캐피탈 토요테이 교토 포르타점 _ 412
글리치 커피 오사카 _ 311
글리코 러너 전광판 _ 264
기오지 _ 442
기온 거리 _ 370
기온마츠리 _ 79
기온신바시 _ 67, 374
기온츠지리 _ 145, 378
기온코이시 _ 117, 145
기온료코리 하나사키 기온점 _ 378
기온탄토 _ 376
기요미즈데라 _ 52, 368
기요미즈자카 _ 370

긴노유 _ 498
긴스이소 초라쿠 _ 499
긴자 카가리 루쿠아오사카점 _ 299
긴카쿠지 _ 390
긴후쿠 _ 395
꼼데가르송 _ 199

ㄴ

나니와 탐험 크루즈 _ 282
나니와요도가와 하나비타이카이 _ 80
나다이 돈카츠 카츠쿠라 시조히가시노토인텐 _ 382
나라 공원 _ 58, 518
나라 국립박물관 _ 94, 517
나라 도우카에 _ 81
나라 현청 옥상 전망대 _ 518
나라루리에 _ 87
나라마치 _ 62, 516
나카노시마 _ 310
나카무라로 _ 125, 378
나카무라토키치 뵤도인점 _ 446
나카자키초 _ 131, 307
나카타니도 _ 520
난다이몬 _ 525
난다테이 _ 384
난바 마루이 _ 276
난바 파크 _ 195, 271
난바워크 _ 271
난젠지 _ 393
난킨마치 _ 480
네네노미치 _ 371
노노미야 신사 _ 441
누노비키노타키 _ 468
누노비키하브엔 _ 77
누노비키하브엔 & 로프웨이 _ 468
누차야마치 & 누차야마치 플러스 _ 305
니넨자카 _ 371
니손인 _ 441
니시노마루 정원 _ 329
니시무라 커피 나카야마테 본점 _ 473
니시키이치바 _ 62, 376
니시혼간지 _ 409

니조 성 _ 398
니조코야 _ 138, 400
닌나지 _ 421
닌텐도 교토 _ 388
닌텐도 뮤지엄 _ 13, 445
닌텐도 오사카 _ 211
닐 _ 308
닛토도 교토 커피 _ 376
닛폰바시 이치미젠 _ 274

ㄷ

다이닝 아지토 _ 272
다이마루 신사이바시점 _ 185, 196, 289
다이마루 우메다점 _ 303
다이카쿠지 _ 442
다이토쿠지 _ 429
다이호조인 _ 525
단톤 _ 201
더 굿랜드 마켓 _ 21, 283
더 다이너 _ 395
더 시티베이커리 그랜드프론트오사카 _ 300
데라 카페 차니와 _ 281
덱스터 다이너 _ 308
덴덴타운 _ 182, 278
덴마크칸(덴마크관) _ 465
도시샤 대학 _ 399
도요토미 히데요리 자결 터 _ 329
도톤보리 _ 46, 264
도톤보리 이마이 _ 267
도톤보리 카무쿠라 센니치마에점 _ 267
도톤보리가와만토사이 _ 81
도후스무디파프마미나미호리에점 _ 281
돈키호테 도톤보리점 _ 185, 270
동구리 공화국 키요미즈점 _ 386
동크 다이마루 고베점 _ 147, 470
디오라마 교토 재팬 _ 443

ㄹ

라 마드라그 _ 19, 401
라라포트 엑스포시티 _ 345

라멘타로 산노미야 본점 _ 469
라이프 _ 207
라이프 니조역 스토어 _ 401
라이프 센트럴 스퀘어 난바점 _ 277
라인노 야카타(라인의 집) _ 466
랏칸키 _ 481
레고랜드 디스커버리 센터 오사카 _ 178, 339
레드 록 본점 _ 120, 469
레드 윙 슈 스토어 오사카 _ 289
로쇼키 _ 480
롯코 가든 테라스 _ 495
롯코 고산식물원 _ 495
롯코 숲의 소리 박물관 _ 494
롯코 아리마 로프웨이 _ 495
롯코 케이블카 _ 494
롯코산 텐란다이 _ 494
료안지 _ 61, 420
료쿠주안시미즈 _ 399
루미나리에 _ 88
루쿠아 오사카 _ 197, 304
르 카페 V _ 288
르세트 _ 128, 472
리커 마운틴 우메다점 _ 155, 302
리쿠로오지상노미세 난바 본점 _ 143, 273
린쿠 프리미엄 아웃렛 _ 202, 345

ㅁ

마루야마코엔 _ 75, 372
마리아주 프레르 고베점 _ 137, 473
마야 뷰라인 _ 493
마야산키쿠세이다이 _ 89, 493
마이코헨신 스튜디오 시키 본점 _ 385
마조 카페 _ 133, 307
마츠바 소혼텐 _ 301
만슈인 몬제키 _ 429
만시게 쇼안 _ 116, 412
메리켄 파크 _ 482
메오토젠자이 _ 269
메이지켄 _ 286
메종 미하라 야스히로 _ 21, 284
멘도코로 자노메야 _ 109, 384

멘바카 이치다이 _ 18, 401
멘야 곳케이 _ 109, 431
멘야 이노이치 _ 384
멘토안 _ 107, 520
멜 커피 로스터스 _ 282
모로조프 고베 본점 _ 143, 471
모리야산텐 _ 481
모안 _ 141, 396
모에기노 야카타(연두의 집) _ 464
모토마치 케이크 모토마치 본점 _ 144, 481
몬 _ 470
무기와라 스토어 _ 211
무기토토리 _ 287
무어 하우스 _ 137, 466
무인양품 _ 206
무인양품 난바시티점 _ 278
물랭 _ 280
미나토마치 리버 플레이스 _ 279
미도스지 명품 거리 _ 285
미야가와초 _ 374
미후네 _ 302

ㅂ

반파쿠키넨코엔 _ 76, 344
발리 안 리조트 _ 22
벤노이에(벤의 집) _ 466
벤토 & 코 _ 387
보타닉 커피 교토 _ 395
복산 산노미야점 _ 470
뵤도인 _ 444
분노스케차야 _ 117, 380
불랑제리 콤시노와 _ 147, 471
브루클린 로스팅 컴퍼니 난바점 _ 276
블루보틀 커피 교토 롯카쿠 카페 _ 135, 381
블루보틀 커피 교토 카페 _ 135, 396
비고노미세 고베 고쿠사이 가이칸텐 _ 147, 472
비너스 브리지 _ 468
비비안 웨스트우드 _ 200
비프테키노 가와무라 _ 115
빈·오스트리아 노이에(빈·오스트리아의 집) _ 465
빗쿠 카메라 난바점 _ 277

뻬뻬네라 키친 _ 307

ㅅ

사가노 토롯코 열차 _ 444
사와와 _ 145, 382
사이인가란 _ 525
사카나야 히데조 타치노미텐 _ 272
사카노우에노 이진칸(언덕 위 이진칸) _ 464
사쿠라마사무네 기념관 _ 151, 492
사키시마 코스모 타워 전망대 _ 340
산넨자카 _ 68, 370
산리오 갤러리 _ 388
산리오 숍 _ 208
산젠인 _ 447
산조도리 _ 517
산조도리 상점가 _ 375
산주산겐도 _ 410
산타마리아 유람선 _ 340
산토리 야마자키 증류소 _ 152, 345
산토리 천연수의 맥주 공장 교토 _ 413
살롱 드 아만토 _ 133, 308
삿포로 스프카레 잭 신마치점 _ 282
상미 신사이바시점 _ 286
새터데이 뉴욕 시티 _ 288
샤아카도리 _ 68
세이료지 _ 442
세키잔젠인 _ 429
센뉴지 _ 411
센니치마에 상점가 _ 265
센니치마에도구야스지 상점가 _ 277
소네자키 오하츠텐진도리 상점가 _ 299
소라니와 온천 오사카 베이 타워 _ 341
소라쿠엔 _ 467
소쇼쿠카페 렌 호리카와쇼텐가이텐 _ 400
쇼군즈카 세이류덴 _ 373
쇼라이안 _ 127, 443
쇼렌인 _ 372
쇼린인 _ 447
쇼샤잔엔교지 _ 501
쇼세이엔 _ 408
수상 버스 아쿠아라이너 _ 331

슈가쿠인리큐 _ 429
슈신칸 _ 150, 492
슈프림 오사카 _ 20, 283
슌사이 이마리 _ 116, 385
스시 마츠모토 _ 129, 274
스시노무사시 산조 본점 _ 103, 381
스시차야 스시카츠 _ 340
스타벅스 교토 니넨자카 _ 376
스타벅스 키타노이진칸점 _ 473
스탠다드 프로덕츠 교토시조도리점 _ 389
스테이크 아오야마 _ 115, 472
스테이크랜드 고베점 _ 468
스투시 오사카 챕터 _ 200, 284
스파월드 세계의 대온천 _ 322
시모가모 신사 _ 428
시센도 _ 430
시아와세노팬케이크 신사이바시점 _ 287
시인 윤동주 기억과 화해의 비 _ 445
시조도리 _ 375
시치미야 혼포 _ 386
시치후쿠진 _ 113, 309
시텐노지 _ 95, 320
신뇨도 _ 392
신사이바시 파르코 _ 288
신사이바시스지 _ 285
신사이바시스지 상점가 _ 185
신세카이 _ 319
신세카이칸칸 _ 320
신우메다쇼쿠도가이 _ 301
신푸칸 _ 386
신푸쿠사이칸 본점 _ 412

ㅇ

아다시노 넨부츠지 _ 442
아라시야마 _ 54
아라시야마 몽키파크 이와타야마 _ 440
아라캉파뉴 산노미야점 _ 146, 471
아리마 완구 박물관 _ 497
아리마강 친수 공원 _ 497
아메리카무라 _ 279
아미히코 키타하마점 _ 311

아사히 맥주 박물관 _ 152, 345
아사히토안 _ 387
아지노야 _ 269
아카츠키 커피 _ 431
아키바카트 오사카 _ 279
아페쎄 _ 200
앗치치 혼포 도톤보리 본점 _ 111, 268
애니메이트 오사카 닛폰바시점 _ 278
야마타츠 _ 307
야마테하치반칸(야마테8번관) _ 466
야사카 신사 _ 373
야사카코신도 _ 372
야에카츠 _ 321
야오야토 고향 오쿠라 _ 281
야키톤 에에몬야 _ 276
양식당 키치키치 _ 19, 382
어 베이싱 에이프 _ 21, 283
에디온 교토 시조 카와라마치점 _ 387
에디온 난바 본점 _ 21, 277
에비스바시 _ 265
에비스바시스지 상점가 _ 271
에비스야 교토 아라시야마 총본점 _ 444
에이칸도 _ 84, 392
에이코쿠칸(영국관) _ 465
엔코지 _ 430
엘리펀트 팩토리 커피 _ 140, 383
오니츠카 타이거 _ 199
오렌지 스트리트 _ 279
오멘 긴카쿠지 본점 _ 395
오모노사토 _ 399
오버라이드 미나미호리에 _ 20, 284
오사카 덕 투어 _ 331
오사카 성 _ 50, 328
오사카 성 고자부네 _ 331
오사카 성 로드 트레인 & 일렉트릭 카 _ 329
오사카 성 텐슈카쿠 _ 329
오사카 스카이 비스타 _ 306
오사카 시립 미술관 _ 318
오사카 시립 아베노 방재 센터 _ 180, 322
오사카 시립 주택 박물관 _ 70, 306
오사카 역사 박물관 _ 330
오사카 이루미네숀 _ 88

오사카 이쿠노 코리아타운 _ 323
오사카 타카시마야 _ 276
오사카 히노데 호텔 _ 23
오사카나카노시마 미술관 _ 15, 310
오사카시립 과학관 _ 311
오사카시립동양도자미술관 _ 310
오사카텐만구 _ 89, 306
오카루 _ 520
오카자키 공원 _ 393
오코노미야키 미즈노 _ 112, 267
오테구치마스가타의 거석 _ 329
오테몬 _ 329
온센지 _ 498
와비스케 난바본점 _ 275
와카바야 난바점 _ 275
와카쿠사산 _ 519
요도바시 카메라 멀티미디어 우메다 _ 304
요도바시카메라 멀티미디어 교토 _ 413
요시키엔 _ 518
요지야 기온본점 _ 388
요지야 카페 사가노아라시야마점 _ 145, 443
요칸나가야(프랑스관) _ 466
요타로 본점 _ 311
우라난바 _ 272
우로코노이에(비늘의 집) _ 464
우메다 로프트 _ 305
우메다 스카이 빌딩 공중 정원 전망대 _ 69, 298
우지 시영 다실 타이호안 _ 446
우지카미 신사 _ 445
우키미도 _ 519
우키요코지 _ 265
원조 아이스도그 _ 280
원천 _ 495
유니버설 스튜디오 재팬 _ 157, 336
유모토자카 _ 497
유하임 본점 _ 144, 481
윤윤 _ 480
이노다 커피 본점 _ 139, 381
이노이치 _ 109
이마니시케쇼인 _ 516
이마이 _ 106
이모보 히라노야 혼케 _ 379

이사리비 _ 17, 300
이세이미야케 _ 199
이세이미야케 미나미센바 _ 289
이스이엔 _ 518
이스즈 베이커리 이쿠타 로드점 _ 147, 471
이시베코지 _ 371
이자사 토다이지몬젠유메카제히로바텐 _ 521
이즈우 _ 377
이치란 라멘 도톤보리점 본관 _ 108, 268
이치자와 신자부로 한푸 _ 388
이치조지 나카타니 _ 146, 431
이쿠타 신사 _ 467
이토큐에몬 우지 본점 & 카페 _ 446
인디언카레 한큐산반가이점 _ 114, 300
잇센요쇼쿠 _ 112, 377
잇신지 _ 318
잇포도차호 교토혼텐 _ 401

ㅈ

자우라 _ 275
잔잔요코초 _ 319
잣코인 _ 447
젠후쿠지 _ 497
조 테라스 오사카 _ 330
조신 슈퍼키즈랜드 본점 _ 278
조잣코지 _ 441
조폐 박물관 벚꽃길 _ 75, 330
쥬테이 _ 273
지라이온 박물관 _ 183, 339
지유켄 난바 본점 _ 114, 273

ㅊ

챔피언 _ 21
천연 온천 나니와노유 _ 309
천연 온천 노베하노유 츠루하시점 _ 323
천연 온천 스파 스미노에 _ 341
철인 28호 모뉴먼트 _ 183, 493
초쿠칸 _ 379
츠루통탄 소에몬초 본점 _ 119, 269
츠루하시 마구로 쇼쿠도 _ 323
츠루하시 상점가 _ 322
츠루하시 후게츠 본점 _ 323
츠우엔차야 _ 145, 446
츠유노텐 신사 _ 298
츠텐카쿠 _ 319
치구사 _ 309
치보 센니치마에 본점 _ 272
치온인 _ 373
치쿠린(대숲) _ 441
치쿠유안타로아츠모리 _ 400
치토세 혼텐 _ 275

ㅋ

카기젠요시후사 본점 _ 377
카나카나 _ 521
카네리타 스위츠 _ 281
카니도라쿠 도톤보리 본점 _ 266
카라호리 상점가 _ 285
카메스시 소혼텐 _ 301
카메야 _ 521
카미가모 신사 _ 428
카미카타 온천 잇큐 _ 341
카사기야 _ 380
카스가타이샤 _ 519
카스텔라 긴소 신사이바시 본점 _ 286
카오리노이에 오란다칸(향기의 집 오란다칸) _ 464
카와라마치도리 _ 375
카이유칸 _ 177, 339
카자미토리노 야카타(풍향계의 집) _ 464
카페 치코로 _ 394
카페 프로인드 리브 _ 472
칸논야 모토마치 본점 _ 144, 482
칼디 _ 205
칼디 커피 산조 카와라마치점 _ 389
캡콤 스토어 & 카페 _ 211
캡틴라인 _ 341
컵 누들 박물관 오사카 이케다 _ 179, 344
케아게 인클라인 _ 373
케이분샤 이치조지점 _ 431
켄닌지 _ 374
코가류 아메리카무라 본점 _ 111, 280

코다이지 _ 372
코류지 _ 421
코주 교토 니넨자카점 _ 387
코코엔 _ 501
코후쿠지 _ 517
콘도 _ 525
콘푸쿠지 _ 430
쿄고쿠카네요 _ 382
쿄료리 이소베 _ 378
쿄료리 하나사키만지로 _ 379
쿠라스 에비스가와 _ 400
쿠로몬 시장 _ 271
쿠시카츠 다루마 신세카이 본점 _ 113, 321
쿠이신보 _ 282
쿤주칸 _ 399
큐슈 라멘 키오우 _ 108
큐슈라멘 키오우 도톤보리점 _ 270
키누타니 코지 천공 미술관 _ 298
키르훼봉 교토 _ 146, 380
키지 우메다 스카이 빌딩점 _ 300
키쿠마사무네주조 기념관 _ 150, 492
키쿠초 키타노자카점 _ 469
키타노 가이코쿠진 쿠라부(키타노 외국인 클럽) _ 466
키타노마치 광장 _ 464
키타노이진칸 _ 71, 463
키타노텐만 신사 _ 467
키타노텐만구 _ 420
킨노유 _ 498
킨달 신사이바시 아메리카무라 _ 284
킨류 라멘 도톤보리점 _ 108, 267
킨카쿠지 _ 56, 419
킷테 오사카 _ 303

ㅌ

타고토 본점 _ 384
타나바타 _ 80
타루코야 _ 473
타몬야구라, 센간야구라 _ 329
타이코노유 _ 499
타이코노유도노칸 _ 498
타카시마야 백화점 _ 195

타카야스 _ 430
타코야키 쿠쿠루 도톤보리 본점 _ 266
타코야키야마짱 본점 _ 320
타코우메 본점 _ 269
테라마치쿄고쿠 상점가 _ 389
테츠가쿠노미치(철학의 길) _ 74, 392
텐구 _ 113, 321
텐노지 공원 _ 318
텐노지 동물원 _ 318
텐노지 미오 _ 321
텐류지 _ 440
텐시바 _ 11
텐진바시스지 _ 61
텐진바시스지 상점가 _ 306
텐카잇핑 _ 121
텐포잔 대관람차 _ 339
텐포잔 마켓 플레이스 _ 340
텐푸라 텐슈 _ 377
텟판진자 도톤보리점 _ 268
토게츠교 _ 440
토다이지 _ 519
토다이지 니가츠도 _ 63
토다이지 대불 _ 93
토미카 숍 _ 211
토스이로 기온점 _ 127, 380
토어 로드 & 토어 웨스트 _ 467
토에이우즈마사영화마을 _ 183, 421
토인가란 _ 525
토지 _ 409
토쿠라 교토 산조점 _ 385
토후쿠지 _ 84, 411
톤보리 리버 크루즈 _ 270
팀랩 보태니컬 가든 오사카 _ 15, 344

ㅍ

파르코 백화점 _ 196
파블로 신사이바시 본점 _ 143, 286
파티세리 몽셰르 도지마 본점 _ 119, 302
파티스리 투스투스 본점 _ 470
팝 컬쳐 신사이바시 _ 288
포켓몬센터 교토 _ 389

포켓몬센터 오사카 _ 210, 303
포쿠포쿠 _ 521
포터 스탠드 교토 _ 386
폰토초 _ 375
폴 스미스 _ 200
프랑프랑 우메다점 _ 305
플라톤 쇼소쿠 비주츠칸(이탈리아관) _ 465
피셔맨즈 마켓 _ 483
피스 오사카 _ 330

ㅎ

하나다코 _ 301
하나마루켄 난바·호젠지점 _ 270
하나미코지도리 _ 374
하나사키 _ 125
하루시카 _ 516
하루카스 300 전망대 _ 48, 319
하루코마 본점 _ 103, 309
하리쥬 도톤보리점 _ 266
하브스 난바파크점 _ 274
하쿠츠루주조 자료관 _ 150, 492
한신 우메다 본점 _ 304
한카이 전차 _ 322
한큐 3번가 _ 305
한큐 우메다 본점 _ 185, 197, 303
헤이안 진구 _ 393
헵 파이브 관람차 _ 298
호넨인 _ 392
호류지 _ 91, 524
호리에 핫코우도 _ 280
호린지 _ 440
호센인 _ 83, 447
호젠지요코초 _ 265
호즈가와쿠다리 _ 82, 444
호칸지 _ 371
혼케 니시오 야츠하시 본점 _ 396
혼케 다이이치 아사히 본점 _ 412
혼케오타코 도톤보리 본점 _ 111, 268
홋쿄쿠세이 신사이바시 본점 _ 114, 285
회전 초밥 토토긴 킨테츠나라에키마에텐 _ 520
효고 현립미술관 _ 14, 493

효에코요카쿠 _ 499
효테이 _ 302
효테이 별관 _ 123, 397
후게츠 _ 112
후게츠도 _ 146
후사야 _ 287
후센 _ 287
후시미이나리타이샤 _ 66, 410
후카 _ 394
휴먼메이드 _ 200
히가시무키 상점가 _ 517
히가시혼간지 _ 408
히노데 우동 _ 107, 396
히메지 성 _ 500
히메지 시립 동물원 _ 501
히사고 _ 379
히스테릭 글래머 _ 21, 283

사진 제공

P.048 하루카스 300
MADSOLAR / Shutterstock.com
P.049 사키시마 코스모 타워 전망대
Nbeaw / Shutterstock.com
P.064~065 화보 이미지
Wichawon Lowroongroj /
Shutterstock.com
P.069 우메다 스카이 빌딩 공중 정원 전망대
yousang / Shutterstock.com
P.069 일몰 사진
f11photo / ㄴShutterstock.com
P.069 모자 활용 사진
Akmalism / Shutterstock.com
P.070 오사카 시립 주택 박물관
Kit Leong / Shutterstock.com
P.070 오사카 시립 주택 박물관
Sean Pavone / Shutterstock.com
P.077 누노비키하브엔
Supachita Krerkkaiwan /
Shutterstock.com
P.078 화보 사진
Alexander Hagseth / Shutterstock.com
P.079 기온 마츠리
Jasonyan / Shutterstock.com
P.080 타나바타
Kasia Soszka / Shutterstock.com
P.081 도톤보리가와만토사이
Sean Pavone / Shutterstock.com
P.083 호즈카와구다리
Javen / Shutterstock.com
P.084 호센인
Korkusung / Shutterstock.com
P.087 나라루리에
MyPixelDiaries / Shutterstock.com
P.088 오사카 이루미네숀
Mai.Chayakorn / Shutterstock.com
Shawn.ccf / Shutterstock.com
P.154 타치노미야
Osaze Cuomo / Shutterstock.com
P.173 엘모의 리틀 드라이브
gowithstock /
Shutterstock.com
P.176, 178 레고랜드 디스커버리 센터
MR. AEKALAK CHIAMCHAROEN /
Shutterstock.com
P.179, 339 레고랜드 디스커버리 센터
Tooykrub / Shutterstock.com
P.184 화보 사진
Vassamon Anansukkasem /
Shutterstock.com
P.209 헬로키티
dean bertoncelj / Shutterstock.com
P.218 JR 패스
YingHui Liu / Shutterstock.com